W0051672

Bernt Engelmann · Vorwärts und nicht vergessen

Bernt Engelmann

Vorwärts und nicht vergessen

Vom verfolgten Geheimbund
zur Kanzlerpartei

Wege und Irrwege
der deutschen Sozialdemokratie

Mit einem Vorwort von Willy Brandt

C. Bertelsmann

© 1984 C. Bertelsmann Verlag GmbH, München / 5 4 3 2 1
Umschlaggestaltung: Werner Rebhuhn
Satz: Filmsatz Schröter GmbH, München
Druck und Bindearbeiten: Mohndruck Graphische Betriebe GmbH, Gütersloh
ISBN 3-570-04419-x

Inhalt

Vorwort
von Willy Brandt

Die deutsche Sozialdemokratie, die 1988 den 125. Jahrestag der Gründung von Ferdinand Lassalles *Allgemeinem Deutschen Arbeiter-Verein* feiern wird, ist in ihren Traditionen noch älter, als es dieses Jubiläum anzeigt. Doch ist sie trotz des biblischen Alters eine junge Partei geblieben. Oder soll ich genauer sagen: Die Jungen und die Jung-Gebliebenen in der Partei haben sie immer wieder jung gemacht: der *Neuen Zeit* aufgeschlossen, in deren Erwartung die sozialdemokratische Bewegung seit den Anfängen gelebt und zu deren Verwirklichung sie mehr als andere beigetragen hat. Die SPD hat sich in diesen langen Jahren viele Aufgaben auf den Buckel geladen, einige sich aufladen müssen. Nicht alle waren angenehm, und unter manchen Lasten hat sie gewankt. Gefallen ist sie selten. Daß sie stets aufs neue durchhielt, hing nicht zuletzt damit zusammen, daß die sozialdemokratische Arbeiterbewegung immer auch Kulturbewegung war. In dieser Eigenschaft hat sie eine ungebrochene Tradition des gedruckten Wortes: der nicht bloß politischen Aussage, sondern auch der Selbstverständigung und Selbstvergewisserung.

1914 zum Beispiel besaß die SPD – in der damaligen, von heute stark abweichenden Presselandschaft – 91 Tageszeitungen, und ihre Publikationen zusammengenommen waren Legion. Es fehlte ihr nicht an Geschichtsschreibern und Literaten, und bald wurde sie auch zum Gegenstand der akademischen Geschichtsschreibung. Das Ergebnis ist eine unübersehbare Vielzahl von Quellen, Dokumenten und Darstellungen, die jeden erst einmal erschrecken müssen, der sich mit dem Gedanken trägt, die sozialdemokratische Geschichte in ihrer Gesamtheit zu erfassen und so niederzuschreiben, daß ein breites, nicht nur sozialdemokratisches Publikum daran Interesse und Gefallen findet. Das Erschrecken wird Bernt Engelmann nicht erspart geblieben sein. Daß es ihn nicht stumm gemacht hat, beweist dieses Buch. Daß das Buch so umfangreich geworden ist, liegt in der Natur der Sache. Daß nicht alle, die darin lesen werden, alles, was darin geschrieben steht, genau so sehen werden, wird auch niemanden wundern – und niemandem schaden.

Das Auf und Ab der deutschen Geschichte in den letzten mehr als hundert Jahren ist von dem, was in diesem Buch dargestellt wird, nicht zu trennen. Und es sind nicht die schlechtesten Beiträge, die – um August Bebel, den Parteiführer vor dem Ersten Weltkrieg zu zitieren – geleistet wurden, um dem »Vaterland der Liebe und Gerechtigkeit« näherzukommen.

1.

Die Ausgangslage:
Deutschland – eine zerlumpte Vogelscheuche

»So wenig eine Post zum Monde geht...«, heißt es in einem 1798 in Hamburg erschienenen *ABC für große Kinder*, »ebenso wenig wird der Landmann eines von den Lesebüchern lesen, die für ihn geschrieben sind. Erst gebt dem armen Landmann Schulmeister, die ihn richtig lesen und erst so viel denken lehren, daß er ein Buch verstehen kann, erst gebt ihm Geld, diese Bücher zu kaufen!«

Schon zwölf Jahre zuvor, 1786, hatte eine ländliche Zeitschrift, *Der Dorfkonvent*, ebenso betrübt wie summarisch festgestellt: »Der Landmann liest nicht. Alles, was für ihn geschrieben wird, ist verloren.«

Wer aber war gegen Ende des 18. und zu Beginn des 19. Jahrhunderts in Deutschland »der Landmann«? Es waren damit natürlich in erster Linie die Bauern gemeint sowie ihre Familien, ihr Gesinde, ihre Tagelöhner, dazu alle jene, die als dörfliche Handwerker, Gutsarbeiter, Müller, Fischer, Holzknechte, Fuhrleute, Schiffer, Flößer oder Köhler außerhalb der Städte lebten, und das war der weitaus größte Teil der Gesamtbevölkerung.

Natürlich gab es Ausnahmen – einzelne Bauern und Dorfhandwerker konnten lesen und schreiben. Noch weit mehr gab es, die es als Kinder gelernt, jedoch im Laufe der Zeit, mangels jeglicher Übung, ihre bescheidenen Kenntnisse wieder vergessen hatten.

Aber nicht allein auf dem Lande, wo fast neun Zehntel der Einwohner Deutschlands lebten, sondern auch in den kleinen und größeren Städten war die Bevölkerung in der großen Mehrzahl ebenso ungebildet wie die meisten »Landleute«. Bildung und Kultur waren gegenüber der Zeit vor dem Dreißigjährigen Krieg (1618-1648) überall in Deutschland zurückgegangen; selbst viele Angehörige des ländlichen Kleinadels, zumal des preußischen Junkertums, konnten kaum lesen und schreiben.

Entsprechend gering war auch die wirtschaftliche und technische Entwicklung im Deutschen Reich. Sie lag, im Gegensatz zu ihrem Vorsprung im 15. und 16. Jahrhundert, nun weit hinter der der westeuropäischen Länder, vor allem Englands, zurück. Der weitaus größte Teil der landwirtschaftlichen und industriellen Produktion beruhte auf Fron- und Zwangsarbeit, und entsprechend gering und schlecht war sie auch. Wieviel Eifer sollte man beispielsweise von einem Soldaten erwarten, den sein Kompaniechef, wie es üblich war, einem Manufakturisten als Arbeitskraft vermietet hatte? Wieviel Sorgfalt von einem gutsuntertänigen Bauern, der zu Spanndiensten für den »gnädigen Herrn« angefordert wurde und dafür die Arbeit auf den eigenen Feldern tagelang unterbrechen mußte?

7

Nur die Furcht vor grausamer Strafe brachte die Bauern wie auch die Soldaten dazu, ihrer Obrigkeit zu gehorchen, und niemand hat das besser erkannt und beschrieben als König Friedrich II. von Preußen. In seinem Testament von 1768 hat der »Alte Fritz« in bezug auf seine Soldaten bestimmt: »Da die Officiers sie unter Umständen in die größten Gefahren führen müssen, so sollen sie, da der Ehrgeiz auf sie nicht wirken kann, ihre Officiers mehr fürchten als alle Gefahren, denen sie ausgesetzt werden. Sonst wird niemand imstande sein, sie gegen dreihundert Geschütze, die ihnen entgegendonnern, zum Angriff zu führen. Guter Wille wird den gemeinen Mann nie solchen Gefahren Trotz bieten lassen. So muß es denn die Furcht tun.«

Die Offiziere der preußischen Armee waren Junker; als Zwölf- bis Vierzehnjährige lernten sie bereits, wie man den Trotz und Ungehorsam des »gemeinen Mannes« bricht, nämlich indem man ihn halbtot prügelt, krummschließen läßt, so lange quält, demütigt und erniedrigt, bis er entweder zu einem willenlosen Werkzeug geworden oder unter den Spießruten tot zusammengebrochen ist. Und wie mit den Soldaten, so verfuhren die adligen Herren, die auf ihren Gütern Polizeigewalt und Gerichtsbarkeit ausübten, auch mit ihren Bauern.

Aber nicht allein in Preußen, überall in Deutschland regierten Peitsche und Stock, wurde den Untertanen schon von Kindesbeinen an eingebläut, daß man »der Obrigkeit, die Gewalt über uns hat«, also den Fürsten und ihren Beauftragten, den adligen und geistlichen Herren, den Vorgesetzten, Arbeitgebern, Vögten und Bütteln absoluten Gehorsam schulde, dazu Ehrfurcht und Dankbarkeit für die Brosamen, die sie dem »gemeinen Volk« übrigließen.

Den Zustand des Heiligen Römischen Reiches Deutscher Nation zu Beginn des 19. Jahrhunderts mit seinen Hunderten von Einzelsouveränitäten großer und kleiner, weltlicher und geistlicher Herren hat niemand treffender beschrieben als Franz Mehring*. Zu Beginn des ersten Kapitels seiner vierbändigen, 1897/98 erschienenen *Geschichte der deutschen Sozialdemokratie* heißt es von diesem Deutschen Reich, das vom Dreißigjährigen Krieg des 17. und den zahlreichen Kabinettskriegen des 18. Jahrhunderts in einen Zustand tiefen Verfalls geworfen war, es habe zu Anfang des 19. Jahrhunderts dagestanden »wie eine zerlumpte Vogelscheuche... Die herrschenden Klassen waren verkommen bis ins innerste Mark, den beherrschten Klassen fehlte die Kraft, das Joch zu zerbrechen, das sie in den Staub drückte. Was die bürgerliche Klasse Englands in ihrer Revolution des 17., die bürgerliche Klasse Frankreichs in ihrer Revolution des 18. Jahrhunderts vollbracht hatte, das zu vollbringen war dem deutschen Pfahlbürgertum versagt. Seine besten Köpfe schufen sich in der Literatur und Philosophie ein Idealbild der bürgerlichen Welt, aber erst der eiserne Besen eines

---

* Die Sternchen verweisen auf Anmerkungen im Anhang des Buches.

fremden Eroberers begann, die feudale Verwesung vom deutschen Boden zu fegen. Die Französische Revolution hatte sich in der militärischen Diktatur Napoleons die Waffe geschmiedet, womit sie ihre sozialen Ergebnisse sicherte.«

Die Französische Revolution von 1789 hatte tatsächlich wie mit einem Donnerschlag die Herrschenden im Deutschen Reich aufgeschreckt. Ein großer Teil des Bürgertums und der bessere Teil der adligen Intelligenz begrüßten die Entwicklung, die von Paris her ihren Anfang nahm, zunächst mit überschwenglicher Begeisterung. Aber die große Mehrheit des deutschen Volkes blieb unbewegt; die Menschen waren zu ungebildet, zu wenig aufgeklärt, zu sehr gewöhnt an ihr Sklavendasein, als daß sie sich eine Besserung ihrer Lage auch nur vorstellen konnten.

Nur hie und da flackerten kleinere Aufstände und Hungerrevolten auf, ohne organisatorischen Zusammenhang und nur von lokaler Bedeutung. Sie wurden von den Behörden rasch unterdrückt, und auch in Preußisch-Schlesien, wo 1793 die Bergleute, Bauern und Heimarbeiter gegen ihre Feudalherren rebellierten, konnte das herbeigerufene Militär die Ruhe bald wiederherstellen. Friedrich Wilhelm II., der Nachfolger des »Alten Fritz«, ordnete an, nicht nur den Aufstand rücksichtslos zu unterdrücken, sondern »auch die Rädelsführer ohne alle prozeßualische Förmlichkeiten aufs schleunigste zu Spitzruthen und Vestung zu condemniren oder sie auch wohl des nöthigen Eindrucks wegen mit der Strafe des Stranges zu belegen ...« Die bloßen Mitläufer wurden zum Militärdienst gepreßt – zur Verstärkung der Interventionstruppen, mit deren Hilfe die deutschen Fürsten der revolutionären Bewegung, die von Frankreich her das morsche Deutsche Reich bedrohte, auf gewohnte Weise Herr zu werden trachteten.

Zur selben Zeit schrieb Gottfried August Bürger, von dem Schüler und Studenten bis heute nur erfahren, daß er »als begabter Lyriker die deutsche Ballade aus den Niederungen des Bänkelsangs zu künstlerischer Höhe emporgehoben« habe, ein revolutionäres Lied:

> »Für wen, du gutes deutsches Volk,
> behängt man dich mit Waffen?
> Für wen läßt du von Weib und Kind
> und Herd hinweg dich raffen?
> Für Fürsten und fürs Adelspack
> und fürs Geschmeiß der Pfaffen!«

Aber Bürger wagte nicht, diese Verse zu veröffentlichen, und um diese Zeit schwand auch bei den meisten bürgerlichen Sympathisanten die anfängliche Begeisterung für die Französische Revolution dahin. Teils verzagten sie vor den ungeahnten Schwierigkeiten, auf die, wie sie bald merkten, eine Verwirklichung ihrer Ideale in Deutschland stieß, teils erregte der »maßlose Terror« der französischen Revolutionäre ihren Abscheu.

9

Indem sie sich von der blutigen Abrechnung der Franzosen mit ihren jahrhundertelangen Unterdrückern schaudernd abwandten, gaben die deutschen Dichter und Gelehrten – wie es Friedrich Engels treffend in einem Beitrag für eine amerikanische Zeitung formuliert hat – »ihrem alten ruhigen heiligen römischen Dunghaufen den Vorzug vor der gewaltigen Aktivität eines Volkes, das die Ketten der Sklaverei mit starker Hand abwarf und allen Despoten, Aristokraten und Priestern seine Herausforderung ins Gesicht schleuderte«.

Nur einige wenige deutsche Intellektuelle, heimliche oder offene Republikaner, ließen sich weder durch die blutigen Ereignisse noch durch die ihnen drohenden Strafen zu einem Gesinnungswandel herbei. Georg Forster*, beispielsweise, der heute fast vergessene große Naturwissenschaftler und Kulturphilosoph, der einen sehr starken Einfluß auf die Brüder Humboldt ausgeübt hat, erklärte die Hinrichtung Ludwigs XVI. zu einer »notwendigen Sicherheitmaßregel«; selbstverständlich habe des Königs Verurteilung »nicht nach Gesetzbüchern, sondern nach dem Naturrecht« geschehen müssen, dessen Rechtmäßigkeit niemand in Zweifel ziehen könne.

Männer wie Forster hofften dann auf eine Befreiung Deutschlands, wenn schon nicht aus eigener Kraft, so doch durch die siegreichen französischen Revolutionäre. Doch sie mußten bald erkennen, daß die Bankiers, Heereslieferanten und anderen Kriegsgewinnler, die nach dem Sturz Robespierres die Französische Republik regierten, nur an Profit interessiert waren und somit nicht mehr die Befreiung, sondern vor allem die gründliche Ausbeutung der eroberten Gebiete im Sinn hatten. Die völkerbefreiende revolutionäre Mission war vergessen.

Schließlich hatte Ende 1799 der General Napoleon Bonaparte den Schlußstrich gezogen, indem er, zusammen mit den demokratischen Idealen der Französischen Revolution, auch die republikanische Verfassung praktisch liquidierte. Sein rascher Aufstieg zum Militärdiktator, dann sogar zum Kaiser einer neuen Monarchie ließ die deutschen Demokraten vollends verzweifeln. Zwar fegte Napoleon das morsche Heilige Römische Reich Deutscher Nation auf den Kehricht und mit diesem auch die Souveränität der allermeisten deutschen Zwergstaaten-Tyrannen; er schuf auch Gleichheit vor einem neuen Gesetz und zerstörte ohne langes Federlesen die rückständige alte Ordnung. Doch zugleich schloß er Kompromisse mit den wenigen noch verbliebenen Häuptern der Feudalgesellschaft, paßte seine Hofhaltung der ihren an, heiratete gar eine Tochter des Kaisers von Österreich und war peinlich bemüht, sich bei aller Verachtung, die er für die anderen Träger von Kronen und Zeptern hatte, selbst einen Schein von Legitimität zu geben.

Die drei Dutzend deutscher Fürsten, denen Napoleon ihre Throne und Thrönchen beließ, eigneten sich schamlos jene »heiligsten Rechte« der davongejagten Feudalherren an, für deren Erhaltung sie doch angeblich ein Jahrzehnt lang eingetreten waren und ihre Soldaten hatten kämpfen lassen.

Sie unterwarfen sich willig dem Diktat des Emporkömmlings Bonaparte, schmeichelten ihm weitere Vergrößerungen ihrer Länder auf Kosten kleinerer Feudalherren, Bischöfe, Äbte und Reichsstädte ab, ließen sich vom Franzosenkaiser ihren Rang erhöhen (wobei beispielsweise aus Sachsen, Bayern und Württemberg Königreiche wurden) und lieferten ihm dafür freiwillig Soldaten für seine Feldzüge. Als Napoleon 1812 den für ihn verhängnisvollen Angriff auf die letzte große Bastion des Feudalismus, das russische Zarenreich, begann, waren von seiner sechshunderttausend Mann starken Großen Armee rund ein Drittel Soldaten seiner deutschen Vasallen, weitere hundertzwanzigtausend Mann Unfreiwillige aus Gebieten des einstigen Deutschen Reichs, die sich Frankreich einverleibt hatte.

Erst als an der Niederlage Napoleons kein Zweifel mehr möglich war, als die Reste der Großen Armee, bei Leipzig vernichtend geschlagen, den Rückzug nach Frankreich angetreten hatten, fielen die deutschen Vasallen, einer nach dem anderen, wieder von dem bislang umschmeichelten Franzosenkaiser ab – und über ihn her.

Das ganze Bestreben der deutschen Kleinstaaten-Potentaten und ihrer neuen Schutzherren, des Zaren von Rußland und des Kaisers von Österreich, war es nun, den altvertrauten Zustand so gut wie irgend möglich wiederherzustellen, alle Spuren der großen Sturmflut, die mit der Französischen Revolution und ihrem »sozialen Vollstrecker« Bonaparte über Europa hinweggebraust war, auszutilgen oder wenigstens zu verwischen.

Wer von den deutschen Bürgern und Intellektuellen gehofft hatte, mit der Beseitigung der napoleonischen Militärdiktatur und Fremdherrschaft würde ein neues, nunmehr friedliches, aber nicht minder fortschrittliches Zeitalter beginnen, sah sich bitter enttäuscht. Zumal die studentische Jugend Deutschlands mußte nun zähneknirschend feststellen, daß durch die »Befreiungskriege«, an denen sie sich – zunächst 1813, dann nochmals 1815, nach der Rückkehr Napoleons aus seiner Verbannung – begeistert beteiligt hatte, das Gegenteil des Erhofften bewirkt worden war: die neuerliche Unfreiheit, ja die sorgfältige Restauration der verrotteten Zustände des späten 18. Jahrhunderts.

Dies hätte eigentlich niemanden zu überraschen brauchen, waren es doch die rückschrittlichsten Kräfte des europäischen Kontinents, unter deren Führung die napoleonische Herrschaft beseitigt worden war: der Zarenhof von Rußland, die erzkatholische Wiener Hofburg, wo Fürst Metternich, erst als Außenminister, dann als allmächtiger Staatskanzler, das Sagen hatte, und im Gefolge dieser beiden reaktionären Höfe der Preußenkönig Friedrich Wilhelm III., der – wie Friedrich Engels einmal festgestellt hat – »einer der größten Holzköpfe« war, »die je einen Thron regiert«.

Dieses Bündnis, das sich »Heilige Allianz« nannte, gab vor, es wollte überall die »Rückkehr zur Rechtmäßigkeit« durchsetzen, wie es bereits in Frankreich geschehen war, wo in Absprache mit der englischen Regierung ein geflüchteter Bourbone, Bruder des während der Revolution hingerichteten Königs, als Ludwig XVIII. mit der ganzen Überheblichkeit eines »angestammten Monarchen« den Thron bestiegen hatte und die alte Feudalherrschaft von Adel und Geistlichkeit wiederaufzurichten bemüht war.

Allerdings trieb man die »Rückkehr zur Rechtmäßigkeit« in Deutschland nun nicht so weit, daß man die eben noch samt und sonders mit Napoleon verbündeten Herrscherhäuser dazu verpflichtet hätte, die enteigneten Kirchengüter, die Schätze ausgeplünderter Abteien oder die Landeshoheit über die ehemals geistlichen Gebiete wieder herauszurücken. Hier blieb es – zugunsten der Fürsten – bei den Errungenschaften der Französischen Revolution; die Kirchen wurden damit getröstet, daß sie Gelegenheit erhielten, sich wieder kräftig zu bereichern, selbstverständlich, wie seit eh und je, auf Kosten des Volkes.

Auch die zahllosen deutschen Aristokraten, die vor der großen Umwälzung »von Gottes Gnaden« Alleinherrscher in ihren Zwergstaaten gewesen waren, erhielten nur in Ausnahmefällen ihre Souveränität zurück, etwa wenn sie, wie die Oldenburger, enge Verwandte der Zarenfamilie von Rußland waren.

Was den von Napoleon zum König beförderten Friedrich von Württemberg betraf, einen aufgeblasenen Despoten, der den Reichtum seines Landes mit Scharen von athletischen jungen Männern vergeudete, so behielt er seinen Thron und sein zu Lasten vormals freier Städte sowie einiger Fürstäbte und Grafen um rund hundertzwanzigtausend Einwohner vergrößertes Königreich – sehr zum Kummer der württembergischen Winzer und Kleinbauern, deren Dienste er wochenlang ohne Bezahlung in Anspruch zu nehmen pflegte, ihm Wild zusammenzutreiben, das er dann vom Reisewagen aus abzuschießen beliebte.

Auch das Königreich Hannover wurde wiederhergestellt, und der in völligen Wahnsinn verfallene König Georg III., vertreten durch seinen Ältesten, einen brutalen Wüstling und notorischen Falschspieler, der zugleich König von England war, übernahm dort die Herrschaft.

Auf den Thron des zum Kurfürstentum erhobenen Hessen-Kassel kehrte jener Wilhelm I. zurück, der als Kronprinz fast die Hälfte aller gesunden Männer seines Ländchens an die Engländer als Kanonenfutter für ihren Krieg in Nordamerika verschachert hatte. Seine ersten Maßnahmen waren die Aufhebung sämtlicher Reformen; Zurückstufung aller Beamten und Offiziere auf den Rang, den sie 1806, am Tage der Flucht ihres »rechtmäßigen« Landesherrn, gehabt hatten; Wiedereinführung des Zopfes und der Prügelstrafe bei der Armee; Streichung der Staatsschuld zum Nachteil der Bürger, die Anleihen gezeichnet hatten; Wiedereinführung der Frondienste und Abgaben, von denen die Bauern sich unter großen Opfern freigekauft hatten, ohne Rückerstattung der gezahlten Summen, sowie die Wiederinbesitznahme aller ehemals kurfürstlichen Güter, die in der napoleonischen Zeit aufgeteilt und an Bauern verkauft worden waren, ebenfalls ohne Entschädigung der Käufer.

Gleichzeitig präsentierte dieser besonders geldgierige Kurfürst dem Land eine Rechnung über vier Millionen Taler, die er während seines Exils »im Interesse des Landes« verausgabt haben wollte, verordnete Sondersteuern zur Tilgung dieser »Schuld« und erklärte zur Krönung dieser Willkürmaßnahmen die Staatskasse wieder zu seinem Privateigentum.

In dem losen »Deutschen Bund«, der nun anstelle des untergegangenen Reiches geschaffen wurde, waren insgesamt achtunddreißig Souveräne »von Gottes Gnaden« – vom Preußenkönig bis zum Fürsten von Schwarzburg-Sonderhausen – sowie vier Freie Städte – Frankfurt am Main, Hamburg, Bremen und Lübeck – zu einer Interessengemeinschaft zusammengefaßt. Deren Ziele waren: die Beseitigung aller Errungenschaften der Französischen Revolution, die während der napoleonischen Epoche Eingang in die Gesetzgebung deutscher Staaten gefunden hatten; die Nichteinlösung aller Versprechungen, die den Bürgern zu Beginn des Kampfes gegen Napoleon gemacht worden waren, zumal in bezug auf liberale Verfassungen und nationale Einigung, sowie die – notfalls gemeinsame – Unterdrückung jeder freiheitlichen Regung in den Mitgliedsstaaten dieses Deutschen Bundes.

In dessen Gründungsakte war vom deutschen Volk und dessen Wünschen oder gar Rechten überhaupt nicht die Rede. Lediglich der Artikel XIII stellte »in allen Bundesstaaten eine landesständische Verfassung« in Aussicht – ein vages Versprechen, das die meisten der beteiligten Fürsten nicht einzulösen gedachten. Insbesondere König Friedrich Wilhelm III. von Preußen wollte bis zu seinem Tode im Jahre 1840 nichts mehr davon wissen.

Die Deutschen, nun wieder Untertanen von zweiundvierzig verschiedenen Obrigkeiten, nahmen dies alles hin. Manche murrten ein wenig, vor allem die in Handel und Gewerbe tätigen Bürger, denn die Wiederherstellung des Durcheinanders von unterschiedlichsten Zoll-, Münz-, Maß-, Post- und Rechtssystemen lähmte den Warenaustausch und verhinderte die Bildung eines größeren Marktes, wie er eigentlich dringend gebraucht wurde. Andere, zumal das Kleinbürgertum der zahlreichen Residenzstädtchen und das Heer der Hofschranzen, waren glücklich darüber, daß endlich die »Unordnung« vorüber war. Die allermeisten Deutschen fügten sich mit stummer Ergebenheit in ihr offenbar unabänderliches Schicksal.

Dabei waren es gerade die breiten, die übergroße Mehrheit des Volkes ausmachenden Unterschichten, die am meisten zu leiden hatten: die abhängigen Kleinbauern, die nun noch härter belastet waren als vor ihrer Befreiung von der Leibeigenschaft, Fron und übermäßigen Abgabepflicht, sowie die Heim- und Fabrikarbeiterschaft, der man die Löhne kürzte in der trügerischen Hoffnung, auf diese Weise mit der überlegenen englischen Industrie, die den Kontinent mit ihren Waren überschwemmte, konkurrieren zu können.

Die Fabrikanten gingen nun auch dazu über, immer mehr Kinder zu beschäftigen, denen sie nur etwa ein Viertel der Erwachsenenlöhne zu zahlen brauchten.

»Auch in den hiesigen Regierungsdepartements, namentlich in der Umgebung von Neustadt-Eberswalde und in Luckenwalde«, hieß es in einem Bericht des Potsdamer Regierungspräsidenten an das Ministerium in Berlin vom 25. November 1818, »werden schon Kinder von fünf bis sechs Jahren in den Fabriken zu ganz mechanischen Arbeiten abgerichtet. In den Fabriken fängt die Arbeitszeit um 6 Uhr früh an und dauert gewöhnlich bis abends um 9 Uhr, die Mittagsstunde allein ausgenommen . . .«

Der Regierung erschien das bedenklich, weniger im Hinblick darauf, daß den Kindern jede Schulbildung versagt blieb, als aus Sorge um den möglichen Ausfall an Rekruten, denn gesundheitlich ruinierte Jugendliche waren für das Militär unbrauchbar. Sie tröstete sich aber damit, daß die in den Fabriken arbeitenden Kinder »durch eine solche Beschäftigung schon früh an Arbeitsamkeit gewöhnt« würden; auch könne man den Fabrikanten schwerlich zumuten, Erwachsene mit vierfach höherem Lohn zu beschäftigen, ebensowenig den mit dem Hunger kämpfenden Arbeiterfamilien einen Verzicht auf das unentbehrliche Zubrot, das ihre Kinder ihnen erwarben.

Tatsächlich lebten die Arbeiter der im Vergleich zu der Westeuropas noch winzigen deutschen Industrie – es waren in ihrer Mehrzahl aus der Landwirtschaft durch ihre adligen Grundherren vertriebene ehemalige Kleinbauern – in bitterster, heute kaum noch vorstellbarer Armut. Zwar machten sie erst einen kleinen Prozentsatz der gesamten arbeitenden Bevölkerung aus, denn noch immer lebten drei Viertel der Einwohner Deutschlands von der Landwirtschaft; städtische Handwerker, Kleingewerbetreibende und Dienstboten bildeten die Mehrheit der übrigen. Aber die Anzahl der von der Industrie beschäftigten Männer, Frauen und Kinder nahm ständig zu, denn das Besitzbürgertum begann, dem englischen Beispiel folgend, durch Errichtung von Fabriken und Anwendung industrieller Produktionsmethoden Waren in weit größeren Mengen zu erzeugen, als es dem Handwerk möglich war. Mit verhältnismäßig geringen Investitionen und bei äußerst niedrigen Löhnen ließen sich gute Gewinne erzielen, und mit wachsendem Profit nahm auch das Selbstbewußtsein der Besitzbürger erheblich zu.

Dieses wohlhabende und gebildete Bürgertum wurde sich immer mehr des Widerspruchs bewußt, der zwischen seiner wirtschaftlichen Stärke und Steuerkraft auf der einen Seite und seiner vollständigen politischen Unmündigkeit auf der anderen bestand. Noch immer waren die allermeisten Beamten- und Offiziersstellen dem Adel vorbehalten; nur ausnahmsweise gelangten Bürgerliche auf gutdotierte und einflußreiche Posten; und was die Mitsprache bei der Gesetzgebung, der Festsetzung der Steuern und der Verwendung der Haushaltmittel anging, so hatten auch die reichsten Bürger dabei nichts mitzureden. Sie waren politisch ebenso rechtlos wie der Lastträger, der am Hafen ihre Schiffe entlud, der Hungerleider, der an ihrem Fabriktor um Arbeit bettelte, der gutsuntertänige Bauer, den sein adliger Herr mit der Reitpeitsche zur Fron zwang, oder der katzbuckelnde Lakai, der einem Grafensohn kniend den Stallmist von den Reitstiefeln kratzte.

Aber eine offene Opposition des Bürgertums gegen diese, wie es fand, unhaltbaren Zustände gab es nicht. Nur bei der Studentenschaft der deutschen Universitäten, besonders in den sich bildenden Burschenschaften, kam eine Bewegung auf, die die Abschaffung der feudalen Kleinstaaterei, die nationale Einigung Deutschlands und bürgerliche Mitsprache forderte. Einige radikale Gruppen von Studenten, vor allem an der Gießener Universität, gingen in ihren Ansprüchen noch viel weiter: Sie sahen ihr Ziel in der vollständigen Abschaffung des Feudalabsolutismus, in einer geeinten deutschen Republik, worin Freiheit und soziale Gerechtigkeit für alle herrschen sollten.

Zur Unterdrückung dieser Studentenbewegung – die vor allem der Zar von Rußland als sehr gefährlich ansah, zumal sein Chefagent in Deutschland, der Schriftsteller und russische Staatsrat August v. Kotzebue, im März 1819 von dem Studenten Karl Sand ermordet worden war – wurde vom Deutschen Bund eine Zentralbehörde geschaffen. Sie erhielt alle Vollmachten für eine »Unterdrückung der demagogischen Umtriebe« in sämtlichen Staaten des Deutschen Bundes. Diese Zentralbehörde blieb dann jahrzehntelang bestehen, obwohl sie schon sehr rasch, mit Hilfe eines Netzes von Spitzeln und durch drakonische Strafen, jede Gefahr für die bestehende Ordnung beseitigen konnte. Hunderte von Studenten wurden im Zuge dieser »Demagogen«verfolgung zu langen Freiheitsstrafen verurteilt, so beispielsweise Arnold Ruge, der spätere zeitweise enge Mitarbeiter von Karl Marx, der 1824 als Mitglied einer verbotenen Studentenverbindung als Zweiundzwanzigjähriger mit fünfzehn Jahren Festungshaft bestraft wurde.

Doch so sehr man auch – nicht allein durch Unterdrückung der Studentenbewegung, sondern auch durch Knebelung jeder freiheitlichen Äußerung mit Hilfe von Polizei und strengster Zensur – in den deutschen Staaten bemüht war, die Zeit aufzuhalten und nichts preiszugeben, weder von den Privilegien des Adels noch vom Gottesgnadentum der großen und kleinen Fürsten – *ein* Fortschritt ließ sich zwar behindern, aber nicht wirklich aufhalten: der Fortschritt der Technik, des Verkehrs und vor allem der Industrie.

So stieg beispielsweise die deutsche Roheisenproduktion, die von 1800 bis 1810 nur um 5000 Tonnen zugenommen hatte, in den folgenden zehn Jahren bis 1820 bereits von 45 000 auf 90 000 Tonnen, und bis 1840 verdoppelte sie sich abermals (wobei angemerkt sei, daß sich die Roheisenproduktion Englands von etwa 190 000 Tonnen im Jahre 1800 auf 370 000 Tonnen im Jahre 1820 erhöht hatte und nach weiteren zwanzig Jahren bereits 1,4 Millionen Tonnen betrug).

Zwar lagen die verschiedenen Industriezweige Deutschlands in ihrer Leistungsfähigkeit noch weit hinter den Produktionsergebnissen der westeuropäischen Nachbarn zurück; noch 1837 betrug die durchschnittliche Jahresleistung eines westfälischen Holzkohle-Hochofens etwa 470 Tonnen

Eisen, dagegen die eines belgischen Koks-Hochofens, der zudem weit billiger produzierte, etwa 4500 Tonnen, also fast das Zehnfache. Aber für ein so rückständiges Gesellschaftssystem, wie es der wiederhergestellte deutsche Feudalabsolutismus des frühen 19. Jahrhunderts war, stellten die deutlichen Fortschritte, die die Industrie in den Klein- und Mittelstaaten des Deutschen Bundes, besonders aber im Königreich Preußen, gegen den heftigen Widerstand der Herrschenden erzielen konnte, etwas Außerordentliches, beinahe Revolutionäres dar.

Einige der deutschen Fürsten wehrten sich mit allen ihnen zu Gebote stehenden Mitteln gegen den technischen und industriellen Fortschritt. Der Kurfürst von Hessen-Kassel setzte noch 1850 in seinem Ländchen ein strenges Verbot aller Fabriken, Dampfmaschinen und alles sonstigen »neumodischen Unfugs« durch. Aber anderseits mußten auch die verbohrtesten Rückschrittler zugeben, daß sich der Luxus des Hofes, die Pfründen der Günstlinge, der Aufwand für den mächtig angeschwollenen Verwaltungs- und Polizeiapparat und nicht zuletzt die Kosten, die die als Unterdrückungs- instrumente unerläßlichen Armeen verursachten, nur noch mit Hilfe des Steueraufkommens eben jener Bürger bezahlen ließen, die just mit Hilfe dieses »neumodischen Unfugs« immer reicher wurden.

Bald sahen sich die Fürsten gezwungen, einiges in ihrem Staatswesen zu modernisieren, in erster Linie natürlich die Ausrüstung ihrer Armeen mit neuen Waffen und Geräten. Die riesigen Summen, die dafür benötigt wurden, machten Anleihen erforderlich. Und wiederum war es jenes Besitz- bürgertum, das in politischer Unmündigkeit gehalten wurde, bei dem das erforderliche Kapital allein aufzutreiben war. Denn auch der Landadel verfügte im allgemeinen nicht über große Geldvermögen und verwendete seine Einnahmen vor allem zur Vergrößerung seiner Güter, bald auch – nach dem Vorbild der bürgerlichen Kapitalisten – zur Einrichtung von Fabriken, vor allem zur Produktion von Rübenzucker und Kartoffelschnaps. Die große Mehrheit der Bevölkerung, die breiten ländlichen und städtischen Unter- schichten sowie der untere Mittelstand, aber war so arm, daß sie kaum zur Steuer, schon gar nicht zu Anleihen etwas beitragen konnte.

Trotz einer sehr hohen Anzahl von Geburten – im Durchschnitt gebaren Frauen der Unterschicht während einer Ehe zehn bis zwölf, nicht selten auch mehr, in den oberen Schichten sieben bis neun Kinder – hatte die Bevölke- rung Deutschlands über Jahrzehnte hinweg nur sehr geringfügig zugenom- men, doch von etwa 1820 an änderte sich das, vor allem im Königreich Preußen, wo eine doppelt so starke Bevölkerungszunahme zu verzeichnen war wie in den übrigen Staaten des Deutschen Bundes. Besonders die städtische Unterschicht nahm zwischen 1820 und 1830 überraschend stark zu, obwohl nach wie vor im Durchschnitt in der Unterschicht fast drei Viertel aller Kinder vor dem 14. Lebensjahr starben; im Mittelstand war es mehr als ein Drittel, bei den »höheren Ständen« etwa ein Sechstel.

Einer der Hauptgründe für die plötzliche Vermehrung der Bevölkerung war der seit 1817 zunehmende Kartoffelanbau. Im Verlauf einer Hungerkatastrophe infolge monatelangen Regens, entsprechend großer Ernteausfälle und eines großen Viehsterbens war im Kriegsjahr 1817 die Kartoffel zum wichtigsten Nahrungsmittel, vor allem der Unterschichten, geworden.

In den folgenden zwölf Jahren bis 1830 – und später erst recht – ersetzte die zuvor wenig geschätzte und verbreitete Kartoffel der großen Mehrheit der Bevölkerung weitgehend das Brot, zumal dessen Besteuerung – wie auch die von Salz, Fleisch, Bier und anderen Nahrungs- und Genußmitteln – zwischen 1820 und 1830 auf das Doppelte stieg, während die Löhne keine Erhöhung erfuhren, vielerorts sogar sanken. Nur infolge des stark vermehrten Kartoffelanbaus, vor allem in Preußen, gingen in diesem Jahrzehnt weniger Menschen an Unterernährung zugrunde.

Im Königreich Preußen (einschließlich der nicht zum Deutschen Bund gehörenden Provinzen Posen, West- und Ostpreußen) stieg die Einwohnerzahl zwischen 1820 und 1830 um etwa ein Drittel, nämlich von 10,3 auf 13,3 Millionen, während in den zum Deutschen Bund gehörenden Teilen Österreichs nur eine Bevölkerungszunahme von 10,1 auf 10,9 Millionen zu verzeichnen war, und ähnlich gering war der Zuwachs in fast allen anderen Klein- und Mittelstaaten des Deutschen Bundes. Dessen erheblicher Bevölkerungsanstieg insgesamt war also wesentlich bedingt durch den steilen Anstieg der Einwohnerzahl Preußens.

Der Deutsche Bund* hatte im Jahre 1830 rund 41 Millionen Einwohner, davon etwa zwei Drittel Deutsche; die übrigen waren Polen, Tschechen, Slowaken, Slowenen, Italiener sowie Angehörige von mehr als einem Dutzend kleinerer nationaler Minderheiten. Das Gebiet des damaligen Deutschen Bundes umfaßte die heutige Bundesrepublik Deutschland (ohne Schleswig), Luxemburg sowie einige heute niederländische Randgebiete, die DDR, die seit 1945 polnischen Provinzen Pommern und Schlesien, den größten Teil der heutigen Tschechoslowakei, Liechtenstein, Südtirol nebst Trient und – als damals österreichisches Königreich Illyrien – die vornehmlich von Slowenen bewohnten Teile des heutigen Jugoslawiens. Rund achtzig Prozent der gesamten Einwohnerschaft dieses multinationalen Deutschen Bundes waren 1830 noch in der Land- und Forstwirtschaft oder in anderen ländlichen Erwerbszweigen beschäftigt, allenfalls ein Zehntel in der alten und neuen Industrie. Etwa zwei Drittel der Gesamtbevölkerung waren kaum oder gar nicht des Lesens und Schreibens kundig, hatten trotz härtester Arbeit selten genug zu essen und lebten in so elenden Verhältnissen, wie man sie heute nirgendwo in Europa, sondern nur in wenig entwickelten Ländern der Dritten Welt noch antrifft. Nur eine hauchdünne Oberschicht von Aristokraten und Großbürgern lebte in Überfluß und konnte sich jeden Luxus erlauben; der unter dem Steuerdruck besonders leidende bürgerliche Mittelstand hatte, sofern seine Angehörigen sparsam und bescheiden waren, gerade sein Auskommen.

In politischer Hinsicht herrschte im gesamten Deutschen Bund zwischen

Johann Jacoby, 1805-1877.

1818 und 1830 – den Geburtsjahren führender deutscher Sozialisten wie Karl Marx, Friedrich Engels, Ferdinand Lassalle und Wilhelm Liebknecht – eine Friedhofsruhe, die durch strengste Überwachung und Zensur aufrechterhalten wurde.

Das »System Metternich«, wie man es nach dem allmächtigen österreichischen Staatskanzler und Anführer der Reaktion im ganzen Deutschen Bund nannte, erstickte jede freiheitliche Regung, auch die leiseste Kritik, erst recht jedes Aufbegehren gegen unerträglich gewordene Arbeits- und Lebensbedingungen. Es erzwang auch eine fast totale politische Abstinenz, nicht allein der ohnehin teilnahmslosen Unterschichten und des geistig wenig regsamen, im allgemeinen nur an den lokalen Ereignissen interessierten Kleinbürgertums, sondern auch der wirtschaftlich maßgebenden Unternehmer und Bankiers, erst recht der Künstler, Schriftsteller und Wissenschaftler. Die allermeisten fanden sich mit dieser politischen Entmündigung ab, ballten allenfalls die Fäuste in der Tasche. Wer es sich leisten konnte, wie beispielsweise der namhafte romantische Dichter August Graf v. Platen, kehrte der Heimat den Rücken, »deren Stickluft« ihn »an Grüfte und Kerker« erinnerte.

Die meisten Angehörigen der deutschen Intelligenz hatten schon jede Hoffnung aufgegeben, da traf sie – wie einer von ihnen es geschildert hat – im heißen Sommer 1830 »die Kunde der Julirevolution in Frankreich und fuhr wie ein elektrischer Funke in meine Seele. Ich träumte begeistert von der Freiheit Europas und glaubte, daß die Sonne, die in Paris einen Thron vernichtet hatte, als der Morgen eines neuen schönen Tages über unserem Weltteil aufgegangen sei . . .«

Der von der Julirevolution, mit der das Volk von Paris den ihm verhaßten Bourbonenkönig gestürzt und verjagt hatte, so hell begeisterte Deutsche war der 1830 gerade fünfundzwanzigjährige Arzt Dr. Johann Jacoby* aus Königsberg in Ostpreußen. Er hielt sich, als die sensationelle Nachricht aus Frankreich eintraf, in Marienbad auf, wohin er einen seiner Patienten begleitet hatte.

Als er einige Wochen später über Dresden und Berlin in seine ferne Heimatstadt zurückkehrte – die Fahrtzeit bis Königsberg betrug dreizehn Tage –, erfuhr er unterwegs, daß es auch in den Staaten des Deutschen Bundes vielerorts zu Unruhen gekommen war. Die Vorgänge in Paris hatten die städtischen Unterschichten dazu ermutigt, gegen ihre Unterdrücker zu demonstrieren, was von den Besitzbürgern sofort – wie in Paris – dazu benutzt worden war, den bedrängten Potentaten ihre eigenen Forderungen zu präsentieren, bei deren Erfüllung sie bereit waren, ihren ganzen Einfluß und notfalls auch bewaffnete Bürgerwehren gegen das aufrührerische Volk einzusetzen.

Die verängstigten Fürsten hatten daraufhin den Bürgern einige Zugeständnisse gemacht, etwa indem sie dem Volk besonders verhaßte Minister durch Vertrauensleute des Großbürgertums ersetzten, die Zensur zu lockern versprachen und die Mitentscheidung der Besitzenden in Steuer- und Haushaltangelegenheiten in Aussicht stellten.

In Berlin, wo es ebenfalls zu Unruhen gekommen war, hatte die Regierung die gesamte Garnison, rund vierzehntausend Soldaten, aufgeboten. Die Arbeiter und Handwerksgesellen, die mehr gegen die Hungerlöhne als für mehr Freiheit demonstriert hatten, waren durch das Militär rasch und brutal zur Ruhe gebracht worden, so daß die – wie es in der 1864 erschienenen *Preußischen Geschichte* von William Pierson, einem ansonsten durchaus regierungsfrommen Nationalliberalen, heißt – »in die äußerste Furcht vor allem Volkstümlichen geratene« preußische Führung dem Bürgertum keinerlei Zugeständnisse zu machen brauchte; im Gegenteil: Kaum hatte sich die Lage, auch in den anderen deutschen Staaten, wieder normalisiert, ging sie im Verein mit der österreichischen Regierung zu einer reaktionären Gegenoffensive über. »Auf Veranlassung der beiden Großstaaten«, heißt es dazu bei Pierson, »hob der Bundestag das Steuerbewilligungsrecht der Stände«, wo dieses in einigen Kleinstaaten des Deutschen Bundes den Bürgern zugestanden worden war, »fast ganz auf, unterdrückte alle Vereine und Volksversammlungen, alle freisinnigen Blätter, schaffte die Preßfreiheit, die der Großherzog von Baden soeben erst gegeben hatte, wieder ab, verbot das Tragen deutscher« – schwarzrotgoldener – »Farben und ordnete eine neue Demokratenjagd an. Mit größter Härte verfuhr man bei dieser Hetze. Hunderte von Studenten und anderen jungen Leuten, auch Familienväter, wurden, weil sie die deutschen Farben getragen, revolutionäre Reden geführt oder sich an den albernen Geheimbünden beteiligt, ›wegen versuchten Hochverrats‹ festgenommen und fast wie Königsmörder behandelt. Am brutalsten betrieb man die Verfolgung in Bayern, wo man die Demokraten nicht nur in die Fronfesten warf, sondern sie gar zwang, vor dem Bilde des Königs Ludwig I. kniend Abbitte zu leisten... Daß Friedrich Wilhelm III. ein solches System annahm, nach welchem jugendliche Torheiten zu groben Verbrechen gestempelt wurden«, gab Pierson abschließend zu bedenken, »... das gereicht dem Könige, der den Beinamen des Gerechten, welchen ihm seine Verehrer gaben, sonst wohl verdiente, zu schwerem Vorwurf.« Soweit der durch den Abstand von dreißig Jahren gemilderte Tadel des nationalliberalen Historikers.

Was es mit den »jugendlichen Torheiten« und »albernen Geheimbünden« auf sich hatte, davon wird im folgenden Kapitel noch die Rede sein. Es sei hier nur noch an einem Beispiel erläutert, mit welcher Brutalität die Behörden in den frühen dreißiger Jahren gegen wirkliche oder vermeintliche Gegner des feudalabsolutistischen Regimes vorgingen:

1833 wurde der Sohn des Bürgermeisters einer mecklenburgischen Kleinstadt, der in Jena Rechtswissenschaft studierte und in den Ferien seine Eltern besuchen wollte, bei der Durchreise in Berlin als »verdächtiger Ausländer« festgenommen. Nach schweren Mißhandlungen im Polizeigefängnis kam er in strenge Untersuchungshaft, da er hatte zugeben müssen, daß er in Jena Kontakt mit demokratisch gesinnten Studenten gehabt hatte. Nach drei Jahren wurde der inzwischen Sechsundzwanzigjährige in einem geheimen Verfahren wegen »hochverräterischer Verbindungen« zum Tode verurteilt, auf inständiges Bitten seiner Eltern und Freunde hin schließlich zu dreißig Jahren Festung »begnadigt«. Erst beinahe acht Jahre nach seiner willkürlichen Festnahme kam er dann auf Grund einer anläßlich des Thronwechsels in Preußen verkündeten Amnestie wieder aus dem Kerker. Später wurde dieser völlig unschuldig Verfolgte, Fritz Reuter, als plattdeutscher Dichter berühmt. Über seine Erlebnisse als politischer Gefangener hat er dann in seinem Buch *Ut mine Festungstid* zusammenfassend geschrieben, was ins Hochdeutsche übersetzt besagt: »Als wir eingesperrt wurden, waren wir noch keine Demokraten; als wir herauskamen, waren wir es alle.«

Ganz anders als dem »ausländischen« Studenten Fritz Reuter erging es dem in Aachen in der preußischen Rheinprovinz lebenden, aus Finkenwerder stammenden Kaufmann David Hansemann, der sich Ende 1830 zum Wortführer der preußischen Besitzbürger machte. Allerdings war Hansemann, von Hause aus ein mittelloser Pfarrerssohn, im Wollhandel zu beträchtlichem Vermögen gekommen und hatte sich dann, sowohl mit der Gründung der Aachener Feuerversicherung im Jahre 1825 als auch durch seine rege publizistische Tätigkeit, schon weit über Aachen hinaus einen Namen gemacht.

Wenige Monate nach der Julirevolution in Frankreich, die in den Staaten des Deutschen Bundes soviel Unruhe ausgelöst hatte, übermittelte Hansemann König Friedrich Wilhelm III. von Preußen eine Denkschrift *Über Preußens Lage und Politik* – ein damals unerhörter Vorgang schon insofern, als es zu den Grundprinzipien des feudalabsolutistischen Regimes und des ganzen Systems Metternich gehörte, daß sich die Untertanen um die Staatsgeschäfte überhaupt nicht zu kümmern, sondern allein die Anordnungen der Obrigkeit ohne Murren zu befolgen hatten.

Hansemann wagte indessen noch mehr: Er erinnerte den König an dessen fünfzehn Jahre zuvor und nur aus Furcht vor Napoleon dem preußischen Volk gegebenes Versprechen, dem Land eine Verfassung zu geben. Ja, er war so kühn, dem Monarchen zugleich ein Programm vorzulegen, das die Umwandlung der absoluten in eine parlamentarisch kontrollierte Monarchie nach englischem Muster empfahl. Er riet zur Aufhebung der Zensur, zur Gewährung voller Pressefreiheit, zur Abschaffung aller Vorrechte des Adels und zur Beseitigung sämtlicher Zoll- und Handelsschranken innerhalb des Deutschen Bundes, damit endlich ein den Erfordernissen der Wirtschaft entsprechender, wesentlich vergrößerter Markt geschaffen würde.

Hansemanns Denkschrift wurde in Berlin mit Kopfschütteln zu den Akten gelegt, aber dem Verfasser, der solche revolutionären Vorschläge zu machen wagte, geschah nichts. Die preußische Regierung scheute davor zurück, den einflußreichen und millionenschweren rheinischen Großbürger ebenso zu behandeln, wie sie in Hunderten von Fällen mit armen Studenten und anderen Habenichtsen verfuhr, die weit harmlosere Gedanken als die Hansemanns diskutiert hatten.

Auch sann man am Berliner Hof nun darüber nach, wie man die reichen Großbürger im wirtschaftspolitischen Bereich befriedigen könnte, ohne an der absolutistischen Herrschaft der Hohenzollern und an den feudalen Vorrechten der preußischen Junker etwas zu ändern.

Bis 1830 hatte das Königreich Preußen, auf unablässiges Drängen der Industriellen, Großhändler und Bankiers hin, schon einige Zollverträge mit kleinen Nachbarstaaten abgeschlossen. 1831 kam ein Zollverband mit Hessen zustande, wo die Bevölkerung bereits während der Unruhen des Vorjahrs die Zollschranken gewaltsam beseitigt hatte. Gleichzeitig begann die Berliner Regierung Verhandlungen mit Bayern, Württemberg und anderen deutschen Staaten mit dem allgemein lebhaft begrüßten Ergebnis, daß am 1. Januar 1834 ein deutscher Zollverein seine Tätigkeit aufnehmen konnte. Damit war endlich jener große innerdeutsche Markt geschaffen, wie ihn sich das Besitzbürgertum, aber auch das gesamte unter den Zöllen und Abgaben leidende Volk seit langem gewünscht hatte. Nun war der Handel innerhalb des Zollvereins frei von schikanösen und langwierigen Kontrollen und die Waren verteuernden Abgaben. Für den Güterverkehr mit den nicht angeschlossenen deutschen Staaten – Mecklenburg, Hannover, Oldenburg, Baden, die Hansestädte sowie einige kleine Fürstentümer – gab es fortan ein System einheitlicher Ein- und Ausfuhrzölle, wie es auch gegenüber dem nichtdeutschen Ausland bestand.

Dieser Zollverein, der in den folgenden Jahren eine so starke Anziehungskraft ausübte, daß ihm dann auch die meisten anderen Staaten des Deutschen Bundes beitraten, wurde zu einem der beiden wichtigsten Faktoren bei der schließlichen Überwindung jener Reste mittelalterlicher und absolutistischer Herrschaftsformen, die die deutschen Regierungen eigentlich durch ihr Zugeständnis an das drängende Großbürgertum zu erhalten gehofft hatten.

Der andere entscheidend wichtige Faktor aber war die Eisenbahn, die von England aus, wo man damit schon seit 1825 praktische Erfahrungen hatte, gegen Ende der dreißiger Jahre ihren Siegeszug durch die Alte Welt anzutreten begann.

Zwar hatte es schon vor 1826 in den Kohlenrevieren der preußischen Rheinprovinz über sechzig Kilometer Eisenbahnen sowie etliche aus England importierte Dampflokomotiven gegeben, aber sie dienten nur der Beförderung von Kohle und Abraum. Die erste für den Personen- und Güterverkehr bestimmte Eisenbahn wurde 1835 auf der nur sechs Kilometer langen Strecke Nürnberg–Fürth in Betrieb genommen. Preußens erste öffentliche Eisenbahn machte am 29. Oktober 1838 ihre erste Fahrt auf dem rund zwanzig Kilometer langen Schienenweg zwischen Berlin und Zehlendorf.

Wenige Wochen später fuhren ihre Züge, die aus zwei luxuriösen »Staatswagen« für Fürstlichkeiten, Waggons erster, zweiter und dritter Klasse sowie einer Anzahl von Gepäck- und Viehwagen bestand, noch ein Stück weiter – bis Potsdam, und die Geschäftsleute in Berlin wie in der fernen preußischen Rheinprovinz begannen nun darüber nachzudenken, wie und wann es wohl möglich sein würde, die rund 660 Kilometer zwischen Aachen und Berlin größtenteils mit der Eisenbahn zu bewältigen – vielleicht auf einem über Potsdam hinaus zunächst bis Magdeburg, dann bis Lehrte, der letzten preußischen Stadt vor den Toren der königlichen Residenz des Nachbarlands Hannover, verlaufenden Schienenweg und einem zweiten, der von der ersten preußischen Festung jenseits des hannoverschen Gebiets, dem nahe der schaumburg-lippischen Haupt- und Residenzstadt Bückeburg gelegenen Minden, zunächst bis Elberfeld, dann bis Düsseldorf und weiter über Jülich bis nach Aachen führen könnte, wo man Anschluß an das schon im Bau befindliche westeuropäische Eisenbahnnetz finden würde.

Es mußte allerdings bei diesem kühnen Projekt ein Schönheitsfehler in Kauf genommen werden: Das etwa ein Sechstel der gesamten Entfernung Berlin–Aachen ausmachende Zwischenstück – hannoversches und schaumburg-lippisches »Ausland« – würde mit Pferdefuhrwerken bewältigt werden müssen. Aber trotz des dann erforderlichen zweimaligen Umladens würde der gesamte Personen- und Warenverkehr zwischen Berlin und dem Rheinland eine große Verbilligung und Beschleunigung erfahren.

Daß der König von Hannover – so wie sein östlicher Nachbar, der nicht so engstirnige und für die Erfordernisse der Wirtschaft recht aufgeschlossene Herzog von Braunschweig – einen Eisenbahnbau mitten durch »sein« Land, das sich wie ein Riegel zwischen die preußischen Provinzen Rheinland und Westfalen im Westen und das Kernland des Königreichs Preußen im Osten schob, jemals gestatten würde, erschien 1838 noch so gut wie ausgeschlossen.

König Ernst August von Hannover war ein Erzreaktionär. Kurz nach seinem Regierungsantritt im Jahr zuvor hatte er die dem Land von seinem Vorgänger gnädigst bewilligte Verfassung kurzerhand wieder aufgehoben und sieben dagegen protestierende Göttinger Professoren, darunter die Brüder Grimm, aus dem Dienst entlassen, drei davon auch gleich aus dem Land gejagt, was von den Bürgern überall in Deutschland mit Empörung aufgenommen worden war.

Was die neumodische Eisenbahn betraf, so hatte Ernst August es bereits kategorisch abgelehnt, dergleichen in seinem Königreich zuzulassen. »Ich will keine Eisenbahn«, war seine Begründung dafür. »Ich will nicht, daß jeder Schneider und Schuster so schnell reisen kann wie ich!«

Der König hatte durchaus richtig erkannt, daß sein Gottesgnadentum in Mitleidenschaft gezogen werden, am Ende gar ins Wanken geraten konnte, wenn er Eisenbahnen zuließe. Wenn er sich in seinem reich vergoldeten Reisewagen acht- oder gar zwölfspännig durch sein Land kutschieren ließ, war er wirklich noch ein König, dem es niemand gleichtun konnte, für den überall frische Pferde bereitgehalten wurden und vor dessen Gefährt sich jedermann am Wege tief verneigte, gleich ob er sich am Fenster zeigte oder schlief.

Die Vorstellung, daß seiner Prunkkarosse etliche weitere, zwar weniger vornehme und bequeme, aber ebenso schnelle, weil mit derselben Antriebskraft beförderte Wagen angehängt werden könnten, erschien dem Monarchen an sich schon grotesk. Indessen sollte es ja nicht nur Wagen erster Klasse – für Hof, Regierung und hohen Adel – geben, vielmehr auch solche zweiter Klasse für höhere Beamte, Richter, Professoren und wohlhabende

Unternehmer, ja selbst Wagen dritter Klasse für Kleinbürger und wohlhabende Bauern, deren Rinder und Schweine in einem angehängten Viehwaggon ebenfalls mitreisen sollten! Dergleichen zu planen, fand Ernst August, war staatsgefährdendes Jakobinertum und grenzte an Hochverrat, wobei er nicht einmal ahnte, was noch zu seinen Lebzeiten, um 1850, Wirklichkeit wurde: Da kamen nämlich Eisenbahnwagen *vierter* Klasse hinzu, für die Personenbeförderung primitiv hergerichtete Viehwaggons, worin jene untersten Volksklassen reisten, deren einziger Daseinszweck darin bestand, anderen als Arbeitskräfte zu dienen, sie reich zu machen und selbst arm zu bleiben sowie die Anzahl der Untertanen zu vermehren!

Die revolutionierende Wirkung, die der Eisenbahnbau in den Staaten des Deutschen Bundes hatte, ging indessen weit über das hinaus, was König Ernst August befürchtete. Sie bestand auch weniger in einer ungebührlichen Gleichmacherei, denn die Klassen blieben ja streng voneinander getrennt, vielmehr in der zuvor nur wenigen Privilegierten gegebenen Möglichkeit, die die Eisenbahnen jetzt breiten Volksschichten verschafften: große Entfernungen zu überwinden, aus der Enge der Dörfer und Kleinstädte herauszukommen, die bisher fremden deutschen Nachbarstaaten kennenzulernen, Vergleiche anzustellen, Informationen und Meinungen auszutauschen.

Das mußte das von den Bürgern ersehnte Ende der von der Mehrheit des Volkes jahrhundertelang für unüberwindlich gehaltenen feudalabsolutistischen Herrschaft wesentlich beschleunigen, denn gerade die Verhinderung der Freizügigkeit und die Unterbindung des freien Informations- und Meinungsaustauschs über die lokalen Grenzen hinweg waren Grundvoraussetzungen für das Funktionieren des Unterdrückungs- und Ausbeutungssystems.

Ihr Wegfall erst ermöglichte es, daß sich aus Ideen in den Köpfen idealistischer Träumer und an einer Weltverbesserung arbeitender Wissenschaftler sowie aus der Erörterung dieser Gedanken in kleinen Zirkeln und geheimen Bruderschaften bald größere, über die engen Staatengrenzen hinausgreifende politische Bewegungen entwickeln und schließlich auch überregional organisieren konnten.

Hinzu kam die große, auch den einfältigsten Untertanen begreifliche Anschaulichkeit, mit der schon die ersten Eisenbahnen die ganze aufgeblasene Arroganz der deutschen Zwergstaaten-Despoten der Lächerlichkeit preisgaben: Wer um 1835 eine lange und beschwerliche Reise durch Deutschland machte – die Fahrt mit der Postkutsche etwa von Berlin nach Frankfurt am Main über 67¼ Meilen Landstraßen von sehr unterschiedlicher Qualität dauerte so lange wie heute die Eisenbahnfahrt von Paris bis Wladiwostok, nämlich acht Tage und Nächte –, der mochte es noch hinnehmen, daß er unterwegs ein Dutzend Staaten zu durchqueren hatte und deren Grenzformalitäten bei der Ein- wie Ausreise über sich ergehen lassen mußte. Der Respekt vor der Souveränität deutscher Kleinstaaten und dem

Gottesgnadentum ihrer Herrscher ließ jedoch rapide nach, wenn man dieselbe Reise mit der Eisenbahn bequem an einem Tage machte und am Nachmittag in sehr rascher Folge die Territorien der souveränen Fürsten, Herzöge, Großherzöge, Kurfürsten und Könige passierte, die die Länder Sachsen, Preußen, Reuß jüngere Linie, Sachsen-Altenburg, Sachsen-Weimar, Reuß ältere Linie, Sachsen-Meiningen, Sachsen-Coburg-Gotha, Bayern, Hessen-Kassel und Hessen-Darmstadt regierten, ein jedes mit eigenen Gesetzen, Zollbestimmungen, Maßen, Gewichten und Währungen, wobei man am Ziel, der Freien Reichsstadt Frankfurt am Main, nicht nur den Paß vorzuweisen, sondern auch eine polizeiliche Aufenthaltserlaubnis zu beantragen hatte.

Die Eisenbahnen brachten also die deutschen Staaten und deren Bewohner einander näher, zugleich aber auch zu der Erkenntnis, daß die feudale Kleinstaaterei längst überholt und der Entwicklung nur noch hinderlich war. Diese Einsicht, zu der die Bankiers, Großkaufleute und Fabrikanten ebenso rasch gelangten wie die Abertausende von Handwerksgesellen, Holzfällern und Bauernknechten, die die Schienenwege bauten, trug wesentlich zur politischen Bewußtseinsbildung der in Unmündigkeit gehaltenen Untertanen der deutschen Fürsten bei.

Gleichzeitig veränderten neue Industrien rasch den Charakter und die Bevölkerungsstruktur vieler Städte und Regionen. Die Arbeiterschaft der neuen Fabriken, Hütten und Zechen, die mit Hungerlöhnen abgespeist wurde, hauste in Elendsquartieren, meist vor den Toren der Städte. Die rasche Zunahme dieses neuen Industrieproletariats in den frühen vierziger Jahren des 19. Jahrhunderts und sein bei sich verschärfender Ausbeutung immer tieferes Absinken in eine schier ausweglose Not schärften bald auch den Blick einsichtiger Bürger für die sozialen Probleme, die die Entwicklung von Technik und Industrie mit sich gebracht hatten.

Die intensive Beschäftigung mit der Lösung der sozialen Frage, deren Ausmaß und Dringlichkeit täglich zunahm, bezeichnete man in Deutschland von etwa 1843/44 an als »Socialismus«.

2.

Die gescheiterte Revolution
und die ungelöste »sociale Frage«

Das zwischen 1834 und 1837 erschienene *Allgemeine deutsche Conversa-tions-Lexikon für die Gebildeten eines jeden Standes* enthielt noch keinerlei Hinweis auf das, was man wenig später als »sociale Frage« bezeichnete; es fehlten auch die Stichworte »Socialismus« und »Communismus«, und über »Demokratie« erfuhr der Leser nur, daß es sich dabei um die – aus den altgriechischen Wörtern für »Volk« und »herrschen« zusammengesetzte – Bezeichnung für »Volksherrschaft« handele, gleichbedeutend mit dem, »was man in neuern Zeiten unter dem Namen Republik versteht«.

Dagegen ließ sich die zwischen 1843 und 1847 bei Brockhaus in Leipzig erschienene *Allgemeine deutsche Real-Encyklopädie für die gebildeten Stände*, ebenfalls ein »Conversations-Lexikon«, bereits sehr ausführlich über die Bedeutung von »Demokratie«, »Socialismus« und »Communis-mus« aus. Der fast anderthalb Druckseiten umfassende Artikel über »Demokratie« kam zu dem Ergebnis, daß »das Regieren . . . stets ein aristo-kratisches Geschäft bleiben« werde; es sollte aber »auch dieses aristokrati-sche Regiment, um nicht durch Einseitigkeit und Kastengeist zu zerfallen, unter demokratischen Einflüssen stehen, d. h., es soll ein reges politisches Bewußtsein im Volke leben, und jegliche Kraft soll sich geltend zu machen suchen, um mit dem Gewicht der öffentlichen Meinung auf das Ganze zu wirken. Dieses Gewicht selbst aber ist ein organisches und siegt nicht durch irgend eine mechanische Vorschrift, die gebietet, sich den meisten oder den lautesten Stimmen zu unterwerfen, sondern indem es sich in den Überzeu-gungen zur Herrschaft erhebt« – eine in Anbetracht der strengen Zensur zwar vorsichtige, doch in deutlicher Opposition zu den allein erlaubten Ansichten und in Deutschland herrschenden Zuständen stehende Mei-nungsäußerung.

Noch weit aufschlußreicher ist, was das Brockhaus-Lexikon von 1847 über »Socialismus« zu vermelden wußte. Der Eintrag begann folgender-maßen:

»Seit einiger Zeit erheben sich bei den Völkern, welche an der Spitze der modernen Cultur stehen, heftige Anklagen gegen unsere gesellschaftlichen Verhältnisse . . . Man weissagt uns eine Umwälzung, die schrecklicher als irgend eine politische Revolution sein soll . . . Aber auch der besonnene Betrachter . . . leugnet nicht mehr, daß unsre Gesellschaft an Übeln leidet, die man früher in solcher Ausdehnung nicht kannte. Was uns zuvörderst bedrückt und als die Quelle der übrigen Mißverhältnisse betrachtet wird, ist die äußerst ungleiche Verteilung der Reichthümer, der schneidende Gegensatz zwischen Arm und Reich, zwischen Entbehrung und Lebensgenuß, und die Angst, daß dieser Gegensatz sich immer schroffer ausbilden muß. Das Gebiet der Industrie, der Schauplatz, auf welchem die Reichthümer der modernen Cultur gewonnen und vertheilt werden, gibt uns den vollen Anblick des Übels und aller drohenden Folgen . . . Ebenso feindselig, wie das Capital dem Capital gegenübersteht, verhält sich auch das Capital zu den Arbeitskräften. Das Talent, das erfindet, die Hand, die ausführt, jede Fähigkeit, die in der unermeßlichen Kette der Production eingereiht ist, gilt nur als Werkzeug und muß sich der absoluten Macht des Capitals beugen. Der Capitalist bestimmt den Arbeitslohn nicht nach dem Ertrage des Unternehmens, sondern er erkauft die menschlichen Kräfte mit höherem oder geringerem Preis, je nachdem sie sich ihm mehr oder weniger zahlreich anbieten. Der Capitalist vereinigt ganze Massen von Arbeitskräften, die er ausbeutet und dann unbekümmert aufgibt . . .«

Das Lexikon schilderte dann sehr ausführlich die vorindustriellen Verhältnisse, wo den Pflichten des Leibeigenen gegenüber dem adligen Gutsherrn der Anspruch der Fronenden auf ein Gnadenbrot und ein Obdach im Falle der Arbeitsunfähigkeit durch Alter oder Invalidität einigermaßen entsprochen hätte. Im modernen Kapitalismus aber gelte nur noch »die Schrankenlosigkeit des persönlichen Interesses«.

Einige wenige, »die das Glück oder besonderes Talent begünstigte oder die schon mit der Waffe des Besitzes den Kampfplatz betraten«, seien nun als Sieger aus dem Kampf der Kapitalisten untereinander hervorgegangen. »In den Händen dieser Einzelnen concentriren sich die Schätze der modernen Production, während der Arbeiter selbst, der nur auf seine Kräfte angewiesen war, ärmer und abhängiger als je geblieben ist.«

Das Lexikon verwies alsdann auf die Verhältnisse in Frankreich und England, »wo der industrielle Aufschwung am höchsten« wäre, »die Wunden, welche die neue Freiheit geschlagen, am brennendsten«.

Dort, hieß es in der Darstellung des Lexikons, hätten sich »aus dem Schooße der arbeitenden Classen selbst mächtige Ideen erhoben«, besonders »die Lehre von der Gütergemeinschaft oder der Communismus«, die ihre Verwirklichung durch zerstörerische Gewalt anstrebe.

»Man kann«, rügte das Lexikon, »allen diesen verzweifelten, auf Gewalt und Vernichtung gerichteten Bestrebungen entgegenhalten, daß sie das, was sie aufbauen wollen, nämlich die Freiheit und die volle Existenz der Persönlichkeit, gerade durch die Verneinung des individuellen Eigenthums an der Wurzel zerstören.«

Indessen konnte das Lexikon auch von »einsamen Denkern« in England und Frankreich berichten, die bei dem in diesen Ländern herrschenden »Mangel an allgemeiner philosophischer Bildung« einzeln, jeder für sich, »eine eigenthümliche Weltanschauung« entworfen hätten und diese zu »einer mehr oder weniger systematischen Wissenschaft der Gesellschaft« zu entwickeln trachteten. »Diese Systeme mit ihren Schulen, die zwar gänzlich radical auftreten, aber ihre Verwirklichung nur auf die Macht der Wahrheit und Überzeugung gründen, sind es, welchen man den Namen *Socialismus* gegeben hat.«

Es war sodann die Rede von Robert Owen (1771-1858), der von dem – keineswegs neuen – Gedanken ausgehend, daß der Mensch an sich weder gut noch böse sei, sondern geprägt werde von seinen äußeren gesellschaftlichen Verhältnissen, die Forderung erhoben hatte, daß jeder das Recht auf einen gleichen Anteil an den gesellschaftlichen Gütern und ihrem Genuß haben müßte;»daß jede Beschränkung, jedes Privilegium, jede hemmende Autorität, folglich auch jedes Sondereigentum« wegzufallen hätten.»Owen gründete nach seinen Ansichten«, hieß es dann noch,»in den Vereinigten Staaten eine Gesellschaft«, die aber sogleich wieder»zusammenfiel, als das gemeinsame Vermögen, das er vorgeschossen, verzehrt war.«

Was die Verfasser des Lexikons 1847 noch nicht wissen konnten: In seinen letzten Lebensjahren wurde Owen, der sich zuvor mit einigen Erfolgen für eine Fabrikgesetzgebung, eine Einführung der Schulpflicht, eine Verkürzung der Arbeitszeit und die Gründung von Konsumgenossenschaften eingesetzt hatte, ein Anhänger des Spiritismus – wohl aus Enttäuschung über das Scheitern seiner ihm wichtigsten Vorhaben.

Das Lexikon wandte sich dann den in Frankreich entwickelten»socialistischen Lehren« zu, zunächst der des Grafen Claude Henri de Saint-Simon (1760-1825). Dieser Sproß einer Herzogsfamilie, die ihr Vermögen während der Französischen Revolution verloren hatte, war nach einem wechselvollen Leben zu der Überzeugung gelangt, die ganze Ordnung des menschlichen Daseins müßte durch ein neues wissenschaftliches System regeneriert werden. An dem Entwurf dieses Systems eines utopischen Sozialismus arbeitete er dann bis zu seinem Tode.

Erst fünf Jahre später, nach der französischen Julirevolution von 1830 – so wußte das Lexikon von Brockhaus aus dem Jahre 1847 zu berichten –, »gelang es seinen Schülern, die öffentliche Aufmerksamkeit zu erregen und der Lehre die Ausbildung und den Umfang zu geben, auf den sie berechnet war. Industrie, Religion, Kunst, Wissenschaft, alle Zweige menschlicher Thätigkeit sollten einen neuen Inhalt wie neue Formen erhalten.«

Saint-Simons Schüler Enfantin, ein wohlhabender Bankierssohn und Ingenieur,»stellte als das Princip dieser neuen Welt die Emancipation des Fleisches auf oder die gleiche Befriedigung und Ausübung der sinnlichen Anlagen des Menschen wie der moralischen und intellectuellen. Auf Grund dieses Princips sollte sich die ganze Menschheit zu einer großen Familie vereinigen... Der Versuch, eine solche Familie im Kleinen zu gründen, endete sehr bald mit Bankerott und Scandal«, wobei das Lexikon diskret verschwieg, daß es vor allem die vollständige, auch sexuelle Emanzipation der Frauen war, die die Saint-Simonisten gefordert und in einer Gemeinschaft von einigen vierzig Personen auch zu verwirklichen versucht hatten, ehe die Justiz eingriff und sie zu harten Gefängnisstrafen verurteilte.

Die französischen Utopisten: Graf Claude Henri de Saint-Simon, 1760-1825 (oben links); François Marie Charles Fourier, 1772-1837 (oben rechts); Pierre Joseph Proudhon, 1809-1865 (unten links): Louis Blanc, 1811-1882 (unten rechts).

»Kaum waren die Saint-Simonisten von dem öffentlichen Schauplatze abgetreten«, hieß es zum Stichwort »Socialismus« weiter, »als in Frankreich das Socialsystem Fourier's außerordentliche Theilnahme und eine Bedeutung gewann, die noch jetzt nicht erloschen ist.«

François Marie Charles Fourier, 1772 als Sohn eines reichen Großhändlers in Besançon geboren und 1837 in großer Armut zu Paris gestorben, war als junger Kaufmann in Lyon 1793 nur knapp der Guillotine entgangen und hatte sein Vermögen verloren. 1799, als Angestellter eines Großhändlers in Marseille, war er von seinem Chef damit beauftragt worden, eine gerade eingetroffene Schiffsladung Reis ins Meer werfen zu lassen, damit die bei der herrschenden Knappheit an Lebensmitteln in schwindelnde Höhen gestiegenen Preise keinen Einbruch erlitten. »Dies soll«, behauptete das Lexikon, »ihn zuerst auf socialistische Ideen gebracht haben... Mehr als seine Vorgänger erkannte er dann, daß die Übel, die unsere Zeit drücken, aus dem Mangel an der Organisation der Kräfte entspringen. An die Stelle der Concurrenz, der zerstückelten Bodencultur, der Zerstreuung und Mißhandlung der Arbeitskräfte soll bei ihm eine Vergesellschaftung (*association*) zu gemeinschaftlicher Arbeit treten, deren Ertrag im Verhältnis zum eingelegten Capital, zum Talent und zur Arbeit vertheilt wird... Das Princip, nach welchem sich die Welt Fourier's bewegen soll« – er prophezeite eine Erwärmung der nördlichen Hemisphäre, die die Menschen nicht nur länger und schwerer sowie 144 Jahre alt werden lasse, sondern auch Abermillionen genialer Dichter, Schauspieler und Mathematiker hervorbringen würde–, »ist es aber, welches die Schwäche und die Nichtigkeit seiner höhern Speculation aufdeckt und den freiesten Tadel verdient.«

Desgleichen verwarfen die Verfasser des Lexikons von 1847 Fouriers Forderungen nach einer Befreiung des Menschen von allen Fesseln der überlieferten Geschlechtsmoral. »Aus dieser Entfesselung der Leidenschaften aller soll sich das Gleichgewicht, die sociale Harmonie, herausstellen, die jede politische und zwingende Autorität unnöthig macht.«

»Fourier hatte das Glück«, so schloß die Darstellung seiner Ideen und ihrer Auswirkungen, »daß seine Schüler den speculativen Theil seiner Arbeit fallen ließen und die Lehre nach der ökonomischen Seite hin verfolgten und ausbreiteten. Versuche, die man später mit der praktischen Ausführung dieser Ökonomie machte, scheiterten an dem Mangel an hinreichendem Capital, an Geschick sowie an Conflicten mit den bestehenden Einrichtungen.«

Abschließend und zusammenfassend stellte das Brockhaus-Lexikon von 1847 zu den Lehren Owens, Saint-Simons und Fouriers fest: »Wie verschieden auch die Zeit und der Boden ist, in welchem diese drei Socialsysteme entsprangen, so besitzen sie doch eine entschiedene Übereinstimmung im Zweck wie in den Principien. Die Theorie des Genusses oder die Entfesselung der Leidenschaften soll die Menschen ohne Anstrengung glücklich machen. Was bisher als der Vorzug und die Aufgabe des vernünftigen Wesens, als die Grundlage alles menschlichen Daseins galt, die Selbstverleugnung und die Zähmung der Triebe, gelten hier als die Ursachen des Verfalls unserer gesellschaftlichen Verhältnisse. Jede Verantwortung, die der Einzelne trägt, wird der Gesellschaft auf die Schultern geladen. Mit

Recht wirft man deshalb den drei Systemen vor, daß sie die moralischen Wahrheiten erschüttert haben... Demungeachtet darf man nicht verschweigen, daß Owen, Saint-Simon und Fourier nach der praktischen Seite hin eine große und nachhaltige Bedeutung erworben haben. Sie... haben inmitten des Kampfes und der Auflösung die ersten Anregungen zu einer Organisation der Arbeit gegeben. Der ökonomischen Wissenschaft, die zwar die Gesetze aufgefunden, wie sich die industriellen Reichthümer bilden, nicht aber wie sich dieselben zum Heile des Ganzen vertheilen, ja die bisher in allen Fragen der Zeit die Lösung schuldig geblieben, wird es zunächst obliegen, die Ideen der Socialisten fruchtbar zu machen.«

Weit aufschlußreicher als die Darstellung dessen, was das fünfzehnbändige Brockhaus-Lexikon von 1843/47 für »Socialismus« hielt, wobei es sich allein mit den Utopien Owens, Saint-Simons und Fouriers befaßte, war seine sehr ausführliche Beschreibung des »Communismus«. Der Eintrag zu diesem Stichwort war fast sechs Druckseiten lang!

Von besonderem Interesse sind die beiden ersten Absätze:

»Communismus kann man im weitesten Sinne die gesammte Opposition nennen, die gegen den wesentlichen Inhalt des gegenwärtigen Privatrechts, namentlich gegen den als legitim anerkannten Begriff des Privateigenthums und somit gegen die Basis der modernen europäischen Gesellschaft selbst gerichtet ist.

Indem aber diese Negation gegen das gesetzlich und herkömmlich Sanctionirte bald auf das eine, bald auf das andere sociale Element besondern Nachdruck legte, ist der Communismus bereits in mannichfachen Richtungen auseinander gegangen, und da kein Verneinendes dauernd ohne ein Bejahendes ist, so hat er sich auch schon einen positiven Inhalt anzueignen und in der verschiedensten Weise denselben auszuprägen versucht.«

Im weiteren wurde ausführlich beschrieben, wie im Verlaufe der Französischen Revolution von 1789 zunächst der ganze »dritte Stand«, also alle, die nicht zum Adel und zur gleichfalls privilegierten Geistlichkeit gehörten, mit der abstrakten Forderung nach Freiheit und Gleichheit den Feudalabsolutismus besiegten und vernichteten; wie sich alsdann innerhalb des dritten Standes der Gegensatz zwischen dem Besitzbürgertum und »dem Pöbel, der großen Masse der Ungebildeten und Nichtbesitzenden, der geistig und leiblich Armen« herausbildete, wobei das Besitzbürgertum mit Hilfe der Militärdiktatur Napoleon Bonapartes den Sieg davontrug; wie auch die »Gesellschaft der Gleichen«, »eine communistische Conspiration«, zerschlagen, ihr Führer, der Grundbuchkommissar François Babeuf, hingerichtet wurde. »Damit endigte die erste Phase des französischen Communismus.«

Sodann folgte eine Darstellung der Lehren Saint-Simons und Fouriers, ähnlich der, die das Lexikon auch unter dem Stichwort »Socialismus« seinen Lesern bot, doch schloß sich daran ein kurzer Hinweis auf eine vierte Lehre an, die des Louis Blanc. Dieser habe, »in Opposition gegen das System der freien Concurrenz, die für das Volk ein System der Vernichtung, für die Bourgeoisie eine Ursache des Ruins werde«, als erster der Regierung »als der höchsten Ordnerin der Production« die Aufgabe gestellt, »vermittels der Errichtung von Nationalwerkstätten«, also von Fabriken, die nicht privaten Kapitalisten, sondern dem Staat und damit der Allgemeinheit gehörten, »die Concurrenz selbst verschwinden zu lassen«.

»Endlich«, hieß es weiter, »gab Proudhon sein mit äußerstem Scharfsinn und großer Gelehrsamkeit geschriebenes Werk heraus: *Qu'est-ce que la propriété?* (›Was ist Eigentum?‹), ein Werk, von dem man nicht mit Unrecht gesagt hat, daß es die Rechtfertigung des Eigenthums aus den bisherigen Gründen unmöglich und eben darum eine tiefere Begründung desselben, als seither geschehen ist, nothwendig gemacht habe«.

Pierre Joseph Proudhon, 1809 in Besançon als Sohn eines armen Handwerkers geboren und 1865 in Passy bei Paris gestorben, hatte in dem genannten Werk das Eigentum als Frucht des Diebstahls, nämlich der Ausbeutung der Schwachen durch den Starken definiert, die von frühen Sozialisten und Kommunisten geforderte Gütergemeinschaft jedoch als die Ausbeutung des Starken durch die Schwachen, mithin das eine so »unwahr und unrecht« genannt wie das andere. Die Gesellschaft sollte stattdessen auf ein System der Gerechtigkeit und der billigen Gegenseitigkeit aufgebaut werden, das er »Mutualismus« nannte; an Stelle der Zwangsgewalt des Staates sollte eine einfache, auf jede staatliche Organisation verzichtende Regierung der Vernunft, eine Anarchie, treten.

Proudhon, der sich autodidaktisch gebildet und fleißig mit der Philosophie Kants und der von Hegel stammenden Dialektik befaßt hatte, war in den vierziger Jahren als Schriftsteller sehr produktiv gewesen. Sein wichtigstes Werk, dessen Titel in deutscher Übersetzung *System der ökonomischen Widersprüche oder Philosophie des Elends* lautete, wurde von Karl Marx 1847 mit einer Entgegnung, die er spöttisch *Das Elend der Philosophie* überschrieben hatte, heftig angegriffen und als kleinbürgerlicher, unwissenschaftlicher Unfug abgetan. Aber davon wußten die Verfasser des zitierten Lexikons noch nichts.

Überhaupt war von deutschen Theoretikern des »Communimus« oder »Socialismus« in den seitenlangen Ausführungen des Brockhaus von 1847 nur einmal kurz die Rede. Da hieß es:

»Endlich fand noch die communistische Lehre, jedoch nur in ihrer mildern Gestalt... im Elsaß und in mehren Theilen der Schweiz, hier auch bei deutschen Handwerkern, einigen Anhang; und selbst die in Deutschland in neuester Zeit entdeckten und zum Gegenstande einer Untersuchung gewordenen geheimen Verbindungen ließen socialistische und communistische Anklänge gewahren. Eine in vielfacher Hinsicht sehr merkwürdige communistische Schrift sind die ›Garantien der Harmonie und Freiheit‹ von Wilhelm Weitling...«

Doch ehe wir darauf näher eingehen und einige Mängel der Darstellung beheben, sei noch ein letztes Mal der Brockhaus von 1847 zitiert. Der Abschnitt über »Communismus« schließt nämlich mit einer sehr bemerkenswerten Feststellung:

»Faßt man alle Abstufungen der communistischen Lehren als ein Ganzes ins Auge, so ergeben sich als ihre Grundirrthümer das Verkennen der vollen Bedeutung der Individualität, die sich nach ihrer wahren Freiheit der Außenwelt soll einprägen können, ohne daß ihr im voraus eine stets nur willkürliche Grenze gezogen werden dürfte; die Unbekanntschaft mit dem eigentlichen Wesen der Productivität und Consumtion in ihrer gegenseitig sich bestimmenden lebendigen Wechselwirkung; endlich die schiefe Auffassung von der Aufgabe des Staats, die stets nur eine vermittelnde zwischen der socialen Gesammtheit und den einzelnen Gliedern ist... Allein wenn sich der Communismus auch nie und nimmermehr dauernd und allgemein im Leben durchzusetzen vermag, so ist er doch selbst ein Erzeugniß socialer Mißstände und unnatürlicher Ungleichheiten... Er ist darum auch ein wichtiges und vielleicht das wichtigste Ferment in der ganzen Bewegung unserer Zeit. Die Gegner der jetzigen socialen Ordnung sind bereits zum Bewußtsein dieser Wichtigkeit gekommen. Proudhon spricht schon die Meinung von Hunderttausenden aus, wenn er sagt: ›Eure (der Eigenthümer) Rolle ist die der Emancipatoren des Volks! Zittert, wenn sich eure Mündel vor der Zeit für emancipiert erklären! Reizt uns vor Allem nicht zu Ausbrüchen unserer Verzweiflung! Denn gelänge es euren Soldaten, uns zu unterdrücken, ihr würdet dennoch nicht vor unserm letzten Hülfsmittel Stand halten. Dies ist nicht Königsmord und Meuchelmord, nicht Gift und Brand, nicht Arbeitseinstellung und Auswanderung, nicht Aufstand und Selbstmord: es ist etwas Schrecklicheres und Wirksameres, es ist ein Etwas, in dem dies alles zusammentrifft.‹ Diese Worte enthalten eine eventuelle Kriegserklärung an das Eigenthum, gegründet auf die Lehre einer Moral, die noch zur Zeit als verwerflich anerkannt ist, der aber unter Umständen die gedrückten Classen nur allzu bereitwillig folgen würden... So ist es denn wahrlich an der Zeit, endlich die Bestimmungen..., namentlich über das Eigenthum, ... mit Rücksicht auf die Lage und die Interessen der untern Classen einer gründlichen Revision zu unterwerfen. Wird uns erst die Noth dazu zwingen...? Es werden schwerlich viele Jahrzehnde vergehen, ehe darauf die Weltgeschichte Antwort ertheilt, aber auch jetzt schon ist es die Sache des Staatsmanns und der wissenschaftlichen Politik, die wichtigste Zeitfrage mit einem von den Illusionen des Herkommens ungetrübten Blicke scharf ins Auge zu fassen.«

Im Herbst 1847, als die letzten Bände des zitierten Lexikons in Leipzig erschienen, steckten die deutschen Staaten in einer schweren Finanz- und Wirtschaftskrise. Die unteren Volksschichten verelendeten immer mehr durch sinkende Löhne, steigende Preise, verlängerte Arbeitszeiten, massenhafte Entlassungen erwachsener Fabrikarbeiter und deren Ersatz durch Kinder, die mit einem Viertel des Lohns zufrieden sein mußten.

Auch dem kleinbürgerlichen Mittelstand machte die Krise, die durch Mißernten noch verschärft wurde, schwer zu schaffen. Viele kleine Handwerker, die mit der sich ausbreitenden industriellen Produktion nicht mehr konkurrieren konnten, sahen sich gezwungen, ihre Selbständigkeit aufzugeben und sich dem Heer der Fabrikarbeiter einzureihen.

Die bürgerlichen Akademiker und Intellektuellen sowie das erstarkte Besitzbürgertum, zumal die reich gewordenen Fabrikanten und Bankiers, litten indessen unter einem anderen Mangel: Sie, die allen industriellen, wissenschaftlichen und kulturellen Fortschritt bewirkten, die einzig Gebildeten und die großen Steuerzahler waren, wurden noch immer in politischer Unmündigkeit und Rechtlosigkeit gehalten!

Sie empfanden die Arroganz und Borniertheit der Herrschenden, die in zwei Jahrzehnten der Reaktion um keine Spur nachgelassen hatten, als kaum noch erträglich. So wie ein halbes Jahrhundert zuvor der große Philosoph Immanuel Kant noch als Siebzigjähriger von der preußischen Regierung wie ein ungezogener Schuljunge heruntergeputzt worden war, weil er über »Religion innerhalb der Grenzen der bloßen Vernunft« zu schreiben gewagt hatte, so wurden die angesehensten Bürger noch immer behandelt.

Als 1838, nach der Entlassung der sieben Göttinger Professoren durch den neuen König von Hannover, viele berühmte Gelehrte und um das Gemeinwohl besorgte Honoratioren gegen diese Willkürmaßnahme in wohlgesetzten Schreiben Protest erhoben hatten, waren sie vom preußischen Innenminister Rochus v. Rochow in arroganter Weise abgekanzelt worden: »Es ziemt dem Untertanen«, hatte dieser aufgeblasene Junker dem prominentesten Danziger Kaufmann, Jacobus van Riesen, in einem amtlichen Schreiben, das dann veröffentlicht wurde, mitteilen lassen, »seinem Könige und Landesherrn schuldigen Gehorsam zu leisten und sich bei Befolgung der an ihn ergehenden Befehle mit der Verantwortlichkeit zu beruhigen, welche die von Gott eingesetzte Obrigkeit dafür übernimmt; aber es ziemt ihm nicht, die Handlungen des Staatsoberhaupts an den Maßstab seiner beschränkten Einsicht anzulegen und sich in dünkelhaftem Übermute ein öffentliches Urteil über die Rechtmäßigkeit derselben anzumaßen.«

Diese Einschätzung der bürgerlichen Intelligenz hatte in der deutschen Bourgeoisie beträchtliche Entrüstung hervorgerufen; das Wort vom »beschränkten Untertanenverstand« war selbst in kleinbürgerlichen Kreisen der anderen Staaten des Deutschen Bundes als dreiste Herausforderung empfunden worden. Aber niemand hatte den Mut gehabt, Herrn v. Rochow die ihm gebührende Antwort zu erteilen.

Der reaktionäre Druck, der auf Deutschland, ja auf dem ganzen Kontinent lastete, hatte sich nach 1830 noch erheblich verstärkt. Jede öffentliche Bekundung der Sehnsucht der deutschen Bürger nach Beseitigung der Fürsten- und Adelsherrschaft, nach demokratischen Freiheiten und nationaler Einheit, jeder Versuch zur Organisation solcher Bestrebungen, erst recht alle Bemühungen radikaler Gruppen, das Volk durch flammende Aufrufe und spektakuläre Aktionen wachzurütteln und eine Revolution zu entfachen, waren samt und sonders gescheitert und hatten nur zu noch strengeren Unterdrückungsmaßnahmen geführt*: Der Zug Abertausender zum Hambacher Schloß im Mai 1832 war von den aufgeschreckten Regierungen mit Zensurverschärfung, Vereinsverboten und anderen »Maßregeln zur Aufrechterhaltung der gesetzlichen Ordnung und Ruhe« beantwortet worden; der bewaffnete Angriff von etwa zweihundert Studenten und einigen Handwerksburschen auf die Frankfurter Haupt- und Konstablerwache am 3. April 1833, der einen Sturm auf den Sitz des Bundestags und eine allgemeine Volkserhebung hatte einleiten sollen, aber verraten und vom Militär zurückgeschlagen worden war, hatte eine Vielzahl von Verhaftungen und Aburteilungen sowie eine weitere Verschärfung der Zensur zur Folge gehabt; und schließlich war der Versuch hessischer Demokraten, zu denen auch der einundzwanzigjährige Medizinstudent Georg Büchner gehörte, die unterdrückten Bauern durch aufrüttelnde Appelle – wie den des von Büchner verfaßten *Hessischen Landboten* – zum Aufstand zu bewegen, ebenfalls gescheitert. Teils war die Landbevölkerung nicht bereit gewesen, sich mit der illegalen Flugschrift zu befassen und damit womöglich harter Bestrafung auszusetzen, teils hatte man die Verfasser verraten; Büchner war, wie zahlreiche andere politisch Verfolgte, nur durch rasche Flucht ins Elsaß, dann in die Schweiz, dem Kerker entgangen.

Danach, etwa vom Herbst 1834 an, »starb in Deutschland jede öffentliche Bewegung aus« – eine Feststellung, die von Friedrich Engels stammt. Im Rückblick datierte er diese Periode bis zum Beginn der vierziger Jahre und wies besonders darauf hin, daß »die Zeit für allgemeine politische Bewegung des Bürgertums noch nicht gekommen war«, nicht zuletzt wegen der Teilnahmslosigkeit der Bürger Preußens. Indessen entstanden von der Mitte der dreißiger Jahre an im Ausland, vor allem in Frankreich und in der Schweiz, Vereinigungen der dort arbeitenden deutschen Handwerksgesellen. Einige vor der Reaktion in westliche Nachbarländer geflüchtete deutsche Intellektuelle, die vom Exil aus versuchten, »den Kampf gegen die wachsende Nachlässigkeit und Gleichgültigkeit der bürgerlichen Klassen« fortzusetzen, trugen dann wesentlich dazu bei, daß sich in den Auslandsvereinigungen deutscher Handwerker politisches Bewußtsein bildete. In Paris, wo der zwei Jahre zuvor entstandene »Deutsche Volksverein« 1834 von den Behörden aufgelöst worden war, bildete sich bald darauf ein geheimer »Bund der Geächteten«. Ihm gehörten etwa hundertfünfzig Handwerksgesellen an, die sich »die Befreiung und Wiedergeburt Deutschlands und die Verwirklichung der in der Erklärung der Menschen- und Bürgerrechte ausgesprochenen Grundsätze« zum Ziel gesetzt hatten. Ihr Führer war der 1805 in Köln geborene Schriftsteller Jakob Venedey, der aus Preußen hatte fliehen müssen, wegen seiner Teilnahme am Hambacher Fest in der Pfalz inhaftiert worden war, sich jedoch hatte befreien und nach Frankreich retten können. Da Venedeys sehr autokratischer, keine Diskussion zulassender Führungs-

35

stil vielen Mitgliedern des Bundes mißfiel, setzten sie sich von ihm ab und gründeten einen neuen Geheimbund, den »Bund der Gerechten«.

Er gliederte sich in »Gemeinden« von fünf bis zehn Mitgliedern, »Gaue« mit je fünf bis zehn Gemeinden und einen zentralen Lenkungsausschuß, die »Volkshalle«, in die jeder Gau ein Mitglied entsandte – also schon sehr ähnlich wie später die Parteien. Doch zu mehr als zu gegenseitiger Unterstützung und ungezielter Propaganda war auch der Bund der Gerechten nicht fähig. Erst als um 1840 die wichtigsten, in Paris lebenden Mitglieder des Bundes aus Frankreich ausgewiesen wurden und sich in London wieder zusammenfanden, änderte sich das.

Drei führende Mitglieder, der Uhrmacher Josef Moll, der Schriftsteller Karl Schapper und der Schuhmacher Heinrich Bauer, gründeten dort den »Deutschen Arbeiterbildungsverein«, der noch jahrzehntelang für die deutsche Arbeiterbewegung eine wichtige Rolle spielen sollte.

Innerhalb dieses öffentlichen, bei den Behörden angemeldeten Vereins sowie in den zahlreichen damals schon bestehenden Gesang-, Turn- und Geselligkeitsvereinen der deutschen Handwerker im In- und Ausland übernahmen die »Gerechten« allmählich die Führung und warben neue Mitglieder für ihre geheime Organisation. Bald entstanden Arbeiterbildungsvereine auch in der Schweiz, in Frankreich, in Holland und sogar in Deutschland. Unter ihrem Deckmantel breitete sich der geheime Bund der Gerechten aus und gewann viele neue Anhänger. Auch hatte er inzwischen eine eigene theoretische Grundlage erhalten, die von dem 1808 in Magdeburg geborenen Schneidergesellen Wilhelm Weitling stammte, der 1835 nach Paris gekommen, dort zunächst zu den »Geächteten« gestoßen und von 1837 an einer der Aktivsten im Bund der Gerechten geworden war. Obwohl er werktags bis zu vierzehn Stunden, sonntags bis zum Mittag arbeiten mußte, hatte er sich in seiner spärlichen Freizeit autodidaktisch gebildet, Sprachen gelernt, die deutschen und französischen Klassiker gelesen und sich vor allem mit den Schriften der französischen und englischen »Socialisten« und »Communisten« beschäftigt. Im Winter 1837/38 war er beauftragt worden, für den Bund der Gerechten ein Programm zu entwerfen. In vielen Nachtstunden hatte Weitling dann an einer Schrift gearbeitet, die den Titel trug: *Die Menschheit, wie sie ist und wie sie sein sollte.* Den Druck und die Verteilung besorgten die Gerechten selbst. Die Broschüre wurde dann im ganzen deutschen Sprachgebiet verbreitet, vor allem in der Schweiz, und sie fand bei denen, für die sie bestimmt war, den deutschen Handwerksgesellen, großen Anklang.

Noch größere Wirkung erzielte Weitling mit seinem vier Jahre später, 1842, in der Schweiz verfaßten und dort auch erschienenen – im Brockhaus-Conversations-Lexikon von 1847 als »sehr merkwürdige communistische Schrift« bezeichneten – Hauptwerk: *Garantien der Harmonie und Freiheit,* worin er die menschlichen Begierden als die eigentliche Triebkraft der gesellschaftlichen Entwicklung beschrieb, auch den ins Industrieproletariat

Wilhelm Weitling,
1808-1871.

absinkenden kleinen Handwerkern ihre Lage anschaulich darstellte. Die Reichen, so erklärte er ihnen, »drücken alle Lasten tief nach unten, und je stärker die Reichsten und Mächtigsten drücken, und je mehr die gedrückten Armen zusammensinken, desto mehr Individuen des Mittelstandes werden unter die Armenpresse geschoben, um die Fehlenden zu ersetzen«.

Das Buch erregte großes Aufsehen. Sein Verfasser aber, 1843 verhaftet und nach Verbüßung einer Gefängnisstrafe aus der Schweiz ausgewiesen, war damit zum ersten anerkannten geistigen Führer der deutschen Arbeiterorganisationen in Westeuropa geworden, und als solchem werden wir ihm im nächsten Kapitel noch einmal begegnen.

Angemerkt sei hier nur noch, daß am 20. Januar 1847 der von London nach Brüssel reisende Uhrmacher Moll von der Volkshalle des Bundes der Gerechten Vollmacht erhielt, zwei neue Mitglieder in die Geheimorganisation aufzunehmen: den Redakteur Dr. Karl Marx und den Fabrikanten Friedrich Engels.

Marx war zu Jahresbeginn 1842 nach beendetem Studium in die Redaktion der soeben gegründeten *Rheinischen Zeitung für Politik, Handel und Gewerbe* eingetreten, eines Blattes, das von gemäßigt liberalen Kölner Bankiers zur Ausnutzung einer gerade in Kraft getretenen Lockerung der preußischen Zensur als neues Organ der Opposition ins Leben gerufen worden war. Das Blatt sollte zum Sprachrohr des ganzen oppositionellen Spektrums, von den königstreuen Liberalen bis zu den entschiedensten Demokraten, werden, und so gewann die *Rheinische Zeitung*, deren Chefredaktion schon nach wenigen Monaten Marx übernahm, eine Reihe oppositioneller Wortführer zu Mitarbeitern, unter ihnen den Dichter Georg Herwegh.

37

Der Urwähler.

Wochenschrift.

Redakteur: **Wilhelm Weitling.**

Keine Gütervertheilung!
Keine Zwangsarbeit! —
Aber lohnende Arbeit und ehrlichen Handel für Alle.

Abonnements-Preis für Berlin und für die Provinzen im Buchhandel monatlich 3 Sgr. Bei den Königl. Post-Ämtern werden nur Quartal-Abonnements mit 10 Sgr. entgegengenommen. Briefe und Zusendungen werden franco durch den Verleger erbeten.

Alles hofft auf ein Besserwerden unserer politischen und socialen Zustände, alles hofft auf sociale Reformen. Viele wollen für diese Hoffnungen thätig sein und schließen sich daher irgend einer politischen Parthei an. Aber welche politische Parthei verfolgt planmäßig auf dem politischen Felde social-reformatorische Richtung?

Wenn man die Wortführer der verschiedenen Partheien hört, so wollen sie alle das Gute, das Glück der Menschheit, ein einiges Deutschland; alle wollen Wahrheit und Gerechtigkeit, Freiheit und Brod für Alle, Gleichheit und Bruderliebe. Aber was läßt sich nicht Alles unter diese Schlagworte bringen! Die Revolutionen und Freiheitskriege haben uns satsam gezeigt, welchen Mißbrauch man mit schönen Worten machen kann. Denkt nur an die französische Republik. Diese regieren jetzt einige hundert aus den Wahlen des Volkes hervorgegangene Tyrannen und Anbeter des goldenen Kalbes, mit der Devise: Freiheit! Gleichheit! Bruderlichkeit! Und wie regieren sie!? Nichts ist unfreier, ungleicher und unbrüderlicher als die Zustände, unter welchen sie berathen und welche zu erhalten sie ihre Gesetze dictiren.

Socialreformer haben wir in Deutschland genug, man kann sagen, alle unsre Demokraten sind Socialreformer, aber alle diese Kräfte auf dem politischen Felde zersplittert. Sie, welche allein fähig sind, der Politik eine Richtung zu geben, lassen sich von den Bewegungen derselben in den blauen Dunst eines unbestimmten, Volksherrschaft genannten Zustandes leiten.

Und ist Volksherrschaft nicht auch wieder eine unbestimmte Phrase? Ist es nicht auch wieder eine bloße Form, durch die, wenn sie verwirklicht ist, man erst zu erreichen hofft, was man überhaupt erreichen will? Ist es darum nicht einfacher, verständlicher und kürzer, gleich für das Propaganda zu machen, was man überhaupt im Interesse Aller als Endresultat für das Beste hält?

Dazu haben wir jetzt die Freiheit des Wortes und der Schrift, der Versammlungen und der Wahlen.

Angenommen wir erreichten morgen das höchste Ideal der Volksherrschaft, die Republik, und wollten sie zur Wahrheit machen, könnten wir dann wohl bei den ersten Wahlen auf eine Mehrheit von Abgeordneten rechnen, denen es nicht an Verstand und gutem Willen gebricht, um die Gesellschaft im Interesse der arbeitenden und nothleidenden Mehrheit zu reformiren? Nein! das Volk würde, unvorbereitet wie es ist, Wahlen treffen, die in Mehrheit gegen sein Interesse ausfallen würden. Die Beispiele aller bisher in verschiedenen Ländern stattgefundenen Wahlen beweisen dies.

So viel steht also fest: Ob in einer demokratischen Monarchie, oder in einer Republik, immer müssen wir alle unsere Kräfte zur Vorbereitung auf die Wahlen aufbieten, wenn wir auf demokratischem Wege eine Reform der Gesellschaft bezwecken.

Einige sagen: Das wird sich schon finden. Erst müssen wir einreißen. Aber wenn dann einmal nach langem Leiden und Hoffen eingerissen wird, und diese Leute werden

Titelseite der ersten Nummer des von Wilhelm Weitling redigierten Urwähler.

Herwegh, der später für die deutsche Arbeiterbewegung sehr bedeutsam wurde, war 1817 in Stuttgart geboren, hatte am Tübinger Stift seine Schulzeit verbracht, war dann vor dem Militärdienst in die Schweiz geflohen und hatte dort an der von Johann Georg August Wirth, einem der Organisatoren des Hambacher Fests von 1832, herausgegebenen Zeitschrift *Die Volkshalle* mitgearbeitet. In ganz Deutschland bekannt geworden war Herwegh jedoch erst mit seinen 1841 erschienenen *Gedichten eines Lebendigen*, die ihn, zumal bei der bürgerlichen und studentischen Jugend, außerordentlich populär machten. Eine Reise, die er im Herbst 1842 – unter sorgsamer Aussparung Württembergs, wo er als Deserteur verhaftet worden wäre – durch Deutschland machte, gestaltete sich zu einem wahren Triumphzug; End- und Höhepunkt dieser Reise aber war Herweghs Besuch in Königsberg, wo er Johann Jacoby besuchte, »den tapfersten Freund der Freiheit«, wie er ihn nannte. Der zwölf Jahre ältere Jacoby, 1805 in Königsberg geboren, war als praktischer Arzt und gelegentlicher Publizist

Georg Herwegh (1817-1875),
der Dichter des
ADAV-Bundesliedes.

Anfang 1841 mit einem Schlage berühmt, ja zum »Liebling der Nation«, zum Wortführer der entschieden demokratischen Opposition geworden. Mit einer unter geschickter Umgehung von Zensur und Polizei in großer Auflage verbreiteten Flugschrift mit dem Titel *Vier Fragen beantwortet von einem Ostpreußen* hatte Jacoby seine Mitbürger aufgefordert, nicht länger mit »untertänigsten Bitten« und demütigen Petitionen um die endliche »Gewährung« einer Verfassung einzukommen, sondern die seit langem ersehnte Beteiligung des mündigen Volks an den Staatsangelegenheiten »nunmehr als erwiesenes Recht in Anspruch zu nehmen«.

Jacobys kühne Worte schmetterten wie Fanfarenklänge in die Friedhofsstille, die das System Metternich in den Staaten des Deutschen Bundes erzwungen hatte. Seine *Vier Fragen* erregten in ganz Deutschland mehr Aufsehen als je eine Flugschrift zuvor oder danach. Sie trug wesentlich bei zur politischen Bewußtseinsbildung bei dem großenteils noch von Untertanengeist beseelten Bürgertum, noch mehr aber der jahrelange Prozeß, den die preußische Regierung gegen den »frechen Aufrührer« Jacoby in Gang gesetzt hatte und der 1843 mit seinem sensationellen Freispruch durch das höchste preußische Gericht zu einem ganz Deutschland freudig überraschenden Ende gekommen war.

Die Redaktion der *Rheinischen Zeitung* hatte Jacoby dann wiederholt aufgefordert, doch auch für sie zu schreiben. Aber als der Verfasser der berühmten *Vier Fragen* nach beendetem Prozeß und dessen Nachwehen schließlich so weit war, sich ernstlich mit diesem Angebot zu befassen, da hatte König Friedrich Wilhelm IV. von Preußen die auf sein Geheiß vor-

39

übergehend gelockerte Zensur wieder verschärft, das weitere Erscheinen des Kölner Oppositionsblatts gänzlich verboten. Chefredakteur Dr. Marx war zunächst arbeitslos und ging Ende 1843 nach Paris, wo er zusammen mit Arnold Ruge die *Deutschfranzösischen Jahrbücher* herausgab, von denen sich beide viel Interesse bei den zahlreichen in Paris lebenden deutschen Handwerkern und politischen Flüchtlingen erhofften. Doch diese hochgespannten Erwartungen trogen; die *Jahrbücher* konnten nur einmal erscheinen, und überdies wurde Marx auf Betreiben der preußischen Regierung Anfang 1845 aus Paris ausgewiesen. Inzwischen hatte er sich nämlich vom bürgerlichen Demokraten zum entschiedenen Sozialisten entwickelt, doch war er in seinen ersten theoretischen Arbeiten bereits weit über den utopischen »Socialismus« hinausgegangen.

»Meine Untersuchung«, so beschrieb er später seine erste Hinwendung zum historischen und dialektischen Materialismus sowie seine Erkenntnis von der geschichtlichen Rolle des Proletariats, »mündete in dem Ergebnis, daß Rechtsverhältnisse wie Staatsformen weder aus sich selbst zu begreifen sind noch aus der sogenannten allgemeinen Entwicklung des menschlichen Geistes, sondern vielmehr in den materiellen Lebensverhältnissen wurzeln ...«

Auch schloß Karl Marx noch in Paris mit dem ihn dort besuchenden Friedrich Engels jene enge Freundschaft, die sich bis über Marx' Tod hinaus bewähren sollte, und beide begannen nun auch von Brüssel aus, wohin sich Marx nach seiner Ausweisung begab, von der revolutionären Theorie zur revolutionären Praxis überzugehen – Grund genug, sie beide in etwas näheren Augenschein zu nehmen:

Karl Marx, 1818 im ehemals kurerzbischöflichen, seit 1815 preußischen Trier als Sohn des wohlhabenden Advokaten Heinrich Marx geboren, eines »Verehrers Preußens« und des »Alten Fritz«, der in der stockkatholischen Bischofsstadt vom Judentum zum Protestantismus übergetreten war, hatte eine sorglose Jugend verbracht, erst als Gymnasiast, dann als Jura- und Philosophiestudent in Bonn und Berlin.

Der Mentor des jungen Marx während dessen Schulzeit war der damalige Chef der königlich preußischen Provinzialregierung, der Geheime Regierungsrat Ludwig v. Westphalen, mit dessen Tochter Jenny sich der fünfundzwanzigjährige Dr. Marx im Sommer 1843 verheiratet hatte und zunächst ins Pariser, dann ins Brüsseler Exil gegangen war.

Friedrich Engels, vom Sommer 1844 an der enge, bald unzertrennliche und stets hilfsbereite Freund des Ehepaars Marx, war 1820 als Sohn eines wohlhabenden, fromm protestantischen Fabrikanten in Elberfeld zur Welt gekommen, hatte das Gymnasium sowie eine kaufmännische Lehre absolviert, auch während seiner Militärdienstzeit in Berlin die philosophischen und volkswirtschaftlichen Vorlesungen an der Universität fleißig besucht und war dann als Direktionsassistent in England gewesen, wo sein Vater an Fabriken beteiligt war.

Karl Marx, 1818-1883. Die Aufnahme entstand um 1856 in London.

Im Industriegebiet von Yorkshire und Lancashire wie schon zuvor im Wuppertal hatte der junge Engels aus nächster Nähe das entsetzliche, schier hoffnungslose Elend der Fabrikarbeiterschaft kennengelernt, und er war zu den gleichen Erkenntnissen gelangt wie Marx: Daß so viele Menschen in bitterster Not lebten, obwohl sie von Kindesbeinen an unermüdlich schufteten, war weder »göttliche Fügung« noch ein »Naturgesetz«, vielmehr das Resultat rücksichtsloser Ausbeutung der Vielen durch einige Wenige. Auch der Staat und seine Ordnung waren keineswegs »gottgegeben«, sondern von den Ausbeutern entsprechend ihren Bedürfnissen entwickelt worden als Instrumente eines in der Form gewaltsamer Unterdrückung geführten Klassenkampfes. Sie hatten auch bereits die Überzeugung gewonnen, daß die verelendeten, schamlos ausgebeuteten Proletarier in Wahrheit nicht nur die eigentlichen Hervorbringer des gesamten materiellen Wohlstands waren, sondern auch, trotz ihrer scheinbaren Ohnmacht, die entscheidende Kraft jeder gesellschaftlichen und politischen Umwälzung.

Da hatten also zwei gebildete Bürgersöhne aus wohlhabenden, königstreuen Familien bei Tee und süßem Gebäck, das ihnen Frau Jenny, wohlerzogene Tochter eines hohen preußischen Beamten und Schwester des einige Jahre später zum Polizeiminister des erzreaktionären Königreichs ernannten Ferdinand v. Westphalen, freundlich darbot, damit begonnen, dem Sozialismus mit Hilfe des dialektischen Materialismus ein wissenschaftliches Fundament zu legen! Und mit einer gemeinsam verfaßten Schrift, *Die heilige Familie oder Kritik der kritischen Kritik*, der wenige Monate später Engels' Erstlingswerk, *Die Lage der arbeitenden Klasse in England*, folgte, versuchten eben diese beiden jungen Männer, alle bisherigen utopisch-sozialistischen und sozialphilosophischen Theorien zu widerlegen. Sie waren dabei weit über die bloße Anwendung der Hegelschen Dialektik auf die materialistische Auffassung Ludwig Feuerbachs* hinausgegangen. Ein zentraler Punkt, den Marx dann in einem Aufsatz über Feuerbach programmatisch formulierte, war dabei die Forderung: »Die Philosophen haben die Welt nur verschieden interpretiert; es kommt aber darauf an, sie zu verändern.« Die praktische Konsequenz dieser Erkenntnisse war, daß sie mit der einzigen schon bestehenden Organisation des deutschen Proletariats, dem Bund der Gerechten, Verbindung aufnahmen mit dem Ziel, ihm seinen utopischen »Handwerkerkommunismus« und Sektencharakter zu nehmen und den Bund zu einer sozialistischen Partei zu machen, wie sie ihren Vorstellungen entsprach.

Anfang 1846 gründeten Marx und Engels auch schon als ersten Schritt in dieser Richtung ein »Kommunistisches Korrespondenz-Komitee« mit Sitz in Brüssel, und dort fand dann die erste große Aussprache der beiden mit Wilhelm Weitling statt, der aus London angereist war. Marx drang in diesem Gespräch darauf, daß der Arbeiterschaft wissenschaftliche Erkenntnisse über den Gang der gesellschaftlichen Entwicklung vermittelt werden müßten, während Weitling seinen utopischen Sozialismus verteidigte, der von Klassenkampf nichts wissen wollte. Es kam zu keiner Verständigung, und wenig später verließ Weitling London, wo seine bisherigen Anhänger im Lenkungsausschuß von ihm abfielen, und wanderte nach Amerika aus, wo er sich mehr Verständnis für seine Ideen erhoffte.

Bis zum Sommer 1847 hatten sich Marx und Engels im Bund der Gerechten, der dann in einen »Bund der Kommunisten« umbenannt wurde, weitgehend durchgesetzt. Engels sprach von einer »stillen Umwälzung, die sich

Friedrich Engels, 1820-1895. Das Bild wurde 1864 in Manchester aufgenommen.

im Bund und namentlich unter den Londoner Leitern vollzog«, und er erklärte dies mit der »Unzulänglichkeit der bisherigen Auffassung des Kommunismus, sowohl des französischen einfachen Gleichheitskommunismus wie des Weitlingschen«.

Nun konnten Marx und Engels sowie einige ihrer Anhänger und engen Mitarbeiter wie der Schriftsteller Wilhelm Wolff dem Bund der Kommunisten beitreten, wo sie sogleich eine geradezu fieberhafte Aktivität entfalteten. Denn inzwischen hatte sich die Lage nicht allein in den deutschen Staaten, sondern in fast ganz Europa so weit zugespitzt, daß es jeden Augenblick zu einer Machtprobe zwischen den unterdrückten Völkern und ihren Fürsten kommen konnte, »einer ungeheuren Revolution, welche das

Schicksal der Menschheit wahrscheinlich für Jahrhunderte entscheiden wird«, wie es in einer Verlautbarung der Leitung des Bundes vom Februar 1847 schon geheißen hatte. Es war also höchste Zeit, ein klares Programm zu beschließen, wie es dann auch im Dezember 1847, zunächst als Bundessatzung, von einer Delegiertenkonferenz verabschiedet wurde. Der erste Artikel lautete: »Der Zweck des Bundes ist... die Aufhebung der alten, auf Klassengegensätzen beruhenden bürgerlichen Gesellschaft und die Gründung einer neuen Gesellschaft ohne Klassen und ohne Privateigentum.«

Marx und Engels wurden beauftragt, ein Manifest auszuarbeiten, das die Forderungen der Kommunisten in Deutschland enthalten sollte. Es wurde wenige Wochen später, unmittelbar vor den schweren revolutionären Erschütterungen, die Europa dann erlebte, vom Vorstand gebilligt und durch Flugblätter bekanntgemacht. Dieses als *Kommunistisches Manifest* berühmt gewordene Flugblatt, erst recht die »Forderungen«, die im Anhang im Urtext wiedergegeben sind, gingen weit über das hinaus, was die gesamte bürgerliche Opposition an Reformen verlangte.

Was aber dann in den deutschen Staaten, deren Lage durch leere Staatskassen, eine Absatzkrise der Industrie, Lohnkürzungen, Massenentlassungen, aber auch durch Mißernten, steigende Lebensmittelpreise, Krawalle vor Bäcker- und Metzgerläden sowie eine sich steigernde Nervosität der Regierungen gekennzeichnet war, letztlich den Anstoß zu einer allgemeinen Volkserhebung gab, waren nicht Parteiprogramme und Manifeste. Der Anstoß kam wieder einmal von außen: Nachdem erst in einigen Kantonen der Schweiz, dann in Italien, reaktionäre Regime ins Wanken geraten waren, brach in Paris im Februar 1848 eine neue Revolution aus, die das korrupte »Bürgerkönigtum« hinwegfegte und die Republik proklamierte.

»Die Ereignisse in Frankreich«, so mußte das Haupt der europäischen Reaktion, Österreichs Staatskanzler Fürst Metternich, bereits am 1. März bekennen, »haben meine Berechnungen zunichte gemacht...« Wie er es befürchtete, sprang der revolutionäre Funke tatsächlich schon vierzehn Tage später nach Deutschland über, nur fiel er dort nicht in ein Pulverfaß, sondern infolge der Zersplitterung der deutschen Nation und des Fehlens einer zentralen Metropole, wo sich binnen Stunden das Schicksal des ganzen Volkes hätte entscheiden können, in dreieinhalb Dutzend kleine und kleinste Pulverfäßchen. Keines davon explodierte; eins nach dem andern brannte funkenstiebend und zischend bis etwa zur Hälfte aus.

In der dritten Märzdekade 1848 schien die Reaktion in allen deutschen Staaten besiegt zu sein – ohne großes Blutvergießen, denn nur in Berlin und Wien war es zu heftigen Straßen- und Barrikadenkämpfen gekommen, Berlin ausgelöst durch Schüsse in die vor dem Schloß friedlich demonstrierende Menge; fast zweihundert Bürger waren dabei gefallen.

Da das Militär weder in Berlin und Wien noch irgendwo sonst etwas gegen das zum Widerstand entschlossene Volk hatte ausrichten können, war es überall zurückgezogen worden. Die deutschen Herrscher hatten den Bür-

Manifest

der

Kommunistischen Partei.

Ein Gespenst geht um in Europa—das Gespenst des Kommunismus. Alle Mächte des alten Europa haben sich zu einer heiligen Hetzjagd gegen dies Gespenst verbündet, der Papst und der Czar, Metternich nnd Guizot, französische Radikale und deutsche Polizisten.

Wo ist die Oppositionspartei, die nicht von ihren regierenden Gegnern als kommunistisch verschrieen worden wäre, wo die Oppositionspartei, die den fortgeschritteneren Oppositionsleuten sowohl, wie ihren reaktionären Gegnern den brandmarkenden Vorwurf des Kommunismus nicht zurückgeschleudert hätte?

Zweierlei geht aus dieser Thatsache hervor.

Der Kommunismus wird bereits von allen europäischen Mächten als eine Macht anerkannt.

Es ist hohe Zeit daß die Kommunisten ihre Anschauungsweise, ihre Zwecke, ihre Tendenzen vor der ganzen Welt offen darlegen, und.den Mährchen vom Gespenst des Kommunismus ein Manifest der Partei selbst entgegenstellen.

Zu diesem Zweck haben sich Kommunisten der verschiedensten Nationalität in London versammelt und das folgende Manifest entworfen, das in englischer, französischer, deutscher, italienischer, flämmischer und dänischer Sprache veröffentlicht wird.

Vorwort zum Kommunistischen Manifest.

gern mehr oder weniger große Zugeständnisse machen müssen: Als erstes hatten sie ihre beim Volk verhaßten Minister entlassen und durch liberale Vertrauensleute des Bürgertums ersetzt. Auch der bis dahin allmächtige Staatskanzler Metternich war gestürzt worden und nach England geflohen. Aber am Fortbestand der Monarchien, selbst der allerkleinsten, hatte sich nichts geändert. Vor den Schlössern der großen und kleinen Herrscher standen nun bewaffnete Bürger Wache; statt der verhaßten Gendarmen sorgten Bürgerwehr-Männer für Ruhe und Ordnung. In allen deutschen Staaten wurde eifrig an liberalen Verfassungen gearbeitet; die Zensur war aufgehoben, und in Kürze sollte eine von allen Deutschen gewählte Nationalversammlung in Frankfurt am Main zusammentreten, um auch dem Deutschen Bund eine liberale Verfassung zu geben und ihn an Haupt und Gliedern zu reformieren.

Dies alles war noch keineswegs das, wovon entschiedene Demokraten wie Johann Jacoby oder der Dichter Georg Herwegh geträumt hatten, erst recht nicht das, was Marx, Engels und der Bund der Kommunisten forderten, ganz gewiß auch nicht das, wofür die Handwerker, Studenten und Fabrikarbeiter

verlustreich gekämpft hatten, wofür die Bauern gegen ihre feudalen Bedrük-
ker aufgestanden waren: gleiche politische Rechte für alle, Beseitigung der
Fürstenthrone und der Adelsherrschaft, Volksbewaffnung und Schaffung
einer großen, alle Deutschen vereinenden Republik der Freien und Gleichen,
ohne Ausbeutung und Unterdrückung.

Im Gegenteil: Das Großbürgertum, dessen Vertrauensleute nun in allen
deutschen Staaten die Regierungsgeschäfte übernommen hatten, wollte
keine grundlegende, schon gar keine gewaltsame Veränderung der Besitz-
und Machtverhältnisse. Es ließ überall – auf dem Lande mit Hilfe des aus den
Städten abgezogenen Militärs, in den Städten mit Hilfe der Bürgerwehr, zu
der nur Besitzbürger zugelassen waren – die »gesetzliche Ordnung« wiederherstellen.

Schon am 20. März 1848, kaum daß in Berlin das siegreiche Volk die
Barrikaden wegzuräumen begann, hatte der Liberale Otto Camphausen von
dort an seinen Bruder Ludolf, einen Kölner Bankier, der wenig später
preußischer Ministerpräsident wurde, geschrieben: »Die Bewaffnung der
Bürger wird mit Eifer und großer Ausdehnung betrieben. Gebe Gott, daß sie
vollendet sei, bevor die Masse das Gelüste ergreift, sich ebenfalls Waffen
auszubitten!«

Noch vor Ende März baten die Hauptleute der Berliner Bürgerwehr um
eine »Rückführung der Truppen in die Hauptstadt« zur »Befestigung der
erschütterten Grundlagen der Autorität«, und schon tags darauf rückte das
vom Volk besiegte Militär wieder ein. Die neue liberale Regierung Camphausen ließ zugleich erklären, des Königs Wille sei weiterhin oberstes
Gesetz, auch daß »der Rechtstitel des Volkes, die Revolution« nicht existiere
und daß sie sich für die von Seiner Majestät gnädigst in Aussicht gestellten
Reformen einsetzen, aber jeden »Krawall« künftig zu verhindern wissen
werde.

Mit dieser Entwicklung im bedeutendsten und volksreichsten Staat des
Deutschen Bundes war die Revolution, kaum daß sie begonnen hatte,
eigentlich bereits gescheitert, zwar nicht vom Standpunkt des Besitzbürgertums aus, das sich mit Hilfe des Volks eine Beteiligung an der Macht erobert
hatte, wohl aber für die große Mehrheit der Bevölkerung, deren Forderungen unerfüllt blieben.

Zwar herrschte nun in allen deutschen Staaten eine lebhafte politische
Aktivität; in Klubs und Vereinen wurden Programme für eine freiheitliche
und gerechte Umgestaltung der gesellschaftlichen Verhältnisse entworfen,
und es liefen Vorbereitungen für allgemeine Wahlen zu einem gemeinsamen verfassunggebenden Parlament aller Deutschen von Schleswig bis
Südtirol. Aber im Grunde zielten alle diese Anstrengungen schon ins Leere:
Die alten Mächte und das liberale Bürgertum hatten bereits ein Bündnis
geschlossen mit dem Ziel, eine Beteiligung der besitzlosen Volksmehrheit an
Macht und Reichtum auch in Zukunft auszuschließen.

3.
Der liberale Verrat
und die lange Zeit der Reaktion

In der Deutschen Nationalversammlung, die als erstes frei gewähltes Parlament aller Deutschen am 18. Mai 1848 in der Frankfurter Paulskirche zusammentrat, waren unter den etwa 585 Volksvertretern nur sehr wenige, die tatsächlich für die Interessen derer eintraten, die noch immer die große Mehrheit des Volkes bildeten: die arme, abhängige Landbevölkerung, der rund drei Fünftel aller Deutschen zuzurechnen waren, und die verelendeten städtischen Unterschichten samt dem sich bildenden Fabrikproletariat, die zusammen mehr als ein weiteres Fünftel ausmachten.

Schon das Wahlrecht, nach dem diese Nationalversammlung zustande gekommen war, hatte – auch für damalige Verhältnisse – erhebliche Mängel, die sich zum Nachteil von mehr als achtzig Prozent der Bevölkerung der deutschen Staaten auswirkten. Daß nur die Männer, meist auch erst vom 25. Lebensjahr an, stimmberechtigt, die erwachsene Jugend sowie alle Frauen also von einer Teilnahme an der Wahl ausgeschlossen waren, mag als damals selbstverständlich gelten; hingegen entsprach es keineswegs den revolutionären Zielen und auch nicht den von den Fürsten und ihren Regierungen zunächst akzeptierten Grundsätzen, die das »Vorparlament« aufgestellt hatte, daß auch alle »Abhängigen« von der Teilnahme an der Wahl ausgeschlossen worden waren, was dann noch von Staat zu Staat sehr unterschiedlich ausgelegt wurde.

So hatten in Preußen nicht nur alle Soldaten, Gefangenen und Heiminsassen kein Stimmrecht, sondern auch die zahlreichen Empfänger von öffentlicher Unterstützung. In den meisten anderen Staaten des Deutschen Bundes durften auch Dienstboten, Tagelöhner, Knechte, Handlungsgehilfen und Handwerksgesellen nicht wählen.

Sodann galt vielerorts als Voraussetzung für die Zulassung als Wähler, daß der Betreffende seit mindestens einem Jahr in den Steuerlisten geführt wurde, was praktisch alle Angehörigen der Unterschichten ausschloß, und schließlich wurden in Preußen und in den meisten der übrigen Bundesstaaten keineswegs, wie es vom Vorparlament gefordert und vom Bundestag der fürstlichen Regierungen auch zugestanden worden war, die Abgeordneten direkt gewählt, vielmehr indirekt, nach dem Wahlmännersystem. Dadurch waren, zumal auf dem Lande und in den kleinen Städten, wo Gutsherren, Landräte, Bürgermeister, Honoratioren und einzelne Fabrikanten starken Einfluß ausüben konnten, häufig auch selbst kandidierten, die Wohlhabenden abermals begünstigt.

So erklärt es sich, daß von den insgesamt 812 Abgeordneten, die ins erste deutsche Parlament entweder von Anbeginn gewählt oder in den folgenden dreizehn Monaten nachgerückt waren, nur eine Handvoll als Vertreter der unteren Volksschichten gelten konnten. Dagegen waren 153 Abgeordnete Träger von Adelstiteln, darunter Herzöge, Fürsten, Prinzen und Grafen; 18 Berufsoffiziere vom Generalleutnant abwärts, 39 Geistliche mit dem Erzbischof von Köln, dem Fürstbischof von Breslau sowie drei weiteren Bischöfen an ihrer Spitze verstärkten noch das konservative Element. 236 Abgeordnete waren hohe Staatsbeamte des alten Regimes, darunter fürstliche Diplomaten, Oberhofmeister, Minister, Gerichtspräsidenten und Polizeidirektoren, weitere 60 Abgeordnete waren Landräte oder Bürgermeister. Es gab ferner 94 Universitätsprofessoren, meist gemäßigte Liberale, unter den Volksvertretern (und weil diese am häufigsten ans Rednerpult traten, nannte man die Paulskirche ein »Professoren-Parlament«) sowie annähernd 70 Fabrikanten, Großkaufleute, Reeder, Bankiers und Gutsbesitzer.

Die entschiedenen Demokraten und Republikaner waren in Frankfurt stets weit in der Minderheit; erst in den letzten Wochen vor der gewaltsamen Auflösung der Nationalversammlung durch württembergisches Militär, als alle gemäßigt Liberalen und Konservativen, entsprechend den Anweisungen der fürstlichen Regierungen, bereits ihre Mandate niedergelegt und die Heimreise angetreten hatten, beherrschte die Linke das nach Stuttgart ausgewichene sogenannte »Rumpfparlament«. Doch zu dieser Zeit, im späten Frühjahr 1849, hatte in Wien und Berlin längst die Konterrevolution gesiegt, war das preußische Militär schon auf dem Vormarsch gegen die letzten Bastionen revolutionären Widerstands in der Rheinpfalz und in Baden.

Am 19. Mai 1849 war in Köln die *Neue Rheinische Zeitung* zum letzten Mal erschienen, die seit Beginn der Revolution als »Organ der Demokratie« von den aus dem Exil heimgekehrten Redakteuren Karl Marx und Friedrich Engels herausgegeben worden war. Am selben Tage hatten die beiden, die gegen Mittag in Frankfurt am Main eingetroffen waren, mit den Führern der Paulskirchen-Linken beraten, ob und wie die Revolution vor ihrem endgültigen Scheitern noch bewahrt werden könnte. Sie empfahlen dringend, die revolutionären Truppen aus Baden zum Schutz der Nationalversammlung nach Frankfurt zu rufen und mit energischen Maßnahmen die Führung des noch nicht verlorenen Kampfes zu übernehmen.

Johann Jacoby, der sich von Berlin, wo die preußische verfassunggebende Nationalversammlung, der er angehört hatte, vom Militär aufgelöst worden war, ebenfalls nach Frankfurt begeben hatte, um seine Gesinnungsgenossen zu entschlossenem Widerstand anzuspornen, unterstützte Marx und Engels. »Die Schlinge ist um den Hals der Nationalversammlung geworfen und zieht sich jeden Tag enger zusammen«, hatte Jacoby schon eine Woche zuvor festgestellt. »Faßt sie nicht schnell einen tatkräftigen Beschluß, so ist sie verloren.«

Am folgenden Tag – Marx war unverrichteterdinge nach Paris abgereist, Engels hatte sich einem Freikorps in der Pfalz angeschlossen, Jacoby war noch in Frankfurt – versuchten die in der Nationalversammlung noch verbliebenen Liberalen, eine Selbstauflösung des Paulskirchen-Parlaments herbeizuführen. Die Linke konterte diesen Versuch mit dem Antrag, die zur Beschlußfähigkeit erforderliche Abgeordnetenzahl von 150 auf 100 herabzusetzen, um so die Handlungsfähigkeit der Nationalversammlung wiederherzustellen. Der Streit zog sich über drei Tage hin und bewirkte, daß sich Jacoby entschloß, seine Zuschauerrolle aufzugeben. Er übernahm das freigewordene Mandat eines preußischen Abgeordneten, als dessen Stellvertreter er in Berlin gewählt worden war. Durch seinen Hinzutritt am 24. Mai 1849 wurde die zur Beschlußfähigkeit erforderliche Anzahl von mindestens 150 Abgeordneten gerade erreicht, und die Nationalversammlung konnte nun ihren Sitz nach Stuttgart verlegen und bis zum bitteren Ende ihre Pflichten erfüllen, anstatt – wie es die meisten Liberalen und Konservativen in Kauf zu nehmen bereit waren – kläglich und würdelos auseinanderzulaufen.

Jacoby hatte sich, als er der Nationalversammlung beitrat, keinen Illusionen mehr hingegeben, so wenig wie Wilhelm Wolff, der ein paar Tage früher in die Nationalversammlung nachgerückt war. Der 1809 in Tarnau in Schlesien geborene Publizist, der in den Monaten zuvor unter dem Pseudonym »Lupus« (lateinisch: Wolf) zu den wichtigsten Mitarbeitern der nun verbotenen *Neuen Rheinischen Zeitung* gehört hatte, war als Sohn eines gutsuntertänigen Kleinbauern schon früh in Konflikt mit dem reaktionären preußischen Regime geraten. Wegen »demokratischer Umtriebe« hatte er vier Jahre Gefängnis verbüßen müssen, war dann ins Exil gegangen, wo er sich vom bürgerlichen Demokraten zum Sozialisten entwickelt hatte. Durch seine erschütternden Schilderungen der unter feudaler und kapitalistischer Ausbeutung leidenden Bevölkerung Schlesiens hatte er sich als Journalist und Schriftsteller bei der gesamten deutschen Linken hohes Ansehen erworben. Nach der gewaltsamen Auflösung des Rumpfparlaments ging Wolff erneut ins Exil, nun nach England, wo er Marx und Engels bis zu seinem Tode im Jahre 1864 eng verbunden blieb.

War Wolff der einzige in der deutschen Nationalversammlung von 1848/ 49, der schon damals den Ideen von Marx anhing und zu den Führern des Bundes der Kommunisten gehörte, Jacoby hingegen der einzige aus den Reihen der Männer der Paulskirche, der sich später der Sozialdemokratischen Arbeiterpartei marxistischer Prägung anschloß, so gehörte ein dritter Abgeordneter der gemäßigten Linken, der vom ersten bis zum letzten Tag Mitglied der Nationalversammlung war, zu den bedeutendsten Theoretikern des demokratischen Sozialismus im Vormärz.

Es war dies der Advokat Dr. Friedrich Wilhelm Schulz aus Darmstadt, wo er 1797 als Sohn eines aufgeklärten, vom »Stumpfsinn der Höfe und der trotzigen Selbstsucht der Privilegierten« angewiderten großherzoglichen

Rats zur Welt gekommen war. 1811 hatte er als erst vierzehnjähriger Kadett im Leibgaderegiment den Krieg erst auf französischer Seite, dann auf der der Allianz gegen Napoleon mitgemacht, war 1813 Leutnant geworden und hatte, zum Studium beurlaubt, in Gießen Anschluß an die damalige Studentenbewegung gefunden.

Als Verfasser revolutionärer Schriften, die sich in volkstümlicher Sprache an die unterdrückten Bauern wandten, kam er 1819 erstmals in Haft, entging aber noch knapp der Verurteilung durch ein Kriegsgericht. Doch als er sich nach beendetem Studium um eine Anstellung im Staatsdienst bewarb, wies man ihn als »Jakobiner« ab. Er wandte sich nun der Schriftstellerei zu, wobei angemerkt sei, daß Goethe einige Aufsätze von Schulz in seinen Tagebüchern lobend erwähnt hat. 1828 heiratete er Karoline Satorius, eine politisch schon sehr bewußte, entschieden demokratisch gesinnte junge Frau. In den folgenden Jahren führte Dr. Schulz, allen Zensurschwierigkeiten zum Trotz, einen beharrlichen publizistischen Kampf für die Demokratie, wobei er unter anderem forderte, ein von allen Bevölkerungsklassen frei gewähltes deutsches National-Parlament müsse die volle politische Gleichberechtigung aller Staatsbürger, unabhängig von deren Herkunft und Vermögen, herstellen und für immer gewährleisten. Er vertrat sehr energisch den Standpunkt, daß die Demokratisierung und Einigung Deutschlands nur durch die gemeinsame Anstrengung aller Deutschen erreicht werden könnte; einzelne Gewalttaten lehnte er entschieden ab, befürwortete jedoch die Pflicht zum Widerstand gegen Übergriffe und Willkürakte der Machthaber, »denn erst wenn wir uns bereit zeigen, auf den ersten Ruf unsere Verfassung und unsere Freiheit mit Gut und Blut zu schützen, sind wir der Freiheit wert!«

Als er 1833 eine Schrift herausgab, die sich mit der Frage der Volksbewaffnung und der Bildung von Bürgergarden befaßte, wurde er auf Verlangen der preußischen Regierung hin verhaftet und vor ein Kriegsgericht gestellt, das ihn zu fünf Jahren strenger Festungshaft verurteilte. Im Herbst 1834 kam er zur Verbüßung seiner Strafe auf die Festung Babenhausen bei Dieburg, doch nun trat seine resolute Frau in Aktion:

Nach einigen Wochen geschickter und gründlicher Vorbereitung gelang es ihr, ihrem Mann zum Ausbruch aus seiner Zelle im dritten Stockwerk, aus der dreifach gesicherten Festung und zur Flucht über die Grenze ins Elsaß zu verhelfen!

Friedrich und Karoline Schulz blieben dann fast zwei Jahre in Straßburg, wo sie bald enge Freundschaft mit einem anderen steckbrieflich gesuchten »Hochverräter« aus Hessen-Darmstadt, dem Dichter Georg Büchner, schlossen, mit dem zusammen sie wenig später in die Schweiz übersiedelten. Dort starb 1837 der erst dreiundzwanzigjährige Büchner in den Armen seiner Freunde.

Friedrich Schulz wurde dann einige Jahre später Mitarbeiter des »Literarischen Comptoirs« in Zürich und Winterthur, des wichtigsten publizistischen Zentrums der deutschen demokratischen Opposition. Dort veröffentlichte er 1843 sein bedeutendstes Werk, *Die Bewegung der Produktion. Eine geschichtlich-statistische Abhandlung zur Grundlegung einer neuen Wissenschaft des Staats und der Gesellschaft,* das dann eine starke Wirkung auf den jungen Karl Marx ausübte.

Noch ein Vierteljahrhundert später hat Marx im ersten Band seines Hauptwerks, *Das Kapital,* diese Arbeit von Friedrich Schulz »eine in mancher Hinsicht lobenswerte Schrift« genannt, denn immerhin – das war lange vergessen und ist erst durch neuere Forschungen des Historikers Walter Grab* wiederentdeckt worden – hatte der Gardeleutnant a. D. Dr. Friedrich Wilhelm Schulz darin bereits die Grundgedanken der materialistischen Geschichtsauffassung entwickelt!

Nachdem im Sommer 1849 die Konterrevolution in ganz Deutschland gesiegt hatte, schrieb Johann Jacoby an einén Freund in Königsberg: »So ist denn die erste Periode der deutschen Revolution beendet und hat dem Volk keinen anderen Vorteil als den der *Selbsterkenntnis* gebracht, zugleich aber auch die *Lehre* erteilt, daß jede Revolution verloren ist, welche die alten wohlorganisierten Gewalten neben sich fortbestehen läßt« – eine entscheidend wichtige Lehre, die aber, wie wir noch sehen werden, auch siebzig Jahre später nicht beherzigt wurde.

Obwohl nun fast alle Wortführer der Linken, die noch auf freiem Fuße waren, für lange Zeit ins Exil gingen und Hunderttausende von enttäuschten Deutschen nach Amerika auswanderten; obwohl die Reaktion, vor allem in Preußen, nun daranging, die Staaten des Deutschen Bundes – wie Marx es formuliert hat – »in eine frühere Zeit zurückzuwerfen – nicht hinter 1848, nicht hinter 1815, sondern sogar noch hinter 1807 zurück« –, hatten die Fürsten und Feudalherren doch erstmals in der neueren Geschichte Deutschlands die Macht der Volksmassen zu spüren bekommen, und diese hatten die Schwäche ihrer Unterdrücker erlebt. Selbst der hochmütige Friedrich Wilhelm IV. von Preußen war gezwungen gewesen, den vor seinem Schloß aufgebahrten Gefallenen der Revolution entblößten Hauptes und mit tiefer Verneigung seine Reverenz zu erweisen.

Zwar war jetzt die Macht wieder fest in den Händen der Repräsentanten jener alten Ordnung, die mit der Revolution hatte zerstört werden sollen, aber dennoch wußten die Herrscher wie die Beherrschten nun, daß dieser Zustand nicht so unabänderlich war, wie man früher einmal angenommen hatte.

Hinzu kam die veränderte Lage des Besitzbürgertums, das seinen Frieden mit den Fürsten gemacht hatte, noch ehe der Pulverdampf der ersten Straßenkämpfe verraucht war. Für seine Abkehr von der Revolution hatte es sich erhebliche Zugeständnisse eingehandelt, und mit deren Bewahrung über den Sieg der Reaktion hinaus hatte es seine Fähigkeit unter Beweis gestellt, eine politische Niederlage in einen wirtschaftlichen Sieg zu verwandeln.

Umgekehrt waren die bürgerlichen Kapitalisten nun auch bereit, den

Ausbau des Heeres und die erheblich verstärkten Maßnahmen zur Gewährleistung der »Inneren Sicherheit« zu finanzieren, denn Militär und Polizei dienten ja nun auch ihren eigenen Interessen.

Natürlich beharrten die Besitzbürger als Finanziers des Staates auf ihrem Mitspracherecht in Haushalt-, Steuer- und Wirtschaftsangelegenheiten; der Großkaufmann David Hansemann hatte schon 1847 der Regierung klargemacht: »Bei Geldsachen hört die Gemütlichkeit auf!« Aber sie ließen es zu, daß die von der preußischen Nationalversammlung unter starkem Einfluß der demokratischen Linken, besonders Johann Jacobys, zustandegekommene Verfassung in zahlreichen wichtigen Punkten wieder verschlechtert wurde, ja sie ließen es auch geschehen, daß in Preußen – dann auch in Sachsen – ein allen demokratischen Grundsätzen hohnsprechendes Dreiklassenwahlrecht eingeführt wurde. Dieses teilte die Wahlberechtigten des Landes in drei Steuerklassen ein – die Reichen, die Wohlhabenden und die Minderbemittelten oder Besitzlosen –, wobei die wenigen Stimmen der ersten Klasse das gleiche Gewicht hatten wie die der beiden anderen. Das hatte für alle Besitzenden den Vorteil, daß sie bei Wahlen stets die Mehrheit hatten und nie von den um ein Zigfaches zahlreicheren Wählern der unteren Schichten überstimmt werden konnten. Aus Protest gegen dieses nicht einmal den Schein von Demokratie wahrende Wahlrecht boykottierte die Linke in den Jahren der Reaktion alle Landtagswahlen; das Besitzbürgertum aber richtete sich während dieser Zeit behaglich im wiederhergestellten Feudalabsolutismus ein, den es vor der Revolution hatte beseitigen, richtiger wohl: beseitigen lassen wollen.

Schon nach den ersten Straßenschlachten, als die Fürsten- und Adelsherrschaft überall ins Wanken geriet, war den Besitzbürgern klar geworden, daß man die Kleinbürger und Arbeiter zwar gebraucht hatte, um mit ihrer Hilfe die Revolution und den Herrschenden Angst zu machen; daß aber umgekehrt nur die alten Mächte und deren bewährte Unterdrückungsinstrumente jene »Ruhe und Ordnung« garantieren konnten, ohne die sich auf Dauer keine Profite machen ließen.

Die würgende Angst vor der wahren Demokratie, vor Volksherrschaft und »roter Republik«, trieb die rivalisierenden Kapitalisten und Junker einander in die Arme. Willig unterwarfen sich die Besitzbürger dem Diktat der Reaktion, wenn es um die Knebelung der freien Meinungsäußerung, um die Unterdrückung von Hungerrevolten und Streiks, um rigorose Polizeimaßnahmen gegen demokratische »Aufwiegler« ging, und seufzend nahmen es Fürsten und Adel hin, daß ihnen die heimlich verachteten Kaufleute jetzt auf die Finger sahen, wenn es um die Beschaffung und Verwendung von staatlichen Haushaltmitteln ging. Ohne die neuen Fabrik- und Handelsherren, Eigentümer von Bergwerken, Eisenbahnen, Dampfschiffen und modernen Maschinen, vor allem ohne die Bankiers und ihr Kapital wären die morschen Unterdrückungsapparate der deutschen Mittel- und Kleinstaaten, wäre auch die Junkerherrschaft im Königreich Preußen zusammengebrochen. Deshalb und weil die wirtschaftlich erstarkende, an Bevölkerung rasch zunehmende, jedoch politisch schwache, vom russischen Zaren bevormundete Hohenzollern-Monarchie das Besitzbürgertum und sein Geld nach der unterdrückten Revolution besonders dringend brauchte, meinte König Friedrich Wilhelm IV., ab und zu müßte den »aufgeblasenen Pfeffersäcken«, wie er die Großkaufleute und Bankiers seiner Rheinprovinz zu nennen beliebte, ein heilsamer Schrecken in die Glieder fahren, damit sie nicht vergäßen, wer ihnen mit Gendarmen, Militär und Geheimpolizei »den Straßenpöbel« und »das elende Pack«, »das hundsföttische Gesindel der Vorstädte« vom Halse hielt.

Da sich vom Herbst 1849 an in den deutschen Staaten wieder die alte Friedhofsruhe eingestellt und auch die strengste polizeiliche Überwachung nichts »Aufrührerisches« mehr festgestellt hatte, war König Friedrich Wilhelm IV. von Preußen auf den, wie er fand, genialen Einfall gekommen, daß seine Polizei doch selbst die Vorbereitung einer neuen, noch gefährlicheren, weil vornehmlich gegen das Eigentum gerichteten Revolution vortäuschen und dann mit großem Eklat auffliegen lassen könnte.

Am besten wäre es, so meinte der Monarch und meinten dann auch seine Berater, das angebliche Komplott würde im Rheinland, der reichsten und wirtschaftlich am weitesten entwickelten Provinz, aufgedeckt werden, und am geeignetsten für die Rolle der zu entlarvenden Bösewichter sah der König jene polizeibekannte Gruppe an, die sich »Kommunisten« nannte.

Der Einfall des Königs, den er allerdings selbst, wie er seinem Premierminister schrieb, »nicht unter die lauteren klassifizieren« wollte, brachte die preußischen Polizeibehörden in nicht geringe Verlegenheit. Zwar war der im Juni 1847 in London gegründete Bund der Kommunisten von ihren Agenten ständig und genauestens »observiert« worden, jedoch bislang ohne den geringsten Erfolg; es ließ sich den Funktionären, überwiegend Akademikern aus achtbaren Familien, nicht der geringste Verstoß gegen die Gesetze nachweisen, und sie verschmähten es auch, nach Art der früheren Geheimbünde zu konspirieren.

Doch der König hatte sich mit dem Gedanken, diesen Kommunisten einen Umsturzversuch in die Schuhe zu schieben, bereits so angefreundet, daß er darauf beharrte. Er wollte, wie er dem Ministerpräsidenten v. Manteuffel erläuterte, »dem preußischen Publikum das lange und gerecht ersehnte Schauspiel eines aufgedeckten und (vor allem) bestraften Komplotts« bieten.

»Der Gedanke ist folgenreich, und Ich lege großen Wert auf seine sofortige Realisierung«, hieß es in dem Brief des Königs weiter. »Es ist keine Minute zu verlieren!« Vorsichtig, denn er war sich der Tragweite seiner Befehle bewußt, ordnete er am Schluß des Schreibens an: »Verbrennen Sie diesen Brief!«, doch diesem Wunsch des Monarchen entsprach der noch vorsichtigere Manteuffel nicht; er wollte notfalls beweisen können, daß er »auf höheren Befehl« ein angebliches Komplott hatte inszenieren lassen. So ist der Brief Friedrich Wilhelms IV. erhalten geblieben und dokumentiert, daß die üblen Fälschungen, mit denen die preußische Polizei dann die Justizbehörden versorgte, vom Preußenkönig »allerhöchstselbst« bestellt worden waren. Manteuffel ernannte nun sogleich einen bewährten Polizeiagenten, Dr. Wilhelm Stieber, zum Chef der Politischen Polizei des Königreichs. Stieber, diese – wie Friedrich Wilhelm IV. meinte – »kostbare Persönlichkeit«, sollte mit der Fabrikation eines kommunistischen Komplotts sein »Probestück« liefern. »Der neue Polizeichef ging mit Eifer an die Arbeit«, heißt es hierzu in einem Aufsatz von Karl-Ludwig Günsche.* »Dennoch konnte die preußische Polizei dem ... Bund nichts Gesetzwidriges nachweisen. Noch Anfang Mai 1851 berichtete der Dichter Ferdinand Freiligrath, der zum Bund gehörte, an Marx: ›Die Kölner sind sehr tätig.‹ Er kündigte auch an, daß der Bund im Frühsommer 1851 in Köln einen Kongreß abhalten wollte. Dazu kam es jedoch nicht mehr.«

Am 10. Mai 1851 hatte sich ein Kurier der Kölner »Zentralbehörde« des Bundes der Kommunisten, der Schneider Peter Nothjung, im Leipziger Hauptbahnhof bei einer Routinekontrolle der sächsischen Polizei verdächtig gemacht. Er war festgenommen worden, und man hatte in seinem Gepäck, neben dem *Kommunistischen Manifest* und den Statuten des Bundes auch die Adressen führender Mitglieder sowie allerlei Briefe und Protokolle gefunden. Die Leipziger Behörden verständigten die preußische Polizei von ihrem Fang, und nun hatte diese endlich etwas, das ihr weiterhelfen konnte.

In einer sorgfältig vorbereiteten Aktion wurden zunächst neun Führer des Bundes, deren Namen in den Papieren des verhafteten Kuriers auftauchten, in Untersuchungshaft genommen. Auch gegen Freiligrath erging Haftbefehl, doch der Dichter hatte Preußen bereits verlassen; in seinem Londoner Exil war er vor einer Auslieferung sicher.

Es zeigte sich aber dann, daß die preußische Polizei den juristischen Wert des »Materials«, das sie im Herbst 1851 durch die Kölner Staatsanwaltschaft dem zuständigen Senat des Oberlandesgerichts vorlegen ließ, überschätzt hatte. Jedenfalls entschieden die Richter, daß »kein Grund für die Anklageerhebung vorliegt«. Auf einen Wink aus Berlin hin verfügten sie jedoch nicht die Freilassung der Beschuldigten, sondern ordneten eine nochmalige Untersuchung an. Die Anklageschrift wurde dann mit großer Sorgfalt »ergänzt« und mit Hilfe des Polizeichefs Dr. Stieber so verändert, daß am 12. Mai 1852 doch Anklage gegen zehn Mitglieder des Bundes erhoben werden konnte. Sie wurden beschuldigt, »zu Köln ein Komplott gestiftet zu haben, dessen Zweck es war, die Staatsverfassung umzustürzen und die Bürger und Einwohner gegen die königliche Gewalt *und gegeneinander* zur Erregung eines Bürgerkriegs zu bewaffnen«.

Die Worte »und gegeneinander«, die nachträglich eingefügt worden waren, sollten – wie es dem Wunsch des Königs entsprach – eine Aufwieglung der Besitzlosen gegen die Besitzenden andeuten.

»Der Prozeß, der erst im Oktober« – siebzehn Monate nach der ersten

Kommunistenprozeß in Köln vom 4. Oktober bis 12. November 1852.

Festnahme in Leipzig – »begann, wurde zu einem Skandal«, heißt es in dem Aufsatz von Günsche weiter. »Die Verteidigung wurde behindert, wo es nur ging; die Staatsanwaltschaft stützte sich weitgehend auf gefälschte Unterlagen. Bei einigen Dokumenten mußte sie sogar selbst zugeben, daß es sich um Fälschungen handelte. Die Zeugen waren parteiisch. Einer Geschworenenbank, ›wie sie in den Annalen der Rheinprovinz unerhört war – sechs Adlige, Reaktionäre vom reinsten Wasser, vier Angehörige der Geldaristokratie und zwei Staatsbeamte‹ –, wie Karl Marx hervorgehoben hat, wurde von höchster Stelle eingeredet, die Angeklagten seien die Häupter einer furchtbaren kommunistischen Verschwörung, die angezettelt worden sei, um den Umsturz der heiligsten Güter herbeizuführen ... Gleichzeitig ließ die preußische Regierung erkennen, daß sie einen Freispruch der Angeklagten als Signal für die Abschaffung der Schwurgerichte verstehen könnte.«

Es gab sowohl ein Zusammenspiel der Justiz mit der reaktionären Presse – ein bis dahin beispielloser Vorgang, der dann zur schlechten Tradition ehrgeiziger deutscher Staatsanwälte und Richter geworden ist – als auch eine prozessuale Verwertung eindeutig gefälschter Lockspitzelberichte – was später auch zum miserablen Brauch wurde.

So konnte das Kölner Schwurgericht am 12. November 1852 ein die Regierung einigermaßen befriedigendes Urteil sprechen: Zwar mußten vier führende Mitglieder des Bundes der Kommunisten, darunter die Ärzte Dr. Roland Daniels und Dr. Abraham Jacobi freigesprochen werden, weil alle Bemühungen, ihnen etwas anzuhängen, gescheitert waren. Aber die übrigen sieben Angeklagten wurden zu Freiheitsstrafen zwischen drei und sechs Jahren verurteilt.

Nur am Rande sei es vermerkt: Einer der verurteilten Kommunisten, der

Hermann Heinrich Becker,
1820-1885, »der rote Becker«.

Jurist und Zeitungsverleger Dr. Hermann Heinrich Becker, wegen seiner Haarfarbe schon während seiner Schulzeit »der rote Becker« genannt, ein entschiedener Demokrat, der in der preußischen Rheinprovinz als Herausgeber der *Westdeutschen Zeitung* hohes Ansehen genoß, wurde nach Verbüßung von fünf Jahren Festungsstrafe, die ihm allein wegen seines Beitritts zu der im Herbst 1850 von London nach Köln verlegten Zentralbehörde des Bundes zudiktiert worden waren, Mitglied der bürgerlich-demokratischen Fortschrittspartei, ging später zu den Nationalliberalen über und war von 1875 bis zu seinem Tode im Jahre 1885 Oberbürgermeister von Köln, auch – wie von 1917 an sein Nachfolger Konrad Adenauer – Mitglied des preußischen Herrenhauses.

Mit der Zerschlagung der Organisation, der Einkerkerung oder Flucht ins Exil fast aller führenden Mitglieder sowie einem auf Antrag von Karl Marx in London gefaßten Beschluß vom Herbst 1852, den Bund der Kommunisten aufzulösen, mußte der erste Versuch, in Deutschland eine sozialistische Partei aufzubauen, als gescheitert angesehen werden. In einem Brief an Friedrich Engels vom 19. November 1852, eine Woche nach der Urteilsverkündung im Kölner »Kommunistenprozeß«, begründete Marx diesen Beschluß und erklärte »die Fortdauer des Bundes auch auf dem Kontinent für nicht mehr zeitgemäß«.

Schon zwei Jahre zuvor waren auch die Reste einer Organisation zerschlagen worden, die sich bald nach Beginn der Märzrevolution aus und neben dem Bund der Kommunisten entwickelt hatte und die, anders als der nur ein paar hundert Mitglieder, zumeist Intellektuelle, zählende Bund, auf dem besten Wege gewesen war, beträchtliche Teile der unzufriedenen Arbeiter- und Handwerkerschaft politisch zu mobilisieren und erstmals auf nationaler Ebene zu organisieren.

Stephan Born, 1824-1898.

Der Initiator und Motor dieses ersten Versuchs, der sehr hoffnungsvoll begann, war Stephan Born, der eigentlich Simon Buttermilch hieß und 1824 als zweiter Sohn eines jüdischen Händlers in dem posenschen Städtchen Lissa zur Welt gekommen war. Nachdem er zunächst das Gymnasium hatte besuchen können, erlernte er dann bis 1845 in Leipzig und Berlin den Beruf eines Schriftsetzers. Im Berliner Handwerkerverein kam er in ersten Kontakt mit Mitgliedern des Bundes der Gerechten, und als er 1846, wie Zigtausend andere deutsche Handwerksgesellen, nach Frankreich übersiedelte, lernte er in Paris Friedrich Engels kennen, wurde im Frühjahr 1847 in den Bund aufgenommen und übernahm es in den folgenden Monaten, im Auftrag von Marx und Engels die Umwandlung der Organisation in den Bund der Kommunisten in der Schweiz und in Südfrankreich durchzuführen. Bei Ausbruch der Revolution in Deutschland wurde Born von der Zentralbehörde nach Berlin geschickt. Seinem rednerischen, publizistischen und organisatorischen Talent, von dem auch Marx zunächst sehr beeindruckt war, gelang es überraschend schnell, den Zusammenschluß aller Berliner Handwerkerverbände zu bewerkstelligen. An der Spitze des Zentralkomitees dieser ersten lokalen Dachorganisation begann er mit den Vorbereitungen zum Zusammenschluß aller deutschen Arbeitervereine und leitete im Herbst 1848 den ersten, vom 23. August bis 3. September tagenden Arbeiterkongreß in Berlin. Die dort gegründete »Arbeiterverbrüderung«, an deren Spitze Born gewählt wurde und für die er von Leipzig aus ein Zentralorgan herausgab, hatte beträchtlichen Zulauf, vor allem in Berlin und in den industriellen Ballungszentren Sachsens.

Nach Borns Vorstellungen sollte die Arbeiterverbrüderung eine politische Organisation sein, durch die die deutschen Arbeiter »eine politische Macht im Staate werden« sollten, »ein starker Körper, der jedem Sturm trotzt, der vorwärts und immer vorwärts dringt und... alles niederhält, was einer freieren und besseren Gestaltung der Dinge im Wege steht«. Unter Borns Führung entwickelten sich auch enge Beziehungen der Arbeiterverbrüderung zu den ersten gewerkschaftlichen Zusammenschlüssen, dem nationalen Buchdruckerverein Gutenberg und dem Verband der Zigarrenmacher. Bis zum Sommer 1849, als die Revolution endgültig zusammengebrochen war, zählte die Arbeiterverbrüderung etwa fünfzehntausend Mitglieder – über zwanzigmal mehr als der Bund der Kommunisten. Geht man davon aus, daß es im damaligen Königreich Preußen rund 550000 Fabrikarbeiter, 380000 Gesellen und Lehrlinge sowie 1,4 Millionen Landarbeiter gab, die zusammen mit rund einer Million Dienstboten (unter 16,3 Millionen Einwohnern insgesamt) die Arbeitnehmerschaft bildeten, so war die Organisation von rund 15 000 in Industrie und Handwerk Beschäftigten binnen eines Jahres kein schlechter Anfang. Marx, der am 26. April 1849 noch zur Teilnahme an der nächsten Sitzung des Zentralkomitees der Arbeiterbrüderung in Leipzig einlud, hätte eigentlich mit Stephan Borns Leistung sehr zufrieden sein können, zumal er und seine Freunde mit dem Kölner Arbeiterverein weit weniger Erfolg gehabt hatten. Marx und auch Engels bemängelten indessen, daß sich Born in der Arbeiterverbrüderung auf rein gewerkschaftliche Forderungen wie Verkürzung der Arbeitszeit, Aufhebung der Fabrikordnungen mit ihren harten Strafen, Erhöhung der Löhne, Einschränkung der Kinderarbeit, freie Wahl der Aufseher und Werkmeister usw. beschränkt hatte und daß vom wissenschaftlichen Sozialismus, vom Klassenkampf sowie von den Forderungen des *Kommunistischen Manifests* absolut nichts in seinem Programm zu entdecken war.

Born, der später einmal erklärte: »Man hätte mich ausgelacht, hätte ich mich als Kommunist gegeben«, hatte erkannt, daß die deutschen Arbeiter und Gesellen noch längst nicht reif für Ideen waren, die über den Tag und ihre eigenen unmittelbaren Bedürfnisse hinausgingen.

So wäre es sicherlich höchst interessant gewesen, wenn Marx, Engels und beider in der organisatorischen Praxis so erfolgreicher Schüler Born dessen Versäumnisse auf einem Kongreß in Leipzig hätten ausdiskutieren können. Doch dazu kam es nicht mehr. Drei Tage nach der Einladung von Marx, zur Arbeiterverbrüderung nach Leipzig zu kommen, brach in Sachsen am 29. April 1849 die »zweite Revolution« aus. Born, der gerade in Dresden war, nahm an den Kämpfen teil, wurde erst Barrikaden-, dann sogar Stadtkommandant, mußte aber mit den Seinen vor der Übermacht der preußischen und sächsischen Regimenter weichen und konnte nach geordnetem Rückzug gerade noch in die Schweiz entkommen. Wie Richard Wagner, der am Aufstand beteiligte damalige Dresdner Hofkapellmeister, wurde er nun steckbrieflich gesucht, und es drohte ihm ein Todesurteil. Als Journalist, später als Gymnasiallehrer und schließlich sogar als Professor für Literatur blieb er dann zeitlebens im Exil und starb 1898 in Basel.

Die Arbeiterverbrüderung blieb noch einige Monate lang ohne ihren

Führer Stephan Born bestehen, aber der Elan war dahin, und ihre lokalen Gruppen verkümmerten zu bloßen Unterstützungsvereinen und geselligen Stammtischen. Im Frühjahr 1850 machten die Behörden auch diesen harmlosen Aktivitäten ein Ende: Wie der Buchdrucker-, dann auch der Zigarrenmacherverband wurde die Arbeiterverbrüderung überall aufgelöst und verboten. An ein heimliches, illegales Weiterbestehen dachten nicht einmal die Führer; jedes politische Leben in Deutschland war erloschen, und so blieb es während der nächsten Jahre.

So weit der Arm der preußischen Polizei reichte, war jede politische Betätigung, schon gar eine solche im demokratischen oder sozialistischen Sinne, unmöglich geworden. Selbst in London sah sich Karl Marx auf Schritt und Tritt von preußischen Spitzeln überwacht, und tatsächlich hielt sich »die kostbare Persönlichkeit«, der Berliner Geheimpolizei-Chef Dr. Stieber, wiederholt in London auf, was wohl auf den besonderen Eifer seines Vorgesetzten, des neuen preußischen Polizeiministers (und Schwagers von Karl Marx) Ferdinand v. Westphalen, zurückzuführen war, der Stieber befohlen hatte, weiteres Belastungsmaterial gegen die in Köln angeklagten Mitglieder des Bundes der Kommunisten zu beschaffen, koste es, was es wolle.

Wie Marx standen seit dem Herbst 1852 alle den preußischen Behörden verdächtigen Demokraten und Sozialisten, soweit sie auf freiem Fuß waren, auch in den europäischen Nachbarstaaten ständig unter polizeilicher Beobachtung. Und nachdem in ganz Deutschland sämtliche auch noch so harmlose Vereine der Handwerker- und Arbeiterschaft aufgelöst und verboten worden waren, konnte niemand noch annehmen, daß auch nur eine der im März 1848 aufgestellten kühnen Forderungen des Bundes der Kommunisten, der zu Beginn der Revolution als »Kommunistische Partei in Deutschland« aufgetreten war, in absehbarer Zeit verwirklicht werden könnte: Einigung ganz Deutschlands – republikanische Staatsreform – gleiches Wahlrecht für alle Deutschen über 21 Jahre – Besoldung der Volksvertreter – Schaffung eines Volksheeres mit gleicher Dienstzeit für alle Wehrfähigen und Wegfall der Adelsvorrechte – Beseitigung auch aller übrigen Privilegien des Adels – Befreiung der Landbevölkerung von allen Feudallasten – Verstaatlichung der Eisenbahnen, des Postwesens, der Wasserwege und Straßen unter Aufhebung aller Wegzölle – einheitliche Beamtenbesoldung mit Familienzulage und Kindergeld – Einführung der progressiven Einkommensteuer und Abschaffung der unsozialen Verbrauchssteuern – Garantie des Rechts auf Arbeit – Versorgung der Arbeitsunfähigen – Einrichtung staatlicher Industrien – allgemeine unentgeltliche Volkserziehung und Rechtspflege – und was der damals als Hirngespinste erscheinenden Forderungen mehr waren. *

Zwar machten in den fünfziger Jahren des 19. Jahrhunderts die Industrialisierung und der Ausbau des Eisenbahnnetzes sehr rasche Fortschritte, und die Anzahl der in Fabriken und Kohlenzechen Beschäftigten verdoppelte sich, aber die rückschrittliche Politik der deutschen Staaten blieb unverändert auf die Erhaltung des feudalabsolutistischen Herrschaftssystems gerichtet. Die liberale Opposition beschränkte sich auf Versuche, die groß-bürgerlichen Interessen stärker zur Geltung zu bringen, was hie und da auch gelang, aber was dann nur äußerst selten mit den wirtschaftlichen und sozialen Bedürfnissen des Kleinbürgertums und der Industriearbeiterschaft übereinstimmte. Die gänzlich unorganisierten, führungslosen und ihrer politischen Interessenvertreter beraubten Unterschichten hatten fast stets das Nachsehen. Erst in den späten fünfziger Jahren, nachdem Friedrich Wilhelm IV. von Preußen wegen fortschreitender Geisteskrankheit durch seinen Bruder, den späteren Kaiser Wilhelm I., als Regent abgelöst worden war, änderten sich diese bedrückenden Verhältnisse ein wenig.

Der neue Prinzregent (von 1861 an: König) Wilhelm war zwar beileibe kein Mann des Fortschritts, und seine reaktionäre Gesinnung hatte er 1848/ 49 hinlänglich unter Beweis gestellt. Nach dem Sieg der Berliner Barrika-denkämpfer war er zunächst nach England geflohen; nachdem sich aber die Lage zugunsten der alten Mächte verändert hatte, war er zurückgekehrt und hatte als »Kartätschenprinz« an der Spitze preußischer Truppen erst in Sachsen, dann in Westfalen und im Rheinland, schließlich im badisch-pfälzischen Aufstandsgebiet die »Ruhe und Ordnung« mit brutaler Gewalt wiederhergestellt und ein blutiges Strafgericht halten lassen.

Er galt als pedantisch, kalt und stur, witterte in jeder fortschrittlichen Regung schon den Aufruhr und konnte, ganz im Gegensatz zu seinem exzentrischen, bis zu seiner Erkrankung weit über dem üblichen Hohenzol-lern-Niveau geistig regsamen, ebenso schwärmerischen wie mitunter sehr tückischen Bruder, nur geradeaus denken, zielen und marschieren.

Aber dieser neue Prinzregent Wilhelm war nur die ausgewechselte Galionsfigur des preußischen Junkerstaats. Die politischen Entscheidungen überließ der seinen intellektuellen Fähigkeiten nach allenfalls zum Unterof-fizier taugende Souverän der wichtigsten Stütze seines Throns, der Armee-führung. Diese jedoch hatte erkannt, in welch kritische Lage das Königreich Preußen nach einem Jahrzehnt der Reaktion geraten war: Außenpolitisch hatte es eine Reihe von schmerzlichen Niederlagen einstecken müssen; seine zeitweise Vormachtstellung in Deutschland war ihm verlorengegan-gen. Österreich, wo die Reaktion selbst die in Preußen noch übertraf, hatte wieder die Führung im Deutschen Bund übernommen und die Hohenzol-lern-Monarchie auf den zweiten Platz verwiesen. Zugleich waren die späten fünfziger Jahre für Preußen eine Zeit schwerer Belastungen auf wirtschaftli-chem und sozialem Gebiet. Nachdem die ersten acht Jahre nach dem Ende der Revolution einen starken wirtschaftlichen Aufschwung gebracht hatten, gab es 1857 plötzlich eine unerwartete Absatzkrise. Sie hatte bei der Industrie zu Massenentlassungen und drastischen Lohnkürzungen geführt, und in deren Folge kam es zu einer in diesem Ausmaß bis dahin nicht gekannten Streikbewegung.

Im rheinisch-westfälischen Industriegebiet wie auch in Schlesien und Sachsen traten Bergleute und Fabrikarbeiter zu Tausenden in den Ausstand und forderten eine Aufbesserung ihrer Hungerlöhne. Es bedurfte des rücksichtslosen Einsatzes von Gendarmerie und Militär, sie zur Wiederaufnahme der Arbeit zu zwingen.

Diese Wirtschaftskrise mit ihren sozialen Begleiterscheinungen, zusammen mit den außenpolitischen Niederlagen und den immer deutlicher spürbaren Unzulänglichkeiten und Hemmnissen, die sich aus der deutschen Kleinstaaterei und ihrer reaktionären Politik für Industrie und Handel ergaben, zwang die preußische Führung zu neuen Überlegungen.

Sie begann einzusehen, daß den Interessen des Besitzbürgertums stärker Rechnung getragen werden mußte, wenn die Monarchie und der privilegierte Adel ihre Macht nach innen und außen dauerhaft behaupten wollten. Ein Kurswechsel schien deshalb dringend angezeigt, und die Übernahme der Regentschaft durch den Prinzen Wilhelm bot dazu eine Gelegenheit.

So entließ der neue Prinzregent auf Anraten der Militärs als erstes das erzreaktionäre Kabinett v. Manteuffel und ersetzte es durch gemäßigt konservative und halbwegs liberale Minister. In der programmatischen Ansprache des Prinzen an die neue Regierung hieß es:»In Deutschland muß Preußen moralische Eroberungen machen – durch eine weise Gesetzgebung bei sich, durch Hebung aller sittlichen Elemente und durch Ergreifung von Einigungselementen, wie der Zollverein es ist, der indes einer Reform wird unterworfen werden müssen.«

Diese Tonart ließ erkennen, daß die Forderungen der Bourgeoisie nach nationalstaatlicher Einigung nicht mehr überhört werden konnten und sollten. Des weiteren machte die Rede klar, daß die Hohenzollern-Monarchie samt ihrer Armee und dem Junkertum nicht dazu bereit war, sich ihre Machtbasis im geringsten schmälern zu lassen. Der Prinzregent sprach sich für eine gründliche Modernisierung des preußischen Heeres aus. Durch eine Lockerung der Zensur und andere Zugeständnisse an die Liberalen hoffte die neue Führung, die kostspielige Aufrüstung über die parlamentarischen Hürden zu bringen.

Das ganze bürgerliche Lager begrüßte denn auch den vom Prinzregenten eingeschlagenen Kurs als Anbruch einer »Neuen Ära« und schien durchaus bereit, die Regierung zu unterstützen, die offenbar den Druck vermindern, längst überfällige Reformen in Angriff nehmen und die ersehnte nationale Einigung zumindest auf wirtschaftlichem Gebiet voranbringen wollte.

Als dann auch noch Neuwahlen zum preußischen Abgeordnetenhaus ausgeschrieben wurden, herrschte im liberalen Lager allgemeiner Jubel. Erstmals seit vielen Jahren riefen auch die bürgerlichen Demokraten zur Wahlbeteiligung auf. Sogar Johann Jacoby, der als steckbrieflich verfolgter Abgeordneter des revolutionären Rumpfparlaments schon im Herbst 1849 aus der Schweiz, wohin alle geflüchtet waren, die Rückkehr nach Preußen gewagt hatte und dort zwar sofort verhaftet, aber – es geschahen mitunter

Wunder! – von der Anklage des Hochverrats freigesprochen und aus dem Gefängnis entlassen worden war, rührte sich nun wieder. Er trat im Oktober 1858 an die Spitze eines Königsberger »Komitees für unabhängige Wahlen«, gab jedoch zu verstehen, daß er selbst nicht zu kandidieren gedachte.

Jacoby wußte, daß er und seine radikaldemokratischen Gesinnungsfreunde – noch – keine Chance hatten, in die preußische oder gar deutsche Politik einzugreifen. Er selbst war zudem, wie es sein Freund Eduard Waldeck ausdrückte, von der ganzen Linken der Jahre 1848/49 »die gefürchtetste Vogelscheuche des Ruhe und Ordnung liebenden, sehr achtbaren Philistertums«, und diesem, dem gemäßigt liberalen Besitzbürgertum, gehörte jetzt die Stunde.

Wohl aus dieser Erkenntnis heraus vertrat Jacoby nun auch ein Programm, das bei seinen Freunden wie Gegnern Rätselraten und verwundertes Kopfschütteln auslöste. Er verzichtete auf jede Anklage, auf jede bittere Bemerkung über die zurückliegende Zeit der Verfolgung und Unterdrückung.

»Lassen Sie uns darüber mit Schweigen hinweggehen«, erklärte er in allen Wahlversammlungen. »Wir wollen die letzten neun Jahre als ernste Lehre ... uns fest ins Gedächtnis prägen, nicht aber wollen wir uns durch solche Erinnerungen ... zum selbstverblendeten Parteihaß gegen politische Gegner hinreißen lassen!« Sein Programm forderte »nicht mehr, aber auch nicht weniger als eine verfassungsmäßige Monarchie auf der echt demokratischen Grundlage« der Selbstverwaltung und Gleichberechtigung aller, Abschaffung des reaktionären Dreiklassenwahlrechts, Revision der Presse- und Vereinsgesetze sowie Lehr- und Religionsfreiheit.

Gemäßigter ging es kaum, aber Jacoby wußte, daß die Stunde derer, die die Republik der demokratischen Freiheit und sozialen Gerechtigkeit erkämpfen wollten, noch nicht gekommen war. Erst mußte das gemäßigtliberale Besitzbürgertum dem reaktionären Junkerstaat kräftige Stöße versetzen und ihn ins Wanken bringen, und derweilen setzten er und auch andere entschiedene Demokraten, Republikaner und Sozialisten auf eine andere Karte, nämlich auf eine allmähliche politische Bewußtseinsbildung bei dem wachsenden Heer der Fabrikarbeiterschaft und bei den von der Industrialisierung in ihrer selbständigen Existenz bedrohten kleinen Handwerkern.

Die vordringliche Aufgabe der Linken war es jetzt, diese politische Bewußtseinsbildung bei den Unterschichten mit allen sich bietenden Mitteln zu fördern und die besten Kräfte des Proletariats zu organisieren. Noch waren der größte Teil der ostelbischen Provinzen Preußens, große Teile Süddeutschlands, erst recht Hannover, Braunschweig, Oldenburg und die mecklenburgischen Großherzogtümer, von den größeren Städten abgesehen, ein politischer Urwald, dessen Bewohner von ihren feudalen Häuptlingen in völliger Unwissenheit und Unmündigkeit gehaltene Halbsklaven.

Nur der Arbeiter- und Handwerkerschaft der größeren Städte dämmerte ein erster schwacher Schein politischen Bewußtseins. Da galt es anzusetzen, doch ehe nicht die Unterschichten der Großstädte und Industriebezirke voll erwacht waren, ehe nicht Verbindung zwischen den weit auseinandergelegenen Zentren bestand, hatte es keinen Zweck, mit deutlich unterlegenen Kräften in die Politik einzugreifen.

Dies alles hatten die klügsten Köpfe der deutschen Linken, hatte auch Johann Jacoby im Sinn, von dem manche schon fürchteten, er könnte sich von einem radikal-demokratischen Saulus in einen sanft-liberalen Paulus verwandelt haben. Seine Zurückhaltung bei den ersten preußischen Landtagswahlen der Neuen Ära war eine von den Verhältnissen diktierte Taktik. Er sah den Sieg der Liberalen ebenso voraus wie den Konflikt, der sich daraus zwischen Prinzregent, Adel und Militär auf der einen und dem gestärkt aus den Wahlen hervorgehenden Besitzbürgertum auf der anderen Seite geradezu zwangsläufig ergeben mußte. Von dieser neuen Auseinandersetzung, so sah es Jacoby, konnte die deutsche Linke nur profitieren, wenn sie sich fürs erste nicht daran beteiligte. Sollten doch diesmal die Liberalen selbst die Kastanien aus dem Feuer holen, an denen sich 1848/49 die kleinen Handwerker, Arbeiter und Bauern so sehr die Hände verbrannt hatten, daß sie noch immer schmerzten . . .

4.
Mann der Arbeit, aufgewacht . . . !

Der Wahlkampf im Königreich Preußen vom November 1858, der mit einem triumphalen, in solchem Ausmaß von niemandem erwarteten Sieg der Liberalen endete – sie konnten die Anzahl ihrer Sitze von 36 auf 147 erhöhen, während von den 224 konservativen Abgeordneten nur noch 60 übrigblieben! –, erweckte die demokratische Linke, die fast ein Jahrzehnt lang zum Schweigen und zu völliger politischer Passivität gezwungen gewesen war, mit einem Schlag zu neuem Leben.

Überall bildeten sich »Komitees für unabhängige Wahlen«, die sich um die Auswahl geeigneter Kandidaten und die Aufstellung eines Programms kümmerten, dann auch den eigentlichen Wahlkampf organisierten, Bürgerversammlungen abhielten und durch Zeitungsartikel, Flugblätter und Mundpropaganda auf die öffentliche Meinung einwirkten. In diese Wahlkomitees nahmen die gemäßigten Liberalen gern auch prominente Vertreter der bislang geschmähten und geächteten demokratischen Linken auf, die diesmal ihren Anhängern keinen Wahlboykott, sondern rege Beteiligung empfohlen hatten, und da die Demokraten keine eigene Partei bildeten, auch selbst nur vereinzelt kandidierten, waren sie dem liberalen Lager eine höchst willkommene Verstärkung. So gehörten beispielsweise im ostpreußischen Königsberg dem zweiundzwanzigköpfigen Wahlkomitee der liberalen Opposition neben Johann Jacoby noch fünf weitere radikale Demokraten und Republikaner an. Die Konservativen griffen diesen Wahlausschuß auch prompt als »ein Komitee von Demokraten reinsten Wassers, von Republikanern, Freigemeindlichen, Juden, Doktoren und Handwerkern« an, nützten der Opposition damit aber mehr als sie ihr schadeten.

Auch das nach einer Lockerung der Bestimmungen wiedererwachende Vereinsleben kam der demokratischen Sache zugute und wurde von ihr eifrig genutzt, ihre Vorstellungen zu propagieren und neue Anhänger zu werben. Dazu boten sich vor allem die teilweise schon vor der Revolution von 1848/49 entstandenen Arbeiterbildungsvereine an, meist Schöpfungen wohlmeinender Besitzbürger und liberaler Beamter mit oft ebenso seltsamen Namen wie Idealen. So war in Berlin bereits 1843 unter Vorsitz des Stadtsyndikus Hedemann ein »Verein zur Förderung christlicher Sitte und Geselligkeit unter den jungen Männern des Gewerbestandes und der volkstümlichen Entwicklung des geistigen, sittlichen und staatsbürgerlichen Lebens der Arbeiter« gegründet worden, aus dem fünf Jahre später jener Handwerkerverein geworden war, den Stephan Born zur Keimzelle seiner Arbeiterverbrüderung gemacht hatte; in Hamburg war in den frühen vierziger Jahren unter dem Schutz der Patriotischen Gesellschaft, die dann auch ein Drittel der Mitglieder, hochangesehene Besitzbürger, stellte, ein »Arbeiterverein« gebildet worden, der ähnliche Ziele verfolgte wie der Berliner Verein, wobei der Kuriosität halber angemerkt sei, daß die Hamburger ihren sittlich zu hebenden und zu bildenden Arbeitern versicherten, der Kommunismus sei ein philosophisches System, »welches die Arbeiter lehren könne, den Werth ihres Verdienstes zu verdoppeln und Fleisch zu essen wie die Reichen«.

Nicht selten waren diese lokalen Arbeiterbildungsvereine, deren Zusammenkünfte stets polizeilich überwacht wurden und bei denen über Politik nicht gesprochen werden durfte, Gründungen von Fabrikanten mit dem Ziel, sich einen gesitteten und dankbaren Stamm von Facharbeitern zu schaffen, dazu ein Wählerpotential für den von ihnen favorisierten liberalen Kandidaten.

Einlaßkarte zum Bildungsverein für Arbeiter in Stuttgart.

In Königsberg wurde ein Handwerkerverein erst 1859 gegründet, und die Tatsache, daß dort Johann Jacoby in den Vorstand gewählt wurde, läßt bereits erkennen, daß es dabei nicht mehr um die »Förderung christlicher Sitte und Gesellikeit«, sondern vornehmlich um die »volkstümliche Entwicklung des . . . staatsbürgerlichen Lebens der Arbeiter« ging. Unter den 1400 Mitgliedern, die der Königsberger Handwerkerverein schon im zweiten Jahr seines Bestehens zählte, waren knapp die Hälfte Gesellen, Lehrlinge und Handlungsgehilfen, 341 Handwerkermeister und fast 90 demokratisch und republikanisch gesinnte Studenten, Literaten, Ärzte und Anwälte.

Versuche dieser Art, gegen den Willen der Herrschenden wie auch der

Großbourgeoisie, die die Unterschichten vor jeder Politisierung zu bewahren trachteten, Bildungsarbeit zu betreiben und politisches Bewußtsein zu wecken, konnten nur mit größter Behutsamkeit unternommen werden, denn die Polizei war stets dabei und gegenüber Leuten wie Jacoby besonders mißtrauisch; er hielt deshalb mit Vorliebe Gedenkreden an den Geburtstagen von Kant und Lessing, Schiller und Herder, wo auch der strengste Beamte schwerlich etwas dagegen einwenden konnte, wenn er diese Autoritäten mit ihren aufklärerischen und freiheitlichen Gedanken ausführlich zitierte.

Ein großes Hemmnis für solche und ähnliche Bemühungen der deutschen Demokraten, in den Unterschichten politisches Bewußtsein zu bilden, war deren in einem Jahrzehnt der Reaktion noch gewachsene, nahezu völlige Unwissenheit. Man hatte sie wie schon ihre Eltern und deren Vorfahren jahrhundertelang von jeder Bildung ausgeschlossen; die meisten konnten nur mühsam etwas lesen und kaum mehr als ihren Namen schreiben, und es war eigentlich schon fast ein Wunder zu nennen, daß von diesen Menschen, die täglich vierzehn- und mehrstündige körperliche Arbeit zu leisten hatten, einige noch den Willen und die Kraft hatten, sich etwas Bildung zu verschaffen und die herrschende politische Teilnahmslosigkeit zu überwinden.

Diese Apathie, durch billigen Schnaps häufig von Junkern und Fabrikanten bewußt gefördert, war besonders bei der Industrie- und Landarbeiterschaft anzutreffen. Auch viele ältere Handwerker, erst recht die zahlreichen Heimarbeiter und die meisten Angehörigen der größten Gruppe der Unterschicht, der Millionenschar männlicher und weiblicher Dienstboten, waren ebenso unwissend wie uninteressiert an einer Änderung dieses Zustandes, was durchaus im Sinne der Herrschenden lag. Denn die Angst vor einer neuen Volkserhebung im Land saß allen Besitzenden gleichermaßen im Nacken, obwohl kaum zehn Prozent der gesamten Bevölkerung Deutschlands überhaupt Anteil am politischen Leben nahmen, und weit mehr als die Hälfte davon nicht einmal im Traum an eine grundlegende Änderung der bestehenden Verhältnisse zu denken wagte.

Das änderte sich erst, als 1861 in den USA der Bürgerkrieg zwischen den bürgerlich-fortschrittlichen Nordstaaten und den noch stark vom Feudalismus geprägten, sklavenhaltenden Südstaaten ausbrach. Dieser Krieg, der bis 1865 dauerte und an dem auf seiten des Nordens zahlreiche ausgewanderte oder geflüchtete deutsche Revolutionäre von 1848/49, einige davon als hohe Offiziere, begeistert teilnahmen, läutete – wie Karl Marx es ausgedrückt hat – »die Sturmglocke für die europäische Arbeiterklasse«, so wie achtzig Jahre zuvor der amerikanische Unabhängigkeitskrieg das europäische Bürgertum, zunächst in Frankreich, aufgerüttelt hatte.

Etwa zur gleichen Zeit, als sich die amerikanischen Nordstaaten zur Beseitigung von Feudalismus und Sklaverei im Süden der USA entschlossen, ging im Königreich Preußen die Neue Ära schon wieder zu Ende.

Zwischen König Wilhelm I., wie sich der bisherige Prinzregent nach dem Tode seines geisteskranken Bruders nannte, dem neuen Kriegsminister Albrecht v. Roon und dem gleichfalls neuernannten Chef des Generalstabs Helmuth v. Moltke auf der einen Seite und der liberalen Mehrheit im Abgeordnetenhaus auf der anderen, war es zu einem Konflikt wegen der vom König und den Militärs geforderten Heeresreform gekommen. Die Liberalen wollten die für die Aufrüstung erforderlichen Mittel nur gegen weitere politische und wirtschaftliche Zugeständnisse der Regierung bewilligen. Sie hatten bereits – und das schmerzte die preußischen Junker ganz besonders – die Abschaffung der Grundsteuerfreiheit der adligen Güter durchgesetzt. Aber trotz dieses Opfers der Konservativen waren die Liberalen noch immer nicht bereit, einer beträchtlichen Erhöhung der Militärausgaben zuzustimmen.

Als dann im März 1862 ein Abgeordneter der neuen linksliberalen Fortschrittspartei, der in Königsberg gewählte, von Jacoby und seinen Gesinnungsfreunden unterstützte Haushaltsexperte Adolf Hagen, auch noch den Antrag stellte, nicht über den Etat im Ganzen, sondern über die einzelnen Haushaltsposten abzustimmen, womit die geplante Heeresreform gänzlich in Frage gestellt worden wäre, sah König Wilhelm dies als eine »Kriegserklärung« der Linken an. Er löste das Parlament auf, ließ Neuwahlen ausschreiben und ersetzte das bisherige gemäßigt konservativ-liberale Kabinett durch eine neue, stramm konservative Regierung unter der nominellen Ministerpräsidentschaft des betagten Fürsten von Hohenlohe-Ingelfingen. Die eigentliche Leitung der Regierungsgeschäfte übernahm der von den Liberalen zu den Konservativen übergegangene Elberfelder Bankier August von der Heydt, der schon 1848 Minister im ersten nachrevolutionären Kabinett der Reaktion gewesen war; Kriegsminister blieb Albrecht v. Roon, und einige Junker übernahmen die übrigen Ressorts.

Der Konflikt zwischen Thron und Parlament verschärfte sich indessen noch, trotz kleiner Zugeständnisse, die die neue Regierung den in Geldfragen äußerst hartnäckigen Liberalen zu machen bereit war.

»Die wirkliche Macht der Bourgeoisie im Staate«, hat Friedrich Engels wenig später dazu bemerkt, »bestand nur in dem – noch dazu sehr verklausulierten – Steuerbewilligungsrecht. Hier also mußte der Hebel angesetzt werden, und eine Klasse, die sich so vortrefflich aufs Abdingen verstand, mußte hier sicherlich im Vorteil sein.«

Die Neuwahlen vom Mai 1862 erbrachten der liberalen und nun auch der weiter links stehenden Opposition eine überwältigende Mehrheit. Wenn Hof und Regierung gehofft hatten, für ihre Heeresreformpläne bei den Wählern und dann auch im neuen Abgeordnetenhaus mehr Verständnis zu finden, so sahen sie sich gründlich enttäuscht: Die Linke, vertreten durch die erst im Jahr zuvor gegründete bürgerlich-demokratische Fortschrittspartei, hatte mit einem Schlag 133 Mandate errungen, die gleichfalls oppositionellen gemäßigten Liberalen weitere 97 Sitze, wogegen die regierungsfreundlichen Konservativen mit nur noch 11 Abgeordneten vertreten waren, die gemäßigt konservative katholische Zentrumspartei mit 28.

Diese geradezu erdrückende Mehrheit der Opposition machte die bürgerliche Linke mutig. Im August 1862 ermannte sie sich und strich bei der Beratung der Regierungsvorlage im Haushaltsausschuß sämtliche Militärausgaben, ja erklärte die von König Wilhelm I., Roon und Moltke mit Eifer betriebene Heeresreform rundweg für ungesetzlich.

Als dann umgekehrt ein Vorschlag des Vermittlungsausschusses, die Militärdienstzeit wieder auf zwei Jahre herabzusetzen und dafür die übrigen Militärausgaben vom Parlament bewilligt zu bekommen, vom König wütend abgelehnt wurde, kam es zum Eklat: Denn nun lehnte das Plenum des preußischen Abgeordnetenhauses – vom Kriegsminister v. Roon als »Quatschbude« abgetan – mit einer Mehrheit von 308 gegen 11 konservative Stimmen die Regierungsvorlage ab und strich alle Ausgaben für die Heeresreform aus dem Haushaltsentwurf. Selbst die königstreuesten Liberalen und die eher konservativen Abgeordneten des katholischen Zentrums hatten sich nun der Opposition angeschlossen.

Diese beispiellose parlamentarische Niederlage des Königs und seiner Militärs, mehr noch die Einigkeit der Parteien von den »rosaroten heimlichen Republikanern bis zu den frömmelnden Schwarzen«, versetzten Hof und Regierung in große Aufregung. Wilhelm I. trug sich bereits mit der Absicht, zugunsten seines ältesten Sohnes, dem liberale Neigungen nachgesagt wurden, abzudanken; die Minister boten der Reihe nach ihren Rücktritt an, und nur Kriegsminister v. Roon behielt einen kühlen Kopf.

Roon erwog zunächst einen Staatsstreich, mit dem das Parlament ausgeschaltet, die Verfassung suspendiert und eine stramme Militärdiktatur errichtet werden sollte. Dafür hatte er schon detaillierte Pläne ausarbeiten lassen, zögerte aber mit deren Durchführung, weil er nicht sicher war, was am Ende dabei herauskommen würde. Er entschied sich dann dafür, dem König einen Zivilisten als neuen Ministerpräsidenten vorzuschlagen, der die Gewähr dafür bot, die Heeresreform gegen das widerspenstige Abgeordnetenhaus energisch durchzusetzen und die absolute Monarchie zu erhalten.

Roons Kandidat war der siebenundvierzigjährige preußische Gesandte in Paris, Otto v. Bismarck-Schönhausen. Schon am 18. September, am Morgen nach der für die Regierung so katastrophalen Abstimmungsniederlage, hatte Roon sich der neumodischen Telegraphie bedient und Bismarck in Paris die Nachricht zukommen lassen: »Die Birne ist reif!« Es war dies das zwischen ihnen verabredete Signal für Bismarck, auf schnellstem Wege nach Berlin zu kommen. Tatsächlich traf er bereits am 24. September 1862 dort ein und wurde sofort vom König zum preußischen Ministerpräsidenten ernannt.

Der neue Regierungschef, 1815 auf dem Familiengut Schönhausen im märkischen Landkreis Jerichow II geboren, war nach eigenem Bekenntnis ein Junker durch und durch. Er erfreute sich – wie er 1845 einem Freund

geschrieben hatte – bei seinen brandenburgischen Standesgenossen »einigen Ansehens, weil ich Geschriebenes mit Leichtigkeit lesen kann . . . ruhig und dreist reite, ganz schwere Zigarren rauche und meine Gäste mit freundlicher Kaltblütigkeit unter den Tisch trinke . . .«
Damals, drei Jahre vor der Revolution vom März 1848, schien Bismarcks Karriere bereits beendet. Denn er war, kaum daß er sein Referendarexamen abgelegt und als Junker sogleich eine Anstellung im höheren Verwaltungsdienst erhalten hatte, wegen unziemlicher Eskapaden und hoher Schulden wieder entlassen worden. Gerade vierundzwanzig Jahre alt, hatte der Regierungsreferendar a. D. v. Bismarck dann auf seinem Rittergut ein exzentrisches Junggesellenleben geführt und vielen schon als »gescheiterte Existenz« gegolten, da machte er im Berlin des Revolutionsjahres 1848 erstmals öffentlich von sich reden als ein – wie Sebastian Haffner es beschrieben hat – »extremer, abenteuerlicher Konterrevolutionär«. Friedrich Wilhelm IV., der ihn daraufhin in seine »Hofkamarilla« aufnahm, notierte sich von diesem Bismarck: »Roter Reaktionär, riecht nach Blut; nur zu gebrauchen, wenn das Bajonett schrankenlos waltet.«

Als des Königs Günstling war Bismarck 1851 Preußens Vertreter im wiederhergestellten Bundesrat der fürstlichen Regierungen in Frankfurt am Main geworden, hatte dort alle reaktionären Beschlüsse unterstützt, gleichzeitig aber die österreichische Deutschlandpolitik immer wieder geschickt zu durchkreuzen verstanden, wann immer er die preußischen, sprich: junkerlichen Interessen nicht hinreichend gewahrt sah.

Als dann durch außerdeutsche Ereignisse wie den Krimkrieg die »Heilige Allianz« zwischen Wien, St. Petersburg und Berlin in die Brüche ging und als nach Wirtschaftskrisen und außenpolitischen Niederlagen in Preußen die Zeit der härtesten Reaktion endete und die Neue Ära begann, war der Gesandte v. Bismarck an den Zarenhof abgeschoben, einige Zeit später an den Napoleons III. versetzt worden. Nun aber, seit dem 24. September 1862, stand dieser als Diplomat schon erprobte, in Verwaltungs-, erst recht in parlamentarischen Angelegenheiten gänzlich unerfahrene Beamte an der Spitze der Regierung des Königreichs Preußen und sollte die übermächtig gewordene bürgerliche Opposition wieder »zur Räson« bringen.

Bei den widerspenstigen Abgeordneten, die sich der kostspieligen Aufrüstung bislang widersetzten und die Bismarck nun überlisten und zähmen oder mundtot machen sollte, handelte es sich, wie beschrieben, noch ausschließlich um Vertreter bürgerlicher Parteien, um Liberale aller Schattierungen und entschieden demokratische Abgeordnete der Fortschrittspartei. Aber gerade um diese Zeit, da Bismarck den Kampf mit der parlamentarischen Opposition aufnahm, begann sich außerhalb des Parlaments eine neue, die Unterschichten mobilisierende Opposition zu formieren. So hatte schon einige Monate vor Bismarcks Ernennung, am 12. April 1862, der Jurist und Schriftsteller Ferdinand Lassalle, ein damals siebenunddreißigjähriger, aus einer wohlhabenden jüdischen Kaufmannsfamilie Breslaus

Ferdinand Lassalle, 1825-1864. Das Foto entstand um 1860.

stammender Mann von glänzendem Aussehen und aristokratischem Auftreten, in Berlin einen Vortrag gehalten, aber nicht im vornehmen Westen,
sondern in der von Proletariern in elenden Behausungen überquellenden
Oranienburger Vorstadt.

Dort hatte er sich an die »Arbeiter der großen Maschinenfabriken im Norden Berlins« gewandt und zu ihnen »über den besonderen Zusammenhang der gegenwärtigen Geschichtsperiode mit der Idee des Arbeiterstandes« gesprochen, ihnen dann sein Programm zur Lösung der »socialen Frage« entwickelt, auch die Bildung überlokaler, ja überregionaler Organisationen der »arbeitenden Classe« angeregt, schließlich den Zusammenschluß dieser Verbände zu einem großen Bund auf nationaler Ebene in Aussicht gestellt.

Diese glänzend vorgetragene Rede, die von den anwesenden Arbeitern mit viel Beifall aufgenommen worden war, hatte Lassalle dann eine Anklage wegen »Aufreizung zum Klassenhaß« eingebracht, und er war zu vier Monaten Gefängnis verurteilt, in zweiter Instanz jedoch freigesprochen worden.

»Die politische Mission der Arbeiterklasse hat niemand so volkstümlich, so packend, mit so glühender Wärme dargestellt«, schrieb vier Jahrzehnte später der sozialdemokratische Theoretiker und Reichstagsabgeordnete Eduard Bernstein, der »Vater des Revisionismus«, über Lassalle und dessen erstes öffentliches Auftreten. Ebenfalls 1904 meinte Lassalles erster Biograph, der liberale Historiker Hermann Oncken*, jene Rede vor den Arbeitern des Berliner Nordens sei »der Beginn der Geschichte der neuen preußisch-deutschen Arbeiterbewegung«, ja der eigentliche »Ausgangspunkt der sozialdemokratischen Bewegung in Deutschland« gewesen.

Karl Marx, der mit Lassalle im Revolutionsjahr 1848 bekannt geworden war, als der junge Rechtsanwalt im rheinischen revolutionär-demokratischen Volksklub zur Steuerverweigerung und zur Volksbewaffnung gegen die reaktionäre preußische Regierung aufgerufen hatte, und der seither mit Lassalle befreundet und in regem Briefwechsel geblieben war, sich mit ihm duzte, ihn 1861 sogar in Berlin für zwölf Tage besucht hatte – in der vergeblichen Hoffnung, mit Hilfe des geschickten Advokaten und Freunds die Wiedereinbürgerung in Preußen zu erlangen –, war jedoch von dem ersten öffentlichen Auftreten seines um sieben Jahre jüngeren Kampfgefährten und vermeintlichen Anhängers, mehr noch von dessen jüngsten Veröffentlichungen, sehr enttäuscht. Er fühlte sich von Lassalle plagiiert und zugleich mißverstanden, was die sozialistische Theorie, erst recht ihre Anwendung auf die Praxis betraf.

Schmerzlicher aber noch empfand Marx wohl den Mangel an Respekt, den sein zweifellos begabtester Schüler seiner wissenschaftlichen Leistung, seiner eisernen Konsequenz und seinem mit beidem erworbenen internationalen Ansehen bewies. Lassalle nahm sich heraus, sich als mindestens gleichrangige Autorität zu etablieren.

Aber weder Marx noch Engels hat, bei aller Kritik an dem Theoretiker Lassalle, der bereit war, den bestehenden Staat anzuerkennen und ihn ohne radikalen Klassenkampf in ein »soziales Königtum« zu verwandeln, dessen Verdienste je in Frage gestellt. »Denn«, so hat es Friedrich Engels ein

Jahrzehnt später formuliert, »es gelang dem Talent, dem Feuereifer, der unbezähmbaren Energie Lassalles, eine Arbeiterbewegung ins Leben zu rufen, an welche sich durch positive oder negative, freundliche oder feindliche Bande alles knüpft, was während zehn Jahren das deutsche Proletariat selbständig getan hat.«

Ein weiterer Grund für die Meinungsverschiedenheiten zwischen Marx und Lassalle war, daß der Gelehrte im englischen Exil einen wissenschaftlichen Sozialismus entwickelt hatte, der von ökonomischen Voraussetzungen ausging, die in Westeuropa schon vorhanden waren, im größten Teil Deutschlands aber noch längst nicht; allenfalls in Sachsen, um Berlin und im rheinisch-westfälischen Industriebezirk gab es bereits Ähnlichkeiten. Dementsprechend war auch das Proletariat, das Marx zu selbständigem Handeln fähig sah, im westlichen Deutschland erst im Entstehen begriffen, in den großen Agrargebieten Ostdeutschlands gab es dergleichen überhaupt noch nicht, auch nicht in den größeren Städten. Im ostpreußischen Königsberg, einer Hafen- und Provinzhauptstadt mit immerhin schon neunzigtausend Einwohnern, gab es nach dem Zeugnis Johann Jacobys zu Beginn der sechziger Jahre »kein Proletariat im eigentlichen Sinne«; allenfalls die Gilde der hundertfünfzig Sackträger des Königsberger Hafens – »rohe, primitive, meist betrunkene Kerle« – hätte man so bezeichnen können. Aber Marx kannte die deutschen Verhältnisse inzwischen nur noch aus zweiter Hand, aus Zeitungen und Briefen.

Lassalle hingegen, der den unmittelbaren Kontakt zu den Fabrikarbeitern suchte und fand, sah sich gezwungen und hielt sich auch für berechtigt, seinem Publikum nicht mehr zuzumuten, als es eben noch begreifen konnte. Das erforderte große Abstriche, auch zum Teil recht seltsame Veränderungen der von ihm ursprünglich akzeptierten Theorie – ganz ähnlich jenen, die Marx schon bei Stephan Borns Arbeiterverbrüderung bemängelt und als kleinbürgerlichen Philistersozialismus abgetan hatte.

Allerdings war Ferdinand Lassalle noch weit mehr als nur ein – zwangsläufig ungetreuer – Jünger von Marx. Er war in der Tat ein durchaus selbständiger Geist, der seine Ideen jedoch nicht allein in der Gelehrtenstube am Schreibtisch formulieren und dann in zahlreichen Artikeln, ökonomischen, philosophischen oder juristischen Abhandlungen, Pamphleten und Aufsätzen unter die Leute zu bringen versuchte. Er war vielmehr auch ein glänzender Redner, ein seine Anhänger begeisternder Agitator, ein die Zweifelnden mitreißender Volkstribun und nicht selten auch ein Demagoge, der seine rhetorische wie intellektuelle Überlegenheit dazu benutzte, berechtigte Einwände mit einem Schwall von leeren Phrasen zuzudecken und am Ende noch als eine Bestätigung seiner Thesen erscheinen zu lassen.

Er konnte seinen ehrlichen Kampf »wider die verdammte Bedürfnislosigkeit« des arbeitenden Volks im Frack, mit Seidenschal und Zylinder, führen, in einem luxuriösen Lebensstil und mit den Allüren eines Grandseigneurs, ohne deshalb seinem Publikum unglaubwürdig zu werden. Denn seine

Gräfin Sophie von Hatzfeld-Trachenberg, 1805-1881.

glühende Gerechtigkeitsliebe, seine menschliche Wärme, sein leidenschaftliches Eintreten für die Elenden, Unterdrückten und Ausgebeuteten machten alle Widersprüche vergessen.

Wer von den Zuhörern, denen Bildung und Wissen vorenthalten worden war, hätte denn eine wissenschaftlich fundierte Theorie entwickeln, auf deren Grundlage ein Programm formulieren und dieses in der Diskussion mit den Gegnern verteidigen können? Alle deutschen Theoretiker des Sozialismus – und der eine Autodidakt Wilhelm Weitling bestätigte als Ausnahme nur die Regel – waren gleich Lassalle akademisch gebildete Söhne wohlhabender, gutbürgerlicher Eltern. Es war auch keineswegs ein Zufall, daß so viele der Männer und dann auch Frauen, die sich mit der Lösung der sozialen Frage in einem emanzipatorischen Sinn befaßten und eine führende Stellung in der deutschen Arbeiterbewegung des 19. und frühen 20. Jahrhunderts einnahmen, gleich Lassalle jüdischer Herkunft waren – von Karl Marx, Stephan Born, Moses Heß, Johann Jacoby über Max Hirsch, Leopold Sonnemann und Paul Singer bis zu Eduard Bernstein, Rosa Luxemburg, Ludwig Frank, Hugo Haase und Kurt Eisner, um nur ein Dutzend Beispiele zu nennen. Es gab dafür gute Gründe.

»Wie ich selbst Jude und Deutscher zugleich bin«, so hatte Johann Jacoby schon 1837 an einen christlichen Freund geschrieben, »so kann in mir der Jude nicht frei werden ohne den Deutschen und der Deutsche nicht ohne den Juden . . .« Deutschland sei ein großes Gefängnis, in dem alle, ob Christen oder Juden, schmachteten, wenngleich die Juden schwerere Ketten trügen. Doch, so fuhr Jacoby fort, »ob . . . die Fesseln schwerer oder leichter, ist nur ein geringer Unterschied für den, der nicht nach Bequemlichkeit, sondern nach Freiheit sich sehnt. Diese Freiheit aber kann nicht dem einzelnen zuteil werden; nur wir alle zusammen erlangen sie oder keiner von uns: Denn ein und derselbe Feind und aus gleicher Ursache hält uns gefangen, und nur allein die Zerstörung des Gefängnisses kann uns zum Ziel führen.«

Ähnlich mochte der um zwanzig Jahre jüngere Lassalle es empfunden haben, der Jacoby verehrte und ihm eines seiner Werke gewidmet hatte.

Gewiß, acht Jahre lang hatte er seine Zeit und Energie hauptsächlich darauf verwendet, einer exzentrischen Hocharistokratin, der Gräfin Sophie Hatzfeld, in einer langen Reihe von Prozessen vor insgesamt sechsunddreißig Gerichten das dieser Dame von ihrem Ehemann vorenthaltene Vermögen zu erstreiten. Als Junggeselle mit viertausend Talern Jahresrente und einer Vielzahl von Liebesaffären mit meist hochgestellten Damen wirkte der stattliche, stets sehr elegant gekleidete Mann eher wie ein reicher Müßiggänger, der Politik als den standesgemäßen Zeitvertreib eines Gentleman ansah. Aber wenn er zu den Arbeitern sprach, wenn er ihnen erklärte:»Ihr seid merkwürdige Leute! Vor französischen und englischen Arbeitern, da müßte man plädieren, wie man ihrer traurigen Lage abhelfen könne. Euch aber muß man vorher noch beweisen, daß ihr in einer traurigen Lage *seid*! So lange ihr ein Stück schlechte Wurst habt und ein Glas Bier trinkt, merkt ihr gar nicht, daß euch etwas fehlt!«, dann waren sie mit ihm, der so augenscheinlich weit mehr Bedürfnisse hatte und sie auch befriedigen konnte, durchaus einer Meinung und folgten willig seinen weiteren Argumenten.

Wenn er ihnen vorrechnete, daß ein wohlhabender Rentier – wie er selbst einer war – im statistischen Durchschnitt 66 müßig verbrachte Jahre zu leben hätte, ein Fabrikarbeiter aber nur 37, ein Zigarrenmacher gar nur 31, ein schlesischer Weber allenfalls 29 Jahre; daß die Sterblichkeit bei Fabrikarbeiterkindern sechsmal höher war als bei den Söhnen und Töchtern der Fabrikanten und daß die Lebenserwartung eines Kindes der»höheren Stände« durchschnittlich sechzehnmal so hoch war wie die der Kinder von Spinnern, Glasbläsern oder Schlossern, dann hatte er sehr aufmerksame Zuhörer, die seine Rede mit lebhaftem Beifall belohnten und denen er nun auch das Prinzip des freien Wettbewerbs erklären konnte:

»*Das* ist der ganze Segen der freien Konkurrenz für Sie, daß Ihnen jetzt ihre eigenen Kinder Konkurrenz machen können in einem Alter von acht, sieben und sogar sechs Jahren, in welchem sie in die Schule gehörten und nicht an den Webstuhl! Während früher der Vater die Kinder ernährte, so stechen jetzt häufig die Kinder, die natürlich mit geringerem Lohn vorliebnehmen können, den Vater aus – ein naturwidriges Verhältnis! ... Und so hat die freie Konkurrenz Ihnen sogar bereits die Familien vernichtet!«

»Sie glauben vielleicht«, rief er den Arbeitern zu,»daß Sie Menschen sind? Ökonomisch gesprochen und also in der Wirklichkeit, irren Sie sich ganz ungeheuer! Ökonomisch gesprochen sind Sie nichts als eine Ware! Sie werden vermehrt durch höheren Lohn, wie die Strümpfe, wenn sie fehlen; und Sie werden wieder abgeschafft; Ihre Zahl wird durch geringeren Arbeitslohn... vermindert wie Ungeziefer, mit welchem die Gesellschaft Krieg führt!«

Oder er machte seinem Publikum – wiederum anhand der Statistik, mit der er gern operierte – einleuchtend klar, was eigentlich »der Staat« sei: »72¼ Prozent der Bevölkerung mit einem Einkommen von unter 100 Talern (jährlich), also in der elendsten Lage! Andere 16¾ Prozent der Bevölkerung mit einem Einkommen von 100 bis 200 Talern, also in einer kaum besseren, immer noch elenden Lage, andere 7¼ Prozent der Bevölkerung mit einem Einkommen von 200 bis 400 Talern, also noch immer in einer gedrückten Lage, 3¼ Prozent der Bevölkerung mit einem Einkommen von 400 bis 1000 Talern, also teils in einer eben erträglichen, teils in einer behäbigen Lage, und ½ Prozent der Bevölkerung endlich in allen möglichen Abstufungen des Reichtums. Die beiden untersten, in der allergedrücktesten Lage befindlichen Klassen bilden also allein 89 Prozent der Bevölkerung, und nimmt man, wie man muß, noch die 7¼ Prozent der dritten, immer noch unbemittelten und gedrückten Klasse hinzu, so erhalten Sie 96¼ Prozent der Bevölkerung in gedrückter, dürftiger Lage. Ihnen also, meine Herren, den notleidenden Klassen, gehört der Staat, nicht uns, den höheren Ständen, denn aus Ihnen besteht er!

Was ist der Staat?, fragte ich, und Sie ersehen jetzt aus wenigen Zahlen, handgreiflicher als aus dicken Büchern, die Antwort: *Ihre, der ärmeren Klassen, große Assoziation – das ist der Staat...!*«

Klar war seinem Publikum nun auch, daß der bestehende Staat nicht der Staatsidee des Redners entsprach; daß er nicht war, was und wie er sein sollte. Er mußte erst dazu gemacht werden, und zwar, so erklärte ihnen Lassalle, durch eine Arbeiterklasse, die den Staat zu dem ihren machte.

Der Weg dorthin führte, wie er ihnen erläuterte, über das Wahlrecht, über allgemeine, gleiche und direkte Wahlen. Wenn ein solches Wahlrecht durchgesetzt wäre, »dann werden Sie, die unbemittelten Klassen der Gesellschaft, es jedenfalls nur noch sich selbst und Ihren schlechten Wahlen zuzuschreiben haben, wenn und solange die Vertreter Ihrer Sache in der Minorität bleiben!«

Und was geschieht, so fragten sich die Zuhörer, wenn uns ein demokratisches Wahlrecht verweigert wird? Wenn es, wie in Preußen und Sachsen, bei dem höchst undemokratischen Dreiklassenwahlrecht bliebe? Wenn sie, die überwältigende Mehrheit, sich wie bisher gegen die wenigen Reichen und Mächtigen nicht durchzusetzen vermochten?

Auch darauf hatte Lassalle eine Antwort: »Man kann selbst Ihnen politische Rechte und das allgemeine Wahlrecht verweigern... Aber das allgemeine Wahlrecht von 89 bis 96 Prozent der Bevölkerung als *Magenfrage aufgefaßt* und daher auch mit der Magenwärme durch den ganzen nationalen Körper hinverbreitet – seien Sie unbesorgt, meine Herren, es gibt keine Macht, die sich dem lange widersetzen würde!«

Was für ihn das allgemeine Wahlrecht im politischen Bereich, bedeutete ihm im ökonomischen und sozialen Bereich seine eigene Idee der »Produktivassoziationen« – mit Staatshilfe gegründete, von den Arbeitern selbst verwaltete Produktionsstätten, aus deren erwirtschafteten Gewinnen die an der Produktion beteiligten Arbeiter den alleinigen Nutzen ziehen sollten. Man brauchte nur, so erklärte Lassalle, ein Startkapital von 100 Millionen Talern, »um nach und nach allen Arbeitern zu helfen«.

Natürlich erregten Lassalles kühne Thesen beträchtliches Aufsehen, weit über die Versammlungen hinaus, auf denen er sprach. Um diese Zeit, im Sommer und Herbst 1862, kam es erstmals in größerem Umfange wieder zu lokalen Zusammenschlüssen der kleinen Handwerker, Gesellen und Arbeiter, wobei jede politische Tendenz ängstlich vermieden wurde. Einige aufgeschlossene Liberale an der Spitze des 1859 außerhalb Preußens gegründeten, aber schon überall im Deutschen Bund aktiven Nationalvereins, der eine Einigung Deutschlands nach den Vorstellungen der Paulskirchenversammlung von 1848/49 mit einem Erbkaiser an der Spitze propagierte, versuchten über die örtlichen Vereine eine Mobilisierung der Unterschichten für ihre Pläne. Es war vor allem Hermann Schulze-Delitzsch, Mitglied der Fortschrittspartei und führend im Nationalverein, der sich im Herbst 1862 – Bismarck war gerade an die Spitze der preußischen Regierung berufen worden – mit der Absicht trug, einen deutschen Arbeiterkongreß einzuberufen.

Schulze-Delitzsch, der einesteils durch Belehrung und Bildung, andernteils durch die Gründung von Spar- und Konsumgenossenschaften die Existenzbedingungen der Arbeiterschaft bessern und das demokratische Potential des erwachenden Proletariats fest ins Schlepptau der linksliberalen Fortschrittspartei nehmen wollte, hatte auch bereits einen Mann gefunden, der sich als Präsident des geplanten Kongresses und als künftiger Arbeiterführer zu eignen schien – es war der Berliner Lackierer Karl Eichler, der in den Berliner Arbeiterbildungsvereinen eine lebhafte Aktivität entfaltet hatte und ein Vertrauensmann des Nationalvereins wie der Fortschrittspartei war –, da mischte sich – wie es Hans Peter Bleuel* in seiner Lassalle-Biographie anschaulich beschrieben hat – der junge Kaufmann Ludwig Löwe ein, »der Lassalle als eine Art Sekretär diente und ihn wie ein Sohn verehrte«, ihm auch die Beziehungen zu den Berliner Handwerker- und Arbeiterbildungs-, Turn- und Sparvereinen hergestellt hatte.

»Der Jünger Löwe«, heißt es bei Bleuel weiter, »gab in seiner unreflektierten Begeisterung dem Mentor Lassalle den Gedanken ein, der könne sich an die Spitze des Gesamtarbeitervereins, sprich: der Kongreßbewegung setzen. Diese Vorstellung war nun bar aller Realität, sie widersprach eklatant den tatsächlichen Machtverhältnissen«, denn gerade in Berlin, wo der Kongreß stattfinden sollte, war die Fortschrittspartei noch stärker als in allen anderen bürgerlich-demokratischen Hochburgen. »Dennoch hat dieser junge Ludwig Löwe« – der sich später von Lassalle abwandte und ein weltweit erfolgreicher Waffenfabrikant, auch Abgeordneter der Fortschrittspartei im Reichstag wurde – »in seinem jugendlichen Eifer für Lassalle eine entscheidende Weichenstellung vorgenommen.«

Löwe war befreundet mit dem Chemiker Dr. Otto Dammer, den der Naturforscher Emil Adolf Roßmäßler vom Nationalverein nach Leipzig geholt hatte, wo er bei der Arbeiterbildung im Sinne der bürgerlichen Liberalen mitwirken sollte. Aber Dammer war mit den bürgerlichen Rezepten zur Lösung der »socialen Frage« immer weniger zufrieden. Zusammen mit dem Schuhmacher Julius Vahlteich und dem Tabakarbeiter Friedrich Wilhelm Fritzsche, der als Teilnehmer am Dresdner Aufstand von 1849 damals einer standrechtlichen Erschießung nur knapp entgangen war, dann viele Jahre im Kerker gesessen hatte und daher unter den sächsischen Linken hohes Ansehen genoß, trennte sich Dammer von dem »Gewerblichen Arbeiterbildungsverein«. Die drei und ihr starker Anhang gründeten einen neuen Arbeiterverein »Vorwärts«, der sich von allen bürgerlichen Beeinflussungen freihielt, und trugen sich mit der Absicht, in Bälde einen allgemeinen deutschen Arbeitertag nach Leipzig einzuberufen.

Dieser starken Leipziger Gruppe, in der der ihm bekannte Dr. Dammer führend war, schickte Löwe die Schriften Lassalles zu, sein *Arbeiterprogramm*, seine erste *Verfassungsrede*, und die Leipziger waren davon tief beeindruckt. »So etwas«, erinnerte sich Vahlteich noch vierzig Jahre später, »war eben noch nie gehört worden und kontrastierte zu vorteilhaft mit den Wassersuppen, die bisher den Arbeitern« von bürgerlicher Seite »geboten worden waren, als daß die Wahl darüber, wohin man sich mit seinen Sympathien wenden sollte, schwer gewesen wäre.«

Auch Dammer erklärte, nachdem er Lassalles Schriften gründlich studiert und mit den Mitgliedern des Vorwärts-Bundes nächtelang diskutiert hatte: »Der hat hier unter den Arbeitern festen Boden, nur möchte ich die Sache weiter bauen«, was er auch tat, denn am 4. Dezember 1862 ging der folgende Brief an Ferdinand Lassalle ab, unterzeichnet von Dammer, Fritzsche und Vahlteich:

»Die Arbeiterbewegung, welche mit unwiderstehlicher Gewalt sich geltend gemacht hat, welche durch Fehlgriffe beeinträchtigt, durch keine Macht aber unterdrückt werden kann, bedarf, wenn sie zu bedeutenden und befriedigenden Ergebnissen führen soll, der umsichtigsten und kräftigsten Leitung; sie bedarf der höchsten Intelligenz und eines durchaus mächtigen Geistes, in dem sich alles konzentriert und von dem alles ausgeht. Wir drei unterzeichnete Freunde haben uns als Mitglieder des Komitees (zur Einberufung eines allgemeinen deutschen Arbeitertages) eingehend mit dieser Angelegenheit beschäftigt, und wir finden in Deutschland nur Einen Mann, den wir an der Spitze einer so bedeutenden Bewegung sehen möchten, wir finden nur Einen Mann, den wir so schwieriger Aufgabe fähig halten, nur

Einen Mann, dem wir so vollkommenes Vertrauen schenken, daß wir ihm als Führer der ganzen Bewegung uns unterordnen möchten, und dieser Eine Mann sind Sie.

Sie haben durch Ihre Broschüre ein Recht sich erworben auf den Platz, den wir Sie einnehmen zu sehen wünschen, Sie haben durch Ihre Broschüre aber auch die Pflicht übernommen, nun vollkommen und treu zum Arbeiterstande zu halten, und wir bitten und fordern von Ihnen, daß Sie dieser Pflicht nachkommen...«

Ende Dezember 1862 – Lassalle war über alle Maßen beschäftigt mit der Vorbereitung auf den Prozeß, der Mitte Januar 1863 gegen ihn wegen »vorsätzlicher Aufreizung der besitzlosen Klassen zum Haß und zur Verachtung der Besitzenden« angesetzt war, und hätte die Sache lieber hinausgeschoben – kam es zu einer gründlichen Aussprache mit Dammer, Vahlteich und Fritzsche, die Lassalle in Berlin besuchten. Nach einigem Zögern willigte Lassalle ein, im Frühjahr nach Leipzig zu kommen, sobald die Vorbereitungen für den geplanten Kongreß abgeschlossen wären.

An Moses Heß in Köln, einen Freund und Mitstreiter aus der Zeit der Revolution von 1848/49, der damals Mitglied des Bundes der Kommunisten gewesen, aber mit Marx und Engels bereits zerstritten war, berichtete Lassalle später über seinen Entschluß, sich den Leipzigern zur Verfügung zu stellen: »Fast zauderte ich einen Augenblick, diese Gelegenheit zu benützen, im Hinblick auf das für mich persönlich lockendere Ziel eines systematischen ökonomischen Werkes, für welches mir – das sah ich sofort klar – durch die praktische Agitation fürs erste alle Zeit entzogen würde. Dann aber sagte ich mir: Was ist nicht alles schon geschrieben und bewiesen und dennoch von der Welt fast vergessen worden!... Hier dagegen bot sich die Gelegenheit einer großen, praktischen, auf die gesamte Nation eindringenden Agitation. Es handelte sich darum, während die deutschen Möpse à la Schulze-Delitzsch – darum war auch ihr Erstaunen so groß – jeden sozialen Gedanken längst ausgestorben und begraben glaubten, den Sozialismus plötzlich wie durch einen Zauberschlag als politische Partei auftreten zu lassen.«

Zunächst verfaßte Lassalle, wie es sich die Leipziger gewünscht hatten, ein klares und kurzes Manifest, »weil es jeder Arbeiter verstehen muß« und das diesen auch »die ganze notwendige Hoffnungslosigkeit ihrer Lage von innen heraus theoretisch klar macht... Ist der deutsche Arbeiter nicht bis zum Entsetzen träge und schläfrig, so muß dieses Manifest, da es ohnehin in eine bereits vorhandene praktische Bewegung fällt, ungefähr eine Wirkung hervorrufen wie die Thesen an der Wittenberger Schloßkirche!«

Tatsächlich war sein am 1. März 1863 fertiggestelltes, vom 18. März an in zehntausend Exemplaren verbreitetes *Arbeitermanifest* mit dem Untertitel »Offenes Antwortschreiben an das Zentralkomitee zur Berufung eines Allgemeinen Deutschen Arbeiterkongresses zu Leipzig« schon ein Aufruf zur Gründung einer politischen Partei der Arbeiterklasse:

»Der Arbeiterstand«, hieß es darin, »muß sich als selbständige politische Partei konstituieren und das allgemeine, gleiche und direkte Wahlrecht zu dem prinzipiellen Losungswort und Banner dieser Partei machen!« Die Fortschrittspartei, die doch nur an der Aufrechterhaltung der Privilegien des Besitzbürgertums interessiert sei, könne der Arbeiterschaft als Ganzem nicht helfen, allenfalls das Elend von Einzelnen erträglicher machen. Es gehe aber darum, »die normale Lage des gesamten Arbeiterstandes selbst zu verbessern und ihr jetziges Niveau zu heben«.

Schulze-Delitzsch habe als Vater und Stifter des deutschen Genossenschaftswesens zweifellos Verdienstvolles geleistet, seine Rezepte taugten aber nichts, wenn es mehr gelte als die Verlängerung des Todeskampfes der kleinen Handwerksbetriebe; gegen die übermächtige Konkurrenz der industriellen Großbetriebe könnten sie nichts ausrichten, und für die Arbeiterschaft der Industriebetriebe seien diese Rezepte gänzlich untauglich. Auch was die Konsumvereine betreffe, so setze deren Hilfe am falschen Ende an: Der Arbeiter sei ja nicht als Konsument benachteiligt, denn er habe die gleichen Preise zu zahlen wie jeder andere, vielmehr als Produzent, dessen Gewinn, sprich: Lohn, viel zu niedrig sei, und daran änderten die Konsumvereine gar nichts.

Hinsichtlich des Arbeitslohns aber gelte, so Lassalle unter Berufung auf alle volkswirtschaftlichen Autoritäten seiner Epoche, Marx ausgenommen, »das eherne ökonomische Gesetz, welches unter den heutigen Verhältnissen, unter der Herrschaft von Angebot und Nachfrage nach Arbeit, den Arbeitslohn bestimmt«, nämlich »daß der durchschnittliche Arbeitslohn immer auf den notwendigen Lebensunterhalt reduziert bleibt, der in einem Volk gewohnheitsmäßig zur Fristung der Existenz und zur Fortpflanzung erforderlich ist«. Wenn der Lohn steige und die Lage der Arbeiter sich bessere, gebe es mehr Ehen und mehr Kinder und damit ein Überangebot von Arbeitskräften, das den Lohn wieder auf den alten Stand drücke; sinke aber der Lohn unter das Existenzminimum, so gebe es mehr Auswanderung, weniger Ehen und Kinder, und der Mangel an Arbeitskräften erzwinge wieder den Anstieg der Löhne auf das durchschnittliche Niveau: »zuwenig zum Leben, zuwenig zum Sterben, aber gerade genug zur Fristung der Existenz und zur Sicherung der Zahl der gerade produktionsnotwendigen Arbeitskräfte«. Nach diesem »ehernen Lohngesetz«, so Lassalle, könne sich die Lage der Arbeiter nie bessern. Das stimmte zwar nicht – die Zusammenhänge sind weit komplizierter und zudem variabel, und die harte Kritik, die Marx, aber auch bürgerliche Volkswirte daran geübt haben, war durchaus berechtigt, ja, Lassalle selbst hatte wohl einige Zweifel an der Richtigkeit seiner These –, aber das »eherne Lohngesetz« eignete sich vortrefflich dazu, jedem Lohnempfänger seine eigene traurige, schier ausweglose Lage zu erklären, ihm seine Klassenlage bewußt zu machen, und das war schließlich die Hauptsache.

Die Arbeiterbewegung brauchte ein griffiges Agitationsmittel; Lassalle lieferte es ihr, und er fügt hinzu:»Der ganze Überschuß der Produktion, des Arbeitsertrages, fällt auf den Unternehmeranteil!« Das müsse geändert werden, damit der Arbeitsertrag endlich dem zugute komme, der die Arbeit leiste: dem Arbeiter.

Das Prinzip freier Assoziationen müsse auf die Produktion angewandt, der Arbeiterstand sein eigener Unternehmer werden; statt Lohn müsse er den wahren Ertrag seiner Arbeit erhalten, und es sei Sache des Staates, dafür die Möglichkeiten zu schaffen und die Mittel zur Verfügung zu stellen, und – damit kam er wieder zum Ausgangspunkt zurück – das Mittel, den Staat zur Erfüllung dieser Pflichten zu zwingen, sei das allgemeine, gleiche und direkte Wahlrecht und dessen Anwendung durch die besitz- und mittellosen »89 bis 96 Prozent der Bevölkerung«.

Natürlich wußte Lassalle, daß sich die von ihm errechneten »89 bis 96 Prozent der Bevölkerung« noch keineswegs in völlig gleicher oder auch nur ähnlicher Interessenlage befanden, auch daß ihnen diese allergrößtenteils noch gar nicht bewußt war. Im Königreich Preußen, dem bedeutendsten Industriestaat im Deutschen Bund, gab es kaum 800 000 industriell Beschäftigte, und davon waren ein Großteil Frauen und Kinder; im Handwerk arbeiteten etwa eine Million Menschen, in der Landwirtschaft dagegen mehr als dreieinhalb Millionen! Es war sehr kühn, wenn Lassalle behauptete, er werde binnen kurzem mindestens hunderttausend Arbeiter in dem zu gründenden Verband organisieren. Er war sich der Waghalsigkeit seines Entschlusses, an die Spitze dieser erst noch zu gründenden Organisation zu treten und sein ganzes Renommee aufs Spiel zu setzen, durchaus bewußt. Aber nachdem er sich einmal entschieden hatte, gab es für ihn kein Zurück mehr, und er entfaltete nun eine agitatorische Aktivität sondergleichen.

Nachdem dank der von den Leipzigern geleisteten Vorarbeit der vom Nationalverein und von der Fortschrittspartei gehegte Plan eines bloßen Arbeiter*kongresses* von einer Arbeiterversammlung mit 1350 gegen zwei Stimmen verworfen und der Auftrag zur Gründung eines selbständigen Allgemeinen Deutschen Arbeiter-*Vereins* erteilt worden war, nachdem in Hamburg, Düsseldorf, Solingen, Elberfeld und Köln abgehaltene Arbeiterversammlungen ebenfalls große Mehrheiten für Lassalles Programm ergeben hatten, stellte er sich am 16. April erstmals selbst den Leipziger Anhängern vor. Etwa zweitausend Zuhörer waren gekommen, um ihn »Zur Arbeiterfrage« sprechen zu hören, unter ihnen der dreiundzwanzigjährige Drechsler August Bebel.

In dessen Erinnerungen heißt es zu diesem ersten Auftreten Lassalles in Leipzig vom April 1863:

»Die Versammlung war sehr stark besucht, doch entfernten sich viele zum Schluß. Der Rednertribüne gegenüber, auf der Galerie, hatte sich ein starker Haufen Liberaler versammelt, der Lassalle während seiner Rede häufig unterbrach. Lassalle selbst stand in herausfordernder Haltung auf der Rednertribüne, die er mit Folianten und Büchern rings um sich belegt hatte.

Weit lebhafter als der Widerspruch war der Beifall, den er fand, doch möchte ich nicht zugeben, daß der Erfolg ein durchschlagender war. Jedenfalls wurde an den Machtverhältnissen in der Leipziger Arbeiterschaft nicht viel geändert. Seine Anhänger bildeten eine Minorität, aber eine sehr rührige, opferwillige und begeisterte Minorität, mit der wir uns von jetzt ab im lebhaftesten Kampf befanden.«

Was Bebel im Frühjahr 1863 mit »wir« meinte – es sei hier nur angemerkt –, waren die noch im Fahrwasser der bürgerlichen Liberalen und des Nationalvereins schwimmenden Mitglieder der Arbeiterbildungs-, Handwerker- und Gewerbevereine. Auch in Berlin, Nürnberg und Frankfurt am Main scharten sich diese Gruppen nun um so geschlossener um Schulze-Delitzsch, bis es Mitte Mai zur entscheidenden Auseinandersetzung zwischen den beiden Hauptkontrahenten kam, als die Arbeiterbildungsvereine des Maingaus beiden Gelegenheit gaben, ihre Sache vor ihnen zu vertreten.

Lassalle wußte, daß er in Frankfurt vornehmlich Gegnern gegenüberstehen würde, aber er war zum Kampf entschlossen und hinsichtlich des Ausgangs durchaus zuversichtlich. »Ich will«, schrieb er dem führenden Nationalökonomen Johann Karl Rodbertus, mit dem er befreundet war und der ihn mit neuesten Statistiken versorgt hatte, »alles daran setzen, will meine alte revolutionäre Mähne schütteln. Es müßte hart zugehen, wenn ich nicht siegte. Daß man weiß, jene Vereine sind sämtlich gegen uns, wird den Triumph unseres Sieges erhöhen und eventuell der Niederlage diesen Charakter nehmen . . .« Als Lassalle am 17. Mai 1863 glänzend vorbereitet in Frankfurt am Main vor die Versammlung trat, hatte er bereits den halben Sieg errungen, denn Schulze-Delitzsch war nicht gekommen; er hatte die direkte Auseinandersetzung mit seinem streitbaren Gegner gescheut.

Diesen Vorteil wußte Lassalle voll auszunutzen. Er sprach – es war schon allein eine physische Leistung sondergleichen, sich im von Bierdunst und Zigarrenrauch erfüllten Wirtshaussaal ohne technische Hilfsmittel Hunderten verständlich zu machen – vier Stunden hintereinander, ohne auf Zwischenrufe einzugehen, ohne die Mahnungen der Versammlungsleitung zu beachten, und es war dennoch eine glänzende Rede, vehement und packend. Inhaltlich folgte sie Punkt für Punkt seinem Arbeiterprogramm , ohne etwas Neues zu bieten, doch er würzte sie mit unmittelbaren Appellen, die hart an der Grenze zwischen Agitation und Demagogie lagen.

»Wenn ihr«, so erklärte er beispielsweise, »in Entrüstung über eure Lage Maschinen zertrümmertet, Raub, Brand und Zerstörung verübtet – es wäre sicherlich sehr roh, sehr stupide . . .und ihr könntet euch denken, daß ein Mann wie ich über solches Gebaren nur das allerschärfste Verdammungsurteil fällen könnte! Aber immerhin würde es doch nur ein natürliches Verbrechen sein . . . Aber wenn ihr gegen mich votiert, gegen die Männer, welche erklären, es müsse euch geholfen werden – das wäre ein unnatürliches Verbrechen . . ., ein so unwürdiger Mangel an Mannheit, daß ich keinen Ausdruck dafür finde.«

Er zitierte dann den aus Frankfurt stammenden Dichter Ludwig Börne, der vor dreißig Jahren erklärt hatte:»Andere Völker mögen Sklaven sein, man mag sie an die Kette legen, mit Gewalt darniederhalten können. Aber die Deutschen sind Bediente, man *braucht* sie nicht an die Kette zu legen, man kann sie frei im Hause herumlaufen lassen!«

»Seit dreiundzwanzig Jahren«, fuhr Lassalle fort, »kämpfe ich innerlich gegen dieses Wort an, das mir, seitdem ich es gelesen, nicht wieder von der Seele gewichen ist. Nun wohl, wenn ihr, wenn die deutschen Arbeiter überhaupt in ihrer großen Majorität gegen sich selbst entscheiden könnten, ja, dann gebe ich meinen Widerstand gegen dieses Wort Börnes auf und unterschreibe es mit brennender Scham auf der Stirn!«

So ging es weiter, Stunde um Stunde, aber auch, als es so spät geworden war, daß er zur Einhaltung der Polizeistunde abbrechen mußte, hatte er seine Rede noch längst nicht beendet, wohl aber die Pläne seiner Gegner durchkreuzt, ihn niederstimmen zu lassen. Sie waren überhaupt nicht zu Wort gekommen. So konnte er nun großmütig anbieten, zwei Tage später im Saal der »Harmonie« den Schluß seiner Rede zu liefern und sich dann der Diskussion zu stellen.

Damit hatte er auch die zweite Hälfte des Sieges schon so gut wie in der Tasche, denn zur nächsten Versammlung, am 19. Mai 1863, kamen nicht mehr die erschöpften Gegner, die endgültig genug von seinen nicht enden wollenden Tiraden hatten, sondern fast nur noch Anhänger – die wenigen, die es schon zuvor gewesen waren, und die vielen neuen, die er bereits gewonnen hatte, dazu etliche, die einfach neugierig waren, den Mann, der dieses Wunder vollbracht hatte, kennenzulernen.

Diese zweite Frankfurter Versammlung endete, nachdem die letzten vierzig Opponenten den Saal verlassen hatten, mit einem klaren Sieg: Vierhundert Teilnehmer stimmten jubelnd für Lassalle und sein Programm, ein einziger gegen ihn.

Tags darauf hielt der Sieger die gleiche Rede in Mainz, nun verkürzt auf zwei Stunden. Am Schluß stimmten etwa achthundert anwesende Arbeiter für ihn, zwei gegen ihn.

Drei Tage später, am 23. Mai 1863, traf er abgekämpft und stockheiser zur konstituierenden Versammlung des »Allgemeinen Deutschen Arbeiter-Vereins« und der anschließenden Gründungsfeier in Leipzig ein, wo ihn die Vertreter der Ortsgruppen Leipzig, Dresden, Hamburg, Harburg, Frankfurt am Main, Mainz, Düsseldorf, Elberfeld, Barmen, Solingen und Köln auf fünf Jahre zum Präsidenten mit allen Vollmachten wählten.

Damit und mit Julius Vahlteichs Wahl zum Sekretär des ADAV, wie er nun kurz genannt wurde, war die erste selbständige, überregionale politische Partei der deutschen Arbeiterschaft konstituiert, ganz zugeschnitten auf die alles dominierende Person ihres Präsidenten, der sowohl seine Stellvertreter als auch etwa notwendige Änderungen des Programms selbst bestimmen sollte, dem es überlassen blieb, ihm geeignet erscheinende

Statut

des

Allgemeinen Deutschen Arbeitervereins.

_____

§. 1.

Unter dem Namen

„**Allgemeiner Deutscher Arbeiterverein**"
begründen die Unterzeichneten für die Deutschen Bundesstaaten einen
Verein, welcher, von der Ueberzeugung ausgehend, daß nur durch
das allgemeine gleiche und direkte Wahlrecht eine genügende Vertretung der sozialen Interessen des Deutschen Arbeiterstandes und
eine wahrhafte Beseitigung· der Klassengegensätze in der Gesellschaft
herbeigeführt werden kann, den Zweck verfolgt,
auf friedlichem und legalem Wege, insbesondere durch das
Gewinnen der öffentlichen Ueberzeugung, für die Herstellung
des allgemeinen gleichen und direkten Wahlrechts zu wirken.

§. 2.

Jeder Deutsche Arbeiter wird durch einfache Beitrittserklärung
Mitglied des Vereins mit vollem gleichen Stimmrecht und kann
jeder Zeit austreten.

Titelseite des Statuts des Allgemeinen Deutschen Arbeitervereins.

Unterführer in den einzelnen Regionen, Provinzen und Ländern zu Beauftragten zu ernennen, die Satzung festzulegen, mit anderen Gruppen zu
verhandeln und, wenn es ihm nützlich erschien, Bündnisse einzugehen,
kurz: die gesamte künftige Politik des ADAV nach innen wie nach außen
nach seinem Gutdünken zu gestalten.

Auch das Bundeslied, die neue Hymne der jungen Partei, wurde von
Ferdinand Lassalle dazu bestimmt. Gedichtet hatte sie der noch immer im
schweizerischen Exil lebende Georg Herwegh, den Lassalle auch gleich zum
Bevollmächtigten des ADAV in der Schweiz ernannte; die Vertonung hatte
der Komponist Hans v. Bülow, königlich preußischer Hofpianist, Schüler

83

Wagners, Schwiegersohn von Franz Liszt, vorgenommen – anonym, versteht sich, auch nur seinem Freund Lassalle zuliebe, auch nicht eben glücklich, was die Eingängigkeit und den Schwung der Melodie betraf.

Und doch hat dieses Bundeslied, vor allem eine seiner vielen Strophen,

>»Mann der Arbeit, aufgewacht
und erkenne deine Macht!
Alle Räder stehen still,
wenn dein starker Arm es will!«,

im Laufe des 19. Jahrhunderts und bis heute wahrscheinlich mehr zur Bewußtseinsbildung der deutschen Arbeiterschaft beigetragen als alle noch so agitatorischen und zündenden Reden des wortgewaltigen ADAV-Präsidenten Ferdinand Lassalle.

5.
Die Revolution von oben

Im ersten Amtsjahr des neuen preußischen Ministerpräsidenten Otto v. Bismarck wurde nicht nur unter Lassalles diktatorischer Führung der Allgemeine Deutsche Arbeiter-Verein (ADAV) und damit die erste politische Organisation der deutschen Arbeiterschaft gegründet; auch der Konflikt zwischen der preußischen Regierung und ihrer parlamentarischen Opposition erreichte nun ihren Höhepunkt.

Diese Opposition, vor allem die sie anführende, das Berliner Abgeordnetenhaus dominierende Fortschrittspartei, war indessen alles andere als in sich geschlossen und von einem gemeinsamen Ideal beseelt. Sie war vielmehr ein Zweckbündnis unterschiedlichster Gruppen, und das Spektrum reichte vom gemäßigt liberalen Bankier bis zum entschieden demokratisch gesinnten Hutmachermeister, vom königstreuen, nur ein verfassungsmäßiges Recht auf Mitsprache in Wirtschafts-, Finanz- und Steuerfragen wünschenden Fabrikanten bis zum radikal republikanischen Intellektuellen aus den Reihen der Revolutionäre von 1848/49.

Lassalles ADAV, ausdrücklich auch zur Befreiung der Arbeiter von der Gängelei durch die bürgerlichen Fortschrittspolitiker und mit einer Kampfansage gegen deren parlamentarischen Kurs gegründet, wurde von Bismarck insoweit zunächst durchaus wohlwollend betrachtet. Ihm war alles willkommen, was seinem innenpolitischen Hauptgegner, der Fortschrittspartei, Wählerstimmen zu entziehen versprach.

Schon am 11. Mai 1863, wenige Tage vor der Gründung des ADAV, erhielt Lassalle eine Einladung Bismarcks zu einem Gespräch über die Lage der arbeitenden Klassen, das dann auch stattfand und hauptsächlich von Lassalle bestritten wurde, der in Bismarck einen sehr aufmerksamen, aber wortkargen Zuhörer fand. Ein zweites Gespräch, zu dem wiederum Bismarck den designierten ADAV-Präsidenten einlud, wurde von Lassalle höflich, aber bestimmt mit der Begründung abgelehnt, »unter den gegenwärtigen Umständen« hielte er eine neuerliche Unterredung für unangebracht. »So wenig meine Handlungen die *volle* Öffentlichkeit zu scheuen haben, so kann doch gerade durch eine *halbe* Öffentlichkeit ein entstellender Schein erregt werden ...«

Das bezog sich auf eine Notiz in der Braunschweiger *Reichszeitung*, die – wohl von Bismarck inspiriert – etwas über Verhandlungen zwischen dem Ministerpräsidenten und dem Arbeiterführer hatte verlauten lassen. Lassalle mußte befürchten, daß ihm weitere Kontakte, wenn sie bekannt würden, gefährlich werden konnten.

Aber vierzehn Tage nach seiner Wahl zum Präsidenten des ADAV mit fast unbeschränkten Vollmachten und nachdem sich Bismarck durch weitere Knebelung der öffentlichen Meinung und massenhafte Entlassung oppositioneller Beamter auch die gemäßigten Bürger zu Gegnern gemacht hatte, meldete Lassalle seine Bereitschaft zu einer weiteren Unterredung an und schickte Bismarck die Statuten des ADAV zur Kenntnisnahme.

Er bezeichnete sie als »die Verfassung meines Reiches, um die Sie mich vielleicht beneiden dürften« und fuhr fort: »Es wird Ihnen aus diesem Miniaturgemälde deutlich . . ., wie wahr es ist, daß sich der Arbeiterstand instinktmäßig zur Diktatur geneigt fühlt, wenn er erst mit Recht überzeugt sein kann, daß dieselbe in seinem Interesse ausgeübt wird, und wie sehr er daher, wie ich Ihnen schon neulich sagte, geneigt sein würde, trotz aller republikanischen Gesinnungen – oder vielmehr gerade auf Grund derselben – in der Krone den natürlichen Träger der sozialen Diktatur, im Gegensatz zu dem Egoismus der Bürger, zu sehen, wenn die Krone ihrerseits sich jemals zu dem – freilich sehr unwahrscheinlichen – Schritt entschließen könnte, eine wahrhaft revolutionäre und nationale Richtung einzuschlagen und sich aus einem Königtum der bevorrechtigten Stände in ein soziales und revolutionäres Volkskönigtum umzuwandeln!«

Ausgerechnet den Militär- und Junkerstaat Preußen mit seinem stockkonservativen, in der leisesten freiheitlichen Regung schon Meuterei und Umsturz witternden »Kartätschenprinzen« Wilhelm sich als »soziales und revolutionäres Volkskönigtum« vorzustellen, dazu bedurfte es einer wahrlich verwegenen Phantasie! Aber just die hatten sie beide, Lassalle wie Bismarck, wobei der zu einem kühnen, listen- und fintenreichen politischen Hasardspiel stets bereite Bismarck natürlich ganz andere Ziele verfolgte als Lassalle. Der versuchte, dem Ministerpräsidenten ein demokratisches Wahlrecht damit schmackhaft zu machen, daß er ihm genau erklärte, wie man sich mit solcher Erfüllung von Volkssehnsüchten dennoch vor den Risiken der parlamentarischen Demokratie schützen könnte: Solange der Regierungschef dem frei gewählten Parlament gegenüber *nicht verantwortlich* wäre, also von keiner noch so großen oppositionellen Mehrheit gestürzt werden könnte, läge die Macht allein in seinen Händen. Seine Position gegenüber Krone und Parlament aber wäre um so stärker, je mehr er sich durch Erfüllung sozialer Bedürfnisse und nationaler Sehnsüchte auf jene »89 bis 96 Prozent der Bevölkerung«, die Besitzlosen, stützen könnte, für die Politik vornehmlich »eine Magenfrage« wäre.

Es bedarf kaum der Erwähnung, daß Lassalle nur sich selbst in der Rolle des diktatorisch regierenden, soziale wie nationale Forderungen gleichermaßen erfüllenden Premierministers eines scheinparlamentarischen »Volkskönigtums« vorzustellen vermochte. Bismarck hingegen dachte keinen Augenblick an einen anderen Diktator als sich, erkannte aber die Vorteile, die sich aus den hochfliegenden Plänen des selbstbewußten ADAV-Präsidenten zur Festigung seiner eigenen Macht ziehen ließen.

Ein seltsames Paar, diese beiden höchst unterschiedlichen Gesprächspartner am abendlichen Kamin: der reaktionäre Junker, sich auf die Macht des Militärs stützende autokratische Regierungschef v. Bismarck, schon im Begriff, »mit Blut und Eisen« den Hohenzollernstaat zur Vormacht in Deutschland werden zu lassen, und der zum Arbeiterführer aufgestiegene, dabei einen aristokratischen Lebensstil führende, wohlhabende und gebildete Intellektuelle aus jüdischem Bürgerhaus, der junkerliche Reaktion und liberales Bürgertum gleichermaßen bekämpfte und dafür von der preußischen Justiz als Hochverräter und Volksaufwiegler verfolgt, wiederholt verhaftet und eingesperrt wurde ...!

Bei guten Zigarren und Rotwein bot Bismarck seinem Gast sogar an, ihn durch eine Anweisung an alle Staatsanwaltschaften vor weiteren Strafprozessen zu bewahren – was allerdings der Öffentlichkeit kaum hätte verborgen bleiben können. Lassalle mußte diese listige Offerte dankend ablehnen und seinen aufreibenden Kampf ungeschützt fortsetzen.

Bis zum Frühsommer 1864 war er rastlos damit beschäftigt, die Einflüsse der Fortschrittspartei und des Nationalvereins auf die Arbeiterschaft zurückzudrängen und möglichst viele lokale Arbeitervereine zum Anschluß an den ADAV zu bewegen. Es war eine äußerst mühsame, von örtlichen Triumphen wie von schweren Rückschlägen gleichermaßen gekennzeichnete Kampagne, und gleichzeitig mußte er sich in immer neuen Verfahren mit der Strafjustiz herumschlagen, die ihn bis zum Juni 1864 zu insgesamt sechzehn Monaten Gefängnis verurteilte.

Ende Juni entzog er sich jedem polizeilichen Zugriff und verabschiedete sich mit einem Dekret von den weit verstreuten, trotz aller Anstrengungen erst fünf- bis sechstausend Mitgliedern des ADAV: »Arbeiter! Bei meiner morgen erfolgenden Abreise in die Bäder der Schweiz ernenne ich bis zu meiner Rückkehr Herrn Dr. Otto Dammer in Leipzig zum Vizepräsidenten des Vereins« – was ihm natürlich den Hohn und Spott der gesamten liberalen und fortschrittlichen Presse eintrug. Doch die Arbeiter störte dieser herrische, großspurige Stil nicht im geringsten. Sie wußten, wie sehr sich dieser Lassalle, den sie vergötterten, für sie abrackerte, wie erschöpft er war und dennoch bemüht, ihnen Mut zu machen:

»Je mehr ihr agitiert, desto mehr zwingt ihr unsere Gegner, uns Konkurrenz zu machen ..., durch ihre eigene Agitation die Reihen unserer Anhänger zu vermehren. Es lebe die sozialdemokratische Agitation! Auf Wiedersehen im Herbst!«

Doch es gab kein Wiedersehen. Der erschöpfte, zudem todkranke Lassalle ließ sich in der Schweiz in eine neue Liebesaffäre ein, dann auf ein Pistolenduell mit dem Rivalen, einem wallachischen Edelmann, und starb an den Folgen der dabei erlittenen Verletzung wenige Tage später, am 31. August 1864, noch keine vierzig Jahre alt.

Als Lassalle um einer schönen Frau willen den ADAV, ja sein Leben aufgab, war er politisch bereits in eine Sackgasse geraten; auf dem Gipfel des

*Helene von Rakowitza,
geb. Dönninges.
Ihrethalben duellierte sich
Ferdinand Lassalle.*

Erfolgs hätte er vielleicht anders gehandelt. Aber mit seinen kaum fünftausend Mitglieder zählenden, zudem nur an wenigen Orten bestehenden »Gemeinden« war der ADAV zu wenig für Lassalles politischen Ehrgeiz. Auch begann Bismarck gerade damit, die liberale Opposition zu spalten, und damit verloren Lassalles Pläne für ihn an Gewicht; der ADAV, kaum gegründet, drohte in die Bedeutungslosigkeit zu versinken.

Die Arbeiter, die Lassalle anhingen, verübelten ihm nicht, daß er sich wie ein Aristokrat duelliert, dabei sein Leben aufs Spiel gesetzt und es verloren hatte. Erst glaubten sie, er habe sich für die Idee geopfert, sei für sie gestorben. Als der wahre Sachverhalt bekannt wurde, waren sie gerührt von soviel romantischer Ritterlichkeit. Der tote Lassalle blieb ihr Idol. Sie fühlten, was Marx, der sich mit ihm zerstritten hatte und ihm grollte, vom Verstand her erkannte: »Es war sein unsterbliches Verdienst, die Arbeiterbewegung wieder erweckt zu haben.«

Bismarck, den Lassalles kometengleicher Aufstieg und jähes Erlöschen fasziniert hatte, erklärte fast anderthalb Jahrzehnte später im Reichstag:

»Lassalle war ein energischer und sehr geistreicher Mensch, mit dem zu sprechen sehr lehrreich war. Unsere Unterhaltungen haben stundenlang gedauert, und ich habe es immer bedauert, wenn sie zu Ende waren. Dabei ist es auch unrichtig, daß ich mit Lassalle auseinandergekommen sein soll in dieser Art von persönlichen Beziehungen, persönlichen Wohlwollens, wie es sich zwischen uns gebildet hatte ...«

Von »Verhandlungen« zwischen ihnen, so behauptete Bismarck dann, hätte schon deshalb keine Rede sein können, weil Lassalle ihm nichts anzubieten hatte und – weil er selbst kaum zu Wort gekommen sei. Lassalle habe die Unterhaltung praktisch allein bestritten, »aber... in angenehmer und liebenswürdiger Weise«. Er habe es, fuhr Bismarck fort, stets bedauert, »daß seine politische Stellung und die meinige mir nicht gestatteten, viel mit ihm zu verkehren, aber ich würde mich gefreut haben, einen ähnlichen Mann von dieser Begabung und geistreichen Natur als Gutsnachbar zu haben...«

Als er diese Erklärung abgab, saß Bismarck schon längst fest im Sattel, war zum Diktator einer Scheindemokratie aufgestiegen und hatte durch Erweiterung des preußischen Junkerstaats mit militärischen Mitteln jenes Deutsche Reich geschaffen, das die deutschen Bürger als Erfüllung ihrer nationalen Sehnsüchte hinzunehmen bereit waren.

Den ersten Schritt auf dem Weg zu diesem Ziel wagte Bismarck schon kurz vor dem Tode Lassalles, als sich ihm eine günstige Gelegenheit dazu bot: Dänemark schickte sich gerade an, die von ihm regierten Elbherzogtümer Schleswig, Holstein und Lauenburg vom Deutschen Bund zu trennen und in den dänischen Staat einzugliedern, was die Gemüter aller die nationale Einigung Deutschlands fordernden Liberalen und Demokraten erregte. Es entstand eine Volksbewegung zur Befreiung der Schleswig-Holsteiner von der Dänenherrschaft, und Bismarck nutzte dies aus, Österreich, den Rivalen Preußens im Deutschen Bund, in einen Konflikt hineinzuziehen, der die Wiener Interessen eigentlich kaum berührte. Zuvor hatte sich Bismarck das Wohlwollen des Zaren von Rußland gesichert, dem er, nachdem es 1863 in Polen wieder zum Aufstand gekommen war, zu dessen Niederschlagung die militärische Unterstützung Preußens angeboten hatte – zur Empörung aller deutschen Demokraten, aber auch der Engländer und Franzosen.

Marx und Engels – es sei hier nur angemerkt – sahen in einem Bündnis der deutschen Volksbewegung zur Befreiung Schleswig-Holsteins und der Aufständischen in Polen die Chance für eine neue Revolution in Mitteleuropa und den Sieg über die feudalabsolutistische Reaktion. Doch sie überschätzten dabei von London aus das Interesse der deutschen Bürger am Schicksal Polens, wogegen Bismarck mit dieser irrealen Gefahr einer Revolution die Wiener Regierung zum gemeinsamen militärischen Eingreifen in Schleswig-Holstein bewog. Anfang 1864 rückten preußische und österreichische Truppen dort ein; es kam zum Krieg mit Dänemark, das nach der Erstürmung der Düppeler Schanzen durch preußische Eliteregimenter zur Kapitulation gezwungen war und auf die Elbherzogtümer endgültig verzichten mußte. Holstein blieb zunächst von den Österreichern, Schleswig von preußischen Truppen besetzt; Lauenburg wurde dem Königreich Preußen einverleibt, das dafür Wien eine kleine Entschädigung zahlte, sich aber auch noch das Recht zugestehen ließ, im österreichisch besetzten Holstein preußische Befestigungen anzulegen – alles in allem ein seltsamer Kompromiß, der niemanden befriedigen konnte, am wenigsten die Schleswig-Holsteiner, deren Selbstbestimmungsrecht in hergebrachter Weise mißachtet wurde.

Für Bismarck war diese konfliktträchtige provisorische Lösung die angestrebte Ausgangsbasis für seinen nächsten Schachzug, mit dem er Österreich endgültig aus den deutschen Angelegenheiten auszuschalten hoffte. Daß er den offenen Kampf mit dem derzeitigen Verbündeten noch etwas hinausschob, hatte einen sehr einfachen Grund: Zum Krieg fehlte ihm noch das Geld, weil sich das preußische Abgeordnetenhaus beharrlich weigerte, die Mittel für die weitere Aufrüstung zu bewilligen. Dabei ging der entschiedenste Widerstand vom linken Flügel der Fortschrittspartei aus, der im Fraktionsvorstand von Johann Jacoby vertreten wurde. Nach mehr als dreizehn Jahren erzwungener politischer Enthaltsamkeit hatte der Königsberger Demokrat im Herbst 1863 wieder für einen Platz im Parlament kandidiert und war im 2. Berliner Wahlbezirk mit überwältigender Mehrheit ins Abgeordnetenhaus gewählt worden.

»Als Bürgersoldat muß ich auf meinem Posten bleiben«, hatte Jacoby im August 1863 der mit ihm befreundeten Schriftstellerin Fanny Lewald geschrieben, die ihn eingeladen hatte, statt Wahlkampf lieber Urlaub auf dem Lande zu machen. Es gehe jetzt darum, schrieb ihr Jacoby weiter, »durch politische Agitation das Volk wach und rege zu halten. Der Kampf mit dem verdammten Junkerpack ist unerquicklich genug...«

Jacoby war dann in Berlin für die Fortschrittspartei und damit gegen Lassalle und dessen ADAV angetreten, der dort nur wenige Anhänger hatte, vermied aber jede Konfrontation mit den Lassalleanern, wie er auch umgekehrt vom ADAV nicht – wie Schulze-Delitzsch und andere Führer der Fortschrittspartei – direkt angegriffen wurde. Jacoby und Lassalle kannten sich seit 1847 und waren sich im Laufe der folgenden Jahre wiederholt begegnet. Auch war Jacoby durchaus vertraut mit Lassalles Schriften, von denen er einige »trefflich« fand. Aber mit Lassalles Gedanken, die Arbeiterschaft in einer selbständigen politischen Partei unter seiner Führung zu organisieren, hatte sich Jacoby nicht befreunden können. In Deutschland, zumal östlich der Elbe, fehlten nach Jacobys durchaus realistischer Einschätzung noch alle Voraussetzungen für eine politische Organisation wie den ADAV.

Indessen hielt er Lassalles agitatorisches Auftreten dennoch für nützlich. »Von Zeit zu Zeit«, hatte er im März 1863, auf dem Höhepunkt der Kampagne Lassalles gegen Schulze-Delitzsch, an Fanny Lewald geschrieben, »tut es not, die Parteiführer vor zu großer diplomatischer Klugheit auf Kosten des Prinzips zu warnen, und dazu ist Lassalle mit seinem scharfen, philosophisch geschulten Verstande und seiner einschneidenden Ausdrucksweise besonders geeignet.«

Im übrigen sah Jacoby die Interessen des sich in Preußen gerade erst bildenden, im ostelbischen Teil, außer in Berlin, politisch noch ganz unreifen Industrieproletariats wie auch die der Handwerker am besten bei volksverbundenen und sozial eingestellten bürgerlichen Demokraten aufgehoben. Er hielt das breite Bündnis linker Strömungen, das sich in der Fortschrittspartei zusammengeschlossen hatte, für das beste Mittel, dem autoritären Regiment Bismarcks entgegenzuwirken.

Wie er in einer glänzenden Rede am 9. November 1863 im Berliner »Kolosseum« seinen Wählern erklärt hatte, gab es beim deutschen Volk seit den vierziger Jahren »großartige Fortschritte an politischer Erkenntnis, jedoch nicht in der staatlichen Praxis«. Die Ziele der drei Staatsgewalten, die nach der Verfassung gleichberechtigte Faktoren der Gesetzgebung seien, gingen weit auseinander: Der König wolle den Militärstaat; das – vom König ernannte, als Erste Kammer ein Vetorecht ausübende – Herrenhaus wünsche den feudalen Junkerstaat zu erhalten; das gewählte Abgeordnetenhaus aber strebe den auf staatsbürgerliche Freiheit begründeten Rechtsstaat an. Ein Ausgleich der Gegensätze, eine Versöhnung im Kompromiß, sei unter diesen Umständen undenkbar.

»Soll Preußen als Rechtsstaat erstehen«, hatte Jacoby unter stürmischen Beifall erklärt, »muß notwendig der Militär- und Junkerstaat Preußens untergehen!«

Alsdann hatte er den unbewaffneten »gesetzlichen Widerstand« proklamiert. Gemeinsames entschlossenes, einmütiges Handeln der Bürger würde diesen sich in Steuerstreik und zivilem Ungehorsam manifestierenden Widerstand zu einer »unbezwingbaren Schutzwehr der Bürgerrechte« machen.

Doch soviel Beifall Jacoby auch von seinen Wählern erhalten hatte, im Abgeordnetenhaus war er mit seiner kompromißlosen Haltung bald ziemlich allein gewesen. Unter dem Eindruck des »stolzen« Sieges über das »räuberische« Dänemark hatte sich die Stimmung innerhalb der Fortschritts-Fraktion merklich geändert. Jacobys Kollegen im Vorstand, zumal Schulze-Delitzsch, waren geneigt, der Regierung etwas entgegenzukommen; die öffentliche Meinung, so hatten sie argumentiert, wäre für eine starre Opposition im Augenblick nicht günstig. Aber Jacoby hatte darauf beharrt: »Diesem Ministerium keinen Mann und keinen Groschen!« – eine Parole, die wenige Jahre später von der deutschen Sozialdemokratie unter Führung August Bebels übernommen wurde.

Es war Jacoby noch einmal gelungen, seine schon schwankend gewordenen Fraktionskollegen zu einer festen Haltung zu bewegen. Als wenig später, im April 1865, die Militärvorlage der Regierung v. Bismarck wieder auf der Tagesordnung des Abgeordnetenhauses stand – zum fünftenmal seit Beginn des Verfassungskonflikts! –, erklärte Jacoby im Plenum:

Eine Armee, wie die Regierung sie schaffen wolle, ein großes stehendes Heer, geführt von adligen Berufsoffizieren, die weder auf die Verfassung vereidigt noch den Landesgesetzen unterworfen seien, bilde eine stete Bedrohung der Freiheit. Seine »permanente Kriegsbereitschaft gegen das eigene Volk« gebe dem König die Macht, über Parlamentsbeschlüsse und den Protest der Öffentlichkeit hinweg seinen Willen durchzusetzen. Das aber entleere die Verfassung ihres Sinns; dann seien die Rechte und Freiheiten der Staatsbürger allein von des Königs Gnade abhängig. Es ginge in Wahrheit nicht allein um die von Bismarck und den Militärs geforderten Mittel für die Rüstung, vielmehr um die Frage, ob Preußen ein scheinkonstitutioneller Militär- und Junkerstaat bleiben oder zu einem echten Verfassungs- und Rechtsstaat werden solle – ein Entweder-Oder, das, so schloß Jacoby seine Rede, durch keinerlei Kompromiß aus der Welt geschafft werden könnte.

Tatsächlich gelang es ihm mit dieser eindringlichen Mahnung, das Abgeordnetenhaus noch einmal zu einer Ablehnung der Regierungsvorlage zu bringen. Nur 33 Konservative stimmten für den Militärhaushalt, 258 Abgeordnete der Opposition dagegen! Das war erneut eine so schwere Niederlage für Bismarck, daß er eigentlich sofort hätte zurücktreten müssen.

Aber Bismarck dachte nicht an Demission. Er regierte weiter gegen die Verfassung, ohne Haushaltmittel und mit leeren Kassen, die er durch allerlei Kunstgriffe und bedenkliche Tricks sowie mit Hilfe eines Bankenkonsortiums, das von dem Berliner Vertrauensmann des Hauses Rothschild, dem Bankier Gerson Bleichröder, angeführt wurde, aufzufüllen trachtete.* Gleichzeitig unternahm Bismarck alles Erdenkliche, die breite oppositionelle Mehrheit im Abgeordnetenhaus zu verwirren, zu korrumpieren und zu spalten, bis ihm am Ende nur noch einige wenige Unkorrumpierbare Widerstand leisteten.

Vielleicht wäre es Jacoby gelungen, zumindest die Fortschritts-Fraktion in geschlossener Opposition zu halten, aber Bismarck hatte dafür gesorgt, daß in der Zeit der entscheidenden Weichenstellungen und erneuten heimlichen Kriegsvorbereitungen im Frühjahr 1866 dieser Führer der äußersten Linken nicht im Parlament und in der Öffentlichkeit auftreten konnte. Auf direkte Anweisung Bismarcks hin wurde die Berliner Polizei, die zuvor an der »Kolosseum«-Rede des Abgeordneten Jacoby vom 9. November 1863 nichts zu beanstanden gehabt hatte, nachträglich aktiv, und am Ende war in einem Verfahren durch drei Instanzen, bei dem die Justiz nicht einmal mehr den Schein von Objektivität zu wahren für nötig hielt, der wegen »Aufreizung zum Hochverrat« angeklagte Jacoby zu sechs Monaten Gefängnis verurteilt worden. Er verbüßte diese Strafe, die durch eine weitere Verurteilung noch etwas verlängert wurde, im Stadtgefängnis von Königsberg, aus dem er erst am 8. März 1866 entlassen wurde. Zu dieser Zeit war das Abgeordnetenhaus bereits aufgelöst, seine Neuwahl für den 3. Juli 1866 anberaumt worden.

Wenige Tage vor seiner Haftentlassung hatte Jacoby an seinen Fraktionskollegen Wilhelm Löwe geschrieben: »Trügen die Vorzeichen nicht, so naht die Entscheidungsschlacht ... Geredet und protestiert ist genug – jetzt ... muß endlich durch die Tat offenbar werden, ob das preußische Volk seit 1848 etwas gelernt hat!«

Obwohl er sich hinsichtlich der Standfestigkeit seiner Parteifreunde keine großen Illusionen machte, konnte er kaum ahnen, daß das Abgeordnetenhaus nur sieben Monate später, im September 1866, mit Unterstützung vieler Fortschrittler, selbst mit der Stimme Löwes, des letzten Präsidenten des Rumpfparlaments von 1849, Bismarck *volle Entlastung* erteilte, als er dem Parlament sein »Indemnitätsgesetz« vorlegte, das ihn für die Zeit des Verfassungskonflikts von allen Verfassungs- und Rechtsverletzungen freisprach!

Diesen erstaunlichen Gesinnungswandel des größten Teils der bürgerlichen Opposition hatte ein neuerlicher militärischer Sieg Preußens bewirkt, diesmal über Österreich. Als Jacoby im Frühjahr 1866 aus dem Gefängnis entlassen worden war, hatten die Kriegsvorbereitungen schon fast ihren Höhepunkt erreicht. Jacoby war deshalb in der Königsberger Stadtverordnetenversammlung, der er ebenfalls angehörte, sogleich aktiv geworden und hatte eine Resolution eingebracht, die sich gegen den geplanten »verwerflichen Bruderkrieg«, gegen alle preußischen Annexionsgelüste und für einen Regierungs- und Systemwechsel aussprach.

Erstaunlicherweise – wohl weil in Königsberg die Uhren anders gingen als in Berlin und weil Jacoby dort noch größeren Respekt genoß, seit Bismarck ihn hatte einsperren lassen – wurde sein Antrag mit 101 gegen nur zwei Stimmen angenommen! Die Magistratsbeamten wagten es allerdings nicht, die Resolution nach Berlin zu senden.

Wenige Tage später besetzten preußische Truppen das von Österreich verwaltete Holstein. Am 11. Juni 1866 beantragte die Wiener Regierung, empört über den preußischen Vertragsbruch, beim Frankfurter Bundestag die Mobilmachung der Truppen des Deutschen Bundes gegen Preußen. Vier Tage später ließ Bismarck die Feindseligkeiten gegen den »Angreifer« Österreich und dessen deutsche Bundesgenossen eröffnen; der »Bruderkrieg«, vor dem Jacoby gewarnt hatte, begann, und Bismarck, der diesen Feldzug schon lange geplant und nur aus Geldmangel hinausgeschoben hatte, durfte nun sicher sein, daß ihm die bürgerliche Opposition in Preußen keine großen Schwierigkeiten mehr bereiten würde.

Zunächst hatte er nämlich durch einen Antrag, der von ihm am 9. April 1866 beim Frankfurter Bundestag eingebracht worden war, den Liberalen und gemäßigten Fortschrittlern allen Wind aus den Segeln genommen und das ganze bürgerliche Lager Deutschlands in Verwirrung und Ratlosigkeit gestürzt. Sein Antrag hatte nicht weniger gefordert als die sofortige Einberufung eines nach den Grundsätzen des *allgemeinen, gleichen und direkten* Wahlrechts zustandegekommenen gesamtdeutschen Parlaments, »um die Vorlagen der deutschen Regierungen über eine Reform der Bundesverfassung entgegenzunehmen und zu beraten«.

Dieser Vorstoß Bismarcks wurde in ganz Deutschland, teils mit großer Verwunderung, teils mit freudiger Zustimmung aufgenommen. Über Nacht schien aus dem reaktionären Junker an der Spitze der Regierung des gefürchteten Militärstaats Preußen ein aufrechter deutscher Demokrat geworden zu sein!

Doch in Wahrheit ging es Bismarck natürlich nur darum, bei seinen Gegnern Verwirrung zu stiften und die Volksstimmung in Preußen wie in den anderen deutschen Staaten für sich und seine Pläne zu gewinnen. Er beherzigte dabei die These Lassalles, daß Diktatur und Demokratie keine unvereinbaren Gegensätze sein müßten, und er nahm es in Kauf, daß die Junker in Preußen, die einen Krieg gegen die erzreaktionären österreichischen Standesgenossen ohnehin mißbilligten, nun ebenfalls gegen ihn aufmuckten und daß auch der Zar zunächst Besorgnis zeigte. Bismarck wußte die russische Regierung jedoch zu beruhigen: Eine nationalstaatliche Einigung Deutschlands, so erläuterte er ihr, sei auf Dauer unvermeidbar; besser, sie vollziehe sich unter Führung der zuverlässig rußlandfreundlichen, energisch für »Ruhe und Ordnung« sorgenden konservativen Regierung Preußens, als daß revolutionäre Elemente daraus Vorteile zögen.

In diesem von Bismarck vom Zaun gebrochenen Krieg, der Mitte Juni 1866 begann, standen auf seiten Österreichs die Königreiche Sachsen, Hannover, Bayern und Württemberg sowie die meisten anderen deutschen Kleinstaaten. Zunächst schätzte man Preußens Siegeschancen nicht sehr hoch ein, doch schon sehr bald zeigte sich, daß die deutschen Verbündeten Österreichs den Preußen keinen ernsthaften Widerstand leisten konnten. Bereits am 3. Juli 1866 wurde auch die österreichische Hauptmacht bei Königgrätz vernichtend geschlagen, und damit war der Krieg entschieden und praktisch auch zu Ende, da Bismarck es verstand, die auf weitere Eroberungen erpichten Militärs zu sofortiger Einstellung der Feindseligkeiten zu bewegen; nur ein rasches Ende des Kriegs, so machte er ihnen klar, konnte den Sieg sichern und Frankreich davon abhalten, sich einzumischen und das Rheinland zu besetzen.

Im Friedensvertrag, der dann geschlossen wurde, mußte Österreich der Auflösung des Deutschen Bundes zustimmen, auf jede künftige Einmischung in deutsche Angelegenheiten verzichten und die neuen Grenzen Preußens anerkennen, das sich ganz Schleswig-Holstein sowie Hannover, Kurhessen, Hessen-Nassau und die bisher Freie Stadt Frankfurt einverleibt hatte. Ferner mußte Wien zwanzig Millionen Taler Kriegsentschädigung zahlen; weitere fünfundzwanzig Millionen Taler waren von den besiegten deutschen Verbündeten Österreichs aufzubringen, die sich zudem verpflichten mußten, im Kriegsfall ihre Truppen dem Oberbefehl Preußens zu unterstellen.

So waren nun Preußens leere Kassen wieder gefüllt, und es hatte 4,2 Millionen Einwohner mehr. Die Landbarriere zwischen seinen West- und Ostprovinzen war beseitigt; zwei besonders reaktionäre Kleinstaaten, Hannover und Kurhessen, gab es nicht mehr, und Kiel, Flensburg, Hannover, Kassel, Wiesbaden und Frankfurt am Main waren jetzt preußische Städte.

Bismarck aber hatte seine Stellung nun gefestigt. Ganz unter dem

Eindruck der militärischen Erfolge an allen Fronten war am 3. Juli 1866, dem Tag des preußischen Sieges bei Königgrätz, das neue Abgeordnetenhaus gewählt worden. Der chauvinistische Rausch, der große Teile der Wählerschaft ergriffen hatte, brachte die Opposition um den erhofften neuerlichen Triumph: Die Fortschrittspartei verlor fast die Hälfte ihrer Mandate; das Parlament, das zuvor wie ein Mann gegen Bismarck gestanden hatte, bestand nun überwiegend aus Bismarck-Anhängern, Konservativen und übergelaufenen Nationalliberalen, sowie aus einer gemäßigten Linken, die zu keiner festen Haltung mehr fähig war. Nur in Berlin und in einigen anderen Großstädten hatten sich die Wähler nicht vom Siegesrausch mitreißen lassen; im 2. Berliner Wahlbezirk wurde wieder Johann Jacoby mit 432 von 593 Wahlmännerstimmen ins Abgeordnetenhaus gewählt.

In der entscheidenden Debatte vom 23. August 1866, als das Parlament zu einer versöhnlichen Thronrede Wilhelms I. Stellung nehmen sollte, erklärte Jacoby, sehr zum Ärger vieler seiner bisherigen Kampfgenossen, die ihren Frieden mit Bismarck machen wollten, es gebe für ihn keinen Grund, in das Triumphgeschrei der Regierung einzustimmen, denn der Sieg komme nicht dem Volk, seiner Freiheit und Einigung zugute, sondern der Macht des unumschränkten Herrschertums; er gereiche weder dem preußischen Volk noch dem deutschen Vaterland zur Ehre.

An dieser Stelle gab es im Plenum laute Mißfallensäußerungen, aber Jacoby fuhr unbeirrt fort: »Täuschen wir uns doch nicht über die politische Bedeutsamkeit militärischer Erfolge! ... Zwangseinheit, Einheit ohne Freiheit, ist eine Sklaveneinheit, die weder Wert hat noch Bestand!«

Man könne die Stärkung des Militärstaats Preußen durch umfangreiche Annexionen nicht als ein glückverheißendes Ereignis preisen. Über den Wunsch nach nationaler Einheit dürfe man nicht vergessen, worin der Zweck solcher Einigung bestehe: in der Freiheit für alle Deutschen!

»Nur im Dienste der Freiheit und des Rechts darf die Fahne des Nationalitätenprinzips erhoben werden; in den Händen eines Louis Napoleon und seinesgleichen dient sie zur Irreführung und zum Verderben der Völker!«

Auf diesen nur angedeuteten Vergleich Bismarcks mit dem Militärdiktator und Kaiser Napoleon III. reagierten die Konservativen mit empörtem Zischen, nur wenige Abgeordnete von der äußersten Linken mit Bravorufen. Einer der von Jacobys Rede am meisten Beeindruckten war der Abgeordnete Franz Ziegler, der drei Jahre zuvor ein enger Mitarbeiter Lassalles und führend im Berliner Arbeiterbildungsverein gewesen war, jedoch nun für die Fortschrittspartei kandidiert hatte. Der Dreiundsechzigjährige, der in der Reaktionszeit wegen seiner demokratischen Überzeugung als Oberbürgermeister von Brandenburg abgesetzt, mit Gefängnis, Polizeiaufsicht und Verlust der bürgerlichen Ehrenrechte bestraft und seiner wirtschaftlichen Existenz beraubt worden war, hatte 1862 mit Lassalle enge Freundschaft geschlossen, mit ihm auch die Statuten des ADAV ausgearbeitet. Doch dann war es wegen Lassalles diktatorischer Neigungen zum Bruch

zwischen ihnen gekommen. Ziegler war dem ADAV gar nicht erst beigetreten.

Überhaupt war es mit dem ADAV seit dem Tod seines Gründers nicht
recht vorwärts gegangen. Die trotz unermüdlicher Agitation Lassalles im
Sommer 1864 höchstens fünf-, möglicherweise auch erst knapp dreitausend
Mitglieder zählende Organisation hatte nur im Raum Köln-Düsseldorf-
Elberfeld, in Hamburg und Harburg, im Rhein-Main-Gebiet und im Königreich Sachsen festen Fuß fassen können, und unter Lassalles noch von ihm
selbst ernannten Nachfolger, dem wenig befähigten Bernhard Becker, war
der ADAV von einer Krise in die andere gestolpert.

Becker, von Karl Marx während des gemeinsamen Londoner Exils als
schwatzhaftes »altes Frauenzimmer« bezeichnet, konnte weder dem ADAV
neue Mitglieder gewinnen noch Austritte und Absplitterungen verhindern.
Nur der nicht verblassende Nimbus seines Gründers, dessen Bild in allen
Arbeitervereinslokalen hing, verhinderte die gänzliche Auflösung.

Erst als Bernhard Becker den ADAV, der mit Lassalle an der Spitze so
hoffnungsvoll angetreten war, alle deutschen Arbeiter zu vereinen, fast
abgewirtschaftet hatte, war als Retter in vorletzter Stunde ein neuer Präsident auf den Plan getreten: der Frankfurter Rechtsanwalt Johann Baptist
v. Schweitzer.

Er entstammte einem wohlhabenden und geadelten Patriziergeschlecht
und hatte sich Anfang der sechziger Jahre dem schon als Schriftsteller und
Kämpfer für die Gerechtigkeit berühmten Anwaltskollegen Lassalle mit der
Bitte genähert, ihm einen sozialen Roman widmen zu dürfen. *Lucinde oder
Kapital und Arbeit*, von dem noch nicht dreißigjährigen Schweitzer in
wenigen Wochen verfaßt und ganz erfüllt von Lassalles Thesen und Ideen,
fand dessen Gefallen, ebenso der Autor, der politisches Talent zu haben
schien. Doch im Frankfurter Arbeiterverein, wo der junge Herr v. Schweitzer zuvor recht angesehen gewesen war, wollte man von ihm nichts mehr
wissen; er war als Homosexueller in öffentlichen Parks dabei erwischt
worden, als er sich Halbwüchsigen genähert hatte. Lassalle, zur Stellungnahme dazu aufgefordert, hatte dem Frankfurter Arbeiterverein die Leviten
gelesen:

»Es ist dies ein schlagender und tief verdrießlicher Beweis, wie tief der
Deutsche noch in der Philisterschlafmütze steckt und wie wenig er das
Politische vom Privaten zu unterscheiden weiß! Ich finde es sehr natürlich,
wenn ihr dem Dr. v. Schweitzer auf Grund dessen, was ihm zur Last fällt,
nicht eure Tochter zur Frau geben wollt. Aber warum nicht mit ihm denken,
handeln, schlagen? Was haben alle Abteilungen politischer Tätigkeit denn
mit jenen Geschlechtsverwirrungen zu tun? Es ist, um sich zu schämen!«

Diesen noblen Worten hatte Lassalle bald Taten folgen lassen: Im Dezember 1863 war Schweitzer in den Leipziger ADAV aufgenommen worden,
und als Lassalle ihm im Juli 1864 in Frankfurt erstmals persönlich begegnet
war, hatte er sich mit dem Verfemten demonstrativ Arm in Arm auf der Zeil,

Johann Baptist von Schweitzer, 1833-1875.

der Prachtstraße der Mainmetropole, öffentlich gezeigt. Wenige Wochen vor Lassalles Tod war Schweitzer noch von ihm beauftragt worden, ein Zentralorgan des ADAV zu gründen und es als Tageszeitung von Berlin aus erscheinen zu lassen.

So gab denn Schweitzer von Ende 1864 an den *Social = Demokrat* heraus, für den anfangs auch Karl Marx und Friedrich Engels von London aus Beiträge schrieben, wobei sie sich bemühten, die Ideen Lassalles im Sinne des revolutionären Sozialismus zu korrigieren, insbesondere dem Gedanken entgegenzuwirken, durch staatlich subventionierte »Produktivgenossenschaften« könnte innerhalb der bestehenden Ausbeutergesellschaft der Sozialismus verwirklicht werden.

Im *Social = Demokrat* erschienen auch, erstmals in deutscher Sprache, die von Karl Marx verfaßten Statuten sowie der – »Inauguraladresse« genannte – Gründungsaufruf der in London am 28. September 1864 geschaffenen Internationalen Arbeiter-Assoziation (IAA), der Ersten Internationale.

»Die Herren von Grund und Boden und die Herren vom Kapital«, hatte

97

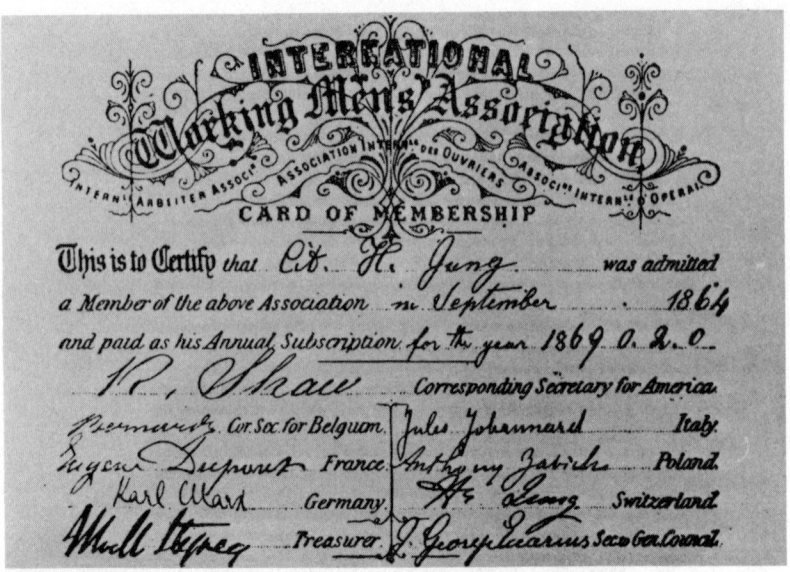

Mitgliedskarte der Internationalen Arbeiter-Assoziation mit der Unterschrift von Karl Marx.

Marx darin betont, »werden ihre politischen Privilegien stets gebrauchen zur Verteidigung und Verewigung ihrer ökonomischen Monopole«, und dieser Mahnung an die Lassalleaner wie an die von den Liberalen gegängelten Arbeitervereine, weder auf die Hilfe des preußischen Junkerstaats noch auf den friedlichen Interessenausgleich mit den bürgerlichen Kapitalisten zu hoffen, folgte die Forderung: »Politische Macht zu erobern ist daher jetzt die große Pflicht der Arbeiterklassen!«

Schon im *Kommunistischen Manifest* vom Februar 1848 hatte es geheißen, daß mit dem Gegensatz der Klassen innerhalb einer Nation auch die feindliche Stellung der Nationen gegeneinander fallen müsse; daß die siegreiche Arbeiterklasse mit dem Sturz der letzten Ausbeuterordnung also auch die sozialen Wurzeln der Kriege beseitigen würde. In der vom *Social= Demokrat* veröffentlichten Inauguraladresse der IAA war Marx aber noch einen Schritt weitergegangen: Die seiner Meinung nach bereits »genügend erstarkte« Arbeiterbewegung, so hatte er in kühnem Optimismus gefordert, dürfte es schon jetzt, im Kapitalismus, »nicht mehr hinnehmen«, daß die herrschenden Ausbeuterklassen räuberische Kriege entfesselten und revolutionäre Bewegungen in anderen Ländern zu unterdrücken versuchten, womit er Bismarcks Hilfsangebot an den Zaren zur Niederschlagung des Aufstands in Polen und die Besetzung der Elbherzogtümer durch preußische und österreichische Truppen meinte. Jeder »Scheinkompromiß mit den bestehenden Gewalten«, hieß es weiter, und dies im Hinblick auf die bismarckfreundliche Haltung des *Social=Demokrat*, müßte entschieden abgelehnt werden, denn selbst ein nur taktisches Zusammenspiel verletzte »den einfachen sittlichen Takt«.

Es war fast unvermeidlich, daß es bei Marx' und Engels kompromißloser Haltung bald zum Bruch mit Schweitzer kommen mußte, so wie schon zuvor mit Lassalle. Als Schweitzer dann im Februar 1865 im *Social=Demokrat* die preußische Regierung dafür lobte, daß sie als erste »offen und bestimmt« eine »wahrhaft volkstümliche Sache, die Lösung der Arbeiterfrage, auf ihr Programm gesetzt« hätte, war für Marx und Engels das Maß voll. Sie stellten daraufhin ihre Mitarbeit ein und erklärten, mit einem Blatt, das gegen die Fortschrittspartei vom Leder zöge, Bismarck hingegen Lob spendete, wollten sie nichts mehr zu tun haben.

Schweitzer konterte im *Social=Demokrat*, Marx sei im Irrtum, sich für einen guten Praktiker zu halten, weil er ein guter Theoretiker wäre. Er hatte sich über den Verlust der beiden wichtigen Mitarbeiter damit hinweggetröstet, daß Marx und Engels dem ADAV ohnehin kaum neue Mitglieder gewinnen oder gar eigene Anhänger zuführen könnten, und er mochte dabei an Bernhard Beckers Einschätzung gedacht haben. Sein unfähiger Vorgänger im ADAV-Präsidium hatte festgestellt: »Die Partei des Dr. Marx besteht nur aus Marx, seinem Sekretär Engels und seinem Agenten Liebknecht!«

Der so apostrophierte Wilhelm Liebknecht, zu dieser Zeit und bis zum Februar 1865, als Marx und Engels ihre Mitarbeit am *Social=Demokrat* einstellten, dort ebenfalls mit zahlreichen Beiträgen publizistisch tätig, war 1826 in Gießen geboren, entstammte einer alten Gelehrtenfamilie, hatte selbst Philosophie und lutherische Theologie studiert und an der Revolution von 1848/49 aktiven Anteil genommen, zuletzt als Freiwilliger in der badisch-pfälzischen Revolutionsarmee. Mit den von der preußischen Übermacht geschlagenen Resten der Freikorps hatte Liebknecht zunächst in der Schweiz Zuflucht gefunden, sich dann nach London begeben und war dort als völlig mittelloser politischer Flüchtling von dem – selbst in ständiger Geldnot lebenden, auf Zuwendungen seines Freundes Engels angewiesenen – Ehepaar Marx aufgenommen worden. Zwölf Jahre lang hatte sich Liebknecht dann in London aufgehalten, wo er sich als Korrespondent sowie mit Vorträgen und gelegentlichen Artikeln kaum seinen Lebensunterhalt verdienen konnte, und er war in dieser Zeit ein überzeugter und begeisterter Anhänger seines Freundes und Lehrers Marx geworden. Nach einer allgemeinen Amnestie hatte er 1862 nach Deutschland zurückkehren können und war im Jahr darauf im vollen Einverständnis mit Marx und Engels – und insofern tatsächlich als ihr Vertrauensmann und Beobachter – Mitglied des ADAV geworden.

Als sich im Frühjahr 1865 viele Mitglieder des ADAV, dem Beispiel von Marx und Engels folgend, gegen die bismarckfreundliche Politik Schweitzers wandten und sich innerhalb der ADAV-Gemeinden eine Opposition zu bilden begann, hatte Wilhelm Liebknecht daran erheblichen Anteil, zumal in Berlin. Aber auch in Hamburg, Altona, Köln, Duisburg, Solingen, Mainz

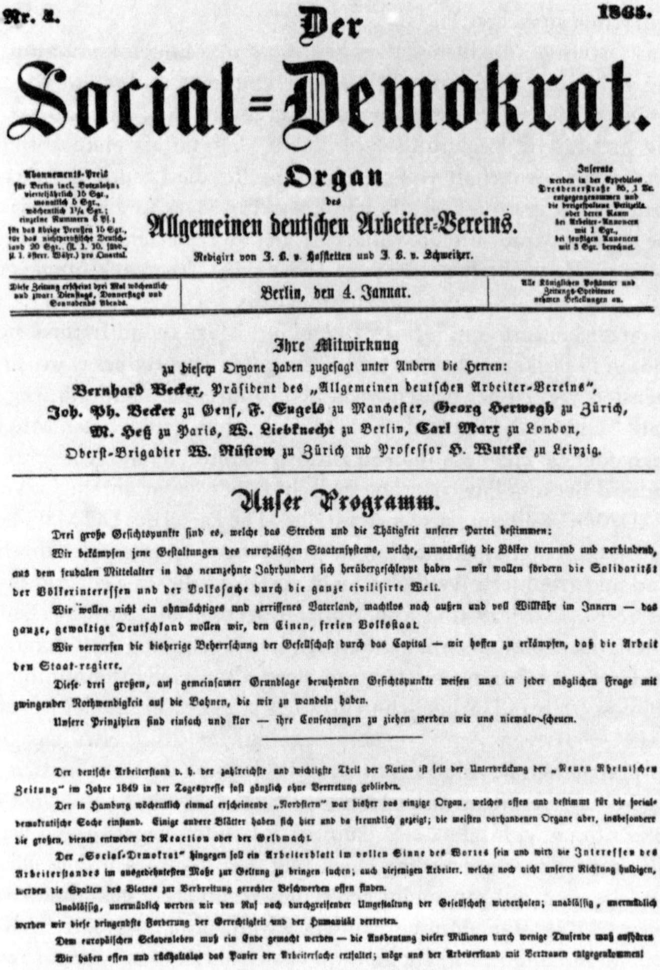

Nr. 1. Der 1865.

Social=Demokrat.

Organ des Allgemeinen deutschen Arbeiter=Vereins.

Redigirt von J. B. v. Hofstetten und J. B. v. Schweitzer.

Abonnements-Preis für Berlin incl. Botenlohn: vierteljährlich 15 Sgr., monatlich 5 Sgr., wöchentlich 1¼ Sgr.; einzelne Nummern 6 Pf.; für das übrige Preußen 15 Sgr., für das nichtpreußische Deutschland 20 Sgr., (fl. 1. 10. südd., fl. 1. österr. Währ.) pro Quartal.

Inserate werden in der Expedition Dresdenerstraße 86, 1 Tr. entgegengenommen und die dreigespaltene Petitzeile oder deren Raum bei Arbeiter-Annoncen mit 1 Sgr., bei sonstigen Annoncen mit 3 Sgr. berechnet.

Diese Zeitung erscheint drei Mal wöchentlich und zwar: Dienstags, Donnerstags und Sonnabends Abends.

Berlin, den 4. Januar.

Alle Königlichen Postämter und Zeitungs-Spediteure nehmen Bestellungen an.

Ihre Mitwirkung
zu diesem Organe haben zugesagt unter Andern die Herren:
Bernhard Becker, Präsident des „Allgemeinen deutschen Arbeiter-Vereins",
Joh. Ph. Becker zu Genf, **F. Engels** zu Manchester, **Georg Herwegh** zu Zürich,
M. Heß zu Paris, **W. Liebknecht** zu Berlin, **Carl Marx** zu London,
Oberst-Brigadier **W. Rüstow** zu Zürich und Professor **H. Wuttke** zu Leipzig.

Unser Programm.

Drei große Gesichtspunkte sind es, welche das Streben und die Thätigkeit unserer Partei bestimmen:

Wir bekämpfen jene Gestaltungen des europäischen Staatensystems, welche, unnatürlich die Völker trennend und verbindend, aus dem feudalen Mittelalter in das neunzehnte Jahrhundert sich herübergeschleppt haben — wir wollen fördern die Solidarität der Völkerinteressen und der Volkssache durch die ganze civilisirte Welt.

Wir wollen nicht ein ohnmächtiges und zerrissenes Vaterland, machtlos nach außen und voll Willkühr im Innern — das ganze, gewaltige Deutschland wollen wir, den Einen, freien Volksstaat.

Wir verwerfen die bisherige Beherrschung der Gesellschaft durch das Capital — wir hoffen zu erkämpfen, daß die Arbeit den Staat regiere.

Diese drei großen, auf gemeinsamer Grundlage beruhenden Gesichtspunkte weisen uns in jeder möglichen Frage mit zwingender Nothwendigkeit auf die Bahnen, die wir zu wandeln haben.

Unsere Prinzipien sind einfach und klar — ihre Consequenzen zu ziehen werden wir uns niemals scheuen.

Der deutsche Arbeiterstand d. h. der zahlreichste und wichtigste Theil der Nation ist seit der Unterdrückung der „Neuen Rheinischen Zeitung" im Jahre 1849 in der Tagespresse fast gänzlich ohne Vertretung geblieben.

Der in Hamburg wöchentlich einmal erscheinende „Nordstern" war bisher das einzige Organ, welches offen und bestimmt für die social-demokratische Sache einstand. Einige andere Blätter haben sich hier und da freundlich gezeigt; die meisten vorhandenen Organe aber, insbesondere die großen, dienen entweder der Reaction oder der Geldmacht.

Der „Social-Demokrat" hingegen soll ein Arbeiterblatt im vollen Sinne des Wortes sein und wird die Interessen des Arbeiterstandes im ausgedehntesten Maße zur Geltung zu bringen suchen; auch diejenigen Arbeiter, welche noch nicht unserer Richtung huldigen, werden die Spalten des Blattes zur Verbreitung gerechter Beschwerden offen finden.

Unablässig, unermüdlich werden wir den Ruf nach durchgreifender Umgestaltung der Gesellschaft wiederholen; unablässig, unermüdlich werden wir diese dringendste Forderung der Gerechtigkeit und der Humanität vertreten.

Dem europäischen Sclavenleben muß ein Ende gemacht werden — die Ausbeutung dieser Millionen durch wenige Tausende muß aufhören.

Wir haben offen und rückhaltslos das Panier der Arbeitersache entfaltet; möge uns der Arbeiterstand mit Vertrauen entgegenkommen!

Titelblatt des Social=Democrat *vom 4. Januar 1865.*

und einigen anderen Orten entstanden im Sommer 1865 in den örtlichen ADAV-Gemeinden oppositionelle Mehrheiten. Auf Liebknechts rege Agitation gegen seinen Kurs hatte Schweitzer mit dem Ausschluß dieses führenden Opponenten aus dem ADAV reagiert, und fast zugleich – was ein Zusammenspiel von preußischer Regierung und ADAV-Spitze zumindest vermuten läßt – war Liebknecht als »lästiger Ausländer« – denn der Staatsangehörigkeit nach gehörte er noch zu Hessen-Darmstadt – aus Preußen ausgewiesen worden.

Wie sich Eduard Bernstein später erinnerte, gaben die Berliner Buchdruk-

Wilhelm Liebknecht, 1826-1900, um 1881.

ker dem ausgewiesenen Wilhelm Liebknecht, der bei ihnen viele Vorträge gehalten und sich hohes Ansehen bei der Berliner Arbeiterschaft erworben hatte, hundert Taler mit auf die Reise – eine für ihre Verhältnisse sehr hohe Summe, die Liebknecht für mindestens ein halbes Jahr den Lebensunterhalt sicherte. Auch auf diesen Sympathiebeweis war sogleich die Quittung der preußischen Behörden gefolgt: Die in Opposition zu Schweitzer stehende Berliner ADAV-Gemeinde war von der Polizei aufgelöst und verboten worden.

Wilhelm Liebknecht hatte sich dann nach Leipzig gewandt, wo er in den sächsischen Arbeiterbildungsvereinen ein neues Wirkungsfeld zu finden hoffte, und er war im August 1865 dem Mann begegnet, der bis an sein Lebensende sein engster Freund und Kampfgenosse werden sollte: August Bebel. Es war eine für die Geschichte der deutschen Sozialdemokratie ebenso wichtige und folgenreiche Begegnung wie die von Karl Marx und Friedrich Engels in Paris im Sommer 1844.

August Bebel, 1840-1913.

Dieser August Bebel, nach Herkunft, Körperwuchs und Lebensstil ein
»kleiner Mann« – ganz im Gegensatz zu Lassalle, v. Schweitzer und Friedrich Engels, auch, was Herkunft und Bildung betraf, zu Marx und Liebknecht –, war 1865 erst fünfundzwanzig Jahre alt. Er hatte am 22. Februar
1840, ausgerechnet in einer Kasematte der preußischen Festung Deutz,
deren Kanonen Köln in Schach hielten, das Licht der Welt erblickt – als Sohn
eines Berufsunteroffiziers aus Ostrowo in Posen, der bald darauf mit erst
vierunddreißig Jahren an Schwindsucht starb, und einer Bäckerstochter aus
Wetzlar, die vor ihrer Heirat als Hausmädchen in Mainz »bei Herrschaften
gedient« hatte.

Nach dem Tod des Vaters war die Mutter samt ihren drei Kindern ohne

Pensionsansprüche und hatte die Kasemattenstube räumen müssen, dann den Zwillingsbruder ihres Mannes geheiratet, der mit monatlich zwei Talern »Gnadengehalt« Aufseher in einem Arbeitshaus für Bettler und Landstreicher war. In diesem dumpfen Gefängnis bei Köln, wo die Eingelieferten schlechter als Vieh behandelt und schwersten körperlichen Züchtigungen ausgesetzt waren, hatte Bebel seine frühe Kindheit verbracht. Dann war auch der Stiefvater an der Schwindsucht gestorben, und die Mutter hatte bei Verwandten in Wetzlar Zuflucht gefunden. Als Handschuhnäherin mit einem Tagesverdienst von zwanzig Pfennigen, der harte Arbeit bis in die Nacht hinein erforderte, hatte sie ihre Kinder großgezogen, bis auch sie ein Opfer der unter den halbverhungerten, abgerackerten Menschen grassierenden Tuberkulose geworden war.

Mit knapp dreizehn Jahren war August Bebel dann zu einem Drechsler in die Lehre gekommen, und dort hatte der aufgeweckte und bildungshungrige, jedoch schwächliche Junge eine harte Zeit verbracht, sich erst als sechzehnjähriger Geselle auf der Wanderschaft von Zwang und Enge befreien und seinen Horizont erweitern können. 1861 war er nach Leipzig gekommen, wo er sich als – zunächst noch unselbständiger – Kleinmeister niedergelassen hatte und sogleich dem neuen Arbeiterbildungsverein beigetreten war.

Vier Jahre später, als er Wilhelm Liebknechts Bekanntschaft gemacht hatte, war der Drechslermeister Bebel gerade dabei, zusammen mit einem Berufskollegen eine eigene Firma zu gründen, und bereits ein in Arbeiter- und Handwerkerkreisen bekannter und geachteter Mann. Er stand sogar schon an der Spitze einer Organisation, die weit mehr Mitglieder hatte als der ADAV, diesem auch an innerer Geschlossenheit deutlich überlegen war. Denn Bebels organisatorischem Talent, seiner Überzeugungskraft und Rednergabe sowie seiner unbezweifelbaren persönlichen Integrität war es gelungen, einen Dachverband der Arbeitervereine, Kranken-, Spar-, Invaliden- und Beerdigungskassen sowie Konsum- und sonstigen Genossenschaften zu gründen, dem allein in Sachsen etwa 4500 Mitglieder angehörten und der in enger Verbindung zu den thüringischen und auch zu den württembergischen Arbeitervereinen stand.

Dieser 1865 gegründete »Verein zur Förderung der Unterstützung der geistigen und materiellen Interessen der Arbeiter« hatte August Bebel zum Präsidenten gewählt. Es war das erste Mal, daß ein einfacher Handwerker, kein Akademiker, Fabrikant, Advokat oder Zeitungsverleger, den Arbeitern soviel Vertrauen eingeflößt hatte, daß sie ihn als ihren Führer anerkannten. Über Bebels Wirkung auf die Arbeiterschaft hat Franz Mehring 1878, als er noch nicht Sozialdemokrat, sondern deren erbitterter Gegner war, etwas boshaft, aber durchaus zutreffend bemerkt: »Bebel besitzt eine volkstümliche Beredsamkeit, und er ist seinen Hörern immer einige Schritte voraus, so daß er genau das ausspricht, was in ihrer Seele eben unartikuliert nach Ausdruck ringt.«

Wanderbüchlein des Drechsler-Gesellen August Bebel

Hedwig Wachenheim*, in den Jahren der Weimarer Republik für die SPD im preußischen Landtag und Verfasserin einer Geschichte der deutschen Arbeiterbewegung, hat August Bebel folgendermaßen charakterisiert:

»Er war kein originaler Denker. Er verließ sich auf die Gedanken anderer und hielt an ihnen fest, bis ihnen sein praktischer Sinn und taktischer Instinkt widersprachen ... Bebels Stärke lag in dem Temperament, mit dem er seine Reden vortrug, und in seiner unbeugsamen Kampfnatur. Er war sozusagen immer im Krieg mit den herrschenden Klassen. Da er dabei ... den Eindruck unbedingter Ehrlichkeit machte, hörten sich später, als er sich von seinen bürgerlichen Freunden getrennt hatte, seine Reden an wie Schreie aus den grollenden Tiefen der kapitalistischen Gesellschaft ... Persönlich war er liebenswert; das blieb auch seinen Gegnern nicht verborgen ... Stets war er den Massen nahe. Nie erweckte er den unbequemen Eindruck der Überlegenheit. Die Arbeiter respektierten die Lebensführung des ordentlichen, enthaltsamen, fleißigen, nicht nur in der Politik, sondern auch in seinem Berufe erfolgreichen Mannes.«

Als sich Liebknecht und Bebel kennenlernten, empfand der eine wie der andere dies als großen Glücksfall: Hier endlich entdeckte Wilhelm Liebknecht den proletarischen Organisator, den redlichen Mann aus dem Volke, der dessen Not aus eigenem Erleben kannte und dem seine Klassengenossen voll vertrauten; sah er einen jungen Mann vor sich, der gerade wegen seiner Bescheidenheit und seines Mangels an Geltungssucht ein Arbeiterführer wie aus dem Bilderbuch war.

Daß dieser Organisator ideologisch noch keineswegs festgelegt, ja noch ganz unpolitisch war, über keinerlei theoretisches Wissen verfügte, aber sehr lernbegierig und bildungshungrig zu sein schien, machte ihn für Liebknecht noch attraktiver, denn der brannte ja darauf, die Lehren von Marx und Engels, für die er sich begeisterte, so schnell wie möglich zu verbreiten.

Wilhelm Liebknecht und der vierzehn Jahre jüngere Bebel waren einander sofort sympathisch und wurden bald enge Freunde, was nicht nur für ihr eigenes Leben, sondern auch für die Entwicklung der deutschen Sozialdemokratie von entscheidender Bedeutung war, denn Liebknecht wurde nun August Bebels politischer Mentor. Bebel, der geborene Arbeiterführer, erhielt von dem älteren, von Marx und Engels selbst mit ihren Erkenntnissen vertraut gemachten Freund das ihm fehlende theoretische Fundament, bewahrte sich aber genügend praktischen Verstand und taktischen Instinkt, um die realen Gegebenheiten und das jeweils Machbare nie aus den Augen zu verlieren. Über den Beginn seiner freundschaftlichen Beziehungen zu Wilhelm Liebknecht heißt es in Bebels Erinnerungen:»Liebknecht war... ein wissenschaftlich gebildeter Mann... Diese wissenschaftliche Bildung fehlte mir. Liebknecht war... zwölf Jahre lang mit Männern wie Marx und Engels in intimem Verkehr gestanden und hatte dabei viel gelernt, ein Umgang, der mir eben fehlte. Daß Liebknecht unter solchen Umständen erheblichen Einfluß auf mich ausüben mußte, war ganz selbstverständlich.«

Ehrlicher und schlichter ließ es sich kaum ausdrücken, und aufrichtig, wie er nun einmal war, hatte Bebel noch hinzugefügt, daß aber auch die Schriften Lassalles zu seiner Bildung beigetragen hätten:»Ich bin... wie fast alle, die damals Sozialisten wurden, über Lassalle zu Marx gekommen. Lassalles Schriften waren in unseren Händen, noch ehe wir eine Schrift von Marx kannten.«

Das Wichtigste an der im Sommer 1865 beginnenden Zusammenarbeit der beiden nach Alter, Herkunft, Werdegang und Bildung so verschiedenen Männer aber war, daß August Bebel, der sich bislang nur mit Arbeiterbildung und sozialen Selbsthilfe-Einrichtungen befaßt hatte, nun von Wilhelm Liebknecht im Handumdrehen politisiert wurde.

»Die Glut in Liebknechts Seele riß Bebel mit«, so hat Hedwig Wachenheim es beschrieben. »Zum ersten Male stieß er auf einen Mann, der gegen die herrschenden Gewalten stürmisch revolutionär aufbegehrte und ihnen nicht nur mit der gelassenen Klugheit eines Fortschrittlers wie Sonnemann entgegentrat.« Tatsächlich ließ sich kaum ein gegensätzlicherer Vergleich ziehen als der zwischen dem temperamentvollen Heißsporn Liebknecht, der als leidenschaftlicher Versammlungsredner die Massen mitreißen konnte und dabei mitunter alle Theorie, die er bei Marx und Engels gelernt hatte, achtlos über Bord warf, und dem besonnenen, mitunter allzu behutsamen Demokraten Leopold Sonnemann.

Dieser im Arbeiterbildungswesen eine wichtige Rolle spielende Frankfurter Verleger Sonnemann, 1831 geboren, stammte aus einem jüdischen Bürgerhaus und hatte 1856 die sehr angesehene *Frankfurter Zeitung* gegründet, deren alleiniger Eigentümer und Herausgeber er von 1867 an war. Als führendes Mitglied der Fortschrittspartei und des Nationalvereins hatte Sonnemann starken Anteil an der Gründung der Arbeiterbildungsvereine und ihrer liberalen Ausrichtung sowie erheblichen Einfluß auf den jungen Bebel gehabt, auf den er große Hoffnungen gesetzt hatte. Als Lassalle und seine Anhänger gegen Schulze-Delitzsch und dessen Vorstellungen vom Arbeitervereinswesen zu Felde gezogen waren und den ADAV gegründet hatten, war im Gegenzug – und zunächst unter dem Einfluß von Fortschrittspolitikern wie Leopold Sonnemann – ein »Verband deutscher Arbeitervereine« ins Leben gerufen worden. Bis 1865 hatte sich dieser bereits von allen Bevormundungen durch den Nationalverein befreit, wobei August Bebels Ansehen und Autorität innerhalb des Verbands von Jahr zu Jahr gewachsen waren.

Nach dem Stuttgarter Vereinstag von 1865, auf dem 106 Arbeitervereine mit insgesamt rund 23 000 Mitgliedern vertreten waren – ein Vielfaches dessen, was der ADAV noch an Anhängern besaß –, war von süddeutschen Mitgliedern eine demokratische »Volkspartei« gegründet worden; sie sollte den preußischen Hegemoniebestrebungen entgegenwirken und radikaler als Fortschrittspartei und Nationalverein für die Einigung Deutschlands unter demokratischer Führung eintreten.

Zunächst dachte man auch daran, der neuen Partei ein soziales Programm zu geben, mit dessen Hilfe die ADAV-Mitglieder gewonnen werden sollten. Aber es zeigte sich, daß im industriell noch wenig entwickelten Südwestdeutschland, zumal in Württemberg, wo es vornehmlich Kleinindustrie und größere Handwerksbetriebe gab, an einem sozialen Programm kein Interesse bestand.

Nachdem Bismarck dann, kurz vor Beginn des Krieges gegen Österreich, die deutsche Öffentlichkeit mit seinem Antrag auf Reform des Deutschen Bundes, Wahlen zu einem gesamtdeutschen Parlament und Einführung des allgemeinen, gleichen Wahlrechts überrascht hatte, war es Liebknecht und Bebel an der Zeit erschienen, auch in Sachsen eine Partei zu gründen. Der Krieg und sein für den leidenschaftlichen Preußengegner Liebknecht enttäuschender Verlauf verzögerten die Gründung jedoch um einige Monate.

Derweilen hatte Bismarck dem ADAV, der zu dieser Zeit fast am Ende war, einige Unterstützung zuteil werden lassen, wohl um der Fortschrittspartei, seinem wichtigsten innenpolitischen Gegner, auch von links her das Wasser abzugraben. Schweitzer, der gerade eine Gefängnisstrafe wegen eines Pressevergehens zu verbüßen hatte, war auf höhere Weisung hin vorzeitig aus der Haft entlassen worden. Er erhielt nun ein zinsloses Darlehen von 2500 Talern aus dem Dispositionsfonds des Ministerpräsidenten zur Sanierung des *Social = Demokrat*, der sonst sein Erscheinen hätte einstellen müssen.

Sich die Zustimmung einer Zeitung zu erkaufen, gehörte durchaus zu Bismarcks Gewohnheiten. Aber Bebel und Liebknecht hätten sich niemals ihre Gesinnung bezahlen lassen; Schweitzer hingegen, der immer in Geldnot war und sich nicht einschränken konnte, hatte da keine Skrupel, um so weniger, als er ja im *Social=Demokrat* stets für das allgemeine, gleiche Wahlrecht und für die Einigung Deutschlands unter preußischer Führung eingetreten war, sich also nicht vorzuwerfen brauchte, für Geld seine Gesinnung gewechselt zu haben. Seine Sensibilität in Fragen der politischen Moral, des Stils und der Sauberkeit war ohnehin gering. Doch für den ADAV, der sich immer mehr zu einer kleinen, in sich zerstrittenen Sekte entwickelt hatte, war die Fäulnis, die sich in der Redaktion seines Zentralorgans bildete, ein weiteres Element der Zersetzung.

Indessen war Schweitzers Politik, nachdem er im Mai 1866 aus dem Gefängnis entlassen worden war und die Zügel im ADAV-Präsidium wieder fest in die Hand genommen hatte, zumindest realistisch, was sich von der des Idealisten Liebknecht zu diesem Zeitpunkt nicht sagen ließ, denn er hatte an eine allgemeine Volkserhebung gegen den Angreifer Preußen zur Verhinderung des Bruderkriegs gehofft, wogegen Schweitzer auf der Leipziger Generalversammlung des ADAV vom Juni 1866 eine weitere Unterstützung der preußischen Politik proklamiert und auch durchgesetzt hatte.

Nur durch Preußen, so begründete Schweitzer seinen Kurs, wäre das demokratische Wahlrecht zu erlangen, und nur mit Hilfe dieses Wahlrechts könnten die Arbeiter ihre Interessen im Parlament vertreten und den politischen wie sozialen Übeln entgegenwirken. Die von Bismarck angestrebte »kleindeutsche Lösung« – die Schaffung eines Nationalstaats unter Ausschluß Österreichs –, die allen Demokraten als Verrat an den Zielen der Revolution von 1848/49 galt, wollte Schweitzer akzeptieren, denn er sah – wiederum durchaus realistisch – in Österreich ein besonders reaktionäres Element, das dem politischen Fortschritt nur hinderlich sein würde.

Nach dem Sieg über Österreich und dessen Verbündete gründete Bismarck im Herbst 1866 den Norddeutschen Bund. Er sollte dem durch seine Eroberungen stark vergrößerten Königreich Preußen eine noch erweiterte Macht- und Einflußsphäre verschaffen. Außer Preußen traten diesem Norddeutschen Bund mehr oder weniger freiwillig einundzwanzig bislang souveräne deutsche Staaten bei, und zwar – in zeitlicher Reihenfolge –: Sachsen-Weimar, Oldenburg, Braunschweig, Sachsen-Altenburg, Sachsen-Coburg-Gotha, Anhalt, die beiden Schwarzburgischen Fürstentümer, Reuß jüngere Linie, Waldeck, Schaumburg-Lippe, Lippe-Detmold sowie die freien Städte Lübeck, Hamburg und Bremen, dann auch die beiden besonders rückständigen mecklenburgischen Großherzogtümer, Hessen-Darmstadt (jedoch nur mit seinen nördlich des Mains gelegenen Gebieten), das Fürstentum Reuß ältere Linie, Sachsen-Meiningen sowie als letzter Staat und sehr widerstrebend Ende Oktober 1866 auch noch das Königreich Sachsen.

Mit ihrem Beitritt zum Norddeutschen Bund war diesen einundzwanzig Mittel-, Klein- und Kleinststaaten praktisch die Souveränität genommen, denn im Bund – so sah es die von Bismarck entworfene, mit nur wenigen Änderungen angenommene und am 1. Juli 1867 in Kraft tretende Verfassung vor – führte der König von Preußen stets den Vorsitz, war Oberbefehlshaber aller Truppen, entschied allein über Krieg und Frieden und ernannte den Bundeskanzler, der zugleich preußischer Ministerpräsident war und die gemeinsame Außenpolitik leitete.

Den Bundesstaaten – das war ihr Vorteil gegenüber den von Preußen vereinnahmten Ländern Schleswig, Holstein, Lauenburg, Hannover, Kurhessen, Nassau und der ehemaligen Reichsstadt Frankfurt am Main – blieb die innere Autonomie, ihren Fürsten der Thron erhalten, wobei sich deren Macht nun auf die innere Verwaltung, Justiz, Polizei, Schul- und Kirchenaufsicht, die Vergabe von Adelsprädikaten und Titeln sowie – das war besonders wichtig, weil es die preußischen Junker beruhigte – auf die Wahrung der feudalen Privilegien und der ständischen Ordnung beschränkte.

Mit einer Fläche von 415 000 Quadratkilometern war der Norddeutsche Bund fast doppelt so groß wie die heutige Bundesrepublik Deutschland, hatte aber nur etwa halb so viele, nämlich knapp dreißig Millionen Einwohner. Zusammen mit den noch selbständigen süddeutschen Ländern – Bayern, Württemberg, Baden und Teilen von Hessen-Darmstadt – existierte ein gemeinsames Wirtschafts- und Zollgebiet, so daß ein ausgedehnter Markt entstanden war, wie er den Interessen des Großbürgertums entsprach.

Auch in politischer Hinsicht hatte Bismarck seinen Frieden mit der liberalen Bourgeoisie gemacht: Der Norddeutsche Reichstag wurde nach dem allgemeinen, gleichen und direkten Wahlrecht gewählt; der Kanzler war diesem Parlament »verantwortlich«, konnte aber – Bismarck hatte Lassalles Idee einer »Diktatur der Vernunft« beherzigt – weder durch ein Mißtrauensvotum noch auf andere Weise gestürzt werden, und schließlich war das Budgetrecht des Reichstags in der Verfassung verankert, allerdings mit einer bedeutsamen Einschränkung:

Erst vom Dezember 1871 an – Bismarcks »Revolution von oben« war noch nicht ganz beendet, und er plante noch einen weiteren Krieg – sollte sich die gesetzgeberische Kompetenz des Reichstags auch auf den militärischen Bereich erstrecken, insbesondere auf die Bewilligung der Ausgaben für das Heer und eine – erst zu schaffende – Flotte sowie auf die Festlegung der Präsenzstärke.

Insgesamt war die Verfassung des Norddeutschen Bundes ein Gemisch aus sehr verschiedenen Elementen: Durch das erbliche Recht des Preußenkönigs auf Präsidentschaft, Oberbefehl, Kanzlerernennung und Leitung der Außenpolitik war die Vorherrschaft des feudalabsolutistischen Militärstaats sichergestellt, in dem noch immer das Dreiklassenwahlrecht, die Privilegien der Junker und die strenge Gesindeordnung galten.

Durch die Gewährung regionaler Autonomie im Verwaltungs-, Polizei-, Justiz- und Kulturbereich blieben die konservativen Interessen und die Ansprüche der Junker gewahrt. Die demokratischen Kräfte hatten, von der sich abzeichnenden nationalen Einigung – allerdings »von oben« und nur »kleindeutsch« – abgesehen, im wesentlichen zweierlei errungen: das allgemeine, gleiche und direkte Wahlrecht, das der Konstituierende Norddeutsche Reichstag dann noch um das *geheime* Wahlrecht erweiterte – sehr zum Verdruß der Junker, die es gewohnt waren, »ihre Leute« zur Wahl antreten und geschlossen konservativ »wählen« zu lassen –, und ein begrenztes Bewilligungsrecht, das es für den Kanzler unumgänglich machte, seine Politik und die damit verbundenen Ausgaben vor dem Parlament und der Öffentlichkeit zu rechtfertigen.

Am 12. Februar 1867 fanden die Wahlen zum Konstituierenden Reichstag des Norddeutschen Bundes statt. Es waren 297 Abgeordnete (davon 235 aus Preußen) zu wählen, und zwar in ebenso vielen Ein-Mann-Wahlkreisen von jeweils rund hunderttausend Einwohnern. Gewählt war, wer im ersten Wahlgang die relative Mehrheit errang. Wahlberechtigt waren nur Männer über 25 Jahre; ausgeschlossen war, wer Armenunterstützung aus öffentlichen Mitteln bezog, unter Vormundschaft oder Konkurs stand. Für Soldaten ruhte das aktive Wahlrecht während ihrer Dienstzeit.

Eine Vielzahl von Parteien, politischen und anderen Gruppierungen bewarb sich um Mandate im Norddeutschen Reichstag: Neben den Konservativen, die in Opposition zu Bismarcks »Revolution von oben« standen, gab es auf der Rechten noch eine zweite »freikonservative« Partei, die Bismarck unterstützte. Die Liberalen waren gespalten in vier Gruppen – ein gemäßigtes »Altliberales Zentrum«, eine »Freie Vereinigung«, sodann die zu Bismarck übergegangene Mehrheit der Fortschrittspartei, die sich nun »Nationalliberale Vereinigung« nannte, und schließlich die in erbitterter Opposition zu Bismarcks Politik stehenden Reste der Fortschrittspartei unter ihrem alten Namen, zu der einige abtrünnige Lassalleaner wie Franz Ziegler gestoßen waren –, ferner gab es eine »Bundesstaatlich-konstitutionelle Vereinigung«, ein buntes Gemisch aus Anhängern der Welfen-Partei, die für ein von Preußen unabhängiges Hannover eintraten, anderen partikularistischen Gruppen sowie Resten des katholischen Zentrums; eine Polen-Partei, die unter Führung von katholischen Geistlichen und adligen Gutsbesitzern für die ethnischen Rechte der rund drei Millionen preußischen Untertanen polnischer Nationalität und Muttersprache, überwiegend Land- und Bergarbeiter, eintrat, und schließlich auf dem linken Flügel die jungen Arbeiterparteien.

Da war zunächst der ADAV unter Schweitzers Führung, der die Bismarcksche Politik unterstützte und nur im Rheinland sich einige Chancen ausrechnen konnte, einen oder zwei Kandidaten durchzubringen. Sodann gab es den »Lassalleschen Allgemeinen Arbeiter-Verein«, eine von der Gräfin Hatzfeld angeführte Absplitterung vom ADAV mit Anhängerschaft im Erzgebirge, um Chemnitz, in Schleswig-Holstein, Bremen und in einigen linksrheinischen Industriestädten. Bebel und Liebknecht hatten eine »Sächsische Volkspartei« gegründet, die sich organisatorisch auf die Arbeiterbildungsvereine stützen sollte und als großdeutsche, föderalistische Partei alle antipreußischen Elemente, vor allem das Kleinbürgertum Sachsens, zu gewinnen trachtete, was in doppelter Hinsicht gegen die Absichten von Marx und Engels verstieß. Denn weder entsprach die politische Verbindung der Arbeiter mit den rückschrittlichsten Elementen der bürgerlichen Gesellschaft den Ideen des *Kommunistischen Manifests*, noch konnte es als marxistisch gelten, vollendete Tatsachen wie den Sieg Preußens über Österreich und die Gründung des Norddeutschen Bundes rückgängig machen zu wollen. Auch fehlte der Sächsischen Volkspartei ein sozialistisches Programm. Es war nur die Rede von Freizügigkeit, von einer Verbesserung der Lage der arbeitenden Klasse, etwa durch Gründung von Produktivgenossenschaften, wie sie Lassalle gefordert hatte.

Liebknecht und Bebel vermieden sorgfältig jede Erwähnung des Wortes »sozialistisch« oder »sozialdemokratisch«, denn sie fürchteten, wie sie später erklärten, damit nicht nur ihre kleinbürgerlichen Bundesgenossen in Sachsen und die süddeutschen Demokraten, sondern auch die sächsischen Arbeiter zu verschrecken.

Bei den Wahlen zum Verfassunggebenden Reichstag am 12. Februar 1867 gelang es keinem der Lassalleaner, ein Mandat zu erobern; v. Schweitzer selbst konnte in Barmen 4700 Stimmen erringen, seine Gegenkandidaten – der Ministerpräsident v. Bismarck und der führende Liberale v. Forckenbeck – erhielten je etwa 6000 Stimmen. Bei der erforderlichen Stichwahl, bei der Schweitzer ausschied, erklärte er seinen Anhängern, nun möge »jeder der Stimme seines Herzens folgen«. Bismarck siegte dann mit 10000 gegen 7000 Stimmen, nahm aber die Wahl nicht an, weil er bereits in Magdeburg ein Mandat errungen hatte. Bei der erforderlichen Nachwahl unterlag v. Schweitzer dem nationalliberalen Berliner Juristen Rudolf v. Gneist.

Wilhelm Liebknecht, der nach einigem Zögern – er hatte erst im Jahr zuvor öffentlich erklärt, er lehne jede Beteiligung an Wahlen zu einem nicht ganz Deutschland umfassenden Parlament ab – seiner Aufstellung im sächsischen Wahlkreis Schneeberg-Lugau zugestimmt hatte, unterlag ebenfalls seinem Gegenkandidaten, weil er während des Wahlkampfs eine Gefängnisstrafe wegen »Aufreizung zum Klassenhaß« verbüßen mußte und keine Versammlungen abhalten konnte.

In Leipzig wollte die Sächsische Volkspartei Johann Jacoby aufstellen, der bei allen Demokraten und Sozialisten, außer bei Schweitzers ADAV, höchstes Ansehen genoß; zumal Liebknecht, der im September 1866 in Berlin Jacoby begegnet war und an Engels geschrieben hatte, dieser entschiedenste Demokrat und Republikaner unter den preußischen Oppositionellen werde sich bald den Sozialisten anschließen, befürwortete dessen Kandidatur. Aber

Jacoby, der schon zuvor dem Breslauer Demokratischen Wahlverein wegen dessen propreußischen Programms eine Absage erteilt hatte, ebenfalls dem 1., 3. und 5. Berliner Wahlbezirk, wo er jeweils mit großer Mehrheit nominiert worden war, wollte nicht für den Reichstag kandidieren. Er nannte ihn einen »Bismarckschen Humbug« – »ein leeres Gaukelspiel«, an dem er sich nicht zu beteiligen wünsche.

In Glauchau-Meerane kandidierte der noch nicht siebenundzwanzigjährige August Bebel – und gewann, wenn auch nur knapp, ein Reichstagsmandat! Im benachbarten Crimmitschau siegte ein weiterer Kandidat der Sächsischen Volkspartei, der Zwickauer Rechtsanwalt Reinhold Schraps, der sich später den Sozialdemokraten anschloß und sie bis 1874 im Reichstag vertrat.*

Während Schraps im neuen Parlament nicht hervortrat, nahm August Bebel schon im Konstituierenden Reichstag jede Gelegenheit wahr, Dinge zu äußern, die außer ihm niemand dort so offen zu sagen wagte. So sprach er bereits in seiner Jungfernrede die Überzeugung aus, »daß es Preußen bei der Gründung des Norddeutschen Bundes keineswegs um die Einigung Deutschlands gegangen sei« – hier verzeichnet das Protokoll »lebhaften Widerspruch rechts« –, »im Gegenteil, meine Herren! Ich behaupte, daß mit der Gründung dieses Norddeutschen Bundes ein spezifisch *preußisches* Interesse« – erneuter Widerspruch rechts –, »daß die Stärkung der Hohenzollernschen Hausmacht damit bezweckt worden ist!« An dieser Stelle gab es tumultuarische Szenen, so lebhaft protestierten die Konservativen, und es bedurfte der Intervention des Präsidenten, Bebel fortfahren zu lassen.

Er sprach noch einige Minuten lang gegen Bismarcks »Revolution von oben«, die eher einem reaktionären Staatsstreich gliche, und schloß mit den Worten: »Meine Herren, eine solche Politik zu unterstützen, dazu habe ich keine Lust. Ich muß entschieden dagegen protestieren, daß man eine solche Politik eine deutsche nennt! Ich muß entschieden protestieren gegen einen Bund, der nicht die Einheit, sondern die Zerreißung Deutschlands proklamiert, einen Bund, der dazu bestimmt ist, Deutschland zu einer *großen Kaserne* zu machen« – erneut lebhafter Widerspruch – »um den letzten Rest von Freiheit und Volksrecht zu vernichten! Aus diesen Gründen, meine Herren, werde ich gegen den Paragraphen 1 (des vorgelegten Verfassungsentwurfs) stimmen, und schließlich gegen die ganze Vorlage!«

Damit hatte der junge Abgeordnete August Bebel, der einzige Vertreter der Arbeiterinteressen in diesem Reichstag, auch der einzige, der selbst aus dem Arbeiterstand kam, klar Stellung bezogen. Bismarck wußte nun, was er von ihm zu halten hatte: Dieser Sozialist würde mit ihm weder geistreiche Kamingespräche führen noch von ihm zinslose Darlehen entgegennehmen und seiner Politik dann Lob spenden.

Von den 297 Abgeordneten des Konstituierenden Reichstags waren 62 Konservative, 40 bismarcktreue Freikonservative, 27 Rechtsliberale, 79 Nationalliberale, 13 bildeten mit den Resten des Zentrums eine »Freie

Vereinigung«, 21 waren fraktionslos, jedoch meist bereit, für die Regierung zu stimmen; zur Opposition gehörten 20 Welfen und andere Partikularisten, 13 Polen, ein Däne und 19 schon recht zahme Abgeordnete der Fortschrittspartei – da spielten die beiden Sächsischen Volksparteiler, von denen ohnehin nur der eine Sozialist energisch auftrat, vorerst keine Rolle.

Tatsächlich wurde der von Bismarck vorgelegte Entwurf einer Verfassung für den Norddeutschen Bund dann auch vom Konstituierenden Reichstag bereits am 16. April 1867 mit 230 gegen nur 53 Stimmen angenommen – mit nur wenigen Abänderungen und mit Zustimmung aller Konservativen und Liberalen sowie einiger Abgeordneter der Fortschrittspartei.

Damit war der zweite Teil der »Revolution von oben« erfolgreich beendet. Der neue Reichskanzler v. Bismarck konnte zufrieden sein; er hatte Österreich aus Deutschland verdrängt, die nationale Einigung unter preußischer Führung und Vorherrschaft hatte große Fortschritte gemacht, und auch die drei noch selbständigen süddeutschen Länder, die bereits ins Zoll- und Wirtschaftsgebiet einbezogen und vertraglich gebunden waren, ihre Truppen im Kriegsfall preußischem Oberbefehl zu unterstellen, würden bei nächster Gelegenheit ihrer Souveränität beraubt werden. Die vor kurzem noch so übermächtige Opposition war zu einem schwachen Häuflein zusammengeschmolzen, untereinander zerstritten und im Reichstag führerlos. Der eine junge Volksparteiler aus Leipzig, der sich erdreistet hatte, sein Einigungswerk mit einer »großen Kaserne« zu vergleichen, erschien dem Kanzler vorerst noch nicht als ein ernstzunehmender Gegner, der ihm gefährlich werden könnte.

Aber das sollte sich bald ändern.

6.
Auf dem Weg zur Einheit

Im August 1867 – in der Nacht vom 15. zum 16. hatte Karl Marx gerade den letzten Bogen des nach jahrzehntelanger Vorarbeit nun fertiggestellten ersten Bandes seines dreibändigen Werks *Das Kapital* korrigiert und an Friedrich Engels geschrieben:»Bloß *Dir* verdanke ich es, daß dies möglich war! Ohne Deine Aufopferung für mich konnte ich unmöglich die ungeheuren Arbeiten zu den 3 Bänden machen. *I embrace you full of thanks*!«* – fanden im Norddeutschen Bund erneut Wahlen statt, diesmal zum ersten ordentlichen Reichstag und aufgrund der in diesem Punkt vom Entwurf abweichenden Verfassungsbestimmung erstmals *geheim.* Das brachte den bismarcktreuen Freikonservativen und Liberalen einige Verluste, der Fortschrittspartei und auch den Arbeiterparteien beträchtliche Gewinne, wenngleich sich an den Mehrheitsverhältnissen kaum etwas änderte.

Immerhin kam diesmal in Elberfeld-Barmen Dr. v. Schweitzer im zweiten Wahlgang durch; im benachbarten Wahlkreis Lennep-Mettmann siegte, ebenfalls für den ADAV, der Arzt Dr. Peter Reincke, der aber bald darauf sein Mandat niederlegte; einer der Gründerväter des ADAV, der Führer der Zigarrenarbeiter Friedrich Wilhelm Fritzsche, siegte in der Nachwahl. In Chemnitz wurde der Kupferschmid Friedrich Försterling, der Vorsitzende der von der Gräfin Hatzfeld geführten Splittergruppe der »wahren Lassalleaner« gewählt, und von der Sächsischen Volkspartei kamen diesmal nicht nur August Bebel und Reinhold Schraps in den Reichstag, sondern auch Wilhelm Liebknecht, der in Schneeberg-Stollberg die Mehrheit erreichte.

Das war insgesamt ein beachtlicher Erfolg, denn nun hatten sich die Mandate der Arbeiterparteien verdreifacht; statt der beiden Sächsischen Volksparteiler, von denen nur der eine, Bebel, aktiv für sozialdemokratische Ziele eintrat, gab es nun sechs Abgeordnete,** von denen vier – Schweitzer, Fritzsche, Bebel und Liebknecht – zwar unterschiedliche, aber energische, profilierte und daher Aufmerksamkeit erregende sozialdemokratische Politik offen vertraten. Das war einesteils viel für den Anfang, jedoch sehr wenig, wenn man davon ausgeht, daß schon Lassalle das Wählerpotential einer Arbeiterpartei auf »89 bis 96 Prozent« veranschlagt hatte.

Man muß indessen bedenken, wie wenig »allgemein, gleich, direkt und geheim« das errungene Wahlrecht tatsächlich war: Von den rund hunderttausend Einwohnern, die ein Wahlbezirk in der Regel haben sollte, waren etwa zwei Drittel gar nicht wahlberechtigt, nämlich außer den Frauen und den jungen Männern unter 25 Jahren auch alle aktiven Soldaten, die mit

Ausnahme der Offiziere und Offiziersanwärter fast nur Angehörige der Unterschichten waren, sowie alle, die eine kärgliche öffentliche Unterstützung – meist nur 20 Pfennig je Tag – bezogen. Da zur Zeit der Wahlen eine Wirtschaftskrise zu Massenarbeitslosigkeit geführt hatte und auch noch infolge Mißernten eine Hungersnot herrschte, war die Anzahl der Unterstützungsempfänger besonders hoch.

Sodann waren die Wahlkreise keineswegs gleichwertig, und im Laufe der Jahre, in denen immer mehr Landbewohner in die Industriezentren strömten, klafften die Einwohnerzahlen der je einen Abgeordneten entsendenden Land- und Stadtkreise ständig weiter auseinander, so daß schließlich in Schaumburg-Lippe nur 12 000 Wahlberechtigte, im Wahlkreis Teltow-Charlottenburg mehr als 300 000 Wahlberechtigte jeweils ein Reichstagsmandat zu vergeben hatten. Daneben begünstigte die Wahlkreiseinteilung diejenigen Parteien, deren Wähler regional konzentriert waren und auf dem Lande wohnten; das absolute Mehrheitswahlsystem mit Stichwahl benachteiligte die kleineren Parteien, deren Stimmen großenteils unter den Tisch fielen, und besonders die junge Arbeiterbewegung, der bei Stichwahlen häufig ein breites bürgerliches Bündnis gegenüberstand, die aber selbst nur mit der Fortschrittspartei hie und da Wahlbündnisse eingehen konnte, und dann meist zu deren Gunsten. Im Jahre 1871 – so errechneten damals die Statistiker – benötigte ein Konservativer zur Erringung eines Reichstagsmandats durchschnittlich 9600, ein Sozialdemokrat dagegen 62 000 Stimmen!

Es dauerte auch geraume Zeit, bis am Ende wirklich überall geheim gewählt wurde, die Stimmzettel einheitlich weiß und nicht für jede Partei aus andersfarbigem Papier bestanden, was sich am meisten zum Nachteil der verfemten Sozialdemokraten ausgewirkt hatte.

Schließlich gab es – das hatte zwar keinen Einfluß auf die Wahlergebnisse, wohl aber auf die Bereitschaft der Kandidaten, ein Mandat anzunehmen – bis 1906 für die Abgeordneten keine Diäten! Dies war eine eindeutige Begünstigung der Wohlhabenden sowie der auch während ihrer Zugehörigkeit zum Parlament weiterbesoldeten Beamten. Für sozialdemokratische Abgeordnete war es ein Opfer, in den Reichstag einzutreten; sie waren dann angewiesen auf das, was ihnen die Partei, meist durch Anstellung als Redakteur an einer Parteizeitung, zukommen ließ, und bei den zunächst geringen Mitgliederzahlen konnten diese Bezüge nur sehr bescheiden ausfallen.

Indessen wurden alle diese Nachteile weitgehend wettgemacht durch die oft schier unglaublichen Anstrengungen aller am Wahlkampf beteiligten Genossen, deren persönlicher Einsatz häufig die Grenzen des physisch Möglichen erreichte und die Aktivitäten der bürgerlichen Konkurrenz weit übertraf. Die Hilfs- und Opferbereitschaft, die die örtliche Anhängerschaft den Kandidaten bewies, nötigte auch den entschiedensten Gegnern Respekt und heimliche Bewunderung ab, wozu noch anzumerken ist, daß sich die beiden rivalisierenden sozialdemokratischen Parteien gegenseitig an Eifer und rückhaltlosem Einsatz zu übertreffen versuchten. Jede der beiden Gruppen wollte sich als »wahrhaft sozialistisch« erweisen.

Schweitzer stellte, kaum daß er im zweiten Anlauf ein Reichstagsmandat errungen hatte, seinen sozialistischen Standpunkt noch deutlicher heraus als zuvor. Er forderte das uneingeschränkte Koalitionsrecht für die Arbeiter, Abschaffung der Kinder- und der Sonntagsarbeit, den Zehnstundentag für alle, auch die landwirtschaftlichen Arbeitskräfte, ferner eine staatliche Aufsichtsbehörde, die die Fabriken überwachen sollte, sowie die Abschaffung des sogenannten Truck-Systems, bei dem die Arbeiter nicht mit Bargeld, sondern mit Naturalien oder Gutscheinen zum Einkauf in fabrikeigenen Kantinen entlohnt wurden.

Neben diesen sozialpolitischen Forderungen ging Schweitzer nun auch über die Lassalleschen Leitlinien hinaus: Die Herstellung der politischen Freiheit, so erklärte er, könnte nicht Bismarck überlassen werden, die Arbeiter müßten sie selbst erkämpfen, und zwar – auch in diesem Punkt wich er von der Konzeption Lassalles ab – im Bunde mit der Arbeiterschaft aller Kulturländer. Dies wäre die Voraussetzung für die siegreiche Durchführung des Kampfes der Arbeiter gegen das Kapital und für die Errichtung eines sozialdemokratischen Volksstaates.

Er rückte auch ab von der Idee der »Produktivgenossenschaften«, die nur für Arbeiter in Kleinbetrieben noch attraktiv schien. Statt dessen propagierte er jetzt die gerechte Verteilung der durch die gesellschaftliche Produktion erzeugten Waren.

Das Geschick, mit dem Schweitzer inzwischen die Politik des ADAV über Lassalle hinausführte, gewann ihm neue Anhänger, gab der darniederliegenden und zerstrittenen Organisation wieder Auftrieb und Geschlossenheit und kräftigte sie in der bevorstehenden Auseinandersetzung mit den erstarkenden Rivalen um Bebel und Liebknecht, denen inzwischen klar geworden war, daß sich ihr Bündnis mit kleinbürgerlichen Handwerksmeistern und süddeutschen Demokraten kaum noch aufrechterhalten ließ, sollten ihnen die Industriearbeiter nicht davonlaufen. Wollten sie gegen den ADAV bestehen, mußten sie den Klassenkampf auch zu ihrer Sache machen.

Der Drang der Arbeiter nach einem die Interessen des Industrieproletariats berücksichtigenden Programm hatte sich besonders auf dem Pfingsttreffen der sächsischen Arbeitervereine gezeigt, wo fast identische Forderungen erhoben wurden, wie Schweitzers ADAV sie jetzt stellte. Vahlteich, Lassalles erster ADAV-Sekretär, der sich mit ihm überworfen hatte und aus dem ADAV ausgeschlossen worden war, hatte jetzt im Dresdner Arbeiterverein starken Einfluß und forderte die Teilnehmer des Pfingsttreffens auf, sich ernsthaft mit der sozialistischen Theorie zu befassen. August Bebel wurde mit großer Mehrheit zum Vorsitzenden gewählt. Sein Gegenkandidat war der Schriftsteller Dr. Max Hirsch aus Halberstadt, ein führendes

Mitglied der Fortschrittspartei, der sich darum bemühte, Gewerkschaften zu schaffen, die von weitblickenden Unternehmern gefördert und finanziert wurden, um gemeinsam mit ihnen einen friedlichen Ausgleich der Interessengegensätze zwischen Kapital und Arbeit zu finden. Hirschs Niederlage besiegelte das Scheitern seiner Versuche, den Arbeitervereinstag für seine Gedanken zu gewinnen.

Der nächste Arbeitervereinstag, der 1868 in Nürnberg zusammentrat, wurde zu einem Höhepunkt der Auseinandersetzungen um die Frage, ob es an der Zeit sei, eine selbständige sozialistische Arbeiterbewegung ins Leben zu rufen, frei von allen bürgerlich-demokratischen Einflüssen und Bevormundungen. Leopold Sonnemann plädierte für die Aufrechterhaltung des Bündnisses mit den süddeutschen Demokraten und der Fortschrittspartei, Wilhelm Liebknecht forderte den Bruch, rief zur Niederwerfung der Klassenherrschaft und zur Abschaffung der Lohnarbeit auf und erntete großen Beifall.

Sonnemann machte den Vorschlag, vom Staat die Unterstützung einer von ihm »Alterskasse« genannten Rentenversicherung zu fordern. Vahlteich nannte die Beratung dieses Antrags bloße »Zeitvertrödelung«; die nächste Aufgabe sei die Gründung von Gewerkschaften, die eine solche Alterskasse selbst ins Leben rufen könnten. Und dann kam plötzlich aus der Versammlung ein Antrag, der den Nürnberger Arbeitervereinstag vom September 1868 sprengen sollte: Gemeinsamer Beitritt zur Internationalen Arbeiter-Assoziation!

Der Antragsteller war der Schriftsteller Robert Schweichel, ein enger Freund Wilhelm Liebknechts, der in dessen und Bebels Auftrag zunächst zur Programmfrage gesprochen hatte. Er begründete seine Forderung nach Anschluß des Arbeitervereinstags an die IAA mit den Worten:

»Es muß endlich eine Fahne aufgepflanzt werden in dem Klassenkampfe der Gegenwart, um die sich die ganze Arbeiterpartei scharen kann!«

Angemerkt sei, daß der IAA in Deutschland zu dieser Zeit ganze 385 Mitglieder angehörten, die sich auf 58 Städte verteilten; zu ihnen gehörten Bebel und Liebknecht, bald auch einige führende Lassalleaner. In Nürnberg vertraten 115 Delegierte aus 99 Vereinen rund 13000 Arbeiter, die bei Annahme des Antrags mit einem Schlage die IAA-Anhängerschaft in Deutschland mehr als verdreißigfacht hätten; auch der ADAV hatte im Sommer 1868 viel Zulauf erhalten und zählte nun etwa 7500 Mitglieder, von denen dann sicherlich die meisten ebenfalls der IAA beigetreten wären.

Unterstützt wurde Schweichels Antrag von Abgesandten der Wiener Arbeiterschaft und der deutschen Arbeitervereine in der Schweiz, die von Johann Philipp Becker, einem seit den Tagen des Hambacher Fests und des badisch-pfälzischen Aufstands fast legendären Ruf genießenden Republikaner, geführt wurden und von ihm für die Lehren von Marx und Engels gewonnen worden waren. Auch Johann Georg Eccarius, ein Freund von Marx und früher schon im Bund der Kommunisten aktiv, der als Vertreter des IAA-Generalrats in London am Nürnberger Arbeitervereinstag teilnahm, erhielt als Gast das Wort und befürwortete Schweichels Antrag.

Leopold Sonnemann argumentierte dagegen, nach den Vereinsgesetzen wäre ein Anschluß ohnehin nicht für ganze Vereine, sondern nur für Einzelpersonen möglich. *Statt eines Anschlusses* des Arbeitervereinstags an die IAA schlug er vor, *die volle Übereinstimmung mit deren politischem Programm* zu beschließen! Das war nun in der Tat ein erstaunlicher Vorschlag, zumal er von einem Fortschrittsparteiler kam. Offenbar war sich Sonnemann nicht im klaren darüber, daß er mit seinem Kompromißvorschlag einen historischen Schritt einleitete, nämlich die Hinwendung der bislang von bürgerlichen Demokraten beeinflußten deutschen Arbeitervereine und der im Entstehen begriffenen Sozialdemokratischen Arbeiterpartei zum wissenschaftlichen Sozialismus des Dr. Karl Marx.

Nun zeigte sich, wie klug Marx und Engels gehandelt hatten, als sie bei der Gründung der IAA in den Statuten und in der Inauguraladresse bei größter Prinzipientreue es dennoch sorgfältig vermieden hatten, etwas hineinzuschreiben, das bürgerliche Demokraten hätte abschrecken können.

Es gab auch noch andere Gründe, die Sonnemann bewogen haben mochten: Einerseits fürchtete er, isoliert und aus den Arbeitervereinen ganz hinausgedrängt zu werden, wenn er sich völlig ablehnend gegenüber dem Wunsch nach Anschluß an die IAA verhielte; anderseits – so hat es Hedwig Wachenheim erklärt –»schreckte die Zugehörigkeit zu einer internationalen Arbeiterorganisation die reinen Demokraten nicht; sie gehörten zum Teil der Internationalen Liga für Frieden und Freiheit* an, die für die Vereinigten Staaten von Europa eintrat. Auch hatte die Internationale Arbeiter-Assoziation damals noch nicht den Ruf einer internationalen Rebellenbande, der sich ihr später anheftete. Die Zusammenarbeit von Sozialtheoretikern und Sozialisten verschiedener Richtungen interessierte sie, und ebenso Karl Marx, der sich 1867 als Verfasser des *Kapital* international einen Ruf erworben hatte. Bei den Arbeitern schwang etwas Romantik mit bei dem Gefühl, einer internationalen Organisation anzugehören ...«

Jedenfalls war es der rührige Leopold Sonnemann, bürgerlicher Demokrat, führendes Mitglied des Nationalvereins und der Fortschrittspartei, Gründer, Eigentümer und Herausgeber der angesehenen *Frankfurter Zeitung*, der Vorläuferin der heutigen *Frankfurter Allgemeinen Zeitung*, der nach Studium des politischen Teils der – von Karl Marx verfaßten – IAA-Statuten diese zum Antrag an den Arbeitervereinstag erhob und nur noch mit dem Zusatz versah, daß sich die Arbeitervereine »den Bestrebungen der Internationalen Arbeiter-Assoziation anschließen« mögen.

Der Antrag hatte nun folgenden Wortlaut:

»1. Die Emanzipation der arbeitenden Klassen muß durch die arbeitenden Klassen selbst erobert werden. Der Kampf der arbeitenden Klassen ist nicht ein Kampf für Klassenprivilegien und Monopole, sondern für gleiche Pflichten und die Abschaffung aller Klassenherrschaft.

2. Die ökonomische Abhängigkeit des Mannes der Arbeit von den Monopolisten (dem ausschließlichen Besitzer) der Arbeitswerkzeuge bildet die
Grundlage der Knechtschaft in jeder Form, des sozialen Elends, der geistigen
Herabwürdigung und politischen Abhängigkeit.
3. Die politische Bewegung ist das unentbehrliche Hilfsmittel zur ökonomischen Befreiung der arbeitenden Klassen. Die soziale Frage ist mithin
untrennbar von der politischen, ihre Lösung nur möglich im demokratischen Staat.

Ferner in Erwägung, daß alle auf die ökonomische Befreiung der Arbeiter
gerichteten Anstrengungen bisher an dem Mangel an Solidarität zwischen
den vielfachen Zweigen der Arbeiter eines jeden Landes und dem Nichtvor-
handensein eines brüderlichen Bandes zwischen der arbeitenden Klasse
verschiedener Länder gescheitert sind; daß die Befreiung der Arbeiter weder
ein lokales noch nationales, sondern ein soziales Problem ist, das alle Länder
umfaßt, in denen es moderne Gesellschaften gibt, und deren Lösung von der
praktischen und theoretischen Mitwirkung der fortgeschrittenen Länder
abhängt, beschließt der 5. Deutsche Arbeitertag seinen Anschluß an die
Bestrebungen der Internationalen Arbeiter-Assoziation.«

Sonnemanns Antrag wurde dann zur Abstimmung gebracht und mit 69
gegen 46 Stimmen von den Delegierten angenommen. Die Gegner aller
sozialistischen Tendenzen und also auch der Bestrebungen der IAA, etwa ein
Drittel der auf dem Nürnberger Arbeitervereinstag repräsentierten Vereine,
hatten den Antrag abgelehnt oder sich der Stimme enthalten; schließlich
traten 26 der 99 Arbeitervereine, die Vertreter delegiert hatten, aus dem
Vereinstag aus, nachdem dieser einen Antrag Vahlteichs, einen IAA-
Beschluß zugunsten von Gewerkschaften, die parallel zu den politischen
Organisationen der Arbeiter zu gründen wären, ebenfalls angenommen
hatte.

Während sich Bebel und Liebknecht nun darauf konzentrierten, auf der
Grundlage der Nürnberger Beschlüsse und entsprechend den Leitlinien der
IAA alle deutschen Arbeiterorganisationen zu einigen, hielt der ADAV, der
in Leipzig von der Polizei plötzlich aufgelöst worden war, am 27. September
1868 in Berlin einen Kongreß ab.

»Der Kongreß soll eine umfassende, festbegründete Organisation der
gesamten Arbeiterschaft Deutschlands ... schaffen«, hieß es in der von
Schweitzer verfaßten Einladung. Diese Organisation müßte auch in der
Lage sein, Streiks besser als bisher vorzubereiten. Wie in England, so müßte
es auch in Deutschland möglich sein, »daß 50 000 Arbeiter auf einmal ihre
Arbeit einstellten, ohne um ihren Lebensunterhalt in Sorge zu sein«. Die
Vorbedingung dafür aber wären allgemeine Gewerkschaften der einzelnen
Industrie- und Gewerbezweige.

Das war für die Lassalleaner, die Streiks bislang als untaugliche Mittel zur
grundlegenden Änderung der Produktionsverhältnisse bezeichnet hatten,
etwas ganz Neues. Schweitzer hatte entdeckt, daß bei allem, was sich gegen

Streiks sagen ließ, sie dennoch eine nützliche Funktion hätten:»Ein Gefühl der Brüderlichkeit senkt sich in die Herzen; die Arbeiter lernen, sich zu organisieren und gegen Polizeistaat und Geldmacht aufzutreten. Ihre Selbständigkeit wird gefördert.«

Es zeigte sich, daß Schweitzer mit sicherem Instinkt nun den richtigen Weg eingeschlagen hatte; der Berliner ADAV-Kongreß wurde ein alle Erwartungen übertreffender Erfolg, und er bewies, daß die Zeit reif war für Gewerkschaftsgründungen. Insgesamt 206 Delegierte versammelten sich in Berlin. Sie vertraten über hundert Ortsvereine und angeblich 142 000 Arbeiter, was gewiß eine weit über die tatsächlichen Einflußmöglichkeiten des ADAV hinausgehende Schätzung war, denn die Organisation hatte zu dieser Zeit höchstens 7000 zahlende Mitglieder. Alle, die die Pläne Schweitzers möglicherweise hätten durchkreuzen können, wurden dem Kongreß ferngehalten, Oppositionelle aus den eigenen Reihen ebenso wie Bebel und Liebknecht. Auch Dr. Hirsch von der Fortschrittspartei, der mit zwölf Delegierten der Berliner Maschinenbauer Einlaß begehrt hatte, wurde abgewiesen,»da sie Vertreter der besitzenden Klasse sind, die Uneinigkeit in die Reihen der Arbeiterschaft tragen sollen«. Dann erklärte Schweitzer einen Allgemeinen Deutschen Arbeiterschaftsverband für gegründet und sich selbst in seiner Eigenschaft als ADAV-Präsident zu dessen Vorsitzendem. Der neue Gewerkschaftsbund sollte sich aus zwölf »Arbeiterschaften« zusammensetzen – 1. Berg- und Hüttenarbeiter; 2. Metallarbeiter; 3. Hand- und Fabrikarbeiter, also die Ungelernten; 4. Färber, Weber und Manufakturarbeiter; 5. Schuhmacher; 6. Bäcker; 7. Buchbinder und Lederarbeiter; 8. Holzarbeiter; 9. Maurer; 10. Schneider; 11. Zimmerer; 12. Tabakarbeiter –, und Frauen wie auch Kleinmeister sollten ebenfalls Mitglieder werden können.

Noch stand diese umfassende gewerkschaftliche Organisation mit straffer zentralistischer Führung großenteils nur auf dem Papier, und was davon bereits wirklich vorhanden war, hatten andere lange zuvor geschaffen: Friedrich Wilhelm Fritzsche hatte, allen weit voraus, schon 1863 den Zigarrenarbeiterverein gegründet und ihn 1865 zum Allgemeinen Deutschen Zigarrenarbeiterverein ausgeweitet und damit unter seinem Vorsitz die erste nationale Gewerkschaft dieses Gewerbzweigs gegründet, deren Organ mit dem Titel *Der Botschafter* schon in seiner ersten Ausgabe verkündet hatte:»Dieses Blatt ist sozialdemokratisch.«

Auch die Buchdrucker, gelernte und hochspezialisierte Arbeiter, verfügten schon über eine eigene, straffe Berufsorganisation; daß sie Schweitzers Gründung fernblieben, war vor allem auf dessen Anspruch zurückzuführen, den streng zentralistisch aufgebauten Gewerkschaftsbund als ein Anhängsel des ADAV selbst diktatorisch zu leiten.

Die Schneider traten zwar bei, zahlten aber keine Beiträge, und ähnlich war es auch bei einem Teil der Lederarbeiter. Andere Gruppen erklärten sich wohl grundsätzlich bereit, im neuen Gewerkschaftsbund mitzuarbeiten,

Franz Gustav Duncker (1822-1888).   *Max Hirsch (1832-1905).*

Leopold Sonnemann (1831-1909).   *Karl Eugen Dühring (1833-1921).*

lehnten aber den zentralistischen Aufbau und die Diktatur Schweitzers ab.
Theodor York, der Führer der Holzarbeiter, ließ ebenfalls schon Vorbehalte
gegen Schweitzers Kurs und Machtansprüche erkennen.

Schon wenige Tage nach den Kongressen der beiden rivalisierenden sozialdemokratischen Gruppierungen, nämlich am 11. Oktober 1868, gründeten auch die Fortschrittsparteiler eilig eigene Gewerkschaften. Dr. Max Hirsch, dem mit seinen Maschinenbauern die Teilnahme am Gründungskongreß der ADAV-Gewerkschaft verweigert worden war, und der Buchhändler Franz Duncker, Reichstagsmitglied der Fortschrittspartei, boten den Arbeitern der Berliner Maschinenfabriken finanzielle und jede andere Förderung an, wenn sie sich nicht den Sozialisten anschlössen, sondern Gewerkschaften »nach englischem Vorbild« aufbauten, deren Ziel »die Interessenharmonie von Kapital und Arbeit« sein sollte. Diese Hirsch-Dunckerschen Gewerkschaften, wie sie dann genannt wurden, erlangten in den folgenden Jahrzehnten eine gewisse Bedeutung, weil sie sich an den Streiks nicht beteiligten und von den sozialistischen Gewerkschaften geradezu als »Streikbrecher-Organisation« angesehen wurden. Zahlenmäßig spielten sie indessen nie eine größere Rolle.

Weitere vierzehn Tage nach dieser Gewerkschaftsgründung durch die Fortschrittspartei beschloß eine Leipziger Versammlung, die von Bebel geleitet wurde, die Gründung »internationaler Gewerksgenossenschaften« durch den Arbeitervereinstag. Einen Monat später veröffentlichte Bebel ein »Musterstatut«, das nur als Anregung dienen sollte. Er schlug Ortsvereine vor, wo immer zehn Mitglieder einer Berufsgruppe beisammen waren. Sie sollten selbst und im Einvernehmen mit den Ortsvereinen anderer Berufsgruppen örtlich entscheiden, ob gestreikt würde. Nur wenn mehr als die Hälfte aller örtlichen Mitglieder betroffen waren, hatte die Verbandsspitze zu entscheiden. Mitglieder, die gegen statutengemäße Beschlüsse handelten, verloren den Anspruch auf Unterstützung, konnten aber an den Hauptvorstand appellieren. Der Erste Vorsitzende und sein Stellvertreter waren von der Generalversammlung, dem Gewerkschaftstag, zu wählen, alle übrigen Vorstandsmitglieder vom Ortsverein am Wohnsitz des Präsidenten, wo auch der Sitz der Gewerkschaft war. Ein Zentralaufsichtsrat, ebenfalls vom Gewerkschaftstag gewählt, sollte den Vorstand beraten, aber auch kontrollieren – ein deutlicher, für jeden erkennbarer Unterschied zu der diktatorischen Herrschaft Schweitzers und ganz im Einklang mit den Direktiven, die Marx für den Aufbau von Gewerkschaften im Rahmen der IAA gegeben hatte.

Bebels »Kontrastprogramm« verfehlte nicht seine Wirkung. Auf der nächsten Generalversammlung des ADAV, die Ende März 1869 in Elberfeld tagte, mußte v. Schweitzer eine empfindliche Schlappe hinnehmen. Die Delegierten forderten mehr Mitspracherechte und beschnitten die Vollmachten ihres Präsidenten, was die Festlegung des politischen Kurses der Organisation betraf. Die Massen waren in Bewegung geraten, ihr Selbstbewußtsein war gewachsen, und sie wünschten jetzt, zumal seit sich der Arbeitervereinstag unter Bebels Führung von den nichtsozialistischen Arbeiterbildungs- und Handwerkervereinen getrennt hatte, eine baldige

Wilhelm Bracke, 1842-1880.

Einigung der beiden heftig miteinander konkurrierenden sozialdemokratischen Organisationen. Das kam auch darin zum Ausdruck, daß die Delegierten des ADAV – gegen den heftigen Widerstand Schweitzers – Bebel und Liebknecht zu ihrer Generalversammlung eingeladen hatten.

Liebknecht fand zunächst viel Zustimmung und Beifall, als er in seinem Gastreferat für einen baldigen Zusammenschluß der beiden rivalisierenden Richtungen eintrat. Erst als er dann seinen antipreußischen Gefühlen Luft machte und den Norddeutschen Bund, der für die Lassalleaner ein Schritt auf dem Wege zur nationalen Einigung war, als »große Kaserne« abtat, regte sich Widerspruch. Schließlich einigte man sich auf eine Art Burgfrieden zwischen den beiden Organisationen, und Schweitzer erhielt von der Versammlung noch einmal ein Vertrauensvotum, das allerdings deutlich schwächer ausfiel, als er es erwartet hatte. Einige der einflußreichsten Männer im ADAV, darunter der Gründer der starken Braunschweiger Ortsgruppe, der siebenundzwanzigjährige Kaufmann Wilhelm Bracke, der Tischler Theodor York, ein Freund und Kampfgefährte Liebknechts seit 1849 und Führer der Holzarbeiter, sowie ein halbes Dutzend weitere Prominente, enthielten sich der Stimme.

Das wachsende Mißtrauen gegen Schweitzer und das unübersehbare Verlangen nach einem baldigen Zusammengehen der Lassalleaner mit dem von Bebel und Liebknecht geführten Arbeitervereinstag veranlaßten beide Seiten, ihre Aktivität zu verstärken. Sowohl v. Schweitzer als auch Bebel und Liebknecht wollten mit einer möglichst großen Hausmacht auftreten, wenn es in Bälde um die Verschmelzung der rivalisierenden Organisationen gehen würde.

Am 18. Juni 1869 konnte v. Schweitzer im *Social = Demokrat* melden, der ADAV habe sich soeben mit den »wahren Lassalleanern« der Hatzfeldschen Richtung wiedervereinigt. Bebel reiste zur gleichen Zeit durch Thüringen, wo er dem ADAV von der Basis her zahlreiche Mitglieder abwarb, und nahm bereits Fühlung auf mit den wichtigsten Opponenten im ADAV gegen Schweitzers Führung. Liebknecht war für einige Tage nach Wien gereist und hatte von dort Bebel große Erfolge melden können:

»Lieber Freund! Es ist prachtvoll hier – ich wollte, Du wärest da! Die Versammlung glänzend – meiner Schätzung nach 6000, nach anderen 15 000 Zuhörer. Ich paukte dreimal – auf Schweitzer, Bismarck und Beust* und hatte immensen Beifall. Die Versammlung delegiert Einen nach Eisenach« – dem in Aussicht genommenen Tagungsort – »Aus Österreich bekommen wir mindestens 30 000 Stimmen, so daß Schweitzer, wenn er mit gefälschten Stimmen kommt, durch massenhafte richtige niedergehalten werden soll. Für Schweitzer gibt's in Wien keinen Anknüpfungspunkt mehr...«**

Inzwischen gab es neuen Streit im ADAV, der den geplanten Zusammenschluß mit dem von Bebel und Liebknecht geführten Arbeitervereinstag wieder in Frage stellte. Schweitzer hatte die – tatsächlich nur teilweise, gegen den Willen der Gräfin Hatzfeld und ihrer persönlichen Anhänger durchgeführte – Wiedervereinigung mit den »wahren Lassalleanern« dazu benutzt, das alte ADAV-Statut, das dem Präsidenten diktatorische Vollmachten gab, wieder in Kraft treten zu lassen, womit er die Beschlüsse der Elberfelder Generalversammlung, die seine Befugnisse eingeschränkt hatte, rückgängig zu machen versuchte. Als nächstes hatte er den in Elberfeld vereinbarten Burgfrieden des ADAV mit Bebels und Liebknechts Anhängern aufgekündigt und dies damit begründet, die anderen hielten sich ja nicht daran – eine Feststellung, die zweifellos, wie der zitierte Brief Liebknechts an Bebel beweist, ihre Berechtigung hatte. Doch die Opposition im ADAV war empört über diese neue Eigenmächtigkeit Schweitzers.

Schon am nächsten Tag, dem 22. Juni 1869, trafen sich die Führer der opponierenden Lassalleaner – Bracke, York, Julius Bremer und Samuel Spier – mit Bebel und dem aus Wien zurückgekehrten Liebknecht. Sie erließen einen gemeinsamen Aufruf gegen Schweitzers »Staatsstreich« und riefen zur Gründung einer Gesamtpartei aller sozialdemokratischen Arbeiter auf. Weitere Arbeiterführer, darunter Friedrich Wilhelm Fritzsche, schlossen sich den Rebellen an und erklärten ihren Austritt aus dem ADAV, woraufhin

Aus einem Brief von Wilhelm Liebknecht an August Bebel.

Schweitzer die Abtrünnigen auch aus der ADAV-Gewerkschaft, dem Allgemeinen Deutschen Arbeiterschaftsverband, ausschloß. York und Fritzsche konnten den größten Teil ihrer Holz- und Tabakarbeiter mit ins Lager von Bebel und Liebknecht ziehen und agitierten nun mit diesen zusammen für die Einigung aller sozialdemokratischen Arbeiter.

Doch für diese Einigung war gerade ein neues Hindernis entstanden: Bebel und Liebknecht hatten beabsichtigt, sich spätestens bei der Gründung einer neuen sozialdemokratischen Partei von ihren Bindungen an die kleinbürgerlichen Demokraten der Sächsischen und vor allem der Württembergischen Volkspartei zu lösen. Inzwischen hatten aber die Württemberger alle Vorwände für eine solche Trennung beseitigt, das Programm der Internationalen Arbeiter-Assoziation angenommen, darüber hinaus alle gewerkschaftlichen Forderungen auch zu den ihren gemacht und sogar den Kampf für volle Koalitions- und Streikfreiheit auf ihre Fahne geschrieben. Daraufhin hatten sich, was für Bebel und Liebknecht entscheidend war, auch die württembergischen Arbeitervereine der Volkspartei angeschlossen. Unter diesen Umständen schien es Bebel töricht, das Bündnis mit der weitaus stärksten Partei Württembergs aufzukündigen.

Aber die von Schweitzer abgefallenen Lassalleaner machten Bebel und Liebknecht klar, daß sie nicht mitmachen würden, solange die neuzugründende Partei mit den kleinbürgerlichen Demokraten paktierte; sie wollten sich nur einer klassenkämpferischen Arbeiterpartei anschließen.

So blieb Bebel und Liebknecht nur die Wahl zwischen zwei Übeln, und sie

Versammlung des Arbeiterbildungsvereins in Wien, 1868.

entschieden sich für das kleinere, den vorläufigen Verzicht auf die Arbeiter-vereine Süddeutschlands, die sie später zurückzugewinnen hofften, was dann auch innerhalb weniger Monate gelang, so daß sich ihre Entscheidung nachträglich als richtig erwies. Doch zunächst war die Parteigründung, zu der 63 vom ADAV abgefallene führende Lassalleaner zusammen mit Bebel und Liebknecht zum 7. August 1869 nach Eisenach eingeladen hatten, noch von weiteren Schwierigkeiten begleitet: Sowohl Schweitzer wie die bürgerlichen Demokraten versuchten sie noch in letzter Stunde zu verhindern.

Da Schweitzer selbst gerade eine kurze Gefängnisstrafe zu verbüßen hatte, konnte er nicht in Eisenach auftreten. Indessen hatte er 110 Delegierte auf Kosten des ADAV entsandt, die angeblich mehr als 102 000 Arbeiter vertraten. Die Gegenseite aber hatte 262 Delegierte aufgeboten, die das Mandat von rund 140 000 Arbeitern zu haben behaupteten.

»Man begann damit«, so hat Franz Mehring später den Eisenacher Kongreß beschrieben, der am 7. August 1869 zunächst im Gasthof »Zum Goldenen Löwen« zusammentrat, »sich gegenseitig ›Mandatsschwindel‹ vorzuwerfen, von beiden Seiten mit gleichem Unrecht oder in gewissem Sinne auch mit gleichem Rechte. Da die ganze Krisis eine lebhafte Bewegung in der deutschen Arbeiterwelt hervorgerufen hatte und die Mandate zum großen Teil von Massenversammlungen aufgestellt worden waren, so mochten die Ziffern an und für sich nicht unrichtig sein, aber wenn sie kein Schwindel waren, so waren sie doch kein sicherer Maßstab für die Kraft der streitenden Teile. Schweitzer hatte in der gewerkschaftlichen und politi-schen Organisation noch lange nicht 102 000 Köpfe zusammengebracht, und ebensowenig traten 140 000 Mitglieder in die neue Organisation ein, die in Eisenach gegründet wurde.«

Zunächst waren die von Liebknecht in Österreich geworbenen 30 000 Stimmen rein dekorativ, ebenso die von Johann Philipp Becker aus der Schweiz mitgebrachten Mandate. Die in Eisenach dann an den beiden folgenden Tagen, nachdem der Kongreß in den Gasthof »Zum Mohren« verlegt und den Abgesandten Schweitzers der Zutritt dort verwehrt worden war, gegründete »Sozialdemokratische Arbeiterpartei« setzte sich im wesentlichen aus zwei Elementen zusammen: aus Bebels Verband der deutschen Arbeitervereine und den abgefallenen Mitgliedern des ADAV. Bebels Organisation zählte zu dieser Zeit rund zehntausend Mitglieder in 58 sächsischen, 25 württembergischen sowie einigen badischen, bayerischen und hessischen Orten, zu denen noch kleine Gruppen in Berlin und im Rheinland kamen. Die von Schweitzer abgefallenen Lassalleaner, allenfalls tausend, spielten anzahlmäßig keine große Rolle. Aber es waren darunter – wie Mehring es ausgedrückt hat – »verhältnismäßig viele, im organisierten Klassenkampf trefflich erprobte und geschulte Kräfte«, mindestens regional sehr angesehene, in ihrem Berufszweig als Arbeiterführer anerkannte Männer wie Bracke, Fritzsche und York, der Schuhmacher Theodor Metzner, der zuvor dem ADAV-Vorstand angehört hatte, oder auch der Buchhändler August Geib aus Hamburg.

Diese Lassalleaner sorgten dafür, daß Liebknechts und Bebels antipreußische, gegen den Norddeutschen Bund und die kleindeutsche Lösung gerichtete Haltung sich zumindest nicht im Programm der neuen Partei niederschlagen konnte und daß der Klassenkampf zur bewegenden Kraft wurde. Daraufhin gaben die ebenfalls angereisten bürgerlichen Demokraten, angeführt von Leopold Sonnemann, ihre Versuche, Einfluß auf die neue Partei zu gewinnen, als gescheitert auf und kehrten nach Frankfurt zurück.

Das in Eisenach beschlossene Programm übernahm dann – mit kleinen Abänderungen – die Statuten der IAA, was durchaus der Absicht Bebels und Liebknechts entsprach, aber es knüpfte auch an Konzepte der Lassalleaner an, indem es die Wahlrechtsfrage in den Vordergrund stellte und auch die Forderung nach Produktivgenossenschaften mit Staatshilfe übernahm; solche und andere Konzessionen an die Lassalleaner wurden vor allem gemacht, weil die Anhänger Bebels und Liebknechts auf weiteren Zulauf aus den Reihen des ADAV hofften.

Das Programm forderte außerdem Diäten für Abgeordnete, volle Presse-, Vereins- und Versammlungsfreiheit, kostenlosen Schulbesuch für alle, Abschaffung der stehenden Heere und Errichtung einer Volksmiliz, Einschränkung der Frauen- und Verbot der Kinderarbeit.

»Bei den Auseinandersetzungen über die Frauenarbeit«, so hat Hedwig Wachenheim dazu bemerkt, »spielten schon lange – auch in den Diskussionen der IAA – die verschiedensten Faktoren eine Rolle, so das Recht auf Arbeit als allgemeines Menschenrecht, die Erziehung der Frau zum Klassenbewußtsein durch ihre Beschäftigung in der kapitalistischen Wirtschaft, das Zurückdrängen der Prostitution durch die Möglichkeit der Frau, Geld auf andere Weise zu verdienen, aber auch der Wunsch der Männer, die Konkurrenz der schlechter bezahlten Frauen loszuwerden, und auch die Frage des Frauenschutzes. In Eisenach erwiesen sich die beiden letzteren Punkte als die stärksten.« Einige Programmpunkte entstammten dem *Kommunistischen Manifest* von 1848, so die Forderung nach Einführung einer progressiven Einkommensteuer und die Abschaffung aller indirekten Steuern. Ferner wurde die Trennung von Kirche und Staat und die der Schule von der Kirche, die Aufhebung aller Standes-, Geburts-, Besitz- oder Konfessionsvorrechte, die Herabsetzung des Wahlalters auf zwanzig Jahre sowie das gesetzlich verankerte Recht der Arbeiter auf gewerkschaftlichen Zusammenschluß und auf Streik im Lohnkampf verlangt – samt und sonders Forderungen, die auch der ADAV schon erhoben hatte.

Wesentlicher waren die Unterschiede, die das von August Bebel ausgearbeitete Organisationsstatut aufwies. Es stellte einen deutlichen Kontrast zu den diktatorischen Organisationsprinzipien Lassalles und Schweitzers dar, aber auch eine erhebliche Straffung im Vergleich zu Bebels bisherigem Verband Deutscher Arbeitervereine: Die Leitung wurde einem fünfköpfigen Ausschuß übertragen, dem neben Bebel und Liebknecht drei ehemalige ADAV-Funktionäre – Bracke, Spier und Geib – als »geschäftsführende Parteileitung« mit Sitz in Braunschweig angehörten. Über dieser Parteileitung stand eine elfköpfige Kontrollkommission. Beide »Behörden« unterstanden dem mindestens einmal jährlich einzuberufenden Parteikongreß, dem sie Rechenschaft zu geben hatten.

Der Beitrag wurde auf einen Groschen monatlich festgesetzt, von jedem Mitglied entweder an die Parteileitung zu zahlen oder als Gebühr für den Bezug des Parteiorgans zu entrichten. Die Parteimitglieder wurden verpflichtet, Ortsvereine zu gründen, die je Mitglied einen Groschen monatlich für allgemeine Agitationszwecke an die Parteileitung abzuführen hatten. Sitz der Partei wurde Eisenach, der der Kontrollkommission Wien, die tatsächliche Zentrale jedoch sollte in organisatorischer Hinsicht Braunschweig sein, in politischer aber Leipzig, wo Bebel und Liebknecht lebten. Das *Demokratische Wochenblatt* wurde zum offiziellen Parteiorgan bestimmt und in *Der Volksstaat* umbenannt. Sein Chefredakteur blieb Wilhelm Liebknecht, und dieser telegraphierte noch am selben Tage an Marx und Engels, daß »ihre« Partei nun glücklich gegründet sei.

Deren Begeisterung hielt sich jedoch in engen Grenzen. So wichtig es sein mochte, daß nun endlich eine klassenkämpferische Arbeiterpartei entstanden war, die sich zu den Zielen der Internationalen Arbeiter-Assoziation bekannte und unter der politischen Leitung von Bebel und Liebknecht stand, so wenig konnten dem strengen Wissenschaftler Marx all jene Zugeständnisse gefallen, die ihre Leipziger Anhänger den Lassalleanern hatten machen müssen. Immerhin nannten Marx und Engels die Eisenacher Gründung fortan »unsere Partei« und sahen in ihr, allen ideologischen Schönheitsfehlern zum Trotz, einen hoffnungsvollen Anfang.

Unmittelbar nach der Parteigründung in Eisenach war dort der Vereinstag der Arbeitervereine zusammengetreten, hatte seine Selbstauflösung beschlossen und seinen Mitgliedsvereinen die Gründung »Internationaler Gewerksgenossenschaften« nach Bebelschem Muster empfohlen. Als solche organisierten sich dann die von Schweitzer abgefallenen Metallarbeiter, Holzarbeiter, Schuhmacher und Schneider sowie – allerdings nur in Sachsen – die Maurer und Zimmerer. Es folgten die Buchbinder und, unter Führung von Julius Motteler, einem Freund Bebels und Mitbegründer der Sächsischen Volkspartei, die Manufaktur-, Fabrik- und Handarbeiter, die in Crimmitschau ihre Gewerkschaftszentrale hatten.

Nun gab es drei Gewerkschaftsverbände: die von Schweitzer und die von Bebel geführten sowie, im Schlepptau der Fortschrittspartei, die Hirsch-Dunckerschen. Abseits blieben vorerst die Buchdrucker und Tabakarbeiter, die über ältere, gutorganisierte Berufsverbände verfügten, sowie der noch ganz zünftige »Verband der französischen Glacéhandschuhmacher«, der keine anderen Handschuhmacher aufnahm, auch keine, die nur Teile von Glacéhandschuhen herstellten, aber den von Liebknecht herausgegebenen

Volksstaat zu ihrem Verbandsorgan gewählt hatten, woraus man schließen kann, daß sie sich – wie auch die Buchdrucker und Tabakarbeiter – durchaus als Teil der sozialdemokratischen Arbeiterbewegung fühlten.

Überhaupt gab es zwischen den Lassalleanern und den Eisenachern, wie die Anhänger der in Eisenach gegründeten Partei Bebels und Liebknechts nun genannt wurden, nicht nur Trennendes, wobei Schweitzers autokratischer Führungsstil einer Verschmelzung der rivalisierenden Richtungen noch mehr im Wege stand als Liebknechts und in geringerem Maße auch Bebels unrealistische Ablehnung der »kleindeutschen« nationalen Einigung durch den Militärstaat Preußen. Es gab aber auch Ansätze zu einer engeren Zusammenarbeit.

So beschloß der Parteitag der Eisenacher Anfang Juni 1870 in Stuttgart auf Vorschlag Liebknechts, bei kommenden Wahlen dort, wo keine eigenen Kandidaten aufgestellt werden konnten, diejenigen zu unterstützen, »die zumindest in politischer Hinsicht unseren Standpunkt einnehmen«, was sowohl auf Lassalleaner wie auf entschiedene Demokraten der Volks- und Fortschrittspartei zutreffen konnte. Schon 1869 hatte Bebel bei einer Nachwahl zum Norddeutschen Reichstag den Lassalleaner Wilhelm Hasenclever, ADAV-Schatzmeister und zugleich Redakteur des *Social = Demokrat*, finanziell unterstützt, weil er für die Vereinigung der beiden sozialdemokratischen Parteien eintrat.

Hasenclever siegte dann knapp über seinen nationalliberalen Gegner und verstärkte so, wie die konservative *Kreuzzeitung* empört feststellte, »die Präsenz der roten Agitatoren« im Norddeutschen Reichstag. Ebenfalls 1869 siegte im Wahlkreis Sachsen-Freiberg der »wahre Lassalleaner« Fritz Mende, und bald darauf sagten sich die Gräfin Hatzfeld und ihr Anhang ganz von Schweitzer und dem ADAV los, was zum Zerfall des ADAV in Sachsen beitrug, wo die meisten seiner Ortsgruppen zu den Eisenachern übergingen. Allein bei den armen Heimarbeitern des Erzgebirges blieb die »wahre Lehre« Lassalles noch für einige Jahre vorherrschend. Wie Ernst Heilmann in seiner 1911 erschienenen *Geschichte der Arbeiterbewegung in Chemnitz und im Erzgebirge* anschaulich geschildert hat, verehrte man dort Lassalle »wie einen Gott«; sein »ehernes Lohngesetz« galt als die allein »richtige Beschreibung der Zustände«. Die Zigarren rauchende, »theatralisch gekleidete Gräfin, die dem sonst so eintönigen Leben etwas Glanz verlieh«, wurde in den armseligen Dörfern stets mit viel Beifall empfangen.

Im Dezember 1869 brach im Waldenburger Steinkohlenrevier ein Streik aus, der sich in kurzer Zeit zum größten Arbeitskampf ausweitete, den man bis dahin in Deutschland erlebt hatte. Es ging dabei nicht nur um höheren Lohn, den die Unternehmer den Bergleuten verweigerten, sondern vor allem um ihre gewerkschaftliche Organisation: Die Knappen hatten einen Hirsch-Dunckerschen Gewerkverein gegründet, den aber die Zechenbesitzer nicht anerkennen wollten. Daraufhin hatten die meisten der rund achttausend Waldenburger Bergarbeiter die Arbeit niedergelegt.

Das Erstaunliche an diesem Streik, der weit über Sachsen und Schlesien hinaus die Aufmerksamkeit aller politisch Interessierten fesselte, war dreierlei: Zum einen galten die Waldenburger Bergleute keineswegs als radikal, vielmehr als bieder, fromm und königstreu; jeden Versuch sozialdemokratischer Agitation hatten sie bisher energisch zurückgewiesen. Zum zweiten war es ja nicht ihre Absicht, sich in Gewerkschaften der Schweitzerschen oder Bebelschen Richtung zu organisieren, sondern in der von der Fortschrittspartei geförderten Hirsch-Dunckerschen, die »Harmonie von Kapital und Arbeit« propagierenden Gewerkschaft, und die hatte vom Streik dringend abgeraten.

Dr. Max Hirsch, der den Arbeitern gepredigt hatte, alle Möglichkeiten der Verhandlung und Schlichtung restlos auszuschöpfen und den Streik nur als äußerstes Mittel anzuwenden, mußte erleben, daß auf die bloße Ankündigung der Nichtanerkennung ihrer Gewerkschaft durch die Unternehmer hin die Bergleute eines ganzen Reviers die Arbeit niederlegten, und nicht nur zu einem kurzen Warnstreik, sondern wochenlang – so groß war ihre Verbitterung, so stark war ihr Wille, endlich einmal etwas zu unternehmen, aus eigener Kraft der Unternehmerwillkür zu trotzen!

Hirsch sammelte dann für die Streikenden dreißigtausend Taler, größtenteils unter den Abgeordneten und Gönnern der Fortschrittspartei, aber das Geld reichte nicht aus; nach zwei Monaten mußten die Waldenburger ihren Streik abbrechen, ohne etwas erreicht zu haben. Fast gleichzeitig ging im Regierungsbezirk Frankfurt an der Oder ein Streik von rund viertausend Forster Textilarbeiten, die auch zu den Hirsch-Dunckerschen Gewerkvereinen gehörten, ebenfalls verloren. Damit war das zunächst sehr erfolgreiche Experiment der Fortschrittspartei als gescheitert anzusehen; rund zwanzigder insgesamt dreißigtausend Mitglieder der Hirsch-Dunckerschen Gewerkvereine traten aus; Waldenburg und Forst öffneten sich nun den sozialdemokratischen Gewerkschaften.

Diese aber – und das war die dritte erstaunliche Tatsache – hatten bislang Streiks grundsätzlich abgelehnt. Schweitzer war noch im Sommer 1869 energisch gegen die Unterstützung von Arbeitsniederlegungen durch den ADAV aufgetreten; sie wären, sagte er, nicht von Sozialisten organisiert, weil diese »direkt auf ihr Ziel zu« gingen, die Gesamtproduktionsweise umzustoßen. Bei Streiks wäre der Erfolg meist auf seiten der Unternehmer, weil die Arbeiter große Opfer bringen müßten, erkämpfte Lohnerhöhungen ihre Lage aber nur kurzfristig verbessern könnten.

Unter dem Eindruck einer sich bis zum Waldenburger Massenstreik steigernden Bewegung unter den Arbeitern und des sich damit ausbreitenden Klassenbewußtseins revidierten Schweitzer und seine Anhänger ihre Haltung jetzt vollends und erklärten, die Sozialdemokraten als das am weitesten fortgeschrittene Element unter den Arbeitern müßten die Streiks, die die Arbeiterschaft jetzt in Atem hielten, dominieren und agitatorisch nutzen.

Auch der Stuttgarter Parteitag der Sozialdemokratischen Arbeiterpartei vom Juni 1870 mußte sich eingehend mit der Streikfrage beschäftigen. York warnte vor Streiks, die soviel organisatorische Kraft kosteten und keinen dauernden Nutzen bringen könnten, mußte aber zugeben, daß Streiks »eine Schule der Arbeiterschaft« wären, vor allem zur Weckung von Solidarität und Klassenbewußtsein.

Schließlich verabschiedete der Parteitag eine von Liebknecht und York gemeinsam eingebrachte Resolution, worin es hieß, jeder den Arbeitern nicht direkt vom Kapital aufgezwungene Streik, der nicht von einer Organisation so gründlich vorbereitet sei, daß er Aussicht auf Erfolg verbürge, werde mißbilligt. Damit vermied die Sozialdemokratische Arbeiterpartei die klare Aussage, daß durch Streiks dauernde Lohnverbesserungen gar nicht erzielt werden könnten, trat aber der um sich greifenden Streikbewegung auf andere Weise entgegen und versuchte, sie – wie Bebel es ausdrückte – »in das organisatorische Bett zu lenken«.

Auch in dieser wichtigen Frage gab es also keine großen Unterschiede der Beurteilung zwischen den beiden rivalisierenden sozialdemokratischen Richtungen; im Grunde – und das wurde den maßgebenden Männern in beiden Parteien immer klarer – stand nur Johann Baptist v. Schweitzer ihrer Vereinigung noch im Wege.

Noch waren beide – Allgemeiner Deutscher Arbeiter-Verein wie die Sozialdemokratische Arbeiterpartei – längst keine Massenorganisationen; sie hatten beide erst eine auf wenige Regionen beschränkte Anhängerschaft, und in vielen Gegenden Deutschlands, zumal in den preußischen Provinzen östlich der Oder, war es ihnen überhaupt noch nicht möglich gewesen, Fuß zu fassen. Ihre Kämpfe miteinander hatten beide Gruppierungen geschwächt und viele Arbeiter abgestoßen, die sonst leicht hätten gewonnen werden können.

Schon wurden im späten Juni und frühen Juli 1870 aus den Reihen der Lassalleaner wie der Eisenacher Stimmen laut, die erklärten, nun sei es des Bruderkampfes genug; man stimme doch in allen wesentlichen Fragen überein, und nur gemeinsam könne man hoffen, eines Tages die ganze deutsche Arbeiterklasse politisch und gewerkschaftlich zu mobilisieren und zum Sieg zu führen.

Doch gerade zu dieser Zeit kam es, aus heiterem Himmel und für die betroffenen Völker ganz überraschend, zu einer ganz anderen Mobilmachung. Am 19. Juli 1870 begann der Deutsch-Französische Krieg, und er stürzte die deutsche Arbeiterbewegung, gleich welcher Richtung, aber auch die IAA samt Marx und Engels in eine heillose Verwirrung.

7.
Krieg, Siegestaumel, Verwirrung und Verfolgung

Im Sommer 1870 gelang es Bismarck, die nationale Einigung und die preußische Vorherrschaft über Deutschland zu vollenden – wieder »von oben« und mit »Blut und Eisen«. Den Vorwand lieferte eine von ihm gewünschte und kühn – mit Hilfe der von ihm verfälschten »Emser Depesche« – provozierte Kriegserklärung Napoleons III. von Frankreich an den Norddeutschen Bund, dem die süddeutschen Staaten mit ihren seit 1866 dem Oberbefehl des Preußenkönigs unterstellten Armeen zur Hilfe kommen mußten.

Franzosen wie Deutsche gerieten über Nacht in nationale Erregung und blindwütigen Chauvinismus. Die republikanische und sozialistische Linke beider Länder stand dem plötzlichen Wandel rat- und hilflos gegenüber. »In unseren Reihen«, klagte ein junges Mitglied der Demokratischen Volkspartei, »ist Mißmut, Unmut, Verwirrung.« Die überwältigende Mehrheit der Bevölkerung Deutschlands wie auch Frankreichs war fest von der Gerechtigkeit ihrer Sache überzeugt. Die Deutschen sahen in dem vom Franzosenkaiser erklärten Krieg einen Angriff, gegen den es das bedrohte Vaterland zu verteidigen galt; die Franzosen, die sich schon seit 1866 von Preußen-Deutschlands ständigem Machtzuwachs bedroht gefühlt hatten, waren überzeugt davon, daß sie ihr Land vor einer Eroberung durch den reaktionären Militär- und Junkerstaat schützen müßten. In beiden Ländern eilten die Männer bereitwillig zu den Fahnen, und beiderseits des Rheins mangelte es auch nicht an ungehört verhallenden Protesten einiger weniger besonnener Linker, während die Väter und Führer des Sozialismus die unterschiedlichsten Positionen einnahmen und sich zu den seltsamsten Äußerungen hinreißen ließen.

Karl Marx beschwerte sich einen Tag nach Kriegsausbruch, am 20. Juli 1870, in einem Brief an Friedrich Engels über den Chauvinismus der französischen Republikaner, die sich nur darüber ärgerten, daß der bonapartistische Diktator Napoleon III. nicht ihrer eigenen Vorstellung entspräche. »Franzosen brauchen Prügel«, hieß es wörtlich in diesem Brief von Marx an Engels. »Siegen die Preußen, so (ist) die Zentralisation der *state power* (Staatsgewalt) nützlich der Zentralisation der deutschen Arbeiterklasse. Das deutsche Übergewicht würde ferner den Schwerpunkt der westeuropäischen Arbeiterbewegung von Frankreich nach Deutschland verlegen, und man braucht bloß die Bewegung von 1866 bis jetzt in beiden Ländern zu vergleichen, um zu sehn, daß die deutsche Arbeiterklasse der französischen überlegen ist. Ihr Übergewicht auf dem Welttheater über die französische wäre zugleich das Übergewicht *unsrer* Theorie über die Proudhons etc . . .«

Der Generalrat der Internationalen Arbeiter-Assoziation erklärte, bei aller scharfen Verurteilung sowohl der bonapartistischen wie der hohenzollernschen Politik, daß der Krieg auf deutscher Seite ein Verteidigungskrieg sei, dem die deutschen Arbeiter nur nicht erlauben dürften, seinen streng defensiven Charakter abzustreifen.

Der alte Johann Philipp Becker hingegen geißelte in einem Artikel für den *Vorboten* den Chauvinismus beiderseits des Rheins. Franz Mehring meinte rückblickend:»Mochte Bismarck was immer gesündigt haben und der Norddeutsche Bund wie wenig immer mit einem Idealstaate gemein haben, so galt es, dem Auslande endlich einmal zu zeigen, daß Deutschland entschlossen und fähig sei, seinen eigenen Willen zu haben . . . Kein Zweifel, daß wie in den deutschen Volksmassen überhaupt, so auch in der Masse des deutschen Proletariats das Verlangen überwog, mit gewaffneter Hand den bonapartistischen Angriff zurückzuweisen . . .«

Im Norddeutschen Reichstag, der am 19. Juli 1870 zu einer außerordentlichen Sitzung zusammengetreten war, hatten alle Abgeordneten, selbst die Linken der Fortschrittspartei, auch v. Schweitzer und die Lassalleaner des ADAV wie die der Hatzfeldschen Richtung, für die Kriegskredite gestimmt; nur August Bebel und Wilhelm Liebknecht besaßen den Mut, sich der Stimme zu enthalten, was sie dann so begründeten:

»Die zur Führung des Krieges dem Reichstag abverlangten Geldmittel können wir *nicht* bewilligen, weil dies ein Vertrauensvotum für die preußische Regierung wäre, die durch ihr Vorgehen im Jahre 1866 den gegenwärtigen Krieg vorbereitet hat. Ebensowenig können wir die geforderten Geldmittel verweigern, denn es könnte dies als Billigung der frevelhaften und verbrecherischen Politik Bonapartes aufgefaßt werden. Als prinzipielle Gegner jedes dynastischen Krieges, als Sozial-Republikaner und Mitglieder der Internationalen Arbeiter-Assoziation, die ohne Unterschied der Nationalität *alle* Unterdrücker bekämpft, alle Unterdrückten zu einem großen Bruderbunde zu vereinigen sucht, können wir uns weder direkt noch indirekt für den gegenwärtigen Krieg erklären und enthalten uns daher der Abstimmung, indem wir die zuversichtliche Hoffnung aussprechen, daß die Völker Europas, durch die jetzigen unheilvollen Ereignisse belehrt, alles aufbieten werden, um sich ihr Selbstbestimmungsrecht zu erobern und die heutige Säbel- und Klassenherrschaft als die Ursache aller staatlichen und gesellschaftlichen Übel zu beseitigen.«

Aber zunächst standen Bebel und Liebknecht mit ihrer angesichts des chauvinistischen Taumels um sie herum sehr mutigen Erklärungen fast allein da. Die geschäftsführende Parteileitung in Braunschweig war empört darüber und rückte von ihnen ab. Geib und Bracke gaben namens der Sozialdemokratischen Arbeiterpartei eine Erklärung ab, die die Vaterlandsverteidigung»mit aller Entschiedenheit« unterstützte und auch »das Streben nach Erringung der nationalen Einigkeit« Deutschlands bejahte. Ja, intern forderten die Braunschweiger sogar den Ausschluß des »unverbesserlichen Preußenhassers« Liebknecht aus der Partei, und nur die Drohung Bebels, daß dann auch er die Zusammenarbeit aufkündigen würde, hielt sie von einem förmlichen Antrag ab.

Bebel hielt die Braunschweiger, wie er ihnen schrieb, für »in eine Art von nationalem Paroxysmus« (Fieberwahn als Höhepunkt einer Krankheit) verfallen, und er ließ sie wissen, Liebknecht erwöge die Auswanderung nach Amerika »aus Furcht vor dem patriotischen Dusel« der Genossen im geschäftsführenden Ausschuß.

Die Lassalleaner, die schon im Reichstag den Kriegskrediten zugestimmt hatten, blieben geschlossen auf dieser Linie. Der Social=Demokrat verkündete, dem Friedensstörer Napoleon entgegenzutreten, bedeute den Todfeind des Sozialismus zu bekämpfen, und v. Schweitzer erklärte in einer Berliner Versammlung, das deutsche Vaterland müßte seine Unabhängigkeit gegen den Aggressor Bonaparte verteidigen.

Außer Bebel und Liebknecht gab es auf der ganzen deutschen Linken nur noch einen Politiker, der dem »nationalen Paroxysmus« öffentlich entgegenzutreten wagte: Johann Jacoby, der im Jahr zuvor aus der Fortschrittspartei ausgetreten war und sich in den Wochen vor Kriegsausbruch bemüht hatte, im industriell noch unterentwickelten Königsberg eine soziale und demokratische Volkspartei zu gründen. In der Königsberger Stadtverordnetenversammlung vom 20. Juli 1870 lehnte er es ab, sich an einer Dank- und Zustimmungsadresse an König Wilhelm I. von Preußen zum Krieg mit Frankreich zu beteiligen: In einem Land, so erklärte er unter lauten Mißfallenskundgebungen der Konservativen, Liberalen und Fortschrittsparteiler, wo der König nach eigenem Belieben über Krieg und Frieden entscheiden könnte, wo es dem Volk verwehrt wäre, Nein zu sagen, da sagte er nicht Ja und schon gar nicht Dank. Mit 99 gegen nun immerhin 4 Stimmen beschlossen die Stadtverordneten dann die Absendung der Adresse.

Wenige Wochen später, Anfang September 1870, dämmerte es auch den Kriegsbefürwortern im Lager der deutschen Linken, daß sich der vermeintliche Verteidigungskrieg eindeutig zu einem imperialistischen Angriffskrieg entwickelt hatte. Die schlecht ausgerüstete, auf den Krieg nicht vorbereitete französische Armee war bereits am 1. und 2. September bei Sedan vernichtend geschlagen worden, Napoleon III. in preußische Gefangenschaft geraten. Zwei Tage später hatte das Volk in Paris die Republik proklamiert. Die bonapartistische Diktatur war damit beendet. Die Reste der französischen Armee waren in Metz eingeschlossen und mußten wenig später kapitulieren, und mit alledem war für Deutschland jeder Vorwand entfallen, den Krieg fortzusetzen. Doch die preußische Führung, gedrängt von Militärs und Industriellen sowie von der Stimmung des Bürgertums, das sich geradezu hysterisch nationalistisch gebärdete, ging nun zum unverhüllten Eroberungskrieg über. Paris sollte eingenommen, Frankreich gedemütigt und seiner Provinzen Elsaß und Lothringen beraubt werden.

Dem widersprachen als erste und am energischsten die Braunschweiger. Sie hatten nun wieder Tritt gefaßt, und nachdem sich Bracke von Marx Rat erbeten und erhalten hatte, erließ der Braunschweiger Ausschuß namens der Sozialdemokratischen Arbeiterpartei am 5. September 1870 einen Aufruf »An alle Arbeiter!«, der sich auf Marx' Antwort stützte und dessen Brief in großen Passagen sogar – ohne den Verfasser namentlich zu nennen – wörtlich zitierte. Dieser Aufruf, auch »Braunschweiger Manifest« genannt, wurde dann in zehntausend Exemplaren verbreitet und auch im *Volksstaat* abgedruckt. Darin wurde der sofortige Abschluß eines ehrenvollen Friedens mit der französischen Republik und der Verzicht auf Eroberungen, insbesondere auf die Annexion Elsaß-Lothringens gefordert, außerdem eine Demokratisierung der deutschen Verhältnisse.

Wenige Tage später, am 9. September 1870, veröffentlichte der Generalrat der Internationalen Arbeiter-Assoziation eine weitere Erklärung zum Deutsch-Französischen Krieg, die sich vor allem gegen die Annexionsgelüste der Militärs und der Großbourgeoisie richtete. Marx, der diese Erklärung verfaßt hatte, warnte vor dem Raub Elsaß-Lothringens, der unweigerlich zu einem neuen europäischen Krieg führen würde. Von der deutschen Arbeiterklasse forderte die IAA-Erklärung, jetzt alles zu tun, um einen ehrenvollen Frieden für Frankreich und die Anerkennung der französischen Republik zu erzwingen. Schließlich hatte Marx darin auch noch auf den Zusammenhang zwischen reaktionärer Außen- und Innenpolitik hingewiesen und warnte das deutsche Proletariat eindringlich, daß der Eroberungsdrang nach außen von einer Reaktion gegen alle demokratischen Kräfte im Innern begleitet sein würde. Diese IAA-Adresse machten die Eisenacher zur Grundlage ihres Kampfs gegen die Weiterführung des Krieges und die geplante Annexion Elsaß-Lothringens. Vom 21. September an erschien jede Nummer des *Volksstaats* mit der im Kopf des Blattes eingedruckten Forderung: »Ein billiger (= gerechter) Friede mit der französischen Republik! Keine Annexionen! Bestrafung Bonapartes und seiner Mitschuldigen!«

Das war etwas bis dahin in Deutschland noch nicht Dagewesenes: Mitten im Krieg wagte da eine kleine Partei, öffentlich Kritik an König, Kanzler und Generalität zu üben und die Arbeiter zum Widerstand aufzurufen! Das war eine Herausforderung, die die preußische Führung zu sofortigen harten Gegenmaßnahmen veranlaßte.

Aufgrund des Aufrufs der Braunschweiger »An alle Arbeiter!« ließ der Militärbefehlshaber von Norddeutschland, verantwortlich für den Küstenschutz, aber auch für »Ruhe und Ordnung« im Hinterland, die Mitglieder des geschäftsführenden Ausschusses, darunter Wilhelm Bracke und Samuel Spier, sowie den Drucker des »Braunschweiger Manifests« gefangennehmen und in Ketten auf die Festung Boyen bei Lötzen im südlichen Ostpreußen, hart an der Grenze zu Russisch-Polen, bringen. Als daraufhin August Geib als Vorsitzender der SDAP-Kontrollkommission die Parteileitung kommissarisch übernahm, wurde auch er als Gefangener nach Lötzen gebracht, und es folgten noch eine Reihe weiterer Verhaftungen. Der *Volksstaat* wurde für ganz Norddeutschland verboten, und die sächsische Regierung untersagte alle Protestversammlungen. In Königsberg im fernen Ostpreußen aber berief Johann Jacoby eine Versammlung der demokratischen und sozialen Volkspartei ein, die der Kaufmann Max Herbig leitete und wo Jacoby dann eine Ansprache hielt. »Vor wenigen Tagen«, so erklärte er unter anderem, »war es noch ein Verteidigungskrieg, den wir führten . . ., und heute – wenn man die Zeitungen liest – ist es ein Eroberungskrieg, ein Kampf für die Oberherrschaft der germanischen Rasse in Europa!« Er wandte sich dann leidenschaftlich gegen die Annexionsgelüste, die auch von den Liberalen und selbst von der Fortschrittspartei offen unterstützt würden – unter Mißachtung des Selbstbestimmungsrechts der Elsässer und Lothringer, die, wie niemand ernstlich bestritte, bei Frankreich bleiben wollten.

»Wie würde es uns, wie unseren Nationalliberalen gefallen«, gab Jacoby zu bedenken, »wenn einst ein siegreiches Polen – aufgrund des Kanonenrechts – Posen und Westpreußen zurückfordern und annektieren wollte . . .? Sprechen wir es aus – als unsere tief innerste Überzeugung –, daß jede Einverleibung fremden Ländergebiets wider den Willen seiner Bewohner . . . ebenso verwerflich wie verderblich ist!«

Tags darauf, am 20. September 1870, wurden Jacoby und der Versammlungsleiter Herbig auf Befehl des Militärbefehlshabers des Küstenlands, des Generals Vogel v. Falckenstein, gefangengenommen und ebenfalls auf die Festung Boyen bei Lötzen gebracht, was weit über Königsberg und Ostpreußen hinaus großes Aufsehen erregte und zu lebhaften Protesten führte, denn im Gegensatz zu den in der Öffentlichkeit weitgehend unbekannten sozialdemokratischen Gefangenen war Jacoby als Vorkämpfer der Demokratie seit drei Jahrzehnten eine international bekannte und geachtete Persönlichkeit; selbst der nationalliberale Oberbürgermeister von Königsberg erhob namens der Stadt Protest, und sogar der konservative Oberpräsident v. Horn als Chef der Provinzverwaltung wandte sich bereits am 21. September mit einem Schreiben an Bismarck, worin er die »Rechtmäßigkeit des militärischen Vorgehens gegen den Herrn Abgeordneten Dr. Jacoby« ebenso bezweifelte wie die »Opportunität einer solchen Maßnahme«, die nur dazu führen werde, daß sich zahlreiche »ansonsten integre Persönlichkeiten« mit dem Gefangenen solidarisieren würden. Tatsächlich gab es dann, neben zahlreichen Protesten, die sich gegen Jacobys Gefangennahme richteten, ohne sich seinen Ansichten anzuschließen, auch eine »Beitrittserklärung« zu der von Jacoby verfaßten und von der Königsberger Versammlung angenommenen Entschließung gegen den »Raubkrieg« und die »Anwendung des Kanonenrechts« auf Elsaß-Lothringen, die von 102 bekannten Schriftstellern, Redakteuren, Kommunalpolitikern, Ärzten und Fabrikanten unterzeichnet wurde, darunter zwei, die sich wenig später der Sozialdemokratie anschlossen: Franz Mehring und Paul Singer.

Überhaupt erwies sich Jacobys Gefangennahme als sehr nützlich für die junge deutsche Sozialdemokratie: Die nationale und internationale Aufmerksamkeit wurde dadurch auch auf die Gefangenen aus den Reihen der Sozialdemokratischen Arbeiterpartei gelenkt; die von der Partei und ihrem Zentralorgan, dem *Volksstaat*, eingeleitete Kampagne für einen gerechten Frieden ohne Annexion hatte nun eine erheblich größere Breitenwirkung – wenngleich die überwältigende Mehrheit der Deutschen, auch der Arbeiterschaft, im Siegesrausch und »nationalen Dusel« verblieb –, so daß auch Schweitzer und der ADAV auf die Linie der Sozialdemokratischen Arbeiterpartei einschwenkten.

Als am 28. November 1870 im Norddeutschen Reichstag über neuerliche Kriegskredite beschlossen wurde und Bebel und Liebknecht sich diesmal nicht enthielten, sondern mit Nein stimmten, waren sie nicht mehr allein: Auch die Lassalleaner lehnten geschlossen weitere Kriegskredite ab, von denen Bebel unter lebhaften Protesten von rechts und aus der Mitte des Hauses erklärt hatte, sie dienten jetzt »zum Eroberungskrieg und zur Unterdrückung der edlen französischen Nation«, die offenbar vernichtet werden sollte. Noch stürmischere Proteste gab es gegen eine Rede Liebknechts, der erklärte, die Fortsetzung des Krieges wäre »auch gegen die deutsche Demokratie gerichtet«.

In der weiteren Sitzungsperiode des Norddeutschen Reichstags wurde die künftige Verfassung des Deutschen Reichs beraten, die nach Bismarcks Entwurf ein Vertrag der Fürsten miteinander und dem Hause Hohenzollern sein sollte, eine dynastische Einigung, die den lebhaften Widerspruch der Eisenacher wie der Lasalleaner hervorrief.

Wilhelm Hasselmann, Mitredakteur des *Social=Demokrat*, kritisierte namens des ADAV besonders das Fehlen der Grundrechte im Bismarckschen Verfassungsentwurf. Liebknecht ging im *Volksstaat* damit noch schärfer ins Gericht: Nicht nur die Grundrechte fehlten, sondern auch die Verantwortlichkeit der Minister gegenüber dem Parlament. Auch lehnte er die Vormachtstellung Preußens entschieden ab.

Als Liebknecht dann im Norddeutschen Reichstag das Haus Hohenzollern als das Hindernis eines wirklich vereinten Deutschlands bezeichnete, brachte er nicht nur alle bürgerlichen Fraktionen, sondern auch die öffentliche Meinung gegen sich auf, denn die Deutschen schwärmten bereits von ihrem »siegreichen Heldenkaiser«, dem einstigen »Kartätschenprinzen« Wilhelm.

Um so mehr verletzte es ihre Gefühle, daß Liebknecht es gewagt hatte, den Preußenkönig direkt anzugreifen. In seiner Rede gegen weitere Kriegskredite hatte er es als eine Schande bezeichnet, daß der in größtem Luxus auf Schloß Wilhelmshöhe gefangengehaltene Ex-Kaiser Bonaparte von Wilhelm I. als »lieber Bruder« angeschrieben worden war; gegenüber dieser monarchischen Verbrüderung erklärte sich Liebknecht für »unser französisches Brudervolk«. Als man ihm hierauf aus den aufgebrachten bürgerlichen Fraktionen höhnisch zurief: »Ihre Brüder!«, hatte Liebknecht schlagfertig geantwortet: »Es ist wahrlich ehrenhafter, der Bruder des französischen Volkes und der französischen Arbeiter zu sein, als der ›liebe Bruder‹ des Schurken auf der Wilhelmshöhe!«

Wenige Tage später ging der Norddeutsche Reichstag auseinander; im kommenden Frühjahr 1871 sollte, nach der auf den 18. Januar festgesetzten Kaiserproklamation im Schloß zu Versailles und der Gründung des nun auch die süddeutschen Staaten einschließenden Deutschen Reiches, ein Deutscher Reichstag gewählt werden.

Bebel und Liebknecht waren kaum nach Leipzig zurückgekehrt, da wurden sie auf Antrag der preußischen Regierung verhaftet und ins Untersuchungsgefängnis eingeliefert; erst Ende März 1871, drei Wochen nach den Wahlen zum ersten Deutschen Reichstag, ließ man sie »vorläufig« wieder frei. Der Prozeß gegen sie und gegen den ebenfalls verhaftet gewesenen *Volksstaat*-Redakteur Adolf Hepner wegen »Vorbereitung zu Hochverrat« begann erst elf Monate später.

Die ersten Reichstagswahlen im neuen Kaiserreich, die am 3. März 1871 stattfanden, brachten den beiden Arbeiterparteien eine schwere Niederlage. Die Menschen in Deutschland waren in ihrer überwältigenden Mehrheit in einem Siegesrausch ohnegleichen. Kaiserproklamation und Reichsgründung, die Aussicht auf Frieden, Annexionen, wirtschaftliche Entfaltung und wachsenden Wohlstand – das alles hatte die Deutschen in einen wahren Taumel versetzt, und nur die Parteien, die treu zu Bismarck, dem »Schmied des Reiches«, standen, hatten Aussicht auf Erfolg. Bei einer Wahlbeteiligung von nur knapp 51 Prozent entfielen 1,5 Millionen oder rund 40 Prozent der gültigen Stimmen auf bismarcktreue Liberale und knapp 900 000 oder etwa 24 Prozent auf ebenso bismarcktreue Konservative. Die einst so mächtige Fortschrittspartei errang nur etwa 8 Prozent der Wählerstimmen, das katholische Zentrum dagegen fast 18 Prozent. Die beiden Arbeiterparteien brachten es auf insgesamt kaum mehr als 100 000 Stimmen, die Volkspartei auf weitere 50 000, die Polen auf 176 000, Welfen, Dänen und sonstige Partikularisten und Minderheiten auf zusammen rund 100 000 Stimmen. Elsässer und Lothringer waren noch gar nicht wahlberechtigt gewesen. Schlimmer noch sah es mit der Mandatsverteilung aus: den 92 Abgeordneten der beiden konservativen Parteien, 30 Liberalen und 120 Nationalliberalen, 58 Zentrumsabgeordneten, 45 Fortschrittsparteilern, 14 Polen, einem Dänen und 21 Abgeordneten partikularistischer Gruppen stand ein einziger Sozialdemokrat gegenüber: August Bebel.

Während alle anderen Kandidaten der Eisenacher, auch Liebknecht, ebenso alle Lasalleaner, sogar v. Schweitzer, in ihren Wahlkreisen den bürgerlichen Gegenkandidaten unterlegen waren, hatte Bebel, obwohl er selbst während des Wahlkampfs in Untersuchungshaft saß und Dr. Hermann Schulze-Delitzsch gegen ihn angetreten war, den sächsischen Wahlkreis Glauchau-Meerane wieder erobern können.

In Berlin war die Wahlbeteiligung besonders gering gewesen: Von etwa 135 000 Wahlberechtigten hatten weniger als 40 000 ihre Stimme abgegeben, zwei Drittel davon für die Fortschrittspartei, rund 16 Prozent für Johann Jacoby, für den sich auch die Eisenacher eingesetzt hatten, aber ein Mandat hatte der Königsberger nicht erringen können.

Johann Baptist v. Schweitzer, der im Rheinland vergeblich kandidiert hatte, trat bald darauf von seinen Ämtern im ADAV und in der lassalleanischen Gewerkschaftsorganisation zurück, nachdem er auch den *Social=Demokrat* wegen rapiden Abonnentenschwunds hatte einstellen müssen. Über seinen Rückzug aus der Politik konnte er sich dann noch einige Jahre lang als sehr erfolgreicher Lustspieldichter trösten. Er starb 1875 im Alter von erst einundvierzig Jahren in seiner Villa in der Schweiz.

Sein Nachfolger als ADAV-Präsident wurde Wilhelm Hasenclever. Hasselmann, einer der wenigen Akademiker im ADAV und ein ebenso glänzender Schriftsteller und Redner wie hemmungsloser Demagoge, wurde Redakteur des vom 1. Juli 1871 an als *Neuer Sozialdemokrat* erscheinenden ADAV-Zentralorgans.

Im Frühjahr 1871, zwei Monate nach den Reichstagswahlen und nachdem am 10. Mai der Friedensvertrag mit Frankreich in Frankfurt am Main unterzeichnet worden war, gestattete die preußische Führung den französischen Militärs, das Volk von Paris, das sich gegen die bürgerliche Regierung und den von dieser mit Deutschland geschlossenen Frieden erhoben hatte, »wieder zur Räson« zu bringen. Mit Furcht und Abscheu blickte das ganze bürgerliche Europa auf die Pariser Kommune, die rigoros gegen die Wohlhabenden vorging, um die hungernde Bevölkerung der seit Monaten eingeschlossenen Hauptstadt mit dem Nötigsten zu versorgen. Die konservativen und liberalen Zeitungen sprachen von einer »schändlichen Aufhebung des Privateigentums durch den Pöbel« und überboten sich gegenseitig mit – meist frei erfundenen oder gewaltig aufgebauschten – Schreckensnachrichten.

Nach einer Woche erbitterter Kämpfe in den Straßen von Paris, bei denen Abertausende ums Leben kamen, hatten die Regierungstruppen »Ruhe und Ordnung« wiederhergestellt und ein schauerliches Strafgericht gehalten, von dem die bürgerliche Presse Deutschlands meinte, es sollte auch den deutschen Sozialisten zur Warnung dienen. Umgekehrt erwarb das schreckliche Ende der Pariser Kommune ihr das Mitgefühl der organisierten Arbeiterschaft Europas, auch und gerade in Deutschland. Die Greuel der Konterrevolution führten zu zahlreichen Protestversammlungen. ADAV und Eisenacher waren sich darin einig, daß die Pariser Kommune die Kraft und die Fähigkeit der Arbeiterklasse, sich selbst zu befreien und ein Gemeinwesen sozial zu regieren, unter Beweis gestellt habe. Sie wurden in dieser Auffassung bestärkt durch eine Erklärung von Karl Marx, der die Pariser Kommune als »Kind der Internationale« bezeichnete. Die Kommune könnte fallen, fügte er hinzu, aber ihre Grundsätze würden nicht untergehen.

Erst nach dieser Erklärung von Marx richtete sich der Abscheu von Bürgertum und Adel vor der Kommune auch gegen die bis dahin für harmlos erachtete Internationale. Nun schenkte man auch der Mitgliedschaft führender Sozialdemokraten in der IAA mehr Beachtung.

»Von Bismarck ging damals das Wort um«, wußte Franz Mehring zu berichten, »daß die Kommune ihm wieder ›die erste schlaflose Nacht‹ verursacht habe... Als Ergebnis seiner nächtlichen Denkübungen trug er dem Reichstage die verblüffende Entdeckung vor, der berechtigte Kern der Pariser Kommune sei die Sehnsucht nach der preußischen Städteordnung gewesen, dieser Parodie auf unabhängige Verwaltung der Gemeinden. Bebel, der einzige Sozialdemokrat, der im ersten deutschen Reichstag saß, drückte sein Erstaunen aus, daß eine Versammlung ernsthafter Männer darüber nicht in die größte Heiterkeit ausgebrochen sei, und fügte seinerseits hinzu: ›Seien Sie fest überzeugt: das ganze europäische Proletariat und alles, was noch ein Gefühl für Freiheit und Unabhängigkeit in der Brust hat, sieht auf Paris. Und wenn auch im Augenblick Paris unterdrückt ist, so erinnere ich Sie daran, daß der Kampf um Paris nur ein kleines Vorpostengefecht ist; daß die Hauptsache in Europa uns noch bevorsteht, und daß, ehe wenige Jahrzehnte vergehen, der Schlachtruf des Pariser Proletariats: Krieg den Palästen, Friede den Hütten, Tod der Not und dem Müßiggang! der Schlachtruf des gesamten europäischen Proletariats sein wird!‹ Die hohe Versammlung glaubte, diesen Worten die unbändige Heiterkeit spenden zu sollen, die sie dem platten Einfall Bismarcks versagt hatte... Aber später hat Bismarck selbst gestanden, diese Rede Bebels sei der ›Lichtstrahl‹ gewesen, der ihn über das Wesen der sozialdemokratischen Bewegung erleuchtet habe; von nun an habe er sie zu bekämpfen und zu unterdrücken gesucht als einen Feind, gegen den der Staat und die Gesellschaft sich im Zustand der Notwehr befinde... In der Tat begann jetzt der offene Kampf Bismarcks gegen die Sozialdemokratie...«

Zunächst dachte der Kanzler sogar an ein gemeinsames Vorgehen der europäischen Mächte, sozusagen eine Wiederbelebung der Heiligen Allianz und des Systems Metternich, gegen die sozialdemokratischen Parteien und die Internationale Arbeiter-Assoziation. Das Bekenntnis von Marx zur Pariser Kommune, die für das Bürgertum ganz Europas noch immer ein Schreckgespenst war, und Marxens Adoption der Kommune als Kind der Internationale schienen einem solchen gemeinsamen europäischen Vorgehen unter preußisch-deutscher Führung recht günstig, und zudem waren schon im Sommer 1870 in Paris Mitglieder der IAA wegen Geheimbündelei angeklagt worden. Der Pariser Staatsanwalt hatte der Internationale 800 000 Mitglieder angedichtet, von denen allein 150 000 in Deutschland säßen! Das Barvermögen der IAA sollte 100 Millionen Goldmark betragen.

Doch die Wahrheit sah anders aus: Nur einige hundert, nach sehr optimistischer Schätzung Mehrings knapp tausend Deutsche gehörten der IAA als Mitglieder an, und viele davon lebten im Ausland; ihre Kassenlage war in Wahrheit so prekär, daß der Generalrat gerade erwog, das Gehalt des Sekretärs Dr. Marx von wöchentlich zehn Schilling und sechs Pence auf fünf Schilling herabzusetzen. Außerdem gab es innerhalb der IAA tiefgreifende Meinungsverschiedenheiten, die schon 1872 auf ihrem Kongreß in Den Haag zum offenen Konflikt zwischen Marx und Bakunin führten und den Zerfall der Ersten Internationale zur Folge hatten; endgültig aufgelöst wurde sie 1876. Bismarck blieben die wahren Fakten, was Stärke, Vermögen und Einfluß der IAA betraf, sicherlich nicht verborgen, und er ließ dann seine Pläne, die Sozialdemokraten auf gesamteuropäischer Ebene zu bekämpfen, wieder fallen.

Dafür erhielten Polizei und Justiz von ihm Anweisung, schärfer als bisher gegen die Sozialdemokraten vorzugehen. An den preußischen Handelsminister Graf Itzenplitz schrieb Bismarck am 17. November 1871 jedoch, man solle »1. denjenigen Wünschen der arbeitenden Klassen, die berechtigt erscheinen . . . durch die Gesetzgebung und Verwaltung entgegenkommen, soweit es mit dem allgemeinen Staatsinteresse verträglich ist, 2. aber die staatsgefährlichen Agitationen durch Verbots- und Strafgesetze hemmen, soweit es geschehen kann, ohne ein gesundes öffentliches Leben zu verkümmern«. Man müsse realisieren, was an den sozialistischen Forderungen berechtigt sei und im Rahmen der bestehenden Gesellschaftsordnung verwirklicht werden könne. »Die Theorien und Postulate sind so tief und breit in die Massen eingedrungen, daß es als vergebliches Bemühen erscheint, dieselben zu ignorieren oder die Gefahren derselben durch Stillschweigen beschwören zu wollen.« Man dürfe den Agitatoren nicht ihre besten Agitationsmittel wie Löhne, Arbeitszeit und Wohnungsnot überlassen.

Offensichtlich wollte Bismarck die Arbeiterschaft, wie zuvor das Bürgertum, mit dem Militär- und Junkerstaat durch wirtschaftliche Zugeständnisse versöhnen, zugleich aber auf eine politische Mitwirkung beschränken, die ihm und der Monarchie nicht gefährlich werden konnte. Dazu gehörte auch, daß man dem Einfluß der sozialdemokratischen Führer auf die Arbeiterschaft entgegenwirkte, am besten dadurch, daß man die populärsten und daher einflußreichsten aus dem Verkehr zog und ins Gefängnis steckte.

So begann im November 1871 die strafrechtliche Verfolgung der führenden Sozialdemokraten, zunächst der Eisenacher. Gegen »Bracke und Genossen«, nämlich die im Jahr zuvor in Boyen bei Lötzen internierten Vorstandsmitglieder, wurde nun Anklage erhoben. Allerdings ging der Staatsanwalt dabei so ungeschickt vor, daß er Artikel des *Volksstaats* über die Pariser Kommune, die erst vier Monate *nach* der Inhaftierung der Angeklagten erschienen waren, als »Hauptbeweisstücke« präsentierte. So kamen Bracke und seine Vorstandskollegen mit gelinden Strafen davon, die durch die erlittene Untersuchungshaft als verbüßt galten.

Alsdann setzte Bismarck die sächsische Regierung unter Druck, endlich den Eisenacher Führern Liebknecht und Bebel den Prozeß zu machen, der dann auch im März 1872 begann. Der Leipziger Schwurgerichtspräsident v.

Der Hochverratsprozeß gegen August Bebel, Wilhelm Liebknecht und Adolf Hepner 1872 vor dem Reichsgericht in Leipzig.

Mücke, der die Verhandlung gegen das, wie er sagte, »Kommunardengesindel« leitete, erwies sich dabei als ebenso parteiisch und voreingenommen wie unfähig. Hingegen nutzten die Angeklagten den große Aufmerksamkeit erregenden, insgesamt fast vierzehn Monate dauernden Prozeß propagandistisch so geschickt aus, daß ihnen auch die bürgerliche Presse Respekt und Sympathie bezeigte. Schließlich wurden Bebel und Liebknecht, ohne daß auch nur der Schein eines Beweises ihrer Schuld erbracht worden wäre, zu je zwei Jahren Festungshaft verurteilt, während der mitangeklagte *Volksstaat*-Redakteur Hepner frei ausging.

»Mit Recht aber sagten Bebel und Liebknecht«, so hat Franz Mehring dazu bemerkt, »der Prozeß habe so unendlich viel für die Ausbreitung der sozialdemokratischen Grundsätze getan, daß sie gern die paar Jahre Festung hinnähmen. Sie hatten nicht nur die persönlichen Sympathien gewonnen, die alle rechtlich denkenden Menschen unschuldig Verurteilten zu spenden pflegen, sondern darüber hinaus eine höchst wirksame Propaganda für ihre politischen und sozialen Ziele gemacht. Während Hepner... sich begnügte, durch drastischen Witz die gegen ihn gerichtete Anklage zu verspotten, vertraten Liebknecht und Bebel die Sache, die in ihren Personen getroffen werden sollte, mit würdigem Ernste, und dabei so eindringlich und schlagfertig, daß sie die tölpelhaften Angriffe des Präsidenten und des Staatsanwalts spielend zurückschlugen. Liebknecht zumal, der den Arbeitermassen bisher ferner gestanden hatte als Bebel, entfaltete jene prächtige Eigenart, die dem ›Soldaten der Revolution‹ im Fluge die Proletarierherzen gewann. So hatten die Prozeßverhandlungen einen hohen agitatorischen Wert; sie räumten mit weitverbreiteten Vorurteilen über die Arbeiterbewegung auf; ihr Frage- und Antwortspiel gestaltete sich zu einer anregenden Einführung in die Gedankenwelt der Sozialdemokratie«, und die gesamte deutsche Presse sorgte durch monatelange ausführliche Berichterstattung dafür, daß zwischen Flensburg und Meran, Straßburg und Königsberg in jeder Fabrik und an jedem Stammtisch darüber diskutiert wurde. Eine ganze Reihe bürgerlicher Demokraten und Republikaner, die bislang noch gezögert hatten, sich der kleinen, nur in den ärmsten Gegenden Sachsens lokale Erfolge erzielenden und zudem mit den Lassalleanern in Fehde liegenden Sozialdemokratischen Arbeiterpartei anzuschließen, traten ihr nun bei und gaben öffentlich ihre Gründe dafür bekannt, was die propagandistische Wirkung des Prozesses gegen Bebel und Liebknecht noch verstärkte. Der prominenteste Politiker, der am 2. April 1872, wenige Tage nach der Verkündigung des skandalösen Urteils, der Partei der Verurteilten beitrat, war Johann Jacoby. In einer Notiz für den *Volksstaat*, an dem er schon in den Jahren zuvor gelegentlich mitgearbeitet hatte, stellte er in aller Kürze fest, es seien die Verhandlungen des Hochverratsprozesses gegen Bebel und Liebknecht gewesen, die ihn bestimmt hätten, sich der Sozialdemokratischen Arbeiterpartei nunmehr anzuschließen. In einer längeren Erklärung an seine zahlreichen Berliner Anhänger, die von den meisten Zeitungen veröffentlicht wurde, gab er an, bei der Stellung, die er bisher zur sozialen Frage eingenommen habe, und zwar schon seit 1848, habe er es für seine Pflicht gehalten, die Verurteilung Bebels und Liebknechts, wie die Verfolgung der Sozialdemokratischen Arbeiterpartei überhaupt, öffentlich zu mißbilligen. Er sei der Meinung, daß er dies nicht wirksamer tun könne, als daß er der verfolgten Partei, deren Ansichten er im wesentlichen teile, nunmehr auch offiziell beitrete. Im übrigen sollten alle bürgerlichen Demokraten, Republikaner und Volksparteiler mit der jungen Arbeiterpartei Hand in Hand gehen!

Der Beitritt des siebenundsechzigjährigen »Nestors der deutschen Demokratie« und entschiedensten Bismarck-Gegners zu den verfemten, von der konservativen Presse als Landesverräter verwegenster Art hingestellten Sozialdemokraten rief bei den bürgerlichen Parteien einen Entrüstungssturm hervor; nur Leopold Sonnemanns *Frankfurter Zeitung* sah darin »nichts Überraschendes«. Ein Freund und begeisterter Anhänger Jacobys, der Chefredakteur der radikaldemokratischen *Zukunft*, Guido Weiß, der dann – wie bald auch Franz Mehring, Paul Singer und andere prominente »Jacobyten« – ebenfalls Sozialdemokrat wurde, bezeichnete in seinem Blatt Jacobys Beitritt zur Sozialdemokratischen Arbeiterpartei als einen Schritt, bei dem nur die Waffengattung gewechselt, nicht aber das Heer verlassen werde: Jacoby sei unter die Reiter gegangen, die bürgerlichen Demokraten seien bescheidene Musketiere geblieben, doch in derselben Armee, die für Recht, staatsbürgerliche Freiheit und sozialen Fortschritt kämpfe.

Der um 21 Jahre jüngere Liebknecht und der gar um 35 Jahre jüngere

Bebel empfingen den Veteranen, der nun ihrer Partei beigetreten war, mit offenen Armen. 1894 schrieb Liebknecht in einem Rückblick auf den Leipziger Hochverratsprozeß: »Die klaren Köpfe der bürgerlichen Demokratie folgten dem Beispiel Jacobys«, und in Bebels Memoiren, *Aus meinem Leben*, heißt es, daß der Berliner Demokratische Verein sich Jacoby anschloß und mit großer Mehrheit das Eisenacher Programm zu dem seinen machte. Auch das *Fürther Wochenblatt*, das der demokratischen Volkspartei Bayerns nahestand, schloß sich nun der Sozialdemokratie an und wurde ein wertvolles Organ der Partei. Eine Reihe weiterer Vereine und Volksblätter in den verschiedensten Gegenden Deutschlands machten es ebenso.

Der nächste Schlag, den der Obrigkeitsstaat gegen die Sozialdemokratie führte, hatte letztlich ebenfalls nicht die beabsichtigte Wirkung, sondern das Gegenteil zur Folge.

Im Juli 1872 wurde Bebel in Leipzig erneut verurteilt, diesmal wegen Majestätsbeleidigung, weil er öffentlich erklärt hatte, der preußische König habe sein Versprechen, die Frucht des Krieges gegen Frankreich solle die einheitliche und freiheitliche Gestaltung Deutschlands sein, nicht gehalten. Das Urteil lautete auf neun Monate Gefängnis und »Verlust der aus öffentlichen Wahlen hervorgegangenen Rechte«, was praktisch die Aberkennung seines Reichstagsmandats bedeutete, für die es keine gesetzliche Grundlage gab. Es sollte dies die Quittung sein für das mutige Auftreten Bebels, des einzigen Sozialdemokraten im ersten Reichstag des neuen Deutschen Reiches.

»Aber die wackeren Weber des Wahlkreises Glauchau-Meerane«, so hat es Franz Mehring beschrieben, »verstanden sich schlecht auf den patriotischen Spaß und schickten Bebel, mit dreitausend Stimmen mehr, als er vordem erhalten hatte, in den Reichstag zurück. Die hohe Versammlung mußte sich nun doch selbst zum Henkersamte bequemen; sie lehnte den von Schraps gestellten Antrag ab, Bebel zu reklamieren« (d. h. ihm die parlamentarische Immunität nicht abzuerkennen, die ihn vor der weiteren Verbüßung bewahrt hätte, denn er hatte inzwischen seine Strafe in Hubertusburg antreten müssen). »Welcher Patriot«, so hat Mehring dazu treffend bemerkt, »konnte es ihr«, der Reichstagsmehrheit, »verdenken, daß sie nicht mehr die helle und klingende Stimme hören mochte, die ihr so überzeugend darzulegen wußte, wie tönern des neuen deutschen Reiches Herrlichkeit sei!«

Bebels Wiederwahl im sächsischen Wahlkreis 17 fand am 10. Januar 1874 statt, nachdem das Gericht ihm bereits am 6. Juli 1872 das Mandat aberkannt hatte. Die ungebührlich lange Verzögerung dieser Nachwahl erwies sich als ein mißglückter Trick, bei dem das Zusammenspiel von Justiz, Regierung und Reichstagsmehrheit wiederum das genaue Gegenteil dessen bewirkte, was bezweckt worden war. Denn von nun an, fast vier Jahrzehnte lang bis zu seinem Tode, blieb August Bebel Reichstagsabgeordneter und Führer der trotz immer härterer Verfolgung stetig wachsenden Partei und Fraktion.

8.
Im Kampf mit Bismarck: Einigung und Aufstieg

Die Reichstagswahlen vom 10. Januar 1874, die zweiten nach der Reichsgründung, an der erstmals auch die Elsaß-Lothringer teilnahmen, brachten den Nationalliberalen einen noch größeren Erfolg als 1871: Sie konnten die Anzahl ihrer Mandate von 120 auf 152 – von insgesamt 397 – erhöhen. Die Fortschrittspartei hatte einen Zuwachs von 45 auf 49 Sitze zu verzeichnen. Die beiden konservativen Gruppierungen erlitten starke Verluste; die Anzahl ihrer Mandate verringerte sich von 92 auf 54. Einen geradezu triumphalen Erfolg erzielte das katholische Zentrum: Der von Bismarck rigoros geführte »Kulturkampf« zur Disziplinierung und Unterwerfung der katholischen Geistlichkeit hatte eine Mobilisierung und Solidarisierung der Katholiken bewirkt, die in der Vermehrung der Zentrumsmandate von 58 auf 91 nur halbwegs zum Ausdruck kam, denn das Zentrum hatte fast ebenso viele Stimmen erhalten wie die Fortschrittspartei, war aber bei den Stichwahlen den gemeinsamen Kandidaten der Nationalliberalen und Konservativen häufig unterlegen. Trotzdem war der Wahlerfolg der katholischen Opposition beeindruckend, um so mehr, als sich im Reichstag die 15 Abgeordneten Elsaß-Lothringens, die 14 Polen, der Vertreter der dänischen Minderheit und ein Dutzend Welfen und andere Partikularisten der Führung des Zentrums-Fraktionsvorsitzenden Ludwig Windthorst anvertrauten.

Für die Sozialdemokraten waren die Reichstagswahlen vom Januar 1874 eine große Ermutigung, denn die Anzahl der für Lassalleaner und Eisenacher insgesamt abgegebenen Stimmen hatte sich gegenüber 1871 auf das Dreieinhalbfache vermehrt, die ihrer Mandate hatte sich sogar verzehnfacht! Nun war August Bebel nicht mehr der einzige Parlamentarier der verfemten Arbeiterparteien; die Eisenacher hatten sieben Wahlkreise im Königreich Sachsen erobert, die Lassalleaner drei, nämlich zwei in Schleswig-Holstein und einen im Rheinland. Ihre Plätze im Reichstag nahmen dann allerdings nur sieben der Gewählten ein, denn Bebel und der in Stollberg-Schneeberg in Abwesenheit gewählte Liebknecht verbüßten ja noch ihre Freiheitsstrafen auf der Festung Hubertusburg, und Johann Jacoby, der in zwölf Wahlkreisen von den Eisenachern als Kandidat aufgestellt und im Landkreis Leipzig gegen einen Fortschrittsparteiler in der Stichwahl mit deutlichem Vorsprung gewählt worden war, hatte – wie es von ihm vorher angekündigt worden war – das Mandat nicht angenommen mit der Begründung, er erkenne weder das durch Gewalt geschaffene, in Unfreiheit gehaltene Deutsche Reich noch dessen Scheindemokratie an und wolle daher auch nicht an den Reichstagssitzungen teilnehmen. Dem Parteivorstand schrieb er, »um zu bekunden, daß die Eisenacher die wirklichen Erben der alten Demokratie (von 1848/49) sind, bedarf es nicht meines Zeugnisses im Reichstag«, und auch ohne seine Unterstützung werde es den Genossen, die neu in der Fraktion seien, leicht werden, »in den parlamentarischen Schick sich zu finden – mindestens ebensogut wie Ehren-Bismarck«.

Tatsächlich waren alle nun die Eisenacher im Reichstag vertretenden Abgeordneten – Julius Vahlteich, August Geib, der Buchhalter Julius Motteler und der Redakteur Johann Most – parlamentarische Neulinge, und von den drei Lassalleanern – Wilhelm Hasselmann, Wilhelm Hasenclever und Otto Reimer, einem Zigarrenarbeiter aus Altona – hatte nur Hasenclever als Mitglied des Norddeutschen Reichstags von 1867 etwas Erfahrung mit den Bräuchen und der Geschäftsordnung des hohen Hauses. Dies und die Anfeindungen und Kränkungen durch die bürgerliche Reichstagsmehrheit und das Präsidium, denen Lassalleaner wie Eisenacher gleichermaßen ausgesetzt waren, führte sehr rasch zu einer engen Zusammenarbeit zwischen den bislang verfeindeten Gruppen.

»In allen praktischen Fragen«, so hat Franz Mehring dazu bemerkt, »standen die beiden Fraktionen Schulter an Schulter; sie verwarfen gleich energisch die Gendarmenpolitik gegen die katholische Kirche und geißelten mit gleicher Schärfe das widerliche Gebaren, womit die elsaß-lothringischen Abgeordneten bei ihrem ersten Eintritt in den Reichstag von der chauvinistischen Mehrheit empfangen wurden... Es ist auch nicht wahr, daß sie immer nur ›die eine sozialdemokratische Rede‹ gehalten hätten. Ohne nach den zweifelhaften Lorbeeren parlamentarischer Beredsamkeit zu trachten, sprachen sie einfach und klar und sachlich über jede Frage, bei der sie zu Worte kamen; höchstens Hasselmanns sonst durchaus anerkennenswerte Reden hatten manchmal eine etwas stark agitatorische Form. Der Haß der Feinde machte auch durchaus keinen Unterschied mehr zwischen den beiden Fraktionen.«

Bewirkte schon das persönliche Kennenlernen, erst recht die parlamentarische Zusammenarbeit der führenden Politiker beider sozialdemokratischen Richtungen, daß die Gemeinsamkeiten bald die Rivalität und die Gegensätze überwogen, so taten Polizei und Justiz ein Übriges, die Vereinigung der beiden Parteien zu beschleunigen.

Nachdem Bismarck beschlossen hatte, den Kampf gegen die Sozialdemokratie mit den Machtmitteln der Reaktion zu führen und drastisch zu verschärfen, wurde der Staatsanwalt Hermann Tessendorf sein Hauptwerkzeug bei der praktischen Durchführung. Tessendorf, ein serviler Bürokrat und miserabler Jurist, hatte sich in Magdeburg durch sein äußerst scharfes Vorgehen gegen die »roten Halunken«, wie er sie nannte, hervorgetan. Er wurde daraufhin zum Jahresbeginn 1874 als politischer Staatsanwalt an das Berliner Stadtgericht versetzt, dessen 7. Kammer der Regierung die Gewähr dafür bot, daß jede von Tessendorf erhobene Anklage auch zu drakonischer

Bestrafung führte. Schon im Januar 1874 eröffnete der Staatsanwalt die später nach ihm so höchst unrühmlich benannte »Ära Tessendorf« mit einem Verfahren gegen den Berliner Vertrauensmann der Eisenacher, den Schriftsetzer August Heinsch, der bei einem Arbeiterfest Karten verteilt hatte, auf deren Rückseite ein weitverbreitetes, polizeilich nie beanstandetes Arbeiterlied abgedruckt war. Tessendorf beantragte dafür »wegen Aufreizung« zwei Jahre, das Gericht verurteilte Heinsch zu einem Jahr Gefängnis, natürlich ohne Bewährung. Bei der Urteilsverkündung erklärte Tessendorf, als nächsten werde er sich den Reichstagsabgeordneten Most vornehmen.

Gleich nach Schluß der Sitzungsperiode wurde Most in Mainz verhaftet, in Ketten mit einem großen Gefangenentransport nach Berlin gebracht, schließlich nach wochenlanger Untersuchungshaft angeklagt, in einem Vortrag über die Pariser Kommune dadurch »zum Klassenhaß aufgereizt« zu haben, daß er ausgesprochen hatte, was damals von Professoren, Zeitungen und selbst Lexika nicht anders dargestellt wurde: Wenn sich die Herrschenden nicht zu rechtzeitigen sozialen Reformen entschlössen, wäre eine Revolution über kurz oder lang unvermeidlich. Tessendorf beantragte dafür dreieinhalb Jahre Gefängnis; das Urteil lautete auf anderthalb Jahre ohne Bewährung.

So ging es weiter, Schlag auf Schlag, wobei anfangs fast nur Eisenacher, sehr bald aber auch viele Lassalleaner die Opfer Tessendorfs und dann auch anderer Staatsanwälte wurden. Allein von den Lassalleanern mußten 87 bereits in den ersten sieben Monaten des Jahres 1874 im Königreich Preußen Gefängnisstrafen von zusammen 17 Jahren, 7 Monaten und 3 Wochen antreten, vor allem wegen Aufreizung, Majestäts- und Bismarckbeleidigung. Der Kanzler hatte sich eigens hierfür Strafantragsformulare drucken lassen, die er, nachdem Tessendorf sie ausgefüllt hatte, nur noch zu unterschreiben brauchte. Eines der ersten Opfer dieser vereinfachten Strafverfolgung mittels Vordruck wurde der Reichstagsabgeordnete Wilhelm Hasenclever, der drei Monate Gefängnis verbüßen mußte.

Die gleichmäßige harte Verfolgung von Eisenachern und Lassalleanern trug wesentlich dazu bei, daß der Gedanke einer Vereinigung der rivalisierenden sozialdemokratischen Parteien in beiden Lagern immer mehr und immer stärker drängende Befürworter fand. Das einzige einer völligen Verschmelzung noch im Wege stehende Hindernis bestand, wie Mehring es formuliert hat, »in der Organisationsfrage. Die Eisenacher wollten sich der allzu strammen Organisation nicht fügen, die Lassalleaner nicht davon lassen. Da verfiel Tessendorf auf den rettenden Gedanken: Zerstören wir die sozialdemokratische Organisation, und die sozialdemokratische Partei ist nicht mehr. Nichts ist verdienter als der Lorbeer, den die sozialdemokratischen Blätter der siebziger Jahre diesem Helfer in der Not spendeten . . .«

Nach zahlreichen Haussuchungen ließ Tessendorf zunächst die Berliner ADAV-Zentrale schließen; Hasenclever, der den Vereinssitz sofort nach Bremen verlegte, wurde dafür mit zwei Jahren Gefängnis bestraft. Als nächste waren die Gewerkschaften der Lassalleaner und der im Aufbau befindliche Arbeiterinnenverein an der Reihe, dann die politische Organisation der Eisenacher in Preußen. Nach der Schließung der Büros, dem Verbot aller Vereine und weiterer Verhaftungen wurde auch das Versammlungsrecht für die beiden Arbeiterparteien illusorisch, und sie standen nun vor der unaufschiebbaren Notwendigkeit, sich zusammenzuschließen und nach einem neuen, gemeinsamen Weg zu suchen. Karl Wilhelm Tölcke, der 1865 für kurze Zeit ADAV-Präsident gewesen und der starrste Organisationsfanatiker der Lassalleaner war, wandte sich bereits im Herbst 1874 an August Geib und Wilhelm Liebknecht mit dem Angebot des Zusammengehens, das die beiden Eisenacher sofort annahmen. Am 15. Dezember 1874 wurden erstmals die Einzelheiten diskutiert, und zur Überraschung der Eisenacher war die einzige Bedingung des ADAV die beiderseitige rückhaltlose Anerkennung des proletarischen Klassenkampfes, die vor allem Hasselmann forderte. Liebknecht hatte dagegen natürlich keine Einwände, und er benachrichtigte sofort Bebel, der noch seine zweite Gefängnisstrafe in Zwickau verbüßte und sehr beunruhigt war, daß die Verhandlungen ohne ihn geführt wurden, grundsätzlich aber die Einigung sehr begrüßte. Am 11. Dezember 1874 teilte der *Neue Sozialdemokrat* der Lassalleaner seinen Lesern mit, daß sich die sozialdemokratischen Parteien in Bälde zusammenzuschließen gedächten, und Liebknecht übernahm diese Nachricht im *Volksstaat*. Am 1. Januar 1875 starb Theodor York in Hamburg, und sein Begräbnis wurde zu einer Massendemonstration der neuen Gemeinsamkeit: Etwa achttausend Arbeiter formierten sich an der Esplanade zu einem langen Zug, über dem die Fahnen beider Parteien sowie die der Maurer, Zimmerer, Tischler, Sattler, Zigarren- und Holzarbeiter wehten. Am Abend desselben Tages fand in Berlin die erste Einigungskonferenz statt; Hasenclever, Hasselmann, Liebknecht und Geib setzten sich dann zusammen und formulierten das Programm und die Statuten der neuen Partei. Wilhelm Bracke, der mit Marx und Engels in brieflicher Verbindung stand, nannte diesen gegenüber einen Teil des Programmentwurfs schlicht »Blödsinn«, was wohl auch Bebel fand, der dies in seinen Erinnerungen berichtet hat und der, von Brackes Beurteilung alarmiert, sich nun seinerseits vom Gefängnis aus an Engels wandte, um dessen Meinung über das Einigungsprogramm zu erfahren.

Was dann – mit einiger Verspätung, denn erst Mitte März 1875 erhielten Marx und Engels den vollen Text des Einigungsprogramms – aus London an Kritik kam, war sehr hart; Engels lehnte jede Einigung strikt ab, die den Eindruck erwecken konnte, der Sozialismus Lassalles hätte über die von Marx und ihm entwickelte Theorie gesiegt. An einem Dutzend Beispielen wies Engels nach, daß sich die Eisenacher auf Formulierungen eingelassen hätten, die zumindest vermuten ließen, alle sozialen Forderungen des Programms stammten von den Lassalleanern, »und wir haben nur die Forderungen der kleinbürgerlichen Demokraten hineingesetzt«.

Friedrich Engels mit Karl Marx und dessen Töchtern Laura (links), Elenor (Mitte) und Jenny (rechts).

Er hatte mit dieser Kritik den Nagel auf den Kopf getroffen, aber Liebknecht schrieb am 22. April 1875 zurück: Es ginge doch nicht um ein paar schiefe Formulierungen, sondern darum, daß das Programm, so wie es nun einmal wäre, angenommen werden müßte – oder es gäbe keine Einigung, wie die Arbeiter sie immer dringlicher forderten. Ein wenig boshaft, aber durchaus der Wahrheit entsprechend, fügte Liebknecht hinzu: Hätte die Internationale nicht so schmählich Schiffbruch erlitten, wäre man aller Schwierigkeiten enthoben gewesen, denn dann hätte man sich mit den Lassalleanern auf die gemeinsame Übernahme des IAA-Programms sofort einigen können.

Drei Tage später wandte sich Liebknecht nochmals mit einem beruhigenden Brief an Engels: Sei die Einigung erst einmal durchgeführt, würde es ein Leichtes sein, das Programm nach und nach im Sinne der Marxschen Lehre zu revidieren. Ihr Sieg über den Lassalleanismus sei gewiß! Karl Marx sah das – durchaus zu Recht – ganz anders. Am 5. Mai schickte er seine *Randglossen zum Programm der deutschen Arbeiterpartei**, zunächst an Bracke, doch mit dem Ersuchen, sie den führenden Eisenachern sogleich zur Kenntnis zu bringen. Die »Randglossen«, worin Marx den deutschen Genossen eine harsche Lektion über die Kunst, sich exakt und unmißverständlich auszudrücken, erteilte, enthielten eine sich dann im Wesentlichen als richtig erweisende Analyse der gravierendsten Fehler des Einigungsprogramms aus sozialistischer Sicht. Der für die weitere Entwicklung der deutschen Sozialdemokratie wohl interessanteste Teil der Kritik betraf das Verhältnis zum Staat. Es läge keineswegs im Interesse der Arbeiter, schrieb er, den Staat »frei« zu machen. »Die Freiheit besteht darin, den Staat aus einem der Gesellschaft übergeordneten in ein ihr durchaus untergeordnetes Organ zu verwandeln.« Und nachdem Marx dann ausführlich mit dem »wüsten Mißbrauch, den das Programm mit den Worten ›heutiger Staat‹, ›heutige Gesellschaft‹ treibt« ins Gericht gegangen war, kam er zu den Forderungen, die das Programm an den »heutigen Staat« richtete, erklärte sie zu der »aller Welt bekannten demokratischen Litanei« und fügte hinzu:

»Aber man hat eins vergessen . . . die Hauptsache . . ., nämlich daß alle jene schönen Sächelchen auf der Anerkennung der sogenannten Volkssouveränität beruhen; daß sie daher nur in einer *demokratischen Republik* am Platze sind. Da man nicht den Mut hat . . ., die demokratische Republik zu verlangen . . ., so hätte man auch nicht zu der – weder ›ehrlichen‹ noch würdigen – Finte flüchten sollen, Dinge, die nur in einer demokratischen Republik Sinn haben, von einem Staat zu verlangen, der nichts andres als ein mit parlamentarischen Formen verbrämter, mit feudalem Besitz vermischter und zugleich schon von der Bourgeoisie beeinflußter, bürokratisch gezimmerter, polizeilich gehüteter Militärdespotismus ist – und diesem Staat obendrein noch zu beteuern, daß man ihm dergleichen ›mit gesetzlichen Mitteln‹ aufdringen zu können wähnt! Selbst die vulgäre Demokratie, die . . . keine Ahnung hat, daß gerade in dieser letzten Staatsform der bürgerlichen Gesellschaft der Klassenkampf definitiv auszufechten ist – selbst sie steht noch berghoch über solcherart Demokratentum innerhalb der Grenzen des polizeilich Erlaubten und logisch Unerlaubten!«

Doch Marxens Anstrengungen, den Eisenachern die verwaschenen Formulierungen des Einigungsprogramms auszureden und sie auf den marxistischen Weg zu bringen, waren vergebens. Selbst Bracke war bereit, sich den anderen zu fügen und die Marxschen »Randglossen« sorgfältig unter Verschluß zu halten; sie wurden erst 1891, also mit sechzehnjähriger Verspätung von Engels veröffentlicht und konnten daher auf die Entwicklung der Partei bis dahin nur soviel Einfluß ausüben, wie Liebknecht und seine Freunde durch Änderungen des Programmentwurfs erlaubten oder für ihre eigenen späteren Äußerungen daraus entnahmen.

»Die Marxschen Glossen sind von historischer, ja schicksalhafter Bedeutung«, hat Hedwig Wachenheim dazu bemerkt, »da durch sie das endgültige Parteiprogramm besonders von Liebknecht in eine Zwitterstellung gedrängt wurde, die späterhin viele nutzlose, die Partei schädigende Kämpfe auslöste. Die doppelgleisige widerspruchsvolle Orientierung der Partei, national und international, Dogma und Realpolitik, war damit gegeben.«

Wenn Bracke, Liebknecht, schließlich auch Bebel – dem man die »Randglossen« erst gar nicht zu lesen gab, als er aus dem Gefängnis kam – dem »zwitterhaften« Einigungsprogramm gegen alle Bedenken, die aus London kamen, am Ende zustimmten, so deshalb, weil sie der Einigung an sich den höchsten Stellenwert einräumten. In Bebels Memoiren, *Aus meinem Leben*, heißt es dazu, daß nicht Liebknecht, sondern das Drängen, das nach seiner Entlassung von allen Seiten auf ihn einstürmte, ihn veranlaßt habe, die Einigung nicht zu verhindern. Die Eisenacher Führer sahen, weit besser als Marx und Engels in London, die zwingende Notwendigkeit einer raschen Verschmelzung der beiden Arbeiterparteien; sie kannten auch die wahren Kräfteverhältnisse und die wirkliche Stimmung in der Arbeiterschaft, was auf »die Chefs« im fernen England wahrlich nicht zutraf, weil diesen die Lage der Partei in Deutschland meist, vor allem von Liebknecht, viel zu rosig geschildert worden war.

Marx hatte dann noch zu guter Letzt – in dem Begleitbrief zu den »Randglossen« an Bracke – versucht, ein Grundsatzprogramm überhaupt zu verhindern. »Jeder Schritt wirklicher Bewegung ist wichtiger als ein Dutzend Programme«, hieß es in diesem Brief vom 5. Mai, und Marx meinte weiter, man hätte einfach ein Aktionsprogramm, eine Übereinkunft mit dem Ziel gemeinsamer Abwehr der Verfolgungsmaßnahmen, beschließen sollen. »Hätte man ihnen (den Lassalleanern) von vornherein erklärt, man lasse sich auf keinen Prinzipienschacher ein«, schloß Marx, »so hätten sie sich mit einem Aktionsprogramm . . . begnügen müssen.«

Aber auch mit diesem an sich sehr vernünftigen Vorschlag konnte sich Marx nicht mehr durchsetzen; zudem hätten sich die Lassalleaner als die Stärkeren und in ihren sozialen Forderungen Radikaleren darauf nicht eingelassen. Marx und Engels wußten eben nicht, daß sich »ihre Partei« nur auf eine schmale, im wesentlichen auf das Königreich Sachsen beschränkte Basis stützen konnte; daß bei vielen Eisenachern kleinbürgerlich-demokratische Vorstellungen noch keineswegs überwunden waren, und daß auch bei ihrer vorwiegend aus armen Heimarbeitern bestehenden Anhängerschaft der tote Lassalle – weniger als Theoretiker, vielmehr als der erste große Organisator der deutschen Arbeiterbewegung und deren mitreißender Führer – in fast ebenso hohem Ansehen stand wie bei den Lassalleanern. Schließlich war es Marx und Engels wohl auch nicht klar, daß es erst allenfalls ein paar Dutzend deutsche Sozialdemokraten gab, die sich mit ihren Theorien beschäftigt und sie einigermaßen begriffen hatten, und höchstens ein paar Hundert, deren politischer Bewußtseinsstand über den der kleinbürgerlichen Demokraten von 1848/49 hinausging, dagegen Abertausende, die auf ein Ende des ihnen müßig erscheinenden Streits um die richtige Theorie und auf eine endliche Verbrüderung hofften, eine starke Gemeinschaft, deren wichtigstes Element die unverbrüchliche Solidarität war. Die Theorie bedeutete den Arbeitern und Gesellen zunächst wenig, der gemeinsame Kampf für soziale Gerechtigkeit und politische Freiheit dagegen alles.

So kam es am 14. und 15. Mai 1875 in Gotha zur Vereinigung von Lassalleanern und Eisenachern. 71 Delegierte vertraten die 16 538 Mitglieder des ADAV, 56 die 9121 Mitglieder der Sozialdemokratischen Arbeiterpartei. Ohne große Debatten verabschiedeten sie das von den Führern entworfene Programm. Liebknecht setzte sich als Referent mit einigen der Marxschen Einwände auseinander, ohne Marx' Namen zu erwähnen. Er empfahl dringend, einen von Marx wegen seiner Unklarheit und teilweisen Unrichtigkeit gerügten Satz – »Die Befreiung der Arbeit muß das Werk der Arbeiterklasse sein, der gegenüber alle anderen Klassen nur eine reaktionäre Masse sind« – unverändert in das Programm aufzunehmen. Julius Vahlteich hingegen schlug vor, den ganzen Absatz zu streichen und so jede Mißdeutung zu vermeiden.

Vereinigungskongreß der Sozialdemokratie in Gotha im Jahr 1875.

Da erhob sich Friedrich Wilhelm Fritzsche, der Führer der gutorganisierten Zigarrenarbeiter. Mit langem grauem Lockenhaar und wallendem Bart, mit der Autorität des Barrikadenkämpfers von 1849 und nunmehrigen Reichstagsabgeordneten des Berliner Wahlbezirks IV erklärte er feierlich, nun müsse sich zeigen, wer ein wirklicher Sozialdemokrat sei, denn als solcher könne er kein Votum gegen diesen Satz abgeben. Damit sprach er aus, was die große Mehrheit empfand: Mit 115 gegen nur 12 Stimmen wurde der fragliche Satz ins Programm aufgenommen. Ein Antrag von August Bebel, die Forderung nach einem Stimmrecht auch für Frauen einzufügen, wurde dagegen mit knapper Mehrheit abgelehnt, was bewies, daß der politische Reifegrad der meisten Delegierten noch sehr zu wünschen übrig ließ. »Am deutlichsten aber zeigte sich der Zwittercharakter der Partei darin«, hat Hedwig Wachenheim zu den Ergebnissen des Gothaer Einigungsparteitags bemerkt, »daß sie nach ihrem Programm den freien Staat und die sozialistische Gesellschaft, die Zerbrechung des ›ehernen Lohngesetzes‹ durch Abschaffung des Systems der Lohnarbeit, die Aufhebung der Ausbeutung in jeder Gestalt und die Beseitigung aller sozialen und politischen Ungleichheiten ›mit allen gesetzlichen Mitteln‹ erstrebte, obwohl sie sich gleichzeitig bereit erklärte, die Pflichten, die ihr internationaler Charakter ihr auferlegte, zu erfüllen. Die revolutionäre Diktatur des Proletariats in der Übergangszeit wurde nicht erwähnt, da eine Partei, die gegen ihre eigene Unterdrückung und für die volle Gleichberechtigung des Proletariats kämpfte, den Gedanken, daß sie selbst einmal eine Diktatur ausüben wolle, nicht aufkommen lassen durfte.«

In den Vorstand der neuen, vereinigten »Sozialistischen Arbeiterpartei Deutschlands«, der stets vom Parteitag zu wählen war, wurden drei Lassalleaner und zwei Eisenacher gewählt; eine siebenköpfige Kontrollkommission und ein »Reichsausschuß« mit achtzehn Mitgliedern, der den Vorstand zu überwachen und in wichtigen Fragen zu beraten hatte, vervollständigten die Führung. *Volksstaat* und *Neuer Sozialdemokrat* wurden offizielle Parteiorgane. Dann schloß der Einigungsparteitag, durchaus passend, mit dem gemeinsamen Gesang der *Arbeitermarseillaise*, deren Schlußzeilen lauteten: »Der Bahn, der kühnen, folgen wir, die uns geführt Lassalle!«

»Das Ganze ist eine Erziehungsfrage«, schrieb Bebel darüber, sehr verspätet, im September 1875 an Engels, und er fügte hinzu, es gelte nun, Geduld zu haben. »Die Partei ist jetzt so gestellt wie noch nie zuvor, und die Steuern« – er meinte damit die Mitgliedsbeiträge – »gehen trotz der schlechten Geschäftszeit sehr pünktlich und regelmäßig ein.«

Engels antwortete, die Einigung wäre überstürzt worden. Er nannte das »eherne Lohngesetz«, das sich die Eisenacher hätten aufzwingen lassen, »eine kolossale moralische Niederlage« und das ganze Programm im höchsten Grade »unordentlich, konfus, unzusammenhängend, unlogisch und blamabel«. Die Arbeiter, fügte er hinzu, schienen es jedoch kommunistisch zu deuten, und nur darum sagten er und Marx sich von der Partei nicht los.

Liebknecht hatte Engels schon vorher geschrieben, die Londoner verkennten den Unterschied zwischen »einer rein theoretischen und einer militanten Partei«. In seinen Erinnerungen schrieb August Bebel zu alledem: »Man sieht, es war kein leichtes Stück, mit den beiden Alten in London sich zu verständigen. Was bei uns kluge Berechnung und geschickte Taktik war, das sahen sie als Schwäche und unverantwortliche Nachgiebigkeit an. Schließlich war doch die Einigung die Hauptsache.«

Zehn Monate nach dem Einigungsparteitag, im März 1876, verbot das Berliner Stadtgericht auf Antrag des fleißigen Staatsanwalts Tessendorf die Sozialistische Arbeiterpartei im ganzen Königreich Preußen. Die Parteizentrale, zu dieser Zeit in Hamburg, wo die Partei weit stärker war als in Berlin, wurde von dem Verbot nicht berührt. Auch fanden sich gesetzliche Wege, die Organisation in Preußen einigermaßen aufrechtzuerhalten: Zur Abkassierung der Beiträge wurde ein neues Blatt mit dem Titel *Der Wähler* geschaffen, in dessen Abonnementsgebühren die Partei»steuern« bereits enthalten waren, und für die verbotenen Ortsgruppen gründete man ersatzweise jeweils einen »Verein zur Wahrung der Interessen der werktätigen Bevölkerung«. Auch entstand nun als neues Zentralorgan der *Vorwärts*, und *Volksstaat* wie auch *Neuer Sozialdemokrat* stellten ihr Erscheinen ein.

So ging die im größeren Teil des Reiches verbotene Partei einigermaßen gerüstet in den Wahlkampf, denn am 10. Januar 1877 wurde ein neuer Reichstag gewählt. Dabei stiegen die sozialdemokratischen Stimmen – zuvor für beide Parteien rund 350000 – auf fast eine halbe Million an, die Anzahl der gewonnenen Mandate wuchs von neun auf zwölf.

»Beim Bekanntwerden der Wahlresultate flog durch die deutschen Lande etwas von dem bleichen Schrecken, den tödliche Krisen auch tapferen Völkern einflößen«, hieß es dazu in Franz Mehrings erster, noch antisozialistischer Geschichte der Partei.

Bebel hatte diesmal den Wahlkreis Dresden-Altstadt erobert, der Zimmerer August Kapell den schlesischen Wahlkreis Reichenbach, Wilhelm Blos das Fürstentum Reuß ältere Linie. Ignaz Auer, Wilhelm Bracke, Most, Motteler und Liebknecht sowie der dreiundsiebzigjährige mecklenburgische Hofbaurat Demmler gewannen in sächsischen Wahlkreisen. Die eigentliche Sensation dieses Wahlkampfes aber war, daß es den Sozialdemokraten erstmals gelang, den Berliner Norden und Osten, bislang Domänen der Fortschrittspartei und der von dieser beeinflußten Maschinenbauer, für ihre Partei zu gewinnen; dort siegten Fritzsche und Hasenclever. Um ein Haar wäre auch noch der Berliner Nordosten von den Sozialdemokraten erobert worden, was bei der Stichwahl durch ein breites bürgerliches Bündnis gerade noch verhindert worden war.

Der Jubel der Berliner Sozialdemokraten war groß. Endlich hatte die Partei das eigentliche Industrieproletariat der Hauptstadt für sich gewonnen! Am Abend des Wahltags feierten mehr als zwanzigtausend Menschen am Kreuzberg diesen Triumph. Sie überfluteten die Versammlungssäle, und die, die keinen Einlaß mehr fanden, sangen auf der Straße: »Tessendorf, das ist der größte Sozialist!«

Hasenclevers Mandat im Wahlkreis VI (Berlin Äußere Stadt Nord) wurde nachträglich für ungültig erklärt. Bei der Nachwahl, die im Juni 1877 stattfand, erklärte die konkurrierende Fortschrittspartei den Wählern mit Zehntausenden von Flugblättern, unter sozialdemokratischer Herrschaft werde alles Eigentum konfisziert, der sozialistische Zukunftsstaat werde einem nationalen Zuchthaus ähneln. »Wir warfen uns mit aller Energie in den Wahlkampf«, erinnerte sich August Bebel, »und so siegte Hasenclever mit einem Mehr von über tausend Stimmen.« Als die Partei daraufhin ein neues Siegesfest ankündigte, verfügte der Berliner Polizeipräsident v. Maidai eine Vorverlegung der Polizeistunde mit der Begründung, er wünschte nicht, daß die Arbeiter nächtlich ihr Geld vergeudeten.

Damit hatte die Sozialistische Arbeiterpartei in ganz Berlin knapp 40 Prozent aller Wählerstimmen gewonnen, in Dresden-Neustadt, das sie nicht eroberte, 44 Prozent, in Schleswig-Holstein, vor allem in Altona, rund 30 Prozent, in Hamburg 40 Prozent, in den beiden Breslauer Industriebezirken jeweils über 30 Prozent und im ganzen Königreich Sachsen 38 Prozent der Wählerstimmen. Aber wieder hatten sich die überwiegend katholischen Industriebezirke Westfalens und des Rheinlands als der Partei nahezu unzugänglich erwiesen; im westlichen Ruhrrevier war sie unter 6 Prozent Stimmenanteil geblieben. In den ostelbischen Agrargebieten, im katholischen Teil Bayerns und im übrigen Süddeutschland hatte sie noch weniger Erfolg gehabt, dagegen war sie erstaunlich stark in den größeren und kleineren Städten Mitteldeutschlands geworden.

Im neuen Reichstag brachten die Sozialdemokraten dann einen Antrag ein, an dem vor allem Fritzsche und Bebel viel gelegen war und der durch seine Mäßigung allgemeines Staunen hervorrief. Es handelte sich um Arbeitsschutzmaßnahmen, und da die Partei nicht genügend Abgeordnete hatte, um selbst einen solchen Gesetzesantrag einzubringen, sammelte sie dafür Unterschriften auch bei anderen Fraktionen; etliche Zentrumsabgeordnete waren dann auch bereit, ihn zu unterstützen und weitere Kollegen dafür zu gewinnen.

»Der Antrag«, heißt es dazu bei Hedwig Wachenheim, »war schon in Gotha beschlossen worden, wo den Gegnern der Mitwirkung an Gegenwartsreformen gesagt wurde, er sei eine schneidige Agitationswaffe in Gegenden, wo die anderen Parteien – gemeint waren die Liberalen – Anhang bei den Arbeitern hatten. Der Antrag zeigte, und darin liegt seine geschichtliche Bedeutung, daß schon bei einem Anwachsen auf knapp eine halbe Million Stimmen die Sozialdemokratie gezwungen war, sich um die Besserung der Lage der Arbeiter in der Gegenwart zu bemühen«, was den Doktrinären ein Verrat an allen Prinzipien erscheinen mußte.

Dieser Antrag bezweckte das Verbot der Arbeit von Kindern unter 14 Jahren in Fabriken, Werkstätten, Berg- und Hüttenwerken; die Arbeit für

Jugendliche sollte auf täglich acht Stunden beschränkt, die Lehrzeit auf zwei Jahre herabgesetzt werden. Die Arbeitszeit für Männer sollte höchstens zehn Stunden täglich, vor Sonn- und Feiertagen neun Stunden betragen; Frauen und Lehrlinge sollten höchstens acht Stunden täglich arbeiten, die Sonntags- und Nachtarbeit für sie abgeschafft werden. Die Arbeitsordnungen der Betriebe sollten von den Belegschaften gegengezeichnet und von den Arbeitsgerichten genehmigt werden; Geldbußen sowie alle das Ehrgefühl und die guten Sitten verletzenden Strafen sollten den Betriebsführungen verboten werden. Ferner waren ein bescheidener Mutterschutz, eine Gewerbeaufsicht, die Beseitigung der Gefängnisarbeit, die als »Schmutzkonkurrenz« angesehen wurde, und eine Stärkung der gewerkschaftlichen Rechte vorgesehen.

Natürlich wurde der Antrag im Reichstag von der bürgerlichen Mehrheit verworfen, aber er erwies sich dann als ein sehr nützliches Agitationsmittel, zumal in den Industriegegenden Berlins, wo die Partei zwar festen Fuß gefaßt, aber große Teile der Arbeiterschaft erst noch für sich zu gewinnen hatte. Anfang 1878 trat in Berlin, neben dem schon traditionellen Konkurrenten, der Fortschrittspartei, ein neuer Gegner auf, der die Arbeiterschaft mit der christlichen Sittenlehre und großzügiger Staatshilfe wieder für Gott, König und Vaterland gewinnen wollte: Der Direktor der Stadtmission und Hofprediger Adolf Stöcker.

Als Stöcker am 3. Januar 1878 erstmals im großen Versammlungssaal des »Eiskellers« vor den Berliner Arbeitern sein Programm zu erläutern versprach, füllten – wie Eduard Bernstein in seiner 1907 erschienenen *Geschichte der Berliner Arbeiterbewegung* anschaulich geschildert hat – tausend organisierte Sozialdemokraten das Lokal, wählten eine Versammlungsleitung und den Führer der Maurer, Grottkau, zum Vorsitzenden. Stöcker sprach von den utopischen Träumen der Arbeiter, vom »Zukunftsstaat«, der nie kommen werde, und auch von den gerechten Ansprüchen der Arbeiter an den Staat. Die Versammlung hörte ihn ruhig an; es gab weder Murren noch Zwischenrufe. Aber dann trat als erster Diskussionsredner Johann Most auf. Seine leidenschaftliche Anklage gegen die christlichen Kirchen, die in fast zweitausend Jahren nichts zur Linderung von Not und Elend getan hatten, riß die Versammlung mit. Sie beschloß eine Resolution, die besagte, daß nur von der Sozialdemokratie eine Befreiung von Unterdrückung und Ausbeutung zu erwarten sei, und damit waren Stöckers Versuche, in die Berliner Arbeiterschaft einzudringen, gescheitert.

Desgleichen durchkreuzte die Sozialdemokratie alle Absichten der Behörden, sie als Randalierer oder gar Gewalttäter hinzustellen, um sie dann unter beifälligem Nicken der Bürger von der Polizei niederknüppeln und einsperren zu lassen. Wo die Partei öffentlich auftrat, beeindruckte sie durch strikteste Einhaltung der gesetzlichen Ordnung und durch eiserne Disziplin.

Da Versammlungen unter freiem Himmel und Demonstrationszüge verboten waren, benutzten die Sozialdemokraten jede andere Gelegenheit, die sich bot, ihre Stärke und Geschlossenheit öffentlich unter Beweis zu stellen, und das vermochten sie, ohne daß die Polizei dagegen einschreiten konnte, am eindrucksvollsten, wenn sie einen der Ihren zu Grabe trugen. So war am Sonntag, dem 11. März 1877, im fernen Königsberg Johann Jacobys Beerdigung zu einer eindrucksvollen Veranstaltung geworden.

Gerade weil dieser »dürre alte Jude«, wie Bismarck ihn genannt hatte, auch im bürgerlich-demokratischen Lager sehr verehrt worden war und weil es in Königsberg, ja, in ganz Ostpreußen kaum mehr als ein paar Dutzend organisierte Sozialdemokraten gab, war es für die Partei eine Ehrensache, es nicht allein den Bürgern zu überlassen, Jacoby das letzte Geleit zu geben.

So kam es, daß bei eisigem Wind und heftigem Schneegestöber ein seltsam zusammengesetzter Zug von annähernd fünf- bis sechstausend Menschen durch die alte Stadt am Pregel bis hinaus zum jüdischen Friedhof dem Sarg folgte: Oberbürgermeister, Magistrat, Stadtverordnete, Universitätsrektor, Professoren und Studenten, Hunderte von Königsberger Bürgern, aber auch Scharen von Handwerkern und Arbeitern aus der ganzen Provinz, dazu der halbe Parteivorstand der Sozialistischen Arbeiterpartei, Gewerkschaftsdelegationen aus Berlin, Leipzig und Breslau, Paul Singer und Heinrich Rackow mit einer Abordnung der Sozialdemokraten Berlins, eine Delegation des Arbeiterfrauenvereins, die ebenfalls aus Berlin gekommen war, Parteiabordnungen aus Leizpig, Breslau und Köln, Vertreter der süddeutschen Volkspartei, Leopold Sonnemann für die Demokraten Frankfurts und Guido Weiß für die Demokraten Berlins.

Johann Most hielt die offizielle Trauerrede, ein Handwerker sprach »im Namen der vereinigten Demokraten und Sozialdemokraten Königsbergs«, und der Gutsbesitzer Luce aus Junkerken bei Lötzen legte einen Kranz mit der Inschrift: »Der Vorstand der Sozialistischen Arbeiterpartei Deutschlands dem Parteigenossen Johann Jacoby« am Grabe nieder.

Ohne Beteiligung von Magistrat und Universität verlief die Beerdigung des Setzers Heinsch, der als eines der ersten Opfer des Staatsanwalts Tessendorf bald nach seiner Entlassung aus dem Gefängnis an Schwindsucht gestorben war. In Berlin, wo seine Beerdigung stattfand, verfügte die Partei über zahlreiche Anhänger, und so wurde der Trauerzug, dem sich rund zwölftausend Arbeiter anschlossen, zu einer machtvollen Demonstration.

Ein nationalliberales Blatt schrieb darüber: ». . . Nichts Feierliches bezeichnete diesen Leichenzug, nein, etwas Fürchterliches, etwas Erschrekkendes . . . Wer spricht noch vom Arbeiterbataillon Berlins angesichts dieses Leichenaufgebots? Das sind Regimenter, Divisionen, Brigaden, ja . . . ohne Übertreibung gesagt: das sind ganze Armeekorps, welche ihrem sicherlich um die Sache hochverdienten Toten die letzte Ehre erweisen.« In solchen Straßendemonstrationen stellte sich die Arbeiterpartei selbst dar, wie es später einer ihrer Reichstagsabgeordneten, Ludwig Frank, beschrieben hat: »Was die fleißige Hand des deutschen Proletariers berührt, wird zur Organisation, zu Ordnung. Auch der Kampf um die Freiheit.«

Das galt auch für solche Straßendemonstrationen. Die Arbeiter kamen nicht als Radaubrüder, als Krakeeler, schon gar nicht, wie es die konservativen Blätter ihren Lesern zu suggerieren versuchten, als potentielle Plünderer und Brandstifter, sondern als disziplinierte politische Formation. Es gab für die Polizei keinen Anlaß, die Säbel blankzuziehen und dreinzuschlagen.

»Man marschiert wohlgeordnet, jeder mit seinem Bezirk, ruhig in Reih' und Glied, wie man das ›bei den Preußen‹ gelernt hatte«, heißt es dazu bei Hedwig Wachenheim. »Lumpenproletariat war nicht dabei, nur wohldisziplinierte, ordentliche Arbeiter. Bebels Kommuneschrei ›Krieg den Palästen!‹ ertönte nicht. In dieser Ordnung lag die Stärke, aber auch die Schwäche der deutschen Sozialdemokratie. Initiative gab es nicht. Nicht die Führer erstickten sie, sondern die Masse selbst verlangte Ordnung, Einordnung, Disziplin... Der Zug sagte: Hier sind wir, ein unübersehbarer Haufen, der an euer System nicht mehr glaubt, der sein Recht verlangt. Als solcher werden wir bei der nächsten Reichstagswahl an den Wahlurnen erscheinen« – nicht weniger, aber auch nicht mehr.

Die Theorie hatte schon bei den führenden Männern der Partei einen geringen Stellenwert; bei den Arbeitern selbst gab es davon allenfalls vage Vorstellungen. Das zeigte sich auch, als unter der Führerschaft ein Streit um die Lehren Karl Eugen Dührings ausbrach, eines Privatdozenten an der Berliner Universität, der erheblichen Einfluß auf die Berliner Funktionäre, besonders die ehemaligen Eisenacher, ausübte und von dem sogar Bracke und selbst Bebel beeindruckt waren. Dührings System war mit der Marxschen Lehre unvereinbar; er selbst beschrieb sich als ein »links von Marx« stehender Sozialist. Eigentum wurde von ihm definiert als Produkt der Macht über die Arbeit der unterworfenen Klassen; die Lohnhöhe stand im umgekehrten Verhältnis zur Größe der angewandten Gewalt. Dieser Gewalt stellte Dühring die Forderung nach Gleichheit gegenüber. In seinem »sozialitären« System sollte Arbeit die einzige Legitimation für den Besitz sein.

Die Berliner Gewerkschafter waren besonders angetan von Dührings praktischen Vorschlägen; dabei erklärte er den Streik zur wichtigsten Waffe der Arbeiter, gab aber auch brauchbare Ratschläge für Verhandlungen zwischen Arbeitern und Unternehmern sowie für den Abschluß von Vereinbarungen. Einer seiner Vorschläge sah eine von den Gewerkschaften organisierte und finanzierte Arbeitslosenunterstützung vor.

Dergleichen fand Anklang, zumindest lebhaftes Interesse. Bebel lobte in einem noch im Gefängnis geschriebenen Aufsatz für den *Volksstaat* Dührings *Cursus der National- und Socialökonomie* als eines der besten volkswirtschaftlichen Werke nach Marx' *Kapital*. Engels schrieb daraufhin sehr verärgert an Liebknecht, aber der bezog erst Stellung gegen Dühring, als dieser anfing, sich über Marx und dessen *Kapital* lustig zu machen. Engels und Marx selbst verzichteten zunächst darauf, auf Dührings Angriffe zu antworten; teils nahmen sie sie nicht ernst, teils waren sie mit Wichtigerem beschäftigt. Erst auf Drängen von Liebknecht hin ging Engels 1877 daran, die »Wirklichkeitstheorie« Dührings einer vernichtenden Kritik zu unterziehen; sein »Anti-Dühring« erschien dann in Fortsetzungen im *Volksstaat.* Most dagegen stellte auf dem Parteikongreß einen Antrag, der besagte, Engels' Kritik an Dühring sei »völlig ohne Interesse und höchst Anstoß erregend«, ihre weitere Veröffentlichung habe zu unterbleiben. Auf Bebels Intervention hin wurde dieser Antrag zunächst abgemildert, schließlich ganz zurückgezogen. Aber er war immerhin von zahlreichen Gewerkschaftsführern und maßgebenden Berliner Sozialdemokraten eingebracht worden.

Bracke schrieb daraufhin an Engels, daß viele Genossen glaubten, er hätte Dühring nur aus Verärgerung über dessen Kritik an Marx angegriffen. Nur wenige könnten aus dem »Anti-Dühring« etwas lernen; »der großen Masse bleibt das alles fern«. Dühring wurde wenig später von der Berliner Universität als Sozialist gemaßregelt und erhielt Vorlesungsverbot, wogegen die Partei Protest erhob.

Engels' »Anti-Dühring«, dessen Buchausgabe sofort nach ihrem Erscheinen in Deutschland verboten wurde, konnte zunächst wenig bewirken. Zum einen war die erste Fassung so überladen mit Angriffen auf Dühring, daß nur wenige Leser die glänzende und sehr präzise Darstellung der Marxschen Lehre, die das Werk enthielt, herauszudestillieren vermochten; zum andern aber waren die Marxschen Theorien in Deutschland noch weitgehend unbekannt. Die *Deutsche Philosophie*, die Marx und Engels schon 1845/46 verfaßt hatten, war noch ungedruckt, den ersten Band des *Kapital* kannten bislang nur sehr wenige. Erst als Engels' »Anti-Dühring« in einer revidierten Fassung unter Verzicht auf die Ausfälle gegen Dühring und ergänzt durch eine Einleitung und das Schlußkapitel über den Sozialismus in der Schweiz erschien, konnte dieses Werk einer jüngeren Generation von sozialistischen Theoretikern das Wesen der Marxschen Lehre wirklich erschließen.

Nun erst, gegen Ende der achtziger Jahre, bildete sich auf dem europäischen Kontinent eine wirklich marxistische Schule und Tradition heraus, und neben dem *Kommunistischen Manifest* wurde Engels' »Anti-Dühring« zur fundamentalen Lehr- und Streitschrift des Marxismus. Da hatte dieses zunächst wenig beachtete Werk, wie es Gustav Mayer treffend beschrieben hat, »die jungen Akademiker, die... in Berlin die von den Arbeitern gelesenen Zeitschriften herausgaben... zu Marxisten gemacht«.

Denn in *Herrn Eugen Dührings Umwälzung der Wissenschaft*, wie der volle Titel des Buchs lautet, fand sich nicht nur eine präzise Darstellung der materialistischen Geschichtsauffassung, die in dem klassischen Satz gipfelt, daß »das Bewußtsein der Menschen aus ihrem Sein, statt wie bisher ihr Sein aus ihrem Bewußtsein zu erklären sei«, sondern, einleuchtend auch für den Arbeiter, das Bild der Bourgeoisie, die die feudale Ordnung zerstört und auf ihren Trümmern die gesetzlich geregelte Scheinfreiheit herstellt, »die nur die Freiheit des Warenbesitzes« ist.

Engels, so hat es Hedwig Wachenheim dargestellt, »machte seinen Lesern Mut, als er darauf hinwies, daß nach Marx die Verwandlung des auf eigener Arbeit beruhenden, zersplitterten Privateigentums der Individuen in kapitalistisches Eigentum ein viel langwierigerer, härterer und schwierigerer Prozeß sei als *ihre* Aufgabe der Verwandlung des bereits auf gesellschaftlichem Produktionsbetrieb beruhenden kapitalistischen Privateigentums in gesellschaftliches Eigentum«. Die eindrucksvollste Darstellung aber gab Engels im revidierten »Anti-Dühring« von den Auswirkungen der von Marx vorausgesagten Revolution:

»Wenn die Entwicklung so weit gediehen ist, daß durch die Besitzergreifung der Produktionsmittel durch die Gesellschaft... die Herrschaft des Produkts über den Produzenten beseitigt ist und die Anarchie in der gesellschaftlichen Produktion ersetzt wird durch planmäßige bewußte Organisation und der Kampf ums Dasein aufhört..., scheidet der Mensch in gewissem Sinne endgültig aus dem Tierreich aus. Der Umkreis der die Menschen umgebenden Lebensbedingungen, die bisher die Menschen beherrschten, tritt jetzt unter die Herrschaft und Kontrolle der Menschen selbst. Die objektiven Mächte, die bisher die Geschichte beherrschten, treten unter die Kontrolle der Menschen selbst. Erst von da an werden die Menschen ihre Geschichte mit vollem Bewußtsein selbst machen, erst von da an werden die von ihnen in Bewegung gesetzten gesellschaftlichen Ursachen in stets steigendem Maße auch die von ihnen gewollten Wirkungen haben. Es ist der Sprung der Menschheit vom Reich der Notwendigkeit in das Reich der Freiheit. Diese weltbefreiende Tat durchzuführen ist der geschichtliche Beruf des modernen Proletariats.«

Doch um die Jahreswende 1877/78 war Engels' faszinierende Prophezeiung für die deutschen Arbeiter noch viel zu abstrakt, und es gab noch keine planmäßige Schulung, die den Parteimitgliedern, die nach klaren und verständlichen Zielen und Zukunftsbildern dürsteten, die sozialistische Utopie im Einklang mit der Marxschen Lehre hätte erläutern können.

Die Akademiker, die von der Parteipresse beschäftigt wurden, ließen sich 1878 noch an den Fingern abzählen, und es waren die Delegierten der Parteitage, die über die Parteiliteratur zu entscheiden hatten. Ihren Bedürfnissen entsprach nicht der gelehrte und ursprünglich auch allzu polemische »Anti-Dühring«, vielmehr ein Buch, das 1878 zunächst unter dem unverfänglichen Titel *Die Frau in Vergangenheit, Gegenwart und Zukunft* im Parteiverlag erschien. Sein Verfasser war August Bebel, der mit sicherem Instinkt erkannt hatte, was die Sozialdemokraten, Männer wie Frauen, lesen wollten. Denn in seinem Werk, das später mit dem geänderten, dem Inhalt weit besser entsprechenden Titel *Die Frau und der Sozialismus* eine Millionenauflage erreichte und weltberühmt wurde, gab Bebel nicht nur eine populärwissenschaftliche Darstellung der Rolle der Frau in der sich wandelnden Gesellschaft, sondern stellte gleichzeitig die sozialistische Zukunft ebenso konkret und gemeinverständlich wie optimistisch dar.

Versammlung sozialdemokratischer Frauen in Berlin im Jahre 1891.

»Das Buch hatte den Reiz der Neuheit«, hat Werner Thönnessen in seiner Untersuchung der *Frauenemanzipation in Politik und Literatur der deutschen Sozialdemokratie 1863-1933* dazu bemerkt. Bebel »leitete aus der Unterdrückung der Frau als Geschlechtswesen ihre Gemeinsamkeit mit dem Proletariat her und erwartete vom Sozialismus die Emanzipation der Frauen wie des gesamten Proletariats. Besonders unter dem weiblichen Proletariat wurde Bebels Buch ... zur wichtigsten Aufklärungsschrift«, aber das Bild, das der Autor darin von der sozialistischen Zukunftsgesellschaft entwarf, entsprach auch den Wunschträumen der Männer, die in der Gegenwart unter miserabelsten Arbeits- und Lebensverhältnissen litten.

Bebels *Die Frau und der Sozialismus* – und gewiß auch Engels' »Anti-Dühring« – rückte im Gegensatz zum gegenwartsgebundenen Lassalleanismus die Zukunftsgesellschaft, die zu schaffen nach Marx die geschichtliche Aufgabe des Proletariats war, in den Mittelpunkt des Interesses.

Zunächst hatte das wenig Bedeutung; die Bücher mußten – wie Hedwig Wachenheim dazu bemerkt hat – »erst einsickern, und das konnte unter den neuen Schlägen, die 1878 auf die Partei niedergingen, nur langsam geschehen«. Diese neuen Schläge, die auch der Grund dafür waren, warum *Die Frau und der Sozialismus* zuerst unter einem unverfänglichen, das Reizwort »Sozialismus« vermeidenden Titel erschien und später jahrelang nur illegal vertrieben werden konnte, gingen von Bismarck aus, der Anfang 1878 entschlossen war, der deutschen Sozialdemokratie mit den in der Reaktionszeit bewährten Mitteln den Garaus zu machen, und nur noch darauf wartete, daß ihm ein für die Öffentlichkeit plausibler Anlaß dazu geboten würde.

9.
Unter dem »Sozialistengesetz«

Der Anlaß kam wie bestellt: Am 11. Mai 1878 gab in Berlin, Unter den Linden, ein arbeits- und mittelloser zwanzigjähriger Klempnergeselle namens Hödel einige Revolverschüsse auf den in einer Kutsche vorbeifahrenden Kaiser Wilhelm I. ab, ohne ihn zu verletzen. Hödel hatte kurze Zeit der Sozialistischen Arbeiterpartei angehört, war aber wegen kriminellen Verhaltens ausgeschlossen worden. Er hatte sich dann den politischen Gegnern der Sozialdemokratie anzudienen versucht, was ihm in mindestens einem Fall auch gelungen war: Ein nationalliberaler Politiker hatte ihm etwas Geld gegeben in der Hoffnung, daß ihm Hödel »Material« gegen die Sozialisten liefern werde. »In jedem Fall gehörte dies Attentat«, hat Franz Mehring dazu geschrieben, »zu den harmlosesten des Jahrhunderts. Trotzdem machte der Byzantinismus*, der die besitzenden Klassen seit dem Deutsch-Französischen Kriege verheerte, eine große Haupt- und Staatsaktion daraus; der patriotische Mob zog vor das Palais des Kaisers und sang: ›Nun danket alle Gott . . . !‹ Der Kaiser selbst, der zunächst auch an kein Attentat glauben wollte, ließ sich dann doch überreden, daß er einer furchtbaren Gefahr entronnen sei, und erklärte, daß dem Volke die Religion erhalten werden müsse, um solche Greueltaten zu vermeiden . . . Bismarck seinerseits faßte den . . . Zwischenfall weniger von der sentimental-pathetischen als von der demagogisch-praktischen Seite auf und telegraphierte auf die erste Kunde von Hödels Revolverschüssen umgehend aus Friedrichsruh: Ausnahmegesetze gegen die Sozialdemokratie! Wenige Tage darauf war denn auch ein solches Machwerk fertig«, aber es fand, nachdem sich die Gemüter wieder etwas beruhigt hatten, im Reichstag keine Mehrheit.

Doch schon ein paar Tage später, am 2. Juni 1878, schoß ein Dr. Karl Nobiling auf den Kaiser, diesmal mit einer Schrotflinte. Er verletzte den Einundachtzigjährigen schwer. Nach dem Attentat schoß Nobiling auf sich selbst und starb einige Zeit später an den Verletzungen; es konnte ihm kein Prozeß gemacht werden – wogegen der kaum zurechnungsfähige Hödel im Eilverfahren abgeurteilt und hingerichtet wurde. Trotzdem verbreitete das amtliche Wolffsche Telegraphenbüro zwölf Stunden nach Nobilings Anschlag auf den Kaiser, der schwerverwundete Attentäter habe »gestanden«, an sozialdemokratischen Versammlungen teilgenommen zu haben. In Bebels Erinnerungen heißt es dazu, Dr. Nobiling habe dort lediglich in einem Diskussionsbeitrag heftig gegen die Sozialdemokratie gesprochen.

Einen Zusammenhang zwischen dem Attentat und der Sozialistischen Arbeiterpartei hat die Regierung weder damals ernsthaft zu beweisen versucht noch später bewiesen; Bismarck beschränkte sich darauf, im Reichstag zu erklären: Wer die sozialdemokratische Presse einige Jahre lang verfolgt habe, müsse von »Gewalttat, Mord, Königsmord und Abschaffung des Königtums zwischen den Zeilen gelesen« haben.

Jedenfalls kam dem Kanzler das zweite Attentat äußerst gelegen. Jetzt hatte er einen Anlaß, Neuwahlen auszuschreiben, weil ihm der Reichstag die gewünschten Ausnahmegesetze gegen die Sozialdemokratie verweigert hatte.

Unmittelbar nach Empfang der Nachricht von dem zweiten Anschlag sagte Bismarck zu dem gerade in Friedrichsruh anwesenden Chef der Reichskanzlei, Christoph v. Tiedemann, triumphierend: »Jetzt habe ich die Kerle!« Damit meinte er aber, wie er dem verdutzten Beamten erklärte, gar nicht in erster Linie die Sozialisten, sondern die als Partei und Fraktion weit stärkeren Nationalliberalen, denen er eine Wahlniederlage bereiten wollte, nachdem deren linker Flügel im Reichstag entscheidend dazu beigetragen hatte, daß die Regierung mit ihrer Gesetzesvorlage gegen die Sozialisten gescheitert war.

Im sofort beginnenden Wahlkampf – schon am 30. Juni, vier Wochen nach dem zweiten Attentat, wurde der neue Reichstag gewählt – zogen Regierung und die von ihr beeinflußte Presse alle Register, um die ohnehin schon fast hysterische Bevölkerung gegen die »Schurken und Königsmörder« von der Sozialistischen Arbeiterpartei aufzuhetzen; Bebel schrieb in seinen Erinnerungen, daß er auf Reisen nirgendwo mehr Unterkunft fand und sich schließlich unter falschem Namen ein Zimmer suchen mußte. Vom Innenministerium erging eine Anweisung, alle sozialdemokratischen Veranstaltungen zu verbieten und durch Haussuchungen, Strafbefehle und Festnahmen den Wahlkampf der Sozialisten zu lähmen. Die Partei hatte große Schwierigkeiten, Lokale zu finden, in denen sie sich versammeln konnte. Zahlreichen Parteimitgliedern, aber auch bloßen Besuchern sozialdemokratischer Veranstaltungen, wurden von der Polizei allerlei Scherereien bereitet. In manchen Gegenden forderten die Arbeitgeberverbände ihre Mitglieder auf, alle als Sozialdemokraten bekannten Arbeiter und Angestellten zu entlassen. Die Staatsanwälte überboten sich gegenseitig mit immer mehr an den Haaren herbeigezogenen Anklagen wegen Majestätsbeleidigung.

»Eine gemeingefährliche Denunziantenpest tobte durch alle Schichten des deutschen Volkes«, erinnerte sich Franz Mehring. »Ein beliebter Trick der Denunzianten bestand darin, in Arbeiterversammlungen oder in Wirtshäusern, wo Arbeiter verkehrten, plötzlich ein Hoch auf den Kaiser auszubringen; wer dann nicht aufstand oder nicht das Haupt entblößte, war wegen Majestätsbeleidigung geliefert. Es kam so weit, daß der amerikanische Gesandte in Berlin den Staatssekretär in Washington ersuchte, die amerikanischen Staatsbürger, die nach Deutschland herüberkämen, vor jedem politischen Gespräch zu warnen ... Liberale Blätter, die mit einer Statistik der Majestätsbeleidigungsprozesse begonnen hatten, hörten schon anfangs Juli damit auf, überwältigt von Abscheu und Scham: In einem einzigen Monat war auf weit über fünfhundert Jahre Gefängnis wegen Majestätsbeleidigung erkannt worden..., in Berlin allein an einem einzigen Tage, dem 8. Juni, gegen sieben Personen auf 22 Jahre sechs Monate Gefängnis... Eine Frau in Brandenburg an der Havel erhielt ein Jahr sechs Monate Gefängnis, weil sie auf die erste Nachricht von Nobilings Attentat geäußert hatte: ›Der Kaiser ist wenigstens nicht arm, er kann sich pflegen lassen.‹ Wegen einer ähnlich harmlosen Äußerung kam ein Mann in Bonn in erster Instanz mit drei Monaten Gefängnis davon..., wurde in zweiter Instanz aber zu drei Jahren Gefängnis verurteilt...«

Zugleich hetzte die von der Regierung beeinflußte Presse auch gegen den linken Flügel der Nationalliberalen und gab ihm die Schuld am Scheitern des ersten Ausnahmegesetzes, das, wenn es rechtzeitig erlassen worden wäre, »gewiß den zweiten mörderischen Anschlag auf unseren greisen Heldenkaiser verhindert hätte«. Daß dieser nun verletzt darniederlag und sich erst langsam wieder erholte, hatten – so suggerierten vor allem die konservativen Blätter ihren Lesern – jene Nationalliberalen zu verantworten, die sich »schützend vor die Anstifter« gestellt und Bismarcks Ausnahmegesetzentwurf abgelehnt hatten.

Es nützte den nationalliberalen Kandidaten wenig, daß sie nun eilig ihre Bereitschaft bekundeten, einem neuen Entwurf für ein Ausnahmegesetz, »welches nicht aus dem Rahmen der sittlichen Garantien heraustritt«, zuzustimmen. Sie wurden weiter, wie Bismarck es schmunzelnd nannte, »an die Wand gedrückt, bis sie quietschen!«

Als am Tag vor der Stichwahl ein neuer Regierungsentwurf für ein »Gesetz gegen die gemeingefährlichen Bestrebungen der Sozialdemokratie« bekanntgegeben wurde, sah die Partei ihre letzten Chancen dahinschwinden. Welcher bürgerliche Wähler würde es nun noch wagen, fragten sich die besorgten Führer, im zweiten Wahlgang für einen Kandidaten der »Meuchelmörder und Verschwörer« zu stimmen?

Indessen zeigte es sich, daß überall dort, wo die Partei festen Fuß gefaßt hatte, die zu erwartenden Verluste sich in engen Grenzen hielten. Die Hauptverlierer der Reichstagswahlen vom 30. Juli 1878 waren, wie Bismarck es sich erhofft hatte, die Nationalliberalen.

Während die konservativen Parteien eine beträchtliche Zunahme an Wählerstimmen zu verzeichnen hatten und die Anzahl ihrer Mandate von 76 auf 115 erhöhen konnten, büßten die Nationalliberalen 139000 oder mehr als zehn Prozent ihrer Wählerstimmen ein und verloren 29 von ihren zuvor 127 (1874 noch 152) Sitzen. Noch ärger erging es der Fortschrittspartei; sie verlor zwar nur wenige Stimmen, aber 9 von ihren 35 Mandaten. Die übrigen Parteien, vor allem das katholische Zentrum, hatten keine nennenswerten Verluste oder Gewinne zu verzeichnen, aber durch die Verminderung der Reichstagssitze von Fortschritts- und Nationalliberaler

Reichs=Gesetzblatt.

№ 34.

(Nr. 1271.) Gesetz gegen die gemeingefährlichen Bestrebungen der Sozialdemokratie. Vom 21. Oktober 1878.

Wir Wilhelm, von Gottes Gnaden Deutscher Kaiser, König von Preußen ꝛc.

verordnen im Namen des Reichs, nach erfolgter Zustimmung des Bundesraths und des Reichstags, was folgt:

§. 1.

Vereine, welche durch sozialdemokratische, sozialistische oder kommunistische Bestrebungen den Umsturz der bestehenden Staats= oder Gesellschaftsordnung bezwecken, sind zu verbieten.

Dasselbe gilt von Vereinen, in welchen sozialdemokratische, sozialistische oder kommunistische auf den Umsturz der bestehenden Staats= oder Gesellschafts=ordnung gerichtete Bestrebungen in einer den öffentlichen Frieden, insbesondere die Eintracht der Bevölkerungsklassen gefährdenden Weise zu Tage treten.

Den Vereinen stehen gleich Verbindungen jeder Art.

§. 2.

Auf eingetragene Genossenschaften findet im Falle des §. 1 Abs. 2 der §. 35 des Gesetzes vom 4. Juli 1868, betreffend die privatrechtliche Stellung der Erwerbs= und Wirthschaftsgenossenschaften, (Bundes=Gesetzbl. S. 415 ff.) Anwendung.

Auf eingeschriebene Hülfskassen findet im gleichen Falle der §. 29) des Gesetzes über die eingeschriebenen Hülfskassen vom 7. April 1876 (Reichs=Gesetzbl. S. 125 ff.) Anwendung.

§. 3.

Selbständige Kassenvereine (nicht eingeschriebene), welche nach ihren Sta-tuten die gegenseitige Unterstützung ihrer Mitglieder bezwecken, sind im Falle des

Ausgegeben zu Berlin den 22. Oktober 1878.

Das »Gesetz gegen die gemeingefährlichen Bestrebungen der Sozialdemokratie« (»Sozia-listengesetz«) von 1878.

Partei war die mit 93 Abgeordneten und 10 welfischen Hospitanten in den Reichstag zurückgekehrte Zentrumsfraktion nun zur stärksten Partei geworden, zumal sich die Polen, Elsaß-Lothringer und weitere Gruppen mit zusammen annähernd 30 Mandaten der Führung des Zentrums meist anschlossen.

Fast ein Wunder war es zu nennen, daß die Sozialdemokratie, trotz der wilden Hetze gegen sie und der brutalen Verfolgung ihrer Anhänger, knapp 90 Prozent ihrer Wähler behalten hatte; die Anzahl der für sie abgegebenen Stimmen war nur von 493 000 auf 437 000 zurückgegangen. In Berlin und in Sachsen hatte sie sogar Gewinne zu verzeichnen; in Hamburg hatte sie ihren Anteil an der Wählerschaft von 40 auf 41 Prozent erhöhen können. Dafür waren ihre Verluste in den Gebieten, wo sie ohnehin wenig Anhänger hatte, stärker gewesen, und von ihren bislang zwölf Mandaten waren ihr drei wieder verlorengegangen. Glauchau-Meerane und Stollberg-Schneeberg, die Wahlkreise von Bebel und Liebknecht, hatten die Sozialdemokraten im ersten Wahlgang erobern können; Berlin IV, Breslau I, Mittweida, Dresden-Altstadt, Freiberg, Annaberg-Zschopau und Elberfeld-Barmen gewannen sie bei den Stichwahlen. Fritzsche hatte in Berlin mit 22 000 Stimmen mehr Wähler als je zuvor ein Reichstagskandidat, und damit hätte eigentlich jedem Einsichtigen klar sein müssen, daß die unerbittliche Verfolgung, wie sie gerade in Berlin von Staatsanwalt Tessendorf betrieben wurde, das angestrebte Ziel, die Zerschlagung der Partei, nicht erreicht, sondern eher das Gegenteil bewirkt hatte.

Aber schon am 9. September 1878 legte die Regierung dem neuen Reichstag, dem von den Sozialdemokraten wieder Bebel, Liebknecht, Bracke, Fritzsche, Hasselmann und Vahlteich sowie drei Neulinge – der gelernte Schlosser Philipp Wiemer, der Redakteur Max Kayser und der Photograph Klaas Reinders – angehörten, sogleich ihren neuen Entwurf eines »Sozialistengesetzes« vor, das bereits am 19. Oktober mit 221 gegen 149 Stimmen verabschiedet wurde und zwei Tage später, am 21. Oktober 1878 durch Veröffentlichung im Reichs=Gesetzblatt in Kraft trat. Konservative und Nationalliberale hatten geschlossen dafür, das Zentrum, eingedenk des gerade erst beendeten »Kulturkampfs« gegen die katholische Geistlichkeit, dagegen gestimmt, ebenso die Fortschrittspartei. Von den Sozialdemokraten waren Bracke und Bebel, der bei der ersten Lesung noch eine Gefängnisstrafe verbüßte, als Redner gegen das Gesetz aufgetreten. Bebels Rede machte starken Eindruck; sie »fesselte«, wie selbst Bismarcks Norddeutsche Allgemeine Zeitung zugeben mußte, »die ernste Aufmerksamkeit des Hauses«. Seine Schlußworte – »Wie immer, meine Herren, Ihre Entscheidung ausfällt, wir werden fortleben, und zwar fortleben, bis die Zustände, die heute unsere traurigen Verhältnisse erzeugt haben, beseitigt sind!« – wurden von allen Zeitungen zitiert, ebenso Wilhelm Brackes »Meine Herren, wir – pfeifen auf das Gesetz!«, wozu angemerkt sei, daß der die Plenarsitzung leitende Präsident v. Forckenbeck einen Schriftführer auf die Pressetribüne entsandte, der den Journalisten einprägen sollte, daß nur von *pfeifen*, nichts ähnlich Klingendem, die Rede gewesen sei.

Das neue Gesetz bestimmte in Paragraph 1: »Vereine, welche durch sozialdemokratische, sozialistische oder kommunistische Bestrebungen den Umsturz der bestehenden Staats- und Gesellschaftsordnung bezwecken, sind zu verbieten.« Die weiteren Paragraphen sahen das Verbot aller Parteiorganisationen und Gewerkschaften vor, auch das aller sozialdemokratischen Zeitungen, Zeitschriften und sonstigen Publikationen, Versammlungen, Aufzüge und öffentlichen Festlichkeiten. Personen, die sich der Agitation für die verbotenen Bestrebungen schuldig machten, konnte bei Bestrafung der Aufenthalt in bestimmten Bezirken verboten werden. Bei Gastwirten, Schankwirten, Kleinhändlern, Buchdruckern, Buchhändlern, Leihbibliothekaren und Inhabern von Lesekabinetten konnte neben der Freiheitsstrafe auch auf Untersagung des Gewerbebetriebs erkannt werden.

Schließlich sah das Gesetz noch die Verhängung des »Kleinen Belagerungszustands« für Ortschaften vor, denen durch die verbotenen Bestrebungen eine »Gefahr für die öffentliche Sicherheit« drohte. Wo der Belagerungszustand herrschte, galten verschärfte Bestimmungen. Auch konnten dort Personen, von denen nach Ansicht der Militärbehörde eine Gefährdung der öffentlichen Sicherheit und Ordnung zu befürchten war, ohne weiteres ausgewiesen werden.

Bismarck hatte sich ein noch weitergehendes Gesetz gewünscht, vor allem die Aberkennung des Wahlrechts und der Wählbarkeit zum Reichstag für alle »erkannten« Sozialdemokraten sowie die Entlassung aller sozialdemokratisch gesinnten Beamten ohne Pension, wobei er an die »schlecht bezahlten Subalternbeamten, die Bahnwärter, Weichensteller und ähnlichen Kategorien« dachte, von denen er – völlig zu Recht – vermutete, sie wären in der Mehrzahl Sozialdemokraten.

Aber beide Wünsche des Kanzlers stießen bereits bei seiner eigenen Ministerialbürokratie auf energischen Widerstand. Die Bestrafung bloßer Gesinnung, so belehrten ihn seine Mitarbeiter, verstieße gegen alle Rechtsgrundsätze, und zudem fände sich niemals eine Reichstagsmehrheit für solche verfassungswidrigen Bestimmungen.

Auch in der schließlich verabschiedeten Fassung erwies sich das Sozialistengesetz bereits als viel härter, als es die Reichstagsmehrheit und auch viele Sozialdemokraten angenommen hatten. Schon die Nummer des *Reichs=Gesetzblatts*, in der das Gesetz verkündet wurde, enthielt eine lange Liste sofort verbotener Vereine, an erster Stelle des »Vereins für die Wahrung der Interessen der werktätigen Bevölkerung«, von dem die Partei angenommen hatte, er könnte als legale Ersatzorganisation dienen. Auch die sozialdemokratischen Zeitungen, deren Redaktionen erklärt hatten, sie würden nun die »schwere, saure Leistung« einer den Bestimmungen des Gesetzes entsprechenden Schreibweise auf sich nehmen, wurden wider

Erwarten sofort verboten, als erste der *Vorwärts*, die *Berliner Freie Presse* und das *Hamburg-Altonaer Freie Volksblatt* mit zusammen 45 000 Abonnenten. Von der gesamten Parteipresse blieben bald nur noch die Nürnberger *Fränkische Tagespost* und die *Neue Offenbacher Zeitung* übrig, sie sich »überparteilich« gaben und nicht dem Zugriff der preußischen Polizei ausgesetzt waren. Dem Verbot der Parteivereine und -zeitungen folgte das der sozialdemokratisch orientierten Gesangs-, Sport-, Bildungs- und Geselligkeitsvereine, insgesamt 189 bis zum Jahresende 1878, von weiteren 28 in den folgenden sechs Monaten. Ebenfalls noch im Oktober wurden die meisten Gewerkschaften aufgelöst und verboten, ihre Kassen beschlagnahmt. Das erste Verbot traf den Tabakarbeiterverein, dessen Verbandsorgan und selbst die Krankenkasse. Es folgten die Verbote der Zimmerer-, Schneider-, Sattler-, Hutmacher- und Schuhmacher-Verbände.

Die meisten anderen Gewerkschaftsverbände, als erster der der Buchdrucker, lösten sich selbst auf und vermochten so ihr Vermögen sowie ihre Mitgliederlisten vor dem Zugriff der Polizei zu retten. Die Buchdrucker gründeten dann einen »Unterstützungsverein deutscher Buchdruckergehilfen«, der, nachdem die Leipziger Polizei eine Registrierung nicht zugelassen hatte, in Stuttgart Zuflucht fand. Dort, wo die Behörden liberaler waren als in Preußen oder Sachsen, fanden sich bald auch weitere Ersatzorganisationen der Gewerkschaften ein.

In Berlin wurde bereits Ende November 1878 der Kleine Belagerungszustand verhängt, und sofort folgten Ausweisungen bekannter Sozialdemokraten. Bis kurz vor Weihnachten mußten 79 Funktionäre, meist Familienväter, in ferne Verbannungsorte abreisen.

In Berlin verabschiedeten sich die Ausgewiesenen mit einem eilig gedruckten Flugblatt von ihren Genossen, denen sie dringend abrieten, sich vom Gegner zu ungesetzlichen Handlungen provozieren zu lassen.

»Vergeßt nicht«, hieß es weiter in diesem Flugblatt, »daß ein infames Lügensystem in der Presse es fertig gebracht hat, uns in der öffentlichen Meinung als diejenigen hinzustellen, welche zu jeder Schandtat fähig sind ... Jeder Fehltritt eines einzigen von uns würde für alle die schlimmsten Folgen haben und gäbe der Reaktion die Rechtfertigung für ihre Gewaltstreiche. Parteigenossen! Arbeiter Berlins! Wir gehen aus eurer Mitte ins Exil ... Wo wir auch weilen mögen, stets werden wir treu bleiben der gemeinsamen Sache! ... Von euch aber verlangen wir: Seid ruhig! Laßt unsre Feinde toben und verleumden, schenkt ihnen keine Beachtung! ... Haltet fest an der Losung, die wir euch so oft zugerufen: An unserer Gesetzlichkeit müssen unsere Feinde zu Grunde gehen!

Und nun noch ein Wort, Freunde und Genossen! Die Ausweisung hat bis jetzt, mit Ausnahme eines einzigen, nur Familienväter getroffen. Keiner von uns vermag seinen Angehörigen mehr als den Unterhalt der nächsten Tage zurückzulassen. Genossen! Gedenket unserer Weiber und Kinder! Bleibet ruhig! Es lebe das Proletariat! Es lebe die Sozialdemokratie!«

Die Hilfe, die den in Berlin, dann auch in anderen sozialdemokratischen Hochburgen Ausgewiesenen und ihren zurückbleibenden Angehörigen zuteil wurde, übertraf auch die kühnsten Erwartungen. An ihren Verbannungsorten wurden die Opfer des Sozialistengesetzes nicht nur von ihren Parteifreunden wie Helden gefeiert und so gut es eben ging mit allem Nötigen versorgt, auch bürgerliche Demokraten beteiligten sich an den Solidaritätsbekundungen mit beträchtlichen Spenden. In allen Berliner Großbetrieben fanden Geldsammlungen für die Familien der Ausgewiesenen statt. Paul Singer, als angesehener Fabrikant, der der Partei offiziell nicht angehörte, am wenigsten verdächtig, übernahm die Verteilung der eingegangenen Spenden, bis dann auch er wie noch Hunderte vor ihm aus Berlin als endlich »erkannter« Sozialdemokrat ausgewiesen wurde.

»Es war herzerfrischend«, erinnerte sich Singer später, »welch hohes Maß an Solidarität und Disziplin die Arbeiter Berlins an den Tag legten. Ihr Klassenbewußtsein, aber auch ihr Einfallsreichtum und ihre Bereitschaft, den engen Spielraum, den das Sozialistengesetz der Betätigung für die verfolgte Partei noch ließ, voll auszunutzen, nahmen zu in dem Maße, in welchem sich der behördliche Druck verstärkte.«

Das zeigte sich im Mai 1879 auch in Breslau, als der dort gewählte Reichstagsabgeordnete Klaas Reinders im Alter von erst einunddreißig Jahren an der Schwindsucht gestorben war. »Die Beerdigung war an einem Sonntag«, heißt es dazu in der 1925 erschienenen *Geschichte der Breslauer Sozialdemokratie*. »Zwanzigtausend Menschen, mit roten Blumen und roten Schleifen geschmückt, sammelten sich am Trauerhaus und folgten dem von Arbeitern getragenen Sarg. Am Friedhof wurde die Menge von der Polizei ausgesperrt. Arbeitersänger sangen dem Toten ein Lied. Als der Reichstagsabgeordnete Fritzsche sprechen wollte, hinderte ihn die Polizei. Reinders wurde ohne Worte in sein Grab gesenkt, dann erst durfte die wartende Menge den Friedhof betreten. Sie pilgerten stundenlang am Grab vorbei. In Breslau sprach man noch tagelang von dem Ereignis . . .« Als Nachfolger von Reinders wurde Wilhelm Hasenclever aufgestellt, und er gewann die Nachwahl im zweiten Wahlgang, als dann auch zahlreiche Zentrumsanhänger für ihn stimmten.

Wenig später, im August 1879, starb in Hamburg August Geib im Alter von achtunddreißig Jahren; er war schon zwei Jahre zuvor wegen seiner angegriffenen Gesundheit aus dem Reichstag ausgeschieden. »Seinem Sarge«, berichtete Franz Mehring, »folgten die Hamburger Arbeiter in einem gewaltigen Zuge, den bürgerliche Blätter auf dreißigtausend Köpfe schätzten, und an seiner offenen Gruft gelobten sich seine alten Freunde, unermüdlich im Geiste des unvergeßlichen Mannes weiterzuwirken.« Als wenige Monate später im Wahlkreis Hamburg II, bis dahin eine Domäne der Nationalliberalen, Nachwahlen erforderlich wurden, siegte dort der Sozialdemokrat Georg Hartmann, obwohl ihm die Polizei jede Versammlung verboten und auch die Flugblattwerbung für ihn unterbunden hatte.

Überhaupt war, wie es bei Hedwig Wachenheim dazu heißt, »das allgemeine, gleiche Wahlrecht... eine mächtige Stütze. Es gab der Arbeiterbewegung Möglichkeiten zu politischer Aktion, um die Erbitterung gegen Regierung und bürgerliche Welt zum Ausdruck zu bringen, vor allem sich selbst zu bestärken... Gerade in der Zeit des Verbots lernten besonders die jüngeren Arbeiter das ›Organisieren‹. Da der Wille vorhanden war, die Partei zu erhalten, war es nicht schwierig, die Mittel dazu zu finden. Verabreden konnte man sich in der Fabrik, in Privatwohnungen, auf der Straße, um ein paar Leute zu bestimmen, die für einen möglichst kleinen Bezirk verantwortlich waren. Diese trafen sich ihrerseits... in Privatwohnungen oder Hinterzimmern von Gastwirtschaften, deren Eigentümer zur Bewegung gehörten, zum Kartenspiel oder Lesekränzchen, wo sie Parteiangelegenheiten besprachen...«

Die Parteiführung hatte stets – ganz im Sinne von Marx und Engels – Bestrebungen abgelehnt, die der Sozialdemokratie einen Geheimbund-Charakter geben wollten. Nun war die Partei verboten und in die Illegalität gedrängt, während man ihr das Recht, Kandidaten für den Reichstag aufzustellen und am parlamentarischen Leben teilzunehmen, nicht genommen hatte. Beides miteinander zu vereinbaren, war sehr schwierig.

Bei Ausschöpfung aller noch verbliebenen legalen Möglichkeiten politischer Arbeit mußte diese mit illegalen, heimlichen Aktionen verknüpft werden. Es galt, elastische Organisationsformen zu finden, die den Zusammenhalt der Partei gewährleisteten, ohne sie im Falle örtlicher Zugriffe der Polizei im Ganzen zu gefährden. Ignaz Auer übernahm diese Aufgabe, nach seiner Ausweisung aus Berlin zunächst mit Wohnsitz in Hamburg, dann im mecklenburgischen Schwerin. Bebel organisierte von Leipzig aus und mit Hilfe eines dort gegründeten Komitees zur Unterstützung der Familien von Inhaftierten und Ausgewiesenen ein Netz von Stützpunkten in legalen örtlichen Sport- und Gesselligkeitsvereinen sowie Hilfs- und Unterstützungskassen. Was der Partei jedoch am dringendsten fehlte, war ein Zentralorgan, das den legal wie illegal arbeitenden Mitgliedern Zusammenhalt geben, Information und Anleitung für ihre politische Arbeit unter erschwerten Umständen vermitteln, darüber hinaus als Sprachrohr des Parteivorstands Angriffe abwehren, den tagespolitischen wie den grundsätzlichen Kurs erläutern und den davon abweichenden Tendenzen, die jetzt verstärkt auftraten, entgegenwirken konnte.

Es waren vor allem zwei Gruppen, die Bebel, Liebknecht und Bracke Sorgen bereiteten: Da waren zunächst, in der Reichstagsfraktion vertreten durch Wilhelm Blos und Max Kayser, opportunistische Strömungen, die für eine weniger radikale, Bismarck auf sozialpolitischem und ökonomischem Gebiet entgegenkommende Politik eintraten, um den Kanzler zu einer Lockerung und schließlichen Aufhebung des Sozialistengesetzes zu bewegen. Sodann aber – und unter den gegebenen Umständen weit gefährlicher – waren anarchistisch-revolutionäre Tendenzen, wie sie vor allem von dem bereits nach London emigrierten Johann Most und dem noch zur Reichstagsfraktion gehörenden ehemaligen Lassalleaner Wilhelm Hasselmann vertreten wurden. Diese anarchistische Gruppe propagierte eine Taktik des individuellen Terrors, berauschte sich an revolutionären Phrasen und wollte auf jede parlamentarische Mitwirkung verzichten. Wäre die Partei dieser bei jungen, großstädtischen Arbeitern in wachsendem Maße Zustimmung findenden Taktik gefolgt, hätte sie sich selbst ihrer wirksamsten Mittel des politischen Kampfs und der Information ihrer Anhänger beraubt, zudem der Regierung Vorwände geliefert, noch härter gegen sie vorzugehen.

Im Sommer 1879 waren die Vorbereitungen zur Gründung eines im Ausland erscheinenden, in Deutschland illegal zu verbreitenden Zentralorgans, das die Partei, wie Bebel es ausdrückte, »wieder auf Vordermann bringen« sollte, nahezu abgeschlossen. Als Erscheinungsort war Zürich vorgesehen, als Chefredakteur ein gebildeter junger Mann aus Bayern: Georg v. Vollmar.

Vollmar, 1850 als Sohn eines hohen, dann geadelten Beamten geboren, hatte sich zunächst als Schriftsteller versucht, war dann als Offizier in päpstliche Dienste getreten, danach bayerischer Beamter geworden. 1869 hatte er sich in München der noch sehr kleinen Schar der dortigen Anhänger Bebels und Liebknechts angeschlossen. Er war dann als Offizier 1870 im Feldzug gegen Frankreich schwer verwundet worden, mußte seither an Krücken gehen, hatte 1876 zum Entsetzen der Münchner Hofgesellschaft mit dem Katholizismus gebrochen und war Mitglied der Sozialistischen Arbeiterpartei geworden. Seit 1877 hatte er den Dresdner *Volksboten* redigiert, wo er durch die Radikalität und Schärfe seiner Artikel bald in Konflikt mit den sächsischen Behörden gekommen war. Während er gerade im Gefängnis saß, trat das Ausnahmegesetz gegen die Sozialdemokratie in Kraft. Als er seine Strafe verbüßt hatte, war v. Vollmar arbeitslos, denn der *Volksbote* hatte sein Erscheinen einstellen müssen. Nachdem er nach Bayern ausgewiesen worden war, übersiedelte er von dort nach Zürich, wie Bebel es ihm geraten hatte, und studierte dort Rechtswissenschaft, wartete aber schon ungeduldig auf das Startzeichen zur Herausgabe des neuen Zentralorgans der Partei, dessen Finanzierung, von Marx und Engels mit Mißtrauen beobachtet, der wohlhabende Frankfurter Bankierssohn Karl Höchberg übernommen hatte, der sich ebenfalls in Zürich aufhielt.

Höchberg hatte sich 1876 mit dreiundzwanzig Jahren der Sozialistischen Arbeiterpartei angeschlossen. Er war ein sehr idealistischer Sozialreformer und hatte sich bereit erklärt, sein ganzes Vermögen »zur Verbesserung der Lage der arbeitenden Klassen« der Partei zur Verfügung zu stellen, nur sah er das geeignete Mittel dazu nicht im revolutionären Klassenkampf, sondern in staatlichen Reformmaßnahmen. Marx und Engels hätten es am liebsten gesehen, wenn die Partei auf Höchbergs Geld verzichtet hätte, denn sie befürchteten, daß Höchberg auf das neue Zentralorgan und damit auf den Kurs der Partei Einfluß nehmen könnte.* Bebel sah diese Gefahr ebenfalls, gedachte jedoch nicht, auf Höchbergs der Partei hochwillkommenes Geld zu verzichten. Mit v. Vollmar, als an seine Weisungen gebundenem Chefredakteur, schien ihm die Einhaltung der Parteilinie durch das künftige Zentralorgan hinreichend gewährleistet.

Am 17. September 1879 schrieb Bebel an einen Parteifreund in Stuttgart: »Was vom 1. Oktober an in Z(ürich) erscheint, werden Sie wohl schon auf anderem Weg erfahren haben. Jedenfalls ist es ein neues Mittel die so schon hochgradige Nervenüberreizung unserer Gegner noch mehr zu steigern. Gruß und Handschlag!«*

Was dann bereits vom 28. September 1879 an wöchentlich in Zürich mit dem Untertitel »Internationales Organ der Sozialdemokratie deutscher Zunge« erschien, führte den unmißverständlichen Namen *Der Sozialdemokrat* und erfüllte Bebels Prophezeiung, was die Aufregung betraf, die das Auftauchen des neuen illegalen Blattes im ganzen Regierungslager auslöste. Dabei war es erst in zweiter Linie der Inhalt des Blatts, das v. Vollmar auf Bebels ausdrückliches Verlangen hin »mit Schärfe und Entschiedenheit« redigierte, der die Behörden der deutschen Länder empörte und zu fieberhafter Aktivität anstachelte. Das Frappierende und zugleich für die Partei propagandistisch Wirksamste war in erster Linie der glänzend funktionierende illegale Vertrieb.

Ein Großteil der Auflage ging von Züricher Postämtern aus, als Buchpakete, Broschürenposten oder Frachtgut deklariert, an ständig wechselnde Adressen in Deutschland, ein weiterer Teil wurde im kleinen Grenzverkehr eingeschmuggelt oder nachts in Kähnen über den Bodensee gerudert. Von den Grenzorten und den Großverteilern in Deutschland aus, die in Augsburg, Nürnberg, Stuttgart, Köln, Erfurt, Halle und Meerane die Pakete in Empfang nahmen, wurden die Kleinverteiler beliefert, die dann in den einzelnen Städten und Landkreisen den Abonnenten das Blatt auf allerlei heimlichen Wegen pünktlich zukommen ließen. Das Ganze erforderte eine außerordentlich präzise, Wege und Methoden ständig wechselnde Vertriebsorganisation, und an deren Spitze stand der – bald allgemein als »Roter Feldpostmeister« bewunderte – ehemalige Reichstagsabgeordnete Julius Motteler, der von Bebel, Liebknecht und Bracke für diese schwierige Aufgabe ausersehen worden war, weil sich bei ihm eine geradezu leidenschaftliche Einsatzbereitschaft für die Partei mit Einfallsreichtum und fast pedantischer Genauigkeit verband. Ihm zur Seite stand Josef Belli, ein aus Baden stammender Schuhmacher, der für den unbehelligten Transport über die schweizerische Grenze nach Deutschland verantwortlich war.

Außer der wöchentlichen Auslieferung des *Sozialdemokrat* übernahm Julius Mottelers »Rote Feldpost« auch die illegale Verteilung der in Zürich gedruckten Flugblätter, Broschüren und Bücher, darunter auch Bebels *Die Frau und der Sozialismus*. Später wurden zur Erleichterung des Vertriebs der steigenden Auflage des *Sozialdemokrat* in Köln, Hamburg, Stuttgart, Nürnberg und Altenburg Geheimdruckereien eingerichtet, die allwöchent-

Issleib & Bebel.

Leipzig.

Leipzig, den *18 Septemb* 18*79*

Liebe Herr Becker.

[handschriftlicher Brief, nicht entzifferbar]

Faksimile eines Briefes von August Bebel.

lich mit den aus der Schweiz gelieferten Druckplatten die Zeitungen herstellten, die dann über Hunderte von Vertrauensmännern und Tausende
von örtlichen Verteilern in allen wichtigen Orten des Reiches ihren Weg zu
den Lesern fanden.

Schon zwei Monate nach dem ersten Erscheinen des *Sozialdemokrat*, am
30. November 1879, schrieb Bebel an v. Vollmar, er möge ruhig schärfer
und entschiedener schreiben; die Parteianhänger in Deutschland seien
»maßlos verbittert« durch das rigorose Vorgehen der Polizei und Justiz, und
was sie von dem Parteiorgan erwarteten, sei ein hartes Zurückschlagen.

Offenbar wollte Bebel der Züricher Redaktion mit diesem Brief helfen, opportunistische Versuche der Einflußnahme abzuwehren. Doch nun schoß v. Vollmar weit über das von Bebel gesteckte Ziel hinaus. Er verfiel, wie Bebel am 5. Januar 1880 an Engels schrieb, nun in einen »Ton à la Hans (Most)«. Tatsächlich hatte v. Vollmar in einem Leitartikel geschrieben, für die Sozialdemokratie könnte der Reichstag keinen anderen Zweck haben als den einer Tribüne für ungehemmte politische Propaganda. Ein Sieg der Arbeiterbewegung wäre nur durch Revolution möglich. Die jetzt noch eine Minderheit bildenden sozialistischen Arbeiter würden durch die Revolution zur Mehrheit werden und dann die Produktionsverhältnisse neu ordnen können; sie dürften dann nur nicht durch verfrühte Wahlen die errungene Macht und ihre revolutionäre Zielsetzung gefährden.

In einem anderen Beitrag regte v. Vollmar an, zur Vorbereitung der baldigen Revolution eine sozialdemokratische Geheimorganisation auf nationaler Ebene zu schaffen. Bebel war darüber empört. »Während der ganzen Dauer der Sozialistengesetze«, so erläuterte er seinen Standpunkt später, »sahen wir streng darauf, es zu keiner allgemeinen, über ganz Deutschland verbreiteten Geheimorganisation kommen zu lassen. Wir waren überzeugt, daß diese schon nach kurzer Zeit entdeckt« werden würde und daß es dann »zu einer Verfolgung schlimmster Art« kommen könnte.

Im Gegensatz zu Vollmar und anderen, die vom Ausland her zur Konspiration und zur revolutionären Aktion rieten, war Bebels Haltung von politisch realeren Zielen und Wegen zur Erhaltung der Organisation und Bewegung in Deutschland bestimmt. Für Bebel war es besonders wichtig, daß die innere Entwicklung der deutschen Sozialdemokratie Kraft und Wachstum erkennen ließ; daß die Genossen, die unter ständiger Gefahr agitierten, neue Stützpunkte aufbauten und den Vertrieb des *Sozialdemokrat* organisierten, vor dem Zugriff der Polizei so gut wie irgend möglich geschützt würden. Für revolutionäre Aktion sah er nicht die geringste Chance; bei einem Kampf mit dem Militär konnte es nach seiner Überzeugung kein anderes Resultat geben als ein furchtbares Blutbad.

Gewiß, die Verhältnisse in Deutschland hatten sich in den letzten anderthalb Jahrzehnten stark verändert, die Aussichten, der Sozialdemokratie Anhänger zu gewinnen waren seit 1865 dadurch gewachsen, daß immer mehr Menschen vom Land in die Städte abwanderten und das Industrieproletariat vermehrten. Aber noch immer war knapp die Hälfte aller Erwerbstätigen in der Land- und Forstwirtschaft beschäftigt, nur etwa ein Drittel in der Industrie, dort jedoch mehrheitlich in Kleinbetrieben. Was noch stärker ins Gewicht fiel: Die Sozialdemokratie hatte bislang nur in Gegenden mit überwiegend evangelischer Bevölkerung – also im Großraum Hamburg, in und um Berlin, in Sachsen, in und um Nürnberg, im Wuppertal und im Bergischen Land sowie in den norddeutschen Hafenstädten unter der Arbeiterschaft zahlreiche Anhänger gewinnen können; das rheinisch-westfälische Industriegebiet, wo Hunderttausende von Polen aus den preußischen

Georg v. Vollmar, 1850-1922.

Ostprovinzen die katholische Stammbevölkerung vermehrt hatten, war der Sozialdemokratie ebenso verschlossen wie der größte Teil Süddeutschlands, die weiten Agrargebiete Ostelbiens, das saarländische und lothringische Industrierevier und die Bergarbeiterstädte Oberschlesiens. Nur in wenigen Großstädten wie Köln, München, Augsburg und Breslau war es der Partei gelungen, außerhalb ihrer angestammten Wahlbezirke Fuß zu fassen.

Noch gab es, so sahen es Bebel und andere besonnene Führer, keine Siegesaussichten für eine Revolution, und deshalb war es dringend nötig, allem Gerede davon ein Ende zu machen, anderseits aber auch den sozialreformerischen Tendenzen in der Reichstagsfraktion. Strategie und Taktik der Partei mußten jetzt klar bestimmt werden.

Zu diesem Zweck berief die Parteileitung im Sommer 1880 einen Kongreß ein, was unter dem Ausnahmegesetz bis dahin nicht möglich gewesen war und auch jetzt außerordentliche Anstrengungen erforderlich machte. Es war nur an eine Zusammenkunft auf neutralem Boden und unter strengster Geheimhaltung zu denken, und so mußte die Anzahl der Teilnehmer so klein wie möglich gehalten werden. Trotz der strengen Überwachung gelang es, in allen sozialdemokratischen Hochburgen einen Delegierten zu bestimmen, der bereit war, das Risiko einer mehrtägigen Abwesenheit von seinem Arbeitsplatz auf sich zu nehmen, und auch das Geld für die Reise an den noch unbekannten Tagungsort wurde durch Sammlungen aufgebracht.

Dieser erste illegale Parteikongreß fand dann vom 20. bis 23. August 1880 auf Schloß Wyden in der Schweiz statt, das bei Ossingen im Kanton Zürich etwas abseits von der Heerstraße liegt. »Er wurde«, heißt es dazu bei Franz Mehring, »von 56 Delegierten besucht, die in ihrer überwiegenden Mehrzahl aus den verschiedenen Teilen Deutschlands gekommen waren; außerdem waren Vertreter der deutschen Sozialisten in der Schweiz, in Frankreich und in Belgien sowie je zwei österreichische und schweizerische Parteigenossen zugegen. Die Sozialisten aller Länder schickten zahlreiche Begrüßungsschreiben und Sympathiezuschriften. Obgleich der ›Sozialdemokrat‹ seit dem 20. Juni wiederholt zur Beschickung des Kongresses aufgefordert hatte, war das Geheimnis von Ort und Zeit so gut gewahrt worden, daß die viertägigen Beratungen völlig ungestört verliefen … Die acht Sitzungen des Kongresses führten zu manchem kräftigen Aufeinanderplatzen der Geister, aber zuletzt doch zu vollkommener Einigung. Die Kritik der im ersten Jahre des Sozialistengesetzes begangenen Fehler hatte jetzt nur noch historisches Interesse … An der seit Jahr und Tag eingeschlagenen Taktik ließ sich grundsätzlich nichts mehr aussetzen. Man fügte sich nicht mehr dem Sozialistengesetz, sondern setzte die alte Agitation in der alten Weise fort, trotz des Ausnahmegesetzes und gegen dieses Gesetz … So beschloß der Kongreß, das Gothaer Programm dahin zu ändern, daß die Partei ihre Ziele mit *allen* Mitteln und nicht mehr bloß mit allen *gesetzlichen* Mitteln erstrebe, die Reichstagsfraktion als Parteileitung und den ›Sozialdemokrat‹ als Parteiorgan anzuerkennen, in der Regel alle Jahre, spätestens aber alle drei Jahre einen Parteikongreß abzuhalten, die Organisation an den einzelnen Orten den Parteigenossen zu überlassen, an den Wahlen für Reichstag, Landtag und Gemeinde aus agitatorischen und propagandistischen Rücksichten teilzunehmen, insbesondere aber für die Reichstagswahlen von 1881 die allgemeinste und kräftigste Propaganda zu entfalten.«

Sodann wurde beschlossen, noch vor den Reichstagswahlen einige prominente Genossen in die USA zu entsenden, wo sie Vorträge halten und zu Spenden für den Unterstützungs- und den Wahlfonds der Partei aufrufen sollten.

Schließlich wurden auf dem Wydener Kongreß Johann Most und Wilhelm Hasselmann wegen parteischädigenden Verhaltens ausgeschlossen, womit klargestellt war, daß die Partei von ihrer, wie Bebel sie nannte, »kindischen und verbrecherischen Revolutionsspielerei« endgültig genug hatte.

Bald darauf mußte Georg v. Vollmar die Leitung des *Sozialdemokrat* abgeben. Er hatte die Warnung, die der Ausschluß von Most und Hasselmann ihm sein sollte, mißachtet und erneut dafür plädiert, zum »Vernichtungskampf« gegen die Ausbeuter und Unterdrücker in Deutschland überzugehen. Bebel las Vollmars Artikel mit demselben Kopfschütteln, mit dem er mitunter die Reden seines Freundes Liebknecht bedachte, aber er wies auch die Vorwürfe zurück, die Engels zugleich im Namen von Marx erhoben hatte, teils wegen »kleinbürgersozialistischer« Einflüsse auf den *Sozialdemokrat* und in der Reichstagsfraktion, teils wegen anarchistischer Tendenzen, die immer noch nicht gänzlich beseitigt wären (und womit Engels wohl v. Vollmars Aufforderung zum Losschlagen meinte).

In Bebels behutsamer Antwort hieß es: »Ihr könnt Euch eben dort von der Situation hier keine rechte Vorstellung machen, und da legt Ihr einen ganz anderen Maßstab an und kritisiert, wie innerhalb Deutschlands keinem zu kritisieren einfällt ... Wir werden Eure Kritiken stets gerne entgegennehmen, und wir wünschen auch, daß Ihr sie im Blatte« – dem *Sozialdemokrat* – »selbst, nur nicht in zu verletzender Form, ungeniert übt. Wir erkennen an, daß gerade jetzt der Meinungsaustausch um so nötiger ist, wo Hunderte von Kanälen verstopft sind, durch die sonst das Gefühl der Zusammengehörigkeit und Übereinstimmung drang. Im ganzen glaube ich sagen zu dürfen, daß wir weit besser Eure Stellung begreifen, wie Ihr die unsrige, und daraus geht hervor, welche Seite die schwierigere ist ...«

Im Dezember 1880 entschloß sich Bebel zu einer Reise nach London, um den beiden kritischen Alten dort klarzumachen, warum die seit der Zerschlagung ihrer Organisation und der Beschlagnahme zahlreicher Kassen in arger Geldnot steckende Partei auf hochherzige Gönner wie den jungen Höchberg nicht verzichten könnte, ebensowenig auf das politische Talent v. Vollmars, dem nur ab und zu der Kopf zurechtgerückt werden müßte; daß Tagespolitik, zumal unter dem Druck des Ausnahmegesetzes, etwas anderes wäre, als Theorie und Wissenschaft es verlangten, und daß den verfolgten und bedrängten Genossen mitunter auch Mut auf eine Weise gemacht werden müßte, die mit der richtigen Theorie nichts gemein hätte.

Auf seinen »Kanossagang nach London«, wie Bebel selbst diese Reise nannte, nahm er den jungen Eduard Bernstein mit, den er entgegen den Wünschen von Marx, Engels und Liebknecht zum Nachfolger v. Vollmars in der Chefredaktion des *Sozialdemokrat* ausersehen hatte. Bernstein, gerade dreißig Jahre alt, war seit 1878 Karl Höchbergs Sekretär in Zürich und einer der Mitverfasser des Aufsatzes *Rückblicke auf die sozialistische Bewegung in Deutschland*, der 1879 erschienen war und wegen seiner Anbiederung an die bürgerlichen Sozialreformer das besondere Mißfallen von Marx und Engels gefunden hatte.

»Bebel wurde von Marx und dessen Familie sehr freundlich aufgenommen«, heißt es bei Hedwig Wachenheim, »und Engels faßte Vertrauen zu ihm; er fand ihn zuverlässig, taktvoll und von klarem Denken. Und da der ›Anti-Dühring‹ Bernstein inzwischen vollkommen zum historischen Materialismus bekehrt hatte, fand Engels auch Gefallen an ihm.« Die Freude über den reuigen Sünder Bernstein war so groß, daß es keine Einwände aus London mehr gab, als er anstelle des Marxschen Wunschkandidaten Carl Hirsch im Januar 1881 die Chefredaktion des *Sozialdemokrat* übernahm.

Das Jahr 1881 wurde dann zu einer schweren Belastungsprobe für die Partei. Sozusagen als Antwort auf den Wydener Kongreß und einen sozialdemokratischen Nachwahl-Sieg in Hamburg wurde über Altona und Umgebung, dann auch über Harburg der Kleine Belagerungszustand verhängt. Es hagelte Verbote von Ersatzvereinen und -zeitungen; mehr als hundert Funktionäre wurden ausgewiesen, und viele von ihnen wanderten nach Amerika aus. Die »alte Garde« der Partei verlor in wenigen Monaten mehr als ein Dutzend Reichstagskandidaten; einige wenige zogen sich ganz aus der Politik zurück, andere folgten dem Beispiel der Hamburger und emigrierten in die USA – beispielsweise Julius Vahlteich und Friedrich Wilhelm Fritzsche –, und der Tod riß weitere Lücken. Nach Schluß der Reichstagssession am 27. Juni 1881, wenige Wochen vor Beginn des Wahlkampfs, wurde der Kleine Belagerungszustand auch über Leipzig und Umgebung verhängt. Es war dem neuen preußischen Innenminister Robert v. Puttkamer, einem besonders reaktionären Junker, gelungen, den Widerstand der sächsischen Regierung zu überwinden und sie zu schärfstem Vorgehen gegen die Sozialdemokraten zu bewegen. Über fünfzig Funktionäre, darunter Bebel, Liebknecht und Hasenclever, wurden sofort ausgewiesen. Bebel, der gerade in den sächsischen Landtag gewählt worden war, ließ sich mit Liebknecht in Bornsdorf, hart an der Grenze des Belagerungsgebiets, nieder, um im bevorstehenden Reichstagswahlkampf bei der Verteidigung der sächsischen Hochburgen der Partei zur Stelle zu sein, nachdem Fritzsche und Vahlteich zur großen Empörung der Arbeiter ihrer Wahlkreise ihren Entschluß bekanntgegeben hatten, Deutschland für immer den Rücken zu kehren. Immerhin hinterließen sie der Partei ein Abschiedsgeschenk: 13 000 Mark

Spenden, die sie in den USA gesammelt hatten. Dieser Betrag war nahezu alles, was der Partei für den Wahlkampf in Sachsen zur Verfügung stand, denn ihre Anhängerschaft, überwiegend Heimarbeiter der Textilindustrie, war so arm, daß selbst eine Umlage von zwei Pfennigen je Mitglied, wie sie in manchen Dörfern erhoben wurde, von vielen nicht aufgebracht werden konnte.

In den letzten Wochen vor der Wahl übertrafen die sächsischen Behörden mit rüdesten Polizeimaßnahmen alles, was bislang gegen die deutsche Sozialdemokratie unternommen worden war: Wer Flugblätter oder auch nur Stimmzettel verteilte, wurde verhaftet und kam unter irgendeinem Vorwand bis nach den Wahlen ins Untersuchungsgefängnis; allein in Leipzig und Umgebung zog die Polizei auf diese Weise mehr als sechshundert Wahlhelfer aus dem Verkehr.

Sämtliche Wahlveranstaltungen der Sozialdemokraten wurden verboten; ihre Kandidaten konnten sich den Wählern nur vorstellen, indem sie auf Versammlungen der anderen Parteien als Diskussionsredner auftraten. Die meisten Drucksachen beschlagnahmte die Polizei schon, ehe auch nur ein Stück davon verteilt war. Den größten Mißbrauch trieben die sächsischen Behörden mit der Bestimmung des Wahlgesetzes, die allen Empfängern öffentlicher Unterstützung das aktive und passive Wahlrecht aberkannte: Sie beglichen einfach die Gemeindesteuerrückstände der halbverhungerten Weber aus der Armenkasse, wodurch einige tausend Familienväter um ihr Wahlrecht kamen. Die sächsischen Zeitungen wußten »aus Regierungskreisen« zu melden, daß jedem Wahlkreis, der einen Sozialdemokraten wähle, die Verhängung des Kleinen Belagerungszustands drohe, und um der Drohung Gewicht zu geben, wurden alle sozialdemokratischen Kandidaten unter ständige Polizeiaufsicht gestellt.

Schließlich beteiligten sich auch die gegnerischen Parteien kräftig und einfallsreich an der Kampagne, die die Zertrümmerung der sozialdemokratischen Hochburgen zum Ziel hatte. Damals hatte jede Partei, die sich an einer Wahl beteiligte, selbst die Stimmzettel für ihren Kandidaten drucken und an die Wähler verteilen zu lassen. Da die Bestimmungen über die äußere Beschaffenheit der Stimmzettel, von denen jeweils nur einer gefaltet – und insofern geheim – dem Wahlvorstand zur Beförderung in die Urne übergeben werden durfte, ungenau waren, weil nur eine einheitliche Farbe gefordert wurde, wandten die bürgerlichen Parteien nun allerlei Tricks an, um aus der geheimen Stimmabgabe eine offene zu machen in der Hoffnung, die sozialdemokratischen Wähler auf diese Weise einzuschüchtern, denn »erkannten Sozialisten« hatten zahlreiche Fabrikanten die sofortige Entlassung angedroht. In Stollberg-Schneeberg gab es dann für bürgerliche Kandidaten Stimmzettel, die durch ihre Übergröße sofort auffielen, in Leipzig-Land solche aus Hanfpapier mit rauhem Rand und Wasserzeichen. Wie in Sachsen, so war auch in Hamburg, Berlin und Breslau der Wahlterror diesmal erheblich verstärkt worden, und die Partei sah dem Ergebnis der

Wahl, die am 27. Oktober 1881 stattfand, mit einiger Sorge entgegen. Aber es zeigte sich dann, daß die Anhängerschaft dem ungeheuren Druck besser standgehalten hatte, als von der Parteiführung angenommen worden war: Insgesamt 312 000 der 5,1 Millionen abgegebenen Stimmen konnte die deutsche Sozialdemokratie für sich verbuchen – das war in Anbetracht der seit drei Jahren anhaltenden Unterdrückung und Verfolgung ein sehr respektables Ergebnis, zumal bei genauerem Hinsehen, denn die größten Erfolge hatte die Partei in den Belagerungsbezirken zu verzeichnen: in Berlin, Hamburg und Umgebung sowie in Leipzig-Stadt und -Land!

Das einzige Direktmandat gewann im Wahlkreis Zwickau-Crimmitschau der Gastwirt Karl Stolle, ein alter Kampfgefährte Bebels aus den Tagen der Sächsischen Volkspartei. Doch es gelang den Behörden, es ihm abzuerkennen; angeblich waren einige hundert für ihn abgegebene Stimmzettel ungültig. Aber Stolle siegte dann in der Nachwahl abermals, und nun wagte man keinen Einwand mehr. Die Stichwahlen gewannen Hasenclever in Breslau I, der Sattler Julius Kräcker in Breslau II, der Buchhändler Johann Dietz in Hamburg II, der Schriftsteller Moritz Rittinghausen in Solingen, der Maschinenbauer Karl Frohme in Hanau, der Schlosser Karl Grillenberger in Nürnberg, Georg v. Vollmar im sächsischen Mittweida, Max Kayser in Freiberg, der Redakteur Bruno Geiser in Chemnitz, Wilhelm Blos im Fürstentum Reuß ältere Linie sowie Wilhelm Liebknecht, der in Offenbach und in Mainz gleich zweimal gewählt wurde. Liebknecht nahm in Offenbach die Wahl an; das Mainzer Mandat ging in der Nachwahl wieder verloren. Bebels sicherer Sieg in Glauchau-Meerane war durch Wahlterror und bis ins Groteske gesteigerte Manipulationen verhindert worden, doch er eroberte sich später bei einer Nachwahl den Wahlkreis Hamburg I.

Zunächst mußte sich die Fraktion mit zwölf Reichstagssitzen begnügen, mit vielen Neulingen und ohne Bebels Führung. Aber niemand sah in dem Gesamtergebnis dieser Reichstagswahlen eine Niederlage der verbotenen Sozialdemokratie – im Gegenteil! Die gesamte in- und ausländische Presse war sich darin einig, daß sie ihre Feuerprobe glänzend bestanden hatte. Der Korrespondent der Londoner *Times* meldete, in »den hohen und höchsten Kreisen Berlins« herrsche Bestürzung; das Sozialistengesetz sei »ein Schlag ins Wasser« gewesen. Friedrich Engels schrieb an Bebel: »So famos hat sich noch kein Proletariat benommen!«, und Bebel selbst meinte: Auch wenn noch schlimme Tage kommen mögen – das Schlimmste sei nun überwunden.

10.
Trotz Verbot –
im unaufhaltsamen Vormarsch

Dem neuen Reichstag, der am 17. November 1881 eröffnet wurde, legte Bismarck sein Regierungsprogramm in Form einer »kaiserlichen Botschaft« vor: darin hieß es, daß »die Heilung der sozialen Schäden nicht ausschließlich im Wege der Repression sozialdemokratischer Auseinandersetzungen, sondern gleichmäßig auf dem der positiven Förderung des Wohles der Arbeiter zu suchen sein werde«.

Im Klartext bedeutete dies: Da die Anwendung der Peitsche zur Unterdrückung der Sozialdemokratie offenbar nicht ausreichte, wollte man es zusätzlich mit Zuckerbrot versuchen, die Arbeiterschaft zu zähmen und den »roten Agitatoren« abspenstig zu machen. Die neue Sozialgesetzgebung sah zunächst eine Betriebsunfallversicherung vor, die durch eine gesetzliche Organisation des Krankenkassenwesens ergänzt werden sollte. Schließlich verhieß Bismarcks Botschaft denjenigen, die durch Alter und Invalidität erwerbsunfähig würden, »ein höheres Maß staatlicher Fürsorge, als sie ihnen bisher zuteil werden konnte«.

Das Krankenkassengesetz, das den Reichstag dann während des ganzen Jahres 1882 beschäftigte, sah in seiner schon am 31. Mai 1883 in Kraft tretenden Schlußfassung eine umfassende Reform des Krankenkassenwesens vor. Das Gesetz bürdete den öffentlichen Krankenkassen, für die die Arbeiter zwei Drittel der Beiträge aufzubringen hatten, auch die Kosten der Heilung von Unfallbeschädigten und die übrigen Leistungen für die ersten dreizehn Wochen auf. Da die in einem zweiten Gesetz zu regelnde Unfallversicherung allumfassend sein sollte, hatte dies den Vorteil, daß nun auch alle in Gewerbe und Handwerk beschäftigten Arbeiter sowie die Angestellten mit einem Jahreseinkommen bis 2000 Mark versichert waren, und zwar von Beginn der Krankheit oder der Unfallbeschädigung an, ohne Wartezeiten. Von 1885 an sollten auch die Arbeiter der Eisenbahnen und der Binnenschiffahrt, von 1886 an sogar die Land- und Forstarbeiter in die Krankenkassen aufgenommen werden, und durch Statut konnte die Krankenversicherung auch auf vorübergehend Beschäftigte, Hausangestellte, Handlungsgehilfen, Lehrlinge und selbst die Beschäftigten der Heimindustrie ausgedehnt werden.

Das Unfallversicherungsgesetz, dessen dritter Entwurf dem Parlament im März 1884 zuging und das am 27. Juni 1884 von einer Mehrheit aus Konservativen, Nationalliberalen und Zentrum angenommen wurde, betraf alle Betriebsunfälle von Arbeitern und Angestellten, außer den selbstverschuldeten. Bei unfallbedingter Erwerbsbeschränkung wurden für deren

Dauer und entsprechend ihrer Höhe nunmehr Rentenentschädigungen gewährt, was gegenüber der bisherigen Praxis, bei der Unfallopfer sich mit kärglichen Abfindungen von seiten der privaten Haftpflichtversicherungen begnügen mußten, häufig auch leer ausgingen, einen großen Fortschritt bedeutete, zumal die Kosten der Unfallversicherung von den Unternehmern über deren Berufsgenossenschaften aufzubringen waren, die staatlicher Aufsicht unterstellt wurden.

Die sozialdemokratische Reichstagsfraktion arbeitete an dem Gesetzeswerk in sachlicher Weise mit, konnte auch einige wichtige Abänderungen und Verbesserungen erreichen, stimmte aber in der Schlußabstimmung gegen beide Gesetze, weil sie – wie Dietz zur Begründung vor dem Plenum ausführte – kaum eine soziale, schon gar keine sozialistische Forderung erfüllten. Er kritisierte die Pflicht der Krankenkassen, die Unfallbehandlung dreizehn Wochen lang übernehmen zu müssen, so daß die Arbeiterschaft, die zwei Drittel der Beiträge aufzubringen hätte, für etwas in Anspruch genommen werde, was eindeutig unter die Haftpflicht der Unternehmer falle.

Die ablehnende Haltung der Sozialdemokratie gegenüber der Bismarckschen Sozialreform entsprach dem einstimmig gefaßten Beschluß eines weiteren Kongresses, der Ende März und Anfang April 1883 in Kopenhagen stattfand. Schon Anfang Januar hatte der *Sozialdemokrat* zu Delegiertenwahlen aufgefordert, die bis Ende Februar abgeschlossen sein sollten,»worauf den Delegierten weitere Mitteilungen zugehen« würden.

»Obwohl der Natur der Dinge nach sehr viele Personen Ort und Zeit des Kongresses erfuhren«, wußte Franz Mehring zu berichten,»wurde die deutsche Polizei doch vollständig getäuscht. Unter dem Befehle des Polizeirats Krüger hielt ein Kordon von Spitzeln die schweizerische Grenze von Lindau bis Basel besetzt; als dann in deutschen Blättern die Nachricht auftauchte, daß der Kongreß im Norden tage, preschte Krüger nach London, um hier zu erfahren, daß der Kongreß in Kopenhagen getagt habe und bereits geschlossen sei. Die Polizei konnte ihre ohnmächtige Wut über ihre gründliche Niederlage nur noch dadurch bekunden, daß sie in Kiel und Neumünster mehrere heimkehrende Delegierte, darunter einige Reichstagsabgeordnete, wider Recht und Gesetz auf ein paar Stunden sistierte.«

Der Kopenhagener Kongreß hatte, wie es in Bebels Erinnerungen heißt, »seine Geschäfte zur allseitigen Befriedigung seiner sechzig Delegierten erledigt... Innerhalb Deutschlands waren vom 5. August 1881 bis zum 28. Februar 1883 in den (geheimen) Sammelstellen 95 000 Mark eingelaufen, daneben nach Zürich... 20 729 Franken gesandt worden. In den drei Belagerungsgebieten war der Geist der Partei am ausgezeichnetsten, opferten die Genossen am großartigsten und besaß das Parteiorgan die stärkste Verbreitung.« Die Abonnentenzahl des *Sozialdemokrat* war seit dem Wydener Kongreß »aufs Vierfache gestiegen; das Blatt deckte nicht nur seine Kosten, sondern konnte schon mit der Rückzahlung der ihm (von Karl Höchberg) gemachten Vorschüsse beginnen«.

Mit der Vorbereitung des kommenden Reichstagswahlkampfes wurde die Fraktion betraut. Sie erhielt den Auftrag, ein Wahlmanifest sowie eine Instruktionsbroschüre zum Schutz gegen ungesetzliche Übergriffe der Behörden und der herrschenden Klassen auszuarbeiten. Als Ziel der Partei bei den Wahlen wurde nicht die Eroberung möglichst vieler Mandate, sondern die möglichst zahlreicher Stimmen festgelegt.

Die Haltung des Parteiorgans wurde im ganzen gebilligt, ebenso, nach eingehender Aufklärung einzelner Punkte, die Gesamthaltung der Reichstagsfraktion. Über die anstehende Sozialreform erklärte der Kongreß einstimmig ohne Debatte, daß er »nach dem bisherigen Verhalten der herrschenden Klassen weder an ihre ehrlichen Absichten noch an ihre Fähigkeiten« glaube, vielmehr davon überzeugt sei, daß die »angebliche Sozialreform nur als taktisches Mittel« benützt werde, »um die Arbeiterschaft vom richtigen Wege abzulenken«. Wohl aber hielt es der Kongreß »für die Pflicht der Partei und ihrer parlamentarischen Vertreter«, bei allen für die wirtschaftliche Lage des Volks bedeutsamen Vorschlägen, gleich welchen Motiven sie entsprängen, die Interessen der Arbeiterklasse energisch wahrzunehmen, selbstverständlich ohne »auch nur einen Augenblick auf die Gesamtheit der sozialistischen Forderungen zu verzichten«.

»Dies war«, wie es bei Franz Mehring dazu heißt, »klar, nett und rund die Antwort des Proletariats auf die ›Botschaft des Kaisers‹«, mit der Bismarck sein Reformwerk angekündigt hatte, mit dem er der Sozialdemokratie das Wasser abzugraben, zumindest aber Verwirrung in ihren Reihen zu stiften hoffte. Schließlich war in Kopenhagen, wie Mehring hinzufügte, »eine traurige Pflicht . . . erfüllt worden, durch die Huldigung, die dem Andenken des Mannes gespendet wurde, der seit vier Jahrzehnten die proletarische Bewegung zweier Welten mit seinen gewaltigen Gedanken befruchtet hatte: Karl Marx war am 14. März 1883 gestorben . . . Ernst und erschütternd klang das große Leben aus. Doch es erlosch nicht in hoffnungsloser Nacht wie einst das Leben eines Lessing . . ., sondern im aufdämmernden Frührot der besseren Zeit . . . Sein Erbe übernahm Friedrich Engels, der noch zwölf Jahre lang unermüdet für das internationale Proletariat gearbeitet und geschafft hat . . .«

Fast zur gleichen Zeit, da Marx in London zu Grabe getragen wurde, begann in Deutschland unter dem Sozialistengesetz eine ernsthafte Beschäftigung jüngerer Theoretiker mit den Marxschen Lehren. Ein junger Königsberger, Conrad Schmidt, der im Geiste Johann Jacobys erzogen worden war, hatte als erster den Versuch unternommen, sich in der Zeit härtester Sozialistenverfolgung ausgerechnet mit einer Arbeit über Probleme des wissenschaftlichen Sozialismus zu habilitieren. Nachdem er damit an den deutschen Universitäten abgewiesen worden war, fand er Publikationsmöglichkeiten dort, wo er sie zunächst weder vermutet noch gesucht hatte: bei der verbotenen Sozialistischen Arbeiterpartei, für die er im folgenden Jahrzehnt die *Sozialistischen Monatshefte* herausgab.

Die Führer der deutschen Sozialdemokratie hatten inzwischen erkannt, daß es im vierten Jahr der Ausnahmegesetze nicht mehr in erster Linie darauf ankam, den Widerstandsgeist der Anhänger zu stärken, vielmehr nun dem Kampf um politische Macht und politische Rechte ein klares Konzept und ein festes theoretisches Fundament zu geben.

»So zerfetzte der ›Sozialdemokrat‹«, wie Franz Mehring aus dieser Zeit berichtet hat, »in einer Reihe lehrreicher Artikel das Märchen vom sozialen Königtum . . ., die sinnlose Vorstellung, als ob jede ›Verstaatlichung‹ ein Schritt zum Sozialismus sei. Er wies nach, daß die . . . Aufgabe der Sozialdemokratie zur Zeit, wo sich der Staat in den Händen der schlimmsten Arbeiterfeinde befinde, nicht darin bestehen könne, den Einfluß des Staates zu verstärken und sein Machtgebiet zu erweitern, sondern nur darin, die proletarischen Klasseninteressen zu fördern und zu wahren . . . Beraten von Engels, hat Eduard Bernstein durch seine Leitung des ›Sozialdemokraten‹ mindestens ebensoviel zur theoretischen Aufklärung der deutschen Arbeiterklasse beigetragen wie zu ihrer praktischen Schulung.« Ergänzt wurde diese theoretische Aufklärung durch eine wissenschaftliche Monatsschrift, die *Neue Zeit*, die vom Januar 1883 an in Stuttgart erschien. Dorthin hatte sich Johann Dietz nach seiner Verbannung aus Hamburg und Harburg gewandt und angefangen, aus den Überresten der Leipziger Genossenschaftsbuchdruckerei, die ebenfalls nach Stuttgart »ausgelagert« worden waren, einen getarnten Parteiverlag aufzubauen.

Die Redaktion der *Neuen Zeit* übernahm dann der 1854 in Prag geborene Karl Kautsky, der Anfang 1880, zusammen mit Bernstein, unter Karl Höchbergs Fittichen in Zürich am *Sozialdemokrat* und anderen Zeitschriften mitzuarbeiten begonnen hatte. Wie Bernstein war auch Kautsky durch das gründliche Studium des »Anti-Dühring« und eine Aussprache mit Engels und Marx in London im Jahre 1881 zum überzeugten Marxisten geworden, und so vertrat er denn auch in der von 1883 an in Stuttgart erscheinenden *Neuen Zeit* die einheitliche und geschlossene Weltanschauung, wie sie von Marx und Engels begründet worden war – »nicht jedoch«, wie Mehring hinzugefügt hat, »in irgendeinem dogmatisch-ausschließlichen Sinne, der am wenigsten marxistisch gewesen wäre. Weit entfernt zu sagen, daß der Marxismus überhaupt das letzte Wort der Menschheit sei, hielt Kautsky nur darauf, daß der Marxismus in der Neuen Zeit *sein* letztes Wort sprechen könne. Ehe eine Weltanschauung überwunden werden kann, muß sie sich historisch ausgelebt haben, und wie relativ immer die Wahrheit sein mag, die ihr innewohnt, so steht eine solche relative Wahrheit hoch über der absoluten Unwahrheit der Konfusion, die überhaupt nicht logisch zu denken vermag. Geschult durch vielseitige Studien . . ., schied Kautsky . . . mit unerbittlicher Kritik den Marxismus in seiner historischen Eigentümlichkeit aus dem Wuste des Allerweltssozialismus, der sich um ihn gehäuft hatte . . .«

1884 sah sich Kautsky gezwungen, mit der *Neuen Zeit* ins Exil zu gehen;

er gab die Zeitschrift dann – nun in noch engerem Kontakt mit Engels – von London aus heraus. Doch zunächst hatte er damit – soweit es die Durchsetzung der marxistischen Theorie betraf – noch wenig Einfluß auf die praktische Politik der Partei, die zur Vorbereitung der Reichstagswahlen, die am 28. Oktober 1884 stattfanden, einen dreißig Seiten langen Aufruf herausgab, dessen Kernsatz – »Unser Programm ist einfach: Wir wollen eine gerechte und vernünftige Regelung der wirtschaftlichen Verhältnisse durch den Staat!« – Engels, Kautsky und Bernstein hart getroffen haben muß, glaubten sie doch, solchen Lassalleanismus längst überwunden zu haben.

Indessen hatte dieses Wahlprogramm, das im übrigen keine Konzessionen an bürgerliche Auffassungen machte, nichts anderes zum Ziel, als der Partei möglichst viele Stimmen zu gewinnen, und da durfte es weder mit – den Arbeitern noch unverständlicher – marxistischer Theorie befrachtet werden noch durch allzu klassenkämpferische Töne potentielle neue Wähler verschrecken.

Die Chancen für ein gutes Abschneiden der Sozialdemokratie bei den Wahlen vom Oktober 1884 standen nicht schlecht, da in diesem Wahlkampf das Sozialistengesetz vergleichsweise milde gehandhabt wurde. Der Grund dafür, daß beispielsweise nicht mehr alle, sondern nur noch etwa die Hälfte aller sozialdemokratischen Versammlungen verboten wurden und daß zumal die preußische Polizei Anweisung hatte, sich während des Wahlkampfes bei der Drangsalierung der bislang vogelfreien »Roten« zumindest streng an die gesetzlichen Vorschriften zu halten, hatte politische Gründe: Im Frühjahr 1884 hatten sich etliche mit Bismarcks Politik unzufriedene Nationalliberale von ihrer Fraktion getrennt und mit der Fortschrittspartei in einer neuen, »Freisinnige Partei« genannten Gruppierung zusammengeschlossen. Die neue Partei, die über 99 Mandate verfügte und in entschiedener Opposition zu Bismarck stand, drohte dem Kanzler gefährlich zu werden, um so mehr, als sie die Sympathie des Kronprinzen Friedrich Wilhelm hatte, der über kurz oder lang seinem schon sechsundachtzigjährigen Vater auf dem Thron Preußens und des Deutschen Reichs folgen würde. Bismarck mußte also, wollte er seine Machtposition dauerhaft sichern, für ein schlechtes Abschneiden der Freisinnigen sorgen, und in Berlin, in Schlesien und Sachsen sowie in den nord- und mitteldeutschen Kleinstaaten konnten nur die Sozialdemokraten der Freisinnigen Partei Wähler abnehmen. Also ließ der Kanzler in allen Hochburgen des Freisinns die Sozialdemokraten während des Wahlkampfes weit weniger scharf verfolgen als in den Jahren zuvor. Auch andere Zeitumstände waren der verbotenen Partei günstig, denn im Sommer 1884 wurde viel gestreikt, was zur Politisierung der Arbeiterschaft beitrug.

Indessen übertraf das Wahlergebnis vom 28. Oktober 1884 noch die kühnsten Erwartungen: Die Sozialdemokratie konnte fast 550 000 Wähler für sich gewinnen, 238 000 mehr als 1881, und die Anzahl ihrer Sitze im Reichstag auf 24 verdoppeln! Neun Direktmandate, vornehmlich in Wahlkreisen erobert, in denen der Kleine Belagerungszustand herrschte, machten deutlich, daß Bismarcks Kampf gegen die »rote Horde von Reichsfeinden« nur eine wesentliche Stärkung der verfolgten Sozialdemokratie bewirkt hatte: In Hamburg I siegte August Bebel, in Hamburg II Johann Dietz, in Altona wieder Frohme. Leipzig-Land wurde von dem dreiunddreißigjährigen Journalisten Louis Viereck, der von München aus mit Hilfe der *Süddeutschen Post* und der Wochenschrift *Recht auf Arbeit*, die sich mit praktischer Sozialpolitik beschäftigte, Pionierarbeit für die Partei in Bayern leistete, schon im ersten Wahlgang erobert. Berlin IV – Äußere Stadt Ost – aber gewann zur allgemeinen Überraschung Paul Singer.

Singer, der schon vor Beginn des Wahlkampfes mit der Gründung des *Berliner Volksblatts,* das als der Partei nur »nahestehend« legal erscheinen konnte, der Berliner Sozialdemokratie ein Sprachrohr geschaffen hatte und ihr Fraktionsvorsitzender in der Stadtverordnetenversammlung war, hatte die schwere Aufgabe gehabt, einen Wahlkreis zurückzuerobern, der nach der Auswanderung Fritzsches nach Amerika an die Fortschrittspartei gefallen war. Doch nicht nur deren Kandidat hatte, nunmehr für die Freisinnigen, Berlin IV energisch verteidigt und einen sehr heftigen und polemischen Wahlkampf gegen Singer geführt; vielmehr war auch der Hofprediger Dr. Stöcker in Berlin IV gegen Singer angetreten und hatte seine Anhängerschaft mit sozialdemagogischen Sprüchen und antisemitischen Hetzparolen gegen den »Juden und Reichsfeind« Singer mobilisiert. Indessen war die Arbeiterschaft des Berliner Ostens gegen beides bereits immun; Paul Singer errang mit doppelt so vielen Stimmen wie seine Gegenkandidaten einen triumphalen Sieg. Weitere Direktmandate konnten Ignaz Auer, Stolle und Geiser in Sachsen sowie Wilhelm Blos in Reuß ältere Linie erobern, und bei den Stichwahlen gewann die Partei noch fünfzehn Reichstagssitze hinzu: Hasenclever wurde in Breslau II gewählt, Julius Kräcker in Breslau I, Wilhelm Liebknecht wieder in Offenbach, Max Kayser im sächsischen Wahlkreis 22 Auerbach-Reichenbach und Karl Grillenberger in Nürnberg.

Als parlamentarische Neulinge zogen der Zigarrenmacher Heinrich August Meister (Hannover), der Hutmacher August Heine (Magdeburg), der Gerber Georg Schumacher (Solingen), der Kaufmann Friedrich Harm (Elberfeld-Barmen), der Holzschnitzer Hugo Carl Rödiger (Reuß jüngere Linie), der Lehrer Adolf Sabor (Frankfurt am Main), der Schuhmacher Wilhelm Bock (Gotha) und als besondere Überraschung Georg v. Vollmar, der München II für die Partei gewonnen hatte, in den neuen Reichstag ein. Schließlich eroberte der gelernte Tischler und Redakteur Wilhelm Pfannkuch auch noch Berlin VI (Äußere Stadt Nord) und Wilhelm Blos erstmals Braunschweig I; sein schon im Fürstentum Reuß ältere Linie errungenes Mandat wurde bei der Nachwahl von dem Schlosser Wilhelm Wiener erfolgreich verteidigt.

Alles in allem hatte die Sozialdemokratie einen triumphalen Erfolg errungen. Zwar war sie gegenüber der bürgerlichen Opposition von 67 Freisinnigen und 7 süddeutschen Demokraten, erst recht gegenüber den 99 Zentrumsabgeordneten, mit denen meist noch die 34 Fraktionslosen, Polen, Welfen und Vertreter Elsaß-Lothringens stimmten, auch gegenüber den 78 Konservativen und 51 Nationalliberalen nur eine der kleineren Gruppierungen im neuen Reichstag. Aber es mußte doch jedem zu denken geben, daß die seit Jahren verbotene und hart verfolgte Sozialdemokratie nun schon fast ebenso stark geworden war wie Bismarcks Hausmacht, die – aus den Freikonservativen hervorgegangene – Deutsche Reichspartei, die 28 Abgeordnete zählte und der fast alle Regierungsmitglieder angehörten.

Mit 24 Mandaten hatte die Sozialdemokratie erstmals volle Fraktionsstärke und damit auch das Recht, selbst Anträge einzubringen und in allen Ausschüssen vertreten zu sein. Sie war damit weit stärker als bisher an der parlamentarischen Arbeit beteiligt, und das zwang die Fraktion, die ja für die Dauer des Verbots der Partei zugleich deren geschäftsführender Vorstand war, zu einer Doppelstrategie: Zum einen mußte sie weiterhin deutlich machen, daß sie den Militärstaat und dessen Kanzlerdiktatur grundsätzlich ablehnte, was dann unter anderem dadurch zum Ausdruck kam, daß die Fraktion in den Haushaltsausschuß keinen Vertreter entsandte, da sie ein für allemal jedem Budget ihre Zustimmung zu verweigern gedachte. Zum anderen aber brachten die Sozialdemokraten nun Gesetzentwürfe ein, die zeigten, wie eine Sozialreform im herrschenden System aussehen könnte. Ein umfassender Entwurf für eine Arbeiterschutzgesetzgebung, den die Fraktion dem neuen Reichstag vorlegte und der dann nach langer Diskussion mit überwältigender Mehrheit als »revolutionäre Utopie« abgelehnt wurde, sah unter anderem vor: Begrenzung der Arbeitszeit auf täglich zehn Stunden für Erwachsene, auf acht Stunden für Jugendliche; Verbot der Sonn- und Feiertagsarbeit mit den unumgänglichen Ausnahmen, Verbot der Kinderarbeit, der Frauenarbeit auf Hochbauten und unter Tage, der Nachtarbeit unter Festlegung der zulässigen Ausnahmen; ein umfassendes System der Überwachung der Arbeitsverhältnisse durch ein Reichsarbeitsamt, örtliche Arbeitsämter und -kammern sowie Schiedsgerichte; wöchentliche Lohnzahlung am Freitag und Festlegung eines gesetzlichen Mindestlohns, wobei dieser letzte Punkt innerhalb der sozialdemokratischen Fraktion heftig umstritten war, auch auf viel Widerspruch in der Mitgliedschaft stieß, die überhaupt die parlamentarische Arbeit ihrer Abgeordneten mit einigem Mißtrauen verfolgte. Zwar gab es in allen wichtigen Fragen, insbesondere was die Militär-, Wirtschafts-, Zoll- und Handelspolitik der Regierung Bismarck betraf, keinerlei Meinungsverschiedenheiten, weder innerhalb der Reichstagsfraktion noch zwischen Fraktion und Mitgliedschaft, und auch die neue Kolonialpolitik, mit der sich das Deutsche Reich gerade anschickte, größere Gebiete Afrikas und Südostasiens sowie Inselgruppen im Pazifik zu »erwerben«, wurde grundsätzlich von allen Sozialdemokraten abgelehnt, und doch ergab sich dann in einer Detailfrage eine heftige Kontroverse innerhalb der Fraktion.

Eine Mehrheit, geführt von Ignaz Auer, Johann Dietz und Karl Grillenberger, war für die Subventionierung einiger Postdampfschiffsverbindungen, die weniger der imperialistischen Politik als dem internationalen Verkehr dienten; eine Minderheit, vertreten durch Bebel, Liebknecht und v. Vollmar, war strikt dagegen. Beide Seiten hatten gute Gründe anzuführen, und nicht zuletzt dachten die Befürworter auch an die vielen arbeitslosen Hamburger Werftarbeiter, denen eine Belebung des Schiffsbaus durch Subventionen wieder zu Arbeit und Brot verhelfen könnte. Schließlich einigten sich beide Gruppen darauf, mit einem Zusatzantrag zu fordern, daß nur neue, auf deutschen Werften gebaute Dampfschiffe subventioniert werden dürften, und, falls diese Forderung abgelehnt werden sollte, geschlossen gegen die ganze Vorlage zu stimmen, wie es dann auch geschah.

Damit war der Streit innerhalb der Fraktion erledigt, doch ausgerechnet an dieser gar nicht mehr aktuellen Detailfrage entzündete sich alsbald eine heftige Debatte, an der sich weite Teile der Mitgliedschaft beteiligten. Als erste protestierten die Züricher gegen die Entscheidung der Fraktionsmehrheit; im *Sozialdemokrat* erschien eine harte Kritik, der sich die Leipziger, Rostocker und selbst die Königsberger Sozialdemokraten sogleich anschlossen. Am 20. März 1885 verbat sich die Fraktion energisch jede Einmischung und wies die im *Sozialdemokrat* erschienenen Angriffe als »durchaus ungehörig« zurück.

Damit wurde der Streit erst richtig angefacht, denn nun wandten sich viele der illegalen Ortsvereine, an der Spitze die Frankfurter Genossen, gegen die »diktatorische Maßregelung« des Parteiorgans durch die Fraktion, gegen den »Sumpf des Parlamentarismus«, in dem die revolutionäre Arbeiterbewegung zu versinken drohe, und was dergleichen Übertreibungen mehr waren. Indessen kam es durch Bebels Vermittlung in kurzer Zeit zu einer Einigung zwischen Fraktion und *Sozialdemokrat*, und dieser veröffentlichte dann eine Erklärung, worin die Genossen im Reichstag anerkannten, daß der *Sozialdemokrat* nicht ihr Organ sei, sondern das der Gesamtpartei und daß dies auch so bleiben müsse. Dagegen stimmte die Redaktion des *Sozialdemokrat*, geführt von Eduard Bernstein, der Reichstagsfraktion darin zu, »daß die Einheit und Aktionsfähigkeit der Partei unter allen Umständen aufrechterhalten werden, daß die Fraktion, solange sie unter dem Kriegszustande des Ausnahmegesetzes die Leitung habe, unbedingt auf die Unterstützung aller Genossen zählen« müsse, sobald sie einmal einen bestimmten Beschluß gefaßt habe.

Damit war der müßige Streit um eine drittrangige Detailfrage, auf die die Fraktion ohnehin keinerlei praktischen Einfluß hatte, zwar formal aus der Welt geschafft, aber die erregten Gemüter waren noch lange nicht besänftigt. »Bis in die Spalten der bürgerlichen Blätter spann sich die innere Fehde fort«, erinnerte sich Franz Mehring, »und erst nach Monaten glätteten sich wieder die Wellen. Auf beiden Seiten gab sich eine Empfindlichkeit und Überreizung kund, die in gar keinem Verhältnisse zu dem eigentlichen

Gegenstande des Streites stand . . . Die Behauptung, daß die sozialdemokratische Partei durch den ›eisernen Reifen‹ des Sozialistengesetzes zusammengeschmiedet würde, gehörte eben zu den wohlfeilen Halbwahrheiten des Liberalismus; sie stand auf gleicher Stufe mit der Behauptung, daß geistige Bewegungen durch gewaltsame Mittel nicht unterdrückt werden könnten; die sehr relative Wahrheit dieser Behauptung läßt sich nirgends so klar erkennen wie aus der Geschichte des deutschen Liberalismus, der sie mit so großem Pathos zu predigen pflegt. Die sozialdemokratische Partei wurde durch ganz andere Reifen zusammengehalten als durch das Sozialistengesetz. Um dies Gesetz zu entkräften, schloß sie sich gewiß um so enger und fester zusammen, aber die Kraft dazu schöpfte sie aus ihren historischen Existenzbedingungen, nicht aus einer brutalen Unterdrückung, die, soweit sie überhaupt wirkte, nur zerstörend und verwirrend wirken konnte . . . Sie wirkte aufregend und erbitternd auf das unmittelbar betroffene Proletariat. Ein Symptom dieser Überreizung, die in dem nun schon ins siebente Jahr währenden Kampf um Leben und Tod von selbst entstehen mußte, war der Streit um die Dampfersubvention, die heftige Reibung zwischen der Fraktion und der Partei. Das Sozialistengesetz erheischte, daß die Leitung der Partei der parlamentarischen Fraktion übertragen wurde, daß überhaupt der Reichstagstribüne, dem einzigen Orte in Deutschland, wo noch ein freies Wort möglich war, eine Bedeutung zufiel, die der bürgerliche Parlamentarismus an und für sich nicht beanspruchen konnte . . . (Die Fraktion) tat mit ihrer stärkeren Beteiligung an den parlamentarischen Arbeiten nur, was sie nicht lassen durfte . . . Eine gewisse Zwiespältigkeit lag freilich in der Natur der Dinge: einerseits enttäuschte nach den furchtbaren Anstrengungen der Wahlschlacht das fruchtlose Klappern der parlamentarischen Mühle . . . , andererseits regte sich namentlich da, wo der Druck des Sozialistengesetzes am schwersten auf den Arbeitern lastete, doch immer wieder die Befürchtung, daß sich die Fraktion, nur um etwas zu erreichen, mit den bürgerlichen Parteien zu tief einlassen und im parlamentarischen Treiben versumpfen könne. Die souveräne Selbständigkeit der Partei hüteten gerade die ältesten und treuesten Mitgliedschaften als ihr köstlichstes Kleinod.«

Bismarck und auch die Liberalen sahen sich indessen enttäuscht, was die von ihnen erhoffte Spaltung der Sozialdemokratie betraf. Unter Bebels geschickter Führung und gefördert durch zahlreiche Streiks, die alle internen Streitigkeiten vergessen ließen, wuchs die Partei wieder fest zusammen. Bismarck aber reagierte darauf mit erheblichen Verschärfungen des Sozialistengesetzes und Anweisungen an Justiz und Polizei, wieder schärfer gegen die führenden Sozialdemokraten, vor allem gegen die Fraktionsmitglieder, vorzugehen. Der Kleine Belagerungszustand, verbunden mit erneuten Ausweisungen, wurde über eine Reihe weiterer Städte und Kreise verhängt, so über Spremberg, Frankfurt am Main, Hanau, Höchst, Offenbach, die Obertaunuskreise und über Stettin.

Im Juli 1886 wurde auch Paul Singer, inzwischen der anerkannte Führer der Berliner Sozialdemokraten, ausgewiesen. Da die Behörden Demonstrationen befürchteten, wurde Singer nur eine Frist von vierundzwanzig Stunden bewilligt, seine Abreise auf eine Vormittagsstunde festgesetzt, der Schlesische Bahnhof, wo er den Zug besteigen sollte, im weiten Umkreis abgesperrt, und nur die nächsten Angehörigen durften den Verbannten bis zum Bahnsteig begleiten. Doch – so berichtete später ein Augenzeuge – »plötzlich lief auf dem gegenüberliegenden Bahnsteig ein Stadtbahnzug ein, alle Fenster dicht belagert. Kaum hielt der Zug, brach die Menge in brausende Hochrufe auf Singer, auf die Sozialdemokratie aus. Wenig später lief ein anderer Zug ein – das gleiche Bild. Und nun wiederholte sich diese Demonstration in ständiger Folge – auf dem Schlesischen Bahnhof, solange Singer dort noch wartete, dann unterwegs auf den Bahnhöfen, die sein Zug passierte; überall waren die Bahnsteige und die entgegenkommenden Stadtbahnzüge besetzt mit Arbeitern, die trotz Lohnausfall und drohender Maßregelung herbeigeeilt waren, um ihrem Vertreter Lebewohl zu sagen und den herrschenden Klassen die Ungebrochenheit der sozialistischen Bewegung zu beweisen . . .«[*]

Die bürgerliche Presse kam nicht umhin, die Bravour und die glänzende Organisation dieser und ähnlicher Aktionen, wie sie auch in Leipzig stattfanden, zu erwähnen, und das Resultat war ein neuer Prestigegewinn für die verbotene Partei, eine verstärkte Nachfrage nach dem illegal vertriebenen *Sozialdemokrat.*

Das Verteilernetz dieser Wochenzeitung war im Sommer 1886 bereits so dicht und so gut gegen jeden polizeilichen Zugriff abgeschirmt, daß es kaum noch Verzögerungen bei der Belieferung der Abonnenten gab. In den mehr als zehn Jahren, in denen das Blatt dem Verbot zu Trotz in ganz Deutschland verbreitet wurde, gelang es der Polizei nur ein einziges Mal, einen Großteil der Auflage abzufangen. Doch schon zwei Tage später gelangte ein Nachdruck mit der Balkenüberschrift »Trotz alledem, Ersatz für das Gestohlene« an alle Bezieher.

Um diese Zeit hatte der *Sozialdemokrat* bereits damit begonnen, regelmäßig Warnungen vor erkannten Geheimpolizisten und Lockspitzeln zu veröffentlichen, die die Behörden in die illegalen Organisationen einzuschleusen versucht hatten und deren genaue Beschreibung im Zentralorgan unter der dafür eingerichteten Rubrik »Eiserne Maske« bald eine wichtige Rolle im täglichen Kleinkrieg der Parteibasis mit der Polizei spielte. Die präzisen Beschreibungen, mit denen der *Sozialdemokrat* aufwarten konnte, beruhten auf Informationen, die der glänzend funktionierende Nachrichten- und »Sicherheits«dienst der »Roten Feldpost« Julius Mottelers der Redaktion nach Zürich, dann nach London lieferte, denn dorthin wichen Schriftleitung und Druckplattenherstellung aus, nachdem sie auf Druck Bismarcks hin die Schweiz hatten verlassen müssen.

Im Herbst 1886 begannen die sogenannten »Geheimbund-Prozesse«: Reichstagsabgeordnete und andere bekannte Führer der Sozialdemokratie wurden nach Paragraph 128 des Reichsstrafgesetzbuches wegen Geheimbündelei angeklagt, und da es keine hinreichenden Beweismittel gab, begnügte man sich mit Spitzelberichten, wonach die Angeklagten den verbotenen *Sozialdemokrat* abonniert oder doch gelesen hätten. Aufgrund einer Entscheidung des willfährigen sächsischen Oberlandesgerichts in Freiberg erfüllten Bezug oder Lektüre einer illegal vertriebenen Druckschrift bereits den Tatbestand der Geheimbündelei, und so konnten, gestützt auf dieses Urteil, in München, Stuttgart, Düsseldorf, Berlin, Leipzig, Hamburg, Kassel, Breslau und rund fünfzig weiteren Städten Prozesse gegen Hunderte von Sozialdemokraten stattfinden, von denen die meisten zu Gefängnisstrafen verurteilt wurden. Bebel erhielt sechs Monate, Auer neun Monate Gefängnis. In Elberfeld mußten von 87 Angeklagten zwar 43 freigesprochen werden; die übrigen 44 aber wurden zu Freiheitsstrafen bis zu einem Jahr verurteilt. Aber hier wie auch anderswo waren die »trotz schwerer Verdachtsmomente mangels hinreichender Beweise« Freigesprochenen monatelang in Untersuchungshaft gewesen und erhielten dafür keinerlei Entschädigung.

In Leipzig, wo es bei der Ausweisung des Tischlers Richard Schumann eine Schlägerei mit Polizisten in Zivil gegeben hatte, bei der niemand zu ernstlichem Schaden gekommen war, kamen zur Anklage wegen Geheimbündelei noch solche wegen Aufruhrs, Landfriedensbruchs, Widerstands und Körperverletzung sowie im Fall Schumanns wegen Rädelsführerschaft. Elf Angeklagte wurden zu zusammen 25 Jahren, Schumann zu vier Jahren Zuchthaus verurteilt. Schumann starb schon wenige Wochen später, vermutlich an den erlittenen Mißhandlungen; ein weiterer Verurteilter verfiel wenig später in Wahnsinn.

In Breslau, wo Ende November 1887 das Landgericht unter Ausschluß der Öffentlichkeit gegen 38 Angeklagte wegen Geheimbündelei verhandelte, wurden 29 Sozialdemokraten, darunter der Reichstagsabgeordnete Julius Kräcker, zu Gefängnisstrafen bis zu einem Jahr verurteilt. Ursprünglich hatte es noch weit mehr Beschuldigte gegeben. Unter denen, die einer Anklage gerade noch entgingen, jedoch fortan in ihrer Personalakte mit einem roten Kreuz als Sozialistenfreunde gekennzeichnet waren, befand sich auch der damals fünfundzwanzigjährige, als Dichter noch fast unbekannte Gerhart Hauptmann.

Die »Geheimbund«-Prozesse, die weitere Ausdehnung des Kleinen Belagerungszustands und die massenhaften Ausweisungen waren indessen nur der Auftakt zu einem Wahlkampf, der alles in den Schatten stellte, was die Sozialdemokraten bislang bei Reichstagswahlen an Unterdrückung, Behinderung und Manipulation erlebt hatten. Bismarck ging es bei diesen Wahlen, die am 21. Februar 1887, dem Faschingsdienstag, stattfanden, vor allem darum, eine sichere parlamentarische Basis zu finden, die seine Stellung über die bald zu Ende gehende Regierungszeit des schon neunzigjährigen Kaisers Wilhelm I. hinaus festigen sollte.

Eigens für die »Faschingswahlen«, wie sie genannt wurden, brachte Bismarck ein sogenanntes »Kartell« zustande, ein Wahlbündnis der Konservativen, der Reichspartei und der ihm hörigen Mehrheit der Nationalliberalen. Dieses Kartell, das bereit war, seine auf weitere Aufrüstung und koloniale Eroberungen gerichtete Diktatur bedingungslos zu unterstützen, traf Wahlabsprachen, die einen Konkurrenzkampf untereinander ausschlossen, wodurch sie eine Schwächung zugunsten der übrigen Parteien vermeiden wollten.

Bismarck war es dabei gleichgültig, ob Freisinn oder Sozialdemokratie einen Wahlkreis eroberte, wo das Kartell ohnehin keine Chancen hatte, und so gab es diesmal keine Schonung für die Sozialdemokraten, im Gegenteil: Die Behörden holten alles nach, was sie 1884 dem Kanzler zuliebe versäumt hatten. Der *Sozialdemokrat* schrieb: »Es war keine Wahl, es war ein Kesseltreiben, ein Überfall, eine moralische und physische Vergewaltigung, ein Plebiszit im schlechtesten bonapartistischen Sinne – nur roher, heuchlerischer, verlogener, wie das der niedrigere Bildungsstand unseres Junkertums mit sich bringt. So plump und brutal konnte es Bonaparte der Kleine« (gemeint war Napoleon III.) »nicht treiben – die französische Durchschnittskultur, die der unsrigen leider überlegen ist, setzte ihm kategorische Schranken.«

Indessen brachte weder das von der Kartell-Presse immer wieder beschworene Schreckgespenst eines angeblich drohenden französischen Überfalls auf das »ungenügend gerüstete« Deutsche Reich noch die von der Polizei inszenierten Unruhen – wie in Stettin, wo gegen eine friedliche sozialdemokratische Versammlung das Militär mit aufgepflanztem Bajonett eingesetzt wurde, wobei es einen Toten und zahlreiche Verletzte, alsdann massenhafte Ausweisungen gegeben hatte – dem Kartell die Mehrheit der Wählerstimmen. Für das bismarcktreue Bündnis hatten 3,5 Millionen Wähler gestimmt, dagegen aber 4 Millionen. Die Sozialdemokraten hatten diesmal 763 000 Stimmen errungen, 213 000 mehr als drei Jahre zuvor, und danach hätte die Partei 40 Mandate beanspruchen können. Doch tatsächlich erhielt sie nur elf, und ihre Fraktion schrumpfte so auf weniger als die Hälfte zusammen. Der Grund hierfür lag in der – wie der *Sozialdemokrat* schrieb – »jämmerlichen Feigheit« der Freisinnigen, die überall dort, wo sie in Stichwahlen gegen das Kartell anzutreten hatten, die Sozialdemokraten um Hilfe anbettelten und sie auch erhielten, doch dort, wo – wie in Berlin III und in Kiel – Absprachen zwischen Freisinn und Sozialdemokratie jeder Gruppe ein Mandat mehr eingetragen hätte, lieber die »Kartellbrüder um Unterstützung anflehten«.

Doch da es nach den Beschlüssen aller bisherigen Kongresse den Sozialdemokraten weniger auf Reichstagsmandate, vielmehr auf kräftigen Stimmenzuwachs ankam, konnte die Partei nach den Faschingswahlen eine durchaus positive Bilanz ziehen. Sie hatte neun Jahre mehr oder minder harter Verfolgung hinter sich und in dieser Zeit ihre Anhängerschaft verdoppelt; sie war mit anarchistisch-sozialrevolutionären Tendenzen wie mit sozialreformerischen Anpassern fertiggeworden, hatte ihre Konflikte zwischen Fraktion und Mitgliedschaft endgültig beigelegt und mit ihrer straffen »inneren Organisation« lange Jahre der Illegalität ohne Schaden überstanden.

Dies alles war Gegenstand der fünftägigen Beratungen, die Anfang Oktober 1887 auf einem nach St. Gallen – genauer: nach Schönewegen bei Bruggen, nahe St. Gallen – einberufenen Kongreß stattfanden.

»So ungebeugt und ungebrochen wie je trat die Partei ihren Verfolgern entgegen«, schrieb Eduard Bernstein darüber im *Sozialdemokrat.* »Gleich der erste Beschluß des Parteitags tadelte scharf die Flucht von Genossen wegen drohender Prozesse oder Gefängnisstrafen.«

Ein weiterer Beschluß richtete sich gegen anarchistische Taktiken, wie sie gerade in Rußland und den USA zur Anwendung kamen, und verurteilte jede Anwendung individueller Gewalt. Sie führe nicht zum Ziel, sei vielmehr schädlich und verwerflich, weil sie das Rechtsgefühl der Masse verletze.

»Für die individuellen Gewaltakte bis aufs äußerste Verfolgter und Geächteter machen wir die Verfolger und Ächter verantwortlich; wir begreifen die Neigung zu solchen als eine Erscheinung, die sich zu allen Zeiten unter ähnlichen Verhältnissen gezeigt hat und die gegenwärtig durch bezahlte Lockspitzel für die Zwecke der Reaktion gegen die arbeitende Klasse ausgenützt wird«, lautete der Schlußsatz der Erklärung, womit sich der Parteitag vor dem Verdacht schützte, die blinde Abscheu des ängstlichen Bürgertums zu teilen.

Als einen Monat später in Chicago sieben Anarchisten hingerichtet werden sollten, richteten Bebel, Liebknecht, Singer und Grillenberger im Namen der deutschen Sozialdemokratie einen Appell an den Gouverneur von Illinois, Menschlichkeit walten zu lassen, unbekümmert um die gehässige Auslegung dieses Telegramms durch die Konservativen.

Bismarck beantwortete die feste Haltung, die die Partei auf ihrem dritten Kongreß in St. Gallen gezeigt hatte, mit der Vorlage eines neuen, erheblich verschärften Sozialistengesetzes. Danach sollten alle bisher vorgesehenen Strafen verdoppelt, darüber hinaus bei jeder Verurteilung auf Aberkennung der Staatsangehörigkeit und Ausweisung aus dem Reichsgebiet nach verbüßter Freiheitsstrafe erkannt werden können. Ein weiterer Zusatz sah Gefängnis nebst anschließender Ausweisung auch für alle jene vor, »die im Ausland an Versammlungen zur Förderung sozialdemokratischer Bestrebungen«, also als Delegierte an Parteikongressen, teilnahmen.

Noch besonders verschärft und erweitert sollten die Bestimmungen werden, die sich gegen die Verbreitung des *Sozialdemokrat* richteten; das bloße Annehmen oder auch nur die Aufbewahrung eines einzigen Exemplars galt nach dem Entwurf als Beihilfe oder Anstiftung zu einem Verbrechen.

»Der gewalttätigste aller Raubvögel«, spottete daraufhin der *Sozialdemokrat*, »erklärt sich für unfähig, den Kampf mit dem Rotkehlchen zu führen, dessen unerschrockenes Lied ihn verdrießt.« Die Fraktion aber legte dem Reichstag umfassendes Beweismaterial über die Lockspitzelwirtschaft des Innenministers v. Puttkamer vor. Was Bebel und Singer dem Plenum dazu vortrugen und dokumentarisch bewiesen, rief die Entrüstung selbst zahlreicher Abgeordneter der Kartellparteien hervor. Bismarcks Gesetzentwurf scheiterte, vor allem deshalb, weil sein Minister v. Puttkamer indirekt alles bestätigte, was Bebel und Singer ihm vorwarfen. Die ehrlichen Leute, die sich von polizeilich beauftragten Provokateuren nicht zu Gewalttaten hatten anstiften lassen und das Selbstverständliche getan hatten, nämlich andere vor diesen Agenten zu warnen, nannte v. Puttkamer »eine Bande von Strolchen«, fügte allerdings hinzu, auch seine bezahlten Spitzel seien »freilich keine Gentlemen, aber ohne solche Staatsstützen« könne die Sicherheit »nicht einen Tag« lang aufrechterhalten werden. Die Schweiz bedrohte er mit »Maßnahmen«, »um sie an ihre Pflichten gegenüber den benachbarten Großmächten zu erinnern.« Als der Minister abschließend beteuerte, er müßte ja vor Scham in die Erde sinken, wenn er, was die Verwendung von Lockspitzeln beträfe, kein reines Gewissen hätte, antwortete ihm ein eisiges Schweigen des ganzen Hauses; nur auf der äußersten Rechten kam für Sekunden zaghafter Beifall auf, der sogleich wieder verstummte.

Am 18. Februar 1888 wurde schließlich das bisherige Sozialistengesetz unverändert und mit 164 gegen 80 Stimmen zum vierten und letztenmal verlängert, jedoch gegen Bismarcks Wunsch nur noch bis zum 30. September 1890.

Kurz darauf, am 9. März 1888, starb Wilhelm I.; sein Nachfolger, der von Bismarck wegen seiner liberalen Neigungen mit Argwohn betrachtete Friedrich III., war bereits ein todkranker Mann und starb schon 99 Tage später, und nun bestieg dessen ältester Sohn als Wilhelm II. den Thron Preußens und des Deutschen Reiches. Der neue Kaiser war erst neunundzwanzig Jahre alt, Bismarck, den er vom Großvater und Vater als Kanzler übernahm, war schon dreiundsiebzig. Einstweilen bekundete der junge Kaiser seine tiefe Verehrung für Bismarck, aber Hofprediger Stöcker wollte ihn schon im August 1888 sagen gehört haben: »Sechs Monate will ich den Alten verschnaufen lassen. Dann regiere ich selbst!«

Für die deutsche Sozialdemokratie brachte der zweifache Thronwechsel zunächst keine Veränderung ihrer Lage. Die Partei blieb verboten, die Verfolgung durch Polizei und Justiz ging weiter; der auf alle sozialdemokratischen Hochburgen ausgedehnte Kleine Belagerungszustand wurde nicht gelockert, und allein die seit den Faschingswahlen zusammengeschmolzene Reichstagsfraktion vermochte legal und öffentlich kundzutun, was ihr von einer Dreiviertelmillion Wählern erteilter Auftrag war.

Ende November 1888 erließ sie einen Appell, der zu verstärkter Agitation

»bis in die entlegenste Hütte« aufforderte; es stände eine Kraftprobe bevor, aus der die Sozialdemokratie als Sieger hervorgehen müßte und würde. »Die Zeiten sind uns günstig wie nie zuvor!«

Tatsächlich erlebte das Deutsche Reich gerade einen kräftigen Wirtschaftsaufschwung; zahlreiche neue Industrien entstanden, überall wurde modernisiert und erweitert, und immer größere Scharen von Arbeitern strömten vom Land in die rasch wachsenden Industriestädte, wo sie das Heer der in elenden Mietskasernen hausenden Proletarier vermehrten.

Zugleich wuchs die allgemeine Unzufriedenheit mit den trotz stark vermehrter Profite der Unternehmer nicht über den Stand von 1883 angehobenen Löhnen sowie mit den drückenden Arbeitsbedingungen, wobei die vielen unbezahlten Überstunden als ärgstes Übel empfunden wurden.

Am 24. Februar 1889 kündigte das von Paul Singer herausgegebene *Berliner Volksblatt* Arbeitskämpfe an, wie sie die Reichshauptstadt noch nicht erlebt hätte. Doch die dann in Berlin beginnenden Streiks, mal des einen, mal des anderen Berufszweigs, wurden weit in den Schatten gestellt von einem gänzlich unerwarteten Arbeitskampf an ganz anderer Stelle.

Ausgerechnet im rheinisch-westfälischen Steinkohlenbergbau, wo bislang weder die Sozialdemokratie noch die ihr nahestehenden Gewerkschaften hatten Fuß fassen können, entwickelte sich plötzlich eine Streikbewegung ungeahnten Ausmaßes: Am 3. Mai 1889 gingen etwa 4000 Bergleute an der Ruhr nicht zur Arbeit, weil eine Lohnaufbesserung, die man ihnen versprochen hatte, ausgeblieben war und die Zechenleitungen den Empfang einer Delegation abgelehnt hatten. Bis zum 6. Mai waren bereits 35 000 Bergleute im Ausstand. Am 9. Mai streikten schon 70 000, und am 13. Mai waren es fast 100 000. Binnen einer Woche waren sämtliche Zechen des Ruhrreviers durch den Streik stillgelegt, und die 13 000 Bergleute der Saargruben sowie annähernd 20 000 schlesische und über 10 000 sächsische Kumpel schlossen sich ihm an.

Die Sozialdemokratie hatte wenig Einfluß auf diesen Massenstreik, der weder vorbereitet worden war noch klare Ziele hatte. Nachdem bereits im westfälischen Bereich Militär gegen die Streikenden eingesetzt worden war und es sieben Tote und zahlreiche Verletzte unter den Arbeitern gegeben hatte, beschlossen die Kumpel des Ruhrreviers, eine dreiköpfige Delegation nach Berlin zu entsenden, die den Kaiser um Hilfe bitten sollte – ein Unternehmen, das sozialdemokratische Streikführer gewiß verhindert hätten, wären sie beteiligt gewesen.

Wilhelm II. versprach den ehrerbietig lauschenden Arbeitervertretern in einer von ihm rasch improvisierten Ansprache dann auch nur eine wohlwollende Prüfung ihrer Anliegen durch die Behörden und fügte hinzu, dies gelte jedoch nur für den Fall, daß sich keinerlei sozialistische Tendenzen bei ihnen bemerkbar machten. Sollte dies geschehen, so würde er »mit unnachsichtiger Strenge einschreiten, denn für Mich«, so schloß der Kaiser wörtlich, »ist jeder Sozialdemokrat gleichbedeutend mit Kaiser- und Vaterlandsfeind!«

Der Streik endete dann im Juni mit einem für die Arbeiter recht dürftigen Ergebnis, hatte aber zur Folge, daß die Bergleute den Sozialdemokraten, deren Zeitungen als einzige rückhaltlos für sie eingetreten waren, fortan weniger abweisend begegneten.

Ebenfalls zugunsten der verbotenen Partei wirkten sich die Debatten im Reichstag um die Alters- und Invalidenversicherung aus, das letzte der großen Gesetzeswerke, mit denen Bismarck die Arbeiterschaft mit dem Staat versöhnen wollte. Dieses Zuckerbrot, das »die Peitsche des Sozialistengesetzes weder aus der Welt schaffen noch vergessen lassen kann«, wie der *Sozialdemokrat* dazu schrieb, wurde von Bebel im Reichstag heftig kritisiert: »Was dem Arbeiter näher liegt, sind Maßregeln, welche die täglichen Arbeits- und Lebensbedingungen aller dauernd verbessern sowie Gesetze über Arbeitszeit, Arbeitsschutz und andere, die ihm Freiheit der Organisation und die Möglichkeit des freien Lohnkampfes gewähren, ihn in die Lage versetzen, sich als freier Mensch zu fühlen und seine materielle Lage selbst zu verbessern.«

Des weiteren kritisierte die sozialdemokratische Fraktion die Gesetzesvorlage, weil sie die Arbeiter zwang, vom 17. Lebensjahr an Beiträge zu zahlen, um erst mit siebzig Jahren eine kleine Rente zu erhalten. Ein weiterer Einwand war, daß die Altersrenten frühestens nach dreißig, die Invalidenrenten erst nach sechs Beitragsjahren fällig wurden. Wenn auch die Lebenserwartung bei der Unterschicht seit den sechziger Jahren etwas gestiegen war, so wurden doch nur wenige Arbeiter so alt, daß sie in den Genuß der Rente kommen konnten. Eduard Bernstein schrieb dazu: »Die große Mehrheit der Arbeiter, die in der Agitation standen, war im Durchschnitt dreißig Jahre alt. Was konnte in ihren Augen eine Altersversicherung sein, bei der die Arbeiter erst mit siebzig Jahren rentenberechtigt wurden und dann eine Rente von etlichen Pfennigen pro Tag erhalten sollten? Nicht erst in vierzig, in zwanzig, ja vielleicht in weniger als zehn Jahren mußte ja der ganze bürgerliche Krempel zusammengebrochen sein . . .«

In solchen Hoffnungen wurden die aktiven Sozialdemokraten noch bestärkt durch ein Ereignis im Sommer 1889: Am 14. Juli, dem hundertsten Jahrestag des Sturms auf die Bastille, trat in Paris – wie von der deutschen Sozialdemokratie auf ihrem Kongreß in St. Gallen gefordert – ein internationaler Sozialistenkongreß zusammen, an dem mehr als vierhundert Delegierte aus zweiundzwanzig Ländern teilnahmen. Die Deutschen als die stärkste ausländische Delegation stellten einen der beiden Vorsitzenden; Wilhelm Liebknecht wechselte sich mit Edouard Vaillant, einem der überlebenden Führer der Pariser Kommune von 1871, im Präsidium ab. Der Kongreß, der zur Gründung der II. Internationale führte, stand unter der Parole »Proletarier aller Länder, vereinigt euch!« und bekannte sich schon durch die im Saal angebrachte Losung: »Politische und wirtschaftliche Enteignung der Kapitalistenklasse, Vergesellschaftung der Produktionsmittel!« uneingeschränkt zu den Lehren von Karl Marx und Friedrich Engels.

In einer einstimmig angenommenen Resolution forderte die II. Internationale alle ihr angeschlossenen Parteien auf, gegen die wachsende Militarisierung und gegen die Kriegspläne der herrschenden Klassen aufzutreten. In Übereinstimmung mit Engels, der in den Monaten zuvor im *Sozialdemokrat* für die Wiederbelebung der Internationale geworben hatte, wurde die Erhaltung des Friedens »als die erste und unerläßliche Bedingung jeder Arbeiter-Emanzipation« bezeichnet. Weiter hieß es in der Entschließung, »daß der Krieg, das traurige Produkt der gegenwärtigen ökonomischen Verhältnisse, erst verschwinden wird, wenn die kapitalistische Produktionsweise der Emanzipation der Arbeit und dem internationalen Triumph des Sozialismus Platz gemacht hat«.

Der Kongreß erklärte weiter, es sei die Pflicht der Arbeiter, die Arbeiterinnen in ihre Reihen aufzunehmen. Er forderte für die Arbeiter beider Geschlechter und ohne Unterschied der Nationalität gleiche Löhne für gleiche Arbeit sowie unbeschränktes Koalitions- und Vereinsrecht. Endlich beschloß der Kongreß, daß alljährlich am 1. Mai eine allgemeine Kundgebung des internationalen Proletariats für den Achtstundentag stattfinden solle.

Mit alledem hatte sich die deutsche Sozialdemokratie, wie es schien, eindeutig auf die Lehren von Marx und Engels und diesen entsprechend auf den Internationalismus festgelegt. Indessen traf dies weit mehr auf die jungen Intellektuellen zu, die inzwischen zur Partei gestoßen waren und als Mitarbeiter der Parteipresse Einfluß gewonnen hatten, denn auf die große Mehrheit der Anhängerschaft und die mit der Parteileitung beauftragte Reichstagsfraktion. Allerdings breiteten sich marxistische Auffassungen jetzt auch in der deutschen Arbeiterschaft aus.

»Die jungen Leute, die die verschiedenen Organisationen der Partei und der Fachvereine führten«, heißt es dazu bei Hedwig Wachenheim, »... suchten in jener bewegten Zeit, in die sie selbst nur in gewissen Abschnitten aktiv eingreifen konnten, wie bei politischen Wahlen und ... Streiks, einen Ausweg aus den für sie bewegungslosen, monotonen Stunden ... Sie suchten nach Themen für Diskussionen und brauchten geistige Führung. So lasen sie viel, nicht wie einst Bebel, um sich zu bilden und als gebildete Menschen Politik zu machen, sondern um eine radikale Richtschnur für ihre Politik zu finden, die die Reichstagsfraktion nicht geben konnte, die sich immer um einen Ausgleich in ihren eigenen Reihen bemühen mußte ... und durch viele Schwierigkeiten im Umgang mit der Mitgliedschaft gehemmt war. Noch immer wurde Lassalle gefeiert, aber ... die Hoffnung, daß die Arbeiterbewegung sich nach ihrem Einzug ins Parlament als dritte Kraft zwischen Feudalismus und Bürgertum etablieren könne, war in die Ferne gerückt. Für Lassalles aktiven Optimismus war unter dem Sozialistengesetz wenig Raum.« Viel gelesen wurde eine Broschüre über die *Arbeiterinnen- und Frauenfrage der Gegenwart*, die eine junge Lehrerin aus Sachsen, Clara Zetkin geborene Eißner, verfaßt hatte.

Sie war als Mittzwanzigerin Ende der siebziger Jahre in Zürich Sozialdemo-kratin und Mitarbeiterin der Roten Feldpost geworden, hatte Ende 1882, aus der Schweiz ausgewiesen, in Paris studiert und dort einen russischen Marxisten, Ossip Zetkin, geheiratet. Bei einem Besuch in Leipzig war sie 1886 erstmals öffentlich für die Partei als Rednerin aufgetreten, und auf dem Gründungskongreß der II. Internationale am 14. Juli 1889 hatte sie ein viel beachtetes Referat über die proletarische Frauenbewegung gehalten.

Clara Zetkins Broschüre, August Bebels *Die Frau und der Sozialismus* sowie Friedrich Engels' 1884 erschienene Schrift *Der Ursprung der Familie, des Privateigentums und des Staates* fanden viele Leser bei den jungen Arbeitern. Im Schlußkapitel der Schrift von Engels wurde ihnen die Marx-sche Lehre in knappster Form erläutert: die Theorie von der wachsenden Armut der Massen in einer Gesellschaft, die den Reichtum in den Händen einer anzahlmäßig kleinen Klasse konzentriert; die Ablehnung der Auffas-sung vom Staat als der Verwirklichung der sittlichen Idee und als Mittel, die Klassengegensätze zu mildern. Da fanden sich Sätze, die die Arbeiter verstanden und die ihnen gefielen, wie etwa:»Hier (im Bismarckschen Reich) werden Kapitalisten und Arbeiter gegeneinander balanciert und gleichmäßig geprellt zum besten der verkommenen preußischen Krautjun-ker.« Und dann folgte eine Bewertung des allgemeinen Wahlrechts, unter dem das Proletariat zunächst»solange es seiner Selbstemanzipation entge-genreift, der Schwanz der Kapitalistenklasse sein wird«. Wählt das Proleta-riat dann seine eigenen Vertreter, so ist das»allgemeine Stimmrecht der Gradmesser der Reife der Arbeiterklasse ... Mehr kann und wird es nie sein im heutigen Staat, aber das genügt auch ...«

In einer anderen älteren Schrift von Friedrich Engels, *Zur Wohnungs-frage*, die der Leipziger *Volksstaat* 1872 veröffentlicht und dann als Bro-schüre herausgebracht hatte, konnten die jungen Arbeiter ihre herbe Kritik an den kleinbürgerlichen Strömungen in der Partei und zumal in der Reichstagsfraktion,»wo man die Umwandlung des Privateigentums in gesellschaftliches Eigentum in die unbestimmte Zukunft verlegt« hätte, bestätigt finden. Da gefiel ihnen weit besser, was Engels selbst Ende 1885 – in seinem Vorwort zu Marx' *Enthüllungen über den Kommunistenprozeß* – prophezeit hatte: die nächste große europäische Revolution finde in acht-zehn Jahren, also etwa 1904, statt.

Engels' Kritik an der bestehenden Gesellschaft und dem vergleichsweise »zwerghaften Bemühen« der Reichstagsfraktion, ihre Mängel zu beheben, fiel unter dem Sozialistengesetz auf fruchtbaren Boden. Es leuchtete den Arbeitern ein, daß das Streben nach politischer Macht unter den gegebenen Umständen sinnlos war; daß man das Wahlrecht zwar ausüben mußte, aber nicht als Mittel, Macht zu erwerben, sondern nur als Gradmesser der eigenen Reife. Die Auffassung, daß das Proletariat seiner Selbstemanzipa-tion entgegenreifen müsse, um dann zu dem im *Kommunistischen Manifest* beschriebenen Zeitpunkt des Zerfalls der Bourgeoisie geistig für die Revolution gerüstet zu sein, war eine passende Begründung für die Scheu vor gewaltsamen Methoden zur Überwindung des Sozialistengesetzes.

Aber die eigentliche Beschäftigung mit der marxistischen Theorie blieb im wesentlichen beschränkt auf jüngere Funktionäre, die ihrerseits einzelne Gruppen in einzelnen Gebieten beeinflußten. Die entscheidenden Motive für das Zusammenhalten und Erstarken der sozialdemokratischen Arbeiterschaft blieben, wie Hedwig Wachenheim schreibt, »die in den wirtschaftlichen Kämpfen unentbehrliche Solidarität, die Gemeinsamkeit des Lebens, die Isolierung von der nichtproletarischen Welt und das Gefühl, ungerechte Behandlung durch den Staat zu erleiden. Diese Gefühle hatten wenig Bedeutung für die jungen Akademiker, die sich jetzt für die Partei interessierten. Für sie wurde der Marxismus zum Anker, der sie in dem Boden befestigte, den sie betraten. Sie sahen es als ihre Aufgabe an, die sozialistische Wissenschaft unter den Arbeitern zu verbreiten... Sie hatten das Gefühl, den Stiefkindern von Staat und Gesellschaft zu dienen, und auch, da die Bewegung, der sie dienten, zur politischen Bedeutung aufsteigen würde, das nicht zu unterschätzende Gefühl auf sie zukommender politischer Macht.«

Tatsächlich gab es um die Jahreswende 1889/90 bereits begründete Hoffnungen, daß die verbotene Partei schon in Kürze zu erheblich größerer politischer Bedeutung gelangen könnte. Wenige Wochen nach dem Pariser Gründungskongreß der II. Internationale, zu Beginn der Herbstsession des Reichstags, legte Bismarck dem Parlament einen Gesetzentwurf vor, der das Sozialistengesetz nicht mehr auf eine bestimmte Zeit verlängern, sondern es verewigen sollte. Konservative und Reichspartei waren bereit, dem zuzustimmen, doch die Nationalliberalen und das Zentrum wollten zumindest die polizeilichen Ausweisungsbefugnisse beseitigt haben, wogegen den Konservativen auch ein verewigtes Gesetz ohne solche Befugnisse zu milde erschien.

Bismarck hielt sich zurück, weil er offensichtlich bei einem Scheitern der Vorlage keine persönliche Niederlage erleiden wollte. Auch spielte er mit dem Gedanken, den Reichstag, sollte er sich widerspenstig zeigen, aufzulösen und vor den Neuwahlen sich »Anlaß zu ernsteren Eingriffen« zu verschaffen, wie er laut Protokoll im Kronrat schon andeutete. Er dachte wohl an die Möglichkeit, eine Stimmung wie vor den Wahlen von 1878 zu erzeugen, als nach den beiden Attentaten auf Wilhelm I. auch ein militärisches Vorgehen gegen die »sozialdemokratischen Kaisermörder« und ein Blutbad von der Mehrheit der Bevölkerung gutgeheißen worden wären. Die Schuld daran hätte er dann jenen zuschieben können, die zuvor im Reichstag gegen harte Unterdrückungsmaßnahmen eingetreten wären.

Doch es kam gar nicht zu der erwarteten heftigen Kontroverse um das Für und Wider einer Milderung der Regierungsvorlage; sie scheiterte an der fehlenden Regie des Kanzlers und an Mißverständnissen zwischen den bürgerlichen Fraktionen. Die Konservativen stimmten gegen das Gesetz, weil es den Ausweisungsparagraphen nicht enthielt, gingen jedoch von der Annahme aus, das Zentrum, das die Streichung dieser Bestimmung bei den Ausschußberatungen durchgesetzt hatte, würde bei der Schlußabstimmung mit den übrigen Kartellparteien für das Gesetz votieren und so die Vorlage retten. Zum allgemeinen Erstaunen stimmte die Zentrumsfraktion aber gegen das Gesetz und brachte es damit zu Fall. Mit 167 gegen 98 Stimmen wurde es am 25. Januar 1890 vom Plenum zurückgewiesen. Zwar blieb das alte Sozialistengesetz offiziell noch bis zu seinem Ablauf am 30. September 1890 in Kraft, und bereits am 20. Februar wurde ein neuer Reichstag, diesmal für fünf Jahre, gewählt, dem der abgelehnte Gesetzentwurf von neuem hätte vorgelegt werden können. Aber praktisch machten die Behörden keinen Gebrauch mehr von dem auslaufenden Gesetz, und dem neuen Reichstag wurde die Vorlage nicht mehr präsentiert. Die bürgerlichen Parteien waren sich darüber einig, daß die mit dem Sozialistengesetz betriebene Politik der Unterdrückung und Verfolgung versagt hatte.

Auch wenn Bismarck die Absicht gehabt hätte, nun mit einem entschlossenen Coup den Sozialdemokraten unter rücksichtslosem Einsatz des Militärs den Garaus zu machen – er äußerte wenig später, er hätte zu dieser Zeit nach einem General gesucht, der kaltblütig genug gewesen wäre, »die Sozialdemokratie in ihrem Blute zu ersticken« –, so bot sich ihm dazu keine Gelegenheit mehr.

»Zunächst«, so hat es Franz Mehring geschildert, »stieß Bismarck mit dem Kaiser zusammen. Nicht als ob der Kaiser das Sozialistengesetz beseitigen wollte: im Kronrat am 24. Januar« – einen Tag vor der Schlußabstimmung im Reichstag – »hatte er die Annahme des ›gemilderten‹ Gesetzes befürwortet. Aber er wünschte, für die auf den 20. Februar angesetzten Neuwahlen . . . das Panier sozialer Reformen aufgeworfen zu sehen. Am 5. Februar wurden zwei kaiserliche Erlasse veröffentlicht, deren einer die Fortbildung der Arbeiterschutzgesetzgebung, namentlich die Beschränkung der Arbeitszeit, versprach, während der andere die Einberufung einer internationalen Arbeiterschutzkonferenz anordnete . . . Die Erlasse erregten großes Aufsehen und verstärkten die hohe Flut, die zugunsten der Sozialdemokraten lief, unter deren moralische Erfolge sie mit Recht von den Arbeitern gerechnet wurden.«

Das Zentralwahlkomitee der Partei, das aus Bebel, Liebknecht, Singer, Grillenberger und Meister bestand, verzichtete diesmal auf einen Wahlaufruf. Es gab nur einige technische Anweisungen, warnte vor Störungen gegnerischer Versammlungen, riet zu strengster Sachlichkeit und forderte strikteste Disziplin. Die Arbeiter wußten, worauf es ankam, und sie waren entschlossen, diesmal mit der »Bismärckerei« so abzurechnen, daß dem Kanzler und seinem Kartell Hören und Sehen vergehen sollten. Doch das Wahlergebnis vom 20. Februar 1890 übertraf dann noch die hochgespannten Erwartungen selbst der größten Optimisten:

Mit 1 427 000 Stimmen, die für ihre Kandidaten abgegeben wurden, war

Wilhelm Liebknecht mit seiner Familie, in der Bildmitte Karl Liebknecht, um 1888.

die deutsche Sozialdemokratie mit einem Schlag zur stärksten Partei im Deutschen Reich geworden! Sie erhielt fast zwanzig Prozent aller abgegebenen Stimmen, und schon im ersten Anlauf konnte sie zwanzig Reichstagssitze erobern: Berlin IV und VI für Singer und Liebknecht, Hamburg I, II, III sowie Altona für Bebel, Dietz, Metzger und Frohme, München II für v. Vollmar, Nürnberg für Grillenberger, ferner Leipzig-Land, Mittweida, Chemnitz, Glauchau-Meerane, wo Ignaz Auer siegte, Zwickau-Crimmitschau, Stollberg-Schneeberg, beide Fürstentümer Reuß, Magdeburg, Solingen, Elberfeld-Barmen sowie erstmals auch Mülhausen im Elsaß.

Das waren im Verhältnis zu den gewonnenen Wählerstimmen, die der Partei eigentlich 78 statt nur 20 Reichstagssitze hätten sichern müssen, jedoch erst hart errungene Anfangserfolge; zu den Hürden, die das Wahlrecht und die behördlichen Schikanen den Sozialdemokraten errichtet hatten, war noch erschwerend hinzugekommen, daß kurz vor der Wahl drei prominente Kandidaten – Wilhelm Hasenclever, Max Kayser und Julius Kräcker – verstorben waren, die durch Neulinge hatten ersetzt werden müssen. Nun aber standen noch in 58 Wahlkreisen Stichwahlen an, und es fragte sich, wie sich die Partei verhalten sollte, wo sie bei nur geringen eigenen Chancen die Entscheidung zwischen zwei bürgerlichen Kandidaten zu treffen hatte.

In St. Gallen war für solche Fälle unbedingte Stimmenthaltung beschlossen worden, als man noch unter dem Eindruck der bitteren Erfahrungen bei den Faschingswahlen gestanden hatte. »Jetzt aber lag es in der Hand der sozialdemokratischen Wähler«, heißt es dazu bei Franz Mehring, »durch die Unterstützung der bürgerlichen Opposition den gigantischen Humbug der Faschingswahlen zu sühnen, durch die völlige Zerschmetterung des Kartells allem verräterischen Spiele mit dem Sozialistengesetze ein Ziel zu setzen. Die klare politische Notwendigkeit siegte über alle formellen Bedenken; bereits am 22. Februar gab das Zentralwahlkomitee die Stichwahlparole aus: Nieder mit dem volksfeindlichen Kartell! Nieder mit den Verewigern des Sozialistengesetzes! Es forderte alle Genossen auf, bei Stichwahlen zwischen bürgerlichen Parteien für alle Kandidaten zu stimmen, die sich gegen jedes wie immer geartete Ausnahmegesetz, gegen jede Verschärfung der Strafgesetze, gegen jede Verkümmerung des allgemeinen Wahlrechts verpflichten würden. Ausdrücklich wurde auf Gegendienste anderer Parteien verzichtet, wurde hervorgehoben, daß nur im Interesse der Partei und des öffentlichen Wohls so verfahren werden müsse.«

Diese blitzartige Korrektur der Kongreßbeschlüsse, die gegen alle marxistischen Grundsätze eine Wahlunterstützung der bürgerlichen Demokraten empfahl, wurde in diesem besonderen Fall selbst von Engels gutgeheißen, unter dessen Augen Eduard Bernstein von London aus im *Sozialdemokrat* schrieb:

»Das Kartell zu stürzen, erfordert das Interesse der Arbeiter. Von dieser Hauptaufgabe darf kein lokales Interesse, keine Gemütsanwandlung den Blick wenden!«

Tatsächlich brachten die Stichwahlen Bismarck und seinem Kartell aus Konservativen, Reichspartei und Nationalliberalen eine neue, vernichtende Niederlage: Von seinen bisher 220 Sitzen im Reichstag verloren die Kartellparteien 85, die Nationalliberalen allein 57. Das Zentrum konnte die Anzahl seiner Mandate von 98 auf 106 erhöhen, die Freisinnigen aber konnten mit Hilfe der Sozialdemokratie die Anzahl ihrer Reichstagssitze mehr als verdoppeln, von 32 auf 66.

Damit war das bisherige Regierungsbündnis in eine hoffnungslose Minderheit geraten; auch eine Koalition der Konservativen mit dem katholischen Zentrum war unmöglich. Für Bismarcks Balanceakte mit wechselnden Mehrheiten gab es keine parlamentarische Basis mehr; seine Politik war gescheitert.

Daß die Sozialdemokraten bei den Stichwahlen für sich selbst nur noch fünfzehn weitere Mandate erringen konnten, so daß sie im neuen Reichstag mit nunmehr insgesamt fünfunddreißig Abgeordneten, mehr als dreimal so vielen wie zuvor, vertreten waren, hatte gegenüber der Zerschmetterung des Bismarckschen Kartells zweitrangige Bedeutung. Immerhin konnte die Partei auch dabei etliche neue Wahlkreise gewinnen: Königsberg, Niederbarnim, Bremen, Lübeck, Glückstadt, Halle, Calbe-Aschersleben, Mannheim und sogar München I, wo der Gastwirt Georg Johann Birk als Neuling gegen den nationalliberalen Brauereibesitzer Johann Sedlmayr angetreten war.

Titelseite des *Sozialdemokrat* vom 8. März 1890.

Insgesamt hatte sich die Wahltaktik der Partei glänzend bewährt. Sie war enorm gestärkt aus den Wahlen hervorgegangen, bei denen sie einen – wie der *Sozialdemokrat* triumphierend feststellte – »fast berauschenden Sieg« errungen hatte. Bismarcks Entlassung schon wenige Tage später, am 14. März 1890, vollendete ihn.

Das Scheitern aller Unterdrückungsgesetze, der völlige Zusammenbruch des Kartells und das Anwachsen der verbotenen Sozialdemokratie zu der an Wählerstimmen stärksten Partei hatten zum Sturz des »Eisernen Kanzlers«, ihres ärgsten Verfolgers, entscheidend beigetragen.

11.
Die Legalität
hat nicht nur Vorteile

Der »Neue Kurs«, den Wilhelm II. nach der Entlassung Bismarcks einschlagen mußte, um sein Verlangen, allein zu regieren, sachlich zu rechtfertigen, war darauf gerichtet, die Arbeiterschaft durch eine ihren Wünschen entgegenkommende Sozialpolitik allmählich mit dem Staat zu versöhnen und sie zur Abkehr von der Sozialdemokratie zu bringen. Aber die wenigen Neuerungen von bleibendem Wert, die die Gesetze zur Änderung der Gewerbeordnung und zur Einführung der Gewerbegerichte dann brachten, wurden von der Arbeiterschaft, die schon Bismarcks Alters-, Invaliden- und Krankenversicherungsgesetze mit einem Achselzucken abgetan hatte, erst recht nicht beachtet.

Weit mehr interessierte es sie, daß Bismarcks Nachfolger, Leo v. Caprivi, ein General ohne Erfahrung in Politik und Verwaltung, von vornherein darauf bedacht war, die Verfolgung der Sozialdemokratie einzustellen und ein ruhiges Klima zu schaffen. Das erschien vielen, zumal den jüngeren Funktionären der Berliner Sozialdemokratie, als eine Chance, die neugewonnene Stärke der Partei zu demonstrieren.

Aber die Reichstagsfraktion als kommissarischer Parteivorstand verordnete Zurückhaltung; auch Bebel meinte, man sollte jetzt alles vermeiden, was die neue Regierung dazu veranlassen könnte, das am 30. September auslaufende Sozialistengesetz doch noch verlängern oder gar verschärfen zu lassen.

So zögerte die Fraktion auch lange, ehe sie sich dazu entschloß, den im Vorjahr in Paris proklamierten »Internationalen Kampftag des Proletariats« unter den veränderten politischen Verhältnissen nun auch tatsächlich durchführen zu lassen. Erst am 15. April gab sie eine Erklärung heraus, die den Arbeitern »anheimstellte«, den 1. Mai durch Arbeitsruhe zu feiern. Auf jeden Fall wäre jeder Konflikt mit der Staatsgewalt zu vermeiden, und wo eine allgemeine Arbeitsruhe undurchführbar erschiene, sollten Festlichkeiten nach Feierabend stattfinden.

Mit diesen dürftigen Direktiven verlagerte die Fraktion die Entscheidung und damit auch den Meinungsstreit, ob die Arbeit am 1. Mai eingestellt werden sollte oder nicht, in die örtlichen Organisationen, was zur Folge hatte, daß der erste »Internationale Kampftag« in Deutschland eine – wie Eduard Bernstein es ausgedrückt hat – »uneinheitliche und selten imponierende Premiere« hatte.

Dennoch ergab sich aus dieser Panne letztlich etwas von weit größerer und langfristiger Bedeutung: Als die Hamburger Unternehmer bemerkten, daß die Arbeiterschaft uneinig in der Frage der Arbeitsruhe am 1. Mai war, beschlossen sie, alle, die feierten, unbefristet auszusperren. Als Antwort auf diese dann auch durchgeführte Repressalie wurde in ganz Deutschland für die Hamburger Ausgesperrten gesammelt, und je länger die Sanktion der Unternehmer andauerte, desto umfangreicher wurden die Solidaritätsaktionen. Im Sommer legten Proteststreiks von Zigtausenden zeitweise ganze Industriezweige still.

Schließlich kamen die Führer der verschiedenen Fachverbände überein, sich auf nationaler Ebene zusammenzuschließen. Dieser in der zweiten Augusthälfte 1890 gereifte Entschluß war die eigentliche Geburtsstunde einer neuen sozialdemokratischen Massenorganisation neben der Partei unter dem Dach der »Generalkommission der Gewerkschaften Deutschlands«.

Doch zunächst warteten auch die Gewerkschafter das Auslaufen des Sozialistengesetzes ab. Es wurde überall in Deutschland in großen Arbeiterversammlungen gefeiert. In Berlin trug die Polizei, wie so oft zuvor, wesentlich dazu bei, den Sieg der Arbeiterschaft über den Staat augenfällig zu machen.

»Am 30. September mit dem Schlag der Mitternacht«, heißt es dazu in den Lebenserinnerungen einer Teilnehmerin, Ottilie Baader*, »verkündete der Sprecher einer großen Festversammlung den Fall des Sozialistengesetzes. Die bisher verborgen gehaltenen Parteifahnen wurden entrollt. Im selben Augenblick stand der neben dem Vorstandstisch plazierte, die Versammlung überwachende Polizeileutnant auf und ging, gefolgt von seinem Schutzmann, durch den langen Gang dem Ausgang zu. Der Auszug der Ordnungshüter wurde in seiner symbolischen Bedeutung von jedem begriffen. Sie hätten das Ende einer Ära nicht besser veranschaulichen können. Als sich die Tür hinter ihnen schloß, brach der Jubel los. Eine ungeheure Bewegung hatte die Massen ergriffen . . .«

»Was war das historische Ergebnis des Sozialistengesetzes?«, fragt Hedwig Wachenheim. »Die Glaubensbewegung des Arbeiterstandes hatte nicht nur überwintert, die Begeisterung war gewachsen und die Bewegung radikaler geworden. Die älteren Mitglieder waren noch verbitterter gegen Staat und Unternehmertum als zuvor. Die Jüngeren verbreiteten die marxistische Literatur und bestärkten durch ihre historisch-wissenschaftliche Begründung in den Arbeitern die Gewißheit über die Mission der Arbeiterschaft. Nun konnten die politischen und wirtschaftlichen Organisationen wieder aufgerichtet werden und sich öffentlich betätigen. Noch war nicht sicher, welchen Richtungen die Arbeiter folgen würden. Noch konnte man nicht wissen, ob die kurz vor dem Sozialistengesetz errungene Einheit ohne den äußeren Druck der Verfolgung zu erhalten war, ob . . . die ›Jungen‹ (revolutionären Intellektuellen), die mit den Arbeitern in der Illegalität zusammengearbeitet hatten, ihre Position behaupten konnten . . .«

Auf dem Parteitag, der bereits am 12. Oktober 1890 in Halle zusammentrat und bis zum 18. Oktober tagte, gab sich die »Sozialdemokratische Partei Deutschlands« (SPD), wie sie sich von da an nannte, ein neues Organisationsstatut. Oberstes Organ der Partei war danach der alljährlich stattfindende Parteitag, der den Vorstand wählte, und dieser – und nicht mehr die von vielen Delegierten kritisierte Reichstagsfraktion – leitete die Partei. Er setzte sich zusammen aus zwei Vorsitzenden, Bebel und Singer, zwei Schriftführern, einem Kassierer und sieben Kontrolleuren.

Der Parteivorstand überprüfte die grundsätzliche Haltung der Parteiorgane und war dem Parteitag rechenschaftspflichtig. Die Bindeglieder zwischen der Mitgliedschaft und der Parteileitung waren die in jedem Reichstagswahlkreis in öffentlichen Versammlungen zu wählenden und für die lokale Arbeit verantwortlichen Vertrauensleute. Wegen der einengenden Vorschriften des Vereinsgesetzes konnte es keine regionalen und lokalen Parteigliederungen geben; die örtlichen Zusammenschlüsse bezeichneten sich daher überwiegend als »Wahlvereine«. Zum offiziellen Zentralorgan der SPD bestimmte das neue Statut Paul Singers *Berliner Volksblatt*, das vom 1. Januar 1891 an unter dem Titel *Vorwärts* erschien. Sodann beauftragte der Parteitag den Vorstand, ein neues Programm zu entwerfen, das dem einer Partei entsprechen müßte, »die sich mit Recht als die Partei des wissenschaftlichen Sozialismus bezeichnet«.

Damit war klargestellt, daß es sich nur um ein marxistisches Programm handeln könnte, und so war es selbstverständlich, daß Friedrich Engels von Bebel gebeten wurde, zu den ersten Entwürfen Stellung zu nehmen. Engels war mit dem, was Bebel ihm schickte, unzufrieden. Zwar erkannte er an: »Der jetzige Entwurf unterscheidet sich sehr vorteilhaft von dem bisherigen Programm. Die starken Überreste von überlebter Tradition – speziell lassalleanischer wie vulgärsozialistischer – sind im wesentlichen beseitigt, der Entwurf steht nach seiner theoretischen Seite im ganzen auf dem Boden der heutigen Wissenschaft...« Aber er verlangte, daß die Partei klarstellen sollte, sie sehe im kaiserlichen Deutschland keinen Weg des friedlichen Hineinwachsens in den Sozialismus. »Unsere Partei kann nur zur Herrschaft kommen in einer demokratischen Republik.«

Bebel antwortete ihm, natürlich wollte die SPD die Republik, auch die Abschaffung der preußischen Vormachtstellung und der Kleinstaaterei, wie Engels sie ebenfalls ins Programm aufgenommen wissen wollte, doch unter den gegebenen Verhältnissen wäre es nicht ratsam, dies alles ins Programm zu schreiben, womit er Engels klarzumachen versuchte, daß eine solche Provokation des Kaisers zu neuen Sozialistengesetzen und verstärkter Verfolgung führen könnte.

Aber Engels hatte noch mehr auszusetzen: Opportunismus, schrieb er, äußere sich besonders in der Leugnung des Klassenkampfes und der Notwendigkeit, in der Übergangsphase eine Diktatur des Proletariats zu errichten.

Engels' Kritik verfehlte nicht ihre Wirkung. Schließlich schrieb Kautsky den theoretischen, Bernstein den praktischen Teil des Programms, und beides fand Engels' Beifall. In den folgenden Monaten wurde der von Kautsky in der *Neuen Zeit* veröffentlichte Entwurf des neuen Programms in zahlreichen örtlichen Versammlungen diskutiert und von den meisten gutgeheißen. Am Abend des 14. Oktober 1891 versammelten sich 230 gewählte Delegierte aus allen Teilen des Deutschen Reichs im festlich geschmückten Kaisersaal zu Erfurt. Paul Singer eröffnete den Parteitag und erklärte, dessen wichtigste Aufgabe wäre, ein neues Programm anzunehmen, »welches wissenschaftlich unanfechtbar unsere Forderung in klarer und allgemein verständlicher Form zum Ausdruck bringt«. Indessen beschäftigte sich der Parteitag zunächst ausgiebig mit innerparteilichen Streitigkeiten, die nach dem Ende des Sozialistengesetzes ausgebrochen waren. Die – wie Bebel sie nannte – »halbanarchistischen« Neigungen der »Jungen« wurden scharf verurteilt, ihre Wortführer aus der Partei ausgeschlossen, weil sie sich den Beschlüssen des Parteitags nicht unterwerfen wollten. Bebel griff sodann in einer langen, scharfsinnigen und in den Kernsätzen mit Leidenschaft vorgetragenen Rede seinen einstigen Favoriten Georg v. Vollmar heftig an.

Der hatte sich, seit er der anerkannte Führer der südbayerischen Sozialdemokraten geworden war, vom wilden Revolutionär zum reformerischen Parlamentarier gewandelt und im Münchner »Eldorado«-Saal wiederholt für Zusammenarbeit mit den bürgerlichen Parteien plädiert, ein friedliches Hineinwachsen in den Staat gepredigt und die Aufgaben der Partei auf soziale Reformen sowie eine volksnahe Zoll- und Preispolitik reduziert. Bebel nannte dies eine »erbärmliche Reformwirtschaft«; Opportunismus und Kompromisse mit den bürgerlichen Parteien brächen, so fügte er an die Adresse v. Vollmars gerichtet hinzu, »das Rückgrat der Partei, den Klassenkampf«.

Georg v. Vollmar, nach Hedwig Wachenheims Beschreibung »durch Größe und Haltung, Stimmgewalt... und vornehmes Auftreten ein Redner, der Aufsehen erregte und Eindruck machte«, wich von seinen Münchner Reden nicht ab, bestritt jedoch energisch, das Prinzip der Partei verleugnet zu haben: »Ich will keine neue Taktik, sondern organische Überleitung der alten in die neue Welt!« Bebel und Liebknecht warfen ihm vor, daß er zögere und bremse, statt zu stürmen, aber Bebel faßte die dann verabschiedete Resolution so ab, daß auch v. Vollmar für sie stimmen konnte.

Damit hatte Bebel die Partei vor einem Bruch bewahren wollen, denn v. Vollmar war von zahlreichen Delegierten für einen Teil seiner Ausführungen mit viel Beifall bedacht worden; auch sie wollten, wie Bebel erkannte, »aus dem Käfig der reinen Opposition heraus«. An den österreichischen Sozialistenführer Victor Adler schrieb er, v. Vollmar könnte nicht aus der Partei ausgeschlossen werden, »ohne einen großen Teil unserer Leute vor den Kopf zu stoßen... Das Solidaritätsgefühl der Masse ist zu groß, als daß wegen bloßer Meinungsverschiedenheiten, solange diese nicht

prinzipiell und unüberbrückbar sind, eine Spaltung gutgeheißen wird . . .
Auch Auer gab seiner Sympathie für einen Teil der Vollmarschen Auslassungen offen Ausdruck . . .« Aber umgekehrt warnte Bebel auch v. Vollmar.
Mit dessen Taktik, so erklärte er, »kämen wir mit Naturnotwendigkeit
dahin, daß wir über der ausschließlichen Agitation für naheliegende Aufgaben schließlich vergessen, daß wir eine sozialdemokratische Partei sind . . .
daß wir vergessen, daß Staat und Gesellschaft von heute Todfeinde der
Sozialdemokratie sind und es ein Paktieren mit diesen nicht gibt!«

Der »Fall v. Vollmar« nahm auf dem Erfurter Parteitag soviel Zeit in
Anspruch, daß für eine gründliche Diskussion des neuen Parteiprogramms
kaum noch Gelegenheit war. Nach wenigen kurzen Diskussionsbeiträgen
wurde es einstimmig verabschiedet.

An der Spitze des Programms stand die Feststellung: »Die wirtschaftliche
Entwicklung bedeutet die wachsende Zunahme der Unsicherheit der Existenz, des Elends, des Drucks, der Knechtung, der Ausbeutung des Proletariats und der versinkenden Mittelschichten« – was den tatsächlichen, durch
eine gerade herrschende Wirtschaftskrise deutlich zu Tage tretenden Verhältnissen durchaus entsprach. »Immer schroffer wird der Gegensatz zwischen Ausbeutern und Ausgebeuteten, immer erbitterter der Klassenkampf . . . Das Privateigentum an Produktionsmitteln ist unvereinbar
geworden mit deren zweckentsprechender Anwendung und voller Entwicklung . . .«

An dieser Stelle fehlte die Marxsche Voraussage, nach der die Bourgeoisie
in dem so beschriebenen Augenblick ihre Herrschaft nicht mehr aufrechterhalten könnte und darum der Sieg des Proletariats unvermeidlich wäre.

Entsprechend wurde die Erfordernis des politischen Kampfes gegen die
Ausbeutung um so stärker betont, denn die Arbeiterklasse konnte den Übergang der Produktionsmittel aus Privat- in Gesellschaftseigentum schwerlich
bewirken, ohne zuvor die politische Macht erobert zu haben. Wie dies zu
geschehen hätte, wurde nicht ausdrücklich gesagt, doch nach ihrer bisherigen Entwicklung konnte die Partei nur durch Wahlsiege an die Macht
kommen. Tatsächlich war auch die erste praktische Forderung, die das
Erfurter Programm »ausgehend von diesen Grundsätzen« erhob, das allgemeine, gleiche, direkte und geheime Wahlrecht, das bislang zwar für den
Reichstag, aber ansonsten noch keineswegs für alle Landtage und Kommunalparlamente durchgesetzt war; in Preußen galt beispielsweise noch immer
das undemokratische Dreiklassenwahlrecht.

Einführung des allgemeinen, gleichen Wahlrechts wurde also im neuen
Programm an die Spitze aller praktischen Forderungen gestellt, die Vollmarsche »Teileroberung«, die »organische Überleitung der alten in die neue
Welt«, aber stillschweigend verworfen.

Allerdings beschränkte das Erfurter Programm das, was die Partei nicht
tun konnte, ohne vorher die politische Macht erobert zu haben, allein auf die
Überleitung der Produktionsmittel in Gesellschaftseigentum; für alles

andere blieb offen, wann und auf welche Weise, zum Beispiel im Bündnis mit bürgerlichen Parteien, es verwirklicht werden könnte.

Der Staat kam im Erfurter Programm überhaupt nicht vor, weder als Klassenstaat noch als Volksstaat. Der Sinn, den Marx mit dem »Absterben des bürgerlichen Staates« verband, konnte, wie Bebel meinte, »von Arbeitern, die in Preußen leben, nicht begriffen werden«.

Kapitalisten und Grundbesitzer wurden im Erfurter Programm ausdrücklich als »Expropriateure« und »Nichtarbeiter« bezeichnet. Hier wurde, wohl Engels zuliebe, nachgeholt, was beim Gothaer Programm von 1875 versäumt worden war.

Die Verpflichtung, die sich nach dem Gothaer Programm aus dem internationalen Charakter der Arbeiterbewegung für die Partei ergab, fand sich im Erfurter Programm nur in sehr abgeschwächter Form wieder: Die Befreiung der Arbeiterklasse war danach »ein Werk, an dem die Arbeiter aller Kulturländer gleichmäßig beteiligt sind. In dieser Erkenntnis fühlt und erklärt die Sozialdemokratische Partei sich eins mit den klassenbewußten Arbeitern aller übrigen Länder.« Das war eine schöne, zu nichts verpflichtende Formel, zugleich eine Vorsichtsmaßnahme, denn Bismarck hatte die Notwendigkeit seiner Unterdrückungsmaßnahmen stets auch mit dem »internationalen Charakter der Verschwörung« begründet, die die Sozialdemokratie darstellen sollte.

Zu den wichtigsten Sätzen des Programms gehörte eine Feststellung, die in den folgenden Jahren große Bedeutung bei den Auseinandersetzungen mit den Gewerkschaften bekommen sollte: »Diesen Kampf (um die politische Macht) zu einem bewußten und einheitlichen zu gestalten und ihm sein naturnotwendiges Ziel zu weisen – das ist die Aufgabe der Sozialdemokratischen Partei.«

Am Schluß des Erfurter Programms wurde festgestellt, daß die SPD für die Abschaffung aller Klassenherrschaft und der Klassen überhaupt wäre, obschon nicht recht einzusehen war, wie die Partei dies bewerkstelligen sollte, wo doch deren Bildung von der Produktionsweise bestimmt war. Der folgende Satz aber besagte, daß die Partei keine neuen Klassenprivilegien wollte und daß sie »jede Art der Ausbeutung und Unterdrückung, richte sie sich gegen eine Klasse, eine Partei, ein Geschlecht oder eine Rasse« entschieden bekämpfte.

Den Grundsätzen folgten die Richtlinien für die praktische Politik. Da forderte das Erfurter Programm: das Wahlrecht für alle Männer und Frauen vom zwanzigsten Lebensjahr an und eine Reform der Wahlkreiseinteilung, daneben direkte Gesetzgebung durch das Volk nach schweizerischem Vorbild, Wahl der Behörden sowie »Verantwortlichkeit und Haftbarkeit derselben«, jährliche Steuerbewilligung, Entscheidung über Krieg und Frieden durch die Volksvertretung – alles unter Vermeidung der Feststellung, daß die Voraussetzung dafür die Abschaffung des gegenwärtigen Regierungssystems wäre, in dem nicht einmal der Regierungschef vom Parlament zum

Rücktritt gezwungen werden konnte und der Kaiser und König »von Gottes Gnaden«, also weder dem Kanzler, der Regierung oder dem Parlament noch dem Volk verantwortlich war.

Ferner forderte das Programm die Auflösung der stehenden Heere und ihre Ablösung durch eine »Volkswehr« genannte Miliz; die Schlichtung aller internationalen Streitigkeiten durch ein Schiedsgericht; Freiheit der Meinungsäußerung, uneingeschränkte Vereins- und Versammlungsfreiheit; die gesetzliche Gleichberechtigung der Frau auf allen Gebieten; die Erklärung der Religion zur Privatsache und die Streichung aller öffentlichen Mittel für kirchliche oder religiöse Zwecke sowie die Weltlichkeit der Schulen; die Wahl der Richter durch das Volk und die Abschaffung der Todesstrafe; die Unentgeltlichkeit der ärztlichen Hilfeleistung; progressive Einkommens-, Vermögens- und Erbschaftssteuer sowie Abschaffung aller indirekten Steuern und Zölle.

»Zum Schutze der Arbeiterklasse« verlangte das Erfurter Programm einen »zunächst« höchstens acht Stunden dauernden Normalarbeitstag und eine wöchentliche Ruhepause von 36 statt der bisherigen 24 Stunden, also den freien Sonnabendnachmittag, sodann ein Verbot der Nachtarbeit sowie der Arbeit von Kindern unter vierzehn Jahren (was Marx – es sei nur der Kuriosität halber angemerkt – noch in seinen »Randglossen« zum Gothaer Programm von 1875 als »unverträglich mit der Existenz der großen Industrie und daher leerer frommer Wunsch« genannt hatte).

Schließlich wurden die Ausweitung der Gewerbeinspektion, ein Reichsarbeitsamt nebst Bezirksarbeitsämtern und -kammern, ein gesetzliches Verbot des Trucksystems, die »Sicherstellung des Koalitionsrechts«, seine Einführung auch für Landarbeiter und Dienstboten, die Übernahme der gesamten Arbeiterversicherung durch das Reich mit maßgebender Mitwirkung der Arbeiter an der Verwaltung sowie die Einführung von Arbeitsgerichten mit paritätischer Besetzung verlangt.

Insgesamt drückte das Erfurter Programm aus, was die Partei Anfang der neunziger Jahre bewegte: den Wunsch, Reformen herbeizuführen, aber auch die Furcht, die Erfüllung der Gegenwartsaufgaben könnte der Partei ihren revolutionären Charakter rauben, dem sie ihren raschen Aufstieg verdankte; das Verlangen, gegensätzliche Standpunkte miteinander zu versöhnen und die Geschlossenheit der Partei zu bekräftigen, aber auch die Sorge, durch allzu kühne Forderungen eine erneute Verfolgung und Unterdrückung zu provozieren. Denn daß »Staat und Gesellschaft von heute Todfeinde der Sozialdemokratie« waren, wie Bebel es betont hatte, war allen, die in der Partei Verantwortung trugen, ebenso bewußt wie der großen Mehrheit der Mitglieder.

Vier Wochen später wurde es ihnen vom Kaiser selbst bestätigt, daß er sie nach wie vor als »Staats- und Vaterlandsfeinde« ansah. Am 23. November 1891, anläßlich einer Rekrutenvereidigung bei den Potsdamer Garderegimentern, hielt Wilhelm II. eine Ansprache, in der er erklärte:

».. . Kinder Meiner Garde! Mit dem heutigen Tag seid ihr Meiner Armee einverleibt worden, steht jetzt unter Meinem Befehle und habt das Vorrecht, Meinen Rock tragen zu dürfen. . . Denket daran, daß die deutsche Armee gerüstet sein muß gegen den inneren Feind sowohl als gegen den äußeren. . . Ihr habt euch Mir mit Leib und Seele ergeben, ihr seid jetzt Meine Soldaten. Es gibt für euch nur einen Feind, und der ist Mein Feind! Bei den jetzigen sozialistischen Umtrieben kann es vorkommen, daß Ich euch befehle, eure eigenen Verwandten, Brüder, ja Eltern niederzuschießen oder niederzustechen, aber auch dann müßt ihr Meine Befehle ohne Murren befolgen. Dann besiegelt die Treue mit Aufopferung eures Herzbluts. . .«*

Dabei war Wilhelm II., als er so redete, noch einigermaßen milde gestimmt, durchaus gewillt, ein »Volkskaiser« zu sein und den Weg sozialer Reformen fortzusetzen, den er mit dem »Neuen Kurs« eingeschlagen hatte. Zu der säbelrasselnden Ansprache in Potsdam hatte ihn seine Großmannssucht verleitet, wohl auch die Annahme, was er, um seinen Gardeoffizieren zu imponieren, in Potsdam äußerte, würde in Berlin und anderswo nicht gehört. Sein voller Zorn auf die »undankbaren Arbeiter«, erst recht auf die »sozialistischen Agitatoren und Brandstifter«, erwachte erst, als eine geplante Erhöhung der Militärausgaben im Frühjahr 1893 am Widerstand der durch sozialdemokratische Agitation zu einer festeren Haltung gebrachten Linken im Reichstag zu scheitern drohte.

Der Entwurf des Heeresbudgets sah eine Verstärkung der Friedenspräsenzstärke der Armee um rund 85 000 Mann vor. August Bebel, der Hauptredner der SPD bei den Reichstagsdebatten, sah in dieser gewaltigen Aufrüstung nichts, was der Landesverteidigung diente. Er wies nach, daß »das herrschende Militärsystem« gegen das eigene Volk, nicht gegen äußere Feinde rüstete, dabei aber zugleich »eine fortdauernde Bedrohung des Völkerfriedens« darstellte, weil solche Anhäufung von Waffen auch alle Nachbarn zur weiteren Rüstung triebe, was letztlich die Existenz der Nation gefährdete. Bebel wiederholte dann, was schon Johann Jacoby im Streit mit Bismarck als Parole ausgegeben hatte: »Diesem System keinen Mann und keinen Groschen!«

Als Alternative zu den Plänen der Regierung legte die SPD ein eigenes Militärprogramm vor, das die Auflösung des stehenden Heeres und die Schaffung rasch mobilisierbarer Volksmilizen vorsah, wodurch bei stark verminderten Ausgaben eine weit wirksamere Landesverteidigung erreicht und ein Beitrag zur Sicherung des Friedens in Europa geleistet würde. Als dann im Mai 1893 die Militärvorlage von einer Mehrheit der bürgerlichen Opposition und der SPD in dritter Lesung abgelehnt wurde, ordnete der Kaiser die Auflösung des Reichstags und sofortige Neuwahlen an, in der sicheren Erwartung, daß die Befürworter der Aufrüstung gestärkt daraus hervorgehen würden. Regierung und Schwerindustrie führten einen Propagandafeldzug gegen die Rüstungsgegner, wie ihn Deutschland bis dahin noch nicht erlebt hatte. Mit täglich neuen Schreckensmeldungen wurde den

Bürgern suggeriert, »die Feinde des Reichs« bereiteten schon den Krieg vor und das Vaterland wäre »schutzlos jedem Angriff von außen« ausgeliefert, wenn es nicht baldigst aufrüstete. Darum dürfte »keine Stimme für die Gegner der Vaterlandsverteidigung« abgegeben werden.

Die Sozialdemokraten antworteten mit verstärkter antimilitaristischer Agitation; während des kurzen Wahlkampfes wurden Hunderte von Veranstaltungen gegen die Kriegstreiberei und die Aufrüstung abgehalten, und in Zigtausenden von Exemplaren kam das von Bebel ausgearbeitete Alternativprogramm zur Verteilung.

Bei den Reichstagswahlen im Juni 1893 gab es einige Überraschungen: Die Konservativen und die Nationalliberalen, die für die Militärvorlage gestimmt hatten, waren nur mit einigen Mandaten mehr als zuvor, das Zentrum, das dagegen votiert hatte, mit einigen Sitzen weniger aus der Wahlschlacht hervorgegangen. Das linksliberale Lager, das sich in Rüstungsbefürworter und -gegner gespalten hatte, war dabei sehr schlecht davongekommen und hatte zahlreiche Anhänger verloren. Den mit Abstand stärksten Stimmengewinn aber konnte die Sozialdemokratie verzeichnen, die noch vierhunderttausend Wähler hinzugewonnen hatte. Nur das die SPD benachteiligende Stichwahlsystem und die für die Partei noch ungünstigere Wahlkreiseinteilung verhinderten, daß die Sozialdemokratie nun auch die stärkste Fraktion im Reichstag stellte.

Immerhin hatte sie jetzt 44 Abgeordnete und war damit auch im Parlament zu einem gewichtigen Faktor geworden, was Wilhelm II. als eine persönliche Kränkung empfand. Nur der Umstand, daß sich für die sogleich

Auf dem Kongreß der II. Internationale treffen im August 1893 deutsche Sozialdemokraten mit Friedrich Engels zusammen. Von links nach rechts: Bebels Schwiegersohn Friedrich Simon, August Bebels Tochter Frieda Simon, Clara Zetkin, Friedrich Engels, Julie und August Bebel, Ernst Schaffer und Regine Bernstein.

wieder eingebrachte Militärvorlage diesmal eine knappe Mehrheit fand, versöhnte den Kaiser wieder ein wenig mit dem parlamentarischen System. Die von der Generalität bereits ausgearbeiteten Staatsstreichpläne verschwanden in den Schubladen.

Doch der Neue Kurs war nun beendet, und es blieb die Drohung der jederzeit möglichen Errichtung einer Militärdiktatur, unter der die Sozialdemokratie noch weit härter unterdrückt und verfolgt werden würde als unter dem Sozialistengesetz.

Der SPD-Führung, vor allem Bebel, war diese Gefahr ebenso bewußt wie die sich innerhalb der Partei verstärkenden Tendenzen, einen weniger klassenkämpferischen Kurs zu steuern und innerhalb des bestehenden Systems zumindest punktuell, wo es gerade sinnvoll und nützlich erschien, konstruktiv mitzuarbeiten. So hatte gerade Georg v. Vollmar erneut in einer bürgerlichen Zeitschrift staatssozialistische Auffassungen vertreten, auf die Wilhelm Liebknecht im *Vorwärts* eine scharfe Antwort gab:»In gefühlvollem Ton fordert Vollmar die Regierung auf, nicht länger die Exekutive der Bourgeoisie zu sein, bittet er den Klassenstaat aufzuhören, Klassenstaat zu sein«, spottete er in diesem Gegenartikel.»Mit einem Federstrich verwandelt er den Klassenkampf... in eine friedsam-idyllische Auseinandersetzung... Mag das Erfurter Programm, mag die moderne Arbeiterbewegung, mag Theorie und Praxis auch dabei in die Brüche gehen, Vollmar macht den Gewalthabern sanfte Vorwürfe, daß sie uns für Feinde der heutigen Zustände, für ihre Gegner halten. *Wir sind ihre Feinde*, und darum ist es unsere Aufgabe, unser Recht, unser Stolz, gegen den Kapitalismus und seine politische Organisation so lange zu kämpfen, bis er fällt!«

Vollmar aber ging nun daran, seinen antirevolutionären Kurs zunächst einmal regional durchzusetzen. Am 1. Juni 1894 stimmte unter seiner Führung die bayerische Landtagsfraktion der SPD erstmals dem Haushaltsentwurf der Münchner Regierung zu. Im September beantragte und erhielt er dafür die Zustimmung des Landesparteitags der bayerischen Sozialdemokraten.

In der außerbayerischen SPD erhob sich daraufhin ein Proteststurm. Zum bald darauf stattfindenden Parteitag brachten 33 Delegierte, darunter Bebel, Liebknecht, Singer und Auer, eine Resolution ein, womit den bayerischen Landtagsabgeordneten für ihr prinzipwidriges Verhalten eine Rüge erteilt und»einer Haltung dieser Art für die Zukunft vorgebeugt« werden sollte. Bebel führte in seiner Begründung dieses Entschließungsantrags aus:»Alle bürgerlichen Parteien, die eine bürgerliche Regierung stürzen wollten, haben damit begonnen, das Budget zu verweigern... Was wird aber nun aus dem Staat, fragt Vollmar, wenn eine sozialdemokratische Mehrheit das Budget verweigert? Zweierlei kann eintreten: entweder sie regiert ohne Budget weiter, und wir stehen dann mitten im Verfassungskonflikt mit allen seinen Folgen..., und es ist mir keinen Augenblick zweifelhaft, wie ein Verfassungskonflikt dann enden würde. Entweder die Regierung tritt ab oder die Sozialdemokraten, und das letztere ist unmöglich!«

Doch die Entscheidung in dieser innerparteilichen Auseinandersetzung blieb letztlich offen. Zwar wurde ein Gegenantrag der Bayern mit 142 gegen 93 Stimmen abgelehnt, aber der Antrag des Parteivorstands gegen die Vollmarsche Politik wurde erst angenommen, nachdem er so entschärft worden war, daß am Ende Bebel selbst gegen die so veränderte Resolution stimmte.

Das war jedoch erst der Beginn des Konflikts, bei dem es dann um die Frage ging, wie die Partei für ihre allgemein-demokratischen Aufgaben die Machtpositionen der herrschenden Klassen auf dem Lande erschüttern und die Landbevölkerung für sich oder doch als Verbündete gewinnen könnte.

Diese zu Beginn der neunziger Jahre drängende »Bauernfrage« gedachten die von Bebel und Liebknecht als »Opportunisten« bezeichneten Kräfte mit v. Vollmar an der Spitze dadurch zu lösen, daß sie den kaum noch existenzfähigen bäuerlichen Klein- und Kleinstbetrieben Ewigkeitswert zumaßen und sie mit »staatssozialistischen« Maßnahmen erhalten wollten, wogegen die Marxisten, angeführt von Friedrich Engels in London, deutlich zu machen versuchten, daß der bäuerliche Kleinbetrieb dem Untergang entgegenginge und seinen Haus- und Feldbesitz nur retten könnte, wenn er ihn in genossenschaftliche Großbetriebe verwandelte, und zwar mit Hilfe des sozialistischen Staates.

Engels führte weiter aus, die Sozialdemokratie könnte sich nicht gegen die ökonomische Entwicklung stemmen und versuchen, den Kleinbetrieb zu erhalten. Aber sie müßte in der kapitalistischen Gesellschaft alles irgend Zulässige tun, das Los der armen Bauern erträglicher zu machen. Die Gewinnung des Landproletariats für den Kampf gegen die preußische Junkerherrschaft wäre jedoch vordringlich. Es käme darauf an, die »Kernregimenter der preußischen Armee« zu gewinnen, für die in erster Linie das Landproletariat und die gutsabhängigen Kleinbauern die Rekruten stellten.

Der Frankfurter Parteitag von 1894, dessen Delegierte mit der »Bauernfrage« wenig vertraut waren, nahm indessen eine Entschließung an, die im wesentlichen den »opportunistischen« Vorschlägen v. Vollmars folgte. Erst im Jahr darauf, auf dem Breslauer Parteitag, setzten sich die dort von Karl Kautsky und Clara Zetkin vertretenen marxistischen Positionen wieder durch. Allerdings fand die Partei in Breslau keine Antwort auf die Frage, wie man die arme Landbevölkerung als Bundesgenossen gewinnen könnte, und so blieb es in der Praxis, zumal in Bayern, unverändert bei jenem pragmatischen Kurs, den v. Vollmar verfolgte.

Engels in London sah darin eine Gefahr. Die Partei dürfte, schrieb er an Bebel, »nicht davor zurückschrecken, sich von unbelehrbaren Opportunisten zu trennen« – eine Mahnung, die zu einem Zeitpunkt kam, als Bebel sie weder beherzigen wollte noch konnte.

Im Frühjahr 1895 richtete Engels – in seiner Einleitung zu Marx' Schrift *Die Klassenkämpfe in Frankreich von 1848 bis 1850*, die er herausgab – an die SPD die Aufforderung, »alle legalen Mittel, *wenn notwendig aber auch andere«* einzusetzen, um die Mehrheit des Volkes für ihre Ziele zu gewinnen und die herrschenden Klassen zu isolieren.

Der *Vorwärts* veröffentlichte Engels' Arbeit, aber so verstümmelt, daß sie ihren revolutionären Inhalt einbüßte. Empört wandte sich Engels daraufhin an Kautsky; man hätte ihn so zurechtgestutzt, schrieb er, daß er nun »als friedfertiger Anbeter der Gesetzlichkeit« dastände, und tatsächlich wurde er fortan von »opportunistischen« Sozialdemokraten wie von bürgerlichen Publizisten so interpretiert, als hätte er sich an seinem Lebensabend vom Revolutionär zum kleinbürgerlichen Reformer gewandelt.

Er konnte sich dagegen nicht mehr wehren, denn wenig später, am 5. August 1895, wurde er in London zu Grabe getragen. Auf seinen Wunsch hin nahmen nur engste Freunde, darunter Bebel, Liebknecht und Singer, an der Beerdigung teil. »Das Proletariat«, hieß es im Nachruf des *Vorwärts*, »weiß seine Toten zu ehren. Und es vergißt seine Toten nicht. Es setzt ihnen keine Denkmäler – es vollendet ihren Willen!«

Doch gerade daran war, soweit es die SPD betraf, zu dieser Zeit in Wahrheit nicht zu denken. Zum einen, weil ein großer Teil der seit ihrer Legalisierung stark angewachsenen Partei keine revolutionären Ziele mehr verfolgte, allenfalls davon redete; zum anderen, weil auch die prinzipientreuen Führer zu großer Vorsicht gezwungen waren – sonst hätte weder Bebel entgegen Engels' Rat auf schärfere Maßnahmen gegen die »Opportunisten« verzichtet noch wäre Liebknecht auf den Gedanken verfallen, Engels' Artikel im *Vorwärts* kräftig »zurechtzustutzen« und ihn seines revolutionären Inhalts zu berauben.

Der Grund für diese Vorsicht lag vor allem darin, daß Wilhelm II. und die Militärs sich gerade bemühten, die radikalen Elemente der deutschen Arbeiterbewegung zum Losschlagen zu provozieren. Zugleich mit der militärischen Niederwerfung eines solchen Aufstands sollten Partei und Gewerkschaften zerschlagen, alle Funktionäre eingesperrt, alle demokratischen Errungenschaften beseitigt und eine stramme Militärdiktatur errichtet werden.

Im Herbst 1894 war der Reichskanzler v. Caprivi vom Kaiser entlassen, der fast sechsundsiebzigjährige Fürst Chlodwig zu Hohenlohe zum Nachfolger ernannt worden; Hohenlohe war als »Übergang zu einem anderen, den man suchen müsse« ausersehen, und da der alte Herr weder politische Erfahrung noch die Spur eines Programms mitbrachte, gab es in der Folgezeit keine einheitliche Führung der Regierungsgeschäfte, vielmehr ein Gerangel darum, bei dem Kaiser, Generale, Ministerialbürokratie und die Interessenvertreter der Schwerindustrie, der Banken und der Großagrarier abwechselnd oder gleichzeitig ihren Einfluß geltend machten. Weil sich Wilhelm II. zu dieser Zeit am stärksten von den Vorschlägen des saarländischen Stahlindustriellen Karl Ferdinand Freiherr v. Stumm beeindrucken ließ, der auch für die einst bismarcktreue konservative Deutsche Reichspartei ein Reichstagsmandat innehatte und der Sprecher aller Unternehmer war, die einen entschieden reaktionären, antisozialistischen Kurs befürworteten, sprach man mehr von der »Ära Stumm« als von der Kanzlerschaft des Fürsten Hohenlohe. Ein typisches Produkt der neuen Konstellation wurde dem Parlament bereits präsentiert, als es am 6. Dezember 1894 erstmals im neuerbauten Reichstagsgebäude zusammentrat. Dieser Gesetzentwurf der Regierung Hohenlohe »betr. Änderungen und Ergänzungen des Strafgesetzbuches, des Militärstrafgesetzbuches und des Gesetzes über die Presse«, kurz »Umsturzvorlage« genannt, zielte darauf ab, jeder sozialdemokratischen oder gewerkschaftlichen Agitation ein Ende zu machen, dazu die normale Presse-, Schulungs- und organisatorische Arbeit der Partei zu kriminalisieren und ihren politischen Handlungsspielraum so drastisch einzuengen, daß es in den Hochburgen der SPD über kurz oder lang zu Zusammenstößen zwischen Arbeitern und Polizei kommen würde. Das sollte dann den willkommenen Anlaß zum Eingreifen des Militärs und zur Errichtung einer Diktatur liefern, und diese Absicht ihrer Gegner hatte die SPD-Führung so überaus vorsichtig werden lassen.

Indessen verschwand die »Umsturzvorlage« zunächst im Reichstag in einer 28köpfigen Kommission, in der sich angesichts der Mehrheitsverhältnisse die Vertreter des katholischen Zentrums und seines polnischen und anderen Anhangs so kräftig durchsetzten, daß die Vorlage im April 1895 dem Plenum in einer gänzlich neuen, durch und durch klerikalisierten Fassung vorgelegt wurde. Deren Glanzstück war der eingefügte Paragraph 166 des Strafgesetzbuchs: »Wer öffentlich in beschimpfenden Äußerungen den Glauben an Gott und das Christentum angreift oder Gott lästert oder wer öffentlich eine der christlichen Kirchen . . ., ihre Lehren, Einrichtungen oder Gebräuche beschimpft . . ., wird mit Gefängnis bis zu drei Jahren bestraft.« Gegen diese Fassung erhob sich nun ein liberaler Entrüstungssturm, und am 11. Mai 1895 lehnte das Plenum die »Umsturzvorlage« ab. Kaiser Wilhelm II. aber telegraphierte noch am selben Tage an seinen greisen Kanzler: ». . . Es bleiben uns somit noch die Feuerspitzen für gewöhnlich und Kartätschen für die letzte Instanz übrig!«

Aber zugleich begannen Kaiser, Regierung und Schwerindustrie unter der Devise »Ein neuer Reichstag muß her!« nun wieder einen Propagandafeldzug. Den äußeren Anlaß bot die 25. Wiederkehr der Tage, an denen 1870 der Krieg gegen Frankreich begonnen hatte und die siegreichen Schlachten geschlagen worden waren, und so häuften sich im Sommer und Frühherbst die Gedenkfeiern, Militär- und Kriegervereinsparaden, Denkmalsenthüllungen und Kaiserreden. Sie wurden begleitet von einer wahren Flut von Presseartikeln, Broschüren und Proklamationen zur Verherrlichung des Kriegs, der Rüstung und des glorreichen Militärs.

Die SPD antwortete mit antimilitaristischer Gegenpropaganda. Auf Hunderten von Versammlungen überall im Reich traten die führenden Männer und Frauen der Partei der hurrapatriotischen Stimmungmache entgegen, die nur der Vorbereitung der Militärdiktatur, der Beseitigung aller Rechte und Freiheiten des Volkes und dem Rüstungsgeschäft dienen sollte. Am Jahrestag der Schlacht von Sedan, dem Höhepunkt der chauvinistischen Hetze, zu der sich die Regierungspropaganda bis Anfang September gesteigert hatte, schickten die Berliner Sozialdemokraten an die Sozialisten Frankreichs ein Telegramm, worin es hieß: ».. als Protest gegen Krieg und Chauvinismus den französischen Genossen Gruß und Handschlag. Hoch die Völkersolidarität!« Wilhelm II. war darüber so empört, daß er seine Adjutanten aufforderte, »Herrn Bebel und Konsorten im Redaktionslokal des ›Vorwärts‹ über den Kopf zu schlagen«, damit »das patriotisch erregte Volk durch Zertrümmerung der Druckerei zum ersten Mal der Sozialdemokratie einen Schrekken« beibrächte. Zwar hüteten sich die Flügeladjutanten, sämtlich im Generalsrang, solchem Ansinnen selbst nachzukommen, aber sie sorgten dafür, daß zunächst einmal Polizei und Strafjustiz auf ihre Weise die vom Kaiser gewünschte Rache nahmen. Schon wenig später, auf dem Parteitag der SPD, der vom 6. bis 12. Oktober 1895 in Breslau stattfand, hatte der Parteivorstand zu berichten, daß die »Unterdrückungs- und Verfolgungsmaßnahmen in jüngster Zeit erheblich zugenommen« hätten. »Es weht ein scharfer Wind«, hieß es weiter. »Die Anklagen mehren sich, und die Strafen werden drakonischer.«

Um dieselbe Zeit bemühte sich der preußische Innenminister Ernst Matthias v. Köller, ein vom Kaiser und dessen Umgebung geschätzter »starker Mann« im Kampf gegen die Sozialdemokratie, die Zustimmung des Reichs- und preußischen Kabinetts zu neuen, gegen die Organisationen der Arbeiterbewegung gerichteten Gesetzesvorlagen zu erlangen. Da Fürst Hohenlohe wie auch die meisten seiner Minister keine Neigung zeigten, nach dem Scheitern der »Umsturzvorlage« eine neue Blamage zu riskieren, handelte v. Köller auf eigene Faust:

Am 25. November 1895 ließ er »schlagartig« das Büro der SPD-Parteileitung sowie die Wohnungen aller Vorstandsmitglieder und Berliner Vertrauensleute durchsuchen. Mehr als achtzig Wohnungen wurden auf rüdeste Weise durchwühlt, zahlreiche Papiere beschlagnahmt, und als vorläufiges Resultat dieser Aktion, die die Zeitungen dann als »Köller-Coup« bezeichneten, erging ein Verbot praktisch aller sozialdemokratischen Organisationen Berlins, von dem auch der Parteivorstand betroffen wurde. Er konstituierte sich sofort neu, wie schon unter dem Sozialistengesetz, als fünfköpfiger »Ausschuß« der Reichstagsfraktion. Bebel, der den Vorsitz führte, erklärte dazu im *Vorwärts*: »Unsere Partei wird bestehen, kämpfen und siegen – mit oder ohne offizielle Organisation!«

Der »Köller-Coup« löste eine so starke Protestbewegung aus, daß es in den ersten Dezembertagen fast den Anschein hatte, als böte sich nun den Scharfmachern aus der Umgebung des Kaisers, die hinter v. Köller standen, die ersehnte Gelegenheit zum Losschlagen. Aber einerseits verhielten sich die Teilnehmer der zahlreichen sozialdemokratischen Protestversammlungen so diszipliniert, daß sie der Staatsmacht keine Möglichkeit zum Eingreifen boten; anderseits war v. Köller so unvorsichtig gewesen, sich in einer anderen, die Militärjustiz betreffenden Frage den Kriegsminister und die Generalität zu unversöhnlichen Gegnern zu machen. Die Militärs und der durch das eigenmächtige Vorgehen seines Innenministers erboste Kanzler Hohenlohe erzwangen schon am 6. Dezember v. Köllers Rücktritt. So endete der »Köller-Coup« mit einem Fiasko für den Urheber, und dieser unerwartete Ausgang stärkte das Ansehen der Partei in der Öffentlichkeit und das Selbstbewußtsein ihrer Mitglieder, denn es blieb der Eindruck, daß allein die Kraft der SPD den Innenminister gestürzt hätte.

Das war um so nötiger, als sich gerade ein neuer innerparteilicher Zwist zum offenen Konflikt zu entwickeln drohte: Es ging um die Rolle der Gewerkschaften und deren »Generalkommission«, von der Ignaz Auer schon vor dem Kölner SPD-Parteitag von 1893 befürchtet hatte, sie könnte sich zu einer zweiten zentralen Führung der Arbeiterbewegung entwickeln, die den Vorrang der Partei und der Politik gefährden und dazu führen würde, daß sich die Partei, anstatt autonom über ihre Politik zu entscheiden, gezwungen sehen könnte, sich ständig mit den Gewerkschaften, die ja ganz auf das jeweilige Gelingen ihrer Arbeitskämpfe eingestellt wären, abzustimmen und auszugleichen. Früher, hatte Auer gemeint, seien die Gewerkschaften eine Spezialwaffe der Arbeiterbewegung gewesen, wie etwa die Artillerie in der Armee; jetzt sei »die Generalkommission bestrebt, die Gewerkschaften von der Partei zu trennen, was für die Arbeiterbewegung zum Verhängnis werden könnte.«

Auf dem Kölner Parteitag gab es dann heftige Auseinandersetzungen, nicht zuletzt, weil Carl Legien, der führende Mann in der Generalkommission, an einer Tagung teilgenommen hatte, auf der über sozialpolitische Fragen diskutiert worden war und wo er mit Beamten, Professoren, kirchlichen Vertretern und Führern der Hirsch-Dunckerschen Gewerkschaft am runden Tisch gesessen hatte. Dies war nach Meinung vieler Delegierter fast Klassenverrat, zudem Einmischung in Angelegenheiten, die allein die Partei etwas angingen.

Legien hatte Mühe, sich zu verteidigen. Er war – so haben ihn Theodor Leipart und Wilhelm Keil beschrieben – ein etwas schwerblütiger Westpreuße, Sohn eines Steuerbeamten, im Waisenhaus aufgewachsen. Während seiner Militärzeit war er Bursche eines Generals gewesen. »Vor seiner Wahl zum Vorsitzenden der Generalkommission«, schreibt Hedwig Wachenheim, »leitete er die Vereinigung der Drechsler Deutschlands, die ihn von 1889 an besoldete, aber so dürftig, daß er nebenher als Drechsler arbeiten mußte. Legien hatte nicht die Leichtigkeit im Umgang mit den Menschen und das Feuer, das« den mehr als zwanzig Jahre älteren »Bebel so unwiderstehlich machte, nicht Auers Gemütstiefe und Charme, und er war weder so gebildet noch so geistreich wie Vollmar. Der Partei trat er nicht in der ersten Begeisterung der Jugend bei, sondern später als Fachvereinsführer, der durch die Gewerkschaftsarbeit erkannt hatte, daß neben der gewerk-

Ignaz Auer (1846-1907).

schaftlichen Tätigkeit im Interesse der Arbeiter Fragen politischer Natur gelöst werden mußten. Die katholische Kirche verließ er erst zehn Jahre nach seinem Eintritt in die Partei . . . «

Keil berichtet aus einer Versammlung in Hannover im Jahre 1888, daß Legien dort eine lange Rede über niedrige Löhne, zu lange Arbeitszeit, Kost- und Logisfragen hielt, »aber keinen Appell ans Gefühl machte und vorsichtig genug war, die Politik nicht zu erwähnen«. Leipart schrieb, daß »Humor oder Unterhaltungsgabe ihm abgingen. Sein Interesse an Theater, Literatur und Kunst stumpfte bald ab. Was die Welt neben den Gewerkschaften bewegte, regte ihn wenig auf. Seine Rede war klar und logisch, aber schmucklos. Wenn er einmal einen Gedanken formuliert hatte, drückte er ihn immer wieder in denselben Worten aus.« Seine Größe beruhte darauf, daß er sich seiner selbstgewählten Aufgabe, der Organisation der deutschen Gewerkschaftsbewegung, mit uneigennütziger Hingabe, seltener Energie und Zähigkeit widmete und erkannte, daß die Gewerkschaften die Lage der Arbeiter schon in der Gegenwart bessern konnten und deshalb einer von der Partei ungehinderten Entwicklung bedurften. Ohne eine solche Verbesserung, sagte er schon auf dem ersten Gewerkschaftskongreß 1892 in Halberstadt, könnten die Arbeiter ihre geschichtliche Mission nicht erfüllen. Diese – die Herstellung der klassenlosen Gesellschaft – war auch für ihn das Endziel, aber – so wie für den Christen das ewige Leben – etwas in weiter Ferne, das auf die alltägliche Arbeit keinen bestimmenden Einfluß hatte.

Nach dem Fall des Sozialistengesetzes hatte die sogleich gebildete Generalkommission rund 350000 Arbeiter hinter sich gebracht, organisiert in 53 Fachverbänden, fünf Vertrauensmännerzentralen und zahlreichen Ortskartellen. Doch nach diesem hoffnungsvollen Neubeginn waren die Mitglie-

Carl Legien, 1861-1920.

derzahlen wieder zurückgegangen. Einige Ortskartelle hatten sich der Autorität der Generalkommission nicht unterwerfen wollen; etliche Fachverbände scherten aus, weil sie keine Unterstützung für ihre Streiks erhielten. Daneben spielte das Mißtrauen eine Rolle, das der Generalkommission und besonders ihrem Vorsitzenden von zahlreichen Parteifunktionären entgegengebracht wurde, denen die selbständige Gewerkschaftsarbeit teils als Einmischung in Parteiangelegenheiten, teils geradezu als Verrat am Sozialismus erschien.

So kam es immer wieder zu Reibereien, die 1895/96 ihren Höhepunkt erreichten. Die Tabakarbeiter stellten ihre Beitragszahlungen an die Generalkommission ein mit der Begründung, Legien versuchte, der Partei die Gegenwartsaufgaben zu entziehen und sie in eigene Regie zu nehmen; andere Fachverbände folgten diesem Beispiel. Deshalb mußte der für 1895 geplante Gewerkschaftskongreß wegen dieses Konflikts, aber auch aus Geldmangel, auf 1896 verschoben werden. Als er dann in Berlin zusammentrat, forderte Alexander Schlicke, der Vorsitzende des mitgliederstarken Metallarbeiterverbands, die Auflösung der Generalkommission; die Buchdrucker sowie kleinere Verbände, die noch der finanziellen Unterstützung bedurften, verhinderten die Annahme dieses Antrags mit knapper Mehrheit.

Indessen gingen alle diese Konflikte in einem anderen, weit bedeutsameren unter, der Ende 1896 mit elementarer Wucht ausbrach und alle internen Streitigkeiten beendete: Im Hamburger Hafen begann plötzlich ein Streik; er war weder vorbereitet noch gewerkschaftlich organisiert – im Gegenteil: Die Führer der verschiedenen Verbände, die zusammen höchstens zehn Prozent aller Hafenarbeiter zu Mitgliedern hatten, waren zunächst ebenso gegen diesen Streik wie die örtlichen Funktionäre der SPD, obwohl ihnen bekannt war, daß die Arbeiterschaft angesichts der günstigeren Konjunktur Lohnerhöhungen forderte und daß allgemeine Unzufriedenheit mit den Arbeitsbedingungen herrschte; besonders die Schauerleute, die um 6 Uhr morgens bereitzustehen, aber meist bis 9 Uhr auf den Arbeitsbeginn warten mußten, ohne dafür bezahlt zu werden, wollten dies nicht länger hinnehmen.

Eines Morgens begannen sie, ohne daß ein Gewerkschaftsbeschluß vorgelegen hätte, mit dem Streik; andere Gruppen schlossen sich an, und im Nu lag der gesamte Hafenbetrieb still. Sogar die Arbeiter der kaiserlichen Werft, die als Staatsbedienstete sich bislang den anderen überlegen gedünkt hatten, zeigten sich nun größtenteils solidarisch und traten in den Ausstand. Den Gewerkschaftern und örtlichen SPD-Funktionären blieb in den Streikversammlungen keine andere Wahl, als sich nun an die Spitze der spontanen Bewegung zu stellen, obwohl sie fürchteten, daß dieser Streik ohne sorgfältige Vorbereitung kaum zu gewinnen war. Carl Legien, seit 1893 von den Arbeitern Kiels in den Reichstag gewählt, sah die Gefahr von Rückschlägen für Partei und Gewerkschaften im Fall einer Niederlage im gesamten Küstenbereich und erklärte sich deshalb bereit, alles zu tun, um dem Streik zu einem möglichst glimpflichen Ausgang zu verhelfen.

Aber die Generalkommission verfügte nicht über ausreichende Mittel, um einen längeren Streik finanzieren zu können. So rief die Partei zu Sammlungen auf, und diese erbrachten in kurzer Zeit mehr als 1,6 Millionen Mark, eine für damalige Verhältnisse unerhört große Summe, genug, um den fast zwanzigtausend Streikenden des Hamburger Hafens 77 Tage lang eine ausreichende Streikunterstützung zukommen zu lassen.

Der Hamburger Hafenarbeiterstreik, der durch Sympathiestreiks in Bremen und anderen Hafenstädten unterstützt wurde, traf das sich gerade als Welthandelsmacht etablierende Kaiserreich an einer besonders empfindlichen Stelle und wurde von beiden Seiten mit großer Erbitterung geführt. Weder die Arbeiter noch die Unternehmer waren zum Nachgeben bereit; alle Vermittlungsversuche des Hamburger Senats scheiterten.

Am 22. Januar 1897 teilte der Militärbefehlshaber in Hamburg, General Alfred Graf v. Waldersee, dem Kaiser in einem Memorandum mit, die Arbeiter hätten »nunmehr durch acht Wochen und trotz vielfacher Entbehrungen und Aufzehrens von Ersparnissen . . ., den Instruktionen der Führer gehorsam folgend, sich musterhaft verhalten und Exzesse oder Auflehnungen gegen die Polizei vermieden.« Dennoch empfahl der General in der Denkschrift: »Bei der gewaltigen Ausdehnung der sozialdemokratischen Organisation scheint es mir, wenn nicht bald Gegenmittel gefunden werden, unvermeidlich, daß der Zeitpunkt naht, an welchem die Machtmittel des Staates sich mit denen der Arbeitermassen werden messen müssen . . . Sollte der Kampf aber, wie es meine Ansicht ist, unvermeidlich sein, so kann der

Staat von einem Hinausschieben desselben nicht gewinnen. Die Organisation der Umsturzpartei wird, je länger sie betrieben werden kann, umso kräftiger; mit ihrer weiteren Ausdehnung wird der Kampf immer schwieriger und in seinen Folgen für das Volk verderblicher. Die zweite Generation einer sozialdemokratischen Familie bringt die Umsturzideen bereits mit zur Fahne (soll heißen: in die Armee)... Ich meine, daß es im Interesse des Staates liegt, nicht den sozialdemokratischen Führern die Bestimmung des Zeitpunktes für den Beginn der großen Abrechnung zu überlassen, sondern diesen nach Möglichkeit zu beschleunigen! Noch ist der Staat mit Sicherheit in der Lage, jeden Aufstand niederzuschlagen...«

Die Parteiführung der SPD war sich der Gefahr eines militärischen Eingreifens und einer blutigen Niederschlagung des Streiks durchaus bewußt; Vorstand und Generalkommission rieten zum Einlenken. Aber als Anfang Februar 1897 die Streikgelder gekürzt werden mußten und die örtliche Streikleitung dringend empfahl, den Arbeitskampf jetzt abzubrechen, stimmten noch immer über siebzig Prozent der Hafenarbeiter dagegen. Von da an bröckelte die Streikfront jedoch ab, und am Ende kam für die Streikenden in materieller Hinsicht wenig heraus.

Als einige Monate später der Parteitag der SPD in Hamburg stattfand, dessen Programm einen Nachmittagsausflug der Delegierten in den Hamburger Hafen vorsah, fürchtete Bebel, sie würden dort, nachdem der von der Partei unterstützte Streik verlorengegangen war, mit Pfiffen und Schmähungen empfangen werden. Aber die Fahrt wurde für Bebel – wie die *Neue Zeit* dann berichten konnte –»zum Triumphzug!... Ein regierender Potentat, der das sah, hätte vor Neid bersten können...« Wilhelm II. indessen hatte sich durch den Abbruch des Arbeitskampfes um die Chance gebracht gesehen, den Streik – wie es Waldersee empfohlen hatte – vom Militär niederschlagen zu lassen und damit den Staatsstreich zur Errichtung einer Diktatur einzuleiten. Aber er forderte weiterhin öffentlich,»uns von dieser Pest zu befreien, die unser Volk durchseucht.« Die Sozialdemokratie müsse »ausgerottet werden auf den letzten Stumpf«*, und da auf den Reichstag für ein neues Sozialistengesetz nicht zu zählen war, gedachte er, sich von den Einzelstaaten die gesetzlichen Mittel zur Zerschlagung der SPD zu verschaffen. In Preußen – seit 1896 auch in Sachsen – waren die nach dem reaktionären Dreiklassenwahlrecht gebildeten Landtage ja noch gefügig.

So brachte Mitte Mai 1897 die preußische Regierung im Landtag eine Novelle zum Vereinsgesetz ein, die praktisch die Aufhebung der ohnehin begrenzten Versammlungs- und Koalitionsfreiheit vorsah. »Es soll«, schrieb der *Vorwärts* dazu, »eine schrankenlose Polizeiwillkür etabliert werden!« Die SPD-Reichstagsfraktion rief zum einmütigen Protest auf und forderte die Beteiligung auch der bürgerlichen Demokraten. Im Aufruf hieß es:»Diesen Plänen der vor nichts zurückschreckenden herrschsüchtigen Clique entgegenzutreten, ist unsere vornehmste Pflicht... Wo solche Kundgebungen gegen die Angriffe auf die Freiheit und das Recht des Volkes von bürgerlicher Seite ausgehen, unterstützt die Partei dieselben. Gegenüber dem Vorgehen der junkerlichen Reaktion haben alle gemeinsam zusammenzustehen...« In Berlin allein organisierte die SPD vierzehn riesige Protestkundgebungen, die Gewerkschaften weitere sechsunddreißig, und ähnlich war es in allen Städten des Reiches.

Fast gleichzeitig, am 17. Juni 1897, entwickelte Wilhelm II. in Bielefeld vor führenden Industriellen, Bankiers und aristokratischen Großgrundbesitzern sein Programm für einen verstärkten Kampf gegen die Sozialdemokratie: Erst sollte mit dem Vereins- und dem gewerkschaftlichen Koalitionsrecht aufgeräumt werden, dann – wiederum zunächst von Preußen und Sachsen aus – mit der Pressefreiheit und schließlich mit dem allgemeinen Wahlrecht. Der – soeben geadelte – Vizepräsident der preußischen Regierung, Johannes v. Miquel, ehedem Mitglied des Bundes der Kommunisten, präzisierte einen Monat später dieses Programm, das auch einen Kanzlerwechsel vorsah, und rief zur Bildung eines »Kartells der staatserhaltenden und produktiven Stände« auf. Die »Sammlungspolitik« sollte alle bürgerlichen und bäuerlichen Fraktionen zu einer gemeinsamen Front gegen die immer stärker werdende Arbeiterbewegung zusammenfassen. Als Beauftragte Wilhelms II. traten neue Männer in die Reichsregierung ein: Adolf Graf v. Posadowsky-Wehner übernahm das Innenressort, Bernhard

Führende Sozialdemokraten um 1900:
Vordere Reihe von links nach rechts: Georg Schumacher, Friedrich Harm, August Bebel, Heinrich Meister, Karl Frohme.
Hintere Reihe: Johann Dietz, August Kühn, Wilhelm Liebknecht, Karl Grillenberger, Paul Singer.

v. Bülow, bereits vorgesehen als Nachfolger des Reichskanzlers Fürst Hohenlohe, vorerst das Außenamt.

Doch zunächst hatte die neue »Sammlungspolitik« keinen Erfolg: Das preußische Abgeordnetenhaus lehnte mit der knappen Mehrheit von 209 gegen 205 Stimmen die Vereinsrechtsnovelle, auch »Kleines Sozialistengesetz« genannt, ab, wobei die Nationalliberalen, die unter dem Druck der auch das bürgerliche Lager erfassenden Protestwelle gegen die Vorlage stimmten, den Ausschlag gaben.

Auch die nächsten Reichstagswahlen vom Juni 1898 brachten der Sozialdemokratie, trotz der nun schon wirksamen »Sammlungspolitik«, keineswegs die vom Kaiser erhoffte Schlappe bei. Die SPD konnte vielmehr von den insgesamt 7,7 Millionen abgegebenen Wählerstimmen diesmal sogar 2,1 Millionen, fast vierhunderttausend mehr als 1893, für sich verbuchen. Mit weitem Vorsprung war damit die verfemte Partei zu der an Anhängern stärksten politischen Kraft im Kaiserreich geworden. Sie konnte auch schon mit 56 bei Haupt- und Stichwahlen und zwei weiteren bei Nachwahlen gewonnenen Mandaten die nach dem Zentrum stärkste Fraktion im Reichstag bilden, wobei angemerkt sei, daß für das Zentrum nur 1,4 Millionen Wählerstimmen – lediglich zwei Drittel des Stimmenanteils der SPD – abgegeben worden waren. Die vom Wahlsystem ebenfalls stark begünstigten Konservativen hatten 56 Sitze gewonnen, die konservative Reichspartei nur 23, die Nationalliberalen 53, die beiden rivalisierenden freisinnigen Gruppierungen zusammen 42 Mandate. Für die sozialdemokratische Reichstagsfraktion aber stellte sich nun die Frage, ob sie gegenüber der von der Regierung betriebenen »Sammlungspolitik«, die ein breites bürgerliches Bündnis gegen die SPD zu bilden bestrebt war, in strikter Opposition verharren oder versuchen sollte, die Front ihrer Gegner aufzuweichen, indem sie, im Tausch für die Unterstützung eigener Anliegen, mal den einen, mal den anderen Antrag einer bürgerlichen Gruppierung mit ihren Stimmen durchbringen half. Solcher Kuhhandel, von dem ihn befürwortenden Teil der Fraktion als »Kompensationspolitik« bezeichnet, war in der Partei stark umstritten.

Vielen erschien solches Kompromißlertum der Anfang vom Ende, andere sahen darin einen wichtigen Schritt auf dem Weg zur Eroberung der Macht. Den Gefühlen der großen Mehrheit gab Ignaz Auer Ausdruck, der – in einem Brief an Eduard Bernstein – schrieb: »Mein lieber Ede, . . . so etwas beschließt man nicht, so etwas sagt man nicht, so etwas tut man . . .!« Und damit nahm der Revisionismusstreit seinen Anfang.

12.

Stärkste Partei im Kaiserreich

Die knapp anderthalb Jahrzehnte von 1898 bis 1912 waren für das deutsche Kaiserreich eine Epoche stürmischer wirtschaftlicher Entwicklung, begleitet von gewaltigen Konzentrationsprozessen in der Industrie und in der Bankwelt. Die Wachstumsraten der deutschen Industrieproduktion betrugen fast das Vierfache dessen, was Großbritannien und Frankreich zu verzeichnen hatten.

Zugleich strebte das herrschende Bündnis zwischen der noch fast absoluten Hohenzollern-Monarchie, der wirtschaftlich immer mächtiger werdenden Großbourgeoisie und dem den Staats- und Militärapparat beherrschenden, noch halbfeudalen Junkertum nach einem »angemessenen« Anteil an der riesigen Beute, die die älteren europäischen Industrie- und Kolonialmächte in den weniger entwickelten Ländern machten. Durch eine massive Aufrüstung, nun auch zur See, und eine aggressive imperialistische Politik versuchte die deutsche Führung, sich »Weltgeltung« zu verschaffen, den anderen Mächten Märkte sowie Kolonien und Stützpunkte in Afrika, Asien und im Pazifik abzujagen und sich im Nahen und Mittleren Osten »Einflußsphären« zu sichern. Die diesen Übergang zum Imperialismus mitbewirkende und begleitende zweite industrielle Revolution brachte im Deutschen Reich erhebliche Strukturveränderungen mit sich. Während von den knapp 50 Millionen Einwohnern, die Deutschland zu Beginn der neunziger Jahre hatte, noch fast zwei Drittel auf dem Lande oder in kleinen Provinzstädten lebten, waren von den fast 65 Millionen Reichsdeutschen des Jahres 1910 schon etwa 60 Prozent Städter und lebten überwiegend in industriellen Ballungsräumen.

Die Lage der Arbeiter, die das Gros der Stadtbevölkerung bildeten, hatte sich ebenfalls stark verändert. Die Anzahl der Facharbeiter – um die Jahrhundertwende knapp 3,5 Millionen – stieg kontinuierlich an, aber auch das Heer der bloßen Hilfsarbeiter und Handlanger wuchs, weil die Flucht des Landproletariats in die Städte anhielt. Entsprechend groß war die Wohnungsnot in den großen Städten, und die Mieten, die den Arbeitern abverlangt wurden – in der Regel für ungesunde, lichtarme Ein- bis Zweizimmer-Behausungen, die oft nicht einmal heizbar, durchweg ohne eigenen Wasseranschluß und auf Gemeinschafts-Aborte außerhalb der Wohnungen angewiesen waren –, beanspruchten durchschnittlich mehr als ein Viertel des Lohns. Zwar erkämpften sich die deutschen Arbeiter immer wieder Lohnerhöhungen – von 1903, als eine schwere Wirtschaftskrise zu Ende ging, bis 1912 durchschnittlich ein Plus von 17 Prozent gegenüber der

An unfere Arbeiter.

Wir bringen hiemit zur Kenntnis, daß wir uns entschloffen haben, unferen Arbeitern alljährlich einen Urlaub zu gewähren.

Für die Bewilligung desfelben gelten folgende Beftimmungen:

Jeder Arbeiter erhält nach Ablauf von 10 ohne Unterbrechung ge= leifteten Dienftjahren, vom Tage der Volljährigkeit an gerechnet, einen Urlaub von 1 Woche unter Bezahlung feines durchfchnittlichen wöchent= lichen Arbeitsverdienftes für die Dauer des Urlaubes. Außerdem ge= währen wir für die Urlaubswoche eine Zulage von Mk. 7.—. (Krankheit, Militärdienft und militärifche Übungen gelten nicht als Unterbrechung der Dienftzeit).

Der Zeitpunkt des Urlaubes für jeden einzelnen Arbeiter wird durch deffen Betriebsführer unter möglichfter Berückfichtigung der Wünfche des Urlaubsberechtigten, jedoch unter Wahrung der Sicherheit und der ge= regelten Fortführung des Betriebes beftimmt.

Vorftehende Beftimmungen treten mit dem Jahre 1908 in Kraft.

Ludwigshafen a. Rh., den 31. Dezember 1907.

Die Direktion
der Badifchen Anilin= & Soda=Fabrik.

Hofbuchdruckerei Auguft Lauterborn, Ludwigshafen a. Rh. ◻

Eine Woche Jahres-Urlaub bei durchschnittlich 60 Wochenstunden Arbeit.

Jahrhundertwende –, aber Steuern, Zölle und damit auch die Preise stiegen gleichfalls an, und so stagnierte das Realeinkommen der Arbeiterschaft, während die Profite der Unternehmer und Aktionäre immer größer wurden, so daß sich die Klassengegensätze noch verschärften.

Obwohl sich die Industriearbeiterschaft schon wesentliche Verbesserun- gen ihrer Arbeitsbedingungen erkämpft hatte, mußten die meisten von ihnen um die Jahrhundertwende immer noch wöchentlich sechzig Stunden und mehr arbeiten. Bezahlten Urlaub gab es für Arbeiter nur in den seltensten Fällen, und die starke Intensivierung der Produktion führte zum Raubbau an Kraft und Gesundheit der einzelnen, zu vermehrten Unfällen und zu einer starken Zunahme der Frühinvalidität.

Im Vergleich zur Lage der städtischen Arbeiterschaft war die der rund 3,5 Millionen Landarbeiter jedoch noch weitaus schlechter, weshalb der Zustrom vom Land in die Städte anhielt. Der entstehende Arbeitskräftemangel auf den großen Gütern der Ostprovinzen wurde von den Junkern durch massenhafte Anwerbung von Saisonarbeitern aus Russisch-Polen zu beheben versucht; dagegen lehnten sie die auch nur zeitweise Beschäftigung städtischer Arbeitsloser entschieden ab. Sie befürchteten, wie einer der Ihren im Landtag erklärte, »eine sozialistische Verseuchung«, und er fügte freimütig hinzu: »Dumme sind uns lieber wie Sozialdemokraten!«

Auf dem Lande verhinderten die Gesindeordnungen und ein strenges Verbot, sich gewerkschaftlich zu organisieren, daß sich das Landproletariat gegen seine Ausbeutung zur Wehr setzen konnte. Auch bildeten die Söhne der Landarbeiter und gutsabhängigen Kleinbauern, die unter der Junkerherrschaft zu widerspruchslosem Gehorsam erzogen waren, noch immer die Hauptmasse der Rekruten des Heeres, das seinerseits das wichtigste Machtinstrument des Hohenzollernstaats war, mit dem die Herrschenden die Arbeiterbewegung in Schach halten konnten.

Wie sehr Kaiser und Regierung auf das Militär vertrauten, geht aus Gesprächen hervor, die der im Oktober 1900 zum Reichskanzler ernannte Bernhard v. Bülow in seinen 1930 erschienenen *Denkwürdigkeiten* geschildert hat. Danach erklärte Wilhelm II. im Herbst 1899, als ihm von Arbeiterunruhen in Augsburg berichtet wurde: »Die Regierung muß *handeln*, sonst geht alles verloren... Ehe nicht die sozialdemokratischen Führer durch Soldaten aus dem Reichstag herausgeholt und füsiliert sind, ist keine Besserung zu erhoffen! Wir brauchen ein Gesetz, wonach es genügt, Sozialdemokrat zu sein, um nach den Karolinen* verbannt zu werden...!« Der Kaiser und seine Umgebung spielten mit dem Gedanken, die Sozialdemokratie durch die Verhängung des Belagerungszustands im ganzen Reich weitestgehend auszuschalten, danach die Arbeiter durch Provokateure zu Gewalttaten und Plünderungen zu verleiten, um dann unter ihnen »einen *sehr* starken Aderlaß«, wie der Kaiser ihn wörtlich gefordert hatte**, vornehmen zu können.

Im Rahmen dieses Plans legte die Regierung im Frühjahr Gesetzentwürfe »zum Schutz der nationalen Arbeit« vor, die das Streik- und Koalitionsrecht außer Kraft setzen sollten und Streikposten und -führer mit Zuchthausstrafen bedrohten. Diese sogenannte »Zuchthausvorlage« rief nach den Worten Bebels in der deutschen Arbeiterschaft »einen allgemeinen Schrei des Zorns und der Entrüstung und eine Empörung hervor, wie ich sie in meinem langen politischen Leben noch niemals in den Massen gefunden habe«.

Die »Zuchthausvorlage«, für deren Propagierung die Großunternehmen, an ihrer Spitze die Firma Krupp in Essen, der Regierung erhebliche Geldmittel zur Verfügung gestellt hatten, stieß auch auf den Widerstand bürgerlicher Parteien; im November 1899 wurde sie von der Reichstagsmehrheit verworfen. Doch noch ehe dies geschah und während die Abwehr dieser neuerlichen Bedrohung noch alle Kräfte der Partei und der Gewerkschaften beanspruchte, mußte sich der vom 9. bis 14. Oktober 1899 in Hannover zusammengetretene Parteitag der SPD vorrangig mit einem Tagesordnungspunkt befassen, der »Die Angriffe auf die Grundanschauungen und die taktische Stellungnahme der Partei« hieß. Dabei ging es um Eduard Bernsteins Forderung, Prinzipien und Programmatik der SPD einer Revision zu unterziehen, überlebte marxistische Theorie und revolutionäre Phraseologie gleichermaßen über Bord zu werfen und den Mut zu finden, die deutsche Sozialdemokratie als das erscheinen zu lassen, was sie in Wahrheit längst war: als »eine demokratisch sozialistische Reformpartei«.

Bernstein, der seit zwanzig Jahren im Exil lebte und dem die Rückkehr nach Deutschland verwehrt war, weil gegen ihn ein Haftbefehl vorlag, kannte die Tagespolitik der Partei und die Stimmung ihrer Anhänger nur aus der Presse und den Briefen seiner Freunde. Wie August Bebel in Briefen an Victor Adler sarkastisch bemerkte, hatte »Bernstein sich wie immer von seinem Milieu beeinflussen« lassen: erst von den Eisenachern, dann von Höchberg, nach dessen Tod von den revolutionären deutschen Flüchtlingen in Zürich, nach seiner Übersiedlung nach London von Engels, und nun, nach dessen Tod, stände er unter dem Einfluß »seiner neuen englischen Freunde«, womit Bebel die reformerischen Fabier meinte. Wie Kautsky feststellte, gäbe es die »triftigen Tatsachen«, auf die Bernstein sich stützte, nur in England, wo mit einer Unterhausmehrheit die Regierung gestürzt werden könnte, aber nicht in Deutschland; hier wäre der Sieg der Demokratie bedingt durch den Sieg des Proletariats, der wiederum eine wirtschaftliche Katastrophe zur Voraussetzung hätte. Was »bei uns«, so Kautsky, »in Aussicht steht, ist nicht Demokratie, sondern Staatsstreich, Abschaffung der Reichstagswahlen, Zuchthaus für Streikende«. Bei diesen Aussichten wäre Bernsteins Weg unmöglich.

Damit hatte Kautsky den schwächsten Punkt der Bernsteinschen Argumentation getroffen: Die von Bismarck entworfene Reichsverfassung gab den Parteien keine Macht, schon gar nicht der SPD. Dies zu ändern, hätte langwierige Verfassungskämpfe erfordert, die die Partei noch gar nicht begonnen und für die sie 1899/1900 keine Partner hatte und diese auch kaum finden konnte, nicht nur, weil ihr »der Ludergeruch der Revolution« anhaftete, sondern auch wegen ihrer strikt ablehnenden Haltung gegen alle Heeres-, Flotten- und Kolonialvorlagen.

Bebel, der zunächst entschlossen war, auf Bernsteins Ausschluß aus der Partei zu drängen, hatte sich von Victor Adler umstimmen lassen, der der Meinung gewesen war: »Bringt euch nicht selbst in die Lage, von der ihr sagen müßtet, daß in unserer Partei für einen Mann wie Ede kein Platz sei . . .« Allerdings war sich Bebel auch der Tatsache bewußt, daß »die Partei

Eduard Bernstein, 1850-1932 (links) und Karl Kautsky (1854-1938). Das Foto entstand 1928 bei einer ihrer letzten Begegnungen.

eine ganze Anzahl Bernsteins habe, und die meisten in angesehenen Stellungen«; er fürchtete, wie er Adler schrieb, daß die SPD, wenn sie sich von Bernstein trennte, eine Reihe weiterer prominenter Genossen verlieren könnte.

Auf dem Parteitag in Hannover im Oktober 1899 setzte sich Bebel dann in einer sechsstündigen Rede mit dem Bernsteinschen Revisionismus auseinander. Er beklagte zunächst, daß Bernstein seinen Rat, klar und präzis zu sein, nicht befolgt hätte – was eine durchaus berechtigte Kritik war –, und fügte hinzu: »Wenn je etwas in der Parteiliteratur erschienen ist, das sich gegen alle Grundanschauungen der Partei wendet und sich dabei in der unsichersten und widerspruchsvollsten Weise ausläßt, dann ist es diese Broschüre von Bernstein . . .«

In seinen weiteren Ausführungen stellte Bebel fest, daß Bernstein mit seinen revisionistischen Ideen die bürgerliche Marxismus-Kritik in die Reihen der organisierten Arbeiterbewegung getragen hätte. Seine lange Rede, die eine rhetorische Meisterleistung war, gipfelte in der Erklärung: »Ich mache keinen Hehl daraus: An dem Tage, wo solche Grundsätze, wie sie Bernstein vertritt, in der Partei zur Geltung gekommen sein sollten, sage ich: Du hast 36 Jahre umsonst gearbeitet, jetzt gehst du . . .«

Bebels scharfe Verurteilung des Revisionismus, der sich der Parteitag dann mit überwältigender Mehrheit anschloß, führte indessen aus dem Zwiespalt zwischen revolutionärer Ideologie und praktischer Reformpolitik nicht heraus. Bebel selbst, so hat Hedwig Wachenheim dazu treffend festgestellt, »empfand den Konflikt nicht. Er glaubte an die Lehre und entschied sich dann jeweils ohne Gewissensbisse für das, was die Arbeiterschaft im Augenblick förderte. Er faßte also die Masse so auf, wie sie Auer Eduard Bernstein gegenüber geschildert hatte: ›Die Masse folgt dem in Tatsächlichkeit vorgehenden Wandel ohne Widerrede, weil sie dem konkreten Fall gegenüber die Vernünftigkeit der Wandlung einsieht. Sie aber theoretisch von der Notwendigkeit solcher Wandlung zu überzeugen, ist fast unmöglich.‹ Bebel war eben ein Teil der Masse und darum ihr bester Führer.«

Für Bernstein, der als von den Behörden steckbrieflich Verfolgter am Parteitag nicht teilnehmen konnte, sprach der damals sechsunddreißigjährige, als Sozialdemokrat aus dem Staatsdienst entlassene ehemalige Gymnasialprofessor Eduard David, ständiger Mitarbeiter der revisionistischen *Sozialistischen Monatshefte*. Seine Argumente, die durchaus bedenkenswert waren, trug er mit großer Umständlichkeit vor. Die gelangweilten Delegierten waren jedoch nicht bereit, sich ernsthaft mit ihnen auseinanderzusetzen.

Um so mehr faszinierte sie, was eine junge Delegierte, die neunundzwanzigjährige Redakteurin der *Sächsischen Arbeiterzeitung* Rosa Luxemburg, zu sagen hatte. Sie stammte aus Zamocz in Russisch-Polen, hatte als Tochter eines wohlhabenden jüdischen Kaufmanns das Gymnasium absolviert und war schon als Sechzehnjährige in Warschau Mitglied der Revolutionären Sozialistischen Partei geworden. Zwei Jahre später, 1889, hatte sie in Zürich mit dem Studium der Rechte und der Philosophie begonnen, und sie gehörte zu den Gründern der Sozialdemokratischen Partei Polens. Nach ihrer Promotion hatte sie die deutsche Staatsangehörigkeit erworben, war 1898 Mitglied der SPD und Redakteurin geworden und galt in der Partei als großes schriftstellerisches wie agitatorisches Talent, das sich durch klare Diktion, faszinierende Logik und schöne, bilderreiche Sprache auszeichnete.

Gegen den Revisionismus führte Rosa Luxemburg auf dem Parteitag ins Feld, daß für die Sozialdemokratie zwischen der Sozialreform und der Sozialrevolution ein unzertrennbarer Zusammenhang bestehe. Die soziale Umwälzung sei der eigentliche Zweck der Bewegung, der Kampf um die Sozialreform nur das Mittel, das Proletariat aufzuwecken. Bernstein wolle das Ziel aufgeben, die Reform zum Ziel machen. Aber die Annahme, »daß das Meer kapitalistischer Bitternis durch flaschenweises Hinzufügen der sozialreformerischen Limonade in ein Meer sozialistischer Süße« verwandelt werden könne, sei abgeschmackt und absurd.

Die praktischen Fragen der Gegenwart, so erklärte sie, drehten sich erstens um den gewerkschaftlichen Kampf, zweitens um den Kampf um die Sozialreform und drittens um die Demokratisierung des kapitalistischen Staates. Alle drei Fragen seien indessen nicht spezifisch sozialistisch. Das Endziel dagegen sei Geist und Inhalt des sozialistischen Kampfes. Erst wenn man die praktischen Kämpfe in Beziehung zum Endziel setze, mache man sie zum Teil des Klassenkampfes.

Rosa Luxemburg, 1870-1919. Das Foto entstand um 1912.

Doch obwohl der Parteitag den Ausführungen Rosa Luxemburgs viel Beifall zollte, war er nicht bereit, ihrer Forderung nach Ausschluß Bernsteins und der anderen Revisionisten aus der Partei nachzukommen oder auch nur jede künftige Reformarbeit zu unterbinden. Die Delegierten folgten Bebels Rat, den Revisionismus entschieden zurückzuweisen, aber seinen Anhängern Meinungsfreiheit zu lassen.

So wurde der Bruch vermieden, aber die Gegensätze blieben bestehen und prallten in den folgenden Jahren immer wieder aufeinander, wobei allerdings zu bemerken ist, daß dieser für die Grundhaltung und Zielsetzung der Partei so wichtige Streit damals für die Masse ihrer – um die Jahrhundertwende erst etwa hunderttausend – Mitglieder keine große Bedeutung hatte, erst recht nicht für ihre mehr als zwei Millionen Wähler. Er wurde von den meisten sozialdemokratischen Arbeitern kaum zur Kenntnis genommen, allenfalls als ein ärgerliches, dem Ansehen der Partei in der Öffentlichkeit schädliches Gezänk von Akademikern, die aus dem Bürgertum stammten und daher mit dem Klassenkampf Schwierigkeiten hatten; entweder verharmlosten sie ihn oder sie wollten ihn noch rigoroser führen, als es die Führung, der die Anhänger uneingeschränkt vertrauten, zulassen konnte.

Gewiß, zumindest alle aktiven Sozialdemokraten der damaligen Zeit hatten einige mehr oder weniger marxistische Grundanschauungen, benutzten die entsprechenden Schlagworte und lehnten in der Mehrzahl, entsprechend den Parteitagsbeschlüssen und August Bebels klarer Absage, den Revisionismus ab. Tatsächlich aber betrieb die Partei schon damals auf vielen Ebenen genau die Politik der »Mitverantwortung«, die Bernstein zum Programm erheben wollte. Ob in den Reichstagsausschüssen, ob in den süd- und mitteldeutschen Landtagen, in den kommunalen Parlamenten oder im Rahmen der öffentlich-rechtlichen Institutionen, etwa der Sozialversicherung – überall waren Sozialdemokraten an der praktischen Politik beteiligt, und zwar – wie Arno Klönne* dazu sehr zutreffend bemerkt hat – »durchaus auf dem Boden ›der bestehenden Ordnung‹ oder der ›Reformierung der bürgerlichen Gesellschaft‹ . . . Die große Mehrheit der Partei bestand insofern aus ›praktischen Revisionisten‹, auch wenn sie programmatischen Revisionismus verwarf . . . Weit verbreitet war wohl eine Einstellung, die den geschilderten Widerspruch nicht wirklich zur Kenntnis nahm und die zudem für die verheißungsvollen Formeln der bisherigen Parteiprogrammatik echte Anhänglichkeit empfand. Man wollte gewiß nicht, wie auch Karl Kautsky als Theoretiker der Partei beteuert hatte, ›eine Revolution machen‹, – aber man hoffte doch darauf, daß diese historisch-zwangsläufig und eben deshalb schmerzlos geschehen werde, was auch immer ›Revolution‹ sein mochte. Hinzu kam, daß die angestammte Parteiprogrammatik mit ihrer Kampfansage an die ›bürgerliche Gesellschaft‹ eine besondere Funktion für jenen Typus von Arbeiterbewegung hatte, den die Vorkriegssozialdemokratie darstellte, – nämlich als klar abgrenzende weltanschauliche Stütze für die vielfältig organisierte sozialdemokratische Sonderkultur (und nicht so sehr im Sinne eines Kompromisses zwischen verschiedenen Richtungen der Partei) in der Tat als Integrationsideologie.«

Bei den eigentlichen Entscheidungen auf höchster Ebene war für die SPD eine »Mitverantwortung« ohnehin nicht möglich, so daß man die »revolutionäre« Haltung der Partei gegenüber Kaiser und Reichsregierung durchaus auch als Mangel an Gelegenheit zu konstruktiver Mitarbeit interpretieren könnte. Denn im Gegensatz zu den Parlamenten der westlichen Industrienationen hatte der Reichstag keine wirkliche Macht; für Kaiser, Reichsregierung und die Mehrheit der Reichstagsfraktionen waren die Sozialdemokraten »Reichsfeinde« und »Umstürzler«, über denen stets die Drohung neuer Ausnahmegesetze schwebte.

Eine Gewinnung politischer Macht im Sinne einer Teilhabe an den Entscheidungen auf höchster Ebene wäre für die SPD nur möglich gewesen, wenn sie eine Demokratisierung der Reichsverfassung hätte bewirken können. Dafür aber wäre sie auf Bundesgenossen aus den liberalen Parteien und dem Zentrum angewiesen gewesen, wo aber nur Minderheiten die Bereitschaft zu einem solchen Bündnis erkennen ließen.

»Ein anderer Weg, die obrigkeitsstaatliche Struktur des politischen Entscheidungssystems im damaligen Deutschland zu erschüttern«, heißt es dazu bei Arno Klönne weiter, »hätte im Einsatz außerparlamentarischer Mittel, etwa des politischen Streiks, liegen können. Es gab regionale oder spontane Ansätze solcher Bewegungen.« Übrigens war es neben Rosa Luxemburg vor allem Eduard Bernstein, der zeitweise den politischen Massenstreik als Kampfmittel befürwortete. Die große Mehrheit der Funktionäre und Anhänger aber lehnte solche außerparlamentarischen Kampfmethoden ab. Sie waren fixiert auf die Gewinnung möglichst vieler Stimmen bei den Wahlkämpfen und auf einen stetigen Ausbau der Partei- und Gewerkschaftsorganisation. Beides hätte durch die Anwendung von außerparlamentarischen Kampfmitteln stark beeinträchtigt werden können. Kaiser und Regierung warteten ja nur auf solche Gelegenheiten zu einem Verbot der Partei, der raschen Verabschiedung von Sondergesetzen, der Verhängung des Belagerungszustands und der Errichtung einer Militärdiktatur ohne parlamentarische Kontrolle.

Schon ein ganz unpolitischer Streik der Berliner Straßenbahner kurz nach der Jahrhundertwende hatte Wilhelm II. dazu veranlaßt, an das Generalkommando des Gardekorps zu telegraphieren: »Ich erwarte, daß beim Einschreiten der Truppen mindestens fünfhundert Leute zur Strecke gebracht werden!«* Daß es dann doch nicht zum Einsatz des Militärs gekommen war, hatte allein an der strikten Disziplin der Streikenden gelegen, die sich auch durch ein noch so provozierendes Verhalten der Polizei nicht zu Gewalttaten hinreißen ließen und alle Weisungen der Streikleitung genauestens befolgten.

Wie bei Streiks, so war es auch bei Wahlkämpfen: Die Stärke der Partei lag in ihrer Geschlossenheit, ihrer straffen Organisation, der stark angewachsenen Zahl ihrer erfahrenen und geschulten hauptberuflichen Funktionäre und der von den Mitgliedern immer wieder bewiesenen Disziplin.

Das zeigte sich besonders bei den Reichstagswahlen vom Mai 1903. Zum erstenmal gelang es der Parteiführung, die Reichstagsfraktion in den Wahlkampf mit einzubeziehen und sie zu strikter Einhaltung der von der Parteiorganisation entwickelten, volksnahen und jedermann verständlichen Strategie zu bringen. Es ging dabei um die von der Regierung geforderte Erhöhung der Zolltarife für Getreide, Vieh und Fleisch, die noch der alte Reichstag genehmigen sollte.

Schon im Herbst 1901, anderthalb Jahre vor dem Wahltermin, begann die Partei einen Propagandafeldzug gegen das »volks- und kulturfeindliche Machwerk« der Regierung, das zum »Brot- und Fleischwucher« führen würde. Die Parteipresse, besonders der *Vorwärts*, der seit Wilhelm Liebknechts Tod im Jahre 1900 von Kurt Eisner redigiert wurde, begann damit, die Anhängerschaft zu mobilisieren und die Reichstagsfraktion, in der es etliche kompromißbereite »Abweichler« gab, in eine geschlossene und entschiedene Opposition gegen den »Hungertarif« zu drängen. Überall im Land wurden Versammlungen abgehalten und Unterschriften gegen die Zollerhöhungen gesammelt. Im Dezember 1901 konnte die SPD der Regierung eine Petition mit 3,4 Millionen Unterschriften präsentieren.

Im Reichstag betrieb die Fraktion, angespornt durch diese Anstrengungen der Parteiorganisation und die täglichen Artikel in den sozialdemokratischen Presseorganen, eine bis dahin in Deutschland nicht gekannte Obstruktion. Im Ausschuß wie im Plenum nutzten die Abgeordneten ihr Rederecht bis zum Exzeß, verlangten zu jedem Punkt namentliche Abstimmungen, die sehr zeitraubend waren, und meldeten sich bei jeder gegnerischen Rede mit

Fest auf der Bodenschneid-Alm zum Abschluß des SPD-Parteitages von 1902 in München. In der zweiten Reihe: August Bebel, Georg v. Vollmar, Georg Ledebour.

endlosen Fragen und Zusatzfragen immer wieder zu Wort, so daß die Beratungen fast bis zum Ende der Legislaturperiode verzögert wurden.

Im Wahlkampf konnte die Partei dann darauf hinweisen, daß sie wahrhaftig alles Menschenmögliche getan hatte, um die »Hungertarife« abzuwenden, die der Reichstag schließlich mit den Stimmen der Konservativen, des Zentrums und der Nationalliberalen im Dezember 1902 verabschiedet hatte, nachdem von der Mehrheit zuvor die Geschäftsordnung geändert, die Redezeit beschränkt und Urnen für die Abgabe der Stimmzettel bei namentlichen Abstimmungen eingeführt worden waren.

Schließlich kam der SPD auch noch der Kaiser selbst zur Hilfe, indem er die Sozialdemokratie in einer Weise angriff, die bis ins konservative Lager hinein Mißfallen erregte. Den Anlaß hierzu hatte ein Artikel im *Vorwärts* geliefert, der im November 1902 von Eisner im Rahmen einer Kampagne gegen den die männliche Homosexualität kriminalisierenden Paragraphen 175 des Strafgesetzbuchs veröffentlicht worden war und aus dem hervorging, daß der Essener Großindustrielle Friedrich Krupp wegen solcher »Vergehen« kürzlich aus Italien ausgewiesen worden war. Wenige Tage später starb Krupp, angeblich an einem Schlaganfall; allgemein wurde davon gesprochen, er hätte sich erschossen. Paul Singer machte Eisner heftige Vorwürfe, denn es war in der SPD verpönt, Privatangelegenheiten, zumal sexueller Art, politisch zu nutzen. Die Partei war unter Bebels Führung dazu erzogen worden, den Anstand streng zu wahren.

Wilhelm II. war zur Beisetzung seines Freundes nach Essen gereist, um – wie er in einer langen Rede im Wartesaal des Essener Hauptbahnhofs vor dem Direktorium der Krupp-Werke ausführte – »den Schild des Deutschen Kaisers über dem Hause und dem Andenken des Verstorbenen zu halten«.

»Eine Tat ist in deutschen Landen geschehen«, erklärte der Kaiser mit dem ihm eigenen Pathos, »so niederträchtig und gemein, daß sie alle Herzen erbeben gemacht und jedem deutschen Patrioten die Schamröte auf die Wangen treiben mußte über die unserm ganzen Volke angetane Schmach... Diese Tat mit ihren Folgen ist weiter nichts als Mord... Wer war es, der diese Schandtat an unserm Freund beging? – Männer, die bisher als Deutsche gegolten haben, jetzt aber dieses Namens unwürdig sind, hervorgegangen aus den Klassen der deutschen Arbeiterbevölkerung, die Krupp so unendlich viel zu verdanken hat...«

Reichskanzler v. Bülow versuchte im Reichstag, den schlechten Eindruck, den diese und andere Kaiserreden gemacht hatten, durch versöhnliche Worte an die Adresse der SPD zu verwischen, und schloß, auf einen in die französische Regierung eingetretenen Sozialistenführer anspielend: »Meine Herren, ich wünsche Ihnen einen Millerand!«

Vollmar antwortete darauf zunächst mit einem Antrag auf ein Gesetz über die Verantwortlichkeit des Reichskanzlers gegenüber dem Reichstag für alle Kaiserreden, für den er von den Liberalen viel Zustimmung erhielt; ein Konservativer, Graf Limburg-Stirum, regte an, der Reichskanzler möge beim Kaiser »darauf hinwirken, daß künftig bedenkliche Äußerungen Seiner Majestät unterblieben«.

Nach v. Vollmar lieferte August Bebel ein – wie sogar die *Preußischen Jahrbücher* rühmten – »rhetorisches Glanzstück... eine politische Tat von nicht geringer Bedeutung«. Mit großer Würde wies er die hemmungslosen Angriffe Wilhelms II. zurück und schloß mit der die Vertreter der bürgerlichen Parteien zunächst heiter, dann recht nachdenklich stimmenden Feststellung: »Aber warum klagen? Jede Kaiserrede bringt uns Sozialdemokraten hunderttausend Stimmen mehr!«

Er sollte recht behalten: Am 16. Mai 1903 wurden für die Kandidaten der von Wilhelm II. als »Mörderbande« geschmähten »Umsturzpartei« von den insgesamt 9,5 Millionen gültigen Wählerstimmen mehr als drei Millionen für die SPD abgegeben, fast eine Million mehr als 1898! Beinahe jeder dritte Wähler hatte sich für die Sozialdemokraten entschieden. Schon im ersten Wahlgang konnte die Partei 55 Wahlkreise für sich gewinnen; bei den Stichwahlen siegten weitere 26 sozialdemokratische Kandidaten. Nach ihrem Stimmenanteil hätten der SPD 126 Reichstagssitze zugestanden, aber auch das sie stark benachteiligende Wahlsystem hatte nicht verhindern können, daß sie nun mit 81 Abgeordneten die nach dem Zentrum (100) zweitstärkste Fraktion bildete, wogegen die Konservativen (54), die Deutsche Reichspartei (21), die Nationalliberalen (50), die beiden freisinnigen Gruppen (10 und 21), die Polen (16) und alle übrigen mit weniger als sieben Abgeordneten weit hinter der SPD zurückgeblieben waren.

Wer indessen erwartet hatte, daß die Partei nach ihrem alle Welt beeindruckenden Wahlerfolg nun sofort mit neuem Selbstbewußtsein und einem Katalog ihrer wichtigsten Forderungen an die Öffentlichkeit getreten wäre, sah sich getäuscht. Nur einer meldete sich sogleich – in den *Sozialistischen Monatsheften* – zu Wort: Eduard Bernstein, dem Reichskanzler v. Bülow 1901 durch Aufhebung des Haftbefehls die Rückkehr nach Deutschland ermöglicht hatte, zweifellos in der Hoffnung, daß Bernstein seinen im Londoner Exil entwickelten Revisionismus in der Sozialdemokratie besser würde durchsetzen können, wenn er an Ort und Stelle wäre.

Bernstein, nun auch Reichstagsabgeordneter des Wahlkreises Breslau-West, hatte tatsächlich als einziger einen konkreten Vorschlag, wie der gerade erzielte Wahlerfolg für die Partei genutzt werden könnte: Die Fraktion hätte entsprechend ihrer neugewonnenen Stärke Anspruch auf eine Vizepräsidentschaft, die ihr mehr Einfluß auf die Geschäftsführung des Reichstags geben würde.

Die Parteirechte war tief enttäuscht; sie hatte von ihrem führenden Theoretiker mehr erwartet als diese auf eine Nebensache beschränkte Forderung. Lily Braun, nach Hedwig Wachenheim »eine eigenartige Erscheinung in der deutschen Sozialdemokratie, eine elegante, wunderschöne Frau, Aristokratin und Generalstochter«, die von der Gesellschaft für ethische Kultur zur SPD übergetreten war, nannte Bernsteins Vorschlag

Lily Braun,
1865-1916, preußische
Generalstochter und führend
in der sozialdemokrati-
schen Frauenbewegung.

»ein armseliges Süppchen«. Sie und ihr Ehemann, der Sozialpolitiker Dr. Heinrich Braun, den Bebel »einen der schlauesten Revisionisten« nannte, hatten sich von Bernstein ein die Partei mitreißendes Programm erhofft, das dem Revisionismus zum Sieg verhelfen würde.

Vollmar hielt Bernsteins dürftigen Vorschlag für einen taktischen Fehler, der von der Hauptsache ablenkte. Er selbst hatte ein Programm ausgearbeitet, das die Einführung der Reichskanzlerverantwortlichkeit gegenüber dem Reichstag, eine neue Wahlkreiseinteilung, mehr Steuergerechtigkeit, eine Verkürzung der Militärdienstzeit, ein humanes Strafrecht, Beschränkung der Aufgaben des Militärs auf die Landesverteidigung und internationale Abkommen zur Sicherung des Friedens vorsah. Aber er brachte nicht die Energie auf, die nötig gewesen wäre, seinem Programm Widerhall in der Partei und in der Fraktion zu verschaffen. Dabei wäre ihm dies, zumindest in der Reichstagsfraktion, sicherlich möglich gewesen, denn dort waren Reformisten, Revisionisten und zur Parteirechten zählende Gewerkschaftsführer in der Mehrheit: Neben ihm selbst und dem Rechtsanwalt Wolfgang Heine, einem führenden Reformisten, Sohn des Direktors der brandenburgischen Ritterakademie, der als ehemaliger Corpsstudent und Reserveleutnant zur SPD gestoßen war, saßen dort Professor Max Schippel, der sich vom radikalen Linken zum führenden revisionistischen Theoretiker neben Bernstein entwickelt hatte, Carl Legien, Adolph v. Elm und weitere Mitglieder der Generalkommission, zeitweise auch Heinrich Braun und schließlich Eduard Bernstein selbst.

Auf dessen Forderung, einen Sozialdemokraten zum Vizepräsidenten des

Reichstags vorzuschlagen, wußte die Parteilinke nur zu antworten, nach dem heroischen Wahlkampf könne und werde sich die Partei »nicht vor dem monarchischen System verbeugen«, womit die übliche Vorstellung des Reichstagspräsidiums bei Hofe gemeint war, an der ein Sozialdemokrat schwerlich teilnehmen konnte.

Auch der bald nach dem Wahlsieg abgehaltene Parteitag in Dresden brachte nichts als kleinliches Gezänk, meist um Nebensächlichkeiten; die Chance, durch einen Forderungskatalog auszuloten, wie der Reichstag und die Öffentlichkeit auf Demokratisierungsbestrebungen und sozialpolitische Forderungen reagieren würde, wurde verpaßt. Schließlich verabschiedete der Parteitag eine von Bebel und Kautsky vorbereitete Resolution, in der zunächst der Anspruch der SPD auf einen Vizepräsidenten und einen Schriftführer im Reichstag bekräftigt, die Verpflichtung zur Vorstellung bei Hofe aber abgelehnt wurde, da dies »nicht durch die Reichsverfassung begründet« wäre. Sodann hieß es in der Entscheidung: »Der Parteitag verurteilt auf das entschiedenste die revisionistischen Bestrebungen, unsere bisher bewährte und sieggekrönte, auf dem Klassenkampf beruhende Taktik in dem Sinn zu ändern, daß an Stelle der Eroberung der politischen Macht durch Überwindung unserer Gegner eine Politik des Entgegenkommens an die bestehende Ordnung der Dinge tritt. Die Folge einer derartigen revisionistischen Taktik wäre, daß aus einer Partei, die auf die möglichst rasche Umwandlung der bestehenden bürgerlichen in die sozialistische Gesellschaft hinarbeitet, also im besten Sinne des Wortes revolutionär ist, eine Partei tritt, die sich mit der Reformierung der bürgerlichen Gesellschaft begnügt.«

Daraus wurde die Notwendigkeit abgeleitet, »jede Bewilligung von Mitteln zu verweigern, die geeignet sind, die herrschende Klasse an der Regierung zu erhalten«, auch »daß die Sozialdemokratie... einen Anteil an der Regierungsgewalt innerhalb der bürgerlichen Gesellschaft erstreben kann«. Der Parteitag verurteilte ferner »jedes Bestreben, die vorhandenen, stets wachsenden Klassengegensätze zu vertuschen, um eine Anlehnung an die bürgerlichen Parteien zu erleichtern«. Die vermehrte Macht der Reichstagsfraktion sollte zu einer noch energischeren Bekämpfung von »Militarismus, Marinismus*, Kolonial- und Weltmachtpolitik« führen, aber auch »zur Erweiterung und Sicherung der politischen Freiheiten« benutzt werden.

Die Reformisten unter Führung v. Vollmars und Wolfgang Heines erklärten, was in der Resolution als Revisionismus bezeichnet werde, sei gewiß nicht ihre Politik, und sie könnten daher diesem Parteitagsbeschluß zustimmen. Elf andere, unter ihnen Eduard Bernstein, die Gewerkschaftsführer v. Elm und Hue sowie der damalige Redakteur der Breslauer Parteizeitung und spätere Reichstagspräsident Paul Löbe, verweigerten der Resolution ihre Zustimmung aus Gewissensgründen.

»Der Dresdner Parteitag«, heißt es bei Hedwig Wachenheim, »war ein Fiasko. Er wollte das Bild einer die kapitalistische Gesellschaft bedrohenden, radikalen, staatsfeindlichen Partei erhalten. Auf Versuche, die dieses Bild während der Jahre, seit denen das Sozialistengesetz erloschen war, in Realität verwandelt hätten, konnte er jedoch nicht hinweisen – sie waren auch nie gemacht worden –, auch nicht auf Pläne, die dieses Bild nun nach dreizehn Jahren verwirklichen sollten. Denn sie bestanden nicht und wurden auch in Dresden nicht überdacht und nicht festgelegt. Viele Parteiblätter fanden, daß der Parteitag den Genossen Steine statt Brot gegeben habe und zu den unfruchtbarsten gezählt werden müsse, die die Partei seit langem aufzuweisen hatte.«

Jean Jaurès, der Führer der französischen Sozialisten, die damals die bürgerliche Regierung Combes im Kampf gegen den Klerikalismus und die Reaktion unterstützten, verteidigte die eigene Politik auf dem Internationalen Sozialistenkongreß, der 1904 in Amsterdam stattfand, und erläuterte, warum die Dresdner Resolution der SPD, die seine Gegner ihm vorhielten, für ihn unannehmbar sei.

Seine Gruppe, sagte er in seiner Rede, hätte durch ihre Unterstützung einer liberalen Regierung die geistigen und bürgerlichen Freiheiten Frankreichs gerettet, und darauf wäre er stolz.»Bei uns«, fuhr er fort,»entscheiden wir Sozialisten, ob Frankreich von einem reaktionären oder von einem bürgerlich-fortschrittlichen Kabinett regiert wird.« Dagegen sei es in Deutschland für den Bestand einer Regierung gleichgültig, wie die SPD im Reichstag stimme.

»Ihr impft«, erklärte Jaurès an die Adresse der SPD gewandt,»durch die Dresdner Resolution dem internationalen Sozialismus den Geist der Unsicherheit und des Schwankens ein, der euch selbst zur Zeit erfüllt. Was auf uns, der Internationale, lastet, sind nicht die waghalsigen Kompromisse, die Versuche der französischen Sozialisten, die sich mit der bürgerlichen Demokratie verbündet haben, um die Freiheit, den Fortschritt und den Frieden der Welt zu retten, sondern das ist die Ohnmacht der deutschen Sozialdemokratie! Gewiß, ihr seid eine großartige Partei . . ., das Vorbild einer straffen und machtvollen Organisation . . ., die vor keinem Opfer zurückschreckt und sich durch keinen Ansturm erschüttern läßt. Ihr seid eine große Partei, ihr seid die Zukunft Deutschlands, eine der edelsten, glorreichsten Parteien der zivilisatorischen und denkenden Menschheit. O ja, am Tag nach jenen Juniwahlen (von 1903) . . . ist uns allen deutlich geworden, daß ihr eine bewunderungswürdige Kraft der Propaganda, der Agitation, der Mobilisierung der Massen habt, aber daß weder die Tradition eures Proletariats noch der Mechanismus eurer Verfassung euch erlauben, diese anscheinend kolossale Macht von drei Millionen Stimmen . . . in die politische Aktion umzusetzen. Warum? . . . Das allgemeine Wahlrecht kann man denen nicht entreißen, die es sich selbst erobert haben. Euch wurde es von oben gegeben, und ihr habt zugesehen, wie euer rotes Königreich Sachsen, euer sozialistisches Sachsen (durch Einführung des Dreiklassenwahlrechts nach preußischem Vorbild) es wieder abschaffte, ohne daß Widerstand geleistet wurde. Ihr habt nach der Krupp-Affäre, als man die sozialistischen Arbeiter in den

Fabriken zwang, unterwürfige Glückwunschadressen an den Kaiser zu unterzeichnen, ihnen zugeraten, sich zu fügen. Der Sozialismus wäre bei euch nicht einmal ›Herr‹, wenn er die Mehrheit hätte. Euer Parlament ist nur ein halbes Parlament. Ihr habt weder die revolutionäre noch die parlamentarische Aktion . . . Man erwartete von euch am Morgen nach jenem großen Sieg eine Kampfparole, ein Aktionsprogramm, eine Taktik . . . – aber die Geister waren noch nicht reif. Und da habt ihr vor eurem eigenen Proletariat, vor dem internationalen Proletariat eure Ohnmacht hinter der Intransigenz theoretischer Formeln versteckt, die euer ausgezeichneter Genosse Kautsky euch bis an sein Lebensende liefern wird . . . Die Annahme der Dresdner Resolution auf diesem Internationalen Kongreß würde bedeuten, daß der internationale Sozialismus . . . sich der zeitweiligen, aber furchtbaren Tatenlosigkeit der deutschen Sozialdemokratie zugesellte!«

In seiner Gegenrede bestätigte August Bebel, was Jaurès von der gleichzeitigen Unbeugsamkeit und Zaghaftigkeit der SPD gesagt hatte. Die deutsche Sozialdemokratie, sagte er, wäre für die Republik, aber wollte sich ihretwegen nicht die Köpfe einschlagen lassen, denn die bürgerliche Republik wäre ein Klassenstaat so gut wie die Monarchie. Bebel verwies darauf, daß Preußen-Deutschland ein überwiegend feudalistisch-»polizistisch« regiertes Land wäre, wahrscheinlich außer Rußland und der Türkei das reaktionärste Europas. Er hielt Jaurès vor, daß Preußen trotzdem die progressive Einkommensteuer habe, Frankreich dagegen nicht, und daß die Sozialgesetzgebung Bismarcks allein auf das Wachsen und den Ansturm der Sozialdemokratie zurückzuführen sei.

»Sollten wir die drei Millionen (Wähler von 1903) mobil machen und vor das königliche Schloß ziehen, um den Kaiser abzusetzen?« fragte Bebel. »Bei uns reichen eben drei Millionen nicht. Aber lassen Sie uns sieben und acht Millionen haben – dann wollen wir weitersehen!«

Mit diesem rhetorischen Ausweichen in eine ferne Zukunft entsprach August Bebel genau der Auffassung Jaurès' von der SPD, über die er im Vorjahr geschrieben hatte*, Kautsky, Bebels einflußreichster theoretischer Berater, fasse die soziale Revolution als eine tönerne Sparkasse auf, die man ganz füllen müsse, ehe man sie öffnen könne. Man häufe eine Million sozialistischer Stimmen darin an, zwei Millionen, drei Millionen. Das Herz poche vor Erwartung, aber es sei nicht genug. Man warte also und häufe weiter auf: vier Millionen, fünf, sechs Millionen! Das sei die entscheidende Zahl, das sei die Mehrheit! Dann öffne man die Sparbüchse und versuche, die sozialistischen Kräfte, die sie enthalte, zu gebrauchen.

Die Tatenlosigkeit der SPD nach ihrem großen Wahlerfolg von 1903 und das »Fiasko von Dresden« konnten indessen, wie es bei Hedwig Wachenheim heißt, »den Bestand der sozialdemokratischen Partei nicht erschüttern, denn für die Arbeiter war der Zusammenhalt der Partei vorläufig wichtiger als deren politische Linie. Die Partei gab ihnen . . ., was ihnen sonst nirgends geboten wurde: menschlichen und geselligen Zusammenschluß und Mög-

lichkeiten der politischen und organisatorischen Tätigkeit. Und doch entstand der Sozialdemokratie aus der Dresdner Unentschlossenheit eine
Gefahr. Die Nachwahlen verliefen häufig ungünstig, was ... für die Partei
unerfreulich und für die Mitgliedschaft deprimierend war. Außerdem
wich ... die Wirtschaftsdepression, und ein neuer Aufschwung begann. Die
Gewerkschaften waren durch den Aufbau ihrer Organisationen viel besser
auf die Ausnutzung der Konjunktur vorbereitet als zuvor und dadurch ...
aktionsfähig und handlungsbereit. Sie zogen das Interesse der Tatfreudi-
gen an ... Da die Partei wegen ihrer Starrheit nicht anziehend war, gelangten die Gewerkschaften in den Vordergrund der Bewegung. Bebel wollte in
Dresden einen wachsenden Einfluß der Gewerkschaften auf die Partei
verhindern. Tatsächlich aber öffnete seine Politik ihnen erneut die Tür zur
Macht in der Arbeiterbewegung«, wobei ihnen eine Streikwelle kräftigen
Auftrieb gab.

Am meisten Aufsehen erregte der Streik der Crimmitschauer Textilarbei-
terinnen für den Zehnstundentag, der fast ein halbes Jahr lang dauerte, mit
bewunderungswürdiger Disziplin durchgeführt wurde und der Gewerkschaft eine Verdoppelung der örtlichen Mitgliederzahlen brachte, obwohl
der Streik dann abgebrochen werden mußte, ohne sein Ziel erreicht zu
haben. Was ihn dennoch erfolgreich machte, war der mit ihm erbrachte
Beweis, daß auch die ärmsten Arbeiter, die zudem anfangs schlecht organisiert und in der Mehrzahl Frauen waren, eine ganze örtliche Industrie
monatelang stillegen konnten! Das stärkte das Selbstbewußtsein der gesamten Arbeiterschaft, und die Streikbereitschaft nahm allgemein zu.

Im Jahre 1903, als der Crimmitschauer Streik begann, wurden im Deutschen Reich 1282 Arbeitskämpfe durchgeführt, an denen 121 000 Arbeiter
beteiligt waren, und insgesamt 2,6 Millionen Arbeitstage gingen dabei
verloren. Zwei Jahre später, 1905, waren bereits 2323 Streiks mit 508 000
Beteiligten zu verzeichnen, und der Verlust an Arbeitstagen erreichte mit
7,4 Millionen fast das Dreifache des Resultats von 1903.

Der am meisten Aufsehen erregende Arbeitskampf des Jahres 1905 war
der Streik der Bergarbeiter des Ruhrgebiets, der am 10. Januar begann. An
der Ruhr arbeiteten damals rund 270 000 Bergleute, von denen rund hunderttausend Polen und Ukrainer waren, und nur etwa 20 Prozent aller
deutschen Bergleute waren gewerkschaftlich organisiert. Der Streik brach
spontan und wegen einer Regelung von zweitrangiger Bedeutung auf einer
Stinnes-Zeche aus, ohne daß die Gewerkschaft dazu aufgerufen oder auch
nur Vorbereitungen getroffen hatte. Am 10. Januar streikten dennoch schon
15 000 Arbeiter, am 14. Januar waren es bereits 77 000, eine Woche später
über 200 000! Erst am 17. Januar, nachdem die Unternehmer Verhandlungen strikt abgelehnt hatten, erkannten die Gewerkschaften den Streik
offiziell an, bemühten sich aber, wenn auch vergebens, ihn einzudämmen,
denn die Kasse des Bergarbeiterverbands enthielt nur hunderttausend Mark.
Also führten die Partei und die anderen Gewerkschaften wieder Geldsamm-

Karikatur auf den Streik der Crimmitschauer Textilarbeiter 1903/04 im Simplicissimus.

lungen durch, aber diesmal waren sie es nicht mehr allein, die den Streikenden Solidarität bekundeten. Auch die Geschäftsleute des Ruhrreviers sammelten unter sich Spenden für die Streikkassen, und sogar der Erzbischof
von Köln stiftete 1000 Mark. Der sozialdemokratische Bergarbeiterverband
sah sich genötigt, mit den christlichen, Hirsch-Dunckerschen und polnischen Bergarbeiterverbänden zusammenzuarbeiten, um durch ein breites
Bündnis eine bessere Verhandlungsposition zu erlangen – ein Vorgang, der
von vielen Sozialdemokraten als Verstoß gegen alle Prinzipien kritisiert
wurde.

Indessen blieben die Unternehmer unnachgiebig, und erst das Eingreifen der preußischen Bergbaubehörden und einige von Reichskanzler v. Bülow veranlaßte Zugeständnisse an die Arbeiter sorgten für eine rasche Beilegung des Konflikts. Teils durch Versprechungen, teils durch tatsächliche Abstellung gröbster Mißstände auf gesetzlichem Wege sowie durch die Errichtung von Arbeiterausschüssen in Betrieben mit mehr als hundert Beschäftigten gelang es der Regierung, die Gewerkschaften zum Streikabbruch zu bewegen, ohne daß sie dies als eine Niederlage werten mußten.

Überhaupt betrieb v. Bülow gegenüber Sozialdemokratie und Gewerkschaften eine gänzlich andere Politik als seine Vorgänger. Er hatte erkannt, daß eine Bewegung, die bereits mehr als drei Millionen Wähler mobilisieren konnte, nicht durch Ausnahmegesetze und die üblichen staatlichen Zwangsmittel unschädlich zu machen war. So wandte er eine neue Doppelstrategie an: Einerseits zeigte er allen gemäßigten, antirevolutionären und zu konstruktiver Mitarbeit bereiten Sozialdemokraten gegenüber ein gewisses Entgegenkommen; er ermöglichte Eduard Bernstein die Rückkehr nach zwanzigjährigem Exil, machte v. Vollmar Komplimente und empfing ihn zu einer Aussprache, wies Polizei und Staatsanwaltschaften an, Zurückhaltung zu üben, außer wenn es sich um radikale Linke handelte, und ließ der – 1905 bereits 1,34 Millionen Gewerkschafter organisierenden – Generalkommission mehr Handlungsspielraum, sah er in ihr doch zu Recht ein starkes, mäßigend und entpolitisierend wirkendes Gegengewicht zur SPD.

Andererseits aber bekämpfte er mit neuen (und wie sich zeigen sollte: wirksameren) Methoden die Sozialdemokratie als Ganzes unter dem Motto, daß sie sich der Entwicklung des Deutschen Reichs zur Weltmacht durch

August Bebel, Paul Singer und Wilhelm Pfannkuch während des Parteitags 1905 in Jena.

ihre militär- und rüstungsfeindliche, gegen Flottenbau und Kolonialismus gerichtete, »vaterlandslose« internationalistische Politik in den Weg stellte. Bülow schuf sich zur Unterstützung der imperialistischen Außenpolitik des Kaiserreichs eine hurrapatriotische öffentliche Meinung und suchte – wie Hedwig Wachenheim schreibt – »durch Regierungsförderung die verschiedenartigen ›patriotischen‹ Organisationen, den Flottenverein, den neubelebten Alldeutschen Bund, die Kolonialgesellschaft und den 1904 gegründeten ›Reichsverband gegen die Sozialdemokratie‹ und mit ihnen auch die Arbeitgeberverbände und industriellen Organisationen der Unternehmer zu einer Sammelbewegung zu schmieden, die sich hinter die immer mehr sichtbare expansionistische Machtpolitik der Regierung stellen konnte. Er hat im neuen nationalen Block, dem sogenannten Bülow-Block, der seine Politik in Reichstag stützen sollte, die heterogenen Parteiideologien konservativer und liberaler Abstammung zusammengefaßt und trotzdem eine emotionale nationalistische Bewegung geschaffen, gleichzeitig die Sozialdemokratie und die freien Gewerkschaften der ›splendid isolation‹ und Verfemung in der öffentlichen Meinung des deutschen Bürgers preisgegeben. Zum ersten Male hatte Bülow die öffentliche Meinung als entscheidende politische Waffe organisiert.«

Die Kosten trugen die Zentralverbände der Industrie und der Banken; pensionierte Offiziere übernahmen hauptamtlich die Organisation der Verbände und der gemeinsamen Kampagne, die fast von der gesamten bürgerlichen Presse unterstützt wurde; Professoren traten gegen gutes Honorar als Wanderredner auf, und bald erließen auch mittelständische Organisationen Aufrufe, den »Kampf für Ehre und Gut der Nation« zu unterstützen. Eine einseitige Presseberichterstattung über Aufstände in den Kolonien heizte das Klima noch an, und als im Dezember 1906 die Haushaltmittel für die deutsche Schutztruppe in den Kolonien mit den Stimmen der SPD und des Zentrums verweigert wurden, löste v. Bülow den Reichstag auf, weil – wie er erklärte – Sozialdemokraten und Zentrum gemeinsam verhindert hätten, »daß Deutschland sich zu einer Weltmacht entwickelte«.

Die »Hottentotten-Wahlen«, wie sie dann genannt wurden, fanden am 25. Januar 1907 statt. Nun erreichte die nationalistische Hetzkampagne gegen die »mit den Hottentotten gegen unsere braven Soldaten paktierenden roten und schwarzen Reichsfeinde« ihren Höhepunkt. Demgegenüber war der Wahlaufruf der SPD eher dürftig: Er enthielt sich jeder grundsätzlichen Stellungnahme zur imperialistischen und speziell zur Kolonialpolitik der Regierung. Heer und Flotte wurden nur wegen ihrer Kosten als »Bürde des kleinen Mannes« abgelehnt.

Diese deutliche Zurückhaltung, wohl veranlaßt durch die Sorge, die faszinierende Wirkung der Kolonial- und Großmachtpolitik auf die Mittelschichten könnte auch ihr Wählerpotential wankend machen, zahlte sich für die SPD nicht aus. Zwar konnte sie weitere 250000 Wähler hinzugewinnen und damit ihr Stimmenergebnis – von 3,01 auf 3,26 Millionen – absolut verbessern, aber bei einer Rekord-Wahlbeteiligung von fast 85 Prozent sank ihr Stimmenanteil um etwa drei auf 28,9 Prozent.

Noch weit schlimmer sah es bei der Mandatsverteilung aus: Nachdem bei den Stichwahlen die Hetzkampagne nur noch gegen die SPD gerichtet, das Zentrum hingegen verschont worden war und selbst die Freisinnigen wie die süddeutschen Demokraten lokale Vereinbarungen mit den »Reichsfeinden« abgelehnt hatten, verlor die SPD fast überall und insgesamt rund die Hälfte ihrer bisher 81 Reichstagssitze. Mit nur noch 43 Abgeordneten zog ihre Fraktion in den neuen Reichstag ein, wo sie sich einer Mehrheit des »Bülow-Blocks« gegenübersah, während das noch gestärkte, nun mit 104 Abgeordneten vertretene Zentrum keinerlei Neigung mehr zeigte, mit der zusammengeschrumpften SPD-Fraktion gemeinsam zu opponieren.

Die unerwartete Wahlniederlage wurde in der Partei heftig diskutiert. Die Revisionisten machten geltend, daß man die politischen und wirtschaftlichen Probleme nicht mit Dogmen lösen könnte, die wissenschaftlich nicht mehr haltbar und zu bloßen Phrasen geworden wären. Demgegenüber schob Kautsky die Schuld am Mißerfolg den Gewerkschaften zu, weil die erkämpften Lohnerhöhungen auch die kleinen Handwerksbetriebe, die Ausbreitung der Konsumgenossenschaften den Einzelhandel schädigten und so potentielle Wählerschichten abschreckten.

Die Parteirechte machte geltend, daß die Partei eine veraltete, allzu einseitige Militärpolitik betrieben hätte. Vor allem einer der Neulinge im Reichstag, der Redakteur der *Chemnitzer Volksstimme* Gustav Noske, erregte dadurch weit über die Partei hinaus Aufsehen, daß er erklärte,

Die Parteischule der SPD im Jahr 1907.

Deutschland müßte so gut wie möglich bewaffnet werden; wegen der wirtschaftlichen Gegensätze zwischen den Großmächten wäre an Abrüstung nicht zu denken. »Wir wünschen, daß Deutschland möglichst wehrhaft ist; wir wünschen, daß das ganze deutsche Volk an den militärischen Einrichtungen zur Verteidigung unseres Vaterlands ein Interesse hat. Das ist aber nur zu erreichen, wenn die Regierung sich mit der Sozialdemokratie dahin bemüht, daß Deutschland für das ganze Volk so wohnlich, so freiheitlich und so kulturell hochstehend wird, wie es nur denkbar ist.«

Noskes Rede im Reichstag, die ganz dem damals im Reich herrschenden Klima eines aufgeputschten Hurrapatriotismus entsprach, stieß auf heftige Kritik bei der Linken. August Bebel indessen stellte sich auf Noskes Seite, nachdem dieser erläutert hatte, daß die Voraussetzung für eine positive Einstellung zur Landesverteidigung die Beseitigung des unnötigen Drills, der Soldatenschinderei, der Kastenprivilegien des Offizierskorps und der Verwendung des Heeres als Machtmittel zur Aufrechterhaltung der Klassenherrschaft sei. Der Parteitag folgte dann Bebels Empfehlung und billigte Noskes Rede.

Für weitere Aufregung nach dem Mißerfolg bei den »Hottentotten-Wahlen« vom Januar 1907 und den anschließenden Auseinandersetzungen über die Ursachen des Mißerfolgs und die Möglichkeiten ihrer Behebung sorgte ein Ereignis, das mit der nächsten Tagung der Sozialistischen Internationale zusammenhing. Diese hatte sich entschieden, 1907 in Deutschland zusammenzutreten.

Da die SPD-Führung nicht sicher war, ob sich dieser Kongreß im Bereich der preußischen Polizei ungestört würde durchführen lassen, entschied sie sich für den Tagungsort Stuttgart, wo eine liberale Regierung am Ruder war, von der man keine Schwierigkeiten erwartete. Doch der württembergische Ministerpräsident Karl v. Weizsäcker nutzte die Gelegenheit zu einem Kuhhandel: Ohne daß die Öffentlichkeit oder die SPD-Führung etwas davon erfuhr, bot er der sozialdemokratischen Landtagsfraktion, die sich gerade gegen die Stimmen ihrer Revisionisten zu einer Ablehnung des Landeshaushalts entschlossen hatte, die freundliche Aufnahme der Internationale in Stuttgart an, vorausgesetzt, die Fraktion stimmte *für* sein Budget. Der Parteiverleger Johann Dietz, der das Angebot v. Weizsäckers überbrachte, konnte zusammen mit Wilhelm Keil die Fraktion umstimmen – zunächst sehr zum Ärger Bebels, der von Parteiverrat sprach.

Die Delegierten der Internationale – insgesamt 884 aus 25 Ländern, unter ihnen 289 Deutsche, zur Hälfte Gewerkschaftsführer, unter den prominenten Ausländern Jean Jaurès aus Frankreich und Wladimir Iljitsch Lenin, der Vertreter der russischen Sozialdemokratie – wurden im Wartesaal 1. Klasse des Stuttgarter Hauptbahnhofs festlich empfangen; in den Straßen zur Kongreßhalle wehten an eigens aufgestellten Masten rote Fahnen, und über die Fahrbahn waren Blumengirlanden gespannt, dazwischen hingen Transparente mit Willkommensgrüßen und sozialistischen Parolen. August Bebel

Eröffnungssitzung des Kongresses der II. Sozialistischen Internationale im Stuttgarter Hauptbahnhof im Jahr 1907.

vergaß darüber seinen Groll über die Zustimmung der württembergischen SPD zum Landeshaushalt.

Auf dem Kongreß selbst gab es heftige Diskussionen, vor allem um Fragen des Kampfes gegen die imperialistische Kolonial- und Kriegspolitik. Die Linke konnte sich noch einmal durchsetzen: Nach lebhaftem Meinungsaustausch verurteilte der Kongreß mit knapper Mehrheit jeglichen Kolonialismus als Ausplünderungs- und Gewaltpolitik. Damit wurden Eduard Bernstein und Eduard David entschieden zurückgewiesen, die sich um die Anerkennung einer »sozialistischen Kolonialpolitik« und »positiver Reformarbeit in den Kolonien« bemüht hatten.

Der gleichzeitige Jugendkongreß der Internationale wählte den sechsunddreißigjährigen Karl Liebknecht, einen Sohn Wilhelm Liebknechts, zu seinem Präsidenten. Karl Liebknecht, der das Hauptreferat gegen den Militarismus gehalten hatte, war erstmals bekanntgeworden, als er 1904 als Rechtsanwalt die Verteidigung der in Königsberg angeklagten deutschen und russischen Sozialdemokraten übernommen und agitatorisch glänzend genutzt hatte, wozu anzumerken ist, daß die SPD damals große Summen zur Unterstützung revolutionärer Bestrebungen im Zarenreich ausgab; daß die russische Parteizeitung *Iskra* heimlich in Leipzig gedruckt wurde und Lenins Schrift *Was tun?* im Stuttgarter Parteiverlag von J. H. W. Dietz erschienen war. Karl Liebknecht, der sich Anfang 1907 mit seinem gedruckten Referat *Militarismus und Antimilitarismus* eine Anklage wegen Hochverrats zugezogen hatte, wurde bald nach dem Stuttgarter Kongreß vom Leipziger Reichsgericht zu anderthalb Jahren Festungshaft verurteilt. Bereits vom November 1907 an mußte er diese Strafe auf der Festung Glatz* verbüßen.

Gruppenfoto von Delegierten auf der Konferenz der II. Sozialistischen Internationale in Stuttgart 1907 mit Rudolf Hilferding, Georg Ledebour, Karl Liebknecht, Rosa Luxemburg und Leo Trotzki.

So konnte er sein Amt als Präsident der Sozialistischen Jugendinternationale, das er bis 1910 behielt, nicht wirklich ausüben und mußte auch die Jugendarbeit in Partei und Gewerkschaften, die um diese Zeit begann, anderen überlassen.

Schon 1904 war in Mannheim von einem dortigen jungen Rechtsanwalt, Ludwig Frank, der sich bereits in der Partei als Redner einen Namen gemacht hatte, ein »Verein junger Arbeiter« gegründet worden. Frank war der Meinung, daß die »Alte Garde« der Partei, deren Zeit mit Organisation und Agitation ausgefüllt war, deren Versammlungen kaum Gelegenheit boten, über anderes als Flugblattverteilung, Funktionärswahlen und Kandidatenaufstellungen zu reden, und die den Sozialismus als eine Art Religion behandelte, über die man nicht zu diskutieren brauchte, längst nicht mehr imstande war, »den Nachwuchs zu assimilieren« und, wie Frank es ausdrückte, »in die hoffnungsarmen jungen Seelen unseren Zukunftsglauben zu pflanzen«. Der Verein nahm junge Menschen vom 14. Lebensjahr an auf; wenn sie älter als 21 Jahre waren, durften sie nur bleiben, wenn sie der Partei beitraten. Die geistige Erziehung der Parteijugend sollte mit den gleichen Mitteln erfolgen, die die Partei in ihren Gründerjahren angewandt hatte: Vorträge und Diskussionsabende zu Themen aus der Geschichte, der Volkswirtschaft und der Naturwissenschaft. Tagesereignisse sollten »im Spiegel der Geschichtsanschauung, die uns von Marx und Engels überkommen ist«

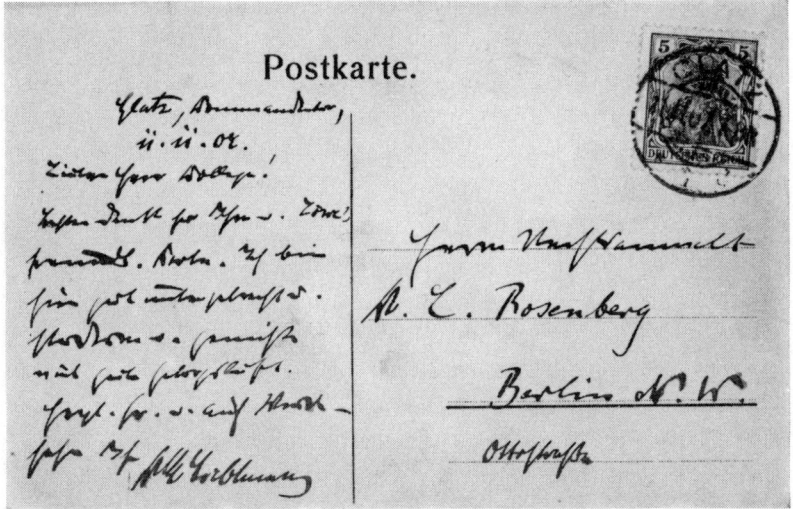

Postkarte.

Faksimile einer Karte von Karl Liebknecht.

betrachtet, Kameradschaft, Solidarität und Geselligkeit gleichermaßen gepflegt werden, und die so geschulte Parteijugend sollte in den Betrieben auf die Durchführung der Arbeiterschutzbestimmungen für Jugendliche achten. Schon ein halbes Jahr nach der lokalen Mannheimer Gründung entstand daraus ein »Verband junger Arbeiter«, der zumal in Süddeutschland, wo die Vereinsgesetze weniger streng waren, aber bald auch – meist illegal – in Norddeutschland zahlreiche Ortsgruppen bildete und bis 1908 annähernd zehntausend Mitglieder gewann.

Der unbestrittene Führer dieses Verbandes, der auch dessen Zeitschrift *Junge Garde* gründete, redigierte und anfangs fast allein schrieb, Ludwig Frank, war – wie Friedrich Stampfer ihn beschrieben hat – »1874 im badischen Nonnenweier als Sohn eines einfachen jüdischen Handelsmannes geboren, ein heiterer, ruhiger, besonnener Mann, der im Mannheimer Raum große Popularität genoß, sowohl als Anwalt der Verfolgten, von denen er kein Honorar nahm, wie als Führer der Arbeiterjugend, die er für die Partei zu gewinnen trachtete. Er hatte wie v. Vollmar auf der Parteilinken angefangen. Als Delegierter auf dem Parteitag in Dresden 1903 hatte er Bebels Abrechnung mit den Revisionisten begeistert zugestimmt. In Amsterdam 1904« – auf der Tagung der Sozialistischen Internationale – »war er der ständige Begleiter Rosa Luxemburgs...«

Aber gerade die Amsterdamer Tagung und dort zumal Jaurès' Rede über die von der Revolution redende, aber ihre Macht nicht benutzende deutsche Sozialdemokratie hatten Frank zum Revisionismus bekehrt. »Die enge Verbindung mit den Gewerkschaften in Mannheim«, heißt es dazu bei Hedwig Wachenheim, »das Drängen der Arbeiter und der unteren Funktio-

Ludwig Frank, 1874-1914.

näre auf Reformen, die Tätigkeit im Mannheimer Bürgerausschuß und die Zusammenarbeit im Landtag« – er war 1905 in die badische Kammer gewählt worden –»mit dem sehr klugen Führer der badischen SPD-Landtagsfraktion, Wilhelm Kolb, einem früheren Arbeiter, der Revisionist *und* Reformist* sowie ein eifriger Mitarbeiter der ›Sozialistischen Monatshefte‹ war, führten Frank dann zur Mitwirkung an der Gegenwartsarbeit und an den Versuchen, der Partei Einfluß auf die Politik zu erringen.«

Franks große Stunde schlug auf dem Parteitag, der 1908 in Nürnberg stattfand und wo die drei süddeutschen Landtagsfraktionen der SPD sich dafür rechtfertigen mußten, daß sie – entgegen allen früheren Beschlüssen – für die Haushaltsvorlagen ihrer Landesregierungen gestimmt hatten. Für die Württemberger, denen ja schon 1907 stillschweigend vergeben worden war, weil sie damit die Tagung der Internationale in Stuttgart ermöglicht hatten, trat Karl Hildenbrand ganz allgemein für das Recht der Landtagsfraktionen ein, das Landesbudget zu bewilligen. Johannes Timm erklärte für die Bayern, sie hätten sich für die Budgetbewilligung entschieden, weil dadurch Fortschritte im Kulturbereich, der Ausbau der Wasserkräfte, die Elektrifizierung von Eisenbahnstrecken sowie die Aufbesserung der Lehrergehälter und die der Löhne der Staatsarbeiter erreicht worden wären. Ludwig Frank, der für die badische Fraktion sprach, begnügte sich nicht mit einer bloßen Verteidigung der Budgetbewilligung in Karlsruhe, mit der wesentliche Verbesserungen hätten erzielt werden können, sondern griff die bisherige Haltung der Partei an, durch die sie selbst zur Erstarrung der deutschen politischen Verhältnisse beigetragen hätte. Er wollte sie dazu bringen, die reformistische Politik in den Ländern und im Reich nicht länger grundsätzlich abzulehnen, und durch seine – wie er sie nannte –»Propaganda der Tat zur Anwendung ihrer untätigen Riesenkräfte« drängen, die Gleichberechtigung der Arbeiter und den Einfluß der Partei auf die deutsche Politik mit allen Mitteln zu erkämpfen.

Sein Ziel sei es, Bewegung in die deutsche Politik zu bringen, und dabei scheue er sich nicht, seine Politik, wenn möglich, in einer Koalition mit den Liberalen oder, wenn das unmöglich wäre, auf der Straße durchzusetzen. Sozialdemokraten müßten auch in Tagesfragen als Klassenkämpfer handeln.

In Baden hätten die Sozialdemokraten ein Wahlbündnis mit den Nationalliberalen geschlossen und so den Klerikalen vom Zentrum die Regierungsmehrheit genommen; da auch die Nationalliberalen keine Majorität im Landtag hätten, könnte die Sozialdemokratie nun starken Einfluß ausüben. Hätte die SPD in Baden die Parteitagsbeschlüsse strikt befolgt, so wäre sie einflußlos gegenüber einer Zentrumsregierung.

Frank erklärte dann, es wäre August Bebels und Wilhelm Liebknechts »unvergängliches historisches Verdienst«, daß sie 1875 »der Wissenschaft« – also Marx und Engels – »gegenüber die Forderungen der Praxis und der deutschen Arbeiterschaft durchsetzten«, indem sie das Gothaer Programm annahmen – »gegen den Rat unseres großen wissenschaftlichen Führers, Karl Marx«. Weiter sagte Frank: »Die Propaganda unserer sozialistischen Zukunftsziele« habe die Partei groß gemacht. Sie habe »Millionen geweckt und sie hingewiesen auf Ziele, die über ihr enges Dasein hinauszeigen. Aber gegenwärtig macht uns groß und gibt uns einen festen Sitz in den Herzen der Massen die praktische Arbeit, die wir geleistet haben und die wir weiter leisten wollen!«

In Nürnberg brachte Frank auch Lassalle wieder zu Ehren. »Was wir eben tun«, sagte er dem die süddeutschen Budgetbewilligungen kritisierenden Parteitag, »ist ein echt deutscher Streit um eine Zeremonie, um ein Nichts. Es soll der Staat gewissermaßen in der Idee verneint werden. Als wenn dadurch von dem Gebäude des Staates auch nur ein Stückchen vernichtet würde!« Er wäre überzeugt, erklärte er, daß Lassalle die Stimmung der deutschen Arbeiter besser getroffen hätte, als die offizielle Meinung der Partei es in der Gegenwart täte, die den Staat als Herrschaftsinstrument der herrschenden Klasse betrachtete und das Parlament nur als Agitationstribüne gelten ließe. Lassalle hätte den Arbeitern gesagt: »Ihnen, meine Herren, gehört der Staat, denn aus Ihnen besteht er!«, und dasselbe würde er heute sagen.

»Bei Frank«, so hat Hedwig Wachenheim dazu bemerkt, »trat an die Stelle des Glaubens an die Zukunftsgesellschaft der Glaube an die Partei als Instrument zur Hebung der Massen . . . Durch seine Ausdruckskunst vermochte er etwas von dem Glanz des alten Glaubens auf den neuen zu übertragen.«

Vor der Deutschen Zentrale für Jugendfürsorge hat Frank selbst seine Auffassung von der Partei einmal so beschrieben:»Die Arbeiterpartei ist für die Jungen und Alten der Brennpunkt, in dem sich alle Strahlen treffen, ihre Kultursehnsucht, ihr Drängen aufwärts nach Teilnahme an all dem, was die Welt Großes und Gutes bringt und ihnen vorenthält. Sie dürfen deshalb ganz ruhig die Arbeiterbewegung in diesem Sinne eine religiöse Bewegung nennen . . .«

Das traf gewiß zu auf die damalige Sozialdemokratie, jedenfalls auf die große Mehrheit ihrer Anhängerschaft, aber man muß hinzufügen, daß es in dieser »religiösen Bewegung« nur sehr wenige »Priester« gab, die – wie Bebel oder auch Ludwig Frank – die Menge wirklich begeistern und mitreißen konnten. Die meisten der sehr zahlreichen hauptamtlichen Funktionäre – damals Partei- oder Gewerkschafts»beamte« genannt – waren sehr nüchterne Bürokraten, denen organisatorischer Erfolg die Hauptsache war. Die Ausdehnung und Festigung von Partei und Gewerkschaften hatte für sie weit größere Bedeutung als jede Theorie, zumal damit ihr eigener sozialer Aufstieg und eine besser bezahlte, beachtete und sinnvolle Berufstätigkeit verbunden waren. Indessen sollte man in dieser »Arbeiterbürokratie«, an deren Verhalten nicht nur die revolutionäre junge Linke, sondern auch der alte Bebel häufig Kritik übte, nicht den eigentlichen Grund für den »Revolutionsverzicht« der deutschen Sozialdemokratie sehen. Die Partei- und Gewerkschaftsfunktionäre verdankten vielmehr ihren Aufstieg der Grundhaltung der großen Mehrheit der Parteianhänger, für die Ordnung und Disziplin, glänzend funktionierende Organisation, Zuverlässigkeit und Korrektheit ihren Wert in sich selbst trugen, denen Revolution im Sinne eines gewaltsamen Umsturzes der bestehenden Ordnung wesensfremd war, für die der Vorwurf, sie wären Mitglieder einer »Umsturzpartei«, eine schmerzliche Beleidigung bedeutete. Dennoch, so hat Arno Klönne zur Rolle der Partei- und Gewerkschafts»beamten« bemerkt, ist »die Annahme plausibel, daß gerade diese Gruppe wenig Neigung zeigte, den Bestand der legalen Organisation durch ›indirekte Aktionen‹ aufs Spiel zu setzen, andererseits aber war wiederum das Funktionieren der Organisationsmaschinerie ›Sozialdemokratie‹ weitgehend auf den ›Parteibeamten‹ angewiesen.«

An der Spitze dieser »Organisationsmaschinerie« stand seit 1905 ein Mann, der alles das verkörperte, was den tüchtigen Partei»beamten« ausmachte: Friedrich Ebert. Er war 1871 als Sohn eines Schneidermeisters in Heidelberg geboren und hatte das Sattlerhandwerk erlernt. »Unter dem Sozialistengesetz wurde er«, so Hedwig Wachenheim in ihrer *Geschichte der deutschen Arbeiterbewegung*, »wegen seiner politischen Tätigkeit oft auf die Straße gesetzt. Zur Partei war er, wie so viele Arbeiter, gekommen, weil sie der einzige Platz war, wo ein junger intelligenter Arbeiter sich als freier, selbständiger Mensch fühlen und seinen Verstand mit anderen

Friedrich Ebert, 1871-1925.

messen konnte. Auf seinen Wanderungen als Handwerksbursche kam er nach Bremen und blieb dort. Um den fortdauernden Entlassungen zu entgehen, gründete er erst sein eigenes Geschäft und, als es nicht ging, eine Genossenschaftsbäckerei, und als diese dasselbe Schicksal erfuhr, eröffnete er 1895 eine kleine Parteikneipe. Eine solche gab, wenn sie ein kleines (Hinter-)Zimmer hatte, wo Parteivorstandssitzungen und -konferenzen abgehalten wurden, ihrem Inhaber wirtschaftliche Sicherheit . . . und ließ in den Tagesstunden Zeit für die Tätigkeit in Partei und Gewerkschaften«,

Hermann Molkenbuhr, 1851-1927, um 1911. Julius Motteler, 1838-1907.

wobei angemerkt sei, daß Ebert seit 1893 auch Redakteur der sozialdemokratischen *Bremer Bürgerzeitung* war, 1896 als Bremer Parteisekretär zum Gothaer Parteitag delegiert und 1900 als Abgeordneter in die Bremer Bürgerschaft gewählt wurde. Wie diese Karriere zustande kam, hat Hedwig Wachenheim anschaulich beschrieben:»Da Ebert in seiner Wirtschaft die Arbeiter viel in ihren Angelegenheiten beriet, wurde er zum hauptberuflichen Arbeitersekretär gewählt. Ein Arbeitersekretär muß nicht... durch feurige Reden die Gemüter erregen, sondern kann sich durch Vertiefung in die Angelegenheiten einzelner Arbeiter die Loyalität vieler sichern. Ebert war wie geschaffen für den Posten: Er hatte keine revolutionäre Phantasie, keine feurige Redeweise, aber er hatte einen nüchternen Kopf, der die nächsten Aufgaben klar erfaßte. Er war stets ein ausgezeichneter Verwalter, sorgfältig mit dem ihm anvertrauten Gut. In der Bremer Bürgerschaft war er Sozialpolitiker, der sich bemühte, zunächst einmal durch Enquêten die notwendige Grundlage zu schaffen. Anfang der neunziger Jahre war er gegen die ›Jungen‹..., und 1903 sprach er in den Bremer Versammlungen gegen Bebels Auftreten auf dem Dresdner Parteitag von 1903«, als Bebel mit den Revisionisten abrechnete.»Er hielt sich also schon in frühen Jahren zum rechten Flügel der Partei, trat aber nicht wie Vollmar, Heine, Eduard David und Ludwig Frank als Parteireformer hervor. Bebel verhinderte 1904 Eberts Wahl in den Parteivorstand, 1905 setzte Legien sie durch. Im Parteivorstand suchte er mit Erfolg die Parteiorganisation zu verbessern und die Beziehungen zu den Gewerkschaften zu pflegen...«

Als Friedrich Ebert auf Drängen des Vorsitzenden der Generalkommission 1905 Sekretär des Parteivorstands wurde, sah noch niemand in ihm den »kommenden Mann«, sondern nur einen erprobten Partei»beamten«, einen organisatorischen Gehilfen, der mit den Problemen einer Partei, die zu dieser Zeit 384 000 eingeschriebene Mitglieder, über drei Millionen Wähler, an die fünftausend besoldete »Beamte«, Dutzende von parteieigenen Tages- und Wochenzeitungen und vieles andere mehr hatte, aber noch Organisationsmethoden aus ihrer heroischen Frühzeit und den Jahren der Illegalität anwandte, besser fertigwerden konnte als die »Alte Garde«.

Nicht Bebel oder Paul Singer, sondern der den rechten Parteiflügel repräsentierende Hermann Molkenbuhr nahm sich des neuen Parteisekretärs Ebert an, eines energischen, massigen Mannes mit mächtigem Schnurrbart, und der bürgerliche Historiker Michael Freund* hat die Einführung des künftigen Organisators folgendermaßen beschrieben:

»Als Ebert von Molkenbuhr in seine Arbeit eingewiesen wurde, fragte er nach einer Schreibmaschine und nach dem Telefon. Darauf wurde der Neuling mit mitleidiger Herablassung gefragt, ob er denn die Partei mit Haut und Haar der Polizei ausliefern wolle. Dem Parteivorstand saß das Sozialistengesetz im Blut; er war immer noch einer Haussuchung gewärtig und fühlte sich in seiner revolutionären Ehre fast ein wenig gekränkt, daß keine mehr erfolgte. Alle eingehenden Briefe wurden, wie Ebert erfuhr, vernichtet; von keinem ausgehenden Brief wurde eine Abschrift genommen. Eine Briefablage hätte in den Augen der Alten Garde bewiesen, daß man nichts mehr zu fürchten habe und daß man auch nicht mehr gefürchtet zu werden brauche. Man hielt kein Telefon, weil man erwartete, daß die Polizei es abhören würde. Aber der Vorstand wußte auch genau, daß es nicht mehr so weitergehen konnte. Ebert bekam Schreibmaschine und Telefon.

Mit der Briefablage im Büro des Parteivorstands endete die konspirative Periode der deutschen Sozialdemokratie. Schreibmaschine und Telefon brachten eine Politik zum Ausdruck, die Ebert fortan mit instinktiver Sicherheit verfolgte. Diese Haltung lief darauf hinaus, nie mehr die legale Existenz der Partei zu gefährden. Es war das Ziel der Partei, seit Ebert praktisch die Führung übernommen hatte, den Kaiserstaat zu demokratisieren. Die Partei wuchs unter vielen Reden über die Todfeindschaft zwischen ihr und dem deutschen Staat in das Reich hinein.«

Noch allerdings waren sich weder die Herrschenden in Preußen-Deutschland noch die Sozialdemokratie dieser Tatsache bewußt.

13.
Der »Staat im Staat«
wächst ins Kaiserreich hinein

»Wir brauchen einen tüchtigen Nachwuchs. Leider ist derselbe sehr rar«, schrieb am 10. November 1908 der achtundsechzigjährige August Bebel an den auf der Festung Glatz seine Strafe verbüßenden Karl Liebknecht, und er fügte hinzu: »Du bist der einzige, auf den ich meine Hoffnung setze . . . Nutze die sechs Monate, die Du noch zu brummen hast, aufs beste aus; es ist der einzige Vorteil, den wir von dem Sitzen haben: daß wir studieren können . . .«

Karl Liebknecht, 1871 in Leipzig geboren, war nach dem Abitur und dem Studium der Rechtswissenschaft und Volkswirtschaft in Leipzig und Berlin als »Einjähriger« zum Wehrdienst eingezogen worden, hatte von 1894 bis 1898 als Gerichtsreferendar in Arnsberg und Paderborn seine Ausbildung beendet, 1897 in Würzburg promoviert und sich 1899 als Rechtsanwalt in Berlin niedergelassen. Wie Ludwig Frank von Mannheim aus, so bemühte sich auch Liebknecht um den Aufbau einer sozialistischen Jugendorganisation, wobei er von der Erkenntnis ausging: »Wer die Jugend hat, der hat die Armee!«

Als erster hatte Liebknecht – und das war der Hauptgrund für Bebel, auf den Sohn seines lebenslangen Kampfgefährten die größten, ja einzigen Hoffnungen zu setzen – den Zusammenhang von Kapitalismus und Militarismus mit einer Theorie begründet, die vom Wesen und den Funktionen des Militarismus ausging, und er entwickelte dann eine besondere antimilitaristische Taktik, die das wilhelminische Regime an seiner empfindlichsten Stelle treffen sollte.

»Ich verfolge den Zweck«, so hatte Karl Liebknecht den Richtern des Leipziger Reichsgerichts erklärt, die ihn dann wegen »Vorbereitung zum Hochverrat« verurteilten, »die Entscheidung über Krieg und Frieden aus dem Dunkel der Kabinette und Diplomatenschleichwege herauszuholen . . . an das Licht der Öffentlichkeit . . . Ich will, daß die Entscheidung über Krieg und Frieden dem Willen des ganzen Volkes unterstellt werde . . . Ich will schließlich, daß unser Heer nicht gegen die ›inneren Feind‹, zum Bürgerkrieg verwendet werde!«

Noch während seiner Haft wurde Karl Liebknecht ins preußische Abgeordnetenhaus gewählt. Im Herbst 1911 sprach er auf der antimilitaristischen Massendemonstration der Berliner SPD, an der sich nach Polizeiberichten mehr als zweihunderttausend Männer und Frauen beteiligten, und erklärte: »Wir leben in einer großen Zeit. Es kann sich um die Probe auf das Exempel der Kraft des sozialistischen Proletariats handeln. Heute geloben und schwö-

Karl Liebknecht, 1871-1919.

ren wir, daß wir zusammenhalten wollen mit den Proletariern in England und Frankreich und mit allen Menschen, die es wollen, den Frieden unter allen Umständen zu erhalten. Es gilt zu kämpfen!... Der Sozialismus ist der Friede. Schüren wir das Feuer des Krieges gegen den Krieg!«

Tatsächlich waren zu dieser Zeit die Herrschenden in Deutschland – Kaiser, Militärs, Großkapital und, mit gewissen Einschränkungen, was den Konflikt mit Rußland betraf, auch das Junkertum – längst zu einem großen Krieg entschlossen, denn darin sahen sie den einzigen noch möglichen Ausweg aus den sie bedrohenden Gefahren: der unaufhaltsamen Demokratisierung Deutschlands unter dem Druck der immer mächtiger werdenden Sozialdemokratie, durch die ihre Privilegien und damit ihre Macht ernsthaft gefährdet waren, und der »Einkreisung« Deutschlands durch die europäischen Großmächte, die sie selbst durch eine imperialistische Politik, säbelrasselnde Provokationen, unersättliche Profitgier und wahnwitzige Rüstung zu Wasser und zu Lande herbeigeführt hatten.

Schon im Herbst 1904 hatte der damalige Chef des Großen Generalstabs, Generalfeldmarschall Alfred Graf v. Schlieffen, einen detaillierten Plan vorgelegt, wie der zu erwartende Zweifrontenkrieg zu führen wäre: Mit fast der gesamten deutschen Armee sollte zunächst Frankreich, und zwar von Norden her, unter Bruch der belgischen Neutralität, in höchstens anderthalb Monaten »zermalmt« werden. Der Angriff auf Frankreich mußte nach dem »Schlieffen-Plan« beginnen, sobald Rußland mobil machte. Die Mobilisierung aller Armeen des Zaren würde, so rechnete man, etwa neunzig Tage dauern, und bis dahin konnte die deutsche Hauptmacht im Osten entbehrt werden, weil die verfügbaren russischen Truppen durch einen Angriff Österreich-Ungarns auf Russisch-Polen und die Ukraine gebunden sein würden. Drei Voraussetzungen für ein Gelingen dieses Plans sah die militärische Führung Deutschlands: Die zunächst abwartende Haltung Großbritanniens, die durch eine mächtige deutsche Flotte erzwungen werden könnte, zumal wenn diese eine rasche Vereinigungsmöglichkeit für ihre Ostsee- und Nordseegeschwader hätte, weshalb der Kaiser-Wilhelm-Kanal von Kiel nach Brunsbüttelkoog bis zum Juli 1914 so ausgebaut wurde, daß auch die größten Schlachtschiffe ihn passieren konnten (und womit zugleich der frühestmögliche Zeitpunkt für den Beginn des Krieges festgelegt war). Zweite Voraussetzung war ein Losschlagen vor 1915, wenn die umfassende Modernisierung und Verstärkung der russischen Armee abgeschlossen sein sollte, und als Drittes war, spätestens bei der Mobilmachung, der »innere Feind«, die deutsche Sozialdemokratie, zu »neutralisieren«.

Schon Ende 1905 hatte Wilhelm II. an seinen damaligen Reichskanzler v. Bülow geschrieben: »Die Hauptsache aber wäre, daß wir wegen unserer Sozialisten keinen Mann (vom Militär) aus dem Lande nehmen können ohne äußerste Gefahr für Leben und Besitz der Bürger. Erst die Sozialisten abschießen, köpfen und unschädlich machen – wenn nötig per Blutbad – und dann Krieg nach außen...« Doch ganz so brutal wagten die Militärs nicht mehr vorzugehen; ihre Mobilmachungspläne sahen vor, alle sozialdemo-kratischen Abgeordneten des Reichstags und der Länderparlamente, sämtli-che Partei- und Gewerkschaftsfunktionäre sowie die als Antimilitaristen bekannten Redakteure und Schriftsteller auf entlegenen Festungen gefan-genzusetzen, die Organisationen aufzulösen und ihre Presseorgane zu verbieten.

Bis es soweit war, nach Lage der Dinge bis zum Frühherbst 1914, wurde aufgerüstet, die Friedensstärke des deutschen Heeres nahezu verdoppelt, seine Kriegsstärke auf fast vier Millionen Mann erhöht, die Tonnage der Kriegsmarine verdreifacht, ihr Personal, ihre Panzerung und Geschütz-stärke verdoppelt, außerdem die Bevölkerung auf den bevorstehenden »Entscheidungskampf« sorgfältig »eingestimmt« durch einen Propa-gandafeldzug noch nie dagewesenen Ausmaßes, vornehmlich bezahlt von der deutschen Rüstungsindustrie sowie aus Geheimfonds des Generalstabs, wo der General Erich Ludendorff der für die Aufrüstung und psychologische Kriegsvorbereitung maßgebende Mann geworden war. Hauptträger dieser Kriegshetze war der »Alldeutsche Verband«, zu dessen Mitbegründern und Hauptdrahtziehern Geheimrat Alfred Hugenberg zählte, seit 1909 General-direktor der größten deutschen »Waffenschmiede«, der Firma Fried. Krupp in Essen.

Gegenüber diesen Kriegsvorbereitungen verhielt sich die deutsche Sozial-demokratie, die 1910 bereits 720000 eingeschriebene Mitglieder, darunter mehr als 82000 Frauen, zählte und über 83 parteieigene Presseorgane, darunter 76 Tageszeitungen, verfügte, zurückhaltender als man es erwartet hätte. Als es Anfang Juli 1911 durch die provokatorische Entsendung des deutschen Kanonenboots »Panther« in den südmarokkanischen Hafen Aga-dir fast zum Krieg mit Frankreich gekommen wäre, vergingen fünf Wochen, bis sich der Parteivorstand dazu durchringen konnte, zu Massendemonstra-tionen gegen den Imperialismus und die Kriegstreiberei aufzurufen, nicht zuletzt weil der einundsiebzigjährige Bebel zur Wiederherstellung seiner angegriffenen Gesundheit zu einer Kur ins Ausland gereist und Paul Singer, der ihn in solchen Fällen vertreten hatte, am 5. Februar 1911 verstorben und, von zweihunderttausend Berliner Arbeitern begleitet, zu Grabe getragen worden war. Hermann Molkenbuhr, Friedrich Ebert und Ludwig Frank, die im Vorstand, in der Organisationsleitung und in der Reichstagsfraktion die Geschäfte führten, aber hatten einen sofortigen Aufruf zum Protest gegen die Kriegsabenteuer nicht für angebracht gehalten; teils sahen sie, auch im Hinblick auf die nahenden Reichstagswahlen, den Kampf für ein demokrati-sches Wahlrecht als vordringlich an, teils lag ihnen daran, mögliche Bünd-nispartner im bürgerlichen Lager nicht zu verprellen und der Staatsgewalt gegenüber ein Wohlverhalten an den Tag zu legen, das die Parteiorganisa-tion auch über eine eventuelle Mobilmachung hinaus vor Verbot und Auflösung schützen sollte. Molkenbuhr hatte es im Namen des Parteivor-stands sogar für »unnötig« gehalten, daß – wie von englischen und französischen Sozialisten gefordert – das Büro der Internationale zu einer Sondersitzung zusammenkam. Rosa Luxemburg hatte daraufhin als Mitglied des Büros heftige Kritik an der »opportunistischen Haltung« des Parteivorstands geübt und den Brief Molkenbuhrs veröffentlicht, woraufhin der Vorstandssekretär Hermann Müller sie des Bruchs der Parteidisziplin, der Vertraulichkeit und sogar der Fälschung bezichtigte.

Dieser innerparteiliche Zwist war ein schlechter Auftakt für den Parteitag, der im Herbst 1911 in Jena stattfand, doch gelang es Bebels geschickter Regie, es nicht zu einem Bruch kommen zu lassen. Er rügte Rosa Luxemburgs Indiskretion, verhinderte aber zugleich ihren von den Parteirechten geforderten Ausschluß, kritisierte entsprechend einem Votum der Kontrollkommission die »nachlässige Haltung des Parteivorstands angesichts einer internationalen Gefahr«, beschwor die Delegierten, sich wegen der bevorstehenden, die Zukunft entscheidenden Reichstagswahlen wieder zusammenzufinden zu jener Geschlossenheit, die die Stärke der Partei ausmachte, und nahm dann Stellung zum eigentlichen Anlaß des Streits, dem Marokko-Konflikt.

Dabei hielt Bebel sich mit seiner Kritik an der imperialistischen Politik des Deutschen Reichs sehr zurück; er wollte, wie er Molkenbuhr schon zuvor geschrieben hatte, der nationalistischen Hetze gegen die Sozialdemokratie vor den Reichstagswahlen keine neue Nahrung geben. So begnügte er sich mit der Feststellung, die Gegensätze kapitalistischer Gruppen Deutschlands und Frankreichs hätten zur Kriegsdrohung geführt, und griff dann die konservative britische Regierung an, die die Spannung noch verschärft und dadurch den Kriegstreibern und Alldeutschen im Reich die Möglichkeit gegeben hätte, eine neue Hetzkampagne gegen alle antimilitaristischen, friedenserhaltenden Kräfte zu starten.

Bei den Vorstandswahlen versuchte die von Carl Legien angeführte Parteirechte, Friedrich Ebert den durch Paul Singers Tod freigewordenen Platz eines der beiden Vorsitzenden zu verschaffen. Bebel vermochte, wie schon erwähnt, die Wahl Eberts zu verhindern, und da er für Karl Liebknecht, auf den er große Hoffnungen setzte, keine Chancen sah, gewählt zu werden, empfahl er dem Parteitag, als Singers Nachfolger den achtundvierzigjährigen, aus einer jüdischen Familie Ostpreußens stammenden Rechtsanwalt Hugo Haase zu wählen, der dann auch die meisten Stimmen erhielt.

Hugo Haase, der zur marxistischen linken Mitte der Partei gehörte, hatte sich durch die Verteidigung Karl Liebknechts vor dem Leipziger Reichsgericht einen Namen gemacht, zuvor schon, zusammen mit Liebknecht, die in Königsberg wegen Unterstützung der russischen Sozialdemokratie angeklagten Parteimitglieder geschickt und energisch vertreten. Seinen Aufstieg in der Partei aber verdankte er, wie Hedwig Wachenheim dazu bemerkt hat, vor allem »seiner rücksichtslosen Hingabe an ihren Dienst und seiner aus gütigem Herzen kommenden Hilfe, die er, wie auch Singer, stets Parteimitgliedern, die ihrer bedurften, zukommen ließ ... Haase war ein belesener

Hugo Haase, 1863-1919.

und gebildeter Mann... Er war davon überzeugt, daß die Arbeiterbewegung einen Kampf um die politische und soziale Gerechtigkeit führte und
ohne sie ein solcher Kampf nie erfolgreich sein könnte. Um neue politische
Wege zu gehen, fehlte ihm die Phantasie. Er hatte nicht die Wendigkeit, mit
der Bebel durch wechselnde Entscheidungen die Partei zusammenhielt. Für
ihn war das Erfurter Parteiprogramm, das die Marxsche Entwicklungstheo-
rie mit einer Skala praktischer Gegenwartsforderungen verband (ohne die
Wege zur Erfüllung dieser Forderungen zu weisen), die Grundlage der
Parteieinheit, und so hielt er dogmatisch an der Erfurter Konzeption fest...
Ihm fehlte die Leichtigkeit, mit der Singer, der ja auch nicht aus der
Arbeiterschaft kam, sich in ihren Reihen bewegte. Er hatte nicht Singers
Talent, große Volksdemonstrationen in Szene zu setzen oder Parteitage zu
leiten. Singer hatte einen sicheren Instinkt für Massengefühle und Massen-
wünsche, Haase nicht... Haases Marxismus war schal, Singers Marxismus
war ganz ungeniert der Volksmarxismus des roten Wedding«, des Arbeiter-
viertels im Norden Berlins, wo Singer »unser Paule« genannt worden war.

Nachdem Legien mit seinem Vorschlag, Ebert zum zweiten Parteivorsitzenden zu wählen, nicht durchgedrungen war, kam ihm die linke Mitte
entgegen, indem sie zwei den Gewerkschaften genehme neue Sekretäre für
den Parteivorstand bestellte: Otto Braun und Philipp Scheidemann.

Braun war 1889 als siebzehnjähriger Schriftsetzerlehrling der illegalen
Parteiorganisation beigetreten, hatte zu den revolutionären »Jungen«

gehört und 1895 das erste Parteiblatt Ostpreußens gegründet, an dem er gleichzeitig als Redakteur, Geschäftsführer und Maschinenmeister arbeitete. Erst 1901 war die dann schon täglich erscheinende *Volkszeitung* imstande gewesen, ihren Redakteur Braun zu besolden und von allen Nebentätigkeiten zu befreien. 1902 hatte Braun die Leitung der Königsberger Ortskrankenkasse übernommen und war auch Stadtverordneter geworden, vor allem aber hatte er sich als erster der Agitation unter den Landarbeitern Ostpreußens zugewandt und damit beachtliche Erfolge erzielt. Otto Braun, der selten redete und schrieb, sich von allen Parteistreitigkeiten fernhielt und sich als Sekretär ganz den Kassengeschäften der Partei widmete, war 1904 wegen Hochverrats und Geheimbündelei angeklagt worden, weil er einer sozialdemokratischen Gruppe angehört hatte, die von Ostpreußen aus antizaristische Schriften nach Rußland schmuggelte. Haase und Liebknecht hatten ihn verteidigt, und nach zehnmonatiger Untersuchungshaft war er freigesprochen worden, weil es das Delikt – Hochverrat, begangen am Zaren – im deutschen Strafrecht gar nicht gab.

Philipp Scheidemann war im Gegensatz zu dem schweigsamen und schwerfälligen Otto Braun eine glänzende Erscheinung, ein begabter Redner, schlagfertig und witzig, oft auch aggressiv, sehr geschickt in der Ausnutzung politischer Situationen und fortan das belebende Element, das der Parteivorstand brauchte. Der damals Sechsundvierzigjährige war wie Braun gelernter Schriftsetzer und hatte sich am Tage seiner bestandenen Gehilfenprüfung der Partei und der Gewerkschaft angeschlossen. 1886 wurde er Redakteur des illegalen Kasseler Parteiorgans, später leitete er Parteizeitungen in Hessen und Nürnberg, wirkte als erfolgreicher Agitator und kam 1903 als Abgeordneter von Solingen erstmals in den Reichstag. Wie Braun hielt sich Scheidemann zunächst von allem Parteistreit zurück, rückte aber von 1911 an immer weiter nach rechts. Im Parteivorstand stand Ebert dann anfangs ganz in Scheidemanns Schatten und widmete sich im Hintergrund dem Aufbau der Organisation, wogegen Scheidemann, in enger Zusammenarbeit mit Ludwig Frank, in der Reichstagsfraktion den immer häufiger wegen Krankheit abwesenden Bebel zu vertreten hatte.

Aber zunächst galt es, die auf den 12. Januar 1912 festgesetzten Reichstagswahlen erfolgreich zu bestehen. Vor dem Jenaer Parteitag hatte Bebel erklärt, der SPD seien vier Millionen Stimmen und fünfzig Mandate lieber als drei Millionen Stimmen und hundert Mandate, aber dann paßte er sich schon bald den politischen Gegebenheiten und der Stimmung der Massen an, und in Jena war seine Wahlparole, der »schwarz-blaue«, aus Zentrum und Konservativen gebildete Block müßte im Reichstag, koste es, was es wolle, überwunden werden.

Da die SPD nicht hoffen konnte, die bestehende »schwarz-blaue« Mehrheit aus eigener Kraft zu schlagen, bereitete sie schon in Jena ihre Stichwahlpolitik vor: Überall dort, wo die Partei keine Chancen hatte, selbst einen Kandidaten durchzubringen, sollte sie denjenigen ihre Stimmen geben, die sich schriftlich verpflichteten, gegen jede Verschlechterung des Wahl-, Versammlungs-, Vereins- und politischen Strafrechts zu stimmen, auch gegen neue oder höhere Zölle und indirekte Steuern auf Artikel des täglichen Verbrauchs. Antimilitaristische Bedingungen fehlten, weil sich selbst die Fortschrittspartei, zu der sich die Freisinnigen und die süddeutschen Demokraten zusammengeschlossen hatten, für eine Rüstungsverminderung nicht mehr gewinnen ließ. Diese Richtlinien für die Stichwahlpraxis wurden einstimmig angenommen, woraus ersichtlich wird, daß auch die radikale Linke nicht nur an Agitation und Heerschau dachte.

Die Regierung, seit Juli 1909 geführt von Theobald v. Bethmann Hollweg, der v. Bülow als Reichskanzler abgelöst hatte, nannte als Hauptziel des Wahlkampfes die »Überwindung der Sozialdemokratie, die sich der Aufgabe des Schutzes der nationalen Arbeit und der Erhaltung der höchsten Leistungsfähigkeit von Heer und Flotte« entzöge. Sie zu schlagen, wäre eine »Lebensfrage für das Vaterland«. In einem Geheimerlaß wurden alle Beamten aufgefordert, ihrer Wahlpflicht zu genügen und die bisher von den Konservativen und dem Zentrum getragene Politik der Regierung zu unterstützen.

Die SPD antwortete mit einem Wahlaufruf, worin es hieß: »Man denunziert uns als Umstürzler! Törichter Vorwurf! Die bürgerlich-kapitalistische Gesellschaft ist ebensowenig ewig, wie es frühere Staats- und Gesellschaftsordnungen gewesen sind. Sie wird durch eine höhere, eine sozialistische Ordnung ersetzt werden... Den Weg dazu bahnt die kapitalistische Wirtschaft selbst, die alle Keime einer neuen Gesellschaft in sich birgt!«

Die SPD forderte sodann die Abschaffung des reaktionären Dreiklassenwahlrechts in den Ländern, eine Verfassungsreform im Reich, das parlamentarische System, eine Mitsprache des Reichstags auch in der Außenpolitik, ferner die Senkung der Zölle und der indirekten Steuern mit dem Ziel ihrer Abschaffung. Bemerkenswert war, was die Sozialdemokratie militärpolitisch forderte: Da war von der Schaffung einer Miliz keine Rede mehr, vielmehr verlangte die Partei nun die allgemeine Wehrpflicht mit verkürzter Dienstzeit für alle, nicht nur für »Einjährige«.

Die Wahlen vom 12. Januar 1912, vom Regierungslager als »Zündholzwahlen« verspottet, weil es vordergründig vor allem um die indirekten Steuern auf Gebrauchsartikel zu gehen schien, waren in Wirklichkeit der Ausdruck allgemeiner Sorge um die politische Rückständigkeit des hochindustrialisierten, wirtschaftlich weit fortgeschrittenen Reichs, das immer noch fast absolut regiert und von reaktionären preußischen Landjunkern beherrscht wurde, deren Interessen denen der gesamten übrigen Bevölkerung entgegengesetzt waren. Dazu kam die begründete Angst vieler Bürger, der Krieg, auf den das Hohenzollernreich so unbekümmert zusteuerte, könnte alles vernichten, was in Generationen aufgebaut worden war.

So wurde schon der erste Wahlgang mit Spannung erwartet. Von den fast 65 Millionen Einwohnern des Deutschen Reichs waren 14,4 Millionen wahlberechtigt, fast doppelt so viele wie bei der Reichsgründung im Jahre 1871. Die Wahlbeteiligung – damals erst 50 Prozent – stieg 1912 auf knapp 85 Prozent; insgesamt wurden 12,2 Millionen gültige Stimmen abgegeben, und davon errang die SPD 4,2 Millionen, mehr als ein Drittel! Die Sozialdemokratie, die im ersten Wahlgang 64 Mandate erobert hatte, wogegen den Parteien des »schwarz-blauen Blocks« 4,66 Millionen Stimmen, aber 124 Reichstagssitze zugefallen waren, sah sich nun vor einer schwierigen Entscheidung: Wollte sie den Block aus Konservativen und Zentrum schlagen, wie es ihr erklärtes Ziel war, so mußte sie zugleich verhindern, daß die Nationalliberalen den Block im Falle seiner Niederlage verstärken könnten. Nationalliberale und Fortschrittspartei hatten je etwa anderthalb Millionen Wählerstimmen erhalten, aber die Nationalliberalen hatten erst vier Mandate, die Fortschrittler noch gar keines erobert. Beide Parteien hatten bereits ein Wahlabkommen getroffen, das den Verzicht auf konkurrierende Kandidaturen und gegenseitige Unterstützung vorsah. Die SPD, die in 121 Wahlkreisen in die Stichwahl gekommen war, hatte nun dafür zu sorgen, daß überall dort, wo ihre eigenen Kandidaten nur geringe Chancen hatten, nach Möglichkeit Fortschrittler gewählt wurden, dort aber, wo weder die SPD selbst noch die Fortschrittspartei zum Zuge kommen konnte, ein vorher auf strikte Opposition gegen den »schwarz-blauen« Block festgelegter Kandidat der Nationalliberalen gewählt wurde. Das aber bedeutete, daß sie in jedem Einzelfall ein besonderes Wahlabkommen treffen und dabei auch auf einige der in Jena aufgestellten Bedingungen verzichten mußte.

Es stellte sich dann heraus, daß auch die Fortschrittspartei nicht bereit war, auf die Jenaer Vorbedingungen einzugehen, und Ebert und Scheidemann, die für den Parteivorstand die Verhandlungen führten, ließen sich darauf ein. Dafür sagte die Fortschrittspartei der SPD ihre Unterstützung in 31 Wahlkreisen zu, die SPD den Fortschrittlern Hilfe in 16 Kreisen, wobei sie in einigen dieser Wahlkreise, wo sie mehr Stimmen erhalten hatte als ihr nunmehriger Bündnispartner, zwar eigene Kandidaten aufstellte, aber versprach, einen »gedämpften« Wahlkampf zu führen.

Das ganze war ein Kuhhandel, wie ihn die Sozialdemokratie bislang stets verdammt hatte, und August Bebel, der abwesend war und erst nachträglich informiert wurde, war darüber verärgert und äußerte auch Zweifel hinsichtlich des Funktionierens dieser Abmachungen, die zunächst streng geheimgehalten wurden, teils um die Blockparteien im unklaren zu lassen, teils um der Parteilinken keine Gelegenheit zum öffentlichen Protest zu geben.

Reichskanzler v. Bethmann Hollweg, dem das Stichwahlabkommen ebenfalls verborgen blieb, machte noch einen Versuch, alle bürgerlichen Parteien zu einem Wahlbündnis gegen »die rote Flut« zu bewegen. Am 17. Januar 1912, eine Woche vor dem zweiten Wahlgang, lud er die Vorsitzenden zu einer Konferenz ein, die diesem Zweck dienen sollte, aber die Nationalliberalen und die Fortschrittspartei sagten ihre Beteiligung ab. So erfuhr der

Reichskanzler, daß die SPD ihm zuvorgekommen und sein Plan gescheitert war.

Tatsächlich gewann die Sozialdemokratie bei den Stichwahlen am 25. Januar weitere 45 Reichstagsmandate. Hätte die Fortschrittspartei ihre bindenden Zusagen voll eingehalten, wären der SPD noch weitere 14 Mandate zugefallen, in zwei Wahlkreisen hielt sich auch die örtliche Sozialdemokratie nicht an die Abmachungen, führte einen ungedämpften Wahlkampf und brachte ihre Kandidaten durch.

Immerhin war die SPD nun mit 110 Reichstagsmandaten die mit Abstand stärkste Fraktion; nie zuvor war die Anzahl ihrer Sitze im Verhältnis zu den für sie abgegebenen Stimmen so hoch gewesen. Auch Nationalliberale und Fortschrittspartei waren gestärkt aus den Wahlen hervorgegangen, und der »schwarz-blaue« Block hatte nur noch eine hauchdünne Mehrheit, die für die Fortsetzung seiner bisherigen Politik nicht mehr ausreichte. Denn das Zentrum, das 13 Mandate und seine jahrzehntelange Stellung als stärkste Fraktion eingebüßt hatte, war nun nicht mehr bereit, mit den geschlagenen Konservativen zusammenzugehen. Erstmals streckte es Fühler zur SPD und zu den Liberalen hin aus, um eine künftige Zusammenarbeit vorzubereiten, wie sie sechs Jahre später unter völlig veränderten Verhältnissen in der »Weimarer Koalition« Wirklichkeit wurde. »So entstand«, hat Hedwig Wachenheim dazu bemerkt, »nach anfänglichen Versuchen, die Sozialdemokratie weiter zu isolieren ..., eine Wendung des Zentrums nach links. Danach waren nicht mehr die Sozialdemokraten, sondern die Konservativen im neuen Reichstag isoliert.« Aber, so muß man wohl hinzufügen, es war nun eine ganz andere Sozialdemokratie, die sich im Reichstag mit 110 Abgeordneten präsentierte, als jene winzige Opposition, die mit Bebel, Wilhelm Liebknecht und Paul Singer an der Spitze jahrzehntelang allen bürgerlichen Fraktionen ein Dorn im Fleische gewesen war.

Die Partei, so meinte Bebel schon am Wahltag, würde »eine merkwürdig gemischte Gesellschaft in die Fraktion bekommen«, und so war es auch: Zu den vielen Neulingen gehörten die Parteisekretäre Friedrich Ebert und Philipp Scheidemann; der Rechtsanwalt Otto Landsberg; der gelernte Tapezierer und erste Vorsitzende der Berliner SPD, Otto Wels; der Kanzleivorsteher Gustav Bauer, Sekretär der Generalkommission der Gewerkschaften; der gelernte Tischler und Frankfurter Bezirksvorsitzende Wilhelm Dittmann; der Volksschullehrer Johannes Hoffmann aus Kaiserslautern; Albert Südekum, Dr. phil. und Schriftsteller aus dem Berliner Villenvorort Zehlendorf; als einziger Vertreter der entschiedenen Linken der Rechtsanwalt Dr. Karl Liebknecht, der den bislang konservativen Wahlkreis Potsdam-Osthavelland für die SPD erobert hatte. Außer ihm und Dittmann, der zunächst zur linken Mitte zählte, nahmen alle genannten Parlamentsneulinge und auch die meisten der Nichtgenannten rechte Positionen ein.

Doch zunächst ging es im neuen Reichstag um ganz andere Dinge: Als stärkster Fraktion stand der SPD die Präsidentschaft zu, aber August Bebel

August Bebel und Ludwig Frank auf dem Weg zum Reichstag.

unterlag bei der Abstimmung dem Zentrumsführer Peter Spahn, weil sich ein Großteil der bürgerlichen Fraktionen einen Sozialdemokraten als Reichstagspräsidenten einfach nicht vorstellen konnte. In der nationalliberalen Fraktion, aus der zwanzig Abgeordnete für Bebel votiert hatten, gab es darüber heftigen Streit; Gustav Stresemann, der zu den »Sündern« gehört hatte, wurde aus dem leitenden Ausschuß der Partei daraufhin ausgeschlossen. Nach Bebels Niederlage wurde Philipp Scheidemann zum ersten Vizepräsidenten gewählt, woraufhin Spahn als Präsident wieder zurücktrat, und der zweite Vizepräsident, ein Nationalliberaler, ließ sich von seiner Fraktion ebenfalls zum Rücktritt bewegen; beide wurden durch Fortschrittsparteiler ersetzt, die an der Zugehörigkeit eines der »Unberührbaren« keinen Anstoß nahmen. Aber dann begann alsbald die Diskussion über die Frage, ob denn

Vizepräsident Scheidemann auch zum Antrittsbesuch bei Hofe erscheinen und das übliche Hoch auf den Kaiser ausbringen würde, wenn der Präsident verhindert wäre; Bebel, so behauptete daraufhin ein Fortschrittsparteiler, hätte dies zugesagt, was Bebel energisch bestritt. Immerhin wandte er sich dann an Scheidemann und erkundigte sich besorgt:»Haben Sie auch einen Gehrock?« Bebel selbst erschien im Reichstag stets im Gehrock, um – wie er Scheidemann erklärte – der Volksvertretung seinen Respekt zu bekunden. Am nächsten Tag nahm Scheidemann untadelig gekleidet auf der Präsidententribüne Platz und leitete sicher, gewandt und humorvoll die Sitzung. Aber dann ließ der Kaiser den Reichstag wissen, daß er den Empfang eines »Rumpfpräsidiums« ohne Scheidemann ablehnen würde, woraufhin Anfang März, bei der von der Geschäftsordnung vorgesehenen endgültigen Wahl des Präsidiums der Abgeordnete Scheidemann nicht mehr gewählt wurde. Spahn wurde Präsident, und Nationalliberale und Fortschrittspartei stellten die Vizepräsidenten – so brav befolgte damals die Volksvertretung auch den leisesten Wink des Monarchen!

Wie die stärkste Partei des Landes auch weiterhin behandelt wurde, zeigte sich daran, daß der Reichskanzler v. Bethmann Hollweg, wie er selbst berichtet hat, grundsätzlich Abgeordnete der SPD zu den Vorbesprechungen der Fachressorts über Gesetzesvorhaben nicht hinzuziehen ließ. Auch die Fortsetzung des sogenannten »Militärboykotts« zeigte, daß die Diffamierung der Sozialdemokratie weiterging: Es blieb allen Wehrdienstleistenden nicht nur jede parteipolitische oder gewerkschaftliche Betätigung, etwa die Teilnahme an Veranstaltungen, untersagt, sondern auch, selbst im Urlaub, der Besuch von Lokalen, in denen Sozialdemokraten verkehrten oder auch nur gelegentlich Feste feierten; selbst die Konsultation sozialdemokratischer Rechtsanwälte und Ärzte, der Einkauf bei sozialdemokratischen Geschäftsleuten oder Konsumgenossenschaften und manches mehr war den Soldaten verboten. Aufgrund eines Erlasses des Kriegsministeriums wurden in allen Kasernen durch Aushang sämtliche für Militärpersonen verbotene Lokalitäten bekanntgemacht: Obenan standen die Ladengeschäfte, Anwaltskanzleien und Arztpraxen, dann folgten die Gastwirtschaften und Säle, danach die örtlichen Bordelle und bordellähnlichen Kneipen, schließlich die Gewerkschaftshäuser.

Auch außerhalb der Armee war die offizielle Ächtung der Sozialdemokratie perfekt. Soweit der Arm des Staates reichte – und er reichte sehr weit –, wurde alles Erdenkliche unternommen, die »Reichs- und Vaterlandsfeinde« zu Parias zu machen und ihre Stellung als stärkste Partei zu mißachten.

Umgekehrt bildete die verfemte Sozialdemokratie zusammen mit den Freien Gewerkschaften eine fast autonome, hervorragend organisierte, über reichliche Geldmittel verfügende und nicht zuletzt daher sehr selbstbewußte »Sonderkultur«, beinahe einen »Staat im Staate«:

Da war zum einen die Parteiorganisation selbst mit 1912/13 knapp einer Million eingeschriebenen Mitgliedern, davon bereits 141 000 Frauen, rund viertausend bezahlten »Beamten« und elftausend Parteiangestellten, rund achtzig Tageszeitungen, zahlreichen Zeitschriften, eigenen Buchverlagen und Druckereien, die allein 1911/12 Agitationsschriften aller Art in 113 Millionen Exemplaren druckten und verbreiteten.

Da waren die verschiedenen, der Partei »nahestehenden« Organisationen wie die Arbeiter-Turn- und -Sportvereine, der Arbeiter-Sängerbund, der Arbeiter-Radfahrbund »Solidarität«, der Touristenverein »Die Naturfreunde«, der Arbeiter-Athletenbund, der Arbeiter-Samariterbund, der Verband für Freidenkertum und Feuerbestattung und viele weitere Verbände, die zusammen mit ihren jeweiligen Jugendorganisationen mehrere Millionen Mitglieder zählten.

Da waren die unter dem Dach der Generalkommission vereinten Freien Gewerkschaften, die ihre Mitgliederzahlen seit 1905 mehr als verdoppelt hatten und 1912/13 rund 2,5 Millionen Arbeiter in mehr als fünfzig Einzelgewerkschaften organisierten, ebenfalls über eine umfangreiche Presse, eigene Druckereien und ein beträchtliches Vermögen verfügten und deren zahlreiche Gewerkschaftshäuser die Zentren des kulturellen Lebens der großstädtischen Arbeiterschaft bildeten.

Da waren die rund zwölfhundert in einem der SPD nahestehenden Zentralverband zusammengefaßten Konsumgenossenschaften mit etwa 1,4 Millionen Mitgliedern im Jahre 1913, die nach anfänglichem Boykott durch die von privaten Großabnehmern dazu gezwungenen Lieferanten sich eigene Mühlen, Bäckereien, Konservenfabriken, Großhandels- und Importfirmen geschaffen hatten, auch in ihren Ladengeschäften einen Spar- und Kreditkassenbetrieb unterhielten und als häufiger Treffpunkt der Arbeiterfrauen und -kinder einen wichtigen Teil der sozialdemokratischen Sonderkultur bildeten.

Daneben gab es auch bereits die ersten gewerkschaftlichen Wohnungsbaugenossenschaften und nicht zuletzt eine gewerkschaftlich-genossenschaftliche Versicherungsgesellschaft, die »Volksfürsorge«, deren Gründung im Frühjahr 1913 von der etablierten Konkurrenz, aber auch von den Kirchen und den bürgerlichen Parteien, mit geradezu hysterischen Wutausbrüchen attackiert wurde, befürchteten doch die Gegner der Sozialdemokratie, daß eine solche Kapitalsammelstelle die Kampfkraft der Partei und der Gewerkschaften noch erheblich stärken würde, zumal die »Volksfürsorge« schon wenige Wochen nach ihrer Gründung rund 160000 Mitglieder zählte, denn sie konnte sich von Anfang an auf eine große, straffe und weitverzweigte Organisation stützen: auf die Kader der ehrenamtlichen Partei- und Gewerkschaftsfunktionäre, die den Einzug der Beiträge von Haus zu Haus betrieben und dies sowohl zur Agitation wie zur Mitgliederwerbung und -betreuung benutzten.

Alles in allem fühlten sich dieser Sonderkultur mit ihren vielfältigen, ideell und personell eng miteinander verflochtenen Organisationen und Einrichtungen, wenn man von den Mitglieder- und Wählerzahlen sowie von der durchschnittlichen Anzahl von Familienangehörigen ausgeht, etwa zwanzig Millionen Menschen im deutschen Kaiserreich in einer Weise verbunden, die man sich heute kaum noch vorstellen kann.

Für die Menschen der Arbeiterviertel, für Familien, die auf engstem Raum kärglich lebten, von einer Fünfzigstunden-Arbeitswoche allenfalls träumten, weder richtigen Urlaub noch Auto, noch Massenmedien kannten, waren der Arbeiterchor, der Sonntagsausflug mit den »Naturfreunden«, der Vortrag über die Fortschritte der Naturwissenschaften, die Maifeier mit Tanz im »Volkshaus«, die Ehrung für treue Mitgliedschaft mit Bebels Buch *Die Frau und der Sozialismus* oder gar die bei einem Streik erlebte Solidarität der Genossen und Kollegen die einzigen Höhepunkte im grauen Alltag, an denen sie fühlten, daß sie auch Menschen waren und zuverlässige Freunde hatten.

Der Richtungsstreit auf den Parteitagen, die Meinungsverschiedenheiten in der Reichstagsfraktion, die mit viel Druckerschwärze ausgetragene Fehde zwischen Kautsky und Bernstein – das alles berührte nur sehr wenige Mitglieder der Partei, zumal sie sich darauf verlassen konnten, daß August Bebel, wenn es ihm zu bunt würde, die Kampfhähne schon zur Ruhe und die Partei wieder auf den richtigen Kurs brächte. Daß dieser Kurs immer mehr Rechtsabweichungen zum Reformismus und Revisionismus hin aufwies, besonders seit Bebel kränkelte und die Führung von Partei und Fraktion immer häufiger anderen überlassen mußte, störte die große Mehrheit der deutschen Sozialdemokraten keineswegs; sie merkten es gar nicht.

»Der dominierende Kurs der SPD vor 1914«, hat Arno Klönne dazu bemerkt, »war ohne Zweifel gedeckt durch die emotionale Zustimmung der Mehrheit der Mitglieder und Anhänger der Partei. Die eigentümliche Kombination von vager Revolutionserwartung, die eigentlich eher Erwartung eines Zusammenbruchs, insofern also eine Art historischer Fatalismus war, mit erfolgreicher sozialpolitischer Reformpraxis auf vielen Ebenen der Gesellschaft, die Verbindung von Immobilismus zumindest im Terrain der gesamtstaatlichen Machtpolitik mit einem bis dahin nie gekannten Organisationserfolg der Sozialdemokratie – dieser politische Charakter der SPD war nicht dem ›Verrat‹ irgendwelcher Führer oder den gedanklichen Fehlern irgendwelcher Theoretiker zuzuschreiben, sondern er war angelegt in der gesamten Entwicklung der Sozialdemokratie unter den spezifischen gesellschaftlichen Verhältnissen des Deutschen Reiches. Gewiß verkörperte Bebel einen anderen Typ des Parteipolitikers als später etwa Friedrich Ebert; Bebel war ein radikal gesonnener Volkstribun, dem die Verwaltermentalität seiner Nachfolger in der Parteiführung fremd war. Aber die Radikalität Bebels bezog sich nicht zuletzt auf die Einheit der Partei, und gerade er war es, der dieser Einheit zuliebe auf Disziplin pochte und den Parteigenossen ein Verhalten nahelegte, das dem des preußischen Heeres nicht ganz unähnlich war.«

Indessen unterschied sich die SPD zumindest insofern vorteilhaft von der

Militärmaschine Preußens, als in der Partei bei aller Wahrung der Disziplin stets Toleranz geübt wurde. Man trug den Meinungsstreit offen aus, nur äußerst selten wurden selbst grobe Verstöße gegen Parteitagsbeschlüsse mit einem Parteiausschluß geahndet. Von Rosa Luxemburgs revolutionärem Feuer fühlten sich Rechte wie Eduard David, Wolfgang Heine oder Ludwig Frank keineswegs abgestoßen, allenfalls peinlich berührt. Aber niemand, auch nicht Ebert, wäre auch nur auf den Gedanken gekommen, sie von der Parteischule, wo sie als Lehrerin wirkte, zu entfernen.»Dort war sie Objektivität in höchster Potenz«, wie Bebel in einem Brief an Victor Adler rühmte, und selbst sehr gemäßigte Gewerkschaftsfunktionäre, die die Parteischule besuchten, verehrten »die rote Rosa«, die so anregend, von so faszinierender Logik und eine so glänzende Rednerin war. Umgekehrt wäre auch Rosa Luxemburg vor 1914 nicht auf die Idee verfallen, eine marxistische Partei links von der SPD zu gründen; dergleichen hätte sie, wenn sie danach gefragt worden wäre, für einen sehr unpassenden Scherz gehalten, »abgesehen davon«, wie es bei Arno Klönne heißt,»daß ihr bei einer solchen Initiative niemand gefolgt wäre«. Klönne widerspricht zu Recht der die Dinge sehr vereinfachenden Auffassung, es hätte etwa von 1910 an in der deutschen Sozialdemokratie eine»radikale Linke«, ein (halb)»marxistisches Zentrum« und eine»revisionistische Rechte« gegeben. Eher zutreffend sei die Feststellung, daß es in der SPD vor 1914 folgende Strömungen gab: »eine sozialrevolutionäre Linke; eine republikanisch-antimilitaristische Linke; eine auf die Verbindung von Organisationspartei und Massenaktion hoffende ›marxistische‹ Richtung; eine sozial-liberale, entschieden demokratische Richtung; eine gewerkschaftlich-sozialpolitisch orientierte, an politischen Systemalternativen wenig interessierte Mehrheit; eine staatssozialistisch, ›national‹ eingestimmte Richtung. Die vergleichsweise offene innerparteiliche Diskussion . . . darf dabei nicht so interpretiert werden, als sei die Masse der Mitglieder der Partei von theoretischen Kontroversen berührt worden.«

Tatsächlich hatte das von Kautsky geleitete theoretisch-politische Organ der SPD, *Die Neue Zeit*, im Jahre 1913 nicht mehr als etwa 9000 Abonnenten, das sozialdemokratische Witzblatt *Der wahre Jakob* hingegen 370000. Auch eine Analyse des Inhalts der auflagenstarken Parteiorgane, erst recht der Flugblätter und Broschüren, die in den Wahlkämpfen massenhaft verbreitet wurden, zeigt deutlich, daß die marxistische Lehre oder auch eine aktive Revolutionsbereitschaft für die damalige Sozialdemokratie kaum eine Rolle gespielt hat.

Schließlich hatte die Partei, spätestens seit den »Hottentottenwahlen« von 1907, bei denen der Wahlkampf von rechts her unter der Parole der »nationalen Unzuverlässigkeit der SPD« geführt worden war und der Sozialdemokratie Rückschläge gebracht hatte, in der Kolonial- und Wehrpolitik allerlei Zugeständnisse gemacht; sie wollte beweisen, daß ihre Anhänger keine »vaterlandslosen Gesellen« wären, und solche Bemühungen waren

– wie es bei Arno Klönne heißt – »wenig geeignet, der schon in den Jahren vor 1914 sich« auch in der Arbeiterschaft »ausbreitenden Begeisterung für einen starken Staat und eine machtpolitische Expansion Deutschlands bewußtseinsmäßig entgegenzuwirken«.

Ein theoretischer Sympathisant der SPD, der Soziologe Johann Plenge*, hat damals diesen Effekt wie folgt beschrieben: »Im Großbetrieb und in den Interessenvertretungen, in den Vereinen der organisierten Arbeiter, sogar im Staat selbst, bildet sich dieser neue Typ der Organisatoren mit weitem gesellschaftlichem Blickfeld und mit disziplinierter Tatkraft. Offiziere und Unteroffiziere der Arbeitsarmee, deren Kunst es ist, daß sie befehlen und anordnen können und sich in eine Organisation einzupassen verstehen.«

Auf diesem Verhaltensmuster, so meinte Plenge, beruhte die Zukunft der sozialen Ordnung, ja des Sozialismus. Und hatte nicht selbst Bebel, nur halb im Scherz, darauf hingewiesen, daß die Sozialdemokratie als Organisation die beste Vorschule für das deutsche Militär sei?

Dem allen widersprach nur scheinbar, daß sich die deutsche Sozialdemokratie 1912/13 mit großem Propagandaaufwand und zahlreichen Massenveranstaltungen vehement gegen den Rüstungswahnsinn, die imperialistische Politik der Großmächte und die von den Alldeutschen betriebene Kriegshetze wandte, denn im Reichstag gab die SPD-Fraktion – nachdem hinter verschlossenen Türen 37 opponierende Abgeordnete niedergestimmt und unter Anwendung des Fraktionszwangs zur geschlossenen Stimmabgabe verpflichtet worden waren – am 30. Juni 1913 dem von der Regierung geforderten einmaligen »Wehrbeitrag« und dem Vermögenszuwachssteuergesetz zur Finanzierung der – von den Sozialdemokraten zuvor abgelehnten – Heeresvorlage ihre einmütige Zustimmung – mit der Begründung, es handelte sich ja um direkte Reichssteuern, die sie immer gefordert hätte. Auch wäre die Vermögenszuwachssteuer ohne die Stimmen der SPD gescheitert, der Reichstag dann aufgelöst worden, und wie hätte sie im Wahlkampf dagestanden mit der Ablehnung einer die Besitzenden belastenden, direkten Steuer? Der Zweck der neuen Abgaben, die weitere Aufrüstung, trat bei dieser Argumentation ganz in den Hintergrund, ja es verblaßte auch das tapfere Verhalten Karl Liebknechts, der als Reichstagsneuling die Beratung des Militärhaushalts dazu benutzt hatte, die Militaristen und Rüstungsfabrikanten in einer Weise anzugreifen, wie es bislang noch keiner gewagt hatte. Am 26. April 1913 erklärte der Abgeordnete Dr. Liebknecht im Plenum:

»Im Interesse der Aufrechterhaltung des Friedens, im Interesse der Förderung der Bestrebungen, die verhindern sollen, daß um eine solche wahnwitzige Prestigepolitik Europa in einen Krieg gebracht werde, ist es erforderlich, vor aller Welt ... auf jene Kapitalcliquen zu weisen, deren Interesse und deren Nahrung der Völkerunfriede, der Völkerzwist, der Krieg ist; es ist erforderlich, den Völkern zuzurufen: Das Vaterland ist in Gefahr! Es ist aber nicht in Gefahr vor dem äußeren Feinde, sondern vor jenen gefährlichen inneren Feinden, vor allem vor der internationalen Rüstungsindustrie!«

Was er dann vor dem Plenum – und damit auch vor der deutschen und internationalen Öffentlichkeit – enthüllte, ließ. den Abgeordneten aller Fraktionen den Atem stocken. Anhand eines umfangreichen, nicht zu widerlegenden Materials, das er in monatelanger Arbeit zusammengestellt hatte, deckte Liebknecht auf, wie die deutschen Rüstungskonzerne, besonders Krupp in Essen, durch Spionage, massive Bestechung, falsche Auskünfte an die Behörden sowie durch Verbreitung von Zwecklügen die Rüstungsausgaben, aber auch die Kriegsgefahr gesteigert hätten.

Liebknecht wies nach, daß die Rüstungskonzerne der einzelnen Länder, ohne Rücksicht auf die nationalen Interessen, einträchtig zusammenarbeiteten, sich gegenseitig militärische Geheimnisse und neue Waffen lieferten, während gleichzeitig die von ihnen finanzierten Zeitungen und Verbände zum Kriege hetzten!

Karl Liebknechts große Abrechnung mit den Kanonenkönigen, die zu den Sternstunden der deutschen Parlamentsgeschichte gehört, konnte indessen weder den Gang der Ereignisse aufhalten noch auch nur verhindern, daß die Sozialdemokraten im Reichstag die Mittel für die weitere Aufrüstung bewilligten. Zwar erzwang er durch seine Enthüllungen die Bestrafung von sieben korrupten Militärs und zwei Krupp-Vertretern, was seine Popularität in der Bevölkerung festigte, aber das Wettrüsten und die dunklen Praktiken, die es begleiteten, gingen weiter. Auf dem Jenaer Parteitag warnte Rosa Luxemburg noch einmal vor den Folgen, die die Zustimmung der SPD-Reichstagsfraktion zum Wehrbeitrag haben würde: »Das ist eine schiefe Ebene, auf der es kein Halt mehr gibt!«, und sie sagte voraus, daß es nach der Bewilligung der Kosten für die Heeresvorlage auch zur Bewilligung von Kriegskrediten kommen werde, wenn dem kein Riegel vorgeschoben würde. Deshalb forderte sie die Annahme einer Entschließung, die sie zusammen mit Georg Ledebour eingebracht hatte und die die Partei mit einem »Bis hierhin und nicht weiter!« auf die strikte Verweigerung weiterer Mittel für die Rüstung festlegen sollte. Aber die Parteitagsdelegierten lehnten den Antrag der Linken mit 336 gegen 140 Stimmen ab. »Innerhalb der Partei hatte sich«, so hat Hedwig Wachenheim dazu bemerkt, »ein großer Wandel vollzogen.«

Gesiegt hatten, wie die *Schwäbische Tagwacht*, ein von Linken redigiertes Parteiblatt, bitter feststellte, »die Opportunisten und Revisionisten«, womit in erster Linie Carl Legien, Gustav Bauer, Eduard David, Philipp Scheidemann, Albert Südekum und Gustav Noske gemeint waren. »Sie jubeln«, hieß es in dem Artikel weiter, »nun sei der Weg zur Umwandlung der revolutionären Klassenkampfpartei zu einer radikalen Reformpartei endgültig beschritten. Nun muß sich zeigen, ob die Massen gewillt sind, diesen Weg weiterzugehen, oder ob die Partei bleiben soll, was sie bisher war: die Todfeindin der bürgerlichen Gesellschaft.«

Es zeigte sich, daß »die Massen«, nämlich die große Mehrheit der Partei- und Gewerkschaftsmitglieder, durchaus willens waren, die Taktik des »praktischen Erfolgs« und des »geringeren Übels« gutzuheißen, denn wie die meisten ihrer Funktionäre wollten sie ihren »Platz im Staat«, ihren Anteil am Wohlstand und seiner Verwaltung, und schon gar nicht wünschten sie, »das bisher Errungene« und die mächtige Organisation der Arbeiterbewegung aufs Spiel zu setzen.

Daß der Parteitag von Jena im Frühherbst 1913 zu keinem für alle annehmbaren Kompromiß fand, vielmehr die schwächere Linke rigoros niederstimmte und demütigte, dann auch aus allen wichtigen Parteiorganen und -stellungen drängte und damit bereits die Weichen für den wenige Wochen zuvor noch unvorstellbaren Bruch stellte, der bald darauf folgte, lag nicht zuletzt daran, daß die Partei ihren bedeutendsten Führer verloren hatte: Wenige Wochen zuvor, am 13. August 1913, war August Bebel im Alter von 73 Jahren in Passugg bei Chur in der Schweiz gestorben. Fast bis zuletzt hatte er an der politischen Arbeit der Partei und Fraktion Anteil genommen und war noch im Mai 1913 auf der deutsch-französischen Parlamentarierkonferenz als aktiver Teilnehmer erschienen, und bis Ende 1911 hatte er die Partei straff und praktisch allein geführt, die auseinanderstrebenden Flügel und Gruppen fest zusammengehalten und mit einzigartigem Geschick auch die schroffsten Gegensätze auszugleichen verstanden.

»Sein Ausscheiden«, heißt es dazu bei Hedwig Wachenheim, »mußte die geschichtliche Wende in der Partei, die sich schon lange vorbereitet hatte, beschleunigen. Die Weite der Meinungsverschiedenheiten hatte zu einer Herausbildung von fünf Gruppen geführt. Auf der äußersten Linken stand die radikale, von Rosa Luxemburg geführte Gruppe, die manchmal auch leitende Parteigenossen wie Emanuel Wurm, Hugo Haase und noch öfter Ledebour in ihren Bann zog. Die letzteren gehörten zur zweiten Gruppe, die Kautsky führte. Die durchschnittlichen Vulgärmarxisten folgten seinen doktrinär-theoretischen Analysen wie auch seinen Schlußfolgerungen. Wenn man die politische Haltung der einzelnen und ihr Aktions- oder Nichtaktionsprogramm als maßgebendes Einteilungsprinzip ansieht, so gehörte zu diesem Flügel der linken Mitte auch der Nationalökonom, Mediziner und Finanzexperte Rudolf Hilferding aus Wien, von 1907 bis 1915 Redakteur des *Vorwärts*, der mit seinem 1910 erschienenen Werk, *Das Finanzkapital. Eine Studie über die jüngste Entwicklung des Kapitalismus*, berühmt geworden war. Wie Kautsky wandte er sich häufig gegen die außerparlamentarischen Aktionsvorschläge der radikalen Linken ... Die dritte Gruppe, die Zentristen, ... beherrschte den Parteivorstand und die Parteimaschine. Sie vertrat einen allmählich zur Tradition gewordenen Pragmatismus. Zur Rechten dieser Gruppe standen die Revisionisten und auch die Reformisten; die letzteren kamen meistens aus den außerpreußischen Ländern. Und noch weiter rechts stand die Gewerkschaftsbürokratie, geführt von Legien, aber natürlich gab es auch darunter einige weiter linksstehende Männer . . . Ebert, der nach außen nicht in Erscheinung trat, übte durch seinen organisatorischen Eifer und Einfluß auf die Organisation innerhalb des Rahmens der Partei mehr Macht aus, als ihm anfänglich zugedacht war; er war Legiens Vertrauensmann. Scheidemann wurde zusammen mit Frank Bebels Nachfolger für Reden an ›großen Tagen‹ im Reichstag und 1913 neben Haase Parteivorsitzender.«

Bebels Begräbnis in Zürich, so hat es Robert Michels* beschrieben, »glich den großen Staatsbegräbnissen unserer Zeit. Nur das Militär war abwesend.« Zigtausende bildeten Spalier für den langen Zug von Wagen mit Kränzen und Blumen. Den Delegationen aus allen Ländern der Internationale voran schritt die gesamte Reichstagsfraktion der Partei. In allen deutschen Städten fanden Trauerkundgebungen statt, und alle deutschen Zeitungen, mit Ausnahme der alldeutschen *Post* und der bürgerlichen *Frankfurter Zeitung*, widmeten dem Verstorbenen lange Gedenkartikel an hervorragender Stelle. Selbst konservative Blätter rühmten Bebels Idealismus, Redlichkeit und staatsmännische Größe.

Friedrich Stampfer erinnerte in seinem Nachruf an die Rede, die Bebel an seinem siebzigsten Geburtstag, 1910, gehalten hatte: »Bebel sagte: ›Ich hoffe den Tag noch zu erleben, an dem ich Euch die Sturmfahne der Revolution vorantragen werde!‹ Da stimmten in den jubelnden Beifall auch viele Reformisten ein, die unter anderen Umständen für solche ›Revolutionsromantik‹ nur spöttische Bemerkungen übriggehabt hätten.«

Eduard David meinte, Intuition hätte Bebel 1905 in Jena dazu geführt, »bei den Radikalen den Eindruck zu erwecken, als ob er in der Frage des Massenstreiks mit ihnen einig sei, um dann 1906 in Mannheim zur Stärkung und Stütze der Partei ein Bündnis mit den Gewerkschaften abzuschließen, das den Massenstreik praktisch ausschloß«. Er hätte die großen Entscheidungen der Jahre 1912/13, als sich die »Zentristen« von den Linken trennten und ein Bündnis mit den Reformisten eingingen, nicht mehr mitgemacht, »aber diese Entscheidungen vorbereitet«. So sah jeder in dem verstorbenen Führer, was er selbst für richtig und lobenswert hielt.

»Tatsache war«, schreibt Hedwig Wachenheim, »daß kein anderer Führer vorhanden war, der die Bebelsche Grundeinstellung hatte, Spaltungen auf alle Fälle und rechtzeitig zu vermeiden, niemand, der die Bebelsche Autorität, Tradition und Würde, niemand, der seinen Glauben an die eigene Souveränität besaß und so die Einheit erhalten konnte.« Man kann sich nicht vorstellen, daß einer der neuen Führer, etwa Ebert oder Scheidemann oder auch Haase, zu einem prominenten Mitglied gesagt hätte, was Bebel zu Ludwig Frank auf dem Parteitag in Magdeburg 1910 tatsächlich sagte: »Ich habe einmal große Hoffnungen auf dich gesetzt, du warst auch eine Zeitlang mein Liebling, mein Benjamin, aber ich habe mich getäuscht. Du hast meine Hoffnungen betrogen!« – um dann den herb kritisierten Benjamin wenig später zu allen großen Aufgaben der Reichstagsfraktion heranzuziehen, weil er wußte, daß die Partei diesen starken, klugen und populären Politiker brauchte.

August Bebel war, so sah es Wladimir Iljitsch Lenin, der 1912 die endgültige organisatorische Trennung der sozialdemokratischen Mehrheit, der Bolschewiki, von der rechten Minderheit, den Menschewiki, durchgeführt hatte, »zum fähigsten Parlamentarier Europas, zum talentiertesten Organisator und Taktiker, zum einflußreichsten Führer der internationalen, dem Reformismus und dem Opportunismus feindlichen Sozialdemokratie« geworden.

Der fortschrittliche Liberale und mit dem Literatur-Nobelpreis ausgezeichnete Historiker Theodor Mommsen aber hatte schon 1902 voller Bewunderung geschrieben: »Jedermann in Deutschland weiß, daß mit einem Kopf wie Bebel ein Dutzend ostelbischer Junker so ausgestattet werden könnten, daß sie unter ihresgleichen glänzen würden.«

August Bebel hatte den Krieg vorausgesehen, der weniger als ein Jahr nach seinem Tode ausbrach. Eindringlich hatte er vor den Folgen gewarnt, die das Wettrüsten und die aggressive imperialistische Politik der Reichsregierung haben würden. Den Konservativen und Nationalliberalen hatte Bebel im Reichstag zugerufen: »Stellen Sie sich den Krieg selbst vor, mit der ungeheuren technischen Entwicklung seit 1870, den Millionenheeren hüben und drüben, den Repetiergewehren, den Schnellfeuergeschützen, den Maschinengewehren, mit den modernen Sprengstoffen!... Schon 1904 habe ich dem Reichskanzler Fürst Bülow gesagt: Wenn ein großer Krieg kommt, steht die Existenz der bürgerlichen Gesellschaft auf dem Spiele. Und nicht wir sind es, die das herbeigeführt haben, sondern die Vertreter dieser bürgerlichen Gesellschaft, die glauben, diese bürgerliche Gesellschaft stützen zu müssen, sie allein tragen die Verantwortung für all das ungeheure Elend und die schrecklichen Folgen eines solchen Krieges!«

Indessen war, als nur dreihundertfünfzig Tage nach August Bebels Tod der Erste Weltkrieg ausbrach, die deutsche Sozialdemokratie darauf nicht im geringsten vorbereitet.

14.
»Ich kenne keine Parteien mehr. . .«
1914-1918

Nach der Ermordung des österreichisch-ungarischen Thronfolgerpaares in Sarajevo am 28. Juni 1914 gingen in Europa noch keineswegs »die Lichter aus«. Niemand – ausgenommen einige wenige fest zum »großen Krieg« entschlossene deutsche und österreichische Militärs – glaubte, daß die »hinten, fern (beinahe) in der Türkei« gefallenen Schüsse mehr auslösen konnten als wieder eine der üblichen Krisen, die die Diplomaten der Großmächte bald mehr oder weniger geschickt beilegen würden.

»Nachdem die erste Erregung über das Attentat sich gelegt hatte«, heißt es in Wilhelm Keils *Erlebnisse eines Sozialdemokraten* über die Stimmung in Deutschland in der ersten Juli-Woche«, trat in der Öffentlichkeit eine gewisse Beruhigung ein. Auch die Führer der Sozialdemokratie sahen keine Veranlassung, ihre Ferienpläne zu ändern. In diesem »sonnendurchfluteten Juli« 1914 erholte sich Friedrich Ebert auf der Insel Rügen, Philipp Scheidemann war schon nach Mittenwald abgereist, und auch alle anderen maßgebenden Vorstandsmitglieder und Abgeordneten der Partei, außer Hugo Haase, machten Urlaub.

Der *Vorwärts* bedauerte am 29. Juni, einen Tag nach dem Attentat von Sarajevo, die »stümperhafte Politik Deutschlands«, das »die Geschicke des deutschen Volkes allzu sehr mit denen Österreichs verknüpft« hätte. In den folgenden Tagen aber enthielt das Zentralorgan der stärksten Partei des Deutschen Reiches keine einzige Stellungnahme zu den sich anbahnenden Ereignissen. Am 24. Juli, einen Tag nach dem Wiener Ultimatum an Serbien, das von den Kriegstreibern, nicht zuletzt auch auf ausdrücklichen Wunsch Wilhelms II., so abgefaßt war, daß es von Serbien nicht angenommen werden konnte, meldete der *Vorwärts* mit einer Balkanüberschrift »Sturmzeichen«, aber gemeint war damit ein Arbeiterstreik in Rußland.

Erst am 25. Juli gab es einen – deutlich die Urheberschaft Hugo Haases verratenden – »Aufruf des Parteivorstands«. Er verurteilte die Kriegsprovokation, die das österreichische Ultimatum darstellte, und forderte das »klassenbewußte Proletariat auf, gegen das verbrecherische Treiben der Kriegshetzer im Namen der Menschlichkeit und Kultur flammenden Protest« zu erheben und »gebieterisch« zu fordern, daß die deutsche Regierung ihren Einfluß auf Österreich zur Erhaltung des Friedens aufböte. »Deutsches Blut darf nicht dem Machtkitzel der österreichischen Gewalthaber und den imperialistischen Profitinteressen geopfert werden!«

Der Appell, der zu Massendemonstrationen des Friedenswillens aufrief, schloß mit den Worten: »Nieder mit dem Krieg. Es lebe die Völkerverständigung!« Dem Aufruf fehlte indessen, trotz aller »flammenden« Adjektive, jede präzise Forderung, etwa die Mahnung an die deutsche Regierung, sich auf den strikten Defensivcharakter des deutsch-österreichischen Bündnisses zu besinnen; solange Österreich nicht angegriffen würde, war Deutschland von allen Verpflichtungen frei.

In den folgenden Tagen fanden überall im Reich Massenveranstaltungen der SPD »gegen die unverantwortliche Kriegshetze« statt. Dabei zeichnete sich schon ab, wie sich die Partei verhalten würde, sollte es nun doch zum großen Krieg kommen. In Mannheim erklärte beispielsweise Ludwig Frank auf der dortigen Kundgebung: »Wir ›vaterlandslosen Gesellen‹ wissen aber, daß wir, wenn auch die Stiefkinder, so doch Kinder Deutschlands sind, und daß wir unser Vaterland gegen die Reaktion erkämpfen müssen. Wenn ein Krieg ausbricht, so werden also auch die sozialdemokratischen Soldaten gewissenhaft ihre Pflicht erfüllen müssen!«

Am 30. Juli – Österreich hatte schon am 26. Juli Serbien den Krieg erklärt – war der SPD-Parteivorstand wieder vollzählig versammelt und erließ einen neuen Aufruf, der vor der drohenden »Selbstzerfleischung« der Völker sowie vor »Unbesonnenheit« und »nutzlosen, falsch verstandenen Opfern« warnte. Der Appell, der die Partei nicht festlegte und sehr unklar gehalten war, schloß mit der Feststellung, daß die Zukunft »trotz alledem dem völkerverbindenden Sozialismus, der Gerechtigkeit und der Menschlichkeit« gehören würde.

Am selben Tag wurde der in seiner Haltung noch ganz unsichere Parteivorstand durch eine Meldung des *Berliner Lokalanzeigers* aufgeschreckt, die die Mobilmachung der deutschen Streitkräfte bekanntgab, die tatsächlich aber erst zwei Tage später angeordnet wurde. Daraufhin beschloß man, zwei Vorstandsmitglieder, Ebert und Otto Braun, sofort in die Schweiz reisen zu lassen. Alle verfügbaren Parteigelder wurden ihnen mitgegeben. Sie sollten im Falle des Verbots der SPD und der Verhaftung ihrer Führer vom neutralen Ausland aus die politische Arbeit fortsetzen. Am folgenden Tag, dem 31. Juli, versuchten Vorstand und Fraktionsführung endlich zu einer klaren Haltung zu gelangen. Die meisten neigten zu einer Ablehnung der von der Regierung gewiß in Kürze geforderten Kriegskredite, wie es der Tradition der Partei entsprach; viele fürchteten aber auch, die Partei werde sich der im Lande aufkommenden chauvinistischen Stimmung nicht widersetzen können.

Hermann Müller wurde nach Paris entsandt, um die Haltung der französischen Sozialisten zu erkunden und nach Möglichkeit eine gemeinsame Politik mit ihnen zu verabreden; unterwegs erfuhr er, daß Jean Jaurès von einem Ultrarechten ermordet worden war. Die Nachricht von diesem Anschlag auf den Sozialistenführer, der bis zur letzten Stunde versucht hatte, Frankreich aus dem drohenden Krieg herauszuhalten und entsprechend auf die Regierung einzuwirken, wurde von der deutschen Sozialdemokratie mit Entsetzen aufgenommen. Man erkannte nun, daß auch in

Frankreich, noch angefacht durch ein herausforderndes Ultimatum aus Berlin, eine ähnliche Kriegsstimmung herrschte wie in Deutschland.

Fast gleichzeitig erfuhr der SPD-Parteivorstand, daß die Generalkommission mit Legien an der Spitze bereits vor der Mobilmachung mit der Reichsregierung ein Abkommen getroffen hatte, wonach die Gewerkschaften die Landesverteidigung mit allen Kräften unterstützen, die Behörden dafür die gewerkschaftliche Tätigkeit nicht unterbinden würden. Wenig später schlossen die Gewerkschaften auch eine Vereinbarung mit den Unternehmern: Alle Lohnkämpfe wurden eingestellt; Streiks wie Aussperrungen sollten künftig unterbleiben, die bestehenden Tarifverträge für die Dauer des Krieges weiter gelten.

Damit hatten die Gewerkschaften sich bereits auf eine »Burgfriedenspolitik« festgelegt, die den Fortbestand ihrer Organisationen und deren unbehelligte Arbeit sicherte, was der Generalkommission angesichts der drohenden Massenarbeitslosigkeit vordringlich erschien; sie schloß dann auch noch ein weiteres Abkommen mit der Regierung, das die Vermittlung arbeitsloser Industriearbeiter in landwirtschaftliche Betriebe zur Einbringung der Ernte vorsah.

Dieses Vorgehen der Gewerkschaften, das die Zustimmung des Parteivorstands erfordert hätte – die aber, wie es nach der Quellenlage den Anschein hat, nicht eingeholt wurde –, stieß bei der großen Mehrheit der Gewerkschaftsmitglieder zunächst auf keinerlei Opposition, sondern fand Verständnis und sogar viel Lob, zumal nun die Gewerkschaften mit Unterstützung der Behörden auf strikte Einhaltung aller Arbeiterschutzbestimmungen drangen und einige Verbesserungen des Arbeitsrechts durchsetzten.

Für die Partei als die politische Organisation der Arbeiterbewegung waren mit alledem die Weichen bereits gestellt, als sie am 2. August, einen Tag nach Kriegsbeginn, auf einer gemeinsamen Sitzung des Vorstands mit der Fraktionsspitze zu entscheiden hatte, ob sie der Regierung in Anbetracht der veränderten Lage die Kriegskredite bewilligen sollte oder nicht.

Die Bevölkerung, auch ein Großteil der Arbeiterschaft, befand sich in einem patriotischen Rausch sondergleichen. Selbst die meisten Regimekritiker unter den deutschen Intellektuellen hatten sich von überschäumenden Wogen des Nationalismus mitreißen lassen, und zudem war der Haß gegen den russischen Zarismus, den Unterdrücker jeder freiheitlichen Regung im Europa des 19. Jahrhunderts, gerade auf der Linken noch sehr lebendig. Die Regie der deutschen Regierung hatte dafür gesorgt, daß Rußland von den Deutschen als Angreifer angesehen wurde: Es hatte das auf zwölf Stunden befristete Ultimatum Berlins, womit die Einstellung der Mobilmachung der schwerfälligen russischen Militärmaschine gefordert worden war, nicht angenommen. Noch vor Ablauf der Frist hatte Reichskanzler v. Bethmann Hollweg bereits die Kriegserklärung formulieren lassen und auf die Frage nach dem Grund für diese hektische Eile geantwortet: »Sonst kriege ich die Sozialdemokraten nicht mit!« *

Tatsächlich kam zur entscheidenden Sitzung der SPD-Reichstagsfraktion die große Mehrheit der Abgeordneten bereits mit dem festen Entschluß, *für die Kriegskredite zu stimmen.* Ludwig Frank, Eduard David, Albert Südekum, Friedrich Ebert und Philipp Scheidemann setzten sich dafür ein und wirkten dabei sicher und überzeugend, die Fraktionslinke dagegen war verwirrt und ohne festen Standpunkt. Hugo Haase erklärte, er wollte weder der Landesverteidigung widersprechen noch gar sie behindern, sondern nur gegen die Kredite stimmen, um so die prinzipielle Gegnerschaft gegen das herrschende System auszudrücken und es für diesen Krieg verantwortlich zu machen. Der Mehrheit erschien dies unannehmbar: Dies hätte den Bruch mit den Gewerkschaften bedeutet, die Zerschlagung der Organisation der Partei und die Verhaftung ihrer Führer, die Absage an jede weitere Zusammenarbeit mit den bürgerlichen Parteien und möglicherweise auch massenhafte Austritte von enttäuschten Anhängern, die sich von dem grassierenden Hurrapatriotismus hatten anstecken lassen – wie selbst der zu den entschiedenen Linken gehörende Redakteur der *Dortmunder Arbeiterzeitung*, Konrad Haenisch *, der es so beschrieben hat:

»Wie das Erwachen aus einem langen, wüsten Traum war es in jenen Augusttagen. Wir schlugen die Augen auf und siehe da: Wir hatten plötzlich, aus tiefster Not und aus höchster Gefahr geboren, ein deutsches Vaterland! Diese plötzlich mit so elementarer Gewalt hervorbrechende Liebe zu Deutschland hat manchen Sozialdemokraten in der Stunde, als er sich ihrer bewußt wurde – sagen wir es ganz offen – mit jähem Schrecken erfüllt... Diese Angst: Wirst du nicht zum Halunken an dir selbst und deiner Sache – darfst du auch so fühlen, wie dir ums Herz ist?... Dies drängende heiße Sehnen, sich hineinzustürzen in den gewaltigen Strom der allgemeinen nationalen Hochflut, und von der anderen Seite her die furchtbare seelische Angst, diesem Sehnen ganz zu folgen... Bis dann die furchtbare Spannung sich löste..., bis man – allen erstarrten Prinzipien und hölzernen Theorien zum Trotz – zum ersten Male... aus vollem Herzen... einstimmen durfte in den brausenden Sturmgesang: Deutschland, Deutschland über alles...«

Hermann Molkenbuhr, Mitglied des Parteivorstands, hat seine Meinungsänderung nüchterner beschrieben. Als er am 3. August in die Fraktionssitzung kam, wollte er den Kriegskrediten nicht zustimmen. Doch dann dachte er: »Das größte Unglück wäre die Herrschaft des Zarismus«, und dieser Gedanke trieb ihn nach eigenem Bekenntnis »in Richtung auf Bewilligung«.

Gustav Noske schließlich, der von Anfang an zu den – von Friedrich Stampfer publizistisch vertretenen – Befürwortern einer Politik der »Vaterlandsverteidigung ohne Wenn und Aber« gehörte, die die Partei ihren Anhängern mit dem Hinweis auf die Gefahr begreiflich zu machen hätte, Deutschland könnte von der »russischen Dampfwalze« überrollt und »unsere Frauen den Bestialitäten der Kosakenhorden preisgegeben« werden, erklärte Jahre später, »daß man am 4. August Gefahr gelaufen wäre, vor dem Brandenburger Tor totgeschlagen zu werden«, hätte die Fraktion nicht geschlossen für die Kriegskredite gestimmt – wobei er offen ließ, von wem solche Gefahr seiner Meinung nach drohte: ob vom Militär, der aufgeputschten Menge oder gar von der eigenen Anhängerschaft.

Kautsky schließlich, den die Fraktion zu Rate zog, empfahl ihr in der Frage der Kriegskredite Stimmenthaltung, fügte aber hinzu, wenn man die russische Mobilmachung als Kriegsursache ansähe, verletzte man keine Parteigrundsätze, wenn man der Regierungsvorlage zustimmte. Schließlich meinte er, die Fraktion sollte die Kriegskredite unter der Bedingung genehmigen, daß die Regierung auf jede Eroberung zu verzichten hätte; weigerte sie sich, eine solche Verpflichtung einzugehen, müßte die Fraktion gegen die Vorlage stimmen.

Aber auch darauf ließ sich die rechte Mehrheit nicht ein. Als die Fraktion über ihre Haltung dann endgültig abstimmte, entschieden sich 78 für, 14 Abgeordnete gegen die Bewilligung. Zu der Minderheit, die mit Nein stimmte, gehörten Hugo Haase, Georg Ledebour und Karl Liebknecht. Doch während die Rechten schon zuvor erklärt hatten, sie würden, auch wenn sie in der Fraktion unterlägen, für die Kriegskredite votieren, fügte sich die unterlegene Linke der Fraktionsdisziplin. Sie war bereit, im Plenum mit der Mehrheit zu stimmen, verlangte lediglich, daß Hugo Haase für die gesamte Fraktion die Erklärung verlesen sollte, die Eduard David und Otto Wels aufgesetzt hatten – ein seltsamer Trost für ihre und Haases Niederlage, dem die anderen aber sofort zustimmten. Schließlich war Haase als einziger zugleich mit Ebert Partei- und mit Scheidemann Fraktionsvorsitzender, und außerdem, so fanden die Rechten, würde es einen guten Eindruck machen, wenn ein Linker die Zustimmung zu den Kriegskrediten begründete.

Die Erklärung, die dann zur Verlesung am nächsten Tag, dem 4. August, einstimmig angenommen wurde, hatte folgenden Wortlaut: »Wir stehen vor einer Schicksalsstunde. Die Folgen der imperialistischen Politik, durch welche eine Ära des Wettrüstens herbeigeführt wurde und die Gegensätze zwischen den Völkern sich verschärften, sind wie eine Sturmflut über Europa hereingebrochen. Die Verantwortung hierfür fällt den Trägern dieser Politik zu; wir lehnen sie ab. Die Sozialdemokratie hat diese verhängnisvolle Entwicklung mit allen Kräften bekämpft, und noch bis in die letzten Stunden hinein hat sie durch machtvolle Kundgebungen in allen Ländern, namentlich im innigen Einvernehmen mit den französischen Brüdern, für die Aufrechterhaltung des Friedens gewirkt. Ihre Anstrengungen sind vergeblich gewesen. Jetzt stehen wir vor der ehernen Tatsache des Krieges, uns drohen die Schrecknisse feindlicher Invasion. Nicht für oder gegen den Krieg haben wir heute zu entscheiden, sondern über die Frage der für die Verteidigung des Landes erforderlichen Mittel. Nun haben wir zu denken an die Millionen Volksgenossen, die ohne ihre Schuld in dieses Verhängnis hineingerissen sind. Sie werden von den Verheerungen des Krieges am schwersten betroffen. Unsere heißen Wünsche begleiten unsere zu den Fahnen gerufenen Brüder ohne Unterschied der Partei.« (Lebhafter Beifall aller Fraktionen)

»Wir denken auch an die Mütter, die ihre Söhne hergeben müssen, an die Frauen und Kinder, die ihres Ernährers beraubt sind, denen zu der Angst um ihre Lieben die Schrecken des Hungers drohen. Zu ihnen werden sich bald Zehntausende verwundeter und verstümmelter Kämpfer gesellen. Ihnen allen beizustehen, ihr Schicksal zu erleichtern, diese unermeßliche Not zu lindern, erachten wir als zwingende Pflicht. Für unser Volk und unsere freiheitliche Zukunft steht bei einem Siege des russischen Despotismus, der sich mit dem Blute der Besten des eigenen Volkes befleckt hat, viel, wenn nicht alles auf dem Spiel. Es gilt, diese Gefahr abzuwehren, die Kultur und die Unabhängigkeit unseres eigenen Landes sicherzustellen. Da machen wir wahr, was wir immer betont haben: Wir lassen in der Stunde der Gefahr das Vaterland nicht im Stich!« (Lebhafte Beifallsbekundungen)

»Wir fühlen uns dabei im Einklang mit der Internationale, die das Recht jedes Volkes auf nationale Selbständigkeit und Selbstverteidigung jederzeit anerkannt hat, wie wir in Übereinstimmung mit ihr jeden Eroberungskrieg verurteilen. Wir fordern, daß dem Kriege, sobald das Ziel der Sicherung erreicht ist und die Gegner zum Frieden geneigt sind, ein Ende gemacht wird durch einen Frieden, der die Freundschaft mit den Nachbarvölkern ermöglicht. Wir fordern dies nicht nur im Interesse der von uns stets verfochtenen internationalen Solidarität, sondern auch im Interesse des deutschen Volkes. Wir hoffen, daß die grausame Schule der Kriegsleiden in neuen Millionen den Abscheu vor dem Kriege wecken und sie für das Ideal des Sozialismus und des Völkerfriedens gewinnen wird. Von diesen Grundsätzen geleitet, bewilligen wir die geforderten Kredite.« (Lebhafter Beifall)

Diese Erklärung der Sozialdemokratischen Partei war die einzige Fraktionserklärung, die im Reichstag abgegeben wurde. Sie war frei von jeder Zustimmung zur Politik der Regierung und von allen Äußerungen der im Lande herrschenden nationalistischen Kriegsbegeisterung. Aber sie stellte auch keinerlei Forderungen, abgesehen von der einer Beendigung des Krieges, »wenn das Ziel der Sicherung erreicht« sein würde, und den Verzicht auf Eroberungen.

Die Fraktion erteilte dann den beantragten Kriegskrediten einstimmig ihre Genehmigung, und Ludwig Frank, der vierzigjährige jüdische Rechtsanwalt aus Mannheim, meldete sich noch vom Reichstag aus freiwillig an die Front, um »durch die Tat zu zeigen, daß unser Beschluß vom 4. August nicht äußerem taktischem Zwang, sondern einer inneren Notwendigkeit entsprach – daß es uns also mit der Pflicht zur Verteidigung der Heimat bitter ernst ist«. Er fiel bereits bei seinem ersten Einsatz knapp einen Monat später bei Lunéville in Frankreich. Von einer freiwilligen Meldung zu den Fahnen anderer Reichstagsabgeordneter gleich zu Kriegsbeginn, etwa eines Konservativen oder Nationalliberalen, ist nichts bekannt. Frank, der als erster einrückte und sein Leben opferte, schrieb noch kurz zuvor an den Historiker Gustav Mayer: »Statt mit einem Generalstreik erkämpfen wir uns das preußische Wahlrecht jetzt mit einem Krieg . . .«

Es sollte zwar noch vier Jahre dauern, ehe das preußische Dreiklassenwahlrecht, ein Relikt des Feudalabsolutismus zur Aufrechterhaltung der Junkerherrschaft, abgeschafft wurde, aber die Staats- und Militärbehörden kamen nun nicht mehr umhin, die zur konstruktiven Mitarbeit bereite Sozialdemokratie endlich als das anzuerkennen, was sie war: die stärkste Partei Deutschlands, die nicht länger als »Rotte von Menschen, nicht wert, den Namen Deutsche zu tragen« behandelt werden konnte.

Hatte schon Wilhelm II. bei Kriegsbeginn verkündet: »Ich kenne keine Parteien mehr, nur noch Deutsche!«, so war auch von seiten der SPD mit der Bewilligung der Kriegskredite die grundsätzliche Ablehnung des Klassenstaats und damit die Selbstisolierung der Partei vom herrschenden System aufgehoben worden. Sozialdemokraten zogen jetzt in die zahlreichen Ausschüsse ein, die die durch den Krieg geschaffenen Probleme auf allen Ebenen zu bewältigen hatten. Die Reichstagsfraktion wurde nun, wie andere Parteien, von der Regierung regelmäßig informiert und zu Beratungen hinzugezogen. Die SPD und erst recht die Gewerkschaften waren eine Macht, die unumgänglich notwendig war, den inneren Frieden und das reibungslose Funktionieren der Kriegswirtschaft zu sichern. Deshalb und weil sich die Gewerkschafts- und Partei»beamten« nun völlig staatsloyal und kooperativ verhielten und auch die auflagenstarke Presse beider Organisationen »vaterländische« Töne anschlug, wurden die Repräsentanten der bislang verfemten Sozialdemokratie von den Staatsorganen nur noch mit leisem Mißtrauen betrachtet, im übrigen aber mit Samthandschuhen angefaßt. Selbst Rosa Luxemburg, gegen die der preußische Kriegsminister noch kurz vor Kriegsbeginn einen Strafprozeß in Gang gesetzt hatte, weil sie den deutschen Militarismus öffentlich der tausendfachen Soldatenmißhandlung angeklagt hatte, kam zunächst glimpflich davon; das Verfahren wurde vertagt und später eingestellt. Eine Gefängnisstrafe, zu der sie in einem anderen Prozeß verurteilt worden war, wurde ausgesetzt – wohl in der Hoffnung auf ihr künftiges Wohlverhalten.

»Die Reformisten«, hat Hedwig Wachenheim zu der Lage bei Beginn des Krieges bemerkt, »hatten . . . erreicht, was sie immer gewollt: den Verzicht auf Opposition um der Opposition willen, die den Anschein einer unmittelbar revolutionären Partei erhalten sollte. Die Partei war jetzt bereit, ihre Kraft . . . im Parlament voll und ohne theoretische Scheuklappen einzusetzen.« Aber, so heißt es weiter, »über dem Erfolg der Revisionisten lag eine große Tragik, nicht nur weil der mörderische Krieg nun begann, sondern auch weil sie das eigentliche Ziel der von ihnen so lange vorbereiteten Parteireform, die Staatsreform, die der Arbeiterschaft die ihr in einem demokratischen Staatswesen zustehende Macht sichern sollte, nicht erreichen und auch zugunsten dieser Macht zunächst nicht wirken konnten.«

Anders ausgedrückt: Das wilhelminische System, die Militär- und Junkerherrschaft im Bündnis mit den Kapitalinteressen, änderte sich überhaupt
nicht; der Burgfriede, den alle Parteien untereinander und mit dem Staat
geschlossen hatten, verschob die erhoffte Staatsreform auf die Zeit nach dem
Sieg. Das war erträglich, solange man an einen Krieg von nicht mehr als fünf
Monaten Dauer glaubte.

Doch nach dem Scheitern des Schlieffen-Plans, als statt des erwarteten
»Blitzsiegs« über Frankreich an der Westfront ein langwieriger, zermürben-
der und verlustreicher Stellungskrieg begann, mußte man sich notgedrun-
gen an den Gedanken gewöhnen, daß der Krieg Jahre dauern könnte.
Gleichzeitig verringerte sich die Macht sowohl des Reichstags gegenüber der
Regierung, als auch die der Regierung und der Zivilbehörden gegenüber den
Militärs. Die schweren Verluste an den Fronten, die schwindenden Aussichten auf einen baldigen Sieg, die Massenarbeitslosigkeit, die bis zum Frühjahr
1915 herrschte und bis zu 22,4 Prozent erreichte, die entsprechenden Lohn-
einbußen und die rapide Verschlechterung der Versorgungslage – dies alles,
zusammen mit den verminderten Einflußmöglichkeiten auf die Regierungspolitik, die immer offener Eroberungen anstrebte, ließ die Opposition
innerhalb der Partei wieder aktiv werden. Karl Liebknecht gab im November
1914 eine Schrift, *Die wirtschaftlichen Ursachen des Krieges*, heraus und
bemühte sich innerhalb der Fraktion um Bundesgenossen, die auf der
Grundlage seiner Thesen, daß der Krieg eine Folge des imperialistischen
Expansionsstrebens wäre, den die eroberungswütigen Herrschenden in
Deutschland angezettelt hätten, künftig gegen weitere Kriegskredite stimmen würden. Doch als es am 2. Dezember 1914 zum zweitenmal zur
Abstimmung im Reichstag kam, war Liebknecht der einzige Abgeordnete,
der mit Nein stimmte. Legien und die Generalkommission versuchten
daraufhin, den Ausschluß Liebknechts aus der Fraktion durchzusetzen; es
kam indessen nur zu einem Beschluß, den die Reichstagsfraktion mit 65
gegen 26 Stimmen billigte, worin Liebknechts Verhalten als »unvereinbar
mit den Interessen der Sozialdemokratie« gerügt wurde. Wenige Tage
später, am 7. Februar 1915, wurde Liebknecht von den Militärbehörden als
sogenannter »Armierungssoldat«, als »Schipper« ohne Waffe, zum Militärdienst eingezogen. Als Abgeordneter bekam er zwar Urlaub zu den Sitzungen des Reichstags und des preußischen Landtags, durfte dann aber Berlin
nicht verlassen, auch nicht an Versammlungen teilnehmen und keinerlei
Agitation betreiben.

Weitere zehn Tage später mußte Rosa Luxemburg ihre – im Rahmen des
»Burgfriedens« und der Zusammenarbeit zwischen Regierung und Sozialdemokratie zunächst ausgesetzte – einjährige Gefängnisstrafe antreten, die
sie dann bis zum Februar 1916 im »Königlich preußischen Weibergefängnis
Berlin, Barnimstraße« verbüßte.

Aber wenn die Regierung gehofft hatte, mit solchen – im zumindest
stillschweigenden Einverständnis mit Ebert und Legien getroffenen – Maß-

nahmen die linke Opposition mundtot zu machen, so war dies ein Irrtum. Schon bei der dritten Kriegskreditforderung im März 1915 verließen etwa dreißig SPD-Abgeordnete das Plenum kurz vor der Abstimmung, was als Stimmenthaltung gewertet wurde. Karl Liebknecht und diesmal auch noch ein weiterer Abgeordneter, der Lehrer Otto Rühle aus Sachsen, stimmten mit Nein. Ebenfalls im März 1915 schlossen sich in Berlin, in der Wohnung des Sekretärs der sozialdemokratischen Reichsparteischule, Wilhelm Pieck, einige prominente linke Sozialdemokraten zur »Gruppe Internationale« zusammen; neben Pieck und Liebknecht, dem Parteihistoriker Franz Mehring, dem im Exil lebenden polnischen Arbeiterführer und Herausgeber der linken *Sozialdemokratischen Korrespondenz*, Julian Marchlewski (»Karski«) gehörten auch der langjährige Redakteur des Stuttgarter Parteiblatts *Schwäbische Tagwacht*, Artur Crispien, sowie der Frankfurter Rechtsanwalt Dr. Paul Levi, der Lehrer an der Parteischule Hermann Duncker und dessen in der sozialdemokratischen Frauenbewegung neben Clara Zetkin führende Ehefrau Käte Duncker dieser Gruppe an. Sie wurde zur Keimzelle der sich nun organisierenden linken Opposition gegen den offiziellen Kurs der Partei.

Fast gleichzeitig, Anfang März 1915, wurde im Deutschen Reich erstmals das Brot rationiert; schon vierzehn Tage später waren die Kartoffelpreise auf fast das Doppelte erhöht worden. Bald wurden alle Lebensmittel und Konsumgüter rar, verteuerten sich bei sinkender Qualität und mußten ebenfalls rationiert werden. Am 18. März 1915 kam es zu einer ersten spontanen Massendemonstration der Berliner Arbeiterfrauen vor dem Reichstag gegen die Kriegsgewinnler, die sich auf Kosten der Arbeiterschaft bereicherten und im Überfluß lebten, während die Frauen zum halben Lohn der zum Militär einberufenen Männer in den Fabriken immer länger arbeiten mußten und dabei darbten.

Die Regierung, die großen Interessenverbände von Industrie, Banken und Großgrundbesitz sowie die offizielle Kriegspropaganda versuchten, der sich rapide verschlechternden Volksstimmung durch Aufrufe entgegenzuwirken, in denen »allen, die jetzt große Opfer bringen«, reichliche Entschädigung verheißen wurde, sobald ein »Siegfriede« das gemeinsame Vaterland reich und mächtig gemacht hätte. Von der Verteidigung gegen den russischen Despotismus war nicht mehr die Rede, zumal die deutschen Armeen jetzt schon weit nach Osten vorgestoßen waren. Vielmehr, so forderten beispielsweise am 20. Mai 1915 der Zentralverband deutscher Industrieller und andere Unternehmerverbände, sollte Deutschland erst Frieden schließen, wenn dieser »politisch, militärisch-maritim und wirtschaftlich diejenigen Machterweiterungen bringt, die unsere größere Stärke nach außen gewährleisten«. Im einzelnen forderten die Unternehmer die faktische Annexion Belgiens und Luxemburgs, die französischen Erzgebiete von Longwy und Briey, die nordfranzösischen Kohlenreviere, die Kanalküste sowie die Festungen Verdun und Belfort. Im Osten verlangten sie »erhebli-

Eduard David, 1863-1930.

che Erweiterungen der Reichs- und preußischen Grenzen« zu Lasten Rußlands, dem sie die baltischen Provinzen, Polen, die Ukraine, aber auch die Erdölvorkommen von Baku und manches andere abzunehmen gedachten. Schließlich wollten sie ein mächtiges deutsches Kolonialreich, das halb Afrika umfassen sollte.

Wenn auch die große Mehrheit der deutschen Sozialdemokraten solche Annexionsgelüste ablehnte und weiterhin für einen reinen Verteidigungskrieg eintrat, so gab es doch auch am rechten Flügel der SPD Befürworter einer imperialistischen Eroberungspolitik. Schon Ende August 1914 hatten sich führende Rechte der Partei in diesem Sinne ausgesprochen. Eduard David notierte sich am 29. August 1914: »Wegnahme des Kongostaats und Bildung eines großen deutschen Kolonialreiches durch das äquatoriale Afrika hindurch. Frankreich müßte das französische Kongoland dreingeben, evtl. Tanger als deutschen Flottenstützpunkt. Deutschland erhält damit ein Feld für seine expansiven Kräfte... Die Eingeborenen der betreffenden Länder gewinnen nur durch den Übergang in die deutsche Verwaltung. Die Kollegen« – unter ihnen Otto Wels und Max Cohen-Reuß – »sind der gleichen Meinung, glauben auch, daß man damit bei der großen Mehrheit der Partei keinen Widerstand fände.«

Die Generalkommission gab 1915 unter dem Titel *Arbeiterinteressen und Kriegsergebnis* einen Sammelband heraus, worin sich prominente Gewerkschaftsführer für Annexionen aussprachen. Otto Hue, Vorsitzender des Bergarbeiterverbands und SPD-Reichstagsabgeordneter, stellte es darin als »Naturrecht« der Deutschen dar, größeren Kolonialbesitz zu erwerben.

Max Schippel behauptete gar 1915 in den *Sozialistischen Monatsheften*, es wäre »unmarxistisch«, ein weiteres »Großstaatwachstum« Deutschlands grundsätzlich abzulehnen. Während die einen ihre Zustimmung zum imperialistischen Eroberungskrieg so noch ein wenig verbrämten, ließ die von Gustav Noske geleitete Chemnitzer *Volksstimme* den annexionistischen Gelüsten freien Lauf, nannte die für einen Verständigungsfrieden ohne Eroberungen plädierenden Sozialdemokraten »alte Weiber« und trat für rücksichtslose Kriegführung ein. »In diesem Kampf«, erklärte dieses SPD-Blatt am 30. Juli 1915, »bestimmt nur Deutschland die Mittel. Zu besonderer Schonung sind wir gegen niemand verpflichtet . . . Dazu hilft uns gegen diese Feinde nur eins: Daumen aufs Auge und Knie auf die Brust!«

Umgekehrt hatten schon Ende Juni 1915 rund eintausend führende Sozialdemokraten, unter ihnen Hugo Haase, Eduard Bernstein und Karl Kautsky, eine Denkschrift mit dem Titel *Das Gebot der Stunde* herausgegeben, worin sie feststellten, daß sich der imperialistische Charakter des Krieges nun offen zeigte; sie verlangten eine Umkehr der Partei von dem am 4. August 1914 eingeschlagenen Weg und plädierten für einen baldigen Frieden ohne Eroberungen.

Am schärfsten Front gegen die »Anbiederungspolitik« der Parteiführung aber machte die noch im »Weibergefängnis Barnimstraße« einsitzende Rosa Luxemburg. Ihr dort im April 1915 geschriebener, herausgeschmuggelter und Anfang 1916 in Zürich erschienener Aufsatz, *Die Krise der Sozialdemokratie*, war die klarste Analyse und die entschiedenste Abrechnung mit der deutschen Führung und ihren Helfern aus der Arbeiterbewegung, die während des ganzen Krieges veröffentlicht wurde.

»Städte werden zu Schutthaufen, Dörfer zu Friedhöfen, Länder zu Wüsteneien, Bevölkerungen zu Bettlerhaufen, Kirchen zu Pferdeställen«, hieß es in dieser mit dem Decknamen »Junius« gezeichneten Broschüre zur Kennzeichnung dessen, was man 1914 in Deutschland noch einen »frischfröhlichen Krieg« genannt hatte, und über die Schuldigen schrieb die leidenschaftliche Humanistin: »Geschändet, entehrt, im Blute watend, von Schmutz triefend – so steht die bürgerliche Gesellschaft da! Nicht wenn sie, geleckt und sittsam, Kultur, Philosophie und Ethik, Ordnung, Frieden und Rechtsstaat mimt – als reißende Bestie, als Hexensabbat der Anarchie, als Pesthauch für Kultur und Menschheit – so zeigt sie sich in ihrer wahren, nackten Gestalt.«

Sie zitierte dann zahlreiche führende Sozialdemokraten, die vor 1914 einen solchen Krieg als Ergebnis der kapitalistischen und imperialistischen Interessenpolitik vorausgesagt hatten, und kam dabei zum Schluß: »Der am 4. August 1914 offiziell begonnene Weltkrieg war derselbe, auf den die deutsche und die internationale imperialistische Politik seit Jahrzehnten unermüdlich hinarbeitete, derselbe, dessen Nahen die deutsche Sozialdemokratie ebenso unermüdlich seit einem Jahrzehnt fast jedes Jahr prophezeite, derselbe, den die sozialdemokratischen Parlamentarier, Zeitungen und Bro-

Georg Ledebour, 1850-1947, Foto um 1910.

schüren tausendmal als ein frivoles imperialistisches Verbrechen brandmarkten, das weder mit Kultur noch mit nationalen Interessen etwas zu tun
hätte, vielmehr das direkte Gegenteil von beiden wäre.« Doch »indem sie
durch den Burgfrieden dem Militarismus Ruhe im Rücken sicherte, erlaubte
ihm die Sozialdemokratie, ohne jede Rücksicht auf andere Interessen als die
der herrschenden Klasse, seinen Bahnen zu folgen, entfesselte sie seine
ungezügelten inneren imperialistischen Tendenzen, die gerade nach Annexion streben und zu Annexionen führen müssen.« Auf diese Weise, erklärte
Rosa Luxemburg in der »Junius-Broschüre«, trüge die SPD nur zur Verlängerung des Kriegs bei, verletzte ihre Pflichten als revolutionäre Partei des
Proletariats und stärkste Gruppe in der Internationale, mißachtete auch die
nationalen Interessen, die man – so Friedrich Engels – »nur sichern könnte
durch Anwendung der revolutionären Maßregeln«. Und mit dieser vorsich-
tigen Andeutung dessen, was allein noch helfen könnte, schloß der Aufsatz,
der trotz strenger Zensur und vielfacher polizeilicher Beschlagnahme in
linken Parteikreisen die Runde machte.

Im Dezember 1915 stimmten bereits zwanzig sozialdemokratische
Reichstagsabgeordnete, unter ihnen, neben Liebknecht und Rühle, nun auch
Hugo Haase, Eduard Bernstein, Wilhelm Dittmann, Georg Ledebour,
Joseph Herzfeld, Arthur Stadthagen und Alfred Henke, gegen neuerliche
Kriegskredite; bei der vorausgegangenen Fraktionsabstimmung hatten sich
sogar schon 43 Abgeordnete für die Ablehnung ausgesprochen, von denen
sich aber 23 noch einmal dem Fraktionszwang fügten.

Wenig später, Ende Januar 1916, begann die Gruppe Internationale mit der Herausgabe *Politischer Briefe*, die mit »Spartacus« unterzeichnet waren. Diese »Spartacus-Briefe«, die vor allem in den Hochburgen der SPD-Linken – in Berlin, Bremen, Leipzig, Frankfurt am Main sowie in und um Düsseldorf – illegal verbreitet wurden, trugen erheblich dazu bei, den Konflikt zwischen den Parteirechten, die den »Beamten«apparat beherrschten, und den oppositionellen Linken noch zu verschärfen.

Etwa um die gleiche Zeit, im Februar 1916, begann an der Westfront die Schlacht um Verdun, in der bis zum August 1916 fast 600 000 deutsche und französische Soldaten einer sinnlosen, »Materialschlacht« genannten Massenschlächterei zum Opfer fielen.

Im März 1916 schloß die rechte Mehrheit der SPD-Reichstagsfraktion ihre zwanzig »Abweichler«, darunter den Partei- und Fraktionsvorsitzenden Hugo Haase, kurzerhand aus, weil sie »die gemeinsam gefaßten Beschlüsse gröblich mißachtet und öffentlich durchkreuzt« hätten. Liebknecht war schon zuvor von der Mehrheit des Reichstags das Interpellations- und Antragsrecht abgesprochen worden, nachdem er im Plenum wiederholt mit Kleinen Anfragen und deren ausführlicher Begründung die Kriegführung und ihre annexionistischen Ziele als »verbrecherisch« angeprangert und damit Stürme der Entrüstung, auch bei den Rechten der eigenen Partei, hervorgerufen hatte. Die Ausgeschlossenen bildeten, um Fraktionsrechte zu behalten, unter Haases Führung eine »Sozialdemokratische Arbeitsgemeinschaft« (SAG), die fortan getrennt von der SPD-Fraktion ihre Sitzungen abhielt und Beschlüsse faßte.

»War den Oppositionellen in der Fraktion bisher jede offizielle Möglichkeit verwehrt worden, öffentlich ihre Haltung zu äußern«, heißt es dazu bei Arno Klönne, »so versuchte die Mehrheit von Parteivorstand und Reichstagsfraktion jetzt, sie völlig mundtot zu machen. Sie bediente sich dabei recht rigoroser Mittel, etwa um sozialdemokratische Zeitungen, die den Standpunkt der Minderheit vertraten, unter ihren Einfluß zu bekommen«, aber auch mit Hinweisen an die Behörden, welche illegalen Aktionen die Linken planten. Doch gerade damit bewirkte sie, daß die dem Streit in der Partei abholde, sich bis dahin heraushaltende Arbeiterschaft sich mit den bedrängten Parteilinken zu solidarisieren begann.

Für den 1. Mai 1916 hatte die Gruppe Internationale zu Antikriegsdemonstrationen aufgerufen, entgegen den Beschlüssen der Partei und der Gewerkschaften, die für die Dauer des Burgfriedens alle Maifeiern abgesagt hatten. In Berlin befolgten einige tausend Männer und Frauen den Aufruf der Linken und versammelten sich auf dem Potsdamer Platz. »Nieder mit der Regierung! Nieder mit dem Krieg!«, so eröffnete Liebknecht die Kundgebung. Sofort griff die Polizei ein, die ebenso zahlreich wie die Demonstranten zur Stelle war, trieb die Versammlung auseinander und nahm Liebknecht in Haft. Das Urteil gegen ihn – zweieinhalb Jahre in erster, vier Jahre und einen Monat Zuchthaus in zweiter Instanz, Aberkennung der bürgerlichen Ehrenrechte, auch seines Reichs- und Landtagsmandats sowie des Rechts, seinen Anwaltsberuf auszuüben – rief in der deutschen Arbeiterschaft helle Empörung hervor und führte zum ersten rein politischen Massenstreik in der Geschichte der deutschen Arbeiterbewegung.

»Nicht die schlechte Ernährungslage, nicht die strapaziösen Arbeitsbedingungen standen im Mittelpunkt dieses ersten Massenstreiks, sondern die Parole: ›Freiheit für Liebknecht! Nieder mit dem Krieg!‹«, heißt es dazu in der Untersuchung von Arno Klönne, und es ist dem hinzuzufügen, daß dieser Streik nicht das Werk linker Intellektueller war, auch nicht beeinflußt wurde von der Gruppe Internationale oder gar von der – politisch sehr uneinheitlich zusammengesetzten – SAG-Fraktion unter Führung Hugo Haases. Es waren vielmehr die Betriebsobleute des unter rechtssozialdemokratischer Führung stehenden Metallarbeiterverbands, die rund 55 000 Arbeiter der Berliner Industriebetriebe erfolgreich zum Streik aufriefen – gegen den Willen der Gewerkschaftsspitze, des SPD-Parteivorstands und der eigenen Verbands»beamten«.

Die Gruppe Internationale, nach ihren mit »Spartacus« gezeichneten Rundbriefen nun auch bereits »Spartakus-Gruppe« genannt, konnte schon deshalb kaum Einfluß auf diesen ersten politischen Massenstreik nehmen, weil fast alle maßgebenden Mitglieder der Gruppe entweder – wie Rosa Luxemburg, Karl Liebknecht, Julian Marchlewski, Franz Mehring und etliche andere – auf Weisung der Militärbehörden verhaftet, zu Gefängnis- und Zuchthausstrafen verurteilt oder in »Schutzhaft« genommen worden waren oder – wie Wilhelm Pieck und viele mehr – ihre Einberufung zum Militärdienst erhalten hatten.

Auch den Proteststreik beantworteten die allmächtigen Militärbehörden damit, daß sie alle ihnen als »Rädelsführer« benannten Arbeiter, selbst die bisher als »unabkömmlich« (u. k.) Freigestellten, kurzerhand zum Wehrdienst einberiefen und an die Front schickten. Dabei spielten mancherorts die rechtssozialdemokratischen, mit den Behörden eng zusammenarbeitenden Gewerkschafts»beamten« eine sehr unrühmliche, viel Haß erzeugende Denunziantenrolle.

Die wachsende Unzufriedenheit mit seiner Burgfriedenspolitik veranlaßte den SPD-Parteivorstand im August 1916, im Reichstag einen »Ausgleichsfrieden« zu fordern und mit einer Unterschriftensammlung für eine Petition an den Reichskanzler zu beginnen, die bis Dezember von annähernd 900 000 Sozialdemokraten unterzeichnet wurde. Philipp Scheidemann wandte sich nun auch energisch gegen den – einen Verständigungsfrieden verhindernden – »Annexionismus«: Wer immer neue, immer wildere Eroberungsgelüste erkennen ließe, dürfte sich nicht wundern, wenn sich dadurch der Widerstand der Kriegsgegner Deutschlands nur noch festigte und ihre Anzahl sich vermehrte. Damit trat er auch den »Annexionisten« am rechten Parteiflügel entgegen.

Es erwies sich nun auch, daß der Ausschluß der zwanzig Kriegskreditgegner aus der SPD-Reichstagsfraktion, den die von der Generalkommission unterstützte Parteirechte im Vertrauen auf ihre Übermacht durchgesetzt hatte, nicht die Billigung der Parteimehrheit fand. Die vom Parteivorstand im September 1916 nach Berlin einberufene Reichskonferenz der deutschen Sozialdemokratie weigerte sich mehrheitlich, die Mitglieder der SAG-Fraktion und deren Anhänger aus der Partei auszuschließen. Bald darauf begannen einzelne SPD-Bezirke damit, dem Parteivorstand die Mitgliedsbeiträge zu sperren, wie es zuerst in Bremen, dann in Braunschweig mit großer Mehrheit beschlossen wurde. Gleichzeitig wuchs im Winter 1916/17 die allgemeine Unzufriedenheit durch eine katastrophale Verschlechterung der Lebensmittelversorgung, bei der Kohlrüben zum Hauptnahrungsmittel des Volkes wurden.

In diesem »Kohlrübenwinter«, in dem aufgrund eines neuen Hilfsdienstgesetzes zahlreiche Rechte der Arbeiter außer Kraft gesetzt wurden, zeigte sich erstmals unverhüllt, daß Deutschland zu einer Militärdiktatur geworden war.

Faktisch regierte jetzt unter Ausschaltung des Kaisers, der Reichsregierung und des Parlaments auch im gesamten Zivilbereich die neue Oberste Heeresleitung. Sie stand unter dem nominellen Oberbefehl des siebzigjährigen Generalfeldmarschalls v. Hindenburg und v. Beneckendorff, doch der eigentliche Militärdiktator war dessen Erster Generalquartiermeister General Erich Ludendorff, der Führer der Alldeutschen.

Das »Hindenburg-Programm«, mit dem Deutschland im vierten Kriegsjahr doch noch siegen und alle geplanten Eroberungen machen sollte, sah äußerste Anstrengungen im Rüstungsbereich vor. Alle Arbeiter vom 17. bis zum 60. Lebensjahr wurden jetzt zur Arbeit in Rüstungsbetrieben dienstverpflichtet. Ein neues »Kriegsamt« wurde unter Leitung des Generals Wilhelm Groener als kriegswirtschaftliche Zentralbehörde mit umfassenden Vollmachten ausgestattet, das gesamte Wirtschaftsleben militärischer Planung und Kontrolle unterworfen.

Die Generalkommission der Gewerkschaften, die den Vorsitzenden des Metallarbeiterverbandes, Alexander Schlicke, in das »Kriegsamt« delegiert und deutlich ihre Bereitschaft, am »Hindenburg-Programm« mitzuarbeiten, bekundet hatte, erreichte dadurch immerhin, daß Ludendorffs ursprüngliche Absicht, Streikende als Landesverräter erschießen zu lassen, nicht realisiert wurde und daß in den Betrieben gewählte Arbeiterausschüsse ein Beschwerderecht erhielten.

Diese »Zugeständnisse« der Militärs genügten den Gewerkschaften, die totale Militarisierung des Arbeitslebens als »Kriegssozialismus« darzustellen, was ihnen von der Opposition, vor allem von der Spartakus-Gruppe, den Vorwurf eintrug, sie hätten nunmehr »ihren Verrat an den Massen vollendet«, indem sie die Arbeiterschaft »nun direkt in die Sklaverei bei dem Moloch Militarismus und dem profitmachenden imperialistischen Kapital« geführt und solches auch noch als »Sozialismus« ausgegeben hätten.

Indessen mußte auch die Spartakus-Gruppe – im »Spartacus-Brief« Nr. 4, der Anfang 1917 illegal verbreitet wurde und dem auch die vorangegangenen Zitate entnommen sind – offen zugeben, daß sie mit ihrer harten Kritik an der rechten Führung bei den »verratenen Massen« auf taube Ohren stieß: »Ein psychologisches Rätsel und ein soziales Problem erster Ordnung sind bei alledem . . . die organisierten Massen, die solchen Kreaturen« – gemeint waren die Gewerkschaftsführer – »nach wie vor Gehorsam und Gefolgschaft leisten. Die Disziplin ist in den sogenannten Freien Gewerkschaften zum Selbstzweck geworden, so daß die Massen ohne Murren folgen, ob die Führer sie zum Kampf oder zur Kapitulation . . . führen, ob sie proletarische Interessen oder kapitalistische Ausbeutung verfechten . . .«

Tatsächlich konnte sich die Generalkommission ebenso wie der Parteivorstand und die Reichstagsfraktion auf einen weitgehend intakten Funktionärsapparat sowie auf eine breite Mehrheit der Mitglieder stützen. Das Vertrauen der Anhängerschaft zur Führung war nahezu unbegrenzt, wobei es gewiß eine Rolle spielte, daß die meisten jüngeren Männer beim Militär und infolge der strengen Zensur wenig informiert waren; daß die gesamte Partei- und Gewerkschaftspresse von der Parteirechten kontrolliert wurde und daß Hunger und Erschöpfung der in der Rüstungsindustrie dienstverpflichteten Männer und Frauen deren Interesse an dem, wie sie fanden, höchst überflüssigen Streit der Parteioberen und Intellektuellen in sehr engen Grenzen hielten. Wenn die Arbeiterschaft gelegentlich aufbegehrte und entgegen den Weisungen der Gewerkschaftsführung streikte und demonstrierte, dann nur ausnahmsweise – wie nach der Verurteilung Karl Liebknechts – für konkrete politische Ziele, sondern zumeist nur gegen die sich ständig verschlechternde Lebensmittelversorgung und die immer härteren Arbeitsbedingungen. Sie wollte den immer mehr Opfer fordernden Krieg beendet wissen, denn er war die Ursache allen Elends, und da auch die Parteiführung jetzt für einen baldigen »Verständigungsfrieden« eintrat, fühlte sich die Mehrheit der Anhänger von ihr keineswegs »verraten«, sondern durchaus verstanden.

Die rechte Mehrheit des Parteivorstands konnte es unter diesen Umständen sogar wagen, von dem zum 18. Januar 1917 einberufenen Parteiausschuß die »Abtrünnigen«, also die zur SAG gehörenden Reichstagsabgeordneten und deren Anhängerschaft in einigen Städten, aus der Partei ausschließen zu lassen. Philipp Scheidemann wurde Hugo Haases Nachfolger und zusammen mit Ebert Parteivorsitzender.

Die Ausgeschlossenen gründeten – mehr »der Not gehorchend, nicht dem eigenen Triebe« – ein Vierteljahr später, Anfang April 1917 in Gotha, die Unabhängige Sozialdemokratische Partei Deutschlands (USPD), und damit war die in den langen Jahren des Revisionismus- und Reformismusstreits bei aller Heftigkeit der Kontroversen doch stets von beiden Seiten ängstlich vermiedene Spaltung der deutschen Sozialdemokratie auch organisatorisch vollzogen.

Wenige Wochen zuvor hatte in Rußland eine fast unblutige Revolution die fünfhundertjährige Zarenherrschaft mit einem Schlage beendet. Die spärlichen Nachrichten, die der deutschen Öffentlichkeit davon zuteil wurden, ließen erkennen, daß der Umsturz von den Arbeitern der großen Rüstungsbetriebe ausgegangen war; daß sich die zur Niederschlagung des Aufruhrs eingesetzten Regimenter, selbst die der Garde, der Revolution angeschlossen hatten und daß sich in Rußland nun eine parlamentarische Demokratie zu entwickeln begann, an der die gemäßigte Sozialdemokratie, die Menschewiki, maßgebenden Anteil hatte, wogegen die linken Bolschewiki jede Zusammenarbeit mit den bürgerlichen Parteien ablehnten.

Die Rechten in der SPD sahen nun ihre Chancen steigen, sowohl für einen Verständigungsfrieden als auch für eine Demokratisierung Deutschlands durch eine Koalition der SPD mit den bürgerlichen Parteien, wogegen in den Führungskreisen der USPD, erst recht bei einigen in Opposition zum Kurs der Generalkommission stehenden Betriebsobleuten, die Diskussion jetzt, wie es Peter v. Oertzen* in einer Untersuchung dieser Entwicklung formuliert hat, mehr und mehr um die Frage ging, »ob es genüge, den Kampf nur für die Beendigung des Krieges zu führen, oder ob es möglich sei, auch in Deutschland den Sturz der Monarchie zu erkämpfen«. An eine radikale Änderung der Gesellschaftsordnung, gar an eine »Diktatur des Proletariats«, dachte die große Mehrheit der USPD so wenig wie die sich nun auch »Mehrheitssozialisten« nennende SPD oder die russischen Menschewiki. Denn die USPD war ja keineswegs das deutsche Gegenstück zu den Bolschewiki; in ihr vereinigten sich vielmehr, wie es in einer Untersuchung von Walter Tormin** zutreffend heißt, »recht heterogene Kräfte, Linksradikale wie Liebknecht ..., Vertreter des alten Parteizentrums, wie der Parteivorsitzende Hugo Haase, und Pazifisten vom rechten Flügel der Partei, wie ... Eduard Bernstein«, der »Vater des Revisionismus«. Auch die innerhalb der USPD weiter ein Eigenleben führende Spartakus-Gruppe hatte, zumal ihre führenden Köpfe in Haft waren, »durchaus kein klares Konzept vom weiteren Verlauf der revolutionären und organisatorischen Entwicklung«, heißt es dazu bei Arno Klönne. »Der persönliche und publizistische Einsatz der kleinen Gruppe von sozialistischen Intellektuellen und Arbeiterfunktionären im ›Spartakus‹ war ein wichtiger Bezugspunkt der in der Arbeiterschaft selbst und spontan sich entwickelnden Opposition gegen den Krieg und gegen den Obrigkeitsstaat, der diesen Krieg führte – nicht weniger, aber auch nicht mehr, wobei insbesondere Karl Liebknechts Auftreten weithin Zeichen setzte. Wahrscheinlich war als organisatorischer Rückhalt noch wichtiger die mehrheitlich ›revisionistisch-reformistische‹ USPD, die einfach durch ihre (wenn auch unfreiwillig zustandegekommene) Existenz dem Widerstand in der Arbeiterschaft Auftrieb gab.« Doch die USPD, so hat Hedwig Wachenheim sie beschrieben, »war eine Partei gewisser Gegenden und Städte; ihr Programm wich nicht wesentlich von dem der Mehrheitspartei ab. Sie trat für einen schleunigen Frieden ohne Annexionen und

Entschädigungen ein und verlangte größere demokratische Rechte schon jetzt im Krieg.« Im Gegensatz zu den SPD-Rechten wollte die USPD die Tradition der reinen Opposition durch Ablehnung der Kriegskredite und dann auch der Haushaltsmittel retten. Eine mindestens ebenso wichtige Rolle für die wachsende Revolutionsbereitschaft der Arbeiter spielten innergewerkschaftliche linke »Fraktionen«, die aus dem Protest gegen die Burgfriedenspolitik der Vorstände und der Generalkommission heraus entstanden waren, vor allem im Metallarbeiterverband. Sie hatten auch eine unmittelbare Verbindung zu den Betrieben, die den rein politischen Linksgruppen häufig fehlte. »Allerdings«, hat Arno Klönne dazu bemerkt, »gab es politische Kontinuitäten. Es spricht vieles dafür, daß die Zentren der SPD-Linken vor 1914, also vor allem Berlin, Leipzig, Stuttgart, Bremen« sowie bestimmte rheinische Bezirke wie Solingen-Remscheid und die Industriezentren des Rhein-Main-Gebiets »zugleich Zentren der Gewerkschaftsopposition im Krieg bildeten.«

Aber dies alles sollte nicht darüber hinwegtäuschen, daß die rechten »Mehrheitssozialisten« in der SPD, die sich auf den alten Funktionärsapparat stützen konnten, selbst dort oft die *Wähler*mehrheit hinter sich hatten, wo die Majorität der Gewerkschafts- und Partei*mitglieder* zur Opposition und zur USPD gehörten. So gewann in Württemberg im Frühsommer 1917 ein Mehrheitssozialist bei einer Nachwahl ein Landtagsmandat, obwohl Artur Crispien, einer der Führer der USPD, der die örtliche Mitgliedschaft hinter sich wußte, sein Gegenkandidat war. Franz Mehring unterlag bei Reichstagsnachwahlen in Karl Liebknechts Wahlkreis Spandau-Osthavelland einem unbekannten SPD-Parteifunktionär, und der Gewerkschafts»beamte« Rudolf Wissell konnte den großen Redner der USPD, Dr. Rudolf Breitscheid, im Wahlkreis Niederbarnim schlagen, wo die Partei- und Gewerkschaftsorganisation zur radikalen Linken zählte. Gerade die Teile der Arbeiterschaft, die nicht Mitglieder sozialdemokratischer Organisationen waren, gaben bei Wahlen ihre Stimme für die Mehrheitssozialisten ab, womit sie ihrer Friedenssehnsucht, ihrer Unzufriedenheit mit der Versorgungslage und den undemokratischen Verhältnissen hinreichend Ausdruck zu geben meinten, zugleich aber kundtaten, daß sie von *revolutionären* Veränderungen, wie sie in Rußland vor sich gingen, nichts wissen wollten. In Deutschland sollte die Veränderung zum Besseren *ordentlich* vor sich gehen, und dafür bot die SPD die beste Gewähr.

Auch die USPD hatte sich bei ihrer Gründung im April 1917 davor gescheut, zu revolutionären Aktionen aufzurufen. Die Mehrheit der Delegierten verabschiedete lediglich ein von Karl Kautsky verfaßtes »Manifest«, das die Arbeiter aufforderte, sich *für die Nachkriegszeit* auf einen harten Kampf gegen Arbeitslosigkeit, Lohndrückerei und Teuerung vorzubereiten. Von der Regierung verlangte das Manifest eine Amnestie für politische Gefangene, Aufhebung der Zensur und aller Einschränkungen der Vereins-, Versammlungs- und Koalitionsfreiheit, Aufhebung der Gesindeordnung und der Ausnahmebestimmungen für Staats- und Gutsarbeiter, Arbeits-schutz, gesetzlichen Achtstundentag sowie ein demokratisches Wahlrecht für alle Männer und Frauen vom zwanzigsten Lebensjahr an. Die USPD-Reichstagsabgeordneten sollten für diese Ziele im Reichstag wirken. Schließlich wurde der russischen Revolution Lob und Beifall gespendet, verbunden mit einem kräftigen Seitenhieb auf die »Regierungssozialisten« von der SPD: »Während heute in Rußland sich selbst das Bürgertum für die demokratische Republik erklärt, hat der ›Vorwärts‹, das Organ des Partei-vorstandes, diesen Zeitpunkt für geeignet erachtet, ein Bekenntnis zur Monarchie abzulegen. Nicht Stärkung und Anfeuerung des Proletariats, sondern Schwächung seiner Aktionskraft und Minderung seines Einflusses müssen die Folgen dieser (mehrheitssozialistischen) Politik sein, die von Mißerfolg zu Mißerfolg schreitet . . .«

Das Manifest der USPD, das die Forderung nach einem Verständigungs-frieden ohne Annexionen auf Grund des Selbstbestimmungsrechts der Völker erhob, schloß mit den Worten: »Brot und Wissen für alle! Frieden und Freiheit allen Völkern!«

Fast gleichzeitig mit der Verabschiedung dieses Manifests in Gotha ließ Wilhelm II. in einer »Osterbotschaft« erstmals in vagen Worten seine Bereitschaft erkennen, auf demokratische Forderungen einzugehen, sobald der Krieg siegreich beendet wäre; sogar in Preußen sollte es dann ein »direktes und geheimes« Wahlrecht geben – das *gleiche* Wahlrecht, ohne Klassenprivilegien, wagte selbst der Kaiser nicht in Aussicht zu stellen, weil er damit das Junkertum an seinem Lebensnerv getroffen hätte. Wenige Tage zuvor, am 28. März 1917, hatte Graf Roon namens der Konservativen im preußischen Herrenhaus schon sehr erregt gegen »die Gefahr der Demokra-tie« protestiert. »Es ist empörend«, so erklärte der Graf laut Protokoll, »daß die Frage des Wahlrechts in der Zeit des Burgfriedens immer wieder angeschnitten wird. Der preußische Staat darf nicht durch ein demokrati-sches Wahlrecht ruiniert werden!«

Die führenden Industriellen und Bankiers des Kaiserreichs, die während des Krieges ungeheure Gewinne eingestrichen hatten, lachten sehr über solche ultrareaktionären Äußerungen und machten – wie den Erinnerungen des Wirtschaftspolitikers Hans v. Raumer zu entnehmen ist – ihre Witze darüber; aber im Prinzip billigten sie natürlich die Unnachgiebigkeit der Rechten und der von ihnen getragenen Militärdiktatur, denn im Frühjahr 1917 war die Lage des Deutschen Reichs und seiner Verbündeten schon sehr prekär geworden: Im Westen drohte der in ungeheuer verlustreichen Grabenkämpfen »festgefahrene« Angriff endgültig zu scheitern, und zudem hatten soeben die USA Deutschland den Krieg erklärt; bald würden an der Westfront zahlen- und materialmäßig weit überlegene, frische Truppen aus Amerika den abgekämpften und ausgemergelten deutschen Landsern gegenüberstehen. An der Ostfront hatte zwar die russische Revolution Erleichterung gebracht; es herrschte dort praktisch Waffenruhe. Aber um so mehr war vom Standpunkt der deutschen Führung aus ein Übergreifen der »revolutionären Seuche«, zunächst auf die ohnehin dem Zusammenbruch nahe Habsburger-Monarchie mit ihren zahlreichen russenfreundlichen slawischen Divisionen, dann auch auf das kriegsmüde deutsche Heer zu befürchten. Und auch die deutsche »Heimatfront« war nach dem »Kohlrübenwinter«, trotz der verschärften Militärdiktatur, der mit Unterstützung der Gewerkschaften durchgeführten Dienstverpflichtung der gesamten Arbeiterschaft und der gesteigerten, auch von den mehrheitssozialistischen Parteiorganen verbreiteten Durchhalteparolen, nicht mehr intakt; es gab immer häufiger Hungerkrawalle, spontane Demonstrationen und wilde Streiks.

Aber trotz dieser hoffnungslosen Lage waren die Militärs und Rüstungsindustriellen fest dazu entschlossen, koste es, was es wolle, die Vormachtstellung Deutschlands auf dem europäischen Kontinent, in Afrika, Vorderasien und auf den Weltmeeren zu erringen. Auf der »Kriegszielkonferenz« in Bad Kreuznach im April 1917 einigten sich Kaiser, Regierung, Militärs, Industrie und Bankwelt auf folgende »unverzichtbare« Kriegsziele: Die »Eingliederung« Luxemburgs und Lüttichs, die Annexion der französischen Kohle- und Erzreviere von Ostlothringen bis zur Normandie, dazu Calais und Antwerpen, die britischen Kanalinseln und »eine deutsche Mündung« des Rheins bei »äußerlicher Unabhängigkeit« Hollands. Im Osten und Nordosten sollten Finnland, Estland, Lettland und Litauen, Russisch-Polen, die Ukraine, die Krim und die Ölgebiete am Schwarzen wie am Kaspischen Meer von deutschen Prinzen und Statthaltern regiert, militärisch besetzt und von deutschen Konzernen wirtschaftlich ausgebeutet werden. Österreich-Ungarn, der ganze Balkan und das Türkische Reich bis zu den Ölquellen des Irak sollten unter die politische Vormundschaft und militärische Besetzung des Deutschen Reichs kommen, außerdem »wirtschaftlich beherrscht werden wie Polen und Rußland«. Ferner sollten Malta, die Azoren, Madeira, die Kapverdischen Inseln und einiges mehr deutsche Flottenstützpunkte werden, Nigeria, Guinea, Angola, Dahomey, Französisch Äquatorial-Afrika, Ober-Volta, Belgisch Kongo (nebst Katanga) und Uganda, ferner Britisch Somaliland, Kenia, Nordrhodesien, Nord-Mozambique und Madagaskar deutsche Kolonien. Weiter wollte man von England und den USA je 30 Milliarden Golddollar, von Frankreich 40 Milliarden Goldfranken Kriegsentschädigung, einige wichtige Häfen sowie – das war ein besonderer Wunsch v. Hindenburgs – den größten Teil des Handelsschiffsraums dieser Länder*.

Mit alledem sollte, wie es Hindenburg schlicht und markig formulierte, »der deutschen Eiche Licht und Luft« verschafft werden, außerdem dem Reich genügend »Rohstoffe für den nächsten Krieg«. Doch während die deutsche Führung schon an die nächste Massenschlächterei dachte, begann in Berlin am 16. April 1917 der zweite große politische Massenstreik, der sofort nach Leipzig und auf andere große Städte übergriff. Allein in Berlin streikten am 16. April annähernd dreihunderttausend Rüstungsarbeiter. Durch militärische Zwangsmaßnahmen, beschwörende Appelle der Gewerkschaftsvorstände und Versprechungen der Behörden, die Lebensmittelrationen zu erhöhen, konnte dieser Massenstreik eingedämmt und gebrochen werden. Erstmals wurde bei diesem Streik, zuerst in Leipzig, dann auch in Berlin, die Forderung nach Bildung von Arbeiterräten laut.

Als direkte Konsequenz sowohl dieses Massenstreiks, der die Kriegsmüdigkeit der Rüstungsarbeiter deutlich machte, als auch der größenwahnsinnigen Forderungen, die in Bad Kreuznach als »Kriegsziele« vereinbart worden waren, zeigte sich bei den bürgerlichen Parteien und bei den Mehrheitssozialisten nun erstmals die Bereitschaft zu einem gemeinsamen Vorstoß im Reichstag für einen Verständigungsfrieden ohne Eroberungen und eine demokratische Kontrolle von Monarchie und Regierung durch den Reichstag. Aber diesem gemeinsamen Vorgehen, einer Friedensresolution, die vom Zentrum, von der Fortschrittspartei und der SPD – jener späteren »Weimarer Koalition«, die damals bereits entstand – unterstützt wurde, ging ein erbärmliches Possenspiel voraus: Der Militärdiktator General Ludendorff wollte dem »Friedensgewimmer« der Parlamentarier und der Kanzlerschaft Bethmann Hollwegs ein Ende machen und bediente sich dazu des Kronprinzen, der wiederum sich des – bis dahin von den Hohenzollern noch nie ernstgenommenen oder gar zu Rate gezogenen – Reichstags erinnerte. Er ließ die Fraktionsvorstände wissen, daß er ihre Ansichten zu erfahren wünschte, sogar die der Mehrheitssozialisten.

»Die Geschäftigkeit und Wichtigkeit der mitwirkenden Herren, die höfische Szenerie, die militärische Promptheit, mit der der Nachfolger des jeweils in Behandlung befindlichen Abgeordneten wie bei einer Rekrutenmusterung bereitgestellt wurde, damit ja keine kostbare Minute verlorengehe . . ., hätten sich für eine Filmkomödie nicht schlecht geeignet«, erinnerte sich später der – im November 1917 zum stellvertretenden Reichskanzler ernannte – württembergische Demokrat Friedrich v. Payer an die »von einem leichten Hauch von Verschwörertum« umgebene »Einzelbehandlung« der Parteienvertreter im Großen Hauptquartier, zu der auch von der SPD die Abgeordneten Ebert, Scheidemann und David erschienen waren.

Das Resultat war, daß der Reichstag, der einen Verständigungsfrieden wollte, den Kanzler stürzte, der – weil er ebenfalls einen Verständigungsfrieden wollte, Ludendorff nicht mehr genehm war. Zum Nachfolger wurde erstmals ein Bürgerlicher, der ebenso fromme wie unbedeutende und verschlagene Zentrumsmann Georg Michaelis ernannt, und der SPD-Parteivorstand sah darin einen »erfolgreichen Schritt auf dem Weg zur Demokratisierung« der Hohenzollern-Monarchie.

Hätte der Parteivorstand seiner Erklärung gegenüber dem Kronprinzen, »ein rascher Frieden ohne Abtretungen oder Entschädigungen« wäre »ein Sieg Deutschlands«, die Forderung hinzugefügt, sofort mit Friedensverhandlungen zu beginnen, weil sonst die Sozialdemokratie den Burgfrieden für beendet halten müßte, wäre sie damit wahrscheinlich durchgedrungen. Der bürgerliche Historiker Michael Freund hat dazu bemerkt: »Vor der Drohung der Sozialdemokratie, den Widerstand gegen den Krieg auszurufen, hätte jede Regierung zurückweichen müssen. Aber sie hatte verlernt oder noch nicht gelernt, daß gerade ihr Bekenntnis zur Nation sie verpflichtete, die Politik zu erzwingen, die allein Deutschland vor dem Untergang noch hätte bewahren können.« Die sozialdemokratische Führung – auch der USPD-Vorstand, der in die politischen Ränke zum Sturz Bethmann Hollwegs nicht einbezogen worden war – wollte weder mit Widerstand drohen noch gar wirklich dazu aufrufen, ja nicht einmal ihn billigen, wo er spontan geleistet wurde.

Das zeigte sich schon während der kurzen Kanzlerschaft von Michaelis: Als Anfang August 1917 Matrosen der Hochseeflotte erstmals den Gehorsam verweigerten und unter der Parole »Nieder mit dem Krieg!« eine revolutionäre Bewegung in Gang zu bringen suchten, drückte Ebert namens der SPD der Marineleitung seine »Entrüstung über das landesverräterische Vorgehen« der Matrosen aus. Als dann die Regierung im Reichstag die USPD beschuldigte, sie hätte die Meuterei, in die mehr als fünftausend Marineangehörige verwickelt gewesen wären, »angezettelt«, wies Wilhelm Dittmann dies für die USPD empört zurück; seine Partei, auf deren Manifest die Matrosen sich berufen hatten, hätte die revolutionäre Aktion »niemals gutgeheißen«.

Mit der Erschießung zweier »Rädelsführer«, der Matrosen Köbis und Reichpietsch, der Verurteilung zahlreicher Beteiligter zu insgesamt fast vierhundert Jahren Zuchthaus und harten Disziplinarstrafen für alle »Mitläufer« endete dieser erste Versuch von Angehörigen der Streitkräfte, den Krieg und dann auch die Monarchie nach russischem Vorbild zu beenden.

Zugleich führten die Auseinandersetzungen im Reichstag über Ausnahmegesetze, wie sie Konservative und Militärs gegen die USPD forderten, zum Sturz des Reichskanzlers Michaelis, dem die Mehrheit von Zentrum, SPD und Fortschrittspartei das Vertrauen entzogen hatte. Es war das erste Mal, daß der Reichstag, noch dazu mit Hilfe der SPD, den Regierungschef zum Rücktritt zwingen konnte. Sein Nachfolger wurde – auch das hatte es noch nie gegeben – ein Parteiführer: der vierundsiebzigjährige Zentrumspolitiker und langjährige bayerische Ministerpräsident Georg Graf v. Hertling.

Auch ohne Verfassungsänderung hatten sich nun bereits die Regeln einer parlamentarischen Demokratie weitgehend durchgesetzt, zeigte sich die spätere »Weimarer Koalition« unter maßgeblicher Beteiligung der Sozialdemokraten schon durchaus funktionsfähig – nur wagte die SPD noch nicht, von ihrer Macht stärkeren Gebrauch zu machen und den geforderten Verständigungsfrieden nun auch durchzusetzen. Gegen die Militärs, die alle Friedensbemühungen durch maßlose Bedingungen zunichte machten, energisch Stellung zu nehmen, muteten sich die Volksvertreter nicht zu; zu tief wurzelte noch in den meisten der Respekt vor den goldenen Tressen.

So gingen die Deutschen, ausgeblutet, erschöpft und halb verhungert, in den vierten Kriegswinter, aber es zeigte sich nun, daß die Massen schon nicht mehr bereit waren, die unentwegten Aufforderungen zum »Durchhalten«, die die Militärs, die Regierung, der SPD-Parteivorstand und die Gewerkschaftsführung abwechselnd an sie richteten, weiter zu befolgen.

Anfang Januar 1918 – in Rußland hatten die Bolschewiki unter Führung Lenins schon die Macht erobert und eine Herrschaft der Arbeiter-, Bauern- und Soldatenräte (Sowjets) errichtet – begann in Deutschland eine Massenbewegung, an der sich über eine Million Rüstungsarbeiter und -arbeiterinnen beteiligten. »Der Ursprung der Bewegung, in der soziale und politische Zielsetzungen zusammengingen«, heißt es dazu bei Arno Klönne, »enthielt viele Momente, die schon vorher aufgetreten waren, jetzt aber zusammenwirkten und verstärkt wurden. Der Krieg dauerte bereits dreieinhalb Jahre, ein Ende durch einen Friedensschluß war nicht abzusehen. Im Gegenteil, in den deutsch-russischen Friedensverhandlungen von Brest-Litowsk, die von der deutschen Bevölkerung als Zeichen eines baldigen Kriegsendes begrüßt worden waren, wurde bald deutlich, daß die Militärführung nicht gewillt war, den Krieg aufzugeben ... Hinzu kamen die Vorbilder der russischen Revolution«, die auch von der SPD-Führung als »Sieg des Proletariats und seines Friedenswillens« begrüßt worden war, allerdings mit der im *Vorwärts* dargelegten Einschränkung, daß der »russische Weg« im hochindustrialisierten und politisch hochentwickelten Deutschland nicht gangbar wäre; hier hätte »allein die deutsche sozialdemokratische Taktik« des »schrittweisen Vorgehens« Aussicht auf Erfolg.

Doch Anfang 1918 wurde deutlich, daß die deutsche Führung den Krieg nicht einmal im Osten wirklich beenden, sondern den Diktatfrieden von Brest-Litowsk nur zu weiteren Eroberungen in Rußland benutzen wollte. Die Enttäuschung darüber gab der Massenbewegung den letzten Anstoß. Am 28. Januar traten in Berlin, Hamburg, Kiel und Nürnberg die Rüstungsarbeiter in den Streik – ohne die Unterstützung ihrer Gewerkschaften und gegen deren Willen. In Berlin wurde der Streikbeschluß auf der Branchenversammlung der Dreher gefaßt, zu der alle Berliner Großbetriebe ihre Vertreter geschickt hatten. Am 29. Januar streikten allein in der Reichshauptstadt rund fünfhunderttausend Männer und Frauen. Nun griff der Streik auch auf fast alle anderen größeren Industriestädte des Reichs über. Die Leitung lag in den Händen eines Zentralen Aktionsausschusses von elf zur Gewerkschaftsopposition gehörenden Betriebsfunktionären, die sich »Revolutionäre Obleute« nannten. Den Vorsitz übernahm Richard Müller, seit 1914 Sprecher der Dreher-Branche, die von Anfang an die sozialdemokratische Kriegspolitik bekämpft hatte. Auf Müllers Vorschlag hin wurde beschlossen, je drei Vertreter der Parteivorstände von USPD und SPD hinzuzuziehen, und tatsächlich traten Hugo Haase, Wilhelm Dittmann und Georg Ledebour für die USPD und Friedrich Ebert, Philipp Scheidemann und Otto Braun für die SPD dem Aktionsausschuß bei – wie Ebert später erklärte, »mit der bestimmten Absicht, den Streik zum schnellsten Abschluß zu bringen«.

Eine Delegation von vier Abgeordneten und fünf Arbeitern wurde beauftragt, mit dem Innenminister zu verhandeln, der aber nur die Abgeordneten empfangen wollte, was wiederum die Revolutionären Obleute ablehnten. Inzwischen ging auch die Polizei bereits gegen die Streikenden vor; Streikversammlungen und -komitees wurden verboten. In den folgenden Tagen verstärkte sich die Streikbewegung, und trotz des dann verhängten »verschärften Belagerungszustands« und einer Vermehrung des Polizeiaufgebots um fünftausend Unteroffiziere des Heeres wurden die Behörden der Massendemonstrationen nicht Herr. Bei den Zusammenstößen mit den Streikenden gab es auf beiden Seiten bereits Tote und Verletzte.

Währenddessen hatten die SPD-Vertreter im Aktionsausschuß diesem ein Angebot des Innenministers unterbreitet, zwei Mitglieder der Generalkommission »als Vertreter der Berliner Arbeiterschaft zu empfangen«; Scheidemann und Ebert argumentierten, nur so ließe sich eine Niederlage der Arbeiter verhindern, denn die Regierung habe bereits vier feldmarschmäßig ausgerüstete Jägerbataillone bereitgestellt.

Die Revolutionären Obleute dachten darüber anders. Richard Müller* hat dazu geschrieben: »Um keinen Preis durfte der Generalkommission Gelegenheit geboten werden, als ›Retter in der Not‹ zu erscheinen. Es hatte einen langen, harten und zähen Kampf gekostet, um der Generalkommission das Vertrauen der Masse zu entziehen. Der gewaltige Massenstreik, auf den die ›berufenen‹ Gewerkschaftsführer nicht den geringsten Einfluß ausübten, war der beste Beweis für den Erfolg der letzten Jahre.«

Am 3. Februar 1918 abends gaben die Obleute die Parole aus: »Morgen wird der Streik abgebrochen«, und ebenso exakt und diszipliniert, wie die Arbeitseinstellung begonnen hatte, wurde am 4. Februar überall die Arbeit wieder aufgenommen. Von den Streikforderungen – schleuniger Frieden ohne Annexionen und Entschädigungen; Hinzuziehung von Arbeitervertretern aller Länder zu den Friedensverhandlungen; bessere Lebensmittelversorgung; Aufhebung des Belagerungszustands und Gewährung aller demokratischen Rechte und Freiheiten; Freilassung aller politischen Gefangenen; durchgreifende Demokratisierung aller Staatseinrichtungen und Einführung des allgemeinen Wahlrechts in Preußen – war keine einzige erfüllt, ihre Erfüllung nicht einmal in Aussicht gestellt worden, aber dennoch fühlten sich die Arbeiter keineswegs geschlagen. Sie hatten ihre Macht demonstriert, den geordneten Rückzug angetreten, Erfahrungen gesammelt, wie eine selbständige Bewegung ohne die Hilfe der Partei- und Gewerkschaftsapparate aus den Betrieben heraus organisiert werden konnte. Sie würden bald wieder streiken und auf die Straße gehen, nun wissend, daß nur noch der Umsturz des politischen Systems zur Durchsetzung ihrer Forderungen übrig blieb und daß sie, die Belegschaften der großen Betriebe, selbst den Anstoß dazu zu geben hatten.

15.
Die SPD an der Macht –
Sieg und Niederlage zugleich

Im März 1918 ließ General Ludendorff die deutschen Armeen im Westen auf breiter Front angreifen; Engländer und Franzosen sollten zum Aufgeben gezwungen werden, ehe die Amerikaner mit frischen Truppen in die Kämpfe eingreifen konnten. Aber schon bald zeigte sich, daß die deutsche Großoffensive keine Aussicht auf Erfolg hatte. Es war nun, wie die Armeeführer der Obersten Heeresleitung (OHL) übereinstimmend meldeten, »einwandfrei erhärtet, daß der feindliche Widerstand stärker war als unsere Kraft«. Hunderttausende deutscher Soldaten waren noch einmal umsonst geopfert worden, und nun trafen auch bereits Woche um Woche kampfbereite, bestens ausgerüstete amerikanische Divisionen in Frankreich ein, die die gegnerische Front weiter verstärkten. Am 8. August 1918 durchbrachen die Engländer einen breiten Frontabschnitt – erstmals mit Tanks –, und nun dämmerte es auch dem Mann an der Spitze der OHL, daß an einen deutschen Sieg nicht mehr zu denken war. »Der 8. August«, notierte sich Ludendorff, »... nahm mir die Hoffnung, eine strategische Aushilfe zu finden ... Der Krieg war zu beenden.«

Es bestand tatsächlich noch die Möglichkeit, zu einem für Deutschland glimpflichen Verhandlungsfrieden zu kommen. Hätte die deutsche Führung auf alle Eroberungen verzichtet und sich zugleich entschlossen gezeigt, die eigenen Grenzen mit allen noch vorhandenen Kräften zu verteidigen, so wäre ein Zusammenbruch noch zu vermeiden gewesen. Aber die führenden Militärs, Politiker und Industriellen waren wie verblendet. Sie wollten, koste es, was es wolle, an den Eroberungen im Westen wie im Osten festhalten, auch nicht Belgien oder gar Elsaß-Lothringen aufgeben.

Mehr als zwei Millionen deutsche Soldaten hatten für die Annexionsgelüste der Herrschenden bereits ihr Leben geopfert. Zählte man die Toten und Schwerverwundeten der verschiedenen Fronten und die an Hunger und Entkräftung Gestorbenen in der Heimat zusammen, so waren bereits sechseinhalb Millionen Deutsche durch diesen Krieg um Leben oder Gesundheit gebracht worden, ganz zu schweigen von den Abermilliarden vergeudeten Volksvermögens.

Ende September war sich Ludendorff darüber im klaren, daß die vollständige militärische Niederlage Deutschlands in Kürze bevorstand und nicht mehr aufzuhalten war. Nun setzte er alle Kraft daran, der bisherigen Führung einen guten Abgang zu sichern und alle Verantwortung für das, was jetzt kam, anderen aufzubürden. Was er plante und dann auch durchführte, war – wie aus den Aufzeichnungen des von Ludendorff eingeweihten

Staatssekretärs v. Hintze hervorgeht – eine »Revolution von oben«: Graf Hertling mußte als Reichskanzler zurücktreten. Am 1. Oktober wurden auch die Vorsitzenden aller im Reichstag vertretenen Parteien davon unterrichtet, daß der Krieg verloren wäre und eine neue Regierung sofort ein Waffenstillstandsgesuch an die Alliierten richten müßte. Ludendorff erklärte dazu noch: »Ich habe Seine Majestät gebeten, jetzt auch diejenigen Kreise an die Regierung zu bringen, denen wir es in der Hauptsache zu verdanken haben, daß wir so weit gekommen sind. Wir werden diese Herren also jetzt in die Ministerien einziehen sehen. Die sollen nun den Frieden schließen, der jetzt geschlossen werden *muß*. Sie sollen die Suppe jetzt essen, die sie uns eingebrockt haben . . .«*

Was dann geschah, hat Sebastian Haffner** knapp und präzis geschildert: »Ludendorff war im Augenblick seiner Niederlage derselbe kalt-tollkühne Planer, der er immer gewesen war. Wie immer ging er aufs Ganze. Er bot den Parteien der Reichstagsmehrheit« – Zentrum, Fortschritt und Sozialdemokraten –, »was sie in ihren kühnsten Träumen nicht erwartet hatten: die volle Parlamentarisierung, die ganze Macht. Ein unwiderstehlicher Köder! Nur freilich, der Köder war vergiftet: An ihm hing die Verantwortung für die Niederlage, die totale Niederlage . . . Ludendorff stellte seinen innenpolitischen Gegnern eine Falle . . . und wie die Russen bei Tannenberg tappten sie hinein – wenn auch nicht ganz, ohne mißtrauisch an der Falle zu schnuppern und zurückzuscheuen. Prinz Max von Baden, der neue Reichskanzler, ein liberaler Fürst, der in den vergangenen Jahren Ludendorffs Kriegspolitik vorsichtig kritisiert hatte, fiel aus allen Wolken, als er am 1. Oktober bei der Ankunft in Berlin erfuhr, was man ihm zumutete. Ein paar Tage lang kämpfte er einen Verzweiflungskampf gegen das Waffenstillstandsgesuch; es ging denn auch erst am 4. Oktober hinaus, nicht am 1., wie Ludendorff verlangt hatte. Philipp Scheidemann, damals der zweite Mann der SPD und ihr außenpolitischer Sprecher im Reichstag, plädierte in der Fraktionssitzung ahnungsvoll gegen den Eintritt in ein ›bankrottes Unternehmen‹ und hatte damit einen großen Teil der Fraktion auf seiner Seite. Die beiden Männer, die den Widerstand des Prinzen und des sozialdemokratischen Abgeordneten brachen, waren, merkwürdig zu beobachten, das derzeitige und das künftige Staatsoberhaupt. Wilhelm II. herrschte seinen widerstrebenden Mitfürsten im Kronrat an: ›Du bist nicht hierhergekommen, um der OHL Schwierigkeiten zu machen!‹ Und Friedrich Ebert . . . argumentierte in der Fraktionssitzung der SPD, wenn nun alles auseinanderbräche, dürfe sich die Partei nicht dem Vorwurf aussetzen, daß sie in einem Augenblick ihre Mitwirkung versagt habe, in dem man sie dringend von allen Seiten darum gebeten habe. ›Wir müssen uns im Gegenteil in die Bresche werfen!‹ . . .«

Ebert, der es »für die verdammte Pflicht und Schuldigkeit« der Parteiführung hielt, die untergehende Hohenzollern-Monarchie zu retten, setzte sich durch, und der widerstrebende Scheidemann wurde Staatssekretär des

Prinzen Max von Baden. So erfuhr die deutsche Öffentlichkeit am Morgen des 5. Oktober, das Kaiserreich sei nun eine parlamentarische Demokratie, wie es die Linke stets gefordert hatte, ein liberaler badischer Prinz habe die Kanzlerschaft übernommen, und in seinem Kabinett gäben die Sozialdemokraten den Ton an. Auch habe die neue Regierung als erstes die weiße Fahne gehißt, dem Gegner Deutschlands die Niederlage eingestanden und um Waffenstillstand gebeten! Daß in Wahrheit Ludendorff und mit ihm Hindenburg und der Kaiser die Bitte um Waffenstillstand erzwungen hatten, wußte nur ein sehr kleiner Kreis, und in der deutschen Öffentlichkeit entstand der – von Ludendorff geplante – Eindruck, kaum wären Männer wie der Zentrumsabgeordnete Matthias Erzberger und der SPD-Vorsitzende Scheidemann an der Macht, verwandelten sie auch schon den nahen »Endsieg« in eine endgültige Niederlage! Die Verfassungsänderungen, die Ebert im Reichstag als »Wendepunkt in der deutschen Geschichte« und »Geburtstag der deutschen Demokratie« feierte, interessierten die meisten Menschen wenig. Auch sah ein Prinz als Kanzler nicht gerade nach Demokratie aus, und zudem ging der Krieg ja weiter. Sogar neue Gestellungsbefehle gingen massenhaft hinaus: den ganzen Oktober hindurch wurden die Siebzehnjährigen eingezogen.

Während die Front im Westen wankte und immer weiter zurückwich, Deutschlands Verbündete zusammenbrachen und vom Balkan und von Italien her feindliche Armeen sich dem ungeschützten Süden des Reiches näherten, führte Ludendorff den zweiten Teil seines Plans durch: Jetzt forderte er die Ablehnung der gegnerischen Friedensangebote. Sie könnten, so verkündete er am 24. Oktober, ohne die Regierung in Berlin vorher zu konsultieren, »für uns Soldaten nur die Aufforderung sein, den Widerstand mit den äußersten Kräften fortzusetzen«.

Aber nun wurde Prinz Max, der Reichskanzler, energisch. Zwar durchschaute er noch nicht das ganze hinterhältige Spiel des Generals, aber er spürte zumindest dessen Illoyalität. So stellte er dem Kaiser ein Ultimatum: Entweder Ludendorff würde sofort entlassen oder er, der Kanzler, trete zurück. Wilhelm II., dessen Abdankung die Alliierten wünschten, ließ daraufhin Ludendorff fallen; der bis dahin fast allmächtige Militärdiktator erhielt seinen Abschied, und die deutsche Öffentlichkeit nahm kaum davon Notiz. Sie wartete mit wachsender Ungeduld auf den endlichen Waffenstillstand, und immer mehr Menschen, auch Monarchisten, fragten empört, warum der Kaiser nicht abdankte, wenn nur noch seine Person einer Beendigung des aussichtslosen Kampfes im Wege stände. Nur wenige dachten dabei auch an eine Abschaffung der Monarchie, und wie führende Sozialdemokraten die Dinge sahen, geht aus den Erinnerungen des AEG-Direktors Hans v. Raumer hervor. Am 22. Oktober 1918 versammelten sich in dessen Wohnung einige führende Industrielle, darunter Ernst v. Borsig, Walther Rathenau, Carl Friedrich v. Siemens und Reichsrat v. Rieppel von MAN, von Gewerkschaftsseite Carl Legien, Gustav Bauer, August Schlicke und Theodor Leipart. Gemeinsam berieten Unternehmer und Gewerkschaftsführer die Lage. Am 30. Oktober tagte die um den Konzernchef Hugo Stinnes erweiterte Runde abermals. »Die Entwicklung des politischen Geschehens zwang zu größter Eile«, heißt es wörtlich in v. Raumers Bericht. »Da stellte sich zunächst die Frage, was aus der Armee würde, wenn Kaiser und Kronprinz abdankten . . . Sehr interessant zeichnete sich in dieser Besprechung die politische Einstellung der beiden Gewerkschaftsführer« – Carl Legien und Gustav Bauer – »ab. Sie wollten nicht die Beseitigung der Monarchie, sondern ein parlamentarisches Regime mit einem Regentschaftsrat an der Spitze, der unter Hinzuziehung von Gewerkschaftern die Regierung bis zur Volljährigkeit des ältesten Sohnes des Kronprinzen führen sollte.«

Das Bündnis mit der Gewerkschaftsspitze, heißt es weiter bei v. Raumer, »bewährte sich in den folgenden Wochen . . . Man geht nicht zu weit mit der Feststellung, daß (dieses Bündnis) . . . Deutschland vor dem Chaos und vor einer bolschewistischen Revolution bewahrt hat«, eine Befürchtung, die jeglicher Grundlage entbehrte.

Weder die SPD- noch die USPD-Führung wollte etwas anderes als einen raschen Frieden und einen möglichst reibungslosen Übergang zu geordneten demokratischen Verhältnissen. Beides wurde Ende Oktober 1918 nicht von den kriegsmüden, hungernden Massen in Frage gestellt, sondern von meuternden Seeoffizieren und Admiralen. Die deutsche Flottenführung wollte auf eigene Faust die gesamte Hochseeflotte auslaufen lassen und die »Entscheidungsschlacht« mit der englischen Flotte suchen – ein Verhalten, das eindeutig gegen die (noch immer kaiserliche) Reichsregierung gerichtet war, die sich um Waffenstillstand und Friedensverhandlungen bemühte, deren Autorität die Marineleitung aber nicht mehr anerkennen wollte.

Die Mannschaften der Kriegsschiffe, die sich dagegen auflehnten und die Wahnsinnstat ihrer Offiziere verhinderten, durften sich im Recht fühlen, handelten sie doch *für* die rechtmäßige Regierung, nicht gegen sie, wie ihre Vorgesetzten. Auf der »Thüringen«, einem der beiden Linienschiffe, die am 30. Oktober die Ausfahrt verweigerten, war zuvor von den Matrosen ein Beauftragter zum Ersten Offizier geschickt worden, der diesem erklären sollte, der geplante Flottenvorstoß wäre bestimmt nicht im Sinne der neuen Reichsregierung. Die Antwort des Ersten Offiziers (nach dem Protokoll des Kriegsgerichts): »Ja, das ist *Ihre* Regierung . . . !«

Die Meuterei auf der Schilling-Reede vor Wilhelmshaven, die die Marineleitung sowohl vor der Reichsregierung wie vor der OHL noch tagelang verheimlichte, endete unentschieden. Nach einer dramatischen Kraftprobe, bei der die meuternden und die noch nicht meuternden Schiffsbesatzungen aus nächster Nähe ihre Kanonen aufeinander gerichtet hielten, gaben die Matrosen der »Thüringen« und der »Helgoland« auf; mehr als tausend Matrosen wurden in Militärgefängnisse an Land gebracht und mußten mit Erschießung rechnen. Umgekehrt sahen die Admirale ein, daß mit so

»unzuverlässigen« Mannschaften keine Schlacht mehr zu gewinnen war; der Flottenvorstoß wurde aufgegeben, nur ein Geschwader blieb in Wilhelmshaven; ein weiteres wurde nach Brunsbüttel beordert, das Dritte Geschwader dampfte zurück nach Kiel, wo es am 1. November eintraf.

Es dauerte drei Tage, bis sich die Mannschaften der in Kiel liegenden Schiffe, die sich zuvor nicht aufgelehnt hatten, dazu durchrangen, für ihre in Wilhelmshaven eingekerkerten Kameraden zu intervenieren. Sie schickten eine Delegation zum Ortskommandanten, wurden abgewiesen, diskutierten dann mit den Soldaten der Garnison und mit den Werftarbeitern, organisierten schließlich einen Demonstrationszug. Es kam zu einem Zusammenstoß mit einer Militärpatrouille, deren Führer, ein Leutnant, in die Menge schießen ließ, wobei es neun Tote und neunundzwanzig Verletzte gab. Der Zug stob auseinander, aber einer der bewaffneten Matrosen stürzte vor und erschoß den Leutnant. Damit war – am Sonntag, dem 3. November – die Entscheidung gefallen. Nun gab es kein Zurück mehr.

Sebastian Haffner hat diesen Beginn der deutschen Revolution exakt und packend beschrieben:

»Plötzlich wußten auch alle, was jetzt zu tun sei. Am Morgen des Montags, des 4. November, wählten alle Matrosen des Dritten Geschwaders Soldatenräte, entwaffneten ihre Offiziere, bewaffneten sich selbst und hißten auf den Schiffen die rote Fahne. Ein einziges Schiff, die ›Schlesien‹, zog nicht mit: Es floh unter den drohenden Kanonen seiner Schwesterschiffe auf die hohe See. Ein einziger Kapitän, Kapitän Weniger von der ›König‹, verteidigte mit der Waffe in der Hand seinen Flaggenmast. Er wurde erschossen. Bewaffnete Matrosen, jetzt unter dem Kommando ihrer Soldatenräte..., gingen in militärischer Formation an Land, besetzten ohne Widerstand das Militärgefängnis und befreiten ihre Kameraden... Nachmittags traf eine Abteilung Heeressoldaten ein, vom Generalkommando Altona angefordert zur Niederschlagung des Matrosenaufstands. Sie wurde unter Verbrüderungsszenen entwaffnet... (Auch) die Marinesoldaten der Garnison erklärten sich mit den Matrosen solidarisch. Die Dockarbeiter beschlossen den Generalstreik. Am Abend des 4. November war Kiel in der Hand von vierzigtausend aufständischen Matrosen.«

Am Abend dieses Tages kamen zwei Abgesandte der Reichsregierung: ein württembergischer Demokrat, der einundsechzigjährige Rechtsanwalt Conrad Haußmann, Staatssekretär im Kabinett des von ihm zum Reichskanzler vorgeschlagenen Prinzen Max, und der Verbindungsmann des SPD-Vorstands zu den Militärs, der Reichstagsabgeordnete Gustav Noske. Sie wurden von den Aufständischen Kiels mit Jubel empfangen, und Noske wurde sofort zum »Gouverneur« gewählt – »wieder ein Beweis«, wie Sebastian Haffner richtig dazu bemerkt hat, »daß die Rebellen nicht *gegen* die Regierung rebellierten, sonden *für* sie, und in ihrem Sinn zu handeln glaubten«, zugleich aber auch ein Beweis dafür, daß die von Noske repräsentierte SPD-Führung das volle Vertrauen der Arbeiter, Matrosen und Soldaten hatte und daß die Anführer des Kieler Aufstands gewiß nicht von der Spartakus-Gruppe oder von anderen Linksradikalen beeinflußt waren.

Noske bemühte sich sofort, die Revolte einzudämmen und »in geordnete Bahnen zu lenken«, was ihm insoweit gelang, als er die Autorität der Offiziere wiederherstellen und den Arbeiter- und Soldatenrat zur Zusammenarbeit mit den kaiserlichen Behörden bewegen, ihn auch unter den Einfluß örtlicher Gewerkschafts»beamter« bringen konnte. Was er jedoch nicht vermochte, war die Eindämmung der Revolte, ihre Beschränkung auf Kiel. Die Matrosen wußten, daß sie ihre Bewegung in Gang halten, auch die anderen Hafenstädte erobern und ihre in Wilhelmshaven zu Hunderten eingekerkerten Kameraden befreien mußten, sonst wären sie verloren. Denn in Kiel saßen sie wie in einer Falle; es blieb ihnen nur die Flucht nach vorn.

So schwärmten sie nun aus, ohne auf Noske zu hören, und überall, wohin sie kamen, schlossen sich ihnen die Soldaten der Garnisonen und die Arbeiter der Werften, Docks und Fabriken zu Abertausenden an. Am 5. November waren Lübeck und Brunsbüttelkoog in ihrer Hand, am 6. Hamburg, Bremen und Wilhelmshaven, am 7. Hannover, Oldenburg, Köln, am 8. bereits alle Großstädte westlich der Elbe sowie Magdeburg und Leipzig. Überall befreiten sie als erstes die politischen Gefangenen, besetzten die Rathäuser, Bahnhöfe und Kommandanturen, dann wählten die Arbeiter Arbeiterräte, die Soldaten Soldatenräte, und die militärischen wie zivilen Behörden kapitulierten kampflos. Fast überall setzten sich die neuen Arbeiter- und Soldatenräte paritätisch aus Mitgliedern der örtlichen Parteivorstände von SPD und USPD zusammen. Der Wille der Massen war ganz eindeutig darauf gerichtet, die Einheit der Sozialdemokratie wiederherzustellen, die gegnerischen Bruderparteien, die sich im Kriege getrennt hatten, wieder zusammenzuführen und ihnen, unabhängig von ihrer örtlichen Stärke, die gleiche Anzahl von Vertretern in den neugebildeten Kontrollgremien und Oberbehörden zuzubilligen.

Denn mehr waren die in Nord-, West-, Süd- und Mitteldeutschland – noch nicht in Berlin und weiter östlich – gebildeten Arbeiter- und Soldatenräte keineswegs. Die zivilen Verwaltungsbehörden blieben unangetastet und arbeiteten weiter wie bisher, als sie unter der Kontrolle und Oberaufsicht der Militärkommandos gestanden hatten. Die allerdings waren von der Revolution hinweggefegt worden, ebenso die Fürsten samt ihrem Hofstaat. Dabei war keinem der großen und kleinen Souveräne ein Haar gekrümmt worden; sie waren zwar für abgesetzt erklärt, aber höflich und korrekt behandelt worden. Auch das private Eigentum blieb unangetastet, und selbst in den Fabriken änderte sich, vom Mitspracherecht der Räte hinsichtlich der Arbeitsbedingungen abgesehen, überhaupt nichts. Dafür sorgten vor allem die Gewerkschaften, deren »Beamte« und die bewährte Disziplin der organisierten Arbeiter.

AEG-Vorstandsmitglied v. Raumer hat es so beschrieben: »Als alle Autoritäten zusammenbrachen: Monarchie, Staat, Militär und Bürokratie, schuf... (der) Zusammenschluß der Unternehmer mit den Gewerkschaften eine Macht, die die Wirtschaft und die Betriebe in Ordnung hielt. Der bei allen Revolutionen zu beobachtende Vorgang, daß sich die Arbeiter gegen ihre Arbeitgeber wandten, wurde nicht ausgelöst, weil die Gewerkschaften fest zur Ordnung und zu ihrer Aufrechterhaltung mit den Unternehmern zusammenstanden.«

Von links, zumal von der Spartakus-Gruppe aus, gesehen, mochte das als »Verrat« an der Revolution und am Sozialismus erscheinen. Aber, wie Haffner es formuliert hat, »die Revolution war nicht sozialistisch oder kommunistisch. Sie war – mit einer gewissen unausgesprochenen Selbstverständlichkeit, fast nebenbei – republikanisch und pazifistisch; bewußt und vor allem aber war sie antimilitaristisch. Was sie mit der Installierung der Arbeiter- und Soldatenräte abschaffte und ersetzte, das war die Disziplinargewalt des Offizierskorps in Heer und Flotte und die seit 1914 bestehende diktatorische Exekutivgewalt der Militärbehörden im Lande«, die überall mit dem Belagerungszustand regiert hatten.

Die Revolution war nicht »angezettelt« worden, schon gar nicht von der Spartakus- oder einer anderen radikalen Gruppe oder gar von russischen Emissären. Schon kurz nach dem Ausbruch der Matrosenrevolte in Kiel hatte die Reichsregierung »vorsorglich« – wie der damalige Staatssekretär im Kabinett des Prinzen Max von Baden, Philipp Scheidemann, sich später rühmte – das gesamte Personal der sowjetischen Botschaft zur sofortigen Abreise gezwungen und die Grenzen im Osten geschlossen, noch ehe die Bevölkerung in Berlin und in den Ostprovinzen etwas von den Kieler Ereignissen und ihren Folgen aus den noch immer streng zensierten Zeitungen erfahren hatte. Was die Spartakus-Anhänger betraf, so spielten sie zahlenmäßig überhaupt keine Rolle, und was ihre – später von interessierter Seite zu »Rädelsführern« hochstilisierten – maßgebenden Köpfe anging, so wurden die meisten von ihnen erst von der Revolution aus den Gefängnissen befreit. Rosa Luxemburg durchlebte die ersten acht Novembertage, fiebernd vor Ungeduld, im Breslauer Stadtgefängnis und kam erst am 9. November nach jahrelanger Haft wieder frei; Karl Liebknecht, der schon am 23. Oktober, um – so Scheidemann – »der Volksstimmung entgegenzukommen«, auf freien Fuß gesetzt worden war, hielt sich seitdem in Berlin auf und wußte nicht mehr von den Vorgängen anderswo, als in den Zeitungen stand.

Es gab bei dieser Revolution keine Führer und keine Organisation, außer in München. Dort hatte Kurt Eisner, als überzeugter Pazifist führend in der bayerischen USPD, aber keineswegs Marxist und wegen seiner Mitwirkung beim Munitionsarbeiterstreik vom Januar 1918 bis zum 14. Oktober in Haft, bereits am 6. November ein klares Konzept für eine – übrigens völlig unblutige und überaus disziplinierte – Revolution, das er dann im kühnen Alleingang realisierte.

Eisner, den der bedeutendste Historiker der deutschen Revolution,

Kurt Eisner (1867-1919), am Tage seines beabsichtigten Rücktritts ermordet.

Arthur Rosenberg*, »den einzigen schöpferischen Staatsmann« dieser Novembertage genannt hat, war eigentlich das Gegenteil dessen, was man sich unter einem bayerischen Volksführer und Freiheitskämpfer vorstellt: Als Sohn eines jüdischen Hoflieferanten, der Unter den Linden ein gutgehendes Geschäft für Militäreffekten und Orden hatte, war er im Berliner Westen aufgewachsen. In München lebte der »verlorene Sohn« als sozialdemokratischer Redakteur und Theaterkritiker wie ein Schwabinger »Kaffeehausliterat«. »Mit Bart, Brille und Bohemeallüren«, wie Sebastian Haffner ihn beschrieben hat, gehörte er auch in der SPD eher zum rechten, halbbürgerlichen, liberalen Flügel. Erst im Krieg trieb ihn sein Humanismus nach links, zur USPD, die aber in Bayern als organisierte Partei kaum Bedeutung hatte. Eisner tat nichts, um sie aufzubauen, aber als am 7. November der Vorsitzende der bayerischen Mehrheitssozialisten, Erhard Auer, im Einverständnis mit der königlichen Regierung eine Kundgebung auf der Theresienwiese durchführte, »um der Revolutionsstimmung ein Ventil zum Dampfablassen zu öffnen«, wurde Eisner nicht, wie Auer es versprochen hatte, »an die Wand gedrückt«, vielmehr hielt er, nachdem Auer mit seinen Partei- und Gewerkschaftsfunktionären abgezogen war, eine flammende Rede und marschierte mit den verbliebenen Demonstranten in den Münchner Norden, zu den Kasernen, wo ihm das für eine Revolution Entscheidende gelang: Im Handumdrehen gewann er die Soldaten als Verbündete!

Schon am Abend und immer noch unter Eisners alleiniger Leitung, konstituierten sich die ersten Arbeiter- und Soldatenräte. Noch in der Nacht – der König hatte München bereits verlassen – rief er im militärisch besetzten Landtag die bayerische Republik aus und ließ sich zum Ministerpräsidenten und zum Vorsitzenden der Arbeiter-, Bauern- und Soldatenräte Bayerns wählen. Denn in richtiger Erkenntnis, daß sich die junge Republik auf eine breite Volksmehrheit stützen müßte, war Eisner ein Bündnis mit dem Bauernbund, den Bürgerlichen Demokraten und – sehr gegen den Willen Auers und der anderen rechten Sozialdemokraten – auch mit der SPD und den Gewerkschaften eingegangen. Kein Schuß war gefallen, kein Tropfen Blut geflossen, keine Fensterscheibe zu Bruch gegangen, als Eisner am 8. November sein Kabinett vorstellte, in das Erhard Auer, wenn auch zähneknirschend, als Innenminister eingetreten war. Anschließend erließ Kurt Eisner einen Aufruf »An die Bevölkerung Münchens!«, worin er seine Ziele bekanntgab.

Während Eisner in München die Revolution zum Sieg führte, hatte Noske sie in Kiel schon zum Erlöschen gebracht. Einen Tag, nachdem er von den Matrosen und Arbeitern jubelnd begrüßt und zum »Gouverneur« gewählt worden war, hatte er bereits nach Berlin melden können, er hätte die Hoffnung auf »freiwillige Rückkehr zur Ordnung unter sozialdemokratischer Führung; dann würde die Rebellion in sich zusammensinken«.

Max von Baden war voller Bewunderung für Gustav Noske – »Der Mann hat Übermenschliches geleistet!« –, und er setzte im Reichskabinett durch, daß Noske »freie Hand« erhielt, »den lokalen Ausbruch zu ersticken«. In seinen Memoiren hat der Prinz bekannt, was ihm damals durch den Kopf ging: »Das Schicksal Deutschlands hing daran, daß Ebert die Leistung seines Parteigenossen im großen wiederholte, das heißt, die Bewegung im ganzen Lande ›zurückrollte‹...«

Tatsächlich waren die alten Machthaber – Kaiser, Oberste Heeresleitung und Reichsregierung – ebenso wie die Berliner Parteileitung der SPD unter Ebert die ganze erste Novemberdekade hindurch beherrscht von dem einen Gedanken, nämlich daß die Revolution »erstickt« oder »zurückgerollt« werden müßte. Aber sie wußten auch, daß erst die Waffenruhe die Möglichkeit dazu bringen würde. Solange der Krieg fortdauerte, ging auch die Revolution weiter. Daher waren alle, OHL wie SPD-Führung, Kaiser wie Reichskanzler, sehr erleichtert, als am 6. November eine Mitteilung aus Washington kam, das Alliierte Oberkommando in Compiègne wäre nun bereit, eine deutsche Waffenstillstandsdelegation zu empfangen. Sofort wurde Staatssekretär Matthias Erzberger von der Zentrumspartei mit der Führung dieser Delegation beauftragt und auf die Reise geschickt, wobei angemerkt sei, daß Erzberger diesen Auftrag nur höchst widerstrebend übernahm; es wäre ja auch Sache eines Generals gewesen, Waffenstillstand zu schließen. Aber die Reichsregierung wollte an der Fiktion festhalten, das Ersuchen darum wäre von ihr, nicht von Ludendorff und der OHL, ausgegangen.

Für Erzberger gab es in Compiègne, wo er am 8. November morgens von General Foch empfangen wurde, gar nichts zu verhandeln. Man überreichte ihm die von den Alliierten festgesetzten Bedingungen und stellte ihm ein Ultimatum, das bis zum 11. November befristet war, sie anzunehmen oder abzulehnen.

Natürlich stand längst fest, daß es für die deutsche Führung nur noch die Annahme gab – aber wie sollte es weitergehen? Wilhelm II. wollte mit dem nun freiwerdenden Westheer gegen den »inneren Feind« marschieren und »die Revolution zusammenschießen« lassen. Ludendorffs Nachfolger, General Groener, und Prinz Max wagten nicht, dem Kaiser klarzumachen, daß es höchst zweifelhaft wäre, ob die Soldaten noch gehorchen würden, zumal wenn es gegen die eigenen Landsleute ginge und wenn er, der Kaiser, den Befehl dazu erteilte. Denn inzwischen sahen alle in Wilhelm II. nur noch ein Hindernis für einen raschen und noch einigermaßen glimpflichen Frieden, nur wollte keiner der Militärs und Kabinettsmitglieder dies offen aussprechen. So verrann die Zeit bis zum Ablauf des Ultimatums.

Wer schließlich erzwang, daß etwas geschah, war die SPD-Führung. So wie die Generale um Disziplin und Gehorsam des Westheeres bangten, so mußte der SPD-Vorstand befürchten, daß ihm die Parteiorganisation bald entglitte; immer mehr vorstandstreue Funktionäre in den Bezirken gingen, wenn auch meist widerstrebend, zur Revolution über, weil sie von der Anhängerschaft mitgerissen wurden.

Am 6. November erschien Ebert mit seinen Vorstandskollegen in der Reichskanzlei, wo auch General Groener inzwischen eingetroffen war, und forderte ultimativ die Abdankung des Kaisers, falls die Regierung »den Übergang der Massen in das Lager der Revolutionäre verhindern wolle«. Es wäre dies »die letzte Gelegenheit zur Rettung der Monarchie«. Und als General Groener diese Forderung empört ablehnte, erklärte Ebert: »Dann müssen die Dinge ihren Lauf nehmen! Von nun an scheiden sich unsere Wege . . . Wer weiß, ob wir uns je wiedersehen werden.« Prinz Max von Baden verhandelte am nächsten Morgen erneut mit Friedrich Ebert, diesmal unter vier Augen. Er hat das Gespräch später wörtlich aufgezeichnet. Zunächst teilte er dem SPD-Vorsitzenden seinen Entschluß mit, selbst ins Hauptquartier nach Spa in Belgien zu fahren und den Kaiser zur Abdankung zu bewegen. »Wenn es mir gelingt, den Kaiser zu überzeugen«, fragte der Prinz den Parteiführer, »habe ich Sie dann auf meiner Seite im Kampf gegen die soziale Revolution?«

»Eberts Antwort«, so notierte er sich, »erfolgte ohne Zögern und war unzweideutig: ›Wenn der Kaiser nicht abdankt, dann ist die soziale Revolution unvermeidlich. Ich will sie aber nicht, ja, ich hasse sie wie die Sünde!‹ *Nach* der Abdankung des Kaisers hoffe er, die Partei und die Massen hinter die Regierung zu bringen. Ich nannte den Prinzen Eitel Friedrich als den nach der Verfassung gegebenen Regenten für Preußen und das Reich. Ebert erklärte für sich und seine Partei, sie würden der Regierung in diesen Verfassungsfragen keine Schwierigkeiten machen. Dann wünschte er mir in bewegten Worten Erfolg für meine Reise.«

Doch der Prinz reiste nicht nach Spa; es war keine Zeit mehr dazu, denn an diesem Tag griff die Revolution auch nach Berlin über. Die USPD hatte für den Abend sechsundzwanzig Massenversammlungen in allen Arbeitervierteln der Hauptstadt anberaumt. Die Regierung wollte sie verbieten, doch der SPD-Parteivorstand erklärte, ein Verbot würde die Revolution auch in Berlin auslösen; Gewerkschaften und Parteifunktionäre wären hingegen in der Lage, die USPD-Veranstaltungen zu »übernehmen« und zu »entschärfen«, vorausgesetzt, die Regierung sagte zu, daß der Kaiser bis zum 8. November , 12 Uhr mittags, abgedankt haben würde. Als Prinz Max empört fragte, wie er das bewerkstelligen sollte, gab Ebert zur Antwort: »Heute abend müssen wir das Ultimatum von jeder Tribüne verkünden, sonst läuft uns die ganze Gesellschaft zu den Unabhängigen . . .«

Und so geschah es. Mit der Bekanntgabe des mehrheitssozialistischen Ultimatums an die Regierung bekam der SPD-Parteivorstand den erhofften Beifall der Massen und die revolutionäre Bewegung weitgehend unter Kontrolle. Was Ebert und seine Kollegen nicht verhindern konnten, war der Beschluß mehrerer Versammlungen, am nächsten Morgen »zur Unterstützung unserer Forderungen« den Generalstreik auszurufen.

Noch vertraute die Regierung auf das Militär, das am Abend des 8. November durch eine besonders zuverlässige Truppe, das 4. Jägerregiment aus Naumburg, verstärkt worden war. Die Naumburger Jäger waren im Sommer im Osten mehrfach »erfolgreich« gegen russische Revolutionäre eingesetzt worden; jetzt sollten sie die drohende Revolution in Berlin ersticken.

Aber in der Kaserne, wo man die Jäger untergebracht hatte, kamen ihnen Zweifel, nachdem noch in der Nacht Handgranaten ausgegeben worden waren. Zum Entsetzen ihrer Offiziere begannen die Mannschaften zu murren, wollten wissen, wofür und gegen wen sie kämpfen sollten. Sie konnten nur beruhigt werden mit dem Versprechen ihres Kommandeurs, daß sie am nächsten Morgen, ehe es losginge, volle Aufklärung erhalten würden. Gleich nach dem Wecken, am frühen Morgen des 9. November, beschlossen die Soldaten jedoch, sich die Aufklärung lieber selbst zu holen. Ein paar Mann wurden mit einem Kraftwagen zur Redaktion des *Vorwärts* losgeschickt.

Dort waren die SPD-Betriebsvertrauensleute versammelt, warteten ungeduldig auf die Nachricht von der Abdankung Wilhelms II., mit der sie die Arbeiterschaft in den Betrieben vom Generalstreik und den dann unausbleiblichen Zusammenstößen mit dem Militär noch einmal abzuhalten hofften, und fürchteten, daß es jeden Augenblick ohne sie »losgehen« könnte. In diese nervöse Versammlung hinein kamen plötzlich schwerbewaffnete Soldaten. Einen Augenblick lang sah es so aus, als wollten sie schießen, aber dann hörten die Betriebsobleute zu ihrer Erleichterung, daß das Militär nur Aufklärung forderte. Jemand, sagte ihr Anführer, sollte sofort mitkommen und seinen Kameraden Rede und Antwort stehen.

Der Reichstagsabgeordnete Otto Wels, der im Hause war, erklärte sich bereit, diese heikle Aufgabe zu übernehmen. Er wußte nicht, was ihn erwartete: die Naumburger Jäger standen im Hof der Alexanderkaserne angetreten, die Offiziere vor der Front; man forderte ihn auf, zu reden, was er zögernd tat.

Wels, ein stämmiger Mittvierziger, geschulter Parteifunktionär von volkstümlichem Auftreten und seit 1913 im Parteivorstand der Rechtsaußen, gab den Soldaten ein ungeschminktes Bild der Lage ohne eine Spur von Agitation. Er berichtete ihnen, eher traurig als anklagend, vom verlorenen Krieg, von der Aussicht auf Frieden, von den harten Bedingungen, die die Kriegsgegner stellten, von der Uneinsichtigkeit des Kaisers und von der Notwendigkeit, jetzt mutig einen neuen Anfang zu machen. Schließlich merkte er, daß er verstanden wurde und Zustimmung fand. Da wagte er, zur Sache zu kommen: »Jetzt ist es eure Pflicht, den Bürgerkrieg zu verhindern! Ich rufe euch zu: Ein Hoch auf den freien Volksstaat!«

Sie jubelten ihm zu, und er hatte gewonnen! Keiner der Offziere wagte es noch, zu widersprechen, als die Truppe sich nun unter das Kommando des Reichstagsabgeordneten Wels stellte. Im Triumph fuhr er zurück zum *Vorwärts;* sechzig Naumburger Jäger begleiteten ihn und übernahmen den bewaffneten Schutz des SPD-Zentralorgans. Wels aber fuhr nun an der Spitze einer Soldatendelegation von Kaserne zu Kaserne. Zwei Stunden später – die Revolution hatte noch gar nicht begonnen – war die gesamte Berliner Garnison »umgedreht« und hielt sich zur Verfügung des SPD-Parteivorstands.

Etwa zur selben Zeit war man auch in Spa bei der OHL zu dem Ergebnis gelangt, daß mit keinem Truppenteil der Westfront, auch nicht mit den Regimentern der Gardedivision, nicht einmal mit der Garde du Corps, eine Niederschlagung der Revolution noch durchzuführen war. Groener unterrichtete den Kaiser davon und fügte hinzu: »Das Heer wird unter seinen Führern ... geschlossen und in Ordnung in die Heimat zurückmarschieren, aber nicht unter Führung Eurer Majestät.« Oberst Heye, der inzwischen die Auskünfte von 39 Frontkommandeuren ausgewertet hatte, fügte hinzu: »Die Armee will nicht mehr kämpfen, weder nach außen noch nach innen ...«

Damit war klar: Das Kaiserreich hatte kein Machtinstrument mehr; die Revolution war nicht mehr niederzuschlagen, sondern allenfalls noch – und das allein mit Hilfe des SPD-Parteivorstands und der Gewerkschaftsführung – »in geordnete Bahnen zu lenken« und dann mehr oder weniger sanft zu ersticken. Das aber bedeutete, daß Wilhelm II. sofort abdanken mußte und daß anstelle des Prinzen Max der Sozialdemokrat Friedrich Ebert eine Reichsregierung zu bilden hatte.

Groener in Spa, Prinz Max in der Berliner Reichskanzlei und Ebert im SPD-Parteivorstand waren sich gleichermaßen im klaren über die Lage und die allein noch möglichen Konsequenzen, nur meinte der General, noch ein paar Tage Zeit zu haben, den störrischen Kaiser zum Abdanken zu bewegen. Prinz Max, der auf einer Direktleitung mit der OHL stündlich telefonierte, drängte zwar zur Eile, aber da in Berlin noch alles ruhig zu sein schien, glaubte er, es genüge, wenn die Entscheidung »im Laufe des Tages« fiele. Nur Ebert wußte, daß keine Minute mehr zu verlieren war. Die Betriebsvertrauensleute meldeten bereits, seit der Frühstückspause habe in den großen Fabriken der Streik begonnen, die Arbeiter formierten sich schon zu Demonstrationszügen in die Innenstadt. Wenn die Partei nicht sofort die Führung übernähme, verlöre sie endgültig die Kontrolle.

»Die Folge war«, so hat Sebastian Haffner diese entscheidende Vormittagsstunde des 9. November 1918 beschrieben, »daß Ebert handeln mußte, ohne auf Prinz Max warten zu können, und daß Prinz Max handeln mußte, ohne auf Groener warten zu können; daß in Spa noch den ganzen Tag ein Abdankungsdrama stattfand, über das die Ereignisse in Berlin schon längst hinweggegangen waren; daß Prinz Max nach stundenlangem Seelenkampf die Abdankung des Kaisers bekanntgab, ohne daß sie erfolgt war; und daß auch diese Falschmeldung bereits zu spät kam, um den Gang der Ereignisse noch aufhalten zu können. Fast alles, worüber sich die letzten Würdenträger des Kaiserreiches an diesem Tage erhitzten und zermarterten, spielte in Wirklichkeit schon gar keine Rolle mehr ... Es war, als ob die Schauspieler in einer Haupt- und Staatsaktion noch augenrollend und gestikulierend ihre Verse deklamieren, während der Vorhang schon gefallen ist ...«

Um 12 Uhr, während in der Reichskanzlei Nachrichten einliefen, daß vom Nordwesten, Norden, Nordosten, Osten und Südosten her endlose Züge von Arbeitern in Richtung Innenstadt marschierten; daß viele Soldaten sich, rote Fahnen schwingend, ihnen anschlössen; daß auf kein Truppenteil der Garnison mehr Verlaß wäre, riß Prinz Max die Geduld: Er ließ die längst vorbereitete Meldung von der Abdankung Wilhelms II. an das amtliche Wolffsche Telegraphenbureau geben, obwohl sie falsch war. Die sogleich durch Extrablätter verbreitete Nachricht hatte folgenden Wortlaut: »Der Kaiser und König hat sich entschlossen, dem Thron zu entsagen. Der Reichskanzler bleibt noch so lange im Amte, bis die mit der Abdankung des Kaisers, dem Thronverzicht des Kronprinzen des Deutschen Reiches und von Preußen und der Einsetzung der Regentschaft verbundenen Fragen geregelt sind. Er beabsichtigt, dem Regenten die Ernennung des Abgeordneten Ebert zum Reichskanzler und die Vorlage eines Gesetzentwurfes wegen der sofortigen Ausschreibung allgemeiner Wahlen für die verfassunggebende deutsche Nationalversammlung vorzuschlagen, der es obliegen würde, die künftige Staatsform des deutschen Volkes einschließlich der Volksteile, die ihren Eintritt in die Reichsgrenzen wünschen sollten, endgültig festzustellen. Der Reichskanzler Max Prinz von Baden.«

In denselben Ausgaben der Berliner Zeitungen stand an prominenter Stelle noch eine weitere Meldung: »Sämtliche sozialdemokratischen Mitglieder – Staatssekretär Scheidemann, Unterstaatssekretäre Dr. David, Bauer, Schmidt und August Müller – sind, wie wir erfahren, heute vormittag aus der Regierung ausgetreten . . . Der Grund davon dürfte sein, daß die Arbeiterbewegung nicht mehr aufzuhalten ist. Die Folgen sind vorläufig nicht abzusehen.«

Und schließlich gab es noch eine weitere Sensation, die die Zeitungen allerdings noch mit einem Fragezeichen versahen: »Einigung der Sozialisten?« lautete die Überschrift, und darunter stand: »Seit heute morgen finden Einigungsverhandlungen in Berlin zwischen den Mehrheitssozialisten und den Unabhängigen statt. Die Sitzungen der entsandten Delegierten dauern bereits mehrere Stunden, doch ist noch kein Ergebnis bekannt geworden.«

Zur selben Stunde, als die um 13 Uhr erscheinenden Mittagsausgaben und Extrablätter der Berliner Zeitungsverlage diese Meldungen verbreiteten, war Friedrich Ebert bereits Reichskanzler. Kurz nach 12 Uhr hatte er Prinz Max zur Regierungsübergabe aufgefordert, »damit Ruhe und Ordnung bewahrt werden«, und der Prinz, der gerade erst bekanntgegeben hatte, er würde bis zur gesetzlichen Regelung im Amt bleiben, widersetzte sich nicht: Er übertrug dem Führer der SPD die Reichskanzlerschaft des deutschen Kaiserreichs – eine verfassungsrechtliche Unmöglichkeit – und war froh, die Verantwortung los zu sein. Dagegen blieben alle – gerade erst zurückgetretenen – Regierungsmitglieder auf ihren Posten, und die erste Amtshandlung des neuen Reichskanzlers war ein Aufruf an die Arbeiter Berlins: »Mitbürger! Ich bitte euch alle dringend: Verlaßt die Straßen! Sorgt für Ruhe und Ordnung!«

Aber auch dieser Appell kam zu spät, genauso wie die Falschmeldung von

Mitbürger!

Der bisherige Reichskanzler Prinz Max von Baden hat mir unter Zustimmung der sämtlichen Staatssekretäre die Wahrnehmung der Geschäfte des Reichskanzlers über= tragen. Ich bin im Begriff, die neue Regierung im Einvernehmen mit den Parteien zu bilden und werde über das Ergebnis der Oeffentlichkeit in Kürze berichten.

Die neue Regierung wird eine Volksregierung sein. Ihr Bestreben wird sein müssen, dem deutschen Volke den Frieden schnellstens zu bringen und die Freiheit, die es errungen hat, zu befestigen.

Mitbürger! Ich bitte Euch alle um Eure Unter= stützung bei der schweren Arbeit, die unser harrt. Ihr wißt, wie schwer der Krieg die Ernährung des Volkes, die erste Voraussetzung des politischen Lebens, bedroht.

Die politische Umwälzung darf die Ernährung der Bevölkerung nicht stören.

Es muß die erste Pflicht Aller in Stadt und Land bleiben, die Produktion von Nahrungsmitteln und ihre Zufuhr in die Städte nicht zu hindern, sondern zu fördern.

Nahrungsmittelnot bedeutet Plünderungen und Raub, mit Elend für alle! Die Aermsten würden am schwersten leiden, die Industriearbeiter am bittersten getroffen werden.

Wer sich an Nahrungsmitteln oder sonstigen Be= darfsgegenständen oder an den für ihre Verteilung be= nötigten Verkehrsmitteln vergreift, versündigt sich aufs schwerste an der Gesamtheit.

Mitbürger! Ich bitte Euch alle dringend: Verlaßt die Straßen! Sorgt für Ruhe und Ordnung!

Berlin, den 9. November 1918.

Der Reichskanzler.
Ebert.

XII. Hauptobt. IV № 245

Flugblatt vom 9. November 1918.

Philipp Scheidemann, 1865-1939, um 1918.

der Abdankung des Kaisers. Die Massen hatten nun schon die Berliner Innenstadt erreicht, überfluteten die Straße Unter den Linden, die Plätze vor dem Schloß, dem Zeughaus, dann auch am Brandenburger Tor und am Reichstagsgebäude. Sprechchöre riefen: »Nieder mit dem Kaiser! Nieder mit dem Krieg! Hoch die Republik!«

Im Reichstagsrestaurant saßen der geschäftsführende Reichskanzler Ebert und sein Staatssekretär Scheidemann zu dieser Stunde beim Mittagessen. Wie Scheidemann in seinen Erinnerungen berichtet hat, löffelten sie eine wäßrige Kartoffelsuppe. Als das Geschrei von draußen stärker wurde, ließ Scheidemann seine Suppe stehen und eilte durch die langen prunkvollen Korridore zu einem der großen Fenster im ersten Stock, öffnete es und sah vor sich die nach Zigtausenden zählende Menschenmenge, die bei seinem Anblick still wurde.

Was für ein Augenblick! Aber Philipp Scheidemann, ein Meister der improvisierten Ansprache, fühlte sich ihm gewachsen. Das Meer von roten Fahnen, die vielen gläubigen Gesichter, die offensichtliche Verbrüderung der Arbeiter und Soldaten – das alles inspirierte ihn, und so rief er über den weiten Platz: »Das Volk hat auf der ganzen Linie gesiegt! Es lebe die deutsche Republik!«

Jubel brauste auf. Scheidemann, nun auch selbst ergriffen, winkte den

Menschen draußen noch einmal zu und ging zurück ins Restaurant, zu seiner Kartoffelsuppe. Aber dort stand Ebert, dunkelrot vor Zorn. »Er schlug mit der Faust auf den Tisch und schrie mich an: ›Ist das wahr?‹ Als ich ihm antwortete, daß ›es‹« – das Hoch auf die Republik – »nicht nur wahr, sondern selbstverständlich sei, machte er mir eine Szene, bei der ich wie vor einem Rätsel stand. ›Du hast kein Recht, die Republik auszurufen! Was aus Deutschland wird, ob Republik oder was sonst, das entscheidet eine Konstituante!‹« So Philipp Scheidemann in seinen *Erinnerungen eines Sozialdemokraten*, wobei angemerkt sei, daß Scheidemann den »kalten Bürokraten« Ebert, Ebert den »eitlen Schwätzer« Scheidemann nicht ausstehen konnte.

Im übrigen nahm es auch Ebert mit der »Konstituante«, der verfassunggebenden Nationalversammlung, deren Wahl ja bislang nur eine Empfehlung seines Vorgängers an den noch gar nicht ernannten »Regenten« war, nicht so genau. Am frühen Nachmittag bat er den Prinzen Max, der schon seine Koffer gepackt hatte, als »Reichsverweser« in Berlin zu bleiben – um die Monarchie zu retten! Aber der Prinz hatte genug, winkte ab und reiste heim. Ebert aber, der kaiserliche Reichskanzler, versuchte weiter, dem Hohenzoller, der ihn gar nicht ernannt hatte und noch am selben Abend sich entschloß, seine Truppen im Stich zu lassen und nach Holland abzureisen, den Thron zu retten – wenn schon nicht für den Kaiser selbst, dann wenigstens für dessen ältesten Enkel.

»Ebert«, so hat Sebastian Haffner ihn beschrieben, »war der Typ eines deutschen Handwerksmeisters: gediegen, gewissenhaft, von beschränktem Horizont, aber in seiner Beschränkung eben ein Meister; bescheiden-würdig im Umgang mit vornehmer Kundschaft, wortkarg und herrisch in seiner Werkstatt. Die SPD-Funktionäre zitterten ein bißchen vor ihm... Er war nicht besonders beliebt in der Partei, aber genoß gewaltigen Respekt... Er war der Mann, auf den Verlaß war; der Mann, der immer wußte, was er wollte. Und was wollte er? Ganz gewiß keine Revolution... Wenn es irgendetwas gab, das er noch mehr haßte, dann war es Disziplinlosigkeit in seiner Partei... Gerade damit aber hatte er dann allerdings die Partei gespalten. 1917 hatten sich alle kritischen Geister, die Eberts Fuchtel nicht mehr ertrugen, endgültig abgespalten und die... USPD gegründet. Ebert blickte auf diese neue Linkspartei mit Unwillen, aber auch mit Verachtung: ein Sauhaufen, in dem es weder Disziplin noch Organisation gab...«

Trotzdem – es war besser, sie »in die Verantwortung mit einzubinden« – hatte Ebert noch vor dem Mittagessen die USPD aufgefordert, in seine Regierung einzutreten; sie sollten drei Ministerkandidaten benennen. »An Personalfragen soll nichts scheitern«, fügte er sogar hinzu, und als man ihn fragte, ob ihm denn Karl Liebknecht genehm wäre, gab Ebert zur Antwort: »Wenn Sie wollen, bringen sie uns auch Liebknecht. Er soll uns angenehm sein.«

Ebert, der Mann der Parteiorganisation, des Apparats, wußte natürlich, als er dieses Angebot machte, daß die Massen längst die Einigung der beiden

Parteien nicht nur stürmisch forderten, sondern sie schon geradezu als Selbstverständlichkeit ansahen. Jedes Sträuben gegen eine USPD-Beteiligung an der Macht wäre einem politischen Selbstmord gleichgekommen, und was Karl Liebknecht betraf, so war er, der mutige Vorkämpfer gegen den Militarismus, der als einziger schon 1914 die Kriegskredite im Reichstag abgelehnt und 1917 öffentlich gegen den Völkermord protestiert hatte, an diesem 9. November der populärste Mann in Deutschland, der Liebling der Massen. Am Nachmittag gegen 16.30 Uhr hatte er von einem Balkon des Königlichen Schlosses aus – zum zweitenmal an diesem Tag – die deutsche Republik ausgerufen, allerdings die *sozialistische*.

»Wer von euch die freie sozialistische Republik Deutschland und die Weltrevolution erfüllt sehen will, erhebe seine Hand zum Schwur!« So hatte er seine Ansprache beendet, und alle waren seiner Aufforderung gefolgt.

Dennoch – und kaum jemand wußte das besser einzuschätzen als Ebert – war Karl Liebknecht nur eine Symbolfigur, keine Macht. Er hatte kein Parteiamt, kein Mandat, keine Hausmacht, war erst vor vierzehn Tagen aus dem Zuchthaus entlassen worden, und keine Organisation stand hinter ihm, denn seine Freunde von der Gruppe Spartakus, alles in allem kaum zweihundert Männer und Frauen, meist Intellektuelle, konnten diskutieren, bissige Kommentare und flammende Aufrufe verfassen, Programme entwerfen, einige hatten auch Rednertalent, aber organisieren, so wie der Einzelgänger Kurt Eisner in München, konnten sie nicht, am wenigsten Karl Liebknecht.

Nein, Liebknecht und seine Freunde stellten für Ebert und seine Pläne keine Gefahr dar, so wenig wie die USPD-Führung. Doch es gab eine andere Gruppe, die bedeutend ernster zu nehmen war: die Revolutionären Obleute der Berliner Großbetriebe, rund hundert gestandene Arbeiterführer, die zwar niemand außerhalb ihrer Fabriken und Wohnviertel kannte, die aber Massen hinter sich hatten: die nach Zigtausenden zählenden Belegschaften von Osram, Siemens, Borsig, von AEG, Knorr-Bremse, Schwartzkopff, Daimler-Marienfelde und zahlreichen weiteren Großunternehmen. Die Revolutionären Obleute, zumal ihr zwölfköpfiges Aktionskomitee, verstanden es auch, zu organisieren – das hatten sie schon beim Januarstreik bewiesen –, und weil sie einerseits darauf zählen konnten, daß die Arbeiterschaft ihre Weisungen strikt und diszipliniert befolgte, andererseits als Gewerkschaftsopposition und oftmals konspirativ *gegen* die abwiegelnden und beschwichtigenden Appelle der Generalkommission und der Parteizentrale handelten, stellten sie jetzt eine tatsächliche Gefahr für Eberts Pläne dar.

Am Nachmittag des 9. November, während sich SPD und USPD noch in endlosen Sitzungen darüber zu verständigen versuchten, wer in die neue Regierung eintreten sollte, beriet sich das Aktionskomitee der Revolutionären Obleute nur sehr kurz und schritt dann zur Tat. Ursprünglich hatten die Obleute einen bewaffneten Aufstand für den 11. November geplant, aber die Entwicklung war ihren Plänen vorausgeeilt. Als praktisch denkende Männer sahen sie, worauf es jetzt ankam: Es galt, den begeisterten, aber ziellos durch die Stadt marschierenden Massen sofort eine handlungsfähige Führung zu geben, eine echte Revolutionsregierung, die Ebert und die Parteizentralen beiseite drängen und selbst die Politik bestimmen konnte. Mit ein paar hundert verläßlichen Arbeitern, die die Obleute rasch zusammenbrachten, besetzten sie gegen Abend den Reichstag.

Zunächst schien es, daß es sich nur um Neugierige oder einfach vom vielen Marschieren ermüdete Demonstranten handelte, die sich ausruhen und aufwärmen wollten. Aber dann zeigte sich, daß ein Plan, eine geschickte Regie dahintersteckte. Die Eindringlinge zogen in den Plenarsaal, brachten eilig die mitgebrachten Transparente und roten Tücher an, ließen sich dann auf den Abgeordnetensitzen nieder, wählten ein Präsidium, das sofort den Vorsitz übernahm, und begannen mit den Beratungen. Ein paar SPD-Abgeordnete, die hereinschauten und zunächst belustigt zuhörten, merkten plötzlich, worauf das Ganze hinauslief. Kurz nach 22 Uhr gelang es ihnen, Ebert zu verständigen: Im Reichstag sei soeben von einer Art Revolutionsparlament beschlossen worden, schon morgen früh in allen Fabriken und Kasernen Berlins Arbeiter- und Soldatenräte zu wählen – je einen für tausend Belegschaftsmitglieder und für jedes Bataillon. Bereits am Nachmittag, um 17 Uhr, sollten sich diese gewählten Räte im Zirkus Busch einfinden und einen »Rat der Volksbeauftragten« bestimmen, der die Regierungsgeschäfte unverzüglich zu übernehmen hätte . . . !

Ebert hörte mit Staunen, daß von ihm und seiner Regierung überhaupt nicht die Rede gewesen wäre. Eben noch hatte er gemeint, alle Trümpfe in der Hand zu haben – Garnison, Parteiapparat, Regierung und Verwaltung, die Gewerkschaftsorganisation und die durch das Koalitionsangebot gezähmte USPD –, und nun mußte er feststellen, daß die Revolutionären Obleute, deren Macht in den Betrieben dem SPD-Vorstand schmerzlich bewußt war, ihn mit einem sorgfältig vorbereiteten Coup zu entmachten und beiseitezuschieben gedachten. Ihre Kuriere waren gewiß bereits unterwegs zur Vorbereitung der Wahlen am nächsten Morgen.

Ebert war in einer äußerst schwierigen Lage: Auf eine Machtprobe, einen Kampf, gar auf einen Einsatz der von Wels gerade erst zum Stillhalten bewogenen Truppen konnte er es nicht ankommen lassen. Unmöglich durfte der erste sozialdemokratische Kanzler am ersten Tag seiner Regierung auf sozialdemokratische Arbeiter schießen lassen!

So blieb nur noch eins: Er mußte sich schweren Herzens von seiner Absicht lossagen, die Monarchie zu retten, um den »organischen Zusammenhang mit der Vergangenheit« zu bewahren. Er mußte darauf verzichten, der kaiserliche Reichskanzler zu sein, zu dem ihn Prinz Max – unberechtigterweise – ernannt hatte. Statt dessen galt es nun, die von den Revolutionären Obleuten in Gang gesetzte Bewegung in die Hand zu bekommen, jetzt auch noch selber Vorsitzender der geplanten Gegenregierung zu werden. Die SPD hatte in Berlin noch einen gut funktionierenden Apparat, sie konnte sich durchaus noch die Mehrheit in der morgigen Versammlung im Zirkus Busch verschaffen. Aber höchste Eile war geboten, und so wurde Wels abermals beauftragt, diesmal mit der Mobilisierung des Funktionärsapparats der Partei.

Die ganze Nacht hindurch jagten die Kuriere des SPD-Parteivorstands – wie die der Revolutionären Obleute – durch die Stadt, versehen mit Instruktionen für die am nächsten Morgen, einem Sonntag, in allen Betrieben und Kasernen stattfindenden Wahlen. In beiden Hauptquartieren wurde emsig gearbeitet, die Regie für die bevorstehenden Wahlen überprüft und korrigiert, die Parole festgelegt. Die der SPD lautete:»Kein Bruderkampf! Einigkeit! Eine allsozialistische Regierung!«

Doch gerade die Einigung mit der USPD, eine Voraussetzung für die proklamierte»allsozialistische« Regierung und damit auch für einen Erfolg im Zirkus Busch, machte unerwartete Schwierigkeiten: Die Reichstagsfraktion der USPD konnte sich weder über die Koalitionsbedingungen einig werden noch über ihre personelle Vertretung im Kabinett.

Am nächsten Morgen versammelten sich die Unabhängigen erneut im Reichstag. In der Reichskanzlei tagte die Regierung – die alte des Prinzen Max, nun mit Ebert an der Spitze – und beschloß ohne große Diskussion die sofortige Annahme der harten Waffenstillstandsbedingungen. Das geschah fast nebenbei, denn es stand ja außer Frage, daß an eine Fortsetzung des Krieges nicht mehr zu denken war. Was Ebert und den anderen Sozialdemokraten im Kabinett, was auch den bürgerlichen Ministern an diesem Sonntag, dem 10. November, wirklich zu schaffen machte, war die Haltung der USPD, ohne deren Eintritt in die Regierung keine Einigkeit demonstriert und die Revolution nicht unter Kontrolle gebracht werden konnte. Ebert und seine Fraktionskollegen waren längst bereit, der Versöhnung mit den ungeliebten Unabhängigen beinahe jedes Opfer zu bringen, ihren Bedingungen – ähnlich wie beim Waffenstillstand – ohne Zögern zuzustimmen.

Endlich, um 13.30 Uhr, kam die erlösende Mitteilung: Die USPD-Fraktion hatte drei»Volksbeauftragte« nominiert! Sie war bereit, mit der SPD zusammenzugehen, allerdings zu Bedingungen, die Ebert noch tags zuvor empört zurückgewiesen hätte. Die Unabhängigen verlangten: politische Gewalt in den Händen der Arbeiter- und Soldatenräte, Aufschub der Beschlußfassung über eine Nationalversammlung, Gleichberechtigung aller Volksbeauftragten. Das war hart, aber Ebert akzeptierte sofort, desgleichen die USPD-Kandidaten: Hugo Haase, Wilhelm Dittmann und – das war eine Überraschung – Emil Barth, einen der Führer der Revolutionären Obleute.

Diese hatten inzwischen erkannt, daß ihr Plan zu scheitern drohte. Es war ihnen zwar gelungen, die Belegschaften der Betriebe am Sonntagmorgen nahezu vollzählig zur Teilnahme an den Wahlen zu mobilisieren, aber die SPD-Funktionäre waren auch nicht müßig gewesen. Deren Parole –»Einigkeit! Kein Bruderkampf!« – hatte genau die Stimmung der Arbeiterschaft getroffen, die dann überall je zur Hälfte SPD- und USPD-Kandidaten gewählt hatte, womit die Absichten der Revolutionären Obleute durchkreuzt worden waren. In den Kasernen, wo Otto Wels im Sinne des SPD-Vorstands gewirkt hatte, waren ausschließlich dessen Vertrauensleute nominiert und in die Versammlung im Zirkus Busch delegiert worden, so daß dort die Mehrheitssozialisten eine erdrückende Mehrheit hatten.

Richard Müller, der führende Mann im Aktionsausschuß der Revolutionären Obleute, notierte sich ahnungsvoll:

»Nach dem Ergebnis der Wahlen war man sich klar, daß die Rechtssozialisten mit den rechten Unabhängigen . . . die Mehrheit auf ihrer Seite hatten. Eine Regierung ohne die Rechtssozialisten war nicht zu erreichen. Man mußte sie als eine Tatsache hinnehmen. Daß die Rechtssozialisten die Macht der Arbeiter- und Soldatenräte zu brechen versuchen würden, um zur Nationalversammlung und damit zur bürgerlich-demokratischen Republik zu kommen, war auch allen klar. Gelang das, dann war die Revolution verloren.«

Es gelang, denn im Zirkus Busch, wo die gewählten Arbeiter- und Soldatenräte, dazu die ganze Prominenz der sozialistischen Parteien, von Ebert bis Liebknecht, am Nachmittag zusammenkamen, erhielt Ebert als erster das Wort. Er verkündete die gerade zustandegekommene Einigung von SPD und USPD, und damit hatte er die Versammlung, wie erwartet, bereits gewonnen. Das war es, was alle hören wollten. Auch sonst war seine Rede ganz der herrschenden Stimmung entsprechend. Er sprach von »Ruhe und Ordnung«, die nötig wären, und zwar »für den vollständigen Sieg der Revolution«. Hugo Haase, der als zweiter sprach, wirkte dagegen matt, und er konnte Ebert nur in allen Punkten bestätigen. Als dritter sprach Karl Liebknecht, der versuchte, Ebert den sicheren Sieg doch noch zu entreißen. Er hielt dem Parteivorstand alle Sünden vor, die die Mehrheitssozialisten seit 1914 begangen hatten. »Aber das wollte in diesem Augenblick des Sieges und der endlichen Versöhnung niemand hören,« bemerkt Haffner dazu. »Es gab viele Zwischenrufe, besonders die Soldaten . . . wurden unruhig. Sie riefen im Chor: ›Einigkeit, Einigkeit!‹ . . .«

Auch der letzte Versuch der Revolutionären Obleute, Terrain zurückzugewinnen, scheiterte. Die von ihnen mit dem Hintergedanken einer Gegenregierung vorgeschlagene Wahl eines »Vollzugsausschusses des Arbeiter- und Soldatenrats« wurde zwar nach langem Hin und Her durchgeführt, aber entgegen ihren Absichten setzten die Soldatenräte dafür eine doppelte Parität durch: die Hälfte der Ausschußmitglieder sollte von den Arbeitern und bei diesen wiederum zur Hälfte von SPD- und von USPD-Anhängern gestellt werden, die andere Hälfte beanspruchten sie für sich, und da sie sämtlich Mehrheitssozialisten waren, hatten diese wiederum eine überwältigende Mehrheit. Spät in der Nacht endete die Versammlung. Man bestätigte rasch noch die neue Reichsregierung, den »Rat der Volksbeauftragten«, dem Ebert, Scheidemann und, vom äußersten rechten Flügel der SPD, Otto Landsberg, von der USPD Haase und Dittmann sowie Emil Barth von den

Obleuten angehörten, und beschloß einen Aufruf »An das werktätige Volk!«, worin Deutschland zur »sozialistischen Republik« erklärt wurde. »Die Träger der politischen Macht sind jetzt Arbeiter- und Soldatenräte«, hieß es ferner darin, auch war die Rede von der »raschen und konsequenten Vergesellschaftung der kapitalistischen Produktionsmittel«, der Beendigung der »Versklavung der Volksmassen« und dem Aufbau einer sozialistischen Wirtschafts- und Gesellschaftsordnung »aus den blutgetränkten Trümmern« der Monarchie und des Kapitalismus. Der Aufruf, der am 12. November im *Deutschen Reichsanzeiger* und *Preußischen Staatsanzeiger* veröffentlicht wurde und auch »brüderliche Grüße« an die »russische Arbeiter- und Soldatenregierung« enthielt, schloß mit den Worten: »Es lebe die deutsche sozialistische Republik!«

»Zufrieden ging von den Hauptakteuren keiner nach Hause«, hat Sebastian Haffner dazu geschrieben. »Die Obleute wußten, daß sie ihre Schlacht verloren hatten... Aber auch Ebert war bedrückt: Er hatte gewonnen, gewiß, aber um welchen Preis! Die Unabhängigen in der Regierung, dieser verdächtige Vollzugsrat als Nebenregierung, er selbst nicht mehr Reichskanzler, sondern ›Volksbeauftragter‹, Revolutionsführer wider Willen... Würden seine bürgerlichen Parlaments- und Ministerkollegen, würde die OHL in Spa ihm jetzt noch trauen?... Er war dazu verurteilt, ein Doppelspiel zu spielen. Und war er diesem Doppelspiel noch gewachsen? Der Staat und die Gesellschaft, die er retten wollte – würden sie nach dem heutigen Tag noch bereit sein, sich von ihm retten zu lassen?

Darüber wenigstens beruhigte ihn am späten Abend ein unerwarteter Telefonanruf. Er kam auf einer Geheimleitung, von deren Existenz Ebert bis dahin gar nichts gewußt hatte. Spa war am Apparat, die Oberste Heeresleitung, General Groener. Endlich wieder ein anständiger Mensch, mit dem man vernünftig reden konnte!«

Den Wortlaut dieses legendenumwobenen Telefongesprächs erfuhr niemand, es gab keine Zeugen, und Ebert hat nie darüber gesprochen. Groener sagte später darüber aus: Er hätte Ebert in der Nacht zum 11. November »loyale Zusammenarbeit« angeboten und seinerseits – der General dem Staatsoberhaupt! – Bedingungen gestellt: schnellste Beseitigung des »Räteunwesens«, Nationalversammlung, Rückkehr zu »geordneten Verhältnissen«, schärfster Kampf gegen Radikalismus und Bolschewismus. Ebert hätte allem zugestimmt. »Der Zweck unseres Bündnisses... war die restlose Bekämpfung der Revolution«, heißt es in Groeners Aussage wörtlich. Zum Schluß hätte Ebert ihm gedankt – der Regierungschef dem General, nicht umgekehrt!

»Von da ab besprachen wir uns täglich abends auf der geheimen Leitung zwischen der Reichskanzlei und der Heeresleitung«, erklärte General Groener unter Eid dem Untersuchungsausschuß, »und besprachen die notwendigen Maßnahmen. Das Bündnis hat sich bewährt.«

16.
Die Geburtswehen
der Weimarer Republik

Noch am 10. November 1918 erließ der neue Rat der Volksbeauftragten die folgende Erklärung:

»An das deutsche Volk! Die aus der Revolution hervorgegangene Regierung, deren Leitung rein sozialistisch ist, setzt sich die Aufgabe, das sozialistische Programm zu verwirklichen. Sie verkündet schon jetzt mit Gesetzeskraft folgendes:

1. Der Belagerungszustand ist aufgehoben.
2. Das Vereins- und Versammlungsrecht unterliegt keiner Beschränkung, auch nicht für Beamte und Staatsarbeiter.
3. Eine Zensur findet nicht statt. Die Theaterzensur wird aufgehoben.
4. Die Meinungsäußerung in Wort und Schrift ist frei.
5. Die Freiheit der Religionsausübung wird gewährleistet. Niemand darf zu einer religiösen Handlung gezwungen werden.
6. Für alle politischen Straftaten wird Amnestie gewährt. Die wegen solcher Straftaten anhängigen Verfahren werden niedergeschlagen.
7. Das Gesetz über den Vaterländischen Hilfsdienst wird aufgehoben mit Ausnahme der sich auf die Schlichtung von Streitigkeiten beziehenden Bestimmungen.
8. Die Gesindeordnungen werden außer Kraft gesetzt, ebenso die Ausnahmegesetze gegen die Landarbeiter.
9. Die bei Beginn des Krieges aufgehobenen Arbeiterschutzbestimmungen werden hiermit wieder in Kraft gesetzt.

Weitere sozialpolitische Verordnungen werden binnen kurzem veröffentlicht werden. Spätestens am 1. Januar 1919 wird der achtstündige Normalarbeitstag in Kraft treten. Die Regierung wird alles tun, um für ausreichende Arbeitsgelegenheit zu sorgen. Eine Verordnung über die Unterstützung von Erwerbslosen ist fertiggestellt. Sie verteilt die Lasten auf Reich, Staat und Gemeinde. Auf dem Gebiet der Krankenversicherung wird die Versicherung über die bisherige Grenze von 2500 Mark (Jahresverdienst) ausgedehnt werden. Die Wohnungsnot wird durch die Bereitstellung von Wohnungen bekämpft werden. Auf die Sicherung einer geregelten Volksernährung wird hingearbeitet. Die Regierung wird die geordnete Produktion aufrechterhalten, das Eigentum gegen Eingriffe Privater sowie die Freiheit und Sicherheit der Person schützen.

Alle Wahlen zu öffentlichen Körperschaften sind fortan nach dem gleichen, geheimen, direkten, allgemeinen Wahlrecht auf Grund des proportionalen Wahlsystems für alle mindestens 20 Jahre alten männlichen und weiblichen Personen zu vollziehen. Auch für die Konstituierende Versammlung, über die nähere Bestimmung noch erfolgen wird, gilt dieses Wahlrecht.«

Abgesehen von der Präambel, wo von einer »Verwirklichung des *sozialistischen* Programms« die Rede ist, erfüllte die Revolutionsregierung mit dieser ersten Anordnung sofort und mit einem Schlag nahezu alle Gegenwartsforderungen der deutschen Sozialdemokratie und ihrer Gewerkschaften: ein wirklich demokratisches Wahlrecht, staatsbürgerliche Gleichberechtigung der Frauen und Jugendlichen, Achtstundentag, Arbeitslosenunterstützung aus öffentlichen Mitteln, volle Meinungs-, Informations- und Koalitionsfreiheit.

Am Tag darauf, am 11. November, um 5 Uhr morgens, setzte der nach Compiègne entsandte Zentrumsabgeordnete Matthias Erzberger seine Unterschrift unter den Waffenstillstandsvertrag, der sechs Stunden später, um 11 Uhr vormittags, in Kraft trat. Damit war der Krieg zu Ende, der auf deutscher Seite fast zwei Millionen Soldaten und annähernd einer Million hungernden Zivilisten das Leben gekostet hatte. Über vier Millionen Soldaten waren verwundet worden, 618000 noch in Gefangenschaft. Die inneren Schulden des Reiches waren von 28 Milliarden bei Kriegsbeginn auf 176 Milliarden Goldmark gestiegen. Unbekannt waren die finanziellen Forderungen der Sieger und die aus der Versorgung der Kriegsinvaliden, Witwen und Waisen erwachsenden Verpflichtungen. Die Blockade dauerte fort, so daß mit Lebensmitteleinfuhren vor Friedensschluß nicht zu rechnen war und man sich auf eine weitere Verknappung der Rationen einrichten mußte.

Die Waffenstillstandsbedingungen sahen ferner vor: die Räumung Frankreichs, Belgiens, Luxemburgs und Elsaß-Lothringens binnen 15 Tagen, binnen weiterer 16 Tage auch die der linksrheinischen deutschen Gebiete und der Brückenköpfe von Mainz, Koblenz und Köln; im Osten mußten die deutschen Truppen hinter die alten Reichsgrenzen zurückgezogen werden. Abzuliefern waren, außer Kriegsschiffen und -flugzeugen, Kanonen und anderen schweren Waffen, auch 5000 Lokomotiven, 150000 Güterwaggons und 5000 Lastkraftwagen.

Diese katastrophale Ausgangslage muß man bei allem berücksichtigen, was in den folgenden Wochen und Monaten von den nun die Regierungsverantwortung tragenden deutschen Sozialdemokraten getan oder nicht getan, verhindert oder geduldet wurde. Berücksichtigen muß man auch die Stimmung im Land:

Was nützten, so fragten sich viele Arbeiter, Republik, Achtstundentag und demokratisches Wahlrecht, wenn weiter gehungert wurde und die Reallöhne sanken, weil die Preise kräftig anzogen? War das der Sozialismus? Oder lag es daran, daß überall noch die alten kaiserlichen Beamten saßen und alle Produktionsmittel weiterhin den Kapitalisten gehörten?

Umgekehrt war die Verbitterung des konservativen oder nationalliberalen Teils der Bevölkerung, zumal der Besitzbürger und höheren Beamten, ungeheuer, erst recht, nachdem die Waffenstillstandsbedingungen bekannt wurden. Am 10. November 1918 schrieb Paul Baecker in der konservativen *Deutschen Tageszeitung*:

»Worte reichen nicht aus, der Empörung und dem Schmerze Ausdruck zu geben ... Das Werk, das unsere Väter mit ihrem kostbaren Blut erkämpft – weggewischt durch Verrat aus den Reihen des eigenen Volkes! Deutschland, das noch gestern unbesiegt war, von Männern, die den deutschen Namen tragen, seinen Feinden preisgegeben, durch Felonie (Verrat) aus den eigenen Reihen niedergebrochen in Schuld und Schande! Die deutschen Sozialisten wußten, daß der Friede ohnehin im Werden sei und daß es nur noch gelte, Wochen, vielleicht nur Tage lang dem Feinde eine geschlossene, feste Front zu zeigen, um ihm erträgliche Bedingungen abzuringen. In dieser Lage haben sie die weiße Fahne gehißt. Das ist eine Schuld, die nie vergeben werden kann und nie vergeben wird. Das ist ein Verrat, nicht nur an der Monarchie und am Heere, sondern am deutschen Volke selber, das seine Folgen durch Jahrhunderte des Niedergangs und des Elends zu tragen haben wird.«

Natürlich stimmte nichts von alledem: Ludendorff selbst hatte die weiße Fahne gehißt und zugleich dafür gesorgt, daß nicht die Militärs, sondern die Führer der Sozialdemokratie »die Suppe auslöffeln« mußten. Aber die von Ludendorff sorgsam vorbereitete »Dolchstoßlegende« bildete sich, wie der Zeitungsartikel beweist, bereits einen Tag nach der Ausrufung der Republik, die – und auch das ist bemerkenswert – von Anfang an ihren Feinden unbegrenzte Freiheit gewährte und bis dahin niemandem auch nur ein Haar gekrümmt hatte. Kein einziger Leuteschinder, keiner der Generale, Fürsten, Junker, Militärrichter oder Staatsanwälte, kein Polizeioffizier und auch kein herrischer Unternehmer oder mit der Obrigkeit paktierender Gewerkschafts»beamter« war von der Revolution zur Rechenschaft gezogen oder gar, auch nicht in der ersten Wut, einer »Volksjustiz« zum Opfer gefallen. Die deutschen Sozialdemokraten waren viel zu diszipliniert und auch viel zu human, als daß sie dergleichen je zugelassen hätten.

Ihre Feinde aber legten ihnen dies nur als Schwäche, ja als Dummheit aus. Von General Ludendorff, der sich frühzeitig mit falschem Bart und blauer Brille ins neutrale Schweden abgesetzt hatte, berichtete seine Ehefrau: »Nach der Revolution tat Ludendorff wiederholt den Ausspruch: ›Die größte Dummheit der Revolutionäre war es, daß sie uns alle am Leben ließen. Na, komme ich mal wieder zur Macht, dann gibt's kein Pardon. Mit ruhigem Gewissen würde ich Ebert, Scheidemann und Genossen aufknüpfen und baumeln sehen!‹«

Tatsächlich verkörperten nun ausgerechnet »Ebert, Scheidemann und Genossen« für die gesamte deutsche Rechte jene Revolution, die Ebert doch hatte verhindern wollen und mit ihm die meisten der führenden Mehrheitssozialisten, ja, die er nach eigenem Bekenntnis haßte »wie die Sünde« und noch mehr haßte, seit er gezwungen gewesen war, ihre Führung zu übernehmen, wenn auch nur, »um sie zu ersticken«.

Die Führung der SPD hatte ja nie wirklich einen gewaltsamen Umsturz gewollt. Abgesehen davon, daß sie die Revolution, den unweigerlichen Zusammenbruch des reaktionären Systems und der kapitalistischen Gesellschaft, etwa so erwartet hatte wie ein gläubiger Christ den Jüngsten Tag, war ihr Ziel seit langem ein friedliches Hineinwachsen in den wilhelminischen Staat gewesen, den demokratisch und sozial zu gestalten gelingen mußte, sobald man durch Wahlen die Mehrheit gewonnen hatte. Spätestens seit 1917 strebte die SPD-Führung, da ihr durch das undemokratische Wahlsystem die Reichstagsmajorität auf absehbare Zeit unerreichbar schien, das Bündnis mit dem Zentrum und den bürgerlichen Demokraten an, um mit deren Hilfe zunächst die Demokratisierung einzuleiten und schließlich die Macht zu erringen.

Ausgerechnet in dem Augenblick, da dies alles erreicht war, hatte die Revolution begonnen. Kein Wunder, daß Friedrich Ebert sie haßte, sich ihr entgegenstemmte, sich schließlich widerwillig bereitfand, an ihre Spitze zu treten, um ihr die von ihm und seinen Freunden gewünschte Richtung zu geben: die Schaffung eines bürgerlich-demokratischen Staats und sozialer, aber keineswegs sozialistischer Verhältnisse. Kein Wunder auch, daß sich die ganze Aufmerksamkeit der SPD-Führung auf die Hitzköpfe, Störenfriede und Radikalen richtete, die von links her die ohnehin äußerst schwierige Kursbestimmung zu verhindern trachteten, wogegen sie in den Gegnern von rechts mögliche Verbündete sahen, ohne zu erkennen, daß es sich um unversöhnliche Todfeinde handelte, die zwischen Ebert, Scheidemann oder Noske und Karl Liebknecht, Rosa Luxemburg und den Revolutionären Obleuten kaum einen Unterschied machten.

In einer kritischen Kabinettssitzung Ende 1918 erklärte Philipp Scheidemann: »Gewiß gibt es ein Dutzend Offiziere, die zu verrückten Streichen fähig sind. Aber auf der anderen Seite, da stehen diejenigen, die die Revolution gefährden. Denen gegenüber müssen wir uns wehren«, wozu angemerkt sei, daß für Scheidemann wie für Ebert »die Revolution gefährden« zu diesem Zeitpunkt nur soviel wie »unseren Kurs gefährden« bedeutete. Der andere SPD-Volksbeauftragte, Dr. Otto Landsberg, sagte bei derselben Gelegenheit:

»Es wird immer soviel von der drohenden Gegenrevolution gesprochen ... Aber diese Revolution unterscheidet sich von allen früheren ganz wesentlich dadurch, daß jede Herrschaftsorganisation der gestürzten Klasse erschüttert und beseitigt ist, so restlos, daß die Gefahr der Gegenrevolution nur akut werden kann, wenn es den Leuten von der äußersten Linken gelingt, die Massen zur Verzweiflung zu treiben.« Und da Landsberg dies gewiß ganz ehrlich meinte, war er geradezu ein Paradebeispiel dafür, daß auch ein intelligenter und gebildeter Politiker mit völliger politischer Blindheit geschlagen sein kann. Denn natürlich konnte keine Rede davon sein, daß »jede Herrschaftsorganisation« der kaiserlichen Militärs bereits beseitigt, daß die Macht des Kapitals, des Großgrundbesitzes oder auch der Bürokratie auch nur »erschüttert« gewesen wäre. Die Monarchie und die Militärdiktatur waren zusammengebrochen, aber die Junker, Bankiers, Industriellen und selbst die hohen Beamten und Offiziere waren keineswegs eine »gestürzte Klasse«, sondern übten weiter Macht aus.

Und wie sah es dort aus, wo die SPD-Führung die einzige Gefahr sah: auf der »äußersten Linken«? Nun, es gab – wie schon früher in der noch nicht gespaltenen Sozialdemokratie – Bezirke mit linken oder radikalsozialistischen Mehrheiten, beispielsweise in Bremen; es gab die auf Großberlin beschränkte Organisation der USPD-nahen Revolutionären Obleute, und es gab die Spartakus-Gruppe. Aber auch sie waren samt und sonders ursprünglich traditionelle Bestandteile der deutschen Sozialdemokratie, keineswegs Anarchisten oder gar Terroristen, sondern der aller Gewaltanwendung, erst recht jedem Blutvergießen abholde, zudem durchaus nicht einige und überdies in hoffnungsloser Minderheit befindliche linke Flügel der noch vor wenigen Jahren von August Bebel geführten, zu Toleranz und Humanität ebenso wie zu Disziplin und äußerer Geschlossenheit erzogenen Partei.

»Eine bolschewistische Diktatur«, heißt es dazu bei Sebastian Haffner, »drohte in Deutschland 1918 keinen Augenblick, und zwar aus dem einfachen Grunde, daß es ihr unentbehrliches Herrschaftsinstrument, eine diktaturfähige bolschewistische Partei, nicht gab. Karl Liebknecht und Rosa Luxemburg besaßen bis zum 30. Dezember 1918 überhaupt keine Organisation und danach nur eine sehr schwächliche; nichts, was sich mit Lenins vierzehn Jahre lang durchtrainiertem Korps von Berufsrevolutionären vergleichen ließe. Sie waren machtlose Einzelne, die nichts weiter betreiben konnten als Agitation und das, was die Berliner Revolutionären Obleute verächtlich ›revolutionäre Gymnastik‹ nannten: immer erneute ziellose Demonstrationen, mit denen die Teilnehmer sich selbst in revolutionäre Stimmung versetzen sollten. Die ›bolschewistische Gefahr‹ war im Herbst 1918 eine Vogelscheuche, keine Realität...«

Ebensowenig gab es die noch heute von Historikern gelegentlich behauptete Alternative: entweder Nationalversammlung und parlamentarische Demokratie oder Räteherrschaft und Diktatur nach sowjetischem Vorbild. Die Wahlen zur Nationalversammlung waren keinen Augenblick lang ernsthaft umstritten. Meinungsverschiedenheiten gab es nur, was ihren Zeitpunkt betraf: Die USPD wollte ihn möglichst weit, bis ins Frühjahr 1919, hinausschieben, damit sich die Revolution erst einmal konsolidieren könnte. Die SPD-Führung wollte Wahlen so schnell wie möglich, damit wieder »Legalität« und Ordnung herrschten. Bereits Ende November hatte sich ihr Standpunkt durchgesetzt: Die USPD stimmte einem Wahltermin Mitte Februar 1919 zu. Aber vierzehn Tage später war es der Reichsrätekongreß, das höchste Organ der Revolution und der angebliche Gegenpol einer parlamentarischen Demokratie, der die Wahlen vorverlegte – auf den

19. Januar. Die Räte selbst wollten ihre »Diktatur« möglichst schnell beenden, was eindeutig beweist, daß niemand sich vor ihnen zu fürchten brauchte.

In Wahrheit waren die Räte alles andere als »spartakistisch« – Liebknecht bewarb sich vergebens um ein Mandat zum Reichsrätekongreß und hatte schon am 20. November erkannt: »Häufig sind die gewählten Arbeiter nur sehr wenig aufgeklärt, nur sehr wenig klassenbewußt, so daß die Arbeiterräte . . . gar keinen revolutionären Charakter tragen.« Und Rosa Luxemburg stellte zehn Tage später resigniert fest: »Ginge die Revolution vor sich in jenen revolutionären Organen, die die ersten Tage geschaffen haben, in den Arbeiter- und Soldatenräten, so wäre es um die Revolution schlimm bestellt . . . Die Revolution wird leben ohne die Räte, die Räte ohne die Revolution sind tot.«

Die überwältigende Mehrheit der überörtlichen Räte, dann auch des Reichsrätekongresses, waren biedere SPD-Partei- und Gewerkschaftsfunktionäre, eine Minderheit gehörte zur USPD, doch auch diese Minorität war mehrheitlich auf Regierungskurs, jedem Chaos abhold, ganz versessen darauf, die Unordnung zu überwinden und für einen reibungslosen Ablauf von Produktion, Verwaltung und Versorgung das Menschenmögliche zu leisten. Eberhard Kolb, Verfasser des wissenschaftlichen Standardwerks *Die Arbeiterräte in der deutschen Innenpolitik 1918/19**, hat darin festgestellt, daß schon Anfang Dezember 1918 mit der Räteorganisation »der neuen Regierung und Parteileitung ein für sie im politischen Sinne zuverlässiges Instrument beim Neubau des Staates in die Hand gegeben war, von dem sie Gebrauch machen konnte, wenn sie dazu entschlossen war«.

Aber sie war zum Gegenteil entschlossen. Sie wollte »Ordnung machen«, genauer: die alte Ordnung wiederherstellen, und zwar mit demselben Machtinstrument, mit dem auch Wilhelm II. die Revolution hatte »zusammenschießen« wollen: mit dem durch den Waffenstillstand freigewordenen Westheer. Das war, wie auch Haffner festgestellt hat, »der Sinn des ›Bündnisses‹ zwischen Ebert und General Groener«.

Groener hat sich später – im sogenannten »Dolchstoß-Prozeß«, der 1925 in München stattfand – detailliert dazu geäußert: »Zunächst hat es sich darum gehandelt, in Berlin die Gewalt den Arbeiter- und Soldatenräten zu entreißen. Zu diesem Zweck wurde eine Unternehmung geplant: der militärische Einzug von zehn Divisionen in Berlin . . . Es gab da eine Reihe von Schwierigkeiten. Ich darf nur darauf hinweisen, daß von Seiten der Unabhängigen . . . gefordert wurde, daß die Truppen ohne scharfe Munition einrücken. Wir haben selbstverständlich dagegen sofort Front gemacht, und Herr Ebert hat selbstverständlich zugestimmt, daß die Truppen mit scharfer Munition einrücken. Wir haben für diesen Einmarsch, der zugleich die Gelegenheit bringen sollte, wieder eine feste Regierung in Berlin aufzustellen . . ., ein militärisches Programm ausgearbeitet.«

Dieses »Programm«, ein generalstabsmäßig ausgearbeiteter Plan, ist erst sehr viel später, 1940, bekanntgeworden. Zu den Programmpunkten gehörten: »Wer ohne Waffenschein noch Waffen in Besitz hat, wird erschossen. Wer Kriegsmaterial einschl. Kraftwagen behält, wird standrechtlich abgeurteilt. Deserteure und Matrosen haben sich innerhalb zehn Tagen... zu melden. Wer sich unberechtigt eine Beamteneigenschaft zulegt, wird erschossen. Durchsuchung unsicherer Stadtteile. Bestimmung über Arbeitslose und Notstandsarbeiten. Die Autorität der Offiziere gilt wieder in vollem Umfang (Abzeichen, Grußpflicht, Orden, Waffentragen)... Alle Ersatztruppen werden sofort aufgelöst...«

Dazu Groener in seiner Aussage: »Ich bin Herrn Ebert dafür besonders dankbar und habe ihn auch wegen seiner absoluten Vaterlandsliebe und restlosen Hingebung an die Sache überall verteidigt, wo er angegriffen wurde. Dieses Programm war durchaus im Einvernehmen und Einverständnis mit Herrn Ebert abgeschlossen«, doch es wurde nichts daraus.

Der Plan, der vom 10. bis 15. Dezember 1918 durchgeführt werden sollte, zielte darauf ab, dem für den 16. Dezember anberaumten Reichsrätekongreß in Berlin eine »gesäuberte«, waffenstarrende und konterrevolutionäre Hauptstadt entgegenzustellen und dem ganzen »Rätespuk«, wie Ebert ihn nannte, ein Ende zu machen. Aber kaum waren die Truppen am 10. Dezember einmarschiert, von Ebert am Brandenburger Tor mit Worten wie »Kein Feind hat euch überwunden! Nun liegt Deutschlands Einheit in eurer Hand!« überschwenglich begrüßt, begannen sie sich auch schon aufzulösen. Was weder Groener noch Ebert bedacht hatten: Die Überlebenden der

Friedrich Ebert begrüßt vor dem Brandenburger Tor die heimkehrenden Truppen.

Westfront hatten keinen anderen Wunsch, als schleunigst nach Hause zu kommen und die Uniform auszuziehen. Von zehn Divisionen mit etwa dreißigtausend Mann blieben ganze achthundert Soldaten übrig – Leute, die kein Zuhause hatten. Es war, wie Groener aussagte, mit diesen zehn Divisionen »absolut nichts anzufangen«, so daß »das ganze Programm der Säuberung Berlins von bolschewistischen Elementen, der Waffenabgabe usw. überhaupt nicht ausgeführt werden konnte«.

So trat am 16. Dezember 1918 im preußischen Abgeordnetenhaus am Leipziger Platz der Reichsrätekongreß zusammen, ganz ahnungslos, welches Schicksal ihm zugedacht gewesen war. Es war, wie Haffner es beschrieben hat, »eine sehr ordentliche, parlamentsähnliche Versammlung, von der sich journalistische Augenzeugen unwiderstehlich an SPD-Parteitage der Vorkriegszeit erinnert fühlten: dieselben Typen, vielfach noch dieselben Gesichter, dieselbe Atmosphäre, dieselbe auf Ordnung und Ehrbarkeit bedachte Geschäftsführung, auch dieselbe Regie. Was damals die linke Parteiminderheit gewesen war, waren diesmal die Unabhängigen, das war der ganze Unterschied. Die Mehrheit stand fest hinter dem Parteivorstand.«

Entsprechend fielen die Beschlüsse aus: Vorverlegung der Wahlen zur Nationalversammlung; Ablehnung eines USPD-Antrags, der Kongreß möge sich zur obersten legislativen und exekutiven Gewalt erklären; Ablehnung des Ersatzantrags, der Berliner Zentralrat sollte bis zum Zusammentritt der Nationalversammlung stellvertretend für den Reichstag über die Gesetzgebung beschließen – kurz, der Kongreß verfuhr ganz so, wie es Ebert und die SPD-Führung wünschten, mit einer Ausnahme: Auf Antrag der Hamburger Delegierten faßte der Kongreß mit großer Mehrheit einen Beschluß zur völligen Umgestaltung des Militärwesens. Die »Hamburger Punkte«, wie sie genannt wurden, sahen vor: Oberste Kommandogewalt bei den Volksbeauftragten unter Kontrolle des Zentralrats; Disziplinargewalt bei den Soldatenräten; freie Offizierswahl; keine Rangabzeichen; kein Vorgesetztenverhältnis außer Dienst. Damit wollte der Kongreß die Macht der Generale und des Offizierskorps für immer brechen, denn sie hatte zum Krieg und zur Militärdiktatur geführt, und das durfte sich nicht wiederholen. Darin waren sich alle einig und meinten es ernst, so unterschiedlich und oft auch verschwommen ihre sonstigen Ziele waren. Sie glaubten auch, daß sie damit ganz im Sinne Eberts, der anderen Volksbeauftragten und der Parteiführung handelten, denn von dem »Bündnis«, das Ebert mit Groener und der Generalität geschlossen hatte, ahnten sie noch nichts.

Die Annahme der »Hamburger Punkte« alarmierte die Militärs; Hindenburg telegraphierte, er erkenne den Beschluß nicht an, und Groener drohte mit seinem Rücktritt, falls er durchgeführt werde. Umgekehrt erklärten die USPD-Volksbeauftragten, sie würden demissionieren, falls der Beschluß *nicht* durchgeführt würde. Ebert sagte weder ja noch nein und vertröstete beide Seiten auf künftige Ausführungsbestimmungen.

Die Oberste Heeresleitung, die inzwischen von Spa nach Kassel verlegt worden war, begann indessen nun damit, Freiwillige anzuwerben, denn sie fühlte sich machtlos, nachdem von den zehn Divisionen, die Berlin hatten »säubern« sollen, nur achthundert Mann übriggeblieben waren. Ohne eine schlagkräftige Truppe war der Revolution nicht beizukommen, wie sich schon bald darauf zeigte, als die Volksmarinedivision demobilisiert werden sollte.

Diese Einheit galt als die eigentliche Revolutionsgarde und bestand im Kern aus Kieler Matrosen. Wels selbst hatte sie zunächst verstärkt, wohl als Gegengewicht zu den Resten der Berliner Garnison, denn was in den Kasernen zurückgeblieben war, nachdem die meisten Soldaten ihre Entlassung erhalten hatten, waren Leute, die sich beim Militär zu Hause fühlten und der Regierung gefährlich werden konnten. Inzwischen aber wollte Wels die etwa tausend Mann starke Volksmarinedivision, die im Schloß und im Marstall einquartiert war, loswerden, vermutlich weil sie der geplanten »Säuberung« Berlins nach dem »Groener-Plan« im Wege stand. In der Woche vor Weihnachten sperrte er den Matrosen die Löhnung. Erst wenn sie das Schloß geräumt und die Hälfte ihrer Leute entlassen hätten, sollte das Geld ausbezahlt werden. Dieser vergleichsweise unbedeutende Vorfall führte zum Bruch des Regierungsbündnisses zwischen SPD und USPD.

Am 23. Dezember riß den Matrosen die Geduld. Nachdem sie vergeblich mit Wels, dann mit Emil Barth verhandelt hatten und Ebert sich weigerte, ihre Abordnung zu empfangen, besetzten sie die Reichskanzlei, stellten die Volksbeauftragten unter Hausarrest und kappten die Telefonleitungen.

Ansprache Karl Liebknechts vor dem Innenministerium in Berlin im Dezember 1918.

Dann marschierte ein zweiter Trupp Matrosen zur Kommandantur, wo sie auf Widerstand stießen; drei Matrosen wurden durch eine Maschinengewehrsalve getötet. Voller Wut stürmten sie daraufhin die Kommandantur, verprügelten Otto Wels und nahmen ihn als Gefangenen mit ins Schloß. Es half ihm nichts mehr, daß er jetzt die Auszahlung der Löhnung anbot.

Inzwischen hatte Ebert über die unzerstörte geheime Telefonleitung General Groener in Kassel um Hilfe gebeten, und dem war sofort klar geworden, welche Chance sich ihm bot. Telefonisch alarmierte er die Reste der zehn Divisionen; sie sollten feldmarschmäßig in die Innenstadt einrükken und sich zur Verfügung der Regierung halten. Abends gegen halb neun meldete sich ihr Kommandeur bei Ebert: achthundert Mann mit einem Dutzend Kanonen ständen kampfbereit im nahen Tiergarten. Aber gleichzeitig erschienen auch die Matrosen wieder in der Reichskanzlei, und ihr Anführer, ein Leutnant, erklärte Ebert, falls die fremden Truppen nicht sofort zurückgezogen würden, käme es auf der Stelle zum Gefecht; die Volksmarinedivision wäre kampfbereit. Ebert verbot jeglichen Waffengebrauch, es dürfte kein Blutvergießen geben. Morgen würde die Angelegenheit durch Kabinettsbeschluß bereinigt. Daraufhin zogen sich die Matrosen wieder in ihre Quartiere im Schloß und im Marstall zurück, die Soldaten blieben im Tiergarten.

Aber gegen 2 Uhr früh, nach einem weiteren Telefongespräch mit Groener, der mit Aufkündigung des »Bündnisses« drohte, falls jetzt nicht Ernst gemacht würde, gab Ebert den Angriffsbefehl für den nächsten Morgen. Gegen 7.45 Uhr – Wels war schon ein paar Stunden zuvor von den Matrosen freigelassen worden – donnerten die Geschütze auf dem Schloßplatz. Das Gefecht dauerte mit Unterbrechungen bis zum Mittag des 24. Dezember. Die Matrosen zeigten sich den Angreifern klar überlegen, erhielten auch Unterstützung aus der Bevölkerung, die zu Abertausenden herbeigeströmt war. Arbeiter, auch Frauen und Kinder, bedrängten die Soldaten, das Geschützfeuer einzustellen. Von 10.30 Uhr an gingen die Matrosen zum Angriff über. Um 12 Uhr, so meldete am nächsten Tag der gewiß nicht matrosenfreundliche *Vorwärts*, war »die ganze Gegend um den Marstall einschließlich der Königstraße bis zum Rathaus von Matrosen und ihren Anhängern mit Maschinengewehren besetzt«. Dann wurde der Kampf abgebrochen; die Soldaten erbaten und erhielten freien Abzug, die Matrosen kehrten in ihre Quartiere zurück, aus denen sie hatten vertrieben werden sollen, und bekamen ihre Löhnung ausbezahlt. Wieviel Tote und Verletzte es auf beiden Seiten gab, blieb unbekannt.

Bei der OHL in Kassel herrschte nach dieser Niederlage zunächst eine geradezu verzweifelte Stimmung. Schließlich gelang es einem Major – es war der spätere Reichskanzler Kurt v. Schleicher –, die Generale aus ihrer Niedergeschlagenheit zu reißen: Verdoppelte Anstrengungen beim Aufbau von Freiwilligentruppen würden ihnen bald die Überlegenheit sichern; dann werde die Berliner Niederlage eine Episode bleiben. Auch im Rat der

Volksbeauftragten herrschte Krisenstimmung. Ebert erwog bereits die Verlegung der Regierung in die Provinz, nach Rudolstadt an der Saale oder nach Weimar. »So – geht – es – einfach – nicht! Hier – kann – man – einfach – nicht – regieren!«, hatten ihn Augenzeugen schreien hören, mit Fausthieben auf den Tisch jedes Wort unterstreichend. In der Reichskanzlei fühlte er sich nicht mehr sicher.

Nachdem in den auf die Kämpfe am Schloß folgenden Tagen von den Revolutionären Obleuten organisierte Massendemonstrationen stattgefunden hatten und auch sonst viel Kritik an der Regierung laut geworden war, erklärten am 29. Dezember 1918 die drei USPD-Volksbeauftragten ihren Rücktritt.

Damit taten sie Ebert und seinen Freunden wahrscheinlich einen großen Gefallen. Groener hat später Ebert nachgerühmt, er hätte die »Weihnachtskrise« mit viel Geschick dazu benutzt, die Unabhängigen aus der Regierung zu verdrängen. Nachfolger von Haase, Dittmann und Barth wurden Gustav Noske und Rudolf Wissell, und der nunmehr rein rechtssozialdemokratische Rat der Volksbeauftragten erließ einen Aufruf, worin die erst vor sieben Wochen proklamierte »sozialistische Einigkeit« mit unverhülltem Triumph zu Grabe getragen wurde. »Die lähmende Zwiespältigkeit ist überwunden«, hieß es. »Jetzt haben wir Arbeitsmöglichkeit!« Zum wichtigsten Ziel der Arbeit erklärte der Aufruf: »Ruhe und Sicherheit«, und unterschrieben war er: »Die Reichsregierung«. Den Rat der Volksbeauftragten hatte man, wohl dem Bürgertum und den Militärs zuliebe, stillschweigend abgeschafft.

Am selben 30. Dezember 1918 zerfiel auch die durch den Rücktritt ihrer Regierungsmitglieder ins Abseits gedrängte Linke.

Die Spartakus-Gruppe trennte sich von der USPD, der sie Versagen vorwarf, und konstituierte sich am 30. Dezember 1918 als Kommunistische Partei Deutschlands (KPD), womit die alte Sozialdemokratie nunmehr in drei Parteien gespalten war. Damit nicht genug, zerstritt sich die Spartakus-Gruppe darüber auch mit den Revolutionären Obleuten, die die Gründung der KPD mehrheitlich mißbilligten und nicht mitmachen wollten; sie nannten Karl Liebknechts »Straßentaktik« – die Aufrufe zu immer neuen Straßendemonstrationen – »gefährlich und dilettantisch«.

Bei der Gründung der KPD gab es ebenfalls Streit zwischen den zu sofortiger revolutionärer Aktion drängenden Anhängern und der Führung, die zu Geduld und Disziplin mahnte. Rosa Luxemburgs Kritik – »Genossen, ihr macht euch euren Radikalismus etwas sehr bequem ...! Wir stehen erst am Anfang der Revolution!« – verhallte wirkungslos.

Schließlich zeigten sich jetzt auch in der USPD tiefe Risse: Ein Teil ihres rechten Flügels strebte zurück zur SPD; die Linke warf den zurückgetretenen Volksbeauftragten vor, völlig versagt und alles falsch gemacht zu haben. Die Revolutionären Obleute schlossen Emil Barth aus, der bis dahin ihr vollstes Vertrauen gehabt hatte.

Während so die Führung der Linken zerfiel, entstand eine neue revolutionäre Volksbewegung, und wieder genügte eine Bagatelle – die Entlassung des zur USPD gehörenden Berliner Polizeipräsidenten Emil Eichhorn und dessen Weigerung, seinen Platz zu räumen –, um diese Bewegung völlig außer Kontrolle geraten zu lassen.

Am 4. Januar 1919, einem Sonnabend, traf sich die Berliner USPD-Führung bei Eichhorn im Polizeipräsidium. Etliche Revolutionäre Obleute und zwei Vertreter der neuen KPD, Karl Liebknecht und Wilhelm Pieck kamen hinzu. Man beschloß, zur Demonstration für den Verbleib Eichhorns im Amt aufzurufen. Am Sonntag, dem 5. Januar, um 14 Uhr sollte sie auf

Philipp Scheidemann und Friedrich Ebert bei der Beerdigung der 1918 während der Dezemberkämpfe Gefallenen.

der Siegesallee stattfinden. Große Erwartungen knüpften die Veranstalter nicht daran, aber irgendetwas mußten sie ja beschließen, und es fiel ihnen nichts Besseres ein.

Was niemand erwartet hatte: Am Sonntagmittag strömten Hunderttausende in die Innenstadt, zum Teil bewaffnet, alle zutiefst erbittert und tatendurstig. Sie besetzten alle Zeitungsverlage, legten die Maschinen still und schickten die Redaktionen nach Hause. Weitere Bewaffnete besetzten die Bahnhöfe und andere, ihnen wichtig erscheinende Gebäude. Nur an das Regierungsviertel wagten sie sich noch nicht heran.

Am Sonntagabend fanden sich die ratlosen »Veranstalter« wieder im Polizeipräsidium ein: siebzig Revolutionäre Obleute, zehn USPD-Führer mit dem fast siebzigjährigen Georg Ledebour an der Spitze, dazu zwei Soldaten- und ein Matrosenvertreter, Liebknecht, Pieck und Polizeipräsident Eichhorn. Die ungeheure Wirkung ihres Aufrufs vom Vortag war ihnen zu Kopf gestiegen, denn sie gaben nun einen zweiten heraus, worin sie zum Kampf gegen die »blutbefleckte Ebert-Regierung« aufriefen – »Montag, elf Uhr, in der Siegesallee«.

Wieder wurde der Aufruf von Hunderttausenden befolgt, wieder zogen die Massen, großenteils bewaffnet, durch die Innenstadt – aber es geschah nichts! Kein Schuß fiel, keine Scheibe ging zu Bruch, kein weiteres Gebäude wurde besetzt. Alles, was man den demonstrierenden Massen nachsagen konnte, war, daß sie »eine drohende Haltung« eingenommen hatten und für die Regierung wenig schmeichelhafte Losungen auf Transparenten mit sich führten.

Georg Ledebour spricht im Januar 1919 von der Schloßterrasse in Berlin.

Die USPD-Führung bot der Regierung ihre Vermittlung an, die Ebert dankbar akzeptierte. Es kam dabei nichts heraus, denn mit den führerlosen Massen konnte niemand verhandeln, und die »Veranstalter« im Polizeipräsidium wußten nicht einmal, was sie selbst wollten. Aber Ebert war gar nicht daran gelegen, daß die Verhandlungen Resultate zeitigten; ihm kam es nur auf Zeitgewinn an. Sein neuer Kabinettskollege Gustav Noske, der sich im vornehmen Vorort Dahlem ein Stabsquartier eingerichtet hatte, war dabei, Truppen zusammenzuziehen, und er brauchte noch ein paar Tage Zeit, sowohl für die militärischen wie für die propagandistischen Vorbereitungen. Am 8. Januar erging ein Aufruf: »Mitbürger!« begann er, »Spartakus kämpft jetzt um die ganze Macht. Die Regierung, die binnen zehn Tagen die freie Entscheidung des Volkes über sein eigenes Schicksal herbeiführen will, soll mit Gewalt gestürzt werden . . .« Weiter hieß es: »Die Regierung trifft jetzt alle Maßnahmen, um die Schreckensherrschaft zu zertrümmern und ihre Wiederkehr ein für allemal zu verhindern . . . Gewalt kann nur mit Gewalt bekämpft werden. Die organisierte Gewalt des Volkes wird der Unterdrückung und der Anarchie ein Ende machen . . . Die Stunde der Abrechnung naht! Die Reichsregierung: Ebert, Scheidemann, Landsberg, Noske, Wissell.«

Zwar bestand die »Schreckensherrschaft« im wesentlichen aus Umzügen, die gewiß manchem, auch den Mitgliedern der Regierung, Angst gemacht haben mochten, aber noch hatten die Demonstranten niemandem ein Haar gekrümmt. Ihre Ungesetzlichkeiten gipfelten bislang in der Verhinderung des Erscheinens der Berliner Zeitungen und in der Störung des Bahn- und Straßenverkehrs. Auch war die Behauptung, »Spartakus kämpft«, in doppelter Hinsicht unwahr: Noch kämpfte niemand, weder für noch gegen die Regierung Ebert-Scheidemann, und ganz gewiß waren die vielen hunderttausend Demonstranten nur zu einem winzigen Bruchteil Anhänger oder gar Mitglieder der – insgesamt nur ein paar hundert Köpfe zählenden – Spartakus-Gruppe oder der gerade erst gegründeten KPD, die nur über ein – von Liebknecht und Rosa Luxemburg praktisch allein geschriebenes und redigiertes – »Zentralorgan«, Die Rote Fahne, verfügte, aber noch über keine Organisation.

»Die KPD«, so bestätigt auch Sebastian Haffner, »hatte den Januaraufstand weder vorhergesehen noch gewollt, weder geplant noch gelenkt. Sie war über das planlose, führungslose Vorpreschen der Massen sogar entsetzt. Ein solcher Massenaufstand, ehe die Partei überhaupt noch richtig stand, verstieß ja gegen alle Regeln!« Als sich Liebknecht am 8. Januar wieder im Parteivorstand sehen ließ, wurde er wegen seiner »eigenmächtigen Beteiligung« an den Sitzungen im Polizeipräsidium und an den Aufrufen mit Vorwürfen überhäuft – auch von Rosa Luxemburg, die ihm zurief: »Karl, ist das unser Programm!?«

»Dieser Aufstand«, heißt es bei Haffner weiter, »war ganz ausschließlich das spontane Werk der Berliner Arbeitermassen, derselben Massen, die die

Novemberrevolution gemacht hatten; diese Massen waren zum allergrößten Teil Sozialdemokraten, nicht Spartakisten oder Kommunisten... Das ist beweisbar, denn die Massen blieben nicht stumm...«

Tatsächlich gab es in den folgenden Tagen Beschlüsse – von vierzigtausend Belegschaftsmitgliedern der AEG und der Schwarzkopff-Werke, von achtzigtausend Spandauer Arbeitern, von den Arbeitern der Elektrizitätswerke Südwest in Schöneberg –, und alle forderten die »Einigung der Arbeiter aller Richtungen«, den »Rücktritt der Führer *aller* politischen Richtungen«, weil sie versagt hätten, Neuwahl sämtlicher Räte, auch der Volksbeauftragten, und paritätische Besetzung der Gremien mit Repräsentanten der drei sozialistischen Parteien SPD, USPD und KPD. Das waren gewiß keine kommunistischen Ziele.

Aber im Gegensatz zu den demonstrierenden, in den Augen der Regierung »aufrührerischen« Massen wußte die Regierung ganz genau, was sie wollte, und erst recht wußten es diejenigen, die ihr jetzt zu Hilfe kamen: Am 10. Januar 1919 versammelten sich im Flugverbandshaus – so hat es einer der Teilnehmer, Eduard Stadtler*, beschrieben – »etwa fünfzig Herren...: Hugo Stinnes... Albert Vögler, Ernst Borsig, Siemens..., die ganze Haute volée der Industrie-, Bank- und Handelswelt... Als einziger Punkt auf der Tagesordnung stand:... Bolschewismus als Weltgefahr.« Es wurde dann eine Umlage in Millionenhöhe beschlossen, die sofort von den Banken kreditiert werden sollte, und dieser »Antibolschewistenfonds«, so Stadtler, »floß nun durch alle möglichen Kanäle in die ›Antibolschewistische Liga‹, die... Werbebüros für die Freikorps, Selbstschutzorganisationen, Studentenarbeitsstellen... in die Kassen der aktiven Truppen, ja bis in die Kassen der SPD hinein! Es kann jedenfalls kein Zweifel darüber bestehen, daß die Gründung jenes Fonds mit die entscheidende antibolschewistische Tat jener wild bewegten Revolutionszeit gewesen ist.«

An diesem 10. Januar 1919 hatten die Berliner bereits eine Kostprobe von dem bekommen, was ihnen zugedacht war: In der Nacht hatten, während Noske noch seine Hauptmacht in Dahlem und anderen westlichen Villenvororten zusammenzog, Truppen unter dem Befehl des Majors v. Stephani, des späteren »Stahlhelm«-Führers, das *Vorwärts*-Gebäude im Zeitungsviertel mit Minenwerfern angegriffen, die sich ergebende Besatzung mit Gewehrkolben und Peitschen aufs schwerste mißhandelt, sieben auf der Stelle erschossen. Wie es weiterging, hat Friedrich Stampfer, der Chefredakteur des *Vorwärts*, einer der wildesten Propagandisten gegen die angeblich »spartakistischen Aufrührer«, folgendermaßen beschrieben:

»Am 11. Januar rückte Noske mit 3000 Mann ein. Gemeinsam mit den schon vorhandenen geringen Truppenbeständen genügten sie vollauf, den Aufstand zu erledigen. Am 12. war auch das Polizeipräsidium genommen. Die Führer verließen Berlin oder verbargen sich in fremden Wohnungen. Karl Liebknecht und Rosa Luxemburg wurden am 15. Januar in einer Wohnung in Wilmersdorf verhaftet und nach dem Edenhotel am Zoo gebracht, wo der Stab der Gardeschützenkompanie hauste. Auf dem Wege zum Untersuchungsgefängnis Moabit wurden sie ermordet . . . Die Volksbeauftragten, die durch das furchtbare Ende ihrer einstigen Parteigenossen nicht nur menschlich aufs tiefste erschüttert waren, sondern auch ihre Sache in verhängnisvoller Weise kompromittiert sahen, waren nicht imstande, eine ausreichende Sühne für dieses furchtbare Verbrechen zu erreichen . . . Außer den beiden Führern der Kommunistischen Partei waren noch weitere 156 Menschen in der Spartakuswoche des Jahres 1919 ums Leben gekommen. Neun davon wurden als Gefangene getötet. Nur politisch unwissende rohe Söldlinge, die sich von ihren reaktionären Offizieren gedeckt fühlten, konnten so schändliche Taten begehen. Sie sollten freilich nur das Instrument sein, zu dem die Regierung in ihrer äußersten Not gegriffen hatte . . .«

Mit diesem Stemmbogen um die Wahrheit hat der *Vorwärts*-Chefredakteur Stampfer es vermieden, auf die grausigen Details einzugehen oder gar die wirklichen politischen Hintergründe der Morde an Rosa Luxemburg und Karl Liebknecht aufzuhellen. Das hat Sebastian Haffner getan; unparteiisch und sehr präzis hat er zunächst erläutert, welche Rolle beide bei den Ereignissen vom 9. November 1918 bis zum 15. Januar 1919 spielten; daß sie *nicht* die Führer einer bolschewistischen Revolution waren, »nicht die Lenin und Trotzki Deutschlands. Sie wollten es nicht einmal sein: Rosa Luxemburg nicht, weil sie das Gewaltsame der Leninschen und Trotzkischen Zangengeburt aus prinzipiellen Gründen verwarf und immer wieder fast feierlich erklärte, daß die Revolution natürlich und demokratisch aus dem Bewußtsein der proletarischen Massen herauswachsen müsse und in Deutschland noch ganz am Anfang stehe. Liebknecht nicht, weil er überzeugt war, daß die Revolution sich selbst mache . . . und keiner Organisation und keiner Manipulation mehr bedürfe . . . Liebknecht und Luxemburg organisierten nichts. Liebknechts Parole war: Agitation; Rosa Luxemburgs: Aufklärung.

Die allerdings hat sie geleistet. Niemand hat die Wirklichkeit der deutschen Revolution und die Gründe ihres Scheiterns – die Unaufrichtigkeit der SPD, die Zerfahrenheit der USPD, die Konzeptionslosigkeit der Revolutionären Obleute – vom ersten Augenblick an so hellsichtig und so rückhaltlos öffentlich analysiert wie Rosa Luxemburg Tag für Tag in der ›Roten Fahne‹. Aber das war eine – in ihrer Art gloriose – journalistische Leistung, keine revolutionäre. Die einzige Wirkung, die Rosa Luxemburg damit erzielte, war, den tödlichen Haß der Durchschauten und Bloßgestellten auf sich zu ziehen.

Tödlich war dieser Haß im wörtlichen Sinne, und von Anfang an. Es ist beweisbar, daß die Ermordung Liebknechts und Rosa Luxemburgs von spätestens Anfang Dezember an geplant und systematisch betrieben wurde.«

Tatsächlich hat der damalige Stellvertreter des Stadtkommandanten Otto Wels, Anton Fischer, 1920 schriftlich niedergelegt, daß es im November und

Dezember 1918 zu seinen Aufgaben gehört hatte, Liebknecht und Luxemburg »bei Tag und Nacht aufzustöbern und zu jagen, so daß sie weder zu einer agitatorischen noch organisatorischen Tätigkeit kommen« konnten. Schon in der Nacht vom 9. zum 10. Dezember 1918 drangen Soldaten des 2. Garderegiments in die *Rote Fahne*-Redaktion ein mit der – später eingestandenen – Absicht, die beiden zu ermorden. Mehrere Zeugen bekundeten in dem Prozeß, der wegen dieses Vorgangs stattfand, es wäre damals schon auf die beiden ein Kopfpreis von je 50000 Mark ausgesetzt gewesen – und zwar von Philipp Scheidemann. Das *Mitteilungsblatt der freiwilligen Hilfskorps in Berlin* schrieb am 13. Januar 1919: »Es ist die Befürchtung laut geworden, daß die Regierung in ihrem Vorgehen gegen die Spartakiden (sic) nachlassen könnte. Wie von maßgebender Seite versichert wird, wird man sich mit dem Erreichten keineswegs begnügen, sondern auch gegen die Häupter der Bewegung mit aller Energie vorgehen... Schon die nächsten Tage werden zeigen, daß auch mit ihnen Ernst gemacht wird.« Vierundzwanzig Stunden vor dem Doppelmord erschien im *Vorwärts*, für den Stampfer verantwortlich zeichnete, ein Gedicht, dessen letzte Strophe lautete:

Vielhundert Tote in einer Reih' –
Proletarier!
Karl, Rosa, Radek* und Kumpanei –
es ist keiner dabei, es ist keiner dabei!
Proletarier!

Schon zwei Tage zuvor, am 8. Januar 1919, hatte der neue Kriegsminister Gustav Noske, der bei Übernahme des Kommandos über die Berlin »säubernden« Truppen, Freikorps und »Bürgerwehren« entschuldigend gemeint hatte: »Einer muß den Bluthund machen...«, dem damaligen Leutnant Friedrich Wilhelm v. Oertzen im Dahlemer Stabsquartier persönlich den Befehl erteilt, den Telefonanschluß Liebknechts ständig zu überwachen und alle Bewegungen Liebknechts stündlich an Hauptmann Pabst von der Garde-Kavallerie-Schützendivision zu melden – so jedenfalls bekundete es v. Oertzen später schriftlich.

Pabst residierte im Edenhotel, veranlaßte dann die Verhaftung von Liebknecht und Rosa Luxemburg in ihrem Unterschlupf nahe dem Fehrbelliner Platz – und auch »das Übrige«, wie er es 1962 im Schutze der Verjährung in einem Fernsehinterview zugab. Kurz vor ihrem Tode schrieb Rosa Luxemburg ihren letzten Artikel, der ahnungsvoll (und auf ein Gedicht von Ferdinand Freiligrath aus dem Schicksalsjahr 1849 anspielend) mit den Worten schloß:

»Ihr stumpfen Schergen! Eure ›Ordnung‹ ist auf Sand gebaut. Die Revolution wird sich morgen schon ›rasselnd wieder in die Höh' richten‹ und zu eurem Schrecken mit Posaunenklang verkünden: Ich war, ich bin, ich werde sein!«

Vier Tage nachdem die Offiziere und Soldaten der Garde-Kavallerie-Schützendivision Liebknecht erschossen, Rosa Luxemburg zusammengeschlagen, mit einem Pistolenschuß in den Kopf getötet und ihre Leiche in den Landwehrkanal geworfen hatten, fanden im Deutschen Reich die Wahlen zur verfassunggebenden Nationalversammlung statt.

Erstmals hatten auch die Frauen das aktive und passive Wahlrecht, die Wahlbeteiligung war mit 89,6 Prozent höher als je zuvor, und es wurden insgesamt rund 30 Millionen gültige Stimmen abgegeben, davon für die SPD 11,5 Millionen (38 Prozent), für die USPD 2,3 Millionen (7,6 Prozent), für die Deutsche Demokratische Partei (die ehemalige Fortschrittspartei) 5,6 Millionen (18,5 Prozent), für die Christliche Volkspartei (das ehemalige Zentrum nebst Bayerischer Volkspartei) knapp 6 Millionen (20 Prozent), die Deutsche Volkspartei (die früheren Nationalliberalen) 1,3 Millionen (4,4 Prozent) und für die Deutschnationale Volkspartei (die Sammlung der konservativen, monarchistischen, alldeutschen und völkischen Gruppen) 3,1 Millionen (10,3 Prozent).

Von den 421 Mandaten entfielen auf die SPD 163, auf die USPD 22, auf die Demokraten 74, auf die Christliche Volkspartei 89, auf die Deutsche Volkspartei 22, auf die Deutschnationalen 42 und auf einige Splittergruppen 9 Mandate.

Die SPD war – wie schon im Kaiserreich und trotz der Spaltung – die mit Abstand stärkste Partei, jedoch weit entfernt von der absoluten Mehrheit.

Der Abgeordnete Fehrenbach verkündet am 11. Februar 1919 die Wahl Friedrich Eberts zum ersten Reichspräsidenten der Republik.

Hingegen konnte sich die vom SPD-Parteivorstand schon seit längerem angestrebte Koalition von SPD, Demokraten und Christlicher Volkspartei auf eine Dreiviertelmehrheit stützen! Friedrich Ebert, der von der – im beschaulichen Weimar, einer früheren Zwergstaat-Residenz, ungestört tagenden – Nationalversammlung am 11. Februar 1919 zum ersten Reichspräsidenten gewählt wurde, durfte sich in seiner Politik, die auf Bewahrung des noch Bestehenden und auf parlamentarisch-demokratische Legitimität gerichtet war, voll bestätigt fühlen: Die überwältigende Mehrheit der deutschen Wähler hatte sich hinter ihn und die von ihm geführte »Weimarer Koalition« gestellt; die Kräfte links von der SPD hatten eine Niederlage erlitten, die USPD war mit nur 22 Abgeordneten (gegenüber den 163 der SPD) zur parlamentarischen Ohnmacht verurteilt, die KPD, die zum Wahlboykott aufgerufen hatte, damit angesichts der hohen Beteiligung offensichtlich gescheitert. Damit war zu Friedrich Eberts Erleichterung das revolutionäre Zwischenspiel nicht nur beendet, es hatte sich auch in seinen Augen, sozusagen rückwirkend als illegitim erwiesen; die neue Legitimität konnte an die alte vom Oktober 1918 anknüpfen, und was das Bild noch störte, nämlich die »angemaßte« Herrschaft der örtlichen Arbeiter- und Soldatenräte und ihres Zentralrats, mußte verschwinden.

Dieser Zentralrat, nominell das höchste revolutionäre Staatsorgan, von dem auch die Regierung der Volksbeauftragten bislang ihre Legitimation abgeleitet hatte, war – so Sebastian Haffner – »das Zahmste und Lahmste, was sich denken läßt. Er war ausschließlich aus SPD-Mitgliedern zusammengesetzt, er hatte Ebert nie die geringsten Schwierigkeiten gemacht..., und er war auch bereit, nunmehr seine Machtbefugnisse der Nationalversammlung zu übertragen. Aber selbst das verweigerte ihm Ebert: Er habe gar nichts mehr zu übertragen, erklärte er; er... habe einfach den Mund zu halten, seine Sachen zu packen und zu verschwinden...« – was gewiß nur eine groteske Episode am Rand war. Doch sie zeigt deutlich Eberts Standpunkt, und sie macht auch klar, warum selbst »die Zahmsten und Lahmsten« sich das nicht gefallen ließen. Die örtlichen Räte wußten die Arbeiterschaft hinter sich, und das waren Leute mit frischer Kriegserfahrung, von denen fast jeder noch Waffen und Munition hatte, dazu die Überzeugung, eine siegreiche Revolution »gemacht« zu haben, damit alles anders werde und nicht beinahe genauso wie bisher. Wer wollte sich erlauben, das siegreiche, bewaffnete und kampferprobte Volk nach Hause zu schicken? Wie der damalige Vorsitzende des Leipziger Arbeiterrats, Kurt Geyer, später selbstkritisch schrieb: »Der Besitz der lokalen Macht verdunkelte den radikalen Massen vollständig die wahre Machtverteilung in der Gesamtheit.«

Denn die neue Regierung mit Philipp Scheidemann als Kanzler und Gustav Noske als Reichswehrminister* verhieß zwar in ihrem Regierungsprogramm »ein auf demokratischer Grundlage aufgebautes Volksheer«, hatte sich aber bereits eine vierhunderttausend Mann starke Söldnertruppe geschaffen, die unter dem Befehl ehemals kaiserlicher, konservativer bis

Reichswehrminister Gustav Noske anläßlich der Übernahme des bayerischen Heeres in die Reichswehr vor dem Münchner Hotel Continental.

reaktionärer Offiziere stand, die aus ihrer antirevolutionären, antisozialistischen, ja auch antidemokratischen und republikfeindlichen Gesinnung kein Hehl machten.

»Es wäre eine freundliche Übertreibung«, bekannte Leutnant v. Oertzen, »wollte man behaupten, die Männer der damaligen Regierung wären den Offizieren (der Garde-Kavallerie-Schützendivision) sympathisch gewesen.« Der Freikorps-Führer Oberstleutnant Heinz erklärte offen: »Dieser Staat, aus dem Aufruhr geboren, wird immer unser Feind sein, ganz gleich, was für eine Verfassung er sich gibt . . . Kampf der Regierung! Tod der demokratischen Republik!« Auch Hans Adam v. Heydebreck, Führer des Freikorps »Werwolf« und von 1923 an einer der höchsten SA-Führer, bald auch Reichstagsabgeordneter der Hitlerpartei, verkündete schon damals: »Krieg dem Staat von Weimar . . .! Krieg jeden Tag und mit jedem Mittel! So wie ich Deutschland liebe, so hasse ich die Republik des 9. November!« Oberst Reinhard, Kommandeur der Garde-Kavallerie-Schützendivision, bezeichnete die Regierung, der seine Truppe diente, in einer Ansprache als »Lumpengesindel«.

Aber das alles sahen und hörten Ebert, Scheidemann und Noske nicht oder wollten nichts davon wissen. Sie ließen diese Landsknechtshaufen jetzt »einschreiten« – zuerst in Bremen, dann im Ruhrgebiet, dann in Thüringen und in der Provinz Sachsen, Anfang und Mitte März nochmals in Berlin, im April in Bayern, im Mai in Sachsen, nebenher auch in Braunschweig und

Magdeburg sowie an vielen kleineren Orten. Die Anlässe wechselten: Mal waren sie unmittelbar militärischer Art, etwa die Weigerung der örtlichen Soldatenräte, wieder Rangabzeichen und Grußpflicht einzuführen, mal war es Streik oder einfach eine »Autoritätsfrage«, wie die Beseitigung der – gänzlich unblutigen – Räteherrschaft in München, die errichtet worden war, nachdem ein konterrevolutionärer Offizier, Graf Arco, Kurt Eisner ermordet hatte.

Noskes »Städteeroberer«, General Georg Maercker, hat es damals ganz offen ausgesprochen, daß es in Wahrheit um die Beseitigung der Arbeiter-, Bauern- und Soldatenräte, um die »Liquidierung der Revolution« ging. »Die Schwäche der Regierung«, so der General, »gestattete es aber nicht, dies offen zu sagen. Sie fürchtete sich, Farbe zu bekennen und zu erklären, daß die Freiwilligentruppe dazu diene, die Räteherrschaft zu beseitigen, wo sie noch bestand. Denn darauf kam es letzten Endes an. Sie umging es, indem sie militärische Angelegenheiten zum Anlaß des Eingreifens machte. Mir lag dies unaufrichtige Verhalten keineswegs. Ich hätte den Arbeiterführern gegenüber sicherer dagestanden, wenn ich offen hätte erklären können: ›Meine Anwesenheit bedeutet den Kampf gegen die von euch erstrebte Räteherrschaft‹ . . . «

General Maercker war ein Reaktionär, aber immerhin noch ein Offizier, der darauf sah, daß alles einigermaßen korrekt zuging; die anderen Truppenführer – es gab schließlich 68 »anerkannte« Freikorps, jedes ein auf seinen Führer eingeschworener Söldnerhaufen, »wie es«, so Noske, »zur Zeit Wallensteins nicht viel anders gewesen sein kann«, und sie führten sich auch ebenso auf wie die Soldateska des Dreißigjährigen Krieges. Niemand kennt die auch nur einigermaßen genaue Anzahl ihrer Opfer, zumal jener, die sie massakrierten, nachdem sie die meist an Anzahl und Bewaffnung unterlegenen Gegner besiegt oder zur Kapitulation gezwungen hatten.

Detlef Lehnert* hat in seiner Untersuchung *Sozialdemokratie zwischen Protestbewegung und Regierungspartei* dazu mit wissenschaftlicher Distanz bemerkt, daß Aufstellung und Einsatz der Freikorps durch »die zunehmende Furcht der rechten Sozialdemokratie vor den unkalkulierbaren linken Kontrahenten motiviert« gewesen seien. »Der ›Noske-Kurs‹ entsprang . . . keiner strategischen Planung, entfaltete aber angesichts der Unfähigkeit zu einer gestaltenden Beeinflussung scheinbar schicksalhafter Rahmenbedingungen eine verhängnisvolle Eigendynamik . . . Wer begreifen will, weshalb in Deutschland allmählich die wähler- und mitgliederstärkste kommunistische Massenpartei außerhalb der Sowjetunion emporwachsen konnte, findet bereits im Verlauf des Bürgerkriegs von 1919 wesentliche Erklärungsmomente.«

Denn es waren zunächst ja nur vereinzelt Kommunisten und andere Gruppen links von der USPD, es waren in der großen Mehrheit Sozialdemokraten, die die »Errungenschaften« der spontanen Revolution, die örtliche Macht der Arbeiter- und Soldatenräte und ihre Kontrolle über die nicht beseitigten Herrschaftsapparate der Hohenzollern-Monarchie, aufrechterhalten wollten. Erst die bitteren Erfahrungen des Bürgerkriegs führten dazu, daß sich ein beträchtlicher Teil der von den Freikorps-Leuten Gejagten und Mißhandelten dann endgültig von der Sozialdemokratie abwandte.

Die maßgebenden SPD-Führer sahen 1919 nur die »Gefahr von links«, das Wiederaufleben der – von ihrem Standpunkt aus: glücklicherweise – schon fast »erstickten« Revolution vom November 1918, das den friedlichen Übergang zur bürgerlich-parlamentarischen Demokratie gefährdete. Ebert – so Sebastian Haffner – »sah nur den ehrenvollen Auftrag, dem bürgerlichen Staat Retter in der Not zu sein: diesem Auftrag war er innerlich immer treu geblieben, und er erwartete von rechts nichts als Dankbarkeit.« Aber kaum waren Ebert und Noske mit der Niederwerfung der Revolution fertig geworden, fiel ihnen die politische Rechte in den Rücken – mit der von Hindenburg und Ludendorff öffentlich aufgestellten Behauptung, die SPD habe mit der Revolution die deutsche Niederlage verschuldet und »die siegreiche Front von hinten erdolcht«. Dafür, daß sie die militärische Niederlage loyal auf sich genommen und den bürgerlichen Staat gerettet hatten, bekamen sie – so Haffner – »ihren Lohn in Form der Dolchstoßlegende. Ebert selbst wurde in den folgenden Jahren mit dem vollkommen unbegründeten, aber unablässig wiederholten und gerichtlich sanktionierten Vorwurf des Landesverrats buchstäblich zu Tode gehetzt.«

Der bitteren Enttäuschung der rechtssozialdemokratischen Führer über die sich im Frühjahr 1919 im Bürgertum ausbreitende »Dolchstoß-Legende« folgte Anfang Mai eine weitere, fast noch größere: die westlichen Siegermächte legten nicht die erhofften milden, sondern als äußerst hart empfundene Friedensbedingungen vor. Scheidemann erklärte sie für »unannehmbar«.

»Würde dieser Vertrag wirklich unterschrieben«, begründete er seine Ablehnung am 12. Mai 1919 vor der Nationalversammlung, »so wäre es nicht Deutschlands Leiche allein, die auf dem Schlachtfeld von Versailles liegen bliebe. Daneben würden ebenso edle Leichen liegen: das Selbstbestimmungsrecht der Völker, die Unabhängigkeit freier Nationen, der Glaube an all die schönen Ideale, unter deren Banner die Entente zu fechten vorgab ... Welche Hand müßte nicht verdorren, die sich und uns in diese Fessel legt?«

Scheidemann erhielt viel Beifall für diese rhetorisch glänzende, sich allerdings durch keinerlei Sinn für die Realität auszeichnende Rede und seinen anschließenden Rücktritt. Allein die USPD war nüchtern genug, die Lage richtig einzuschätzen. Auch ihre Redner brandmarkten die vorgelegten Friedensbedingungen als »einen Gewaltfrieden schlimmster Art«, doch führte, wie sie ehrlich erklärten, kein Weg daran vorbei, daß man sie annehmen müßte. »Nichtunterzeichnung bedeutet Zurückhaltung unserer Kriegsgefangenen, die Besetzung unserer Rohstoffgebiete, die Verschärfung der Blockade, Arbeitslosigkeit, Hungersnot, Massensterben, eine entsetzliche Katastrophe, die erst recht den Zwang zur Unterzeichnung herbeiführt.«

Das war die bittere Wahrheit, und auch die SPD konnte sich ihr auf Dauer nicht verschließen, zumal auch General Groener mit ausdrücklicher Zustimmung Hindenburgs die völlige Aussichtslosigkeit eines militärischen Widerstands zugeben mußte. Nachdem auch die bürgerlichen Demokraten aus der Regierung austraten, übernahm es die unter der Kanzlerschaft des Gewerkschaftsführers Gustav Bauer am 21. Juni 1919 gebildete Reichsregierung, den unvermeidlichen Schritt zu tun: der neue Außenminister Hermann Müller (SPD) und der Minister für die – längst verlorenen – Kolonien, Johannes Bell (Zentrum), unterzeichneten in Versailles den Friedensvertrag.

»Von vielen Seiten wurde schnell verdrängt, daß dieser Schritt unumgänglich war, wollte man Deutschland nicht in ein noch größeres Unglück stürzen«, heißt es dazu in der *Kleinen Geschichte der SPD* von Susanne Miller und Heinrich Potthof*. »Die Unterschrift von Versailles wurde für sie zu einem erneuten ›Verrat an Deutschland‹. Ständig sah man sich an die Auswirkungen dieses ›Schandvertrags‹ erinnert... In der ›Schmach‹ des ›Versailler Diktats‹ erblickten viele den Grund für ihre eigene, ganz persönliche Notlage und identifizierten sie mit dem Unglück der Nation. Die Schuld trugen die ›Novemberverbrecher‹... und das ganze von ihnen eingeführte ›System‹...«

Mit diesen Hypotheken belastet, gab sich die deutsche Republik am 11. August 1919 ihre Verfassung. Sie wurde von der Nationalversammlung in Weimar mit 262 Stimmen der SPD, der Demokraten und des Zentrums gegen 75 Stimmen der beiden rechten Oppositionsparteien und der USPD angenommen und von Friedrich Ebert als Reichspräsident unterschrieben. Hugo Preuß, der den Entwurf dieser Verfassung ausgearbeitet hatte, pries in einer Rede vor der Nationalversammlung die »Mäßigung und Selbstbeherrschung der siegreichen Revolution« und fügte hinzu: »Gerade weil ich nie ein Sozialist gewesen bin, erkenne ich dies an. Die Sozialdemokratie hat die Grundlagen der Demokratie nicht nur anerkannt, sondern auch zu Ehren gebracht und sich damit ein Verdienst um Deutschland erworben.«

17.
Die SPD in der
Weimarer Republik 1920-1930

»Das Deutsche Reich ist eine Republik. Die Staatsgewalt geht vom Volke aus« – so stand es ganz obenan in der neuen, von der Weimarer Nationalversammlung verabschiedeten Verfassung, aber die Wirklichkeit sah anders aus.

Gewiß, das Volk hatte nun endlich im Reich und in allen Ländern, auch in Preußen, das von den Sozialdemokraten seit eh und je geforderte allgemeine, gleiche, direkte und geheime Wahlrecht für alle über zwanzig Jahre alten Männer *und* Frauen; die Privilegierung der Reichen, die Vorrechte des Adels und die Zwei-Kammer-Systeme waren abgeschafft. Reichstag, Reichspräsident und Reichsregierung als gewählte Vertreter des Volkes hatten im Einklang mit der Verfassung die gesetzgebende und vollstrekkende Gewalt inne, und die Regierung war dem Parlament verantwortlich; Kanzler und Minister konnten von der Mehrheit jederzeit gestürzt werden.

Damit hatte die deutsche Sozialdemokratie ein vorrangiges Ziel ihres jahrzehntelangen Kampfes erreicht: eine wirkliche Demokratisierung des politischen Lebens, und überdies stellte die SPD nun das gewählte Staatsoberhaupt, den Regierungschef, die meisten Minister und als stärkste Fraktion zunächst auch den Präsidenten der Nationalversammlung*. Sie regierte auch in den meisten Ländern, Landkreisen und Stadtgemeinden, vor allem aber hatte ihr Parteivorsitzender als Reichspräsident mehr Macht und mehr Rechte, als sie selbst Kaiser Wilhelm II. besessen hatte: Er war nicht nur Oberbefehlshaber der gesamten Streitkräfte, ernannte die Minister und konnte den Reichstag auflösen; nach Artikel 48 der Reichsverfassung konnte er auch, »wenn die öffentliche Sicherheit und Ordnung erheblich gestört oder gefährdet war«, mit diktatorischen Vollmachten regieren, die Grundrechte aufheben, Länderregierungen absetzen und Notverordnungen mit Gesetzeskraft gegen den Willen der Parlamente erlassen. Nachdem zunächst die Nationalversammlung den ersten Reichspräsidenten gewählt hatte, sollten alle weiteren vom Volk direkt gewählt werden, und insofern war die Weimarer Republik keine rein parlamentarische Demokratie, vielmehr stand dieser als Gegengewicht und in Erfüllung des Traums von Ferdinand Lassalle ein Volks- und Wahlkönig gegenüber: der Reichspräsident, dem nur die äußeren Zeichen königlicher Macht fehlten, doch der mit dem Vertrauen der Volksmehrheit und mit weitreichenden verfassungsmäßigen Sonderrechten ausgestattet war.

Indessen war das oberste Verfassungsgebot, daß alle Staatsgewalt vom Volke ausgehe, und zwar von seinen gewählten Repräsentanten, in vielfacher Hinsicht nur eine Fiktion, allenfalls ein frommer Wunsch. Da waren zunächst die sehr harten Bestimmungen des Versailler Friedensvertrags, die den Handlungsspielraum der Regierung einengten, ihr beispielsweise vorschrieben, ihre bewaffneten Streitkräfte auf eine Stärke von hunderttausend Mann zu verringern, was in mehrfacher Hinsicht ernste, zunächst kaum vorhersehbare Folgen hatte. Des weiteren wurde das neue Berufsheer, die Reichswehr, rasch zu einem »Staat im Staate«; seine Offiziere und Generale befolgten, wie sich sehr bald zeigen sollte, Befehle der Regierung nur, wenn sie ihnen ins Konzept paßten, und trieben häufig Politik auf eigene Faust. Bei der Reichswehr, deren Generalität und Offizierskorps anfangs ausschließlich aus der kaiserlichen Armee stammte, zeigte sich, wie auch in der Verwaltung und vor allem bei der Justiz, daß nach dem vollständigen Zusammenbruch der alten Ordnung jene Warnung Johann Jacobys aus dem Jahre 1849, »daß jede Revolution verloren ist, welche die alten, wohlorganisierten Gewalten neben sich fortbestehen läßt«, wiederum nicht beherzigt worden war.

Schließlich hatte man mit der Beseitigung der Adelsprivilegien, des preußischen Dreiklassenwahlrechts und der Gesindeordnung das Junkertum zwar hart getroffen, es aber noch keineswegs entmachtet, denn sein Großgrundbesitz, und damit seine eigentliche Macht, war unangetastet geblieben, ebenso das großbürgerliche Eigentum an den Produktionsmitteln und dem Bankkapital. Zwar wurde – auch in den Führungsgremien der SPD und der Freien Gewerkschaften sowie im Kabinett – so mancher Sozialisierungsplan erörtert, und der Ruf nach Sozialisierung erscholl, zumal bei den Bergarbeitern, seit der Jahreswende 1918/19 immer wieder. Aber es gab, so fand man, zunächst Dringenderes; sodann herrschte die begründete Sorge, daß verstaatlichte Betriebe am ehesten von Reparationsforderungen der Siegermächte betroffen sein würden, und zudem stand das Regierungsbündnis mit den bürgerlichen Demokraten einer umfassenden Sozialisierung ohnehin im Wege; die beiden sozialistischen Parteien hätten ja in der Nationalversammlung auch gemeinsam keine Mehrheit gehabt, ganz abgesehen davon, daß – wie Heinrich August Winkler in einer umfassenden Untersuchung* festgestellt hat – »weder die Freien Gewerkschaften noch die SPD oder die USPD . . . im Herbst 1918 irgendwelche konkreten Vorstellungen (hatten), wie die Parole ›Sozialisierung‹ in die Tat umgesetzt werden konnte«. So beschränkte man sich auf unpräzise, mehr deklamatorische Verfassungsbestimmungen und einige Rahmengesetze, die ohne praktische Folgen blieben.

In der sozialdemokratischen Arbeiterschaft aber lebte, wie es Heinrich Potthof beschrieben hat, »ein Bewußtsein weiter, daß ihnen als den Trägern der ›Revolution‹ und der neuen Demokratie der Staat mehr schuldig war als nur formale bürgerliche Freiheiten. Außer den Sozialisierungsgesetzen, die kaum . . . Konsequenzen hatten, schönen Verfassungsartikeln über Wirtschaftsdemokratie und dem Achtstundentag«, der wegen der herrschenden

Not, der sinkenden Reallöhne und der rasch steigenden Preise praktisch gar nicht eingehalten wurde,»konnten sie nichts erkennen, was einen wirklichen Fortschritt zum Sozialismus gebracht hätte. Nach langen Beratungen und Diskussionen . . . wurde schließlich am 4. Februar 1920 ein Betriebsverfassungsgesetz (Betriebsrätegesetz) verabschiedet. Es brachte den Arbeitern im Betrieb eine gesetzlich garantierte Vertretung sowie nun ein – von Unternehmer- und Arbeitgeberverbänden bekämpftes – Mitbestimmungsrecht, u. a. bei Entlassungen und Einstellungen, Festlegung der Arbeitszeit und Arbeitsordnungen, Urlaubsregelungen und Einführung neuer Löhnungsmethoden.«

Mit diesem Gesetz versuchte die SPD im Einvernehmen mit den Gewerkschaftsführrern, denen die wachsende Radikalisierung der Mitgliederschaft und die Opposition, zumal die des inzwischen von USPD-Anhängern beherrschten Metallarbeiterverbands, schwer zu schaffen machten, den noch vorhandenen Vorstellungen von »Rätedemokratie« und den Forderungen nach Sozialisierung entgegenzukommen.

Indessen rief das Gesetz bei der Arbeiterschaft nur Enttäuschung und Wut hervor, die sich noch steigerten, als bei der zweiten Lesung eine Massendemonstration vor dem Reichstagsgebäude, zu der USPD, KPD und Betriebsobleute aufgerufen hatten, von Militär unter Maschinengewehrfeuer genommen und aufgelöst wurde. Es gab 42 Tote und 105 Verwundete. Die Verantwortung für den Schießbefehl des Kommandeurs, des Generals Walther Freiherr v. Lüttwitz, trugen der Reichswehrminister Noske und der preußische Innenminister Wolfgang Heine, die ihn ausdrücklich zu schärfstem Vorgehen ermächtigt hatten. Das Blutbad empörte auch die Gemäßigten unter den Anhängern der SPD, und auch das Gesetz selbst enttäuschte sie tief. Sie fühlten sich, wie es bei Heinrich Potthof dazu heißt, »um die Früchte der Revolution betrogen und konnten nicht verstehen, daß die Sozialdemokraten in der Regierung nicht mehr für sie durchgesetzt hatten. Der Ärger über die ›Kompromißregierung‹, die ja nicht ›ihre‹ Regierung war . . . übertrug sich in ein Unbehagen an dem Kurs der Parteiführung.« Otto Wels, der Parteivorsitzende der SPD, hatte schon einige Tage zuvor im Parteiausschuß festgestellt*, bei den SPD-Mitgliedern herrsche »eine tiefgreifende Erregung, eine außerordentliche Unzufriedenheit mit der Partei und der Parteileitung«.

Die Krise, in die die Partei geraten war, ließ sich nicht aus den Mitgliederzahlen erkennen, denn diese hatten – nach einem Tiefstand im Frühjahr 1918, als es nur noch 250 000 eingeschriebene SPD-Mitglieder gab – längst wieder den Vorkriegsstand von rund einer Million erreicht. Aber die Partei hatte ein Großteil ihrer traditionellen Anhänger verloren, zumal Arbeiter und Intellektuelle, dafür massenhaft Zustrom aus dem Mittelstand, vor allem aus der unteren und mittleren Beamtenschaft, erhalten, nicht zuletzt von Leuten, die sich vom Parteibuch der nunmehrigen »Regierungspartei« eine raschere Karriere versprachen. Wohin die enttäuschten Arbeiter und

Intellektuellen abgewandert waren, ließ sich aus dem schnellen Wachstum der USPD erkennen, und daß die SPD, trotz der wiedererreichten Mitgliederzahl der Vorkriegszeit, in Wahrheit stagnierte und an Anziehungskraft erheblich eingebüßt hatte, zeigt der Vergleich mit den Gewerkschaften, deren Mitgliederzahl sich im selben Zeitraum verdoppelt, vervierfacht, schließlich mehr als das Achtfache erreicht hatte! Von einem Vorkriegsstand von rund 2,5 Millionen war die Anzahl der gewerkschaftlich Organisierten zunächst auf etwa eine Million abgesunken, aber Ende 1919 waren es bereits 7,33 Millionen und Mitte 1920 sogar 8,14 Millionen.

Das hing nicht zuletzt damit zusammen, daß sich die Freien Gewerkschaften im Sommer 1919 einer Reform an Haupt und Gliedern unterzogen hatten. Sie waren in einer neuen Organisation, dem Allgemeinen Deutschen Gewerkschaftsbund (ADGB), straffer zusammengefaßt; aus der Generalkommission war der ADGB-Bundesvorstand geworden, und ihm zur Seite stand der Bundesausschuß, das Organ der Verbandsvorsitzenden. In diesem neuen äußeren Rahmen hatten sich die Gewerkschaften von ihrer früheren engen Bindung an die SPD gelöst, und sie waren auch um vieles politischer geworden. Eine Theoriediskussion war in Gang gekommen, die von der Basis bis zu den Führungsgremien reichte. Zu den wichtigsten Faktoren, die dies alles bewirkt hatten, gehörte zum einen das breite politische Spektrum der so stark angewachsenen Mitgliederschaft – vom radikalen Räte-Flügel der USPD bis zu den traditionell eher unpolitischen, am rechten Flügel der SPD angesiedelten Gewerkschafts»beamten« alten Schlages –, zum anderen die Einbindung der SPD in eine Regierungskoalition mit bürgerlichen Parteien und das häufig instinktlose Verhalten der Regierung, die gegen Streikende das Militär einsetzte.

Dies alles führte dazu, wie auch Heinrich Potthof festgestellt hat, daß die Gewerkschaften nun »ein starkes, eigenständiges politisches Gewicht entwickelten. Ein ganz neuer Ton war zu hören, als Carl Legien, der... klassische Repräsentant der traditionellen Gewerkschaftspolitik, jetzt Scheidemann vorhielt, die Mehrheitssozialdemokratie werde zum ›Annex‹ dieser ›Kompromißregierung‹, und die Parteiführung müsse dafür sorgen, ›daß wir eine selbständige Partei bleiben‹. Nicht minder aufschlußreich sind die Worte Theodor Leiparts, des späteren Nachfolgers Legiens, er könnte verstehen, wenn in dem Gewerkschaftshaus des ADGB nur das Zentralblatt der Unabhängigen, die ›Freiheit‹, ausliege und nicht mehr der ›Vorwärts‹... In den Gewerkschaften verbreitete sich bis hinauf zu ihren obersten Führungsgremien... das Gefühl, daß die« von der SPD geführte »Koalitionsregierung nicht in der Lage sei, Durchgreifendes für die Arbeiterinteressen zu tun. Über die traditionellen Bereiche der Lohnbewegungen und Sozialpolitik hinaus müßten die Gewerkschaften deshalb in wirtschafts- und allgemeinpolitische Bereiche eingreifen. Dieser Wille, die politische Entscheidung nicht mehr allein der parlamentarischen Vertretung der Arbeiterschaft zu überlassen... erlebte seine Bewährungsprobe... im März 1920.«

Kaum anderthalb Jahre nach dem ruhmlosen Ende der Hohenzollern-Monarchie waren sich deren traditionelle Stützen, das Junkertum und die Militärs, bereits darin einig, daß das demokratische»System« nun abgewirtschaftet hätte und daß es Zeit wäre, loszuschlagen, die Regierung zu stürzen und eine stramme Rechtsdiktatur aufzurichten. Zur Eile drängten vor allem die Freikorpsführer, die eine baldige Auflösung ihrer Söldnertruppe befürchten mußten, vor allem die Kommandeure zweier Brigaden von freiwilligen Marinesoldaten, die in der Nähe Berlins lagen und Mitte März entlassen werden sollten. Sie unterstanden dem Chef des Reichswehrgruppenkommandos I, General v. Lüttwitz, der seinerseits mit dem ostpreußischen Generallandschaftsdirektor Wolfgang Kapp, einem Vertrauensmann der ostelbischen Junker, und dem aus dem Exil zurückgekehrten Ex-General Ludendorff Putschpläne hegte, in die auch der Oberst Max Bauer, Ludendorffs engster politischer Berater während des Krieges, und Hauptmann Pabst von der Garde-Kavallerie-Schützendivision, der für den Mord an Rosa Luxemburg und Karl Liebknecht direkt Verantwortliche, eingeweiht waren. Wie Friedrich Stampfer später schrieb, waren die Verschwörer auch an Gustav Noske herangetreten, um ihn und mit seiner Hilfe die Reichswehr für ihre Putschpläne zu gewinnen. Noske,»der aber scharf abwinkte«, wie es bei Stampfer heißt, hielt es indessen nicht einmal für erforderlich, seine Kabinettskollegen und den SPD-Parteivorstand zu warnen. Auch der preußische Innenminister Wolfgang Heine, wie Noske am äußersten rechten Flügel der SPD, hatte von den Umsturzplänen erfahren, aber die Reichsregierung nicht davon unterrichtet. Sein Staatskommissar für die Überwachung der öffentlichen Ordnung, Herbert v. Berger, ein Deutschnationaler, kannte die Pläne der Putschisten sogar in allen Einzelheiten, verschwieg sie jedoch der Regierung ebenfalls. Erst als General v. Lüttwitz am 10. März 1920 in Gegenwart Noskes dem Reichspräsidenten Ebert Forderungen der Truppe erläuterte – keine Verminderung der Streitkräfte, sondern Vorbereitung auf einen Krieg gegen das bolschewistische Rußland –, dämmerte es den führenden Sozialdemokraten, daß Gefahr im Verzuge war. Am 12. März unterrichtete Noske das Reichskabinett von den Umsturzplänen eines »engen Kreises«, nannte die Namen Kapp und Pabst und fügte hinzu, er hätte»es für richtig gehalten, die in Bildung befindliche Organisation sofort zu sprengen . . . und deshalb die Verhaftung der Hauptbeteiligten angeordnet«, die aber keineswegs durchgeführt worden war. Im Protokoll der Kabinettssitzung heißt es weiter, daß Minister Noske erklärte, »zur Zeit gehe das Gerücht, daß gewisse Truppenteile, insbesondere die Marinebrigade, mit der Absicht umgingen, die dargelegten Pläne in der kommenden Nacht zu verwirklichen. Er habe deshalb den Alarmzustand und verschärfte Bewachung angeordnet.« Was Noske da seinen Kabinettskollegen enthüllte, war jedoch nur die Spitze eines Eisbergs:

Nicht nur die Brigade Ehrhardt, eine Söldnertruppe, die bereits im Baltikum gegen die Bolschewiki eingesetzt worden war und, rund fünftausend Mann stark, als schlagkräftigste konterrevolutionäre Einheit galt, war schon bereit zum Marsch auf Berlin. Auf den adligen Gütern der ostelbischen Provinzen lagen noch Abertausende schwerbewaffneter »Baltikumer« und warteten auf den Einsatzbefehl.

Hinzu kam – und das war für Noske wohl die einzige Überraschung –, daß auch die Reichswehrführung und die Berliner Garnison die Regierung nun im Stich ließen. In der Nacht zum 13. März 1920, als der Reichswehrminister mit den führenden Militärs die Lage beriet, während die Brigade Ehrhardt schon auf dem Marsch nach Berlin war, mit wehenden schwarz-weiß-roten Fahnen und Hakenkreuzen an den Stahlhelmen, mußte Noske erfahren, daß »seine« Reichswehr, zwar auf demonstrierende Arbeiter zu schießen jederzeit bereit war, aber zum Schutz der Republik und ihrer Regierung keinen Finger zu rühren gedachte. General v. Seeckt, der Chef des Truppenamts, und alle anderen Generale bis auf einen lehnten einen Kampf gegen die Putschisten ab; die Berliner »Sicherheitswehr« ging geschlossen zu ihnen über. Seeckt riet dem Kabinett zur Kapitulation; jeder Widerstand gegen die anmarschierenden Truppen wäre »aussichtslos«, denn – wie er es später formulierte – »Truppe schießt nicht auf Truppe«. Daß es auch eine andere Art des Widerstands geben könnte, schien er nicht einmal zu ahnen.

Während Friedrich Ebert, Reichskanzler Bauer und die anderen sozialdemokratischen Minister Berlin nun eilig verließen und in Dresden bei General Maercker Zuflucht suchten, den Noske für »zuverlässig« erklärte, zeigte sich Carl Legien als einziger der Situation gewachsen: Noch in den frühen Morgenstunden proklamierte er für den ADGB und die Arbeitsgemeinschaft freier Angestelltenverbände (AfA) den Generalstreik. Der USPD-Parteivorstand, dessen Vorsitzender Hugo Haase einige Wochen zuvor einem von Rechtsextremisten verübten Mordanschlag erlegen war, rief ebenfalls dazu auf, und fast gleichzeitig – man wollte sich bei der SPD-Führung nicht von ADGB und USPD ins Abseits drängen lassen – erschien auch ein gemeinsamer Aufruf des Reichspräsidenten, des Reichskanzlers, der sozialdemokratischen Minister und des Parteivorsitzenden Otto Wels, worin zum »Generalstreik auf der ganzen Linie« aufgefordert wurde.

»Kein Betrieb darf laufen, solange die Militärdiktatur Ludendorffs herrscht!«, hieß es darin. »Deshalb legt die Arbeit nieder! Streikt! Schneidet dieser reaktionären Clique die Luft ab! Kämpft mit jedem Mittel für die Erhaltung der Republik! Laßt allen Zwist beiseite! Es gibt nur ein Mittel . . . : Lahmlegung jeden Wirtschaftslebens! Keine Hand darf sich mehr rühren! Kein Proletarier darf der Militärdiktatur helfen!« Der Text schloß erstaunlicherweise mit den Worten: »Proletarier, vereinigt euch! Nieder mit der Gegenrevolution!«

»Der Aufruf widersprach allem, was man bisher von Ebert, Bauer und Noske gehört hatte«, heißt es in der erwähnten Untersuchung von Heinrich August Winkler. »Eine Aufforderung zum Generalstreik bedeutete eine totale Kehrtwendung der bis zum 13. März 1920 verfolgten Politik. Bereits

Rudolf Hilferding (1877-1941) und Gustav Bauer (1870-1944)

am gleichen Tag distanzierten sich denn auch die Minister, von General Maercker in Dresden mit Vorwürfen überschüttet, von dem Aufruf«, den sie, wie sie und auch Ebert dem General versicherten, weder vorher gesehen noch gebilligt, schon gar nicht selbst unterschrieben hätten. Nur Gustav Noske bekannte sich dazu, und daß der SPD-Parteivorstand, zumindest Otto Wels, den Aufruf gekannt und gebilligt hat, gilt als sehr wahrscheinlich. Sicher ist, daß Ulrich Rauscher, Pressechef der Reichsregierung und ein eher rechter Sozialdemokrat, den Text verfaßt und weitergegeben hat.

»Aber wie immer der Appell an das Proletariat zustande gekommen sein mag«, heißt es dazu bei Winkler: »Die Proklamation des Generalstreiks war das Gebot der Stunde, und die Regierung hätte allen Anlaß gehabt, sich ohne Wenn und Aber zu dem Berliner Aufruf zu bekennen. Erstens war nicht zu erwarten, daß die Putschisten«, die das Regierungsviertel besetzt, sich in der Reichskanzlei häuslich eingerichtet und Kapp zum Kanzler proklamiert hatten, »rasch resignieren würden, wenn das Wirtschaftsleben weiterging... Zweitens war fraglich, ob das Gros der Beamten dem Dresdner Aufruf des Reichspräsidenten..., nur den Weisungen der verfassungsmäßigen Regierung zu gehorchen, gefolgt wäre, wenn die Aktionen der Arbeiterschaft nicht jedermann die Gefahr einer wirtschaftlichen Katastrophe vor Augen geführt hätten. Drittens hätten sich die Arbeiter in hellen Scharen von der SPD abgewandt, wenn sie nicht von ihrer Partei zu einem massiven Einsatz für die demokratische Republik – und das konnte nur heißen: zum Generalstreik – aufgefordert worden wären.«

Tatsächlich zwang der zuerst vom ADGB-Vorstand proklamierte Generalstreik, dem sich dann der Deutsche Beamtenbund und die Hirsch-Dunckerschen, de facto auch die – offiziell neutralen – christlichen Gewerkschaften, nach anfänglicher Ablehnung auch die Kommunisten* anschlossen, die Putschisten binnen weniger Tage zum Aufgeben.

Carl Legien erwies sich während des tagelangen Generalstreiks nicht allein als hervorragender Organisator; vielmehr war er in dieser Zeit, wo nicht nur die gesamte Industrie, sondern auch Bahn und Post, Strom- und Gasversorgung, Banken, Handel und Handwerk, alle städtischen Verkehrsmittel und selbst die Verwaltung völlig gelähmt waren, der eigentliche Machthaber, zugleich der Koordinator zwischen Gewerkschaften, Koalitionsparteien, USPD, der – inzwischen nach Stuttgart weitergeflüchteten – Reichsregierung und der streikenden Arbeitnehmerschaft. Auch nachdem die Ordnung in Berlin wiederhergestellt war, die Putschisten aufgegeben und die Stadt geräumt hatten, behielt Carl Legien seine unnachgiebige Haltung bei. Am 18. März sorgte er für eine Einigung zwischen ADGB, AfA und Beamtenbund, den Generalstreik unbefristet fortzusetzen, bis neun Bedingungen erfüllt wären:

1. Entscheidender Einfluß der Gewerkschaften »auf die Umgestaltung der Regierungen in Reich und Ländern sowie auf die Neuregelung der wirtschafts- und sozialpolitischen Gesetzgebung.
2. Entwaffnung und Bestrafung aller am Putsch Beteiligten.
3. Sofortiger Rücktritt Noskes und des preußischen Innenministers Wolfgang Heine (SPD) sowie weiterer durch ihr Verhalten kompromittierter Sozialdemokraten und bürgerlicher Koalitionspartner.
4. Säuberung der Verwaltung und Betriebe von reaktionären Elementen.
5. Schnellste Demokratisierung der Verwaltung.
6. Sofortiger Ausbau der Sozialgesetzgebung und wirkliche Gleichberechtigung der Arbeiter, Angestellten und Beamten.
7. Sofortige Sozialisierung des gesamten Bergbaus und der Elektrizitätserzeugung.
8. Enteignung der Großgrundbesitzer, die gegen die Lebensmittelablieferungspflicht verstoßen.
9. Auflösung und Entwaffnung aller konterrevolutionären Formationen und Übernahme des Sicherungsdienstes durch die organisierte Arbeiterschaft.

Die gewandelte Haltung Legiens und der Gewerkschaftsführung seit Beginn des Kapp-Putsches, die sich auch in diesen Bedingungen widerspiegelt, erklärt sich durch die weit bessere Information, die die ADGB-Spitze über die Stimmung der Arbeiterschaft in den großen Industriezentren hatte, sowie durch ihre realistische Einschätzung der politischen Einstellung ihrer Mitglieder, deren überwältigende Mehrheit jetzt in erbitterter Opposition zu der sozialdemokratisch geführten Reichsregierung stand.

Mit ungewöhnlicher Schärfe setzte Legien – er war bereits ein schwer-

Gruppenbild des USPD-Vorstandes. Von links nach rechts:
Wilhelm Dittmann, Luise Zietz, Artur Crispien, Julius Moses, Anna Nemitz.

kranker Mann und starb, knapp sechzig Jahre alt, noch im selben Jahr –
seinem einstigen Schützling Ebert auseinander, daß er Noske sofort entlassen und auch die anderen Bedingungen der Gewerkschaften, zumindest
weitgehend, erfüllen müßte. Otto Wels meinte dazu, Legien habe zwar seine
Forderungen »in unnötig verletzender Form vorgetragen«, aber er stimme
ihnen dennoch zu, schon »um die bürgerlichen Parteien unter den denkbar
schärfsten Druck zu stellen«.

Legien bemühte sich dann auch, zwischen SPD und USPD zu vermitteln
und eine »Arbeiterregierung« zustande zu bringen. Aber die Mehrheit des
USPD-Vorstands lehnte es strikt ab, sich mit den »Arbeitermördern«, wie
Crispien sie nannte, an einen Tisch zu setzen – was den USPD-Vertretern in
der Zentralen Streikleitung dann heftige Vorwürfe der Kommunisten eintrug; Wilhelm Pieck beschuldigte sie, eine »Zwischenregierung« verhindert
zu haben. Nicht zuletzt war es die starre Haltung der USPD-Führer, die
Legiens Bemühungen, den andauernden Generalstreik zu einer durchgrei-
fenden Demokratisierung und Sozialisierung zu nutzen, scheitern ließen.

Gewiß, Noske und auch Wolfgang Heine mußten gehen; drei preußische
Oberpräsidenten, drei Regierungspräsidenten und 88 Landräte wurden ihrer
Ämter enthoben. Auch einige weitere Bedingungen der ADGB-Spitze
wurden erfüllt. Aber im übrigen blieb es bei Versprechungen, und die
Gewerkschaften gingen aus dem Kapp-Putsch nur scheinbar als Sieger
hervor.

»Zum eigentlichen Sieger«, heißt es dazu bei Heinrich Potthof, »wurde
vielmehr das Militär. Das nach einigem Gerangel zusammengebrachte

Kabinett Hermann Müller (SPD) basierte wieder auf der alten Koalition. Zwar nahm es mit verschiedenen Wenn und Aber, vor allem der DDP« – der Deutschen Demokratischen Partei – »das von den Gewerkschaften geforderte Programm an; ausgeführt wurde es jedoch nur zum kleinen Teil. Das innenpolitische Kernproblem wurde vielmehr die Niederschlagung von Aufständen, die im Gefolge des« am 23. März 1920 beendeten »Generalstreiks in Berlin, in Mitteldeutschland und vor allem im Ruhrgebiet aufflammten. Dort entstand eine« – etwa achtzigtausend Bewaffnete zählende – »›Rote Ruhrarmee‹, die nach schweren, oft brutalen Bürgerkriegskämpfen zeitweise fast das gesamte Ruhrgebiet beherrschte. Mit Zusagen der Regierung gelang es dem Staatskommissar Carl Severing (SPD), einen Waffenstillstand zu vermitteln und die gemäßigten Kämpfer zu einem großen Teil aus der Roten Armee zu lösen. Den Widerstand des militanten Kerns brach die Reichswehr mit Bajonett, Gewehr und Kanonen. Dabei wurden auch Militärverbände gegen die Arbeiterformationen eingesetzt, die während der Kapp-Zeit den Putschisten nahegestanden hatten. Ihr ›weißer Terror‹ übertraf den ›roten Terror‹ an Brutalität und Intensität. Bei vielen Arbeitern, die mit der Fortsetzung des Streiks und dem Aufbau eigener Formationen die Republik gegen die Verfassungsbrecher hatten verteidigen wollen und statt dessen erlebten, daß solche Kappisten im Auftrag der Regierung Müller gegen sie selber oder ihre Kameraden vorgingen, wuchs die Verbitterung ins Grenzenlose. Republiktreue Streikende wurden unter den Bedingungen des Ausnahmezustands vor allem von den Militärgerichten oft hart bestraft... während das Strafgericht der Republik über die Feinde von rechts ausblieb«, wobei anzumerken ist, daß nur gegen zehn Beteiligte am Kapp-Putsch Anklage erhoben, nur einer, Kapps »Innenminister« v. Jagow, schuldig befunden und zu einer gelinden Strafe verurteilt wurde; Kapp selbst entkam ins Ausland, v. Lüttwitz hielt sich auf Gütern seiner Freunde versteckt bis 1925, als eine Amnestie ihm Straffreiheit brachte.

Die Verbitterung, besonders der Arbeiterschaft, über die sanfte Behandlung der Republikfeinde und die Brutalität, mit der gegen die Linke vorgegangen wurde – bei den Kämpfen an der Ruhr waren 15 Reichswehroffiziere und 142 Mann ums Leben gekommen, aber weit über tausend Arbeiter hatten die Soldaten, meist erst nach ihrer Gefangennahme, erschossen oder erschlagen, weitere tausend waren zu langen Zuchthausstrafen verurteilt worden –, wirkte sich für die Sozialdemokratie verhängnisvoll aus. Nachdem am 21. Mai 1920 die Nationalversammlung geschlossen worden war, fanden am 6. Juni die Wahlen zum ersten Reichstag der Republik statt. Die SPD verlor dabei mehr als die Hälfte ihrer Wähler, die USPD aber konnte gegenüber den Wahlen zur Nationalversammlung ihren Stimmenanteil mehr als verdoppeln, die Anzahl ihrer Mandate nahezu vervierfachen. Erstmals war auch die KPD angetreten und hatte fast 590000 Stimmen erhalten. Im einzelnen sah das Ergebnis der Wahl, bei einer Beteiligung von nur noch 79 Prozent gegenüber 89 Prozent bei den Wahlen zur Nationalversammlung, folgendermaßen aus (Ergebnisse von 1919 zum Vergleich in Klammern dahinter):

	Millionen		Prozent		Mandate von insges. 466 (421)	
Deutschnationale	4,2	(3,1)	15,1	(10,3)	66	(42)
Volkspartei	3,9	(1,3)	13,9	(4,4)	62	(22)
Zentrum und	5,0	(5,9)	16,6	(13,4)	68	(89)
Bayer. Volkspartei					18	(-)
Demokraten	2,3	(5,6)	8,3	(18,5)	45	(74)
SPD	6,1	(11,5)	21,7	(37,9)	112	(163)
USPD	5,0	(2,3)	17,9	(7,9)	81	(22)
KPD	0,6	(-)	12,6	(-)	2	(-)

Die aus der Vorkriegs-Sozialdemokratie hervorgegangenen drei Parteien hatten zusammen nicht einmal mehr die Stimmenzahl erreicht, die die Mehrheits-SPD allein 1919 hatte erzielen können, und zugleich war rund die Hälfte der SPD-Wähler zur USPD und in weit geringerem Maße zur KPD abgewandert. Auch die Koalitionsparteien der SPD hatten starke Verluste zu verzeichnen, die stärksten die Demokraten, wogegen sich das katholische Zentrum etwas besser gehalten hatte, jedoch durch die Abspaltung der Bayerischen Volkspartei seine Stellung als zweitstärkste Fraktion im Reichstag an die USPD verloren hatte. Die beiden Rechtsparteien aber waren, nach der USPD, die eigentlichen Gewinner; zusammen hatten sie ihren Wähleranteil fast verdoppeln können.

Die »Weimarer Koalition« hatte die Mehrheit verloren; zwei Tage nach der Wahl trat das Kabinett Hermann Müller zurück, nachdem seine Versuche, doch noch eine Regierung unter sozialdemokratischer Führung zustande zu bringen, sowohl am Widerstand der USPD wie an dem der Deutschen Volkspartei gescheitert waren. Die neue Reichsregierung unter der Kanzlerschaft des Zentrumsmanns Konstantin Fehrenbach war die erste rein bürgerliche der Weimarer Republik, gebildet aus Zentrum, Volkspartei und Demokraten; die SPD war nicht mehr daran beteiligt, sagte indessen zu, das neue Kabinett »bis auf weiteres« zu tolerieren.

Nicht weniger katastrophal für die SPD fielen die bayerischen Landtagswahlen vom gleichen Tage und die Berliner Gemeindewahlen zwei Wochen später aus. In Bayern verlor die SPD 36 ihrer zuvor 61 Mandate; 20 Landtagssitze erhielt die USPD, zwei die KPD; Bayerische Volkspartei und Ultrarechte hatten fortan eine sichere Mehrheit in Bayern, das sich zur »Ordnungszelle« und Hort aller republikfeindlichen rechten Kräfte entwickelte.

In dem neugeschaffenen Groß-Berlin, das seine Zusammenfassung aus

Die weiblichen Mitglieder der sozialdemokratischen Reichstagsfraktion 1920 mit Paul Löbe vor dem Reichstag.

zahlreichen Einzelgemeinden zu einer leistungsfähigen Großgemeinde vornehmlich der kommunalpolitischen Arbeit rechter Sozialdemokraten verdankte, brachte es die SPD nur noch auf 39 Stadtverordnete gegen 87 der USPD. »Berlin hatte in der einheitlichen Partei stets links gestanden«, bemerkte dazu der *Vorwärts*-Chefredakteur Friedrich Stampfer. »Jetzt erteilte es dem oppositionellen Flügel der Sozialdemokratie ein überwältigendes Vertrauensvotum, der Koalition von Weimar aber eine ebenso schneidende Absage.« Dazu hatte die vom *Vorwärts* voll unterstützte Politik des rechten Parteivorstands, vor allem der brutale Einsatz des Militärs gegen die Arbeiterschaft und die Ermordung Liebknechts und Rosa Luxemburgs, kräftig beigetragen.

Der Verlust der Regierungsverantwortung im Reich und in Bayern und die neue Oppositionsrolle der SPD im Großberliner Stadtparlament wurden von der SPD-Führung überwiegend ohne großes Bedauern, auch ohne Besorgnis, registriert, ja es herrschte in der Reichstagsfraktion geradezu Erleichterung. »Niemand von uns«, so faßte Hermann Müller diese den Parteitag der SPD vom Oktober 1920 beherrschenden Stimmung zusammen, »hat Sehnsucht, wieder in die Regierung einzutreten.«

»Hier drückte sich eine Haltung aus«, schreibt Heinrich Potthof dazu, »die der ›Vorwärts‹ 1925 in die einprägsamen Worte kleidete, die SPD habe sich nie zur Regierung gedrängt und sich nur an ihr beteiligt, ›wenn die äußerste Not des Volkes dieses Opfer von ihr verlangte‹. Gerade nach den

Erfahrungen ihrer anderthalbjährigen Regierungszeit« – unter der Kanzlerschaft von Scheidemann, Gustav Bauer und Hermann Müller – »bis zum Juni 1920, als ihr die Anhänger in Scharen davonliefen, wollte sie sich die Regierungsverantwortung nur im Notfall aufbürden. Ungeachtet dieser Vorbehalte sah sich die Reichstagsfraktion veranlaßt, häufig von ihr nicht getragene Regierungen doch zu unterstützen, weil sich anders keine Mehrheit im Parlament fand und neue Krisen drohten.«

Von dieser Taktik der »Tolerierung« versprach sich die Parteiführung, daß die bürgerlichen Regierungsparteien unumgängliche, durch die innere und äußere Notsituation bedingte Maßnahmen vor der Öffentlichkeit selbst verantworten mußten, ohne daß die SPD wieder in die Schußlinie der Gegner von links und rechts geriet. Julius Leber hat diese Taktik 1928 einer scharfen Kritik unterzogen:

»Man muß entweder regieren«, schrieb er damals, »oder man muß in ausgesprochener Opposition stehen. Zum einen nicht die Verantwortungsfreudigkeit, zum anderen nicht den Mut zu haben, also eine Politik des Durchlavierens festen Entschlüssen vorzuziehen, das ist der größte Fehler, den eine politische Partei begehen kann.«

Indessen scheint dieses Urteil zu hart angesichts der Tatsache, daß die SPD

Der Parteivorstand zu Beginn des Parteitages im Jahr 1920.
Erste Reihe von links: Richard Fischer, Elfriede Ryneck, Wilhelm Pfannkuch, Hermann Molkenbuhr, Marie Juchacz;
Zweite Reihe: Karl Hildenbrand, Otto Frank, Friedrich Bartels, Hermann Müller, Otto Wels, Friedrich Stampfer, Adolf Ritter;
dritte Reihe: Franz Krüger, Otto Braun, Adolf Braun.

in der Folgezeit stets mutig in die Bresche sprang, wenn unpopuläre Maßnahmen von entscheidender nationaler Bedeutung unumgänglich wurden. Getreu der von Ebert schon in der Vorkriegszeit eingeleiteten Politik versagte sich die Partei niemals den sogenannten »staatspolitischen Notwendigkeiten«. Als Koalitionspartner unterstützte sie das 1. Kabinett des Reichskanzlers Joseph Wirth, das vom Mai bis Oktober 1921 regierte und bemüht war, durch eine sogenannte »Erfüllungspolitik« schließlich eine Revision des Versailler Friedensvertrags zu erreichen; auch das 2. Kabinett Wirth – Oktober 1921 bis November 1922 – wurde von der SPD mitgetragen.

»Während die SPD dem linken Zentrumsmann Wirth viele Sympathien entgegenbrachte«, heißt es dazu bei Heinrich Potthof, »überwog gegenüber seinem Nachfolger, dem rechtsstehenden, parteilosen Wirtschaftsführer Wilhelm Cuno, die Reserve. Aber selbst dessen Kabinett, in dem die SPD gar nicht vertreten war, fand ihre Hilfe bei dem Versuch, den Einfall der französischen und belgischen Truppen im Januar 1923 ins Ruhrgebiet mit dem passiven Widerstand zu beantworten.« Als diese Politik den letzten Anstoß zur – beschönigend Inflation genannten – totalen Geldentwertung gab, stand die SPD wieder als Nothelfer bereit: Das 2. Kabinett Stresemann – Oktober bis Ende November 1923 –, dem sie wie schon dem ersten, das von August bis Anfang Oktober 1923 im Amt war, als Juniorpartner angehörte, übernahm die undankbare Aufgabe, den aussichtslos gewordenen Widerstand an der Ruhr aufzugeben und anschließend die Währung zu sanieren.

Die totale Geldentwertung von 1923 ging ausschließlich zu Lasten der unteren und mittleren Schichten. Die Arbeitnehmerschaft mußte schwere Einbußen ihres Realeinkommens hinnehmen, weil die Preise den ohnehin sehr niedrigen, weit unter dem Vorkriegsstand liegenden Löhnen mit rasender Geschwindigkeit davonliefen. Wer Ersparnisse hatte, verlor sie im Handumdrehen, was vor allem den Mittelstand traf. Dagegen ließen sich Unternehmer, Gutsbesitzer und Händler ihre Produkte in harter Goldwährung bezahlen, horteten Sachwerte, machten horrende Schulden, die sie mit wertlosen Papiermark tilgten, bezahlten – wiederum mit wertlosen Scheinen – ihre Steuern im voraus und wurden dabei immer reicher.

Bis Mitte April 1923 gelang es noch, den Dollarkurs von 20 000 Mark für einen US-Dollar zu halten, aber bis August 1923 sank der Kurs der Mark ins Bodenlose: 4,6 Millionen Mark für einen Dollar waren aber erst der Anfang vom Ende. Im Oktober kostete ein Dollar bereits 25 Milliarden Mark, am 15. November 1923, dem Tag der Währungsreform, sogar schon 4,2 Billionen Mark! Die Not des Volkes förderte nicht nur separatistische Bewegungen im Rheinland und in der Pfalz; Großindustrielle wie Hugo Stinnes, der mit Friedrich Flick zu den größten Kriegs- und Inflationsgewinnern gehörte, forderten offen, jetzt müßte ein »starker Mann« eine Diktatur errichten. Der Ruhrindustrielle Fritz Thyssen sah einen solchen Mann in dem »Führer« einer kleinen rechtsextremen Partei in Bayern, Adolf Hitler. Nachdem sich die dortige Regierung unter Bruch der Verfassung gegen das Reich auflehnte, unternahm Hitler im Bunde mit Ludendorff und einigen Freikorpsführern mit finanzieller Hilfe Thyssens am 8./9. November 1923 in München einen Putschversuch, der allerdings kläglich scheiterte. Die Verantwortlichen, soweit sie überhaupt vor Gericht gestellt wurden, kamen ebenso glimpflich davon wie die Kapp-Putschisten; Hitler mußte einige Monate »Ehrenhaft« auf der Festung Landsberg »verbüßen«.

Anders dagegen verlief eine Abwehr-Aktion in Sachsen und Thüringen, wo reine SPD-Regierungen amtierten und wo angesichts der drohenden Gefahr von rechts »Proletarische Hundertschaften« aufgestellt wurden. Als dort dann auch Unabhängige und Kommunisten in die Landesregierungen aufgenommen wurden, nahm die Reichsregierung unter starkem Druck der Unternehmer dies zum Anlaß, Reichswehr nach Sachsen und Thüringen einmarschieren zu lassen, die SPD-Ministerpräsidenten kurzerhand abzusetzen und die Auflösung ihrer Regierungen ebenso zu erzwingen wie die der Proletarischen Hundertschaften. Das brutale Vorgehen der Reichswehr forderte abermals viele Tote und Verletzte unter der Arbeiterschaft; Tausende wurden von Standgerichten zu langjährigen Zuchthausstrafen verurteilt.

Diese doppelte Moral – äußerste Härte gegen die Linke, Milde und Konzessionsbereitschaft gegenüber den Rechten – löste bei den Anhängern der SPD so große Empörung aus, daß die Fraktion schließlich der Reichsregierung ultimative Forderungen stellte, die Truppen aus Sachsen und Thüringen zurückzuziehen. Als Stresemann dies ablehnte, traten die sozialdemokratischen Reichsminister Wilhelm Sollmann, Gustav Radbruch und Robert Schmidt Anfang November 1923 zurück, was einige Tage später zum Sturz Stresemanns führte – sehr zum Ärger Eberts, der dazu meinte: »Was euch veranlaßt, den Kanzler zu stürzen, ist in sechs Wochen vergessen, aber die Folgen eurer Dummheit werdet ihr noch in zehn Jahren spüren!«*

Dabei war die Entscheidung, das Kabinett Stresemann nicht länger zu unterstützen, weit weniger darauf zurückzuführen, daß in Sachsen und Thüringen linke Bündnisse unter Einbeziehung der Kommunisten durch die Reichswehr zerschlagen worden waren; vielmehr fiel sie vor allem aus Rücksicht auf die Stimmung in der Partei, deren linker Flügel erstarkt war, seit im September 1922 eine Wiedervereinigung der USPD mit der SPD stattgefunden hatte.

Schon im Dezember 1920 war die USPD-Linke zur KPD übergegangen. 428 000 USPD-Mitglieder, darunter zahlreiche Hamburger Hafen- und Transportarbeiter unter Führung ihres Vorsitzenden Ernst Thälmann, der, seit 1903 SPD-Mitglied, große Popularität genoß, hatten sich daran beteiligt. Von den verbleibenden 486 000 Mitgliedern der Rest-USPD waren etwa 340 000 unter Führung von Crispien, Dittmann und Kautsky im Herbst 1922 zur SPD zurückgekehrt; Eduard Bernstein und einige andere hatten diesen

Nach der Wiedervereinigung von SPD und USPD im Oktober 1922: Hermann Müller, Otto Wels, Artur Crispien, Wilhelm Dittmann.

Schritt schon in den Jahren zuvor vollzogen. Nur etwa 120 000 oder etwa ein Siebtel der früheren USPD-Mitgliedschaft unter Führung von Georg Ledebour und Theodor Liebknecht, einem Bruder von Karl, hatten die Rückkehr in die SPD ebenso abgelehnt wie zuvor den Anschluß an die KPD. Die von ihnen fortgesetzte USPD verkümmerte jedoch zu einer unbedeutenden Splitterpartei.

Der Zusammenschluß von SPD und USPD-Minderheit, der nicht zuletzt durch das Zusammenrücken aller republikanischen Kräfte nach der Ermordung des Reichsaußenministers Walther Rathenau durch Rechtsextremisten im Juni 1922 bewirkt worden war, hatte zweierlei zur Folge: Die bürgerlichen Parteien waren in noch geringerem Maße als bisher zur Koalition mit den – nun nach links hin erweiterten – Sozialdemokraten bereit, und nach dem Sturz des 2. Kabinetts Stresemann waren sie es überhaupt nicht mehr. An den folgenden Kabinetten des Zentrumsführers Wilhelm Marx und des Parteilosen Hans Luther, die abwechselnd bis zum Juni 1928 im Reich regierten, war die Sozialdemokratie nicht beteiligt, wohl aber die nationalliberale Deutsche Volkspartei des Reichsaußenministers aller folgenden sechs Regierungen, Gustav Stresemann, und schließlich sogar die republikfeindliche, konservative Deutschnationale Volkspartei. Es gab also im Gefolge der Wiedervereinigung der rechten und linken Sozialdemokratie in der Reichspolitik einen deutlichen Trend nach rechts. Umgekehrt bewirkte der Zusammenschluß von SPD und USPD eine Stabilisierung der

Machtverhältnisse im mit Abstand größten Land des Deutschen Reiches, in Preußen. Denn durch den Übergang der mitgliederstarken USPD-Bezirke Berlin-Brandenburg, Magdeburg, Ostpreußen, Schleswig-Holstein, Schlesien und Mittelrhein, sämtlich in Preußen gelegen, zur SPD konnte sich die preußische Regierung unter sozialdemokratischer Führung bis zum Ende der deutschen Demokratie auf sichere Mehrheiten stützen. Mit nur sehr kurzen Unterbrechungen war Otto Braun, bis 1911 Hauptkassierer der Partei, nach der Revolution bis zum Kapp-Putsch preußischer Landwirtschaftsminister und, den Junkern besonders verhaßt als vermeintlicher Landreformer und tatsächlich sehr erfolgreicher Organisator der Landarbeiter und Kleinbauern, Ministerpräsident des Freistaats Preußen. In seinen Kabinetten, die sich auf die »Weimarer Koalition« stützten, war der Bielefelder Bezirksvorsitzende der SPD, Carl Severing, mit Unterbrechungen von 1920 bis 1932 als preußischer Innenminister der »starke Mann«. Braun und Severing waren nach den Erfahrungen des Kapp-Putsches sehr bemüht, in Preußen eine republiktreue Verwaltung und Polizei zu schaffen; sie besetzten fast alle Schlüsselpositionen des Freistaats mit rechten Sozialdemokraten, bürgerlichen Demokraten und Zentrumsmännern, wobei angemerkt sei, daß Gustav Noske nach seinem Rücktritt im Anschluß an den Kapp-Putsch auf Wunsch Friedrich Eberts von Otto Braun und Carl Severing zum Oberpräsidenten der Provinz Hannover ernannt worden war; er blieb in diesem Amt bis Ende 1933.

Hatte also die Wiedervereinigung von SPD und Rest-USPD einer Stabili-

Otto Braun hält am 24. April 1924 eine Rundfunkrede zur Preußenwahl.

sierung in Preußen genützt und den Zug nach rechts in der Reichspolitik noch verstärkt, so blieb der von der neuen Geschlossenheit erhoffte Erfolg bei den Wählern aus.

Bei den Reichstagswahlen vom 4. Mai 1924 erlitt die »Vereinigte Sozialdemokratische Partei«, wie sie sich kurzfristig nannte, eine schwere Niederlage. Bei einer Wahlbeteiligung von 77,4 Prozent und 29,3 Millionen gültigen Stimmen entfielen auf sie nur 6 Millionen Stimmen (20,5 Prozent), wogegen bei den Reichstagswahlen von 1920 SPD und USPD zusammen noch 11,1 Millionen Stimmen (39,6 Prozent) hatten erzielen können. Die »Vereinigte SPD« gewann im neuen Reichstag nur 100 Mandate; zuvor hatte die SPD allein 113, die USPD 81 Sitze gehabt. Die KPD, die im 1920 gewählten Reichstag nur mit zwei Abgeordneten, Paul Levi und Clara Zetkin, vertreten gewesen war, errang 1924 bereits 62 Mandate und war damit zur Massenpartei geworden, die rund 3,7 Millionen Wählerstimmen (12,6 Prozent) erhalten hatte – trotz heftiger innerparteilicher Streitigkeiten, die im Frühjahr 1921 sogar zum Parteiausschluß des Vorsitzenden Paul Levi geführt hatten. Levi, Sohn eines Fabrikanten und seit 1906 Rechtsanwalt in Frankfurt, seit damals Mitglied der SPD, war Mitglied der Spartakus-Gruppe und Mitbegründer der KPD gewesen und hatte den Zusammenschluß der KPD mit der USPD-Mehrheit bewerkstelligt; nach dem gescheiterten mitteldeutschen Aufstand war er einer der schärfsten Kritiker des »Abenteurertums« der Partei- und Komintern-Führung. * Bald nach seinem Ausschluß aus der KPD hatte er sich der Rest-USPD angeschlossen und war mit dieser im September 1922 in die Vereinigte SPD eingetreten, für die er, der Wortführer der linken Opposition, 1924 den Wahlkreis Chemnitz-Zwickau erorbert hatte. Levi blieb bis zu seinem Tode im Jahre 1930 SPD-Reichstagsabgeordneter dieses Wahlkreises.

Bei den Reichstagswahlen vom Mai 1924 zeigte sich deutlich, daß die drei aus der Vorkriegs-SPD hervorgegangenen Parteien zusammengenommen kräftig verloren hatten und daß gleichzeitig sehr viele frühere Sozialdemokraten zu den Kommunisten übergegangen waren. Es zeigte sich auch, daß im bürgerlichen Lager ein kräftiger Zug nach rechts stattgefunden hatte: die Deutschnationalen hatten 1,4 Millionen Stimmen hinzugewonnen und ihren Anteil von 15,1 auf 19,5 Prozent steigern können. Ihren 95 Abgeordneten schlossen sich nach den Wahlen weitere zehn Abgeordnete einer Landbund-Liste an, so daß die Deutschnationalen nun mit 105 Reichstagssitzen die stärkste Fraktion bildeten.

Auch gab es erstmals eine noch weiter rechts stehende Partei, die Deutschvölkischen – aus denen später die Nazi-Partei hervorging –, die auf Anhieb und ohne den Deutschnationalen damit Abbruch zu tun, 32 Mandate erobert hatten.

Die Fraktion der nationalliberalen Deutschen Volkspartei Gustav Stresemanns war von 62 auf 45 Abgeordnete zusammengeschmolzen; Zentrum und Bayerische Volkspartei hatten dagegen nur geringe Einbußen erlitten und zusammen 81 – zuvor 86 – Sitze errungen. Die linksliberale Demokratische Partei war in der Wählergunst weiter stark zurückgefallen und nur noch mit 28 gegen zuvor 45 – 1919 noch 75! – Abgeordneten vertreten. Bald darauf hielt die SPD in Berlin ihren Parteitag ab. Er war besonders wichtig, weil er über die Tätigkeit von Partei und Fraktion während einer überaus schwierigen Periode zu urteilen hatte. Der Reichstagsfraktion war es im Wechsel zwischen Regierungsbeteiligung, bloßer Tolerierung bürgerlicher Kabinette und gemäßigter Opposition nicht leicht gefallen, Gleichgewicht und Zusammenhalt zu bewahren. Die Parteitagsmehrheit brachte jedoch der Schwierigkeit der Lage volles Verständnis entgegen; nach heftigen Debatten nahmen die Delegierten mit 262 gegen 105 Stimmen des linken Flügels eine Resolution an, deren Kernsätze lauteten:

»Koalitionspolitik ist eine Frage nicht des Prinzips, sondern der Taktik. Das Vielparteiensystem hat seit der Revolution die Sozialdemokratie im Reich und in den Ländern vielfach gezwungen, mit bürgerlichen Parteien an der Regierung teilzunehmen ... Die Teilnahme an der Regierung muß die Durchsetzung der Demokratie und die Erfüllung der bürgerlichen Republik mit sozialem Inhalt zum Ziel haben. Sie darf deshalb nur unter Abwägung aller Vor- und Nachteile für die Interessen der Minderbemittelten erfolgen, damit Sicherheit gegeben ist, daß die Arbeiterklasse nicht einseitige Opfer zu bringen hat.«

Diese Resolution ist in doppelter Hinsicht bemerkenswert: zum einen, weil sie die Erfüllung sozialpolitischer Ziele zum Hauptziel neben der Festigung der Demokratie erklärt, zum anderen, weil sie »die Minderbemittelten« mit der »Arbeiterklasse« gleichsetzt. Tatsächlich aber war der Anteil der Arbeiter an der Gesamtbevölkerung seit der Vorkriegszeit ständig zurückgegangen und ging weiter zurück; auch der Anteil der Arbeiter an der Gesamtmitgliedschaft der Partei – vor 1914: 90 Prozent – hatte sich bereits auf etwa 75 Prozent vermindert und sank bis 1930 auf knapp 60 Prozent. Zudem waren starke Gruppen der Arbeiterschaft – dem Zentrum treue christliche, meist katholische Gewerkschafter, aber auch die Landarbeiter der ostelbischen Rittergüter – für die Sozialdemokratie kaum oder gar nicht zu gewinnen. Dagegen waren andere Gruppen – das wachsende Heer der Büro- und Verwaltungsangestellten, die unteren Beamten, die Rentner und Kleinbauern sowie die durch die totale Geldentwertung gerade erst um alle Rücklagen gebrachten Kleinhandwerker und Einzelhändler in ähnlicher wirtschaftlicher Lage wie die Industriearbeiterschaft, ohne daß ihnen die Sozialdemokratie ebenso viel Aufmerksamkeit geschenkt hätte. Insgesamt zählten nach sozialstatistischen Berechnungen Mitte der zwanziger Jahre mehr als fünfzig Prozent der Bevölkerung zur wirtschaftlichen Unterschicht, und weiteren zwölf Prozent am untersten Rand des Mittelstands ging es ebenfalls keine Spur besser als dem durchschnittlichen Industriearbeiter*. Alle diese proletarisierten Mittelständler zeigten in Krisensituationen eine besondere Anfälligkeit für die Demagogie der äußersten Rechten.

Aber die SPD, die sich immer noch vornehmlich als Arbeiterpartei verstand, nahm sich dieser übrigen Unterprivilegierten und Deklassierten nicht genügend an.

Dies zeigte sich noch im selben Jahr 1924, als der erst im Mai gewählte Reichstag schon im Spätherbst wegen unüberbrückbarer Gegensätze zwischen dem rechten und dem gemäßigt linken bürgerlichen Lager wieder aufgelöst wurde. Am 7. Dezember 1924 waren die Neuwahlen, und gleichzeitig fanden in Preußen, Hessen und Braunschweig Landtags-, in Bremen Bürgerschafts- und in Bayern Kommunalwahlen statt.

Zwar wurde alles in allem dieser Großwahltag nach den vorausgegangenen schweren Rückschlägen wieder ein Erfolg für die SPD, die bei den Reichstagswahlen rund 1,9 Millionen Wählerstimmen hinzugewinnen konnte – vornehmlich auf Kosten der Kommunisten, die eine Million Wähler verloren. Aber gegenüber den erst fünf Jahre zurückliegenden Wahlen zur Nationalversammlung hatte das gesamte sozialistische Lager einen Rückgang seines Anteils am Wählerpotential von über zehn Prozent zu verzeichnen und lag unter dem Vorkriegsstand.

Daß die KPD diesmal zahlreiche Wähler an die SPD verloren hatte, war teils auf innerparteiliche Konflikte zwischen rechten und linken kommunistischen Gruppen, teils auf eine allgemeine Abschwächung radikaler Tendenzen zurückzuführen. Auch auf der äußersten Rechten hatten ähnliche Gründe zu einem Rückgang der Nazi-Wähler um rund eine Million geführt, wovon hauptsächlich die Deutschnationalen profitiert hatten; zusammen mit der Landbund-Liste waren dieser republikfeindlichen Gruppierung 6,7 Millionen Stimmen zugefallen, und sie verfügte nun über 111 Mandate, die SPD über 131, die KPD über 45, die Demokratische Partei über 32, Zentrum und Bayerische Volkspartei zusammen über 88, die Deutsche Volkspartei über 51 und die »Nationalsozialistische Freiheitsbewegung« über 14 Sitze.

Als Ergebnis dieser Reichstagswahlen kam es zu einer Mitte-Rechts-Koalition unter Führung des Parteilosen Hans Luther mit starker Beteiligung der Deutschnationalen, die das Innen-, Wirtschafts- und Finanzressort besetzten. Die SPD blieb in der Opposition und unterstützte lediglich die Außenpolitik Gustav Stresemanns.

Über die Gründe, die dazu geführt hatten, daß auch die wiedervereinigte Sozialdemokratie, obwohl sie der Kommunistischen Partei so viele Wähler hatte abgewinnen können, in die Opposition gedrängt blieb, heißt es bei Heinrich Potthof: »Die Belastungen, die für die Partei aus der (Kriegs-) Niederlage, Revolution und ›Versailles‹ erwuchsen, sind ein Grund. Negativ schlug für den demokratischen Sozialismus auch zu Buche, daß sich in der sozialen Machtverteilung der Republik die Waagschale schnell wieder zur Unternehmerseite neigte. Es ist charakteristisch, daß der Achtstundentag von den Arbeitgebern bald in Frage gestellt wurde... Die zunehmende Durchlöcherung des Achtstundentags trotz Arbeitslosigkeit – Oktober 1926 arbeiteten 53 Prozent mehr als 48 Stunden! – und der 1923 erfolgte Stopp in der staatlichen Sozialpolitik kennzeichnen die Unterlegenheit der Arbeitnehmerorganisationen gegenüber der sogenannten ›Wirtschaft‹. . . . Der Handlungsspielraum der Sozialdemokratie hatte sich aus verschiedenen Gründen nach dem Jahre 1920 stark verengt. Es bleibt die Frage, wieweit auch Theorie und Praxis der eigenen Partei dafür verantwortlich waren, daß das politische Gewicht und Durchsetzungsvermögen der SPD so beschränkt blieb.«

Tatsächlich war die SPD, die im Kaiserreich die Partei der Hoffnung und des Fortschritts gewesen war, die dann aus staatspolitischer Verantwortung die ihr von Ludendorff und Hindenburg eingebrockte Suppe »ausgelöffelt« hatte, unter der Last dieser Verantwortung erst auseinandergebrochen und dann zu einer Partei der ständigen kleinen und großen Kompromisse geworden. Dieser unattraktive Pragmatismus, der selbst auf sozialpolitischem Gebiet keine nennenswerten Erfolge gezeitigt hatte, konnte nicht einmal jene proletarisierten Kleinbürger anlocken, denen die von Ebert und Noske bewiesene Härte gegen die »Ruhe und Ordnung« störenden Linken eher imponiert als mißfallen hatte.

Dieser am Rande des Hungers stehende unterste Mittelstand begegnete der SPD nicht zuletzt deshalb mit tiefem Mißtrauen, weil die Partei in ihren programmatischen Äußerungen nach wie vor den Klassenkampf auf ihre Fahne geschrieben hatte. Gerade die Deklassierten rechneten sich, trotz ihrer proletarischen Lage, aber keineswegs dem Proletariat zu, sondern hielten sich für »etwas Besseres«; es nutzte wenig, daß ihnen die Sozialdemokraten ein »falsches Bewußtsein« vorwarfen. Die aus dem Mittelstand in die Unterschicht Abgestiegenen zogen es vor, ihr Elend auf das nationale Unglück zurückzuführen und die Schuld daran nicht den alten Führungsschichten zu geben, die den Krieg begonnen und verloren hatten, sondern der Revolution, und für diese wiederum machten sie die Sozialdemokratie verantwortlich. Auch war ihr Ideal nicht die klassenlose Gesellschaft, sondern ein anerkannter Rang in der »Volksgemeinschaft« und der Aufstieg des Deutschen Reiches zu neuer Macht und Größe, beides entsprechend den Verheißungen der äußersten Rechten. Solche Zukunftsvisionen konnte und wollte ihnen die SPD nicht bieten; ihre Politik blieb nüchtern, ohne mitreißenden Schwung, auch allzu defensiv.

Wie wenig die Sozialdemokratie der zwanziger Jahre neue Wählerschichten zu mobilisieren vermochte, zeigt besonders deutlich das Verhalten zweier Bevölkerungsgruppen, die ihre politische Gleichberechtigung und ihr Wahlrecht nur der Sozialdemokratie zu verdanken hatten, die dafür jahrzehntelang eingetreten war und, kaum an der Macht, die Verwirklichung durchgesetzt hatte: die Frauen und die Jugendlichen.

Doch deren Wählerstimmen, zumal die der Frauen, kamen – wie alle Wahlanalysen zeigten – anderen Parteien in weit stärkerem Maße zugute als der SPD. Dem katholischen Zentrum, den Parteien der äußersten Rechten und auch der KPD gelang es sehr viel besser als der Sozialdemokratie, auch die weiblichen Wähler zu gewinnen, ja man kann sagen, daß sich die SPD durch die sofortige Verwirklichung ihres proklamierten Ziels, auch den Frauen das passive und aktive Wahlrecht zu geben, selbst um die Chance gebracht hat, an der Macht zu bleiben.

Auch auf die Jugend übte die SPD der Weimarer Republik eine vergleichsweise geringe Anziehung aus. Nach einer Parteistatistik aus dem Jahre 1930 waren nur acht Prozent der Mitglieder unter fünfundzwanzig Jahre alt. Die SPD-Reichstagsfraktion – so hat Heinrich Potthof festgestellt – »wies am Ende der Republik das höchste Durchschnittsalter aller im Reichstag vertretenen Parteien auf. Dem Parteivorstand gehörte, wer einmal gewählt worden war, praktisch auf Lebenszeit an; nur ein einziges Mal ist in den Jahren der Weimarer Republik ein Mitglied des Parteivorstands abgewählt worden, bezeichnenderweise ein Vertreter des linken Flügels. Zuverlässige, tüchtige Männer, doch ohne große persönliche Ausstrahlungskraft, bestimmten das Gesicht der Partei. In mühseliger Kleinarbeit führten sie den Kampf um soziale Verbesserungen und kleine Reformen« – was anerkennenswert gewesen wäre, aber wenig Anerkennung fand.

Wie sehr der SPD eine überragende, ausstrahlende Persönlichkeit fehlte, sollte sich bald zeigen, denn am 28. Februar 1925 starb Friedrich Ebert, der langjährige Vorsitzende der Partei und erste Reichspräsident. Friedrich Stampfer hat in einem Nachruf darauf hingewiesen, daß der Grundgedanke der Politik Eberts seit 1918 die Sicherung des Friedens nach außen und die der Demokratie im Innern gewesen wäre »und daß erst auf dieser Grundlage allmählich ein Umbau der Wirtschaft im Sinne des Sozialismus vollzogen werden könnte ... Ob dieser Gedanke richtig war oder nicht: ... Es war ein rechtschaffener, menschlicher, vernünftiger Gedanke. Und genau so rechtschaffen, menschlich und vernünftig war auch Ebert ... Seine Tätigkeit als Reichspräsident hatte sich fast ganz im Verborgenen abgespielt. Er amtierte in einem zweifenstrigen verräucherten Zimmer, das jeder Berliner Bankdirektor als nicht vornehm genug abgelehnt hätte. Hier empfing er die Führer der Politik, der Wirtschaft, des geistigen Lebens, hier entfaltete er in unzähligen Gesprächen seine Kunst der Menschenbehandlung und der Überredung. Er verschmähte dabei jedes Inszenesetzen ..., er blieb auch als Oberhaupt eines großen Staates natürlich und schlicht. Obwohl Ebert die amtliche Korrektheit fast bis zur Pedanterie trieb und auch als Reichspräsident den kleinbürgerlichen Zuschnitt seines Privatlebens nicht verließ, folgte ihm Verleumdung auf Schritt und Tritt ... Am schwersten traf ihn ein Urteil des Magdeburger Schöffengerichts, in dem ihm ›Landesverrat‹ vorgeworfen wurde ..., begangen durch sein Verhalten im Metallarbeiterstreik von 1918 ... So groß die höhnische Freude war, mit der das Urteil auf der äußersten Rechten aufgenommen wurde, so gewaltig war auch die Entrüstung nicht bloß der Sozialdemokraten, sondern auch der Parteien der bürgerlichen Mitte ... Das Urteil traf ihn schwer. Seit es gefällt und seit

Friedrich Ebert mit
seiner Frau Louise.

dagegen Berufung eingelegt war, beschäftigte ihn der Kampf um seine Ehre unaufhörlich. Als ihn plötzlich eine Krankheit niederwarf..., verlangten die Ärzte Überführung in eine Klinik..., aber der Kranke lehnte ab: ›Nein, nein, erst muß dieser elende Prozeß vorüber sein!‹ Wenige Tage darauf war es zu Ende... Das Messer des Chirurgen kam zu spät...« Vierundfünfzigjährig starb das erste deutsche Staatsoberhaupt aus den Reihen der Sozialdemokratie an den Folgen einer deutschnationalen Hetzkampagne und einer deshalb verschleppten Blinddarmentzündung.

Eberts Tod stellte alle Parteien, ausgenommen die der äußersten Linken und Rechten, vor das Problem, einen Kandidaten zu finden, der als Nachfolger in Frage kam und nicht nur ihr eigenes Vertrauen, sondern auch das vieler anderer hatte. Die Kommunisten stellten Ernst Thälmann, die Nazis den General a. D. Ludendorff auf, aber das waren reine »Zählkandidaten«, weil keiner von ihnen Aussicht hatte, die absolute oder im zweiten Wahlgang die relative Mehrheit zu finden. Die Deutsche Volkspartei hätte in Gustav Stresemann einen im gesamten demokratischen Lager hohes Ansehen genießenden Kandidaten vorweisen können, aber die eigene Partei mochte Stresemann nicht. Immerhin gelang es ihm, einen für die gesamte bürgerliche Rechte und möglicherweise auch für das Zentrum und die

Demokraten akzeptablen Kandidaten zu finden: den Volksparteiler Karl Jarres, Oberbürgermeister von Duisburg, der im Widerstand gegen die französische Besetzung des Ruhrgebiets populär geworden war. Das Zentrum stellte den zurückgetretenen Reichskanzler Wilhelm Marx auf, die Bayerische Volkspartei den Münchner Ministerpräsidenten Heinrich Held, die Demokraten den badischen Staatspräsidenten Willy Hellpach.

Die Sozialdemokraten dachten zunächst an den Reichstagspräsidenten Paul Löbe, einen in diesem Amt zu hohem Ansehen gelangten rechten Sozialdemokraten, aber Löbe winkte erschrocken ab; er traute sich, wie Friedrich Stampfer schrieb, »selbst nicht die Härte des Willens zu, die zur Ausübung dieses schweren Amtes unentbehrlich ist«.

Schließlich entschied sich der Parteivorstand für Otto Braun, den preußischen Ministerpräsidenten. »Erst nach hartem Kampf und durch eine Art von Überrumpelung«, berichtet Stampfer, »gelang es Wels, den hartnäckigen Ostpreußen zur Disziplin gegenüber dem Beschluß des Parteivorstands zu zwingen.«

Am 28. März 1925 wurde gewählt. Jarres, der Kandidat der bürgerlichen Rechten, erhielt die meisten Stimmen: 10,8 Millionen, Otto Braun 7,8 Millionen, Marx fast vier, Thälmann knapp zwei, Hellpach 1,6 Millionen, Held nicht ganz eine Million Stimmen, Ludendorff magere 211 000. Da keiner der Kandidaten die Hälfte der abgegebenen Stimmen erhalten hatte, war ein zweiter Wahlgang erforderlich.

»Otto Braun«, so berichtet Friedrich Stampfer, »hatte als Sozialdemokrat geringe Aussicht, den Vorsprung von fast drei Millionen Stimmen einzuholen, den der Kandidat der vereinigten Rechten schon im ersten Wahlgang gehabt hatte. Auf der Rechten war die Tendenz zur Sammlung sichtlich stärker als auf der Linken. Von der Vorkriegszeit her wußte man, wie schwer es gewesen war, bürgerliche Wähler bei Stichwahlen zur Stimmabgabe für Sozialdemokraten zu bewegen, während umgekehrt die Sozialdemokraten viel stärkere Disziplin gezeigt hatten und, den Weisungen ihrer Leitung folgend, für den weiter links stehenden Kandidaten, das berühmte ›kleinere Übel‹, gestimmt hatten. Wollte man im zweiten, entscheidenden Wahlgang der Rechten den Erfolg ernsthaft streitig machen, so mußte man diesmal ähnlich verfahren. Aus solchen Gedankengängen entstand unter starker Mitwirkung Hermann Müllers der sogenannte ›Volksblock‹ und die Kandidatur von Wilhelm Marx . . . .«[*]

So wurde also der Zentrumspolitiker Marx, seit der Jahrhundertwende ein eifriger Verfechter klerikaler und kapitalistischer Interessen, Präsident des Deutschen Katholikentags von 1910 und Gründer einer Organisation zur Abwehr weltlicher Einflüsse auf das Schulwesen, den die SPD als Kanzler gerade noch toleriert hatte, obwohl er gegen die Reichstagsmehrheit mit Hilfe von Notverordnungen regiert und viele Lasten auf die Schultern der untersten Einkommensklassen abgewälzt hatte, zum Kandidaten der stärksten Partei der deutschen Arbeiterbewegung für das Amt des Reichspräsidenten, das in der Weimarer Republik mit der größten Macht im Staat ausgestattet war.

Da für Jarres kaum noch mehr Stimmen zu gewinnen waren, als er im ersten Wahlgang erhalten hatte, war Marx' Sieg so gut wie sicher – bis die äußerste Rechte plötzlich einen neuen Gegenkandidaten präsentierte: den achtundsiebzigjährigen kaiserlichen Generalfeldmarschall v. Hindenburg!

Hindenburg war geradezu der Inbegriff der monarchistischen Reaktion; er symbolisierte alles das, was man überwunden zu haben glaubte: die preußische Militär- und Junkerkaste, die Hohenzollern-Monarchie, zu der er sich auch nach der Revolution wiederholt öffentlich bekannt hatte, den annexionssüchtigen Imperialismus des Kaiserreichs, der mit so katastrophalen Folgen für das deutsche Volk gescheitert war, die harte Militärdiktatur der letzten Kriegsjahre und jenen zutiefst antirepublikanischen, antidemokratischen Konservatismus der preußischen Generalität, der keinen Zweifel an der eigenen Unfehlbarkeit zuließ und dazu geführt hatte, daß sie gleich nach ihrer Kapitulation darangegangen war, die Legende vom »Dolchstoß in den Rücken« zu fabrizieren. Ausgerechnet dieser Feldmarschall v. Hindenburg sollte nach dem Willen der Rechten an die Spitze der jungen Republik treten, und die vorhandene Majorität der Weimarer Koalition mit der wiedervereinigten Sozialdemokratie als stärkstem Partner hatte ihm keinen besseren Verteidiger der republikanischen Verfassung entgegenzustellen als einen farblosen klerikalen Zentrumspolitiker!

»Marx gegen Hindenburg! ... Schwarz-rot-gold gegen Schwarz-weiß-rot! So stand jetzt der Kampf!«, heißt es dazu bei Friedrich Stampfer. »Er wurde mit einer Leidenschaft geführt, wie wohl kein Wahlkampf zuvor ... Unter den Republikanern Deutschlands wird es keinen gegeben haben, der nicht in jener Nacht vom 26. zum 27. April 1925, als das Wahlresultat bekannt wurde, die Faust des Feindes an seiner Kehle gespürt hätte: Hindenburg 14655000, Marx 13751615, Thälmann 1931151 ... Hindenburg ist gewählt! Sein Sieg ist entschieden worden durch die Bayerische Volkspartei und durch die Kommunistische Partei. Die Bayerische Volkspartei hat die Parole für ihn, gegen Marx ausgegeben und ihm rund eine Million Stimmen zugeführt. Hätte diese eine Million bayerischer Katholiken für den rheinischen Katholiken und Zentrumsmann Marx gestimmt, so wäre dieser gewählt worden und nicht Hindenburg. Die Kommunistische Partei aber hat durch die Aufrechterhaltung ihrer Zählkandidatur ... Gewehr bei Fuß der Niederlage der Republik zugesehen. Die Spaltung des politischen Katholizismus und die Spaltung der sozialistischen Arbeiterbewegung wirkten todbringend für die deutsche Republik ...«

So einfach war das, wenn man der Argumentation des *Vorwärts*-Chefredakteurs folgen will: Schuld hatten wieder mal die anderen, vor allem die Linken, denen man einen ebenso frommen wie entschieden antisozialistischen Zentrumsmann als Alternative zum kaiserlichen Feldmarschall präsentiert hatte und die weder für den einen noch für den anderen zu begeistern waren. Indessen hielt sich, wenn man Friedrich Stampfer weiter folgen will, das angerichtete Malheur in Grenzen, denn – so schrieb er wenig später – »Die Rechte hatte mit den Mitteln der Demokratie gesiegt und war zufrieden ... Die Republik mit Hindenburg an der Spitze anstatt der Monarchie mit Wilhelm II. war gar kein so schlechter Tausch. Die Republikaner aber und die Arbeiter sahen mit Staunen, daß die Republik sich befestigte und alles seinen ordentlichen Weg ging. Hindenburg hatte vor versammeltem Reichstag der schwarz-rot-goldenen Fahne seine Reverenz erwiesen und in die Hand des sozialdemokratischen Reichstagspräsidenten den verfassungsmäßig vorgeschriebenen Eid geleistet ... Und mit starker Stimme hatte er hinzugefügt: ›So wahr mir Gott helfe!‹. Er hatte schon einmal einen Treueid geschworen, aber von dem hatte ihn ja sein König entbunden. Jetzt schwor er, ein konservativer Mann und Monarchist, Ehrenmann und Offizier, Treue der deutschen Republik ...«

Daß Hindenburg es mit der Treue zur Republik und zur Demokratie sowie mit den Pflichten seines Amtes nicht sehr genau nahm, zeigte sich erstmals schon wenig später, und zwar bei einem Anlaß, der gleichzeitig deutlich machte, daß ein parteiübergreifendes Bündnis der Linken, auch mit den Kommunisten, durchaus möglich war, ja daß es weit mehr Wähler zu mobilisieren imstande war, als alle Linksparteien einschließlich der bürgerlichen Demokraten bei den letzten Reichstagswahlen erhalten hatten.

Der Anlaß war ein zunächst nur von der SPD gefaßter und intern diskutierter Beschluß, in der Frage der Behandlung des Vermögens der ehemaligen deutschen Fürsten die Initiative zu ergreifen. Der Grund dafür waren einige im Herbst 1925 bekanntgewordene Gerichtsurteile, die die zwischen einzelnen Landesregierungen und ihren ehemaligen Fürsten nach der Revolution getroffenen Regelungen drastisch zugunsten der Abgedankten korrigiert hatten; es stand zu befürchten, daß sich die ehemaligen Souveräne über die Millionenwerte und sechsstelligen jährlichen Pensionen hinaus, die man ihnen zugestanden hatte, durch willfährige, monarchistisch gesinnte Richter weitere Milliardenwerte zusprechen lassen würden. Dabei war es doch eigentlich klar, daß der einstige Reichtum der regierenden Familien – Schlösser, Parks, Seen, riesige Wälder und Ländereien, Kronjuwelen und kostbare Gemäldesammlungen – nur zum kleinsten Teil als deren Privatvermögen, im wesentlichen als Staatsbesitz anzusehen war, nur gab es keine klare Trennungslinie. Hinzu kam, daß zwischen den aus den erschöpften Staatskassen zu zahlenden Abfindungen und dem Durchschnittseinkommen der Bevölkerung eine so ungeheure Diskrepanz bestand, daß auch eingefleischte Monarchisten daran Anstoß nehmen mußten. An Wilhelm II. wurden beispielsweise seit dessen Abdankung monatlich 50 000 Mark überwiesen, aber er beanspruchte darüber hinaus Vermögensobjekte im Wert von rund 183 Millionen Goldmark. Zu dieser Zeit, im Herbst 1925, betrug in Berlin der Stundenlohn eines Maßschneiders 98 Pfennige, der eines Gemeindearbeiters 75 Pfennige, der einer ungelernten Arbeiterin in der Metallindustrie 44 Pfennige, und die Löhne in Berlin waren die höchsten im Deutschen Reich. Im Winter 1925/26 stieg auch die Arbeitslosigkeit; im November 1925 waren knapp eine Million Arbeitnehmer erwerbslos, im Februar 1926 hatte sich ihre Anzahl auf annähernd 2,3 Millionen erhöht, und der wöchentliche Unterstützungssatz aus der Arbeitslosenversicherung wurde erst im Jahr darauf auf 6 RM, in den mittleren Einkommensstufen auf 10,80 bis maximal 17,80 RM erhöht.

Als die weiteren Ansprüche der ehemaligen Fürsten im Herbst 1925 in der Öffentlichkeit bekannt wurden, löste dies große Empörung, auch im Bürgertum aus. Als dann die Presse meldete, die SPD trüge sich mit der Absicht, einen Volksentscheid über die Frage der Fürstenvermögen herbeizuführen, weil im Reichstag aufgrund der Mehrheitsverhältnisse keine befriedigende gesetzliche Regelung erreichbar wäre, kam die KPD den Sozialdemokraten zuvor und beantragte beim Reichsinnenminister ein Volksbegehren, die von der Verfassung vorgeschriebene Vorstufe zum Volksentscheid.

»Die Sozialdemokratie befand sich... jetzt in einer Zwangslage«, hat Friedrich Stampfer dazu geschrieben. »Entweder mußte sie auf die eigene Initiative verzichten und alles den Kommunisten überlassen, oder sie mußte eine Einigung mit den Kommunisten suchen... Die Gewerkschaften übernahmen es, die beiden Parteien zusammenzubringen, und es kam zu schwierigen Verhandlungen, weil die Kommunisten auf der entschädigungslosen Totalenteignung bestanden, während die SPD eine mildere Formulierung, die die Möglichkeit bescheidener Abfindungen offengehalten hätte, für aussichtsreicher hielt. Darüber mit den Kommunisten zu reden, war jedoch ganz unmöglich... Es kam also ein Antrag zustande, wonach das gesamte Fürstenvermögen ohne Entschädigung enteignet und für Arbeitslose, Kriegsopfer, Sozial- und Kleinrentner, Inflationsopfer usw. verwendet werden sollte. Nun zogen die Kommunisten ihren ursprünglichen Antrag zurück, und das Verfahren kam in Gang.«

Für einen Erfolg des Volksbegehrens waren die Stimmen eines Zehntels der Wahlberechtigten, etwa vier Millionen, erforderlich. Tatsächlich kamen über 12,5 Millionen zusammen – fast zwei Millionen mehr, als SPD und KPD bei den letzten Reichstagswahlen insgesamt an Stimmen erhalten hatten!

Das war ein sehr ermutigender Beginn, wenngleich keinerlei Aussicht bestand, die für einen erfolgreichen Volksentscheid erforderlichen rund 20 Millionen Stimmen zusammenzubringen. Allein die Tatsache, daß erstmals SPD, KPD, ADGB, AfA und Deutscher Beamtenbund an einem Strang zogen und gemeinsam mit bekannten Wissenschaftlern, Künstlern und Schriftstellern wie – um nur einige wenige Namen zu nennen – Albert Einstein, Max Pechstein, Otto Dix, Käthe Kollwitz, Erwin Piscator oder Kurt Tucholsky – zum Volksentscheid aufriefen, gab dieser politischen Aktion eine neue Qualität.

Die bürgerliche Rechte zeigte sich sehr beunruhigt. Am 19. Mai 1926, einen Monat vor dem festgesetzten Abstimmungstag, forderte der Vorsitzende des Komitees, das Hindenburgs Kandidatur unterstützt hatte, den Reichspräsidenten zum Eingreifen auf; Hindenburg sollte in einem Erlaß an die Reichsregierung oder mit einem Aufruf an das deutsche Volk gegen die von den linken Parteien geforderte Fürstenenteignung Stellung nehmen. Hindenburg erwiderte in einem – von dem Komitee sogleich veröffentlichten – Brief, aus staatsrechtlichen Gründen könnte er dem Vorschlag nicht entsprechen, doch zugleich bezeichnete er den eingeleiteten Volksentscheid als »Unrecht und Undank«, als »sehr bedenklichen Verstoß gegen das Gefüge des Rechtsstaats, dessen tiefstes Fundament die Achtung vor dem Gesetz und dem gesetzlich anerkannten Eigentum« wäre. »Es könnte«, schrieb der Reichspräsident, »aus dem jetzt vorliegenden Einzelfall die Methode entstehen, durch Aufreizung der Instinkte der Massen und Ausnutzung der Not des Volkes mit solchen Volksabstimmungen auf dem Wege der Enteignung weiterzugehen und damit dem deutschen Volke die Grundlage seines kulturellen, wirtschaftlichen und staatlichen Lebens zu entziehen.«

Trotz dieser ungehörigen, von der SPD-Reichstagsfraktion sofort scharf zurückgewiesenen Einmischung des Staatsoberhaupts und trotz eines Aufrufs der bürgerlichen Rechten, den Volksentscheid zu boykottieren, wodurch in vielen ländlichen Gemeinden und Kleinstädten das Wahlgeheimnis praktisch aufgehoben und der Gang zum Wahllokal geradezu existenzgefährdend wurde, stimmten am 20. Juni 1926 insgesamt 14 455 184 Deutsche für die von SPD und KPD geforderte Fürstenenteignung – fast 5,5 Millionen Stimmen mehr, als Otto Braun und Ernst Thälmann ein Jahr zuvor bei der Reichspräsidentenwahl zusammen erhalten hatten!

In den Großstädten hatte der Volksentscheid einen durchschnittlich fast doppelt so großen Erfolg gehabt wie auf dem Lande, wo sich – wie zum Beispiel in Pommern und Ostpreußen – nicht einmal alle Reichstagswähler der SPD und KPD an der Abstimmung beteiligt hatten. Dagegen hatten in Leipzig 51,9 Prozent, in Hamburg 58,5 Prozent und in Berlin sogar 63,3 Prozent der Wahlberechtigten für die entschädigungslose Enteignung der Fürsten gestimmt. »Nimmt man an«, schrieb tags darauf der *Vorwärts*, »daß in Berlin nicht nur alle sozialdemokratischen und kommunistischen Wähler, sondern auch alle Wähler der Mitte mit Ja gestimmt haben, so bleibt immer noch ein Überschuß von annähernd 200 000 Stimmen, die nur von bisherigen Nichtwählern oder von deutschnationalen Wählern stammen können . . .« So war dieser Volksentscheid, auch wenn er erwartungsgemäß in der Sache scheiterte, ein überraschend großer moralischer Erfolg der (eutschen Linken. Die Aktionsgemeinschaft von Sozialdemokraten und Kommunisten, wie sie dabei erstmals auf nationaler Ebene durch Vermittlung der Gewerkschaftsführung zustande gekommen war, blieb jedoch bis zum Ende der Weimarer Republik etwas Einmaliges, das sich nicht wiederholte.

Dagegen hatte die SPD, obwohl sie seit 1920 kaum mehr an einer Reichsregierung beteiligt war, bald darauf einen unerwarteten sozialpolitischen Erfolg: Die von der Partei und ihren Gewerkschaften seit Jahrzehnten geforderte gesetzliche Arbeitslosenversicherung wurde Wirklichkeit. In die Weimarer Verfassung war auf Betreiben der sozialdemokratischen Parteien und des linken Zentrums die Bestimmung aufgenommen worden: »Jedem Deutschen soll die Möglichkeit gegeben werden, durch wirtschaftliche Arbeit seinen Unterhalt zu erwerben. Soweit ihm angemessene Arbeitsgelegenheit nicht nachgewiesen werden kann, wird für seinen notwendigen Unterhalt gesorgt. Das Nähere wird durch ein besonderes Reichsgesetz bestimmt.«

Sieben Notjahre vergingen, ehe es gelang, für ein solches Gesetz die erforderliche Reichstagsmehrheit zu finden. In dieser Zeit wurden den Arbeitslosen zwar Unterstützungen gezahlt – für einen Verheirateten mit zwei Kindern durchschnittlich 18 RM wöchentlich –, aber sie hatten darauf keinen Rechtsanspruch; die Gewährung war vom Nachweis der Bedürftigkeit abhängig. Erst die durch das gemeinsame Vorgehen von SPD und KPD in der Frage der Fürstenvermögen entstandene Volksbewegung veranlaßte die bürgerliche Rechte, der Linken sozialpolitische Zugeständnisse zu machen. Am 7. Juli 1927 verabschiedete der Reichstag mit der von niemandem erwarteten Mehrheit von 356 gegen 47 Stimmen das Gesetz über die Arbeitsvermittlung und Arbeitslosenversicherung, die Errichtung einer Reichsanstalt und von Landes- und örtlichen Arbeitsämtern. Es war die Verwirklichung einer Forderung, die 1902 erstmals von der Sozialdemokratie erhoben worden war und die die anderen Parteien als eine realitätsferne Utopie abgetan hatten.

Zehn Monate später, bei den Reichstagswahlen vom 20. Mai 1928 zeigte sich, daß die zwei Jahre zuvor beim Volksentscheid deutlich gewordene Stärkung der Linken angehalten hatte: Die Rechte und auch das Zentrum verloren zahlreiche Wähler, wogegen SPD und KPD gestärkt aus den Wahlen hervorgingen. Im einzelnen gewannen die Parteien an Stimmen und Mandaten (Vergleichszahlen vom Dezember 1924 in Klammern dahinter):

	Millionen		Prozent		Mandate	
SPD	9,2	(7,9)	29,8	(26,0)	153	(131)
Deutschnationale mit Landbund	4,6	(6,8)	14,8	(22,1)	73	(103)
Zentrum	3,7	(4,1)	12,1	(13,6)	62	(69)
Volkspartei	2,7	(3,0)	8,7	(10,1)	45	(51)
Kommunisten	3,3	(2,7)	10,6	(9,0)	54	(45)
Demokraten	1,5	(1,9)	4,9	(6,3)	25	(32)
Bayer. Volksp.	0,9	(1,1)	3,1	(3,8)	16	(19)
Nationalsoz. DAP	0,8	(0,9)	2,6	(3,0)	12	(14)

Außerdem hatte es eine »Reichspartei des Deutschen Mittelstandes« mit allerlei Listenverbindungen auf 1,4 Millionen Stimmen (4,5 Prozent) und 23 Reichstagssitze gebracht; mit einem wirren, skrupellos demagogischen Programm war es ihr gelungen, zahlreiche Protestwähler dafür zu gewinnen und gleichzeitig der Hitler-Bewegung rund hunderttausend Stimmen zu entziehen, so daß die Nazis nun nicht einmal mehr eine Fraktion bilden konnten.

Die Sozialdemokraten als die mit weitem Abstand stärkste Partei konnte nun erstmals wieder den Reichskanzler stellen; Hermann Müller wurde mit der Bildung der Regierung beauftragt. Die Schwierigkeit dabei war, daß der alten Weimarer Koalition wegen der Verluste der Demokraten und des Zentrums fünf Mandate an der absoluten Mehrheit fehlten. Durch eine Erweiterung der Koalition nach rechts und die Überlassung des Außen- und des Wirtschaftsressorts an die Führer der nationalliberalen Deutschen Volkspartei, Gustav Stresemann und Julius Curtius, erhielt das neue Kabinett Hermann Müller eine breite parlamentarische Basis.

Damit schien ein alter Traum der rechten Sozialdemokratie, wie ihn Friedrich Ebert zu verwirklichen versucht hatte, endlich in Erfüllung zu gehen: Die Republik Deutschland mit einer demokratischen und sozialen Verfassung und dem kaiserlichen Feldmarschall v. Hindenburg als Reichspräsident und – immerhin vom Volk direkt gewählten – Ersatz-Kaiser hatte einen sozialdemokratischen Kanzler; die SPD stellte zudem mit Carl Severing den Innen-, mit Rudolf Wissell den Arbeits- und mit Rudolf Hilferding den Finanzminister. Paul Löbe blieb Reichstagspräsident, Otto Braun regierte, statt mit Severing, nun mit dem bisherigen Berliner Polizeipräsidenten Albert Grzesinski (SPD) als Innenminister, den Freistaat Preußen. Die Sozialdemokraten waren, diesmal ohne Revolution, friedlich und auf streng parlamentarische Weise an die Macht gekommen, friedlich in den bürgerlich-kapitalistischen Staat hineingewachsen, und sie bildeten nun dessen stärkstes Fundament.

Die SPD hatte zu dieser Zeit bereits wieder 937000 Mitglieder und verfügte über 189 Tageszeitungen. Im ADGB waren 4,9 Millionen Arbeitnehmer organisiert; der Gewerkschaftsbund hatte einen Jahresetat von 222 Millionen Reichsmark. Seine Mitglieder waren SPD- und auch KPD-Anhänger, seine Funktionäre aber fast ausnahmslos Sozialdemokraten. Annähernd 3 Millionen Männer und Frauen waren Mitglieder der Konsumgenossenschaften, 1,25 Millionen waren in den Verbänden der Arbeitersportbewegung organisiert. Als republikanische »Kampforganisation«, als Gegengewicht zu den Kampfverbänden der Rechten, dem deutschnationalen »Stahlhelm« und den »Sturmabteilungen« (SA) der Hitler-Bewegung, sowie dem kommunistischen »Roten Frontkämpferbund«, gab es das »Reichsbanner Schwarz-Rot-Gold«, das Ende 1928 einen Mitgliederbestand von fast 3 Millionen Mann angab, zu mehr als 90 Prozent sozialdemokratische Arbeiter und Angestellte.

1925 hatte sich die SPD auf ihrem Heidelberger Parteitag ein neues Programm gegeben, das an das alte Erfurter Programm von 1891 anknüpfte. Einer in die Vergangenheit zurückgreifenden, in die Zukunft weisenden Prinzipienerklärung folgte ein spezieller Teil, der die Gegenwartsforderungen der Partei enthielt. Der *Vorwärts*-Chefredakteur Friedrich Stampfer schrieb dazu:»Die Gegenwartsarbeit hat eine ganz andere Bedeutung bekommen als damals. Der prinzipielle Teil hält an der marxistischen Methode, die Gesellschaft entwicklungsgeschichtlich zu analysieren, und an der Ideologie des Klassenkampfes fest. Aber die These von der stets wachsenden Arbeiterklasse konnte nur noch dadurch aufrechterhalten werden, daß man die zunehmende Bedeutung der»Angestellten und Intellektuellen aller Art« hervorhob, diese bedeutende Kategorie aber in die Arbeiterklasse mit einbezog.«

Im Heidelberger Programm hieß es dann in bezug auf diese um Angestellte und Geistesarbeiter erweiterte Arbeiterklasse, ihr Ziel»kann nur erreicht werden durch die Verwandlung des kapitalistischen Privateigentums an den Produktionsmitteln in gesellschaftliches Eigentum. Die Umwandlung der kapitalistischen Produktion in sozialistische, für und durch die Gesellschaft betriebene Produktion wird bewirken, daß die Entfaltung und Steigerung der Produktivkräfte zu einer Quelle der höchsten Wohlfahrt und allseitiger Vervollkommnung wird.«

Aber die Zeit, in der irgendwo hinter dem dunklen Ende des Kapitalismus die sozialistische Gesellschaft verborgen lag, war längst vorbei. Die Frage war, wie der Sozialismus, lieber heute schon als morgen, verwirklicht werden konnte, jetzt, nachdem mit Hilfe des allgemeinen gleichen Wahlrechts die Sozialdemokratie, wie es Lassalle einst verheißen hatte, an die Macht gekommen war.

Von Hermann Müller und seinem Kabinett, dem neben nationalliberalen Volksparteilern, bürgerlichen Demokraten, Zentrumsmännern und drei Sozialdemokraten des rechten Flügels auch als Reichswehrminister der parteilose kaiserliche General a. D. Wilhelm Groener angehörte, mit dem Ebert sich während der Revolution zu deren»Erstickung« verbündet hatte, war die Verwirklichung des Sozialismus bestimmt nicht zu erwarten, allenfalls weitere sozialpolitische Fortschritte, sofern die gerade zehn Jahre alte Republik nach einer Periode relativer Stabilität nicht wieder von neuen Krisen geschüttelt wurde.

Von links drohte ihr keinerlei Gefahr; die KPD steckte, trotz ihres Wahlerfolges, in einer tiefen Krise. Die Nachfolger Paul Levis – Brandler, Thalheimer und Ernst Meyer – waren 1923/24 wieder in der Versenkung verschwunden; Ruth Fischer und Werner Scholem, die dann die Führung übernommen hatten, waren von Stalin als»die korrupteste aller korrupten Gruppen der KPD« geächtet und abgesetzt worden, hatten aber ihre Reichstagsmandate keineswegs niedergelegt, sondern im Plenum den Streit mit der KPD, den»Scheinkommunisten«, wie sie sie nannten, fortgesetzt. Von den

neuen Führern der Kommunistischen Partei, dem Vorsitzenden Ernst Thälmann und dem Sprecher der Reichstagsfraktion, Ernst Torgler, die beide aus
der alten SPD kamen – und zu der Torgler nach 1945 auch wieder zurückkehrte –, waren »Abenteuer« nicht zu erwarten. Selbst Stampfer, der die
KPD von 1928 als »das Bild einer nicht mehr zu überbietenden Konfusion«
bietend, beschrieben hat, bescheinigte diesen KPD-Führern »anständige
Manieren im politischen Kampf«.

Von rechts her schien erst recht keine Gefahr mehr zu drohen; die
Deutschnationalen hatten sich, seit Hindenburg Reichspräsident war, mit
der Republik offenbar abgefunden, und die Hitler-Bewegung nahm, nachdem sie bei den Wahlen wieder kräftig verloren hatte, niemand mehr ernst.

Mit welchem Optimismus und Selbstbewußtsein die Sozialdemokraten
des neuen Kabinetts Hermann Müller Ende Juli 1928 die Regierungsarbeit
aufnahmen, ließ die Erklärung des neuen Reichsinnenministers Severing
erkennen, der dem Reichstag versicherte, die gerade gebildete Regierung sei
»entschlossen, nicht nur die Ferien zu überdauern, sondern für die ganze
vierjährige Legislaturperiode Urlaub von allen Regierungskrisen zu
nehmen«.

Reichskanzler Hermann Müller, der dann tatsächlich länger im Amt blieb
als alle seine Vorgänger in der Weimarer Republik, nämlich bis zum März
1930, sagte in seiner Regierungserklärung, das Deutsche Reich wäre nun in
»eine Periode ruhiger und steter Entwicklung eingetreten«, und er fügte
hinzu: »Die Fundamente der deutschen Republik stehen sicher und uner-
schütterlich.« Es gab im Plenum keinen Widerspruch.

Müllers Programm – Fortsetzung der bisherigen Außenpolitik mit dem
Ziel der Aussöhnung, der baldigen Räumung des noch von den Alliierten
besetzten Gebiets, der allgemeinen Abrüstung und einer befriedigenden
Lösung des Problems der Reparationen; weitere Demokratisierung im
Innern und eine Wahlreform; Staatshilfe für den Mittelstand, vor allem in
der Landwirtschaft; Umwandlung der kurzfristigen Kredite in langfristige
sowie Senkung der Zinsen; Ausbau des Arbeiterschutzes, Bekämpfung der
Wohnungsnot und Ratifizierung des Washingtoner Abkommens über die
gesetzliche Sicherung des Achtstundentags – endete mit dem Versprechen,
eine Strafrechtsreform vorzunehmen.

»Namentlich wird die Frage der Beseitigung der Todesstrafe zu entscheiden sein. Schon jetzt aber wird die Reichsregierung bei den Landesregierungen anregen, bis dahin das Begnadigungsrecht gegenüber zum Tode Verurteilten anzuwenden.« Es schien wirklich, als wären nun die schlimmsten
Nachwirkungen des Krieges überwunden, als könnte nun auch wieder
Menschlichkeit walten.

Doch diese Hoffnungen waren nur von sehr kurzer Dauer. Schon im
Herbst 1928 wandelte sich die innenpolitische Szene: Bei der Zentrumspartei, dem Koalitionspartner der SPD, setzte sich der rechte, konservativ-
klerikale Flügel durch und wählte den Prälaten Ludwig Kaas zum neuen

Carl Severing, 1875-1952.

Vorsitzenden; bei den Deutschnationalen, die nach acht Jahren Regierungsbeteiligung nun in der Opposition standen, übernahm der frühere Krupp-
Generaldirektor Alfred Hugenberg die Führung und begann mit Hilfe seines
Presse- und Filmkonzerns sowie mit enormen Geldmitteln, die ihm von
seiten der Schwerindustrie zuflossen, einen Propaganda- und Verleum-
dungsfeldzug gegen die neue, sozialdemokratisch geführte Reichsregierung,
vor allem aber gegen die Verständigungs- und Abrüstungspolitik seines
Intimfeindes Stresemann. Fast gleichzeitig gingen die Konzernherren des
Ruhrgebiets zum Angriff auf das staatlich organisierte Lohnsystem über.
Unter Mißachtung eines Schiedsspruchs, der den Arbeitern eine durchschnittliche Erhöhung ihres Wochenlohns um 4 bis 5 Mark gebracht hätte,
begannen sie am 31. Oktober mit der Aussperrung von 213 000 Arbeitern
der Eisen- und Stahlindustrie. Damit trafen sie auch den Kohlenbergbau
hart, der sofort Feierschichten einlegte. Hugenbergs Unternehmerfreunde
hofften, daß sie bis Weihnachten die Ruhrarbeiterschaft »ausgehungert«

haben würden. Da die Arbeitslosenversicherung den Ausgesperrten nicht helfen konnte, sprang auf Initiative des Reichsarbeitsministers Wissell, der selbst aus dem Metallarbeiterverband kam, die Reichsregierung mit Unterstützungszahlungen ein, für die der Reichsfinanzminister Hilferding sofort Mittel bereitstellte. Reichskanzler Müller und Innenminister Severing bewerkstelligten schließlich, drei Tage vor Weihnachten, einen mageren Vergleich und ein Ende der Aussperrung. Damit war der Angriff der Unternehmer noch einmal abgewehrt, doch zugleich nahm die Verbitterung der Arbeiterschaft, die revolutionäre Maßnahmen, zumal die Sozialisierung der gesamten Ruhrindustrie, erwartet hatten, stark zu; ein auch auf das übrige Reich übergreifender Radikalisierungsprozeß begann, der seinen blutigen Höhepunkt am 1. Mai 1929 erreichte.

Nachdem Anfang März der preußische Innenminister Grzesinski (SPD) alle Versammlungen und Umzüge unter freiem Himmel, die eine unmittelbare Gefahr für die öffentliche Sicherheit darstellten, verboten hatte, wollte er auch für den 1. Mai keine Ausnahme machen. SPD und ADGB respektierten das Verbot und hielten ihre Maifeiern wie zur Kaiserzeit in geschlossenen Räumen ab, aber die Berliner KPD rief zur Demonstration auf. Die Polizei griff mit großer Härte ein; am Wedding und in Neukölln kam es zu schweren Zusammenstößen. Mindestens 31 Demonstranten wurden, nachdem die Polizei Schießbefehl erhalten hatte, getötet, weit über hundert mehr oder weniger schwer verletzt, an die zwölfhundert verhaftet, und die allgemeine Erbitterung nahm noch zu.

Auf der Rechten bildete sich etwa gleichzeitig unter der Regie Hugenbergs eine »Nationale Einheitsfront« aus Deutschnationalen, Stahlhelm, Nazis und anderen ultrarechten Gruppen, die sich im Herbst 1929 zum Angriff auf die Außenpolitik Stresemanns entschloß: Sie setzte ein Volksbegehren, dann einen Volksentscheid gegen ein Abkommen, das die Reichsregierung mit den westlichen Siegermächten getroffen hatte, in Gang. Der sogenannte »Young-Plan«, der dem Reich wesentliche Erleichterungen hinsichtlich seiner Kriegsschulden und eine vorzeitige Räumung des besetzten Rheinlands brachte, wurde von den Ultrarechten wegen der erreichten Verlängerung der Zahlungsfristen als »ewige Versklavung des deutschen Volkes« angeprangert; die Unterzeichner – Hermann Müller und Stresemann, aber auch Hindenburg – sollten dafür, so forderte es das Volksbegehren, wegen Landesverrat mit Zuchthaus bestraft werden. Das Ganze war eine kaltberechnete Spekulation auf die Dummheit und Unwissenheit ihrer Wähler und bezweckte im Grunde nur eine Diffamierung der Verständigungspolitik Stresemanns. Der Volksentscheid gegen den Young-Plan am 22. Dezember 1929 wurde zu einer Blamage für seine Initiatoren: Sie mobilisierten dafür nur etwa Dreiviertel ihrer Reichstagswähler und brachten insgesamt nur ein Viertel der zu einem Erfolg nötigen Stimmen zusammen. Aber ihr Diffamierungsfeldzug hatte doch mancherlei bewirkt: eine weitere Radikalisierung und ein Aufpeitschen nationaler Leidenschaften; eine Regierungskrise, ausgelöst durch den Rücktritt des sozialdemokratischen Reichsfinanz-ministers Hilferding, dem der zur Hugenberg-Clique übergegangene Reichsbankpräsident Hjalmar Schacht mit heftigster Kritik in den Rücken gefallen war, und den Tod Gustav Stresemanns, der, den Anfeindungen und Aufregungen nicht mehr gewachsen, einen Schlaganfall erlitten hatte. Mit Stresemanns Tod brach – so hat es der große sozialistische Historiker Arthur Rosenberg gesehen – »die einzige Brücke in Deutschland zwischen dem schwarzrotgoldenen und dem schwarzweißroten Reich«.

Zehn Tage nach dem Tod Stresemanns, der für seine Außenpolitik weit mehr Unterstützung von der SPD als von seiner eigenen nationalliberalen Volkspartei erhalten hatte, erlebte die New Yorker Börse ihren »Schwarzen Freitag«. Es war der Beginn der Weltwirtschaftskrise, die nun auch das krisenanfällige Deutsche Reich sofort in ihren Strudel riß. Die Arbeitslosig-keit stieg rapide an, und damit wuchsen die von der Reichsversicherungsan-stalt aufzubringenden Kosten. Am 27. März 1930 brach die die Regierung Hermann Müller tragende Koalition auseinander, weil sich die Sozialdemo-kraten und die ihres Führers Stresemann beraubte, nur noch die schwerin-

Hermann Müller mit Reichspräsident Paul Hindenburg anläßlich der Beerdigung von Gustav Stresemann im Jahr 1929.

dustriellen Interessen vertretende Volkspartei nicht darüber einigen konnten, ob die Beiträge zur Arbeitslosenversicherung von 3,5 auf 4 Prozent erhöht werden sollten.

Die Volkspartei wollte die Beiträge nicht erhöhen, sondern das Defizit der Reichsanstalt durch verminderte Leistungen ausgleichen; das entsprach der Absicht der Konzernherren, die Löhne zu drücken, was nur möglich war, wenn auch die Arbeitslosen weniger Unterstützung bekamen. Um die Koalition zu retten, war Reichskanzler Müller kompromißbereit: Statt der benötigten 4 Prozent sollte der Beitrag bei 3,5 belassen werden, aber das wollte weder sein Arbeitsminister Wissell noch der ADGB mitmachen. Das entscheidende Wort in der SPD-Reichstagsfraktion sprach der maßgebende Sozialpolitiker des ADGB, der ebenfalls Hermann Müller hieß: Die Arbeitslosenversicherung sei der Eckstein der Sozialpolitik, der Schutzwall für das ganze Lohntarifsystem. Mit dem vorgeschlagenen Kompromiß stieße die Regierung nicht nur an die Grenze,»an der die Geduld, mit der die Arbeiterschaft und ihre Organisationen staatspolitische Erwägungen der Sozialdemokratie toleriert, ihr Ende findet«, sie ginge darüber hinaus. Gestützt vom linken Parteiflügel setzte sich Müller (ADGB) in der Fraktion durch, die den Regierungskompromiß verwarf. Noch am selben Tag erklärten der Reichskanzler Müller und seine Regierung ihren Rücktritt. Es war die letzte verfassungsmäßig gebildete Regierung der Weimarer Republik mit dem letzten sozialdemokratischen Kanzler für die nächsten fast vier Jahrzehnte.

Indessen war die »0,5-Prozent-Krise«, die die Agonie der Weimarer Republik einleitete, nur der scheinbar geringfügige äußere Anlaß für das Ende des Kabinetts Hermann Müller. Die Krise war von der Volkspartei und der hinter ihr stehenden Schwerindustrie mit Unterstützung des rechten Zentrums bewußt herbeigeführt worden, um die SPD aus der Regierung zu drängen und ihre eigenen Pläne zu verwirklichen*. Sie sahen die Stunde für ein »Rechtskabinett« mit Sondervollmachten gekommen, das sich mehr auf den Reichspräsidenten und die Reichswehr als auf den Reichstag stützen konnte.

18.
Die Zerstörung der Demokratie
1930-1933

Als am 30. März 1930 Heinrich Brüning, der Fraktionsvorsitzende des Zentrums, als Nachfolger Hermann Müllers Reichskanzler wurde und ein Kabinett der bürgerlichen Mitte ohne feste Mehrheit im Reichstag bildete, betrug die Anzahl der im Deutschen Reich registrierten Arbeitslosen bereits über drei Millionen. Bis zum Jahresende 1930 gab es fast fünf Millionen Bezieher von Arbeitslosenunterstützung, die bis Juni 1932 noch so bemessen war, daß sie für das Existenzminimum ausreichte. Die tatsächliche Anzahl der Arbeitslosen lag indessen weit höher, denn die Versicherungsansprüche einschließlich einer sogenannten »Krisenfürsorge« endeten nach einem Jahr; wer ausgeschieden (oder nie versichert gewesen) war, blieb auf die Wohlfahrtsunterstützung der Gemeinden angewiesen, die oft nicht einmal für eine tägliche Suppe und einen Schlafplatz ausreichte. Der neue Kanzler, der diese Krise meistern sollte, erklärte am 1. April im Reichstag: »Das Kabinett ist gebildet mit dem Zweck, die nach allgemeiner Auffassung für das Reich notwendigen Aufgaben in kürzester Frist zu lösen. Es wird der letzte Versuch sein, die Lösung mit diesem Reichstag durchzuführen.«

»Das ist eine Herausforderung«, schrieb dazu Friedrich Stampfer, ». . . Neuwahlen in dieser Krisenzeit könnten nur die extremen verfassungsfeindlichen Parteien stärken . . . Will die Regierung darauf hinaus, will sie planmäßig und mit Vorbedacht den Parlamentarismus vor die Hunde gehen lassen, um dem erstrebten persönlichen Regiment des Reichspräsidenten jede Konkurrenz vom Halse zu schaffen? Hat sie den Willen zum Verfassungsbruch?«

Genau dies war die Absicht, zwar nicht des frommen, strengen und autoritätsgläubigen Brüning, der sich vor dem Reichstag rühmte, als Hauptmann an der Spitze einer MG-Abteilung am 9. November vergeblich versucht zu haben, der Revolution im Rheinland Einhalt zu gebieten. Aber mit Brüning als ausführendem Organ eine Diktatur zu errichten, war die Absicht derer, die ihn zum Kanzler gemacht hatten. Die Idee stammte vom Chef des Ministeramts im Reichswehrministerium, Kurt v. Schleicher. Dieser einstige Major im Stabe Groeners bei der Obersten Heeresleitung in Spa hatte 1918 den Hauptmann Brüning zur Lageerkundung ins Rheinland geschickt. Jetzt, wo er unter seinem alten Chef, dem Reichswehrminister Groener, politische Intrigen spann, war ihm Brüning wieder »brauchbar« erschienen, und so hatten die Generale v. Schleicher und Groener Hindenburg vorgeschlagen, mit Brüning als Kanzler ohne Reichstagsmehrheit ein auf den Notverordnungs-Artikel 48 der Verfassung und auf die Reichswehr gestütztes autoritäres Regime zu errichten.

Zwei deutschnationale Minister, der Hindenburg-Günstling Gottfried Treviranus und der Vertrauensmann der ostelbischen Junker, Martin Schiele, der für Ernährung und Landwirtschaft zuständig wurde, waren auf Wunsch des Reichspräsidenten ins Kabinett Brüning eingetreten, Schiele mit dem Auftrag, für die »notleidende Landwirtschaft«, sprich: den ostelbischen Gutsbesitz, mit »Osthilfe« und »Agrarschutzmaßnahmen« zu sorgen, wobei angemerkt sei, daß Industrielle und Großgrundbesitzer 1927 Hindenburg zu dessen 80. Geburtstag ein großes Gut in Ostpreußen, Neudeck, den verlorengegangenen Stammsitz derer v. Beneckendorff und v. Hindenburg, zum Geschenk gemacht hatten. Zum Dank bekamen die Agrarier nun gewaltige Schutzzölle, Preisgarantien und viele weitere Geschenke, die Industrie Staatshilfen, die Unternehmerschaft insgesamt Steuererleichterungen, und zum Ausgleich wurden die Beamtengehälter, Renten und Unterstützungen gekürzt, dem Volk eine Anzahl neuer indirekter Steuern sowie eine besonders unsoziale Kopfsteuer auferlegt. Da der Reichstag alle diese Maßnahmen mehrheitlich ablehnte, wurden sie durch Notverordnungen des Reichspräsidenten nach Artikel 48 der Verfassung durchzusetzen versucht. Für den Fall erneuter Ablehnung durch den Reichstag, drohte Brüning mit dessen Auflösung.

Für die SPD erklärte Rudolf Breitscheid als Fraktionsvorsitzender, sich direkt an den Kanzler wendend:

»Sie sitzen jetzt zusammen mit Leuten, für die der Artikel 48 ein Anfang der Diktatur ist. Ich beschwöre Sie: Gehen Sie den Weg dieser Leute nicht! Wir scheuen den Wahlkampf nicht, aber was wir wollen, ist eine ruhige Fortentwicklung auf dem Boden der Verfassung. Wir wollen, daß keine weitere Kluft sich auftue zwischen den Parteien, die zur Wahrung der Verfassung berufen sind.«

Er predigte tauben Ohren. Brüning blieb unnachgiebig und trieb den Konflikt auf die Spitze, löste den Reichstag auf und erwirkte bei Hindenburg dessen Unterschrift unter noch viel weitergehende Notverordnungen. Am 14. September 1930 wurde ein neuer Reichstag gewählt, und das Wahlergebnis übertraf noch die schlimmsten Befürchtungen.

»Der Generalangriff der Nationalsozialisten auf die roten und schwarzen Festungen«, schrieb Friedrich Stampfer im *Vorwärts*, »ist damit verlustlos abgeschlagen. Die beiden marxistischen Parteien zusammen erzielten 13,2 Millionen Stimmen gegen 12,4 Millionen im Mai 1928... Aber im Vorfeld häufen sich die Leichen. Leidtragende sind die bürgerlichen Rechtsparteien, die den Kampf gegen den Marxismus munter mitgemacht haben, Deutschnationale und Volksparteiler. Aus ihren scharenweise davongelaufenen Wählern und den bisherigen Nichtwählern formieren sich die Sturmscharen der NSDAP...«

Bei einer Wahlbeteiligung von 82 Prozent (1928: 75,5 Prozent) wurden

fast 35 Millionen gültige Stimmen abgegeben, und von diesen entfielen
(Vergleichszahlen von 1928 in Klammern dahinter) auf die:

	Millionen		Prozent		Mandate	
KPD	4,6	(3,3)	13,1	(10,6)	77	(54)
SPD	8,6	(9,2)	24,5	(29,8)	143	(153)
Demokraten	1,3	(1,5)	3,8	(4,9)	14	(25)
Zentrum	4,1	(3,7)	11,8	(12,1)	68	(62)
Bayer. Vp.	1,0	(0,9)	3,0	(3,1)	19	(16)
Volkspartei	1,6	(2,7)	4,5	(8,7)	30	(45)
Deutschnat.	2,5	(4,4)	7,0	(14,2)	41	(73)
NSDAP	6,4	(0,8)	18,3	(2,6)	107	(12)

Die Verluste der SPD waren den Kommunisten zugute gekommen, die der
bürgerlichen Rechten den Nazis, die nun mit 107 Abgeordneten, statt der
bisherigen zwölf, die zweitstärkste Fraktion bildeten!

Nun war Kanzler Brüning, wenn er nicht mit den Ultrarechten zusam-
menarbeiten wollte, mehr denn je auf sozialdemokratische Unterstützung
angewiesen, worauf die SPD hoffte, oder er mußte auf parlamentarische
Mehrheiten ganz verzichten und mit Hindenburgs Hilfe diktatorisch regieren. Die SPD stand vor der Entscheidung, ob sie Brüning tolerieren, ihm
dafür das eine oder andere sozialpolitische Zugeständnis abhandeln oder
gegen ihn Front machen und ihn dazu zwingen sollte, Farbe zu bekennen.
Da weder Brüning noch die SPD-Führung es bis zur letzten Konsequenz
kommen lassen wollten, entwickelte sich – so Friedrich Stampfer im Rückblick – »ein eigentümlicher Schwebezustand, ein System, das man als . . .
parlamentarisch tolerierte Präsidialregierung bezeichnen kann . . . Warum
ließ sich die SPD auf dieses Spiel ein? Offenbar weil sie meinte, man
müsse wieder einmal zwischen den Klippen der Diktatur manövrieren, um
schließlich doch das freie Meer der parlamentarischen Demokratie zu
erreichen . . . Handelte sie aber anders, was dann? Dann gab es nur noch
offen antiparlamentarische Präsidialregierungen . . ., wahrscheinlich
mit Einschluß der Nationalsozialisten.« Mit dieser Möglichkeit setzte
sich ein Memorandum der SPD-Reichstagsfraktion auseinander, worin es
hieß:

»Eine verschleierte oder unverschleierte Hitler-Regierung hat die vollständige Ausschaltung des Reichstags und darüber hinaus die Zerschlagung
aller demokratischen Rechte des Volkes zum Ziel. Die Folge wäre . . .
Zertrümmerung aller Organisationen der Arbeiterschaft, dauernder militärischer Belagerungszustand, Aufhebung aller Presse-, Versammlungs- und
sonstiger politischer Freiheiten, ständige Gefahr des Bürgerkrieges im
Innern und des Revanchekrieges nach außen.«

Die SPD-Führung sah also 1930 bereits klar, was bevorstand, wenn das neue Experiment mit Brüning mißlang. Gab es noch andere Mittel, das Verhängnis aufzuhalten? Als einzige Alternative bot sich der Generalstreik, verbunden mit der Bereitschaft zur bewaffneten Auseinandersetzung. Das hätte zum einen das Bündnis mit den Kommunisten vorausgesetzt, das die rechte Mehrheit der SPD entschieden ablehnte, zum andern kampfkräftige Gewerkschaften. Aber der ADGB sah für einen Generalstreik keine Chance angesichts der Abermillionen Erwerbslosen und der herrschenden Not. Vor allem aber hatte auch eine vereinigte Linke nur äußerst geringe Aussichten, den Bürgerkrieg gegen eine um Hunderttausende von SA- und Stahlhelm-Hilfstruppen verstärkte Reichswehr zu gewinnen, auf deren Seite das ganze bürgerliche Lager und – außer vielleicht in Preußen – auch die gesamte Polizei stand. Auch wenn die SPD dem Bündnis mit der KPD weniger abgeneigt und kampfbereiter gewesen wäre, hätten sie die Aussichten eines solchen Kampfes nicht locken können.

Gelang es hingegen, die gewohnte Zusammenarbeit mit den bürgerlichen Mittelparteien, zumal mit dem Zentrum, wiederherzustellen, so bestanden nach Meinung der SPD-Fraktionsmehrheit noch gute Chancen, die Republik zu retten. Also versuchte sie es – bis zum 30. Mai 1932, als klar wurde, daß der Versuch an Hindenburg gescheitert war.

In dieser kurzen Spanne, die der SPD für ihren Rettungsversuch noch blieb, stieg die Arbeitslosigkeit steil an. Im Winter 1931/32 erreichte sie mit nahezu sieben Millionen Männern und Frauen, die »stempeln gingen«, Krisenfürsorge, Wohlfahrts-Almosen oder auch gar nichts erhielten, einen ersten Höhepunkt. Von den gewerkschaftlich organisierten Arbeitern waren Ende 1931 nur noch 25 Prozent voll beschäftigt, knapp ein Drittel hatte noch Kurzarbeit, 43 Prozent waren arbeitslos.

In dieser äußersten Krisensituation gab es im Reichstag, aus dem Nazis und Deutschnationale mit lautem Geschrei ausgezogen waren, wochenlang eine SPD/KPD-Mehrheit, die, wenn sie gewollt hätte, in der Lage gewesen wäre, jede Abstimmung zu einer Niederlage der Regierung und der Mittelparteien werden zu lassen. Allerdings hätte eine solche Einheitsfront eine sofortige Auflösung des Parlaments und Neuwahlen zur Folge gehabt, wovon erneut nur die äußerste Rechte und Linke profitiert hätten. So ließ die SPD-Fraktion durch Stimmenthaltung nahezu jede Gesetzesvorlage der Regierung Brüning passieren, sogar den Bau eines neuen Panzerkreuzers, schließlich die ganze Haushaltsvorlage. Danach vertagte sich der Reichstag selbst für mehr als ein halbes Jahr, was dem Sinne nach für die Regierung die Ermächtigung war, bis dahin mit Notverordnungen ohne Parlament zu regieren.

Diese notgedrungene Tolerierung einer autoritären Regierung führte unausweichlich zu Konflikten innerhalb der Partei und Fraktion. Schon bei der Abstimmung über den Bau eines neuen Panzerkreuzers stimmten neun SPD-Abgeordnete unter Bruch des Fraktionszwangs mit den Kommunisten gegen die Vorlage. Dies führte zum – mit anderen Verstößen gegen die Parteidisziplin begründeten – Ausschluß der Abgeordneten Max Seydewitz und Kurt Rosenfeld, dem Austritte anderer Abgeordneter und deren Anhängerschaft folgten. Im Oktober 1931 gründeten die Ausgeschlossenen eine neue Partei, die »Sozialistische Arbeiterpartei« (SAP), der sich Teile der SPD-Bezirke Schlesien und Sachsen, nicht zuletzt auch ein wesentlicher Teil der sozialdemokratischen Jugend anschlossen, bald auch andere linkssozialistische Gruppen, nach ein paar Monaten auch jene »Rechten«, die aus der auf ultralinkem Kurs befindlichen KPD ausgeschlossen worden waren. Die Führung der Jugendorganisation der SAP übernahm ein achtzehnjähriger Lübecker, Herbert Karl Frahm, später bekannt unter seinem Parteinamen Willy Brandt. Er, der damals gerade dabei war, sich auf sein Abitur vorzubereiten, hat später darüber berichtet*: ». . . Wie viele in der sozialdemokratischen Jugend, war ich mit meinen Sympathien. . . bei jenen, die gegen eine ›Tolerierung‹ einer Rechtsregierung opponierten. . . Im Herbst 1931 vermittelte sich jungen Leuten wie mir der Eindruck, als würden sich ansehnliche Gruppierungen in einem neuen Lager links von der SPD zusammenfinden. Männer wie Carl v. Ossietzky – ›Was als Spaltung gebrandmarkt werden soll, stellt sich bei näherem Hinsehen als ein letzter Rettungsversuch dar‹ –, Kurt Tucholsky, Lion Feuchtwanger, auch Albert Einstein bekundeten der neuen Partei ihre Sympathie. . . Wenige Tage, bevor wir uns für Jahre trennten, bat mich Julius Leber** in sein Redaktionszimmer. . . Er verhöhnte ›linke‹ Abgeordnete, die er aus dem Reichstag kannte, wegen ihrer Unzulänglichkeiten . . . Leber äußerte sich damals über radikale junge Leute wie mich ohne Schonung, und wir blieben ihm nichts schuldig. In seinen ›Notizen‹ aber, die er 1933 im Gefängnis schrieb, fand ich den Satz, keiner habe der Jugend der Partei gesagt, daß sie entweder von ihrem doktrinären Taumel zum politischen Tatsachentum übergehen oder aber die Führung an die Jugend, die auf der anderen Seite heranwachse, abtreten müsse. Resigniert folgte die Bemerkung: ›Die sozialdemokratische Jugend hätte dies alles ja auch nicht geglaubt‹ . . .«

Für die Jugendarbeit der SPD, zumal für die ihrer Sozialistischen Arbeiterjugend (SAJ), aus der Willy Brandt 1931 austrat, um die Führung der SAP-Jugend zu übernehmen, war damals der gerade dreißigjährige Erich Ollenhauer zuständig, der 1916 der SAJ beigetreten, 1920 Sekretär des Hauptvorstands, 1921 Sekretär der Sozialistischen Jugend-Internationale und 1928 Vorsitzender der SAJ geworden war.

Ollenhauers Sorgen galten im Winter 1931/32 indessen nicht allein den rebellierenden jungen Linken, sondern auch dem nicht minder aufsässigen rechten Flügel. Da gab es den schon 1917 von dem Göttinger Philosophen und Mathematiker Leonard Nelson gegründeten Internationalen Jugendbund, der 1925 aus SPD und SAJ ausgeschlossen worden war, sich dann Internationaler Sozialistischer Kampfbund (ISK) genannt hatte und einen nichtmarxistischen, sich an den Lehren Immanuel Kants orientierenden ethischen Sozialismus vertrat. Auch der ISK lehnte die »Anpassungspolitik« der SPD entschieden ab und forderte darüber hinaus eine Aktionsgemeinschaft von SPD und KPD im Kampf gegen die wachsende Gefahr einer Nazi-Diktatur. *

Ferner gab es auf der SPD-Rechten den Hofgeismarer Arbeitskreis der Jungsozialisten, der sich um eine theoretische und praktische Neuorientierung der SPD-Politik bemühte. »Seine Vorstellungen«, heißt es dazu bei Heinrich Potthof, »zielten auf eine bewußte nationale Ausrichtung mit der Idee von der Volksgemeinschaft. Daneben bekämpften jüngere Reformisten den Immobilismus der Parteiführung.« Zu den maßgebenden »Hofgeismarern« gehörten Carlo Mierendorff, Julius Leber, Theodor Haubach und Kurt Schumacher.

»Die Allianz, zu der sich die kritischen Flügelgruppen gegen das Parteizentrum teilweise zusammenfanden, zeigt« – heißt es dazu bei Potthof weiter – »daß es bei diesen Auseinandersetzungen weniger um Richtungskämpfe zwischen pragmatischen Reformern und revolutionären Marxisten ging; die Front verlief vielmehr... zwischen denen, die Aktion forderten..., und denen, die auf der Vorstellung der geschichtlichen Zwangsläufigkeit und den traditionellen Taktiken beharrten... Vorsichtiges Lavieren, Tolerierung des kleineren Übels und Warten auf die nächsten Wahlen prägten den Maßstab ihres politischen Handelns.« Ganz anders als Fraktions- und Vorstandsmehrheit reagierte die sozialdemokratische Anhängerschaft auf das plötzliche Anschwellen der Nazi-Wählerstimmen: bei ihr erwachte der Wille zur Abwehr.

Schon sechs Tage nach der Reichstagswahl vom September 1930 faßte die Reichsbanner-Führung den Entschluß, eine schlagkräftige, etwa 400000 Mann starke Elitetruppe, die »Schufo« (Schutzformationen), aufzubauen. Auch bei den Gewerkschaften begann die Aufstellung ähnlicher Einheiten, sogenannter »Hammerschaften«, in den Großbetrieben. Ende 1931 schlossen sich die Kampfverbände von SPD, Reichsbanner, Gewerkschaften und Arbeitersportorganisationen zur »Eisernen Front« zusammen. Auf die »namenlosen Massen der alten Bebel-Partei« habe diese Initiative gewirkt »wie ein halbvergessenes Sturmsignal auf eine kampf- und sieggewohnte Truppe« – so hat Julius Leber es damals empfunden**. »Um so größer war dann allerdings die Enttäuschung, als den tönenden Worten... keine entsprechenden Taten folgten«, meinte Friedrich Stampfer im Rückblick.

SPD-Parteivorstand und die Mehrheit der Reichstagsfraktion sahen – im Gegensatz zur aktionswilligen und -bereiten Anhängerschaft – in der Eisernen Front allenfalls eine Reserve für den äußersten Notfall. Sie vertrauten darauf, daß die braune Flut, die die Republik zu überspülen drohte, ihren Höhepunkt schon erreicht hätte und wieder ablaufen würde; daß die Partei bis dahin weiterlavieren und Brünings Präsidialdiktatur tolerieren könnte. Hindenburg verhielt sich ja, entgegen den ursprünglichen Befürchtungen, noch durchaus loyal, und die sicherste Garantie für den Bestand der

Republik, das »Bollwerk Preußen« und seine schlagkräftige Polizei, waren nach wie vor fest in sozialdemokratischer Hand.

Aber im Frühjahr 1932 lief die Amtszeit des Reichspräsidenten ab; erst im Februar entschied sich der vierundachtzigjährige Hindenburg, erneut zu kandidieren. Die Ultrarechten erwogen zunächst, entweder den Generaldirektor Albert Vögler von den Vereinigten Stahlwerken als Vertrauensmann des Großkapitals oder den Kaiser-Sohn Prinz Oskar von Preußen zu nominieren, aber Hitler lehnte beide rundweg ab und proklamierte seine eigene Kandidatur, woraufhin die empörten Deutschnationalen um Hugenberg den Stahlhelm-Führer Duesterberg aufstellten.

»Eine Reichspräsidentenwahl durch das Volk im Frühjahr 1932 bei sechs Millionen Arbeitslosen, nach einem Krisenwinter ohnegleichen, war für die Republik soviel wie eine lebensgefährliche Operation«, hat Stampfer dazu bemerkt und dann sehr ausführlich geschildert, wie sich die SPD – sie hatte ja kaum eine andere Wahl – ohne große Überwindung dazu durchrang, den nun gegen die Kandidaten der äußersten Rechten antretenden Hindenburg vorbehaltlos zu unterstützen, im Gegensatz zur KPD, die wieder Ernst Thälmann aufstellte.

Es wurde ein sehr seltsamer, ebenso erbitterter wie verworrener Wahlkampf. Alle traditionellen Partei- und Klassenbindungen gerieten durcheinander. Alte Gewerkschafts- und Parteifunktionäre, die in ihrer Jugend noch illegal gegen den »Staat der Junker und Militärs« gekämpft hatten, warben jetzt für den kaiserlichen Feldmarschall und Großgrundbesitzer v. Hindenburg, und dieser mußte sich von seinen »Standesgenossen« und alten Kameraden beschimpfen lassen und, höchst widerwillig, darauf erwidern, während die ihm verhaßten Roten und Schwarzen ihm zujubelten. Ludendorf warf ihm vor, er hätte sich als Reichspräsident von den Junkern mit dem Millionengeschenk des Guts Neudeck »schmieren« lassen; der Nazi-Propagandachef Dr. Goebbels wagte sich im Reichstag mit der Äußerung hervor: »Sage mir, wer dich lobt, und ich sage dir, wer du bist! Hindenburg wird gelobt von der Berliner Asphaltpresse und« – dabei wies er auf die SPD-Fraktion – »von der Partei der Deserteure!« Deren jüngster Abgeordneter, der sechsunddreißigjährige Dr. Kurt Schumacher, Redakteur der Stuttgarter *Schwäbischen Tagwacht*, der als Kriegsfreiwilliger 1914 schwer verwundet worden war und den rechten Arm verloren hatte, rechnete daraufhin mit Goebbels ab. Er nannte ihn einen »dummdreisten Bengel«, »der selber den Krieg nur vom Hörensagen kennt«, und sprach von der »moralischen und intellektuellen Verlumpung«, der die Nazis Vorschub leisteten. Alle bürgerlichen Parteien und selbst General Groener solidarisierten sich – wenn auch nur für Augenblicke – mit den von Goebbels verleumdeten Sozialdemokraten, wogegen die konservative Presse und am Ende sogar die abgesetzten Fürsten, ja selbst der ehemalige Kronprinz, nun für Hitler eintraten.

Doch bei den Reichspräsidentenwahlen, deren erster Wahlgang am

13. März 1932 stattfand, erhielt Hindenburg die mit Abstand meisten Stimmen: 18,65 Millionen, und verfehlte nur ganz knapp, mit 49,6 Prozent, die absolute Mehrheit. Hitler bekam mit 11,3 Millionen Stimmen und einem Anteil von 30,1 Prozent nicht annähernd das Resultat, das er sich erträumt hatte; der Stahlhelm-Führer Duesterberg konnte nur 2,5 Millionen Stimmen, weniger als 7 Prozent, für sich gewinnen, und Thälmann erreichte mit knapp 5 Millionen Stimmen den beachtlichen Anteil von 13,2 Prozent, woraus zu schließen war, daß annähernd 400 000 Sozialdemokraten lieber für ihn als für Hindenburg gestimmt hatten.

Der zweite Wahlgang am 10. April 1932 erbrachte bei allgemein etwas geringerer Beteiligung einen triumphalen Sieg für Hindenburg, der nun 19,4 Millionen oder 53 Prozent der Stimmen und damit die absolute Mehrheit erhielt, die gar nicht mehr erforderlich war. Hitler hatte 13,4 Millionen oder 36,8 Prozent, Thälmann nur noch 3,7 Millionen oder 10,2 Prozent der Stimmen errungen. Fast zwei Drittel aller Deutschen hatten sich deutlich gegen Hitler, mehr als die Hälfte für die parlamentarische Demokratie entschieden! Das war ein Sieg für die Republikaner, wie sie ihn selbst nicht mehr erwartet hatten, auch ein großer Erfolg für Heinrich Brüning, der sich wochenlang, Tag für Tag, auf Hunderten von Veranstaltungen für »seinen« Reichspräsidenten eingesetzt hatte. Nur war dieser wiedergewählte Hindenburg, der die Republik gerettet zu haben schien, ein eingefleischter Reaktionär und Antirepublikaner, und nicht einmal für den monarchistisch gesinnten, autoritätsgläubigen und gehorsamen Brüning, geschweige für die Sozialdemokraten, die einen Sieg überhaupt erst ermöglicht hatten, empfand der greise Sieger auch nur eine Spur von dem, was er für sich selbst erwartete: Loyalität und Dankbarkeit. Schon am 30. Mai 1932, nur fünfzig Tage nach dem großen Wahlsieg, ließ Hindenburg seinen Kanzler Brüning fallen und ernannte zu dessen Nachfolger den bis dahin nahezu unbekannten Major a. D. Franz v. Papen.

Ein Intrigenspiel hinter den Kulissen zwischen Reichswehr-Generalität, Naziführung, Vertrauensleuten der ostelbischen Junker und den engsten Ratgebern Hindenburgs, seinem Sohn Oskar und seinem Staatssekretär Otto Meißner, der schon Eberts »rechte Hand« gewesen war, hatte erst zum Sturz des Generals Groener, dann zu dem Brünings geführt.*

Am 2. Juni 1932 stellte v. Papen sein neues Kabinett vor; es übertraf noch die schlimmsten Erwartungen: der Deutschnationale Freiherr v. Gayl, Vertrauensmann der Junker, wurde Innenminister; General v. Schleicher war neuer Reichswehrminister; drei weitere deutschnationale Barone hatten die Ressorts für Ernährung und Landwirtschaft, die Finanzen, Post und Verkehr übernommen; Konstantin Freiherr v. Neurath war neuer Außenminister, ein bayerischer Deutschnationaler Justizminister, und dem Vertreter des größten deutschen Konzerns, der IG Farben, war das Wirtschaftsministerium anvertraut worden.

»Ist dieses Schießbudenfiguren-Kabinett der Dank des Hauses Hindenburg an seine Wähler?« fragte die SPD-Presse und spottete, wie auch die ganze bürgerliche Presse, über dieses »Kabinett der Barone«. Doch binnen weniger Tage wurde aus dem Hohn helle Wut und Empörung: Die neue Reichsregierung nahm als erstes eine drastische Kürzung aller Sozialleistungen vor mit der Begründung: »Der Staat darf nicht zur Wohlfahrtsanstalt werden.« Sodann hob sie das Verbot der Nazi-Kampfverbände auf, das Brüning gleich nach Hindenburgs Wahlsieg erwirkt hatte, führte neue Steuern, darunter die besonders unsoziale Salzsteuer, ein und löste eilig den Reichstag auf, wo die neue Regierung eine breite Mehrheit gegen sich hatte. Die Neuwahlen wurden auf den 31. Juli 1932 festgesetzt.

Der sogleich beginnende Wahlkampf wurde von der Hitler-Partei in einem Stil geführt, wie ihn Deutschland noch nicht erlebt hatte. Die Nazis traten so provozierend auf, daß es immer häufiger zu blutigen Krawallen kam. Allein in Preußen wurden in den ersten drei Juni-Wochen bei 461 Straßenschlachten 82 Menschen getötet, etwa 400 gefährlich verletzt. Bis Mitte Juli gab es nochmals 76 Tote und 350 Verletzte. Und am 17. Juli, als die SA die Provokation auf die Spitze trieb und – unter Polizeischutz – mit 11 000 von weither zusammengeholten Mitgliedern in die als »rote Hochburgen« geltenden Arbeiterviertel Altonas einmarschierte, lieferte ihnen die herausgeforderte Linke eine – als »Altonaer Blutsonntag« noch heute erinnerte – Schlacht, bei der es 19 Tote und 285 Schwerverletzte gab. Zwar gelang es den Seite an Seite kämpfenden Sozialdemokraten und Kommunisten, die SA und SS aus den Arbeitervierteln zu vertreiben, und verstärkte Polizeikräfte verhinderten weitere Zusammenstöße solchen Ausmaßes, aber die Nazis hatten ihr Ziel dennoch erreicht: Zum einen verstärkte jeder blutige Krawall, gleich wer der Angreifer war, die Angst und das Sicherheitsbedürfnis der Bürger und ließ ihre Sehnsucht nach einem »starken Mann« größer werden; zum anderen ging es darum, die preußische Regierung Braun-Severing, die letzte sozialdemokratisch geführte Landesregierung im Reich, zu stürzen. Sie führte zwar nur noch die Geschäfte, seit sie im Frühjahr ihre Landtagsmehrheit verloren hatte, war aber mit parlamentarischen Mitteln nicht zum Rücktritt zu zwingen, weil dazu erst eine neue Regierung hätte gewählt werden müssen, für die es nach Lage der Dinge auch keine Mehrheit gab.

Aber die Drahtzieher des Komplotts gegen die Republik fanden einen Weg, die Regierung Braun-Severing zu beseitigen, und die Straßenkämpfe in dem zu Preußen gehörenden Altona lieferten ihnen den Vorwand dazu: Am 20. Juli 1932, drei Tage nach dem Altonaer Blutsonntag und elf Tage vor den Reichstagswahlen, gab Papen bekannt, das Reich könnte »die Tatenlosigkeit der preußischen Regierung nicht länger dulden«, und er hätte deshalb den Reichspräsidenten ersucht, sie abzusetzen – nach Artikel 48 der Reichsverfassung, mit dessen Hilfe 1923 die Linksregierungen in Sachsen und Thüringen von Ebert abgesetzt worden waren.

Otto Braun, der bis dahin als der tat- und entschlußkräftigste Länderchef galt, hatte schon zuvor resigniert und am 6. Juni einen Krankheitsurlaub angetreten mit der »festen Absicht, nicht wieder in das Amt zurückzukehren«*; nach der Wahlniederlage und der bitteren Erfahrung mit Hindenburg, für den er sich gegenüber der SPD-Führung verbürgt hatte, war er nach Aussage seiner engsten Mitarbeiter »innerlich zusammengebrochen«.

So ruhte die ganze Verantwortung auf den Schultern von Carl Severing, für den Papens Staatsstreich keineswegs überraschend kam, und auch die SPD-Parteiführung war vorgewarnt.

»Vier Tage zuvor«, so berichtet Heinrich Potthof, »hatte sich der Parteivorstand schon mit dem befürchteten Zugriff auf Preußen befaßt und sich schließlich mit der Antwort aus der Reichskanzlei beruhigt, daß vorläufig noch nichts geplant sei. Vorwarnungen hatte es genug gegeben. Gleichwohl wirkte die Nachricht vom ›Preußenschlag‹ auf die am 2. Juli versammelte Sitzungsrunde, zu der sich Otto Wels vom Parteivorstand, Franz Künstler von der Berliner Parteiorganisation, der ADGB-Vorsitzende Theodor Leipart und der Chef des ›Reichsbanners‹, Karl Höltermann, zusammengefunden hatten, wie ein lähmender Schock.«

»Der Eindruck der Nachricht war deprimierend«, so hat Otto Wels den Moment geschildert**. »Kein Wort der Empörung, keine sichtbare Erregung... Ich hatte den Eindruck, daß man allgemein ratlos war, was zu tun sei.«

Die Runde wurde sich rasch darin einig, daß man eigentlich gar nichts tun könnte, mit Generalstreiksdrohungen nur eine sofortige Militärdiktatur provozierte und die nahen Reichstagswahlen gefährdete. Mit der von Wels ausgegebenen Losung »Sichert die Reichstagswahl« gingen die Sitzungsteilnehmer auseinander. Preußens letzter legaler Innenminister, Carl Severing, hatte, nachdem über Berlin und die Provinz Brandenburg der Ausnahmezustand verhängt und die vollziehende Gewalt samt dem Befehl über die starken Polizeieinheiten dem Wehrkreisbefehlshaber General Gerd v. Rundstedt übertragen worden war, sich der Gewalt gebeugt und sein Arbeitszimmer geräumt. Die Kapitulation des »Bollwerks Preußen« vollzog sich reibungslos und ohne den leisesten Widerstand.

»Aber dennoch«, heißt es dazu bei Heinrich Potthof, »so wissen wir aus einer Fülle von Zeugnissen, warteten die Einheiten der Eisernen Front in vielen Orten auf den Marschbefehl, hofften Arbeiter in den Betrieben auf das Signal zum Generalstreik. Vergeblich – der Fanfarenstoß zur Rettung der Republik ertönte nicht. Niemand traute sich, die Verantwortung zu übernehmen, ›mutig auf Kosten der Genossen‹ zu sein, wie Severing es formulierte***... Die Angst vor einem möglichen Blutvergießen lähmte die Entschlußkraft sowohl der Gewerkschafts- wie der Parteiführer. Geprägt durch eine lange humanitäre und demokratische Tradition, erzogen in dem Bewußtsein, nüchterne Realpolitik zu betreiben und Experimente zu meiden, fest verankert in der Überzeugung, daß es vor allem darauf ankomme, die eigenen Organisationen möglichst intakt zu halten, ging man zum

Staatsgerichtshof und appellierte in altgewohnter Weise an die Macht des Stimmzettels bei den bevorstehenden Reichstagswahlen . . .«

Aber selbst diese scheinbar sehr harte Kritik ist eher noch eine Beschönigung, ganz abgesehen davon, daß die Führer der SPD in den ersten Jahren der Republik, als ihnen diese von links her bedroht erschienen war, das Blutvergießen keineswegs gescheut hatten. In Wahrheit hatten die bitteren Erfahrungen der vergangenen Wochen, vor allem das heimtückische Verhalten der Clique um Hindenburg und des Reichspräsidenten selbst, des vermeintlichen »guten Kameraden«, dem die SPD unter dem Motto »Einen Bessern find'st du nicht!« eben erst zur Wiederwahl verholfen hatte, den sozialdemokratischen Führern allen Mut und alle Kraft genommen – nicht nur Otto Braun, auch den anderen. Ihre eigene Mutlosigkeit ließ sie an der Stärke der noch verfügbaren Abwehrkräfte und an der Opferbereitschaft der Massen zweifeln und raubte ihnen den Glauben an die noch vorhandenen Möglichkeiten einer erfolgreichen Verteidigung der letzten Machtposition.

Hinzu kam die – vom Standpunkt der SPD-Führung durchaus berechtigte – Sorge, daß jeder energische Widerstand ein Bündnis mit den erstarkten Kommunisten und alsdann deren Übergewicht, womöglich eine Wiedervereinigung der gespaltenen Arbeiterbewegung unter kommunistischer Vorherrschaft, herbeiführen könnte – ein Gedanke, der die Männer an der Spitze von SPD, ADGB und Reichsbanner schaudern ließ. Denn – und das war wohl der tiefste Grund ihres Zauderns – sie sahen im tatenlosen Abwarten noch immer das kleinere Übel, weil sie das Unheil unterschätzten, das ihnen wie den Kommunisten gleichermaßen bevorstand.

»Gerade ihr tiefverwurzelter Glaube an die Grundsätze der Vernunft und der Humanität«, hat Heinrich Potthof ganz richtig dazu bemerkt, »hinderte sie daran, das Wesen der nationalsozialistischen Bewegung wirklich zu begreifen. Trotz leidenschaftlicher Verurteilung . . . erkannten nur einige in ihren Reihen den totalitären Charakter des deutschen Faschismus, der nicht daran dachte, sich an Grundsätze des Rechts und der Freiheit zu halten, sondern sie mit Füßen trat und Gewalt und Terror, Knüppel und Mord skrupellos gegen seine Gegner einsetzte. Die wenigen Monate, die der Sozialdemokratie nach dem ›Preußenschlag‹ noch blieben, gaben ihr keine reelle Chance mehr, den Zugriff der Hitlerbewegung auf die Macht im Staate im letzten Moment doch noch abzuwehren.«

Die Reichstagswahlen vom 31. Juli 1932 brachten der SPD den Verlust von weiteren 600000 Wählern; die KPD gewann 700000 Stimmen hinzu und wurde zur drittstärksten Partei im Reichstag. Die bürgerlichen Demokraten, die sich 1930 mit dem halbfaschistischen »Jungdeutschen Orden« zur Deutschen Staatspartei zusammengeschlossen hatten, brachten es auf nur noch ein Prozent Stimmenanteil. Auch den bürgerlichen Rechtsparteien waren die Wähler in Massen davongelaufen: Deutschnationale und Deutsche Volkspartei erhielten zusammen lediglich sieben Prozent der Stimmen.

Nur das katholische Zentrum und die Bayerische Volkspartei hatten ihre starke Mittelstellung gehalten und sogar noch etwas verbessert: Ihr gemeinsamer Stimmenanteil betrug 15,7 Prozent.

Die Nazis aber hatten sich gegenüber den Wahlen von 1930 mehr als verdoppelt: Mit 13,8 Millionen Wählerstimmen und einem Anteil von 37,4 Prozent waren sie jetzt so stark, wie es die SPD nur einmal, bei den Wahlen zur Nationalversammlung im Januar 1919, gewesen war. Jetzt hatte die SPD nur noch 21,6 Prozent, die KPD 14,3 Prozent, die erst(und letzt)mals angetretene SAP kümmerliche 0,2 Prozent Stimmenanteil. Daß die Linke insgesamt, rechnete man die Ergebnisse der drei Parteien zusammen, nur minimale Einbußen erlitten und einen Stimmenanteil von 36,1 Prozent erreicht hatte, war ein schwacher Trost und angesichts der fehlenden Bereitschaft ihrer Führungen zu einem Bündnis ohne praktische Bedeutung.

Der neugewählte Reichstag wurde am 30. August 1932 unter der Alterspräsidentschaft von Clara Zetkin eröffnet. Die schwerkranke, schon vom Tode gezeichnete Frau – sie starb wenige Monate später im sowjetischen Exil – mahnte mit brüchiger Stimme, an ihre eigene kommunistische wie an die sozialdemokratische Fraktion gewandt, zur gemeinsamen Abwehr des Faschismus, »um damit den Versklavten und Ausgebeuteten die Kraft und die Macht ihrer Organisationen zu erhalten, ja sogar ihr physisches Leben. Vor dieser zwingenden Notwendigkeit müssen alle fesselnden und trennenden politischen, gewerkschaftlichen, religiösen und weltanschaulichen Einstellungen zurücktreten . . .«

Anschließend sprach Hermann Göring (NSDAP) als neugewählter Reichstagspräsident von »einer großen arbeitsfähigen nationalen Mehrheit« im Reichstag, womit er auf die Verhandlungen seiner Partei mit dem Zentrumsführer Prälat Kaas anspielte, die schon weit gediehen waren. Dann wurde der Reichstag auf den 12. September vertagt; in der Zwischenzeit erging rasch noch eine neue Notverordnung der Regierung v. Papen, die die Unternehmer ermächtigte, die Tariflohnsätze bis zu 20 Prozent herabzusetzen, was stürmische Proteste der Gewerkschaften hervorrief, und am 12. September, bei der ersten ordentlichen Sitzung des neugewählten Parlaments, beantragte der KPD-Fraktionsvorsitzende Torgler, diese Notverordnung ohne Aussprache wiederaufzuheben und der Regierung v. Papen das Mißtrauen auszusprechen. Tatsächlich stimmten dann 512 Abgeordnete gegen nur 42 Stimmen der bürgerlichen Rechten bei fünf Enthaltungen – für diesen Antrag der KPD. Auch die Nazis hatten es nicht wagen können, die Aufhebung des Tarifrechts und radikale Lohnsenkungen zu verteidigen. Aber selbst nach dieser schwersten Niederlage, die je eine Regierung im Reichstag erlebt hatte, blieb v. Papen im Amt und erklärte das Parlament für aufgelöst. Neuwahlen wurden auf den 6. September 1932 festgesetzt und brachten – zur großen Erleichterung ihrer Gegner und zumal des SPD-Parteivorstands, der seine Politik des Abwartens nun für gerechtfertigt hielt – den Nazis einen schweren Rückschlag: Sie verloren mehr als zwei

Millionen Wählerstimmen und 34 ihrer 230 Reichstagsmandate; ihr Stimmenanteil ging von 37,4 auf 33,1 Prozent zurück.

Die SPD verlor abermals mehr als 700000 Stimmen; ihr Anteil sank auf 20,4 Prozent, die KPD gewann fast 700000 Stimmen hinzu und stellte mit knapp 17 Prozent Stimmenanteil und nunmehr 100 Reichstagsabgeordneten für die SPD, der noch 121 Mandate verblieben waren, einen fast gleichwertigen Rivalen oder Bündnispartner dar. Dagegen hatte sich der Niedergang der bürgerlichen Demokraten weiter fortgesetzt; ihre Staatspartei war zu einer unbedeutenden Splittergruppe verkümmert. Die nationalliberale Volkspartei hatte sich etwas erholt, blieb aber mit 1,9 Prozent Stimmenanteil politisch bedeutungslos; den Deutschnationalen waren über eine Million mehr Stimmen zugefallen als bei der Juli-Wahl, und sie hatten ihren Wähleranteil auf knapp 9 Prozent verbessert, was als Abkehr vieler bürgerlicher Rechter vom Extremismus der Nazis gewertet wurde. Zentrum und Bayerische Volkspartei aber waren erstmals deutlich zurückgefallen, um rund 450000 Wählerstimmen, wenn auch nur, wegen der allgemein geringeren Wahlbeteiligung, um knapp ein Prozent auf nunmehr zusammen 15 Prozent – ein Zeichen, daß viele katholische Arbeiter das Koalitionsangebot des Prälaten Kaas an Hitler mißbilligten.

Wenige Tage nach der Reichstagswahl, die der Regierung v. Papen keine Mehrheit verschafft, aber gezeigt hatte, daß mehr als zwei Drittel der Wähler gegen die Nazis waren und daß von diesen Hitlergegnern wiederum zwei Drittel für die beiden großen Parteien der Linken, SPD und KPD, gestimmt hatten, mußte Papen mit seinem Kabinett zurücktreten. General v. Schleicher war es gelungen, nach Groener und Brüning nun auch Papen zu stürzen und am 2. Dezember selber Reichskanzler zu werden, und hinter den Kulissen begann nun das Ränkespiel geradezu groteske Formen anzunehmen:

Reichskanzler General v. Schleicher verhandelte gleichzeitig mit Gregor Strasser, dem Organisationsleiter der NSDAP, und mit Theodor Leipart, dem ADGB-Vorsitzenden. Von Strasser, dem er den Vizekanzlerposten anbot, erhoffte er sich dessen Abfall von Hitler und die Zähmung des »brauchbaren« Teils der Nazi-Partei; mit der Aufnahme Leiparts ins Kabinett wollte er die Gewerkschaften für eine »soziale Militärdiktatur« gewinnen und die SPD zur Tolerierung seiner Regierung veranlassen. Er hob auch sogleich die v. Papensche Notverordnung auf, die das Tarifrecht praktisch außer Kraft gesetzt hatte, versprach umfangreiche Arbeitsbeschaffungsmaßnahmen, die Verstaatlichung von Großbetrieben und die Aufteilung von ostelbischem Großgrundbesitz an Kleinbauern und Siedler.

General v. Schleicher hatte auch schon mit Otto Braun, dem abgesetzten preußischen Ministerpräsidenten, verhandelt, der aber zum Eintritt ins Kabinett nicht bereit gewesen war; dagegen, so konnte der Kanzler Hindenburg melden, hatte Oberpräsident Gustav Noske ihm Unterstützung zugesagt, wäre auch keineswegs abgeneigt, ein Ministeramt zu übernehmen, und

Theodor Leipart, 1867-1947.

bemühte sich, am rechten SPD-Flügel Stimmung für die Regierung zu machen; der einflußreiche Chefredakteur der Kölner *Rheinischen Zeitung,* Wilhelm Sollmann, rechter Flügelmann der SPD-Reichstagsfraktion und 1923 Innenminister im Kabinett Stresemann, stände seinen Plänen ebenfalls wohlwollend gegenüber. Gestützt auf die Reichswehr, den Stahlhelm, die bürgerlichen Rechtsparteien, den Strasser-Flügel der Hitler-Partei, dessen Führer seine Ämter in der NSDAP bereits niedergelegt hatte, die christlichen und sozialdemokratischen Gewerkschaften sowie mindestens toleriert von der SPD – so hoffte v. Schleicher, regieren zu können. Aber hinter seinem Rücken hatten andere schon seinen Sturz vorbereitet*: Mitte Januar, nachdem sich v. Papen mit Hitler im Hause des Kölner Bankiers v. Schröder geeinigt hatte und der NSDAP die Unterstützung großer Teile der Industrie zugesagt worden war, konnten die Nazis auch Hugenbergs Deutschnationale und den Stahlhelm sowie die um Enthüllung ihrer Betrugsmanöver bei der staatlichen »Osthilfe« bangenden ostelbischen Großagrarier als Verbündete gewinnen. Mit Drohungen und Versprechungen gelang es Hitler sogar, Oskar v. Hindenburg, den »in der Verfassung nicht vorgesehenen« Präsidentensohn, auf seine Seite zu bringen, und damit war v. Schleichers Sturz nur noch eine Frage von Tagen.

An das deutsche Volk, das in seiner Mehrheit entschieden gegen eine Militärdiktatur, erst recht gegen eine Diktatur Hitlers und seiner SA war, dachte keiner von denen, die da an einer neuen Regierung bastelten und dabei nur die eigenen Cliquen-Interessen im Auge hatten. Aber das Volk brachte sich noch einmal selbst in Erinnerung:

Am 25. Januar 1933 zogen, wie einst, als es um die Revolution und die sozialistische Einheit ging, endlose Kolonnen mit roten und schwarzrotgoldenen Fahnen in die Berliner Innenstadt: Über 130000 Gewerkschafter, Kommunisten, Sozialdemokraten und Parteilose marschierten aus den Arbeitervierteln des Nordens und Ostens, aus Neukölln, aus Spandau, vom Wedding und aus Siemensstadt, aber auch aus viel weiter entfernten Vororten in die Berliner City: Arbeiter von AEG, Borsig, Osram und Siemens, von Knorr-Bremse, vom Osthafen und sogar vom weit draußen liegenden Stahl- und Walzwerk Hennigsdorf; uniformierte Straßenbahner und Omnibusschaffner, Reichsbahner und Briefträger; die Setzer und Drucker der Reichsdruckerei und der großen Zeitungsverlage hatten ihre Betriebsfahnen mitgebracht; Arbeiter-Samariterbund und Rote Hilfe teilten am Straßenrand heiße Getränke aus, denn es war schneidend kalt; Reichsbanner, Rotfrontkämpferbund und SAJ sicherten die Marschkolonnen gegen Überfälle, und sogenannte »fliegende Abteilungen« des Massenselbstschutzes standen mit ihren Fahrzeugen als Eingreif-Reserve bereit. Bei 18 Grad Kälte und eisigem Wind demonstrierte die Berliner Arbeiterschaft vier Stunden lang gegen die drohende Diktatur der Reaktion und der Nazis, und am selben Tag kam es auch in den meisten Großstädten und Industrierevieren des Reiches zu Protestmärschen und Massenkundgebungen.

Es war ein letzter, verzweifelter Versuch, die Pläne der alten Geld- und Macht-Elite zu durchkreuzen, die entschlossen schien, die katastrophale Wirtschaftslage und die Ohnmacht der durch die jahrelange Massenarbeitslosigkeit geschwächten Arbeiterschaft zur Errichtung einer faschistischen Diktatur auszunutzen, und die lieber den Staat einem Abenteurer vom Schlage Hitlers ausliefern wollte als zu riskieren, daß sich die Republik nach der Überwindung der bereits abflauenden Krise konsolidieren könnte. Freilich demonstrierten an diesem eisigen Januartag 1933 nicht mehr – wie im Winter 1918/19 – zweihundertfünfzig- bis dreihunderttausend Arbeiter Berlins, sondern nur noch knapp die Hälfte, und sie waren auch nicht mehr bewaffnet. Über die Gründe dieser enormen quantitativen wie qualitativen Verschlechterung der Lage des Berliner Proletariats – erst recht der Arbeiterschaft anderer industrieller Ballungsgebiete des Reichs, wo die Situation noch ungünstiger war – lohnt es sich, einen Augenblick nachzudenken, auch darüber, warum sich die Anzahl und Bewaffnung der Feinde der Republik so gewaltig hatte vermehren können.

Jetzt, da jeden Augenblick der Sturm auf die Republik zu erwarten war, standen die aus den 1918/19 gebildeten Freikorps hervorgegangenen Reichswehr-Divisionen Gewehr bei Fuß, keineswegs bereit zum Schutz der Republik, sondern als Eingreif-Reserve der Angreifer, deren Kampfverbände, die SA und SS, ebenfalls von den ehemaligen Landsknechtsführern der vom damaligen Reichswehrminister Gustav Noske angeworbenen und bewaffneten konterrevolutionären Söldner befehligt wurden.

Die Linke aber, die die Republik verteidigen wollte, war waffenlos, durch

Hunger und Elend dezimiert und zudem uneinig, zumal was ihre Führer betraf. Denn – so hielten sie sich gegenseitig vor – hatte nicht die SPD-Führung jedes Zusammengehen mit den Kommunisten strikt abgelehnt? Waren nicht Verhandlungen rechter Sozialdemokraten und Gewerkschafter mit General v. Schleicher im Gange? Weigerten sich ADGB und SPD nicht, den Massenstreik zu organisieren? – so fragten die einen, und die anderen fragten zurück: Hat die KPD-Führung die Sozialdemokratie nicht zu ihrem Hauptfeind erklärt, sie als »Sozialfaschisten« verleumdet? Hatten die Kommunisten nicht sogar mit den Nazis gemeinsame Sache gemacht, als sie 1931 ein Volksbegehren zum Sturz der preußischen Regierung Braun-Severing unterstützt hatten? Hatten sie nicht eben erst, im November 1932, beim Streik der Berliner Verkehrsbetriebe, zusammen mit den Nazis die Beschlüsse der Gewerkschaftsleitung sabotiert?

Die gegenseitigen Vorwürfe sollten jedoch bald weniger schrill werden. »Zu jener Zeit«, so berichtete Friedrich Stampfer über die Beziehungen zur KPD um die Jahreswende 1932/33, »wurden von sozialdemokratischer Seite auch sehr ernsthafte Versuche unternommen, ein besseres Verhältnis zu der kommunistischen Partei anzubahnen. Sie gestalteten sich äußerst schwierig, da das Mißtrauen auf beiden Seiten ungeheuer groß war ...«

Auch war es dazu, wie sich schon fünf Tage nach den letzten großen gemeinsamen Demonstrationszügen der verfeindeten Linksparteien zeigte, bereits zu spät, und es begann eine gnadenlose Verfolgung sowohl der SPD wie der KPD.

Am 28. Januar stürzte General v. Schleicher. Am Abend des 30. Januar nahm der neue, wenige Stunden zuvor ernannte Regierungschef Adolf Hitler den Vorbeimarsch seiner vor Begeisterung außer Rand und Band geratenen Anhänger vom Fenster jener Reichskanzlei aus ab, von der aus Friedrich Ebert in der Nacht vom 9. zum 10. November 1918 auf der geheimen Telefonleitung zur Obersten Heeresleitung das folgenschwere »Bündnis« mit General Groener vereinbart hatte. Vierzehn Jahre, zwei Monate und zwanzig Tage waren seitdem vergangen. In dieser Zeit hatte die Sozialdemokratie den Krieg beendet, Deutschland wieder Ansehen und Macht errungen, die Kriegsfolgelasten bewältigt. Sie hatte Deutschland eine parlamentarische Demokratie, den Deutschen alle demokratischen Rechte und Freiheiten, den Frauen volle staatsbürgerliche Gleichberechtigung verschafft, Adels- und andere Klassenprivilegien beseitigt, die Rechte der Arbeiter und ihre soziale Sicherung wesentlich verstärkt.

Indessen hatte die deutsche Sozialdemokratie eine grundlegende Veränderung des Staatsgefüges und der gesellschaftlichen Verhältnisse verhindert. Die kaiserlichen Beamten, Richter und Offiziere waren, wenn sie den Eid auf die Verfassung der Republik leisteten, von dieser übernommen worden. Das Privateigentum, auch an den Produktionsmitteln, wurde nicht angetastet; selbst der Großgrundbesitz der Fürsten und Junker und das Großkapital der Banken und Konzerne blieben erhalten.

Die Absicht der sozialdemokratischen Führer, das Alte mit dem Neuen zu versöhnen, gewaltsame Veränderungen zu verhindern und auf dem friedlichen Wege allmählicher Reformen von der bürgerlichen zur sozialen Demokratie und schließlich zum Sozialismus zu kommen, brachte ihnen von denen, die sie vor der Revolution bewahrt hatten, keinen Dank ein, sondern außer vermehrtem Haß auch noch Verachtung.

Der fanatische Machtwille der Herrenschicht des untergegangenen Kaiserreichs ließ die Schlotbarone, Junker, Militärs und Bankiers keinen Augenblick zögern, das Lumpenproletariat, die »Hurrakanaille« der Kaiserzeit, gegen die Republik zu mobilisieren. Sie wollten endlich wieder die »Herren im Hause« sein und mit Lohndruck, Ausplünderung der öffentlichen Kassen und rascher Aufrüstung die alte Herrlichkeit kapitalistischer Ausbeutung unter dem Schutz der bewaffneten Macht eines autoritären Regimes wiederherstellen. Die mächtige, wenn auch gespaltene Arbeiterbewegung stand dem noch im Wege. Jetzt sollte sie von den Nazis zerschlagen werden.

19.
Die lange Nacht
Januar 1933-Mai 1945

Niemand in den Führungsgremien der SPD hatte bis zum 30. Januar 1933 ernsthaft damit gerechnet, daß die Nazis, »die reaktionärste Bewegung unserer Zeit«, wie Otto Wels sie auf dem Leipziger Parteitag des Jahres 1931 genannt hatte, nach dem starken Rückgang ihrer Wählerstimmen bei den Novemberwahlen zum Reichstag doch noch an die Macht kommen würden. Den Parteitag 1933 auf den Januar vorzuverlegen, wie es der SPD-Bezirk Leipzig gefordert hatte, weil man sich bis dahin möglicherweise in einer »akut revolutionären Situation« befinden könnte, hatte der Parteivorstand in Übereinstimmung mit den meisten Parteibezirken abgelehnt, aber auch die Leipziger hatten keine Gefahr von rechts, sondern einen kommunistischen Aufstand befürchtet.

Otto Wels hatte kurz vor Weihnachten 1932 noch erklärt, er wäre optimistisch hinsichtlich der weiteren politischen Entwicklung, und Mitte Januar 1933 war er zur Kur nach Ascona abgereist. Hätte er eine Ernennung Hitlers zum Reichskanzler auch nur für möglich gehalten, wäre der Parteivorsitzende sicherlich in Berlin geblieben.

»So gab es auch«, wie es in einer Untersuchung von Hagen Schulze* heißt, ». . . keine Pläne des Generalstabs der Partei und der ›Eisernen Front‹ für den Fall einer Machtübernahme durch Hitler.« Die routinemäßige Sitzung des Parteivorstands am 30. Januar 1933 wurde von den Ereignissen völlig überrascht; es zeigte sich, daß die meisten ratlos vor der neuen Situation standen, und nur zwei entschiedene Linke, der AfA-Vorsitzende und Reichstagsabgeordnete Siegfried Aufhäuser und tags darauf der Reichstagsabgeordnete Carl Litke**, »sprachen in allgemeinen Wendungen von ›Massenaktionen‹, mußten sich aber von Otto Braun sagen lassen«, so heißt es bei Hagen Schulze, »daß damit sinnvollerweise nur der Generalstreik gemeint sein könne – ein Wort, das von allen anderen Rednern vermieden wurde – und daß die Gründe, die zur Ablehnung von dergleichen Maßnahmen am 20. Juli 1932 geführt hätten, bis jetzt dieselben geblieben seien. So blieb es – aus den besten Gründen der Welt – bei einem Aufruf an die republikanische Bevölkerung zur Einigkeit, Kaltblütigkeit, Entschlossenheit und Disziplin . . .«

Am nächsten Tag, dem 31. Januar, tagte in Berlin der eilig zusammengerufene Parteiausschuß, vor dem Rudolf Breitscheid ein längeres Referat hielt. »Im Rückblick«, so erklärte er, »erscheint mir die Entwicklung zum Kabinett Hitler zwangsläufig« – ein, wie Hagen Schulze dazu angemerkt hat, »wenn auch unabsichtlich, vernichtendes Urteil über die bisherige

Rudolf Breitscheid, (1874-1944), im KZ ums Leben gekommen.

Behandlung der nationalsozialistischen Gefahr durch den Parteivorstand
... Breitscheids Schlußfolgerung für die Taktik der Partei: kluge Zurückhaltung, um die auseinanderstrebenden Kräfte der neuen Regierung« – Deutschnationale, Nazis, Militärs und gemäßigte bürgerliche Rechte – »nicht zusammenzutreiben und nicht das Alibi Hitlers für verfassungswidrige Maßnahmen
abzugeben. Was aber, wenn Hitler die demokratische Maske abwerfe? Für
diesen Fall gelte es, die Kräfte zusammenzufassen und gerüstet zu sein: ›Bereit
sein ist alles!‹ Aber bereit sein wofür? Das wurde auf dieser Sitzung nicht recht
deutlich ... Aus den Ausführungen Breitscheids wie des Vertreters des
ADGB, Graßmann, geht hervor, daß man für die nähere Zukunft mit
dergleichen Vorkommnissen nicht rechnete; das eine der beiden bislang

399

bekannten Modelle für die bestehende Situation, die man zum Vergleich heranziehen konnte, wie Breitscheid es auch tat, war der italienische Faschismus, in dessen Anfangsjahren die parlamentarische Opposition ebenso wie ihre Presse noch relativ unbehelligt gewesen war. Der italienische Faschismus und das Bismarcksche Sozialistengesetz: Diese Vorbilder bestimmten die Zukunftserwartungen der SPD. Immerhin wurden einige Vorsichtsmaßnahmen vorbereitet... – altvertraute Maßnahmen für jene, die die Verfolgung der achtziger Jahre des vergangenen Jahrhunderts noch im Gedächtnis hatten. Einstweilen jedoch setzte man, nicht anders als am 20. Juli 1932, seine Hoffnungen auf die Entscheidung der Wähler...«

Am 5. März 1933 wurde der Reichstag, der zwei Tage nach Hitlers Regierungsantritt aufgelöst worden war, neu gewählt, aber eine Woche zuvor, am Abend des 27. Februar, hatte das Reichstagsgebäude in Flammen gestanden; den Bürgern war von der Nazipropaganda eingehämmert worden, jetzt ginge es darum, durch ein machtvolles Votum für die neue Regierung Hitler den drohenden kommunistischen Aufstand zu verhindern. Die KPD wurde sofort verboten, mindestens viertausend ihrer Funktionäre sowie zahlreiche bekannte Sozialdemokraten, darunter auch eine Anzahl Abgeordneter, verhaftet und mißhandelt, der Wahlkampf der Arbeiterparteien aufs schwerste behindert. Aber trotz aller Erschwernisse hatte sich die sozialdemokratische Wählerschaft am 5. März 1933 noch einmal zur SPD bekannt: 7 181 633 Wähler, nur 66 400 weniger als im November 1932, hatten den Mut, jetzt zu ihrer Partei zu stehen; 4,8 Millionen – 1,1 Millionen weniger als 1932 – bekannten sich noch zur KPD. Die Nazi-Partei und ihr Bündnispartner, die deutschnationale »Kampffront Schwarz-Weiß-Rot«, waren mit zusammen 51,9 Prozent der Stimmen im Besitz einer hauchdünnen Mehrheit, die zur Verfassungsänderung nicht ausreichte. Doch die 81 Mandate, die die KPD errungen hatte, wurden ihr einfach aberkannt, und nun hatte Hitler freie Bahn. Am 23. März 1933 holte er sich von dem in der Kroll-Oper versammelten Rumpfparlament die Ermächtigung für die Errichtung seiner Diktatur. Keine der bürgerlichen Parteien versagte sich der von ihnen geforderten Preisgabe aller demokratischen Errungenschaften. Alle Abgeordneten der Deutschnationalen, der Deutschen und der Bayerischen Volkspartei, des Zentrums und selbst der aus der einstigen demokratischen Fortschrittspartei hervorgegangenen Staatspartei stimmten für Hitlers Ermächtigung zur Diktatur, darunter etliche spätere Gründerväter der heutigen bürgerlichen Parteien der Bundesrepublik. Keiner hatte auch nur den Mut, sich der Stimme zu enthalten. Selbst ein Antrag der SPD-Fraktion auf Freilassung der inhaftierten Abgeordneten verfiel mit den Stimmen des katholischen Zentrums der Ablehnung.

»Aus den Fraktionen der sogenannten ›bürgerlichen Mitte‹«, berichtet Heinrich Potthof, »wurde die Reichstagsfraktion der SPD bestürmt, entweder der Sitzung fernzubleiben oder sich bei der Abstimmung über das ›Ermächtigungsgesetz‹ der Stimme zu enthalten.« Aber Otto Wels, der aus

der sicheren Schweiz zurückgekehrt war, und die anderen führenden Sozialdemokraten blieben fest, obwohl von den 120 SPD-Reichstagsabgeordneten
bereits 29 fehlten: einige waren verhaftet worden, andere – wie der von SA-
Männern brutal zusammengeschlagene Wilhelm Sollmann – lagen schwer
verletzt im Krankenhaus; etliche hatten sich ihrer Festnahme noch durch
Flucht ins Ausland entziehen können. Julius Leber und Carl Severing waren
auf dem Weg zur Reichstagseröffnung von braunen »Hilfspolizisten« in
»Schutzhaft« genommen worden; Severing war es aber gelungen, noch
rechtzeitig zur Abstimmung freizukommen. Durch eine Gasse von grölenden
SA-Männern hatten sich die SPD-Abgeordneten den Weg zu ihren Plätzen im
Sitzungssaal bahnen müssen und waren dort sofort von bewaffneter SS
umstellt worden. 94 Mitglieder der Fraktion nahmen an der namentlichen
Abstimmung zum »Ermächtigungsgesetz« teil, und 94 sagten Nein dazu.

In ihrem Namen sprach Otto Wels: Dem Anspruch der Nazis auf
Diktatur, Rechtsbruch und Terror setzte er für die SPD entgegen: »Wir
deutschen Sozialdemokraten bekennen uns in dieser geschichtlichen Stunde
zu den Grundsätzen der Menschlichkeit und der Gerechtigkeit, der Freiheit
und des Sozialismus! Kein Ermächtigungsgesetz gibt Ihnen die Macht,
Ideen, die unzerstörbar sind, zu vernichten. Das Sozialistengesetz hat die
Sozialdemokratie nicht vernichtet. Auch aus neuen Verfolgungen kann die
deutsche Sozialdemokratie neue Kraft schöpfen. Wir grüßen die Verfolgten
und Bedrängten. Wir grüßen unsere Freunde im Reich. Ihre Standhaftigkeit
und Treue verdienen Bewunderung. Ihr Bekennermut, ihre Zuversicht
verbürgen eine hellere Zukunft!«*

Mit dieser mutigen Rede und mit dem 94fachen Nein aller noch an der
Abstimmung teilnehmenden Fraktionsmitglieder hatte sich die SPD der von
Wels jetzt für die Partei in Anspruch genommenen Feststellung der Weimarer Nationalversammlung von 1919, »Wir sind wehrlos, wehrlos ist aber
nicht ehrlos!«, würdig erwiesen. Dennoch darf nicht übersehen werden,
daß aus Wels' Rede, wie Potthof dazu bemerkt hat, »noch eine Fehleinschätzung des Hitlerfaschismus spricht. Der vielverwandte und hier von Wels
wieder gebrauchte Vergleich des NS-Regimes mit dem ›Sozialistengesetz‹
zeigt, daß man sich in der Sozialdemokratie die Ungeheuerlichkeiten einer
totalitären Herrschaft kaum ausmalen konnte. Immer noch hofften viele
in ihren Reihen, daß der gesetzwidrige Zustand nur vorübergehend sei und
der Nationalsozialismus eine kurzlebige Episode bleiben werde. Daraus
resultierte vor allem in den Gewerkschaften, aber selbst in der Partei der
Versuch, mit allen Mitteln so gut es ging die Organisation intakt zu halten.
Durch eine Distanzierung von der SPD und ein Neutralitätsbekenntnis
gegenüber dem Staate und seinem Regime wollte der ADGB unter Führung
Leiparts die gewerkschaftliche Selbständigkeit retten. Dieser Anpas-
sungskurs, dem sich vor allem Siegfried Aufhäuser vom AfA heftig widersetzt hatte . . ., hat den Gewerkschaften nichts genutzt. Nachdem in den
Wochen vor dem 1. Mai«, den mit den Nazis zu feiern die ADGB-Führung

Otto Wels, 1873-1939.

seinen Mitgliedern dennoch zumutete, »mehrere Gewerkschaftsbüros überfallen worden waren, besetzten schon am 2. Mai 1933 SA und SS ›schlagartig‹ alle Gewerkschaftshäuser. Dutzende von Funktionären wurden verhaftet, mißhandelt oder wie in Duisburg ermordet.«

Nach der Zerschlagung der Gewerkschaften mußte der SPD-Parteivorstand mit einer ähnlich überfallartigen Aktion gegen die Sozialdemokratie
rechnen. Den bereits ins Ausland gegangenen Vorstandsmitgliedern Otto
Braun, Albert Grzesinski, Philipp Scheidemann, Wilhelm Dittmann, Artur
Crispien, Rudolf Breitscheid und Rudolf Hilferding folgten wenige Tage
später Otto Wels, Friedrich Stampfer, Hans Vogel, Erich Ollenhauer, Paul
Hertz und Sigmund Crummenerl, die nach Saarbrücken geschickt wurden,
das noch unter französischer Verwaltung stand.* Erst in Saarbrücken, dann
in Prag bildete sich der Exil-Vorstand, der sich zum Unterschied von der
Berliner SPD-Führung »Sopade«-Vorstand nannte**, wogegen noch am
1. Mai 1933 eine Rumpfgruppe der SPD-Reichstagsfraktion, geführt von
Paul Löbe, dem langjährigen Reichstagspräsidenten, »unter den Morddro-
hungen des NS-Reichsinnenministers Frick und gegen den Willen einer

Minorität, zu der auch Kurt Schumacher gehörte, einer ›Friedensresolution‹ der Hitlerregierung zustimmte«, wie Heinrich Potthof berichtet. Friedrich Stampfer und Hans Vogel, die unter Lebensgefahr aus Saarbrücken angereist waren, um diese »Anpassungspolitik« zu verhindern, mußten unverrichteterdinge ins Saargebiet zurückkehren. »Zwischen den Menschen in Deutschland und denen draußen ist ein Verstehen kaum noch möglich«, schrieb Friedrich Stampfer über diese Mission*.

»Dieser Konflikt trägt gewissermaßen klassische Züge, nicht unähnlich den Differenzen zwischen Fraktion und Exil-Redaktion des ›Sozialdemokrat‹ in den achtziger Jahren des vorigen Jahrhunderts«, heißt es dazu in Hagen Schulzes Untersuchung. Aber die von ihm vorgelegten Dokumente deuten auf eine gegenseitige Unversöhnlichkeit, die weit über die Konflikte zur Zeit des Sozialistengesetzes hinausgeht. Es ging nicht wie zu Bebels und Georg v. Vollmars Zeiten um Prinzipienfragen, sondern um entgegengesetzte Lagebeurteilungen. Paul Löbe schrieb am 13. Juni 1933 aus Berlin an Wilhelm Sollmann, der sich, kaum daß er nach dem SA-Überfall aus dem Krankenhaus entlassen war, nach Saarbrücken geflüchtet hatte und bald darauf in die USA auswanderte: »Unsere Arbeit hier (in Berlin) erschöpft sich vorläufig noch darin, die *Menschen* freizubekommen... Es wäre gut, wenn die draußen Befindlichen etwas mehr an die Lage der Daheimgebliebenen denken. Die Millionen, die auf unser Wort gehört haben, können nicht auswandern, und ihr Schicksal ist es, an das wir zu denken haben...«

Dagegen Otto Wels: »Wir sind... nicht bereit, den letzten Schein einer Betätigungsmöglichkeit in Deutschland für die Wirklichkeit zu nehmen und damit dem Gegner die Gelegenheit zu schaffen, zu der organisatorischen Vernichtung der Partei auch noch ihre politische und moralische Diffamierung vor den Augen der Arbeiter und der Welt hinzuzufügen.«

Das waren Positionen, die die Gefahr der gegenseitigen moralischen Disqualifizierung und einer Parteispaltung mit sich brachten, doch unternahmen beide Seiten noch einen Versuch der Versöhnung: In Bodenbach an der Elbe, dem heutigen Podmokly, etwa neun Kilometer südlich der deutschtschechischen Grenze, trafen sich Mitglieder des Prager und des Berliner Parteivorstands am 13. Juni 1933. Die Forderung Löbes, der selbst nicht gekommen war, lautete etwa: Macht illegale Arbeit von außen, wenn es denn sein muß, aber so, daß sie in Deutschland nicht bemerkt wird und uns Dageblievenen nicht angelastet werden kann... Wels – so ist den von Hagen Schulze vorgelegten Sopade-Dokumenten zu entnehmen – erkannte schnell, daß solche Übereinkommen sinnlos, die Gegensätze unüberbrückbar waren. Zu den Forderungen des Berliner Rumpfvorstands erklärte er: »Wir gehen darauf nicht mehr ein. Die Sache ist für uns damit erledigt!« Daraufhin veröffentlichten die Berliner eine Erklärung, worin es hieß, niemand im Ausland hätte das Recht, für die SPD zu sprechen, und daß der Berliner »Vorstand der Sozialdemokratischen Partei Deutschlands alle vom Ausland ergangenen Kundgebungen« ausdrücklich mißbilligte.

Wels meinte dazu in einem Brief an Friedrich Adler, den Sekretär der Sozialistischen Arbeiter-Internationale: ».. . Der Konflikt ist da. Mit den Genossen, die eine passive Haltung wollen, kann es kaum eine Verständigung geben. Ohne viel Worte sollte man an die Arbeit gehen . . .«
Ein letzter Versuch, den Konflikt beizulegen, scheiterte an Löbes Weigerung, Hans Vogel und Erich Ollenhauer, die bereit waren, die Gefahr einer Aussprache mit ihm in Berlin auf sich zu nehmen, überhaupt zu empfangen. Am 19. Juni 1933 fand schließlich eine vom Berliner Rumpfvorstand einberufene »Reichskonferenz« in den Räumen der preußischen Landtagsfraktion statt. Unter dem Vorsitz von Löbe und gegen den Widerspruch einer Minderheit erkannte dieses Gremium den ins Ausland gegangenen Parteivorstandsmitgliedern deren Mandate ab. Anschließend wählte es ein »Direktorium«, dem außer Löbe Franz Künstler, Max Westphal, der Vorsitzende der SPD-Fraktion im preußischen Landtag Paul Szillat, der frühere mecklenburgische Ministerpräsident Johannes Stelling und – auf Zuruf aus der Versammlung und als Vertrauensmann des Prager Sopade-Vorstands – Erich Rinner angehörten. Der schwerkriegsbeschädigte Westphal wurde von Löbe mit der Reorganisation der Partei beauftragt, lehnte jedoch ab. Daraufhin wurde Szillat vorgeschlagen, der ebenfalls ablehnte.
Das Protokoll verzeichnete an dieser Stelle eine Bemerkung des Reichstagsabgeordneten Ernst Heilmann: »Wir müssen den Faden der Legalität weiterspinnen, solange er weitergesponnen werden kann.« Fünf Wochen später wurde der zweiundfünfzigjährige Heilmann in Schutzhaft genommen und nach siebenjähriger Leidenszeit am 3. April 1940 im Konzentrationslager Buchenwald ermordet.
»Die Stimmung gegen die ins Ausland geflüchteten Parteigenossen war in dieser Sitzung wieder sehr gereizt«, berichtete der damalige Reichstagsabgeordnete und spätere bayerische Ministerpräsident Wilhelm Hoegner über diese letzte »Reichskonferenz«. »Organisationsvertreter aus Gebieten, in denen die Machtübernahme durch die Nationalsozialisten für die freien Gewerkschafter und Sozialdemokraten noch glimpflich abgelaufen war, scheuten nicht vor dem Vorwurf der Feigheit, insbesondere gegenüber den ins Ausland abgereisten weiblichen Mitgliedern der Reichstagsfraktion, zurück. . . Andere Genossen sprachen mit Neid davon, wie schön es sein müßte, im Ausland, in der Freiheit zu leben, keine braunen Uniformen, keinen Hitlergruß mehr zu sehen. . . und dabei von Geldsorgen nicht beschwert zu sein. . .«
Hoegner, gegen den schon seit März 1933 ein Haftbefehl des damaligen Münchner Polizeipräsidenten Reinhard Heydrich vorlag und der noch bis zum 11. Juli 1933 versteckt in München lebte, hat in seinen Erinnerungen* beschrieben, was im Anschluß an diese Reichskonferenz und die Absetzung des ins Exil gegangenen Parteivorstands geschah: »... Schon in den nächsten Tagen zeigte sich, daß die bisherige Parteileitung von uns vergebens geopfert worden war... Am 22. Juni 1933 wurde die Sozialdemokratische

Partei Deutschlands in einem Erlaß der Reichsregierung zur staats- und volksfeindlichen Partei erklärt, alle ihre Mitglieder in Volksvertretungen und Gemeindeparlamenten wurden von der weiteren Ausübung ihrer Mandate ... ausgeschlossen, Versammlungen der Partei sowie ihrer Hilfs- und Ersatzorganisationen, das Erscheinen sozialdemokratischer Zeitungen und Zeitschriften waren nicht mehr erlaubt. Das Vermögen der Partei und ihrer Hilfs- und Ersatzorganisationen wurde beschlagnahmt. Im Anschluß an das Verbot wurden Löbe und eine Anzahl führender Sozialdemokraten in Norddeutschland in Schutzhaft genommen. Über dreitausend Sozialdemokraten wurden in den nächsten Tagen in Konzentrationslager gesteckt ...«

Franz Künstler starb an den Folgen seiner Haft im KZ Oranienburg, Johannes Stelling, der nach Hoegners Beschreibung nur sehr zögernd dem Direktorium beigetreten war, wurde noch am 22. Juni, dem Tage des Parteiverbots, nachts von SA-Leuten aus dem Bett gezerrt und zusammen mit 91 anderen Bürgern von Berlin-Köpenick – Demokraten, Kommunisten, Jungsozialisten – ein Opfer der »Köpenicker Blutwoche«. Die Leichen der auf grausame Weise Mißhandelten fand man später, verstümmelt und in Säcke genäht, an einem Flußwehr der Dahme.

»Der unbändige Haß unserer Gegner brannte uns das Schandmal des flüchtigen Verbrechers auf«, heißt es in Wilhelm Hoegners Erinnerungen weiter. »Fast keiner von uns entging dem Schicksal... Einige von uns glaubten, den schmählichen Untergang unserer Millionenpartei, unserer Organisationen, an denen drei Generationen deutscher Arbeiter gebaut hatten, nicht überleben zu können. Sie wählten den Tod. Die meisten anderen verschlang das Konzentrationslager. Zahlreiche der besten Männer und Freunde, ein Stelling, ein Eggerstedt, der prächtige Husemann*, wurden ermordet. Viele wanderten rastlos auf allen Landstraßen Europas, fremden Völkern und sich selbst zur Last... Mir sagten meine letzten Freunde, einfache Arbeiter, ein paar ihrer Führer müßten übrig bleiben für eine bessere Zeit. Darauf ging ich über die Berge meiner bayerischen Heimat ins Ausland, wie ein Mann mit abgeschnittenen Ohren, den die Wut der Feinde als Boten der furchtbarsten Niederlage übriggelassen hat...«

Illegalität oder Emigration – nur diese Wahl blieb denen, die noch gegen die Naziherrschaft kämpfen wollten. Für die Führer der Linken gab es – wie das Beispiel des zwar sofort »untergetauchten«, aber schon am 3. März 1933 von den Nazis aufgespürten, ohne Prozeß in Zuchthäusern und Konzentrationslagern bis zum Herbst 1944 gefangengehaltenen und dann ermordeten Kommunistenführers Ernst Thälmann deutlich macht – gar keine Alternative zum Exil, und Otto Wels hatte die Lage erheblich realistischer eingeschätzt als Paul Löbe, den die Nazis zwar nach sechsmonatiger Schutzhaft aus propagandistischen Gründen wieder freiließen, aber durch strengste Überwachung an jeder politischen Tätigkeit hinderten und bei »Gefahr im Verzuge«, wie nach dem 20. Juli 1944, trotz seiner dann schon fast siebzig Jahre, erneut in Haft nahmen.

So blieb als Sprachrohr der in Deutschland zerschlagenen SPD und ihrer zum Schweigen gebrachten Mitglieder nur der Exilvorstand mit Otto Wels als erstem, Hans Vogel als zweitem Vorsitzenden, Sigmund Crummenerl als Verwalter der wenigen geretteten Barmittel. Friedrich Stampfer, Paul Hertz, Erich Ollenhauer, dann auch Siegfried Aufhäuser und Erich Rinner waren die übrigen Vorstandsmitglieder.

Der Exilvorstand sah – wie es in dem zunächst in Prag herausgegebenen, von Stampfer geleiteten *Neuen Vorwärts* vom 1. Juni 1933 hieß – seine Aufgabe vor allem darin, »der Welt die Wahrheit zu sagen«, über das, was unter der Nazi-Diktatur in Deutschland an Entsetzlichem geschah, und sich in den Dienst der illegalen Arbeit in der Heimat zu stellen. Dazu gehörte die Beschaffung und Bereitstellung von Hilfsgeldern, aber auch die Versorgung mit aufklärenden Druckschriften, die meist als Werbebroschüren oder Reclam-Klassikerausgaben getarnt wurden.

»Durch ein rings um Deutschland errichtetes Netz von Grenzsekretariaten«, heißt es dazu bei Heinrich Potthof, »wurde die Verbindung mit den Vertrauensleuten im Reich aufrechterhalten . . . Mit dem Buch von Gerhart Seger über seine Erlebnisse im KZ Oranienburg und der 1934 erstellten Dokumentation über die Konzentrationslager des Dritten Reichs versuchte die Exil-SPD, das Gewissen der Welt wachzurütteln. Seit 1934 kamen die von Erich Rinner redigierten Grünen Berichte* heraus, in denen die von den Vertrauensleuten im Reich gesammelten Informationen zusammengetragen und weitergeleitet wurden. Sie vermittelten – ungeachtet verständlicher Fehler – ein ungeschminktes Bild über die harte Wirklichkeit unter dem NS-Regime. Gegen die nationalsozialistische Gewalt und Lüge setzte die Sozialdemokratie auf die Macht der Wahrheit und der Aufklärung. Hitler bedeutet Krieg!, war die Kernparole ihres Kampfes gegen den Hitler-Faschismus vor und nach 1933. Nur mit den Mitteln des Wortes und der Schrift stemmte sich die kleine Gruppe der Emigranten der Entfesselung des Krieges entgegen.«

Ihr Ziel faßte Stampfer im *Neuen Vorwärts* vom 8. April 1934 in der prophetischen, doch damals noch von den meisten Deutschen und ihren europäischen Nachbarn für Schwarzmalerei gehaltenen Warnung zusammen: »Soll nicht ganz Europa ein Trümmerhaufen werden, unter dem der zerrissene Kadaver Deutschlands liegt, dann darf man nicht mit den Händen im Schoß der Katastrophe entgegensehen!«

Doch aller Mut, alle Hingabe an die Sache, alle Bemühungen, die Illusionen zu zerstören, die man sich zumal in England und Frankreich über den vermeintlichen »Friedenswillen« Hitlers machte, nützten nichts. Und so wenig sich die Hoffnung erfüllte, durch eine schonungslose Aufklärung die Großmächte zu einer Änderung ihrer Deutschlandpolitik zu bewegen, so wenig Aussicht bestand für eine erfolgreiche Erhebung in Deutschland und einen Sturz der Nazi-Diktatur von unten, wie ihn das *Prager Manifest* der Sopade vom 28. Januar 1934 für möglich hielt.

In dieser programmatischen Erklärung des Parteivorstands mischten sich marxistische Theorien über den Charakter der braunen Konterrevolution, wobei von »sich zuspitzenden Gegensätzen der kapitalistischen Gesellschaft« und »objektiv revolutionären Situationen« die Rede war, mit aktuell-politischen Aufrufen zum »Sturz der Despotie« und zum Kampf für die Erhaltung des Friedens. Der Aufruf schloß mit dem Bekenntnis zu den »großen und unvergänglichen Ideen der Menschheit: Wir wollen nicht leben ohne Freiheit, und wir werden sie erobern. Freiheit ohne Klassenherrschaft, Freiheit bis zur völligen Aufhebung aller Ausbeutung und aller Herrschaft von Menschen über Menschen . . . Durch Freiheit zum Sozialismus, durch Sozialismus zur Freiheit! Es lebe die deutsche revolutionäre Sozialdemokratie, es lebe die Internationale!«*

»Das Bekenntnis zum revolutionären Charakter des Sozialismus«, heißt es dazu bei Heinrich Potthof, »ergab sich allein schon aus den Bedingungen des Kampfes gegen die NS-Diktatur, der nicht anders als revolutionär, d. h. umstürzlerisch sein konnte. In der Absage an Kompromisse, an ›Reformismus‹ und ›Legalität‹ spiegelt sich zugleich auch das Bestreben wider, die am Rande operierenden sozialistischen Splittergruppen wieder an die alte Mutterpartei zu binden und sie unter einem gemeinsamen Kampfziel zu einen. In der Ausnahmesituation, in der sich die Sozialisten im Exil befanden, konnte es nicht ausbleiben, daß zunächst alte und neue Differenzen in besonderer Schärfe ausbrachen. Sowohl bei der Suche nach den Gründen für den Sieg des Faschismus, wie bei der Analyse von Fehlern des demokratischen Sozialismus in der Vergangenheit kam es zu ausgedehnten, teilweise heftig geführten Kontroversen. Das Ringen um die wirksamsten Formen des Kampfes gegen den Nationalsozialismus blieb ebenfalls lange umstritten. Darüber hinaus bedurfte das Konzept für eine Neugestaltung des staatlichen und gesellschaftlichen Lebens nach dem Sturz der Hitler-Diktatur einer Klärung. Zusätzlichen Zündstoff lieferte die Frage, wieweit Kommunisten in die Einheitsfront der Sozialisten gegen den Hitler-Faschismus einbezogen werden sollten. So führte das Einheitsfront-Angebot der KPD vom November 1935 zu teilweise heftigen Kontroversen. Der Bogen reichte von bedingungsloser Ablehnung über eine partielle Zusammenarbeit in dem einen gemeinsamen Ziel bis zu Hoffnungen auf die Überwindung der Spaltung der sozialistischen Arbeiterbewegung.«

Es war vor allem die Arbeitsgemeinschaft Revolutionärer Sozialisten mit Siegfried Aufhäuser und Karl Böchel an der Spitze, die den »Klassenkampf des vereinigten deutschen Proletariats« und den radikalen Bruch mit allen reformistischen Tendenzen forderte. Umgekehrt lehnten Wilhelm Sollmann und der aus dem Sudetenland nach England emigrierte Wenzel Jaksch nicht nur die Einheitsfront mit den Kommunisten ab, sondern forderten auch die völlige Abkehr von der Klassenkampf-Theorie und eine Erneuerung des »patriotischen Sozialismus Lassalles«.**

Beim Internationalen Sozialistischen Kampfbund (ISK) standen vor allem ideologische Differenzen einer Annäherung an die Sopade im Wege. Noch 1939 erinnerte der Parteivorstand an die Unvereinbarkeit der Mitgliedschaft in beiden Organisationen, und erst während des Krieges kam es unter Willi Eichlers ISK-Leitung zur Annäherung an die Sopade.

»Heftig, teilweise stürmisch verliefen die Auseinandersetzungen mit der ›Neuen Linken‹ um die Gruppe ›Neu-Beginnen‹,« heißt es bei Heinrich Potthof weiter, »der u. a. Karl Frank, Richard Löwenthal (Pseudonym: Paul Sering), Waldemar v. Knoeringen und Erwin Schoettle angehörten. Den Sopadevorstand verbitterte es besonders, daß sein Mitglied Paul Hertz und andere Mitarbeiter heimlich für ›Neu-Beginnen‹ gearbeitet hatten und ›Neu-Beginnen‹ den Anspruch als gleichberechtigte Sektion der deutschen Sozialdemokratie in der Internationale erhob.«

Die mit der Sopade teils kooperierenden, teils zerstrittenen sozialistischen Emigrantengruppen waren in viele Länder verstreut: Skandinavien, die Schweiz, die Benelux-Staaten, England und Frankreich, in geringerem Maße die USA, waren nach der Tschechoslowakei die Hauptaufnahmeländer. Aber das Zentrum blieb bis 1938 Prag, wo die deutschen Emigranten, wie Stampfer es formuliert hat, »die Luft der Freiheit geatmet und verständnisvolle Freundschaft gefunden hatten. Das sollte nun« – 1939 – »anders werden. Das Wort ging von Mund zu Mund: ›Jetzt erst beginnt unsere Emigration‹...«

In den fünf Jahren, die seit dem Beginn der Nazi-Diktatur vergangen waren, hatte sich die Sozialdemokratie in Deutschland, nun nicht mehr in organisierter Form, aber als Gesinnungsgemeinschaft, als außerordentlich stabil und widerstandsfähig erwiesen, sofern man unter »Widerstand« nicht nur aktives, sondern passives Verhalten versteht. Wie wenig die Nazi-Ideologie unter der ehedem organisierten Arbeiterschaft an Boden gewinnen konnte, zeigte sich am eindrucksvollsten bei den Betriebsrätewahlen vom April 1933. Die ersten Resultate waren für die NS-Betriebszellen-Organisation (NSBO) so beschämend, daß sie die Wahlen stoppen ließ; der noch nicht verbotene ADGB allein hatte mehr als 73 Prozent der abgegebenen Stimmen erhalten. Auch noch zwei Jahre später, bei den Wahlen der Vertrauensräte im April 1935, fielen die Ergebnisse für die Nazis geradezu niederschmetternd aus. Trotz stärksten Drucks, mannigfacher Kontrolle und Manipulation sowie Androhung von Repressalien gelang es der Deutschen Arbeitsfront nicht, die Arbeiter der Großbetriebe einzuschüchtern; sie konnte nur gefälschte Zahlen veröffentlichen und mußte von da an auf Betriebswahlen ganz verzichten.*

Ludwig Bergsträsser, der die geheimen Lageberichte der Gestapo analysiert hat,** kommt ebenfalls zu dem Resultat, daß der Mythos von der »einigen, kämpferisch geschlossenen ›Volksgemeinschaft‹... nichts als eine Propagandalüge« war. Wenn man auch schwerlich den herrschenden Unmut, der sich in »Meckereien« und derben politischen Witzen äußerte, mit Widerstand gleichsetzen kann, so war doch dessen Basis »wesentlich breiter, als Außenstehende annehmen und übersehen können. Die organisierten Mitglieder der Sozialdemokratie hielten über die ganze Zeit hin auch ohne Organisation den Kontakt (miteinander) aufrecht.« Schon vor dem Verbot der SPD und ihrer »Hilfsorganisationen«, teilweise schon vor dem 30. Januar 1933, hatten viele regionale und lokale Gliederungen damit begonnen, sich auf die Illegalität vorzubereiten. Ohne die Billigung des in Berlin bis Juni 1933 amtierenden Rumpfvorstands der Partei, der sich verzweifelt an die Legalität klammerte, stellten sich vor allem die Parteibezirke mit starken linken Mehrheiten auf den politischen Kampf im Untergrund schon ein, als die Reste der SPD-Reichstagsfraktion unter Paul Löbes Führung noch für die Friedensresolution der Reichsregierung stimmten.

»Das ganze Ausmaß des sozialdemokratischen Widerstands gegen die Hitler-Diktatur ist nicht exakt zu bemessen«, heißt es bei Heinrich Potthof. »Einen aufschlußreichen, allerdings stark ergänzungsbedürftigen Einblick vermittelt das 1946 von der Exil-SPD (Sopade) herausgegebene ›Weißbuch der deutschen Opposition gegen die Hitler-Diktatur‹. Neben der Reichshauptstadt Berlin und dem thüringisch-sächsischen Traditionsgebiet mit ihren zahlreichen Widerstandszellen sind solche vor allem noch aus dem Rhein-Main-Neckar-Raum, Stuttgart, Nürnberg, Köln und dem Ruhrrevier bekannt. In Hannover operierte unter der Leitung von Werner Blumenberg eine gut organisierte Gruppe unter dem Namen Sozialistische Front, die sich schon vor der Machtübernahme gründlich auf die Bedingungen der Illegalität vorbereitet hatte. In ihr waren ca. 3000 zuverlässige, aktive Genossen organisiert. Trotz aller Umsicht fiel 1936 dann doch eine große Zahl der Gestapo in die Hände. In einem Schauprozeß wurden 1937 über 200 Männer und Frauen zu hohen Zuchthaus und Gefängnisstrafen verurteilt.* Schon Ende 1933 war der ähnlich konstruierte und zahlenmäßig etwa gleichstarke Rote Stoßtrupp zerschlagen worden, der vor allem im Berliner Raum aktiv war... Die Splittergruppen, die 1933 in kritischer Distanz zum Parteivorstand oder sogar außerhalb der Partei standen, (gewannen) ein besonderes Gewicht... Wie erfolgreich sich beispielsweise der ISK trotz großer Opfer an Freiheit und Leben behaupten und bewähren konnte, zeigt der ›Lagebericht 1937‹ der Gestapo. Er verzeichnet ›eine beträchtliche Aktivität‹. ›Typisch für die Flugschriften des ISK ist ein Symbol am Schluß derselben, welches ein am Galgen hängendes Hakenkreuz darstellt.‹«

Neben der SAP, deren organisatorischer Schwerpunkt in Sachsen lag und für die der junge Willy Brandt im März 1933 nach Norwegen ging, um dort einen Stützpunkt zu schaffen, war es vor allem die – zunächst als Geheimbund junger oppositioneller Kommunisten und kritischer Jungsozialisten operierende – Gruppe »Neu-Beginnen«, die stärkeren Einfluß auf den sozialdemokratischen Widerstand gewann, vor allem in Berlin, wo sich die SAJ gegen den Willen des Rumpfvorstands frühzeitig auf die Illegalität umgestellt hatte.

*Willy Brandt im
norwegischen Exil.*

Kurt Kliem hat die Zusammenarbeit zwischen der zahlenmäßig kleinen Gruppe und der Berliner SAJ in einer Untersuchung* als die Basis für eine selbständig operierende Einheit des im Untergrund arbeitenden, zum Exil Verbindung haltenden Widerstands dargestellt; Walther Löwenheim (›Miles‹), später Richard Löwenthal (›Paul Sering‹) waren die Führer dieser Gruppe, zu der auch der junge SAJ-Funktionär Fritz Erler gehörte, der 1938 der Gestapo in die Hände fiel und im folgenden Jahr zu zehn Jahren Zuchthaus verurteilt wurde. Bis 1944 konnte sich der dezentral organisierte Apparat von Neu-Beginnen halten und seine Widerstandsarbeit fortsetzen. Dann fiel auch diese Gruppe der Gestapo zum Opfer; die meisten ihrer Führer wurden hingerichtet.

Über die örtliche und überörtliche, teilweise sehr enge Zusammenarbeit zwischen Anhängern der SPD und der KPD heißt es bei Heinrich Potthof: »Das gemeinsame Ziel des Kampfes gegen Hitler und die Gefahr für Leib und Leben, die alle NS-Gegner bedrohte, schufen ein Gefühl der Verbundenheit. Sie trug dazu bei, daß alte Vorurteile abgebaut und politische Gegensätze in dieser Kampfsituation relativiert wurden. Obwohl in den Reihen des demokratischen Sozialismus starke Vorbehalte gegenüber den Methoden und Zielsetzungen der KPD bestanden, kam es bei unabhängig operierenden Widerstandsorganisationen doch zu einer Kooperation über alle ehemaligen Parteigrenzen hinweg. So arbeiteten in der ›Saefkow‹-Gruppe, einer der am weitesten verbreiteten Organisationen, sozialdemokratische und kommunistische Arbeiter mit Hitler-Gegnern aus bürgerlichen Kreisen zusammen.«

Tatsächlich ist der Widerstand der verschiedenen Parteien und Organisationen der gespaltenen und zerschlagenen Arbeiterbewegung untrennbar miteinander verbunden, und auch die Gestapo machte in ihren Berichten und Statistiken keinen Unterschied zwischen Sozialdemokraten, Kommunisten, SAPlern und anderen sozialistischen Gruppen; sie wurden unter der Rubrik »Kommunismus, Marxismus« zusammengefaßt. Und in der Statistik des Reichsjustizministeriums, die allerdings nur gerichtlich Verurteilte, nicht die zahllosen Opfer der SA, SS und Gestapo zählte und schon für das erste Jahr des Gewaltregimes 20565 politische Häftlinge angibt, ist die Parteizugehörigkeit überhaupt nicht angegeben. Gewiß ist, daß von den 302562 politischen Gefangenen, die nach Feststellungen der Gestapo am 10. April 1939, also fünf Monate vor Kriegsausbruch, und mit ganz wenigen Ausnahmen nur Deutsche betreffend, in Konzentrationslagern ohne Gerichtsurteil und meist »auf unbestimmte Zeit« Zwangsarbeit verrichten mußten, mehr als neunzig Prozent SPD- und KPD-Anhänger waren, in der Mehrzahl Kommunisten. Auch von denen, die ihren Widerstand gegen das Nazi-Regime mit dem Leben bezahlen mußten – allein die »ordentliche« Justiz, ohne Sonder-, Militär- und Standgerichte, ohne den »Volksgerichtshof« und ohne die Abermillionen Opfer der Konzentrationslager, registrierte nach 1939 nicht weniger als 11881 vollstreckte Todesurteile! –, waren die weitaus meisten Kommunisten und Sozialdemokraten, wobei es den Nazis vor allem darauf ankam, die geschulten Funktionäre, Organisatoren und Agitatoren der Arbeiterbewegung systematisch auszurotten.* Das hatte zur Folge, daß der Widerstand aus den Reihen der SPD und KPD in seiner ursprünglichen Form fast zum Erliegen kam. Um 1937/38, fünf Jahre nach Beginn des Nazi-Terrors, schien es, als hätte die Gestapo ihr Ziel erreicht.

Etwa gleichzeitig, nach dem »Anschluß« Österreichs und dem Beginn der Vorbereitungen für die Zerschlagung und Annexion der Tschechoslowakei im Frühjahr 1938, mußten der Sopade-Exil-Vorstand und auch die Leitung der österreichischen Bruderpartei Prag und Wien verlassen. Sie entschlossen sich beide dazu, in Paris Zuflucht zu suchen. Was sie dort erwartete, hatte der schon früher nach Frankreich geflüchtete Rudolf Breitscheid in einem Brief an den Vorstand in Prag beschrieben:

»Noch niemals hat eine Emigration mit so viel Schwierigkeiten zu kämpfen gehabt wie die unsere. Wir sind, zumindest in Frankreich, nur lästige Ausländer, derer man sich so schnell als möglich entledigen möchte...«

Mit der wachsenden Anzahl von Flüchtlingen, die nach Frankreich kamen, nahmen die Schwierigkeiten, die die Behörden ihnen bereiteten, weiter zu, und als sich 1939 die außenpolitische Lage weiter zuspitzte, begann die Regierung Daladier, deren Politik gegenüber Hitler Schiffbruch erlitten hatte, bald nach Kriegsausbruch mit der Internierung deutscher Nazigegner als »feindliche Ausländer«. Als im Mai 1940 die Armeen Hitlers in Holland, Belgien und Frankreich einfielen, mußten die Insassen dieser Lager, zu denen noch Tausende von Flüchtlingen aus den Benelux-Staaten hinzugekommen waren, um ihr Leben fürchten. Erst unmittelbar vor dem militärischen Zusammenbruch Frankreichs wurden die Lagertore geöffnet, und da sich die französische Regierung im Waffenstillstandsvertrag zur Auslieferung der Asylanten an Hitler-Deutschland verpflichten mußte, gab es für die meisten keine legale Fluchtmöglichkeit mehr.

Hunderte nahmen sich in diesen Tagen das Leben, einige Tausend nahmen das Wagnis auf sich, über Spanien, wo der von Hitler und Mussolini unterstützte General Franco eine Diktatur errichtet hatte, nach Portugal zu fliehen. Andere suchten Zuflucht im noch unbesetzten Teil Frankreichs oder im Untergrund. Viele von ihnen wurden von den französischen Behörden festgenommen und, wie Breitscheid und Hilferding, der Gestapo übergeben, so beispielsweise die Frankfurter Sozialdemokratin Johanna Kirchner, die nach ihrer Befreiung aus dem Internierungslager Gurs durch französische Genossen der Polizei des Vichy-Regimes in die Hände fiel. Vom »Volksgerichtshof« unter Vorsitz des berüchtigten Roland Freisler zum Tode verurteilt, starb sie wie tausend andere unter dem Fallbeil.

Soweit sich Sozialdemokraten noch aus Frankreich, meist über Spanien und Portugal, retten konnten, verdankten sie dies teils der Unterstützung durch französische Sozialisten, teils den Anstrengungen der Hilfskomitees, die sich, vor allem in den USA, gebildet hatten. So war in New York bereits am 10. März 1939 die »German Labor Delegation« gegründet worden, der sozialdemokratische Emigranten wie Max Brauer, Albert Grzesinski, Hedwig Wachenheim, Gerhart Seger und Rudolf Katz angehörten. Diese Hilfs- und Vertrauensleute-Organisation des Sopade-Vorstands konnte mit Unterstützung der jüdischen Arbeiterorganisationen der USA und der »American Federation of Labor« (AFL), der Dachorganisation der amerikanischen Gewerkschaften, Hunderte vom Tode bedrohter Flüchtlinge mit Papieren, Einreisevisa und Schiffsplätzen versehen. Die meisten der so Geretteten fanden sich in New York wieder zusammen, die anderen wandten sich, wie viele schon in den Jahren zuvor, nach Großbritannien, wo sie zunächst einmal sicher waren.

»Die Situation dieser Flüchtlinge . . ., die sich nach England gerettet hatten«, heißt es dazu bei Heinrich Potthof, »sah zunächst wenig günstig aus. Zwar nahm sich eine Reihe privater Hilfskomitees in aufopfernder Arbeit ihrer an, doch trieben strenge Einwanderungsbestimmungen und fehlende Arbeitsmöglichkeiten viele . . . dazu, das Land wieder zu verlassen und nach Übersee auszuwandern. Nach dem Fall Frankreichs erfuhren Tausende das bittere Los der Zwangsinternierung als ›feindliche Ausländer‹. Nahezu achttausend Personen wurden im Juli 1940 nach Australien und Kanada deportiert, ein fast doppelt so großer Kreis einer strengen Polizeiaufsicht unterstellt. Erst als sich der Schock der ersten Kriegsmonate gelegt hatte und die Spionagehysterie nüchterneren Erwägungen Platz machte, setzte unter dem Druck der öffentlichen Meinung und durch die Bemühungen einzelner Parlamentsabgeordneter eine Überprüfung der Internierungen ein. Selbstkritisch bekannte die englische Regierung, daß sie schwere Fehler begangen hatte. Damit gewannen auch die nach England geflüchteten Repräsentanten der Sopade Bewegungsfreiheit. Unterstützung erfuhren die verschiedenen sozialistischen Emigrationsgruppen von der Fabian Society, von Persönlichkeiten wie Victor Gollancz, James Middleton u. a. sowie von der Labour Party, der britischen Arbeiterpartei, zu der besonders die Exilvertretung von Neu-Beginnen einen guten Kontakt unterhielt. Gleichzeitig gingen von der Labour Party Anstöße zu einem Zusammenschluß der rivalisierenden Exilgruppen aus.«

Seit Kriegsausbruch verloren viele der bislang unter den Sozialisten im Exil heiß umstrittenen Fragen an Bedeutung. Die Hoffnung auf eine Erhebung in Deutschland hatten sie ebenso begraben müssen wie die auf ein enges Bündnis mit den sozialdemokratischen Parteien in den mit Hitler nun im Kampf stehenden Ländern. Auch die lange gehegte Erwartung wirksamer Hilfe von außen für die innerdeutsche Opposition erwies sich als illusorisch. Die alliierten Regierungen dachten nicht daran, zwischen »guten« und »bösen« Deutschen jenseits der Front zu unterscheiden und, wie die Widerstandsbewegungen der besetzten Länder, auch die aktiven Nazigegner in Deutschland in ihre militärischen und politischen Pläne miteinzubeziehen und entsprechend zu unterstützen.

In Hitler-Deutschland war seit der fast vollständigen Zerschlagung der ursprünglichen illegalen Organisationen durch die Gestapo eine neue Generation von Widerstandskämpfern in Aktion getreten – »jung, illusionslos und erfahren. Es entstanden ›harte Gruppen‹, die hielten, die sich so umsichtig abdeckten, daß sie durch lange Jahre hindurch nicht angerührt wurden, was eine enorme Leistung bedeutete, wenn man bedenkt, wie allmächtig der Gestapo-Apparat war.«*

Aber auch von den Sozialdemokraten, die bereits zu Beginn der Verfolgung Mißhandlungen, Folter, Schutzhaft und zum Teil lange Jahre im Konzentrationslager durchlitten hatten, waren nicht wenige sofort nach ihrer Freilassung erneut im Widerstand aktiv geworden. Männer wie Julius Leber, Kurt Schumacher, Carlo Mierendorff, Wilhelm Leuschner, Theodor Haubach, Gustav Dahrendorf sind hier an erster Stelle zu nennen.

Wilhelm Leuschner, der stellvertretende Vorsitzende des 1933 aufgelösten ADGB, schuf gemeinsam mit Jakob Kaiser von den Christlichen Gewerkschaften und Max Habermann vom Deutschnationalen Handlungsgehilfenverband in den Jahren der Nazi-Diktatur das Konzept der künftigen Einheitsgewerkschaft, das den »für das deutsche Volk richtigen Weg einer gesunden Synthese von Sozialismus und Freiheit« weisen sollte. Aber daneben baute Leuschner insgeheim eine gewerkschaftliche Widerstandsorganisation auf. »Leuschners Gewicht in der Widerstandsbewegung«, hat Heinrich Potthof dazu bemerkt, »dokumentierte sich darin, daß er von der Bewegung des 20. Juli 1944 als Vizekanzler vorgesehen war. Er, wie sein als Innenminister ins Auge gefaßter Freund Julius Leber, hatten frühen Kon-

Carlo Mierendorff (1897-1943), SPD-Reichstagsabgeordneter, von 1933-1938 im KZ, bei einem Luftangriff ums Leben gekommen.

Adolf Reichwein, (1898-1944), vom Volksgerichtshof zum Tode verurteilt und hingerichtet.

takt zu dem Kreis um den ehemaligen Leipziger Oberbürgermeister Goerdeler aufgenommen.«

»Die Entscheidung der am 20. Juli beteiligten Gewerkschafter und Sozialdemokraten, den Sturz des Systems durch die Generalität zu betreiben, war richtig«, hat Hans Mommsen dazu festgestellt.* »Die seitherige geschichtliche Erfahrung mit totalitären oder autoritären Regimen beweist, daß ein erfolgreicher Umsturz ohne die Hilfe des Militärs unmöglich ist.« Mit Oberst Graf v. Stauffenberg, dem eigentlichen militärischen Kopf des Umsturzversuchs vom 20. Juli 1944, war Julius Leber im letzten Jahr ihrer Zusammenarbeit eng befreundet. Durch eine Kontaktaufnahme mit einer kommunistischen Gruppe, in die sich ein Gestapo-Spitzel eingeschlichen hatte, fiel Leber am 4. Juli 1944 in die Hände des SS-Sicherheitsdienstes (SD), und Stauffenberg, der befürchten mußte, daß sein Freund der Folter nicht standhalten könnte, sah sich nach Lebers Verhaftung zu schnellstem Handeln gezwungen.

»Der Aufstand des anderen Deutschland scheiterte«, lautet eine von Heinrich Potthof gezogene Bilanz des 20. Juli. »Das Blutgericht des Hitler-Staates traf Direktbeteiligte, Mitwissende und Unbeteiligte. Grausame Verhörmethoden mit brutalen Mißhandlungen mußten diese Männer« – und Frauen – »erleiden, ehe sie dem Henker zum Opfer fielen. Für sie alle, Leuschner, Leber, Haubach, Reichwein** – Mierendorff war bei einem Luftangriff ums Leben gekommen – und viele andere gilt das Wort von Julius Leber kurz vor seiner Hinrichtung am 3. Januar 1945 in Plötzensee:

›Für eine gute und gerechte Sache ist der Einsatz des Lebens der angemessene Preis.‹* Sie standen mit ihrem Leben ein für die 1933 so eindrucksvoll formulierten Grundsätze ›der Menschlichkeit und Gerechtigkeit, der Freiheit und des Sozialismus‹**.«

Mit dem Scheitern der Verschwörung vom 20. Juli 1944 schwand auch für die Sozialdemokraten im Exil die letzte Hoffnung dahin, daß die Nazi-Diktatur auf andere Weise als durch die vollständige militärische Niederlage Deutschlands beseitigt werden könnte. Die Alliierten hatten ohnehin dem innerdeutschen Widerstand weder Bedeutung beigemessen noch die geringste Unterstützung gewährt; zum gescheiterten Aufstand vom 20. Juli 1944 erklärte Winston Churchill am 2. August im britischen Unterhaus, es hätte sich dabei lediglich um einen Machtkampf der »höchstgestellten Persönlichkeiten des Deutschen Reiches« gehandelt, die sich gegenseitig zu ermorden suchten. Gegen solche Auffassungen, erst recht gegen die erklärten Absichten der alliierten Führer, Deutschland zur bedingungslosen Kapitulation zu zwingen und ein für allemal unschädlich zu machen, konnten sich weder die deutschen Sozialdemokraten im Exil noch deren wenige Freunde in den Arbeiterparteien durchsetzen; zu groß war die Erbitterung über die millionenfachen Verbrechen, die von den Nazis im Namen Deutschlands begangen wurden, als daß man in London und Washington noch an das Vorhandensein eines anderen, besseren Deutschlands glauben mochte. Seit Otto Wels kurz nach Kriegsausbruch, am 16. September 1939, im Alter von 68 Jahren in Paris verstorben war, stand Hans Vogel an der Spitze des Sopade-Rumpfvorstands, aus dem die für ein Kampfbündnis mit den Kommunisten plä-

Wilhelm Leuschner im Verhör durch Freisler. Er wurde am 29. September 1944 hingerichtet.

Julius Leber als Angeklagter vor Freislers Volksgerichtshof. Er wurde am 5. Januar 1945 hingerichtet.

dierenden Linken um Siegfried Aufhäuser bereits 1935 in Prag ausgeschlossen worden waren und dem Paul Hertz Ende 1938 in Paris aus ähnlichen Gründen den Rücken gekehrt und sich dann in New York Neu-Beginnen angeschlossen hatte. Vogel, ein fränkischer Gewerkschafter, seit 1906 Gewerkschafts-, seit 1908 Parteifunktionär, von 1919 bis 1933 SPD-Reichstagsabgeordneter, der zeitlebens zum rechtesten Flügel von Fraktion und Partei gehört hatte, war zunächst gegen jede Zusammenarbeit mit den verschiedenen sozialistischen Gruppen, erst recht gegen Verhandlungen mit den Kommunisten.

Es bedurfte großer Anstrengungen der britischen Freunde in der Arbeiterpartei, unter dem Dache der »Auslandsvertretung der deutschen Gewerkschaften« (ADG) in London nach und nach die zerstrittenen Gruppen mit der Sopade wieder an einen Tisch zu bringen und sie schließlich dazu zu bewegen, sich zu einer – zunächst losen – »Union« zusammenzuschließen.

»Zur Überwindung von Vorbehalten und Gegensätzen,« heißt es dazu bei Heinrich Potthof,»trugen nicht zuletzt auch der Zwang der Verhältnisse, das persönliche Kennenlernen und die gemeinsam erduldeten Härten der Emigration bei. Vogel und Ollenhauer von der Sopade, v. Knoeringen und Schoettle von ›Neu-Beginnen‹ und Eichler vom ISK waren Männer, die das Gemeinsame über das Trennende zu stellen wußten und persönlich Vertrauen zueinander faßten. Am 25. Februar 1941 wurden die offiziellen Verhandlungen zur Gründung eines Kartells aus Sopade, ›Neu-Beginnen‹, Internationaler Sozialistischer Kampfbund (ISK), Sozialistische Arbeiterpartei (SAP) und der ›Landesgruppe deutscher Gewerkschafter in Großbritannien‹ aufgenommen. Eine Einigung in den Kernfragen wurde bald erzielt. Am 1. März 1941 trat die ›Union deutscher sozialistischer Organisationen in Großbritannien‹ ins Leben.«

Unter Hans Vogels Vorsitz bestimmten vor allem Erich Ollenhauer und Fritz Heine von der Sopade, Erwin Schoettle von Neu-Beginnen, Willi Eichler vom ISK und Hans Gottfurcht von den Gewerkschaften die praktische Politik der neugegründeten Union in den folgenden Jahren.

Mit einer einstimmig gebilligten Erklärung bekundeten die in der Union wiedervereinigten Sozialdemokraten der verschiedenen Richtungen noch am Gründungstage ihre Entschlossenheit,»mit allen ihnen zur Verfügung stehenden Mitteln« an der Niederzwingung der»totalitären Kräfte« mitzuwirken und für einen»demokratischen Frieden« einzutreten, der»einem neuen Deutschland die Möglichkeit gibt, als freies Glied der europäischen Völkergemeinschaft seinen Beitrag zum Wiederaufbau Europas zu leisten«.

»Die deutschen Sozialisten in Großbritannien«, hieß es am Schluß dieses Aufrufs,»sind einig in der Überzeugung, daß die militärische Niederlage und der Sturz des Hitler-Regimes, die endgültige Überwindung des deutschen Militarismus und die Beseitigung der sozialen Grundlagen der Hitler-Diktatur unerläßliche Voraussetzungen bilden für einen dauerhaften Frieden, den Wiederaufbau Europas und eine demokratische und sozialistische Zukunft Deutschlands.«

Diese Erklärung, abgefaßt zu einer Zeit, da die von Stalin beherrschte Sowjetunion noch auf der Grundlage des 1939 mit Hitler-Deutschland abgeschlossenen Nichtangriffs- und Freundschaftspakts enge Beziehungen zu der Nazi-Diktatur unterhielt, ließ recht deutlich eine Absage an alle Bestrebungen erkennen, mit den Kommunisten eine Einheitsfront zu bilden, auch wenn dies nicht ausdrücklich erwähnt wurde. Wenige Monate später, nach dem Überfall der deutschen Wehrmacht auf die Sowjetunion, geriet die Union mit ihrer strikt antikommunistischen und antisowjetischen Haltung zeitweise in Gegensatz zu der im Lager der westlichen Alliierten aufkommenden prosowjetischen Stimmung. Zwar konnte niemand, auch nicht Hans Vogel, übersehen, daß nun für Jahre die Sowjetunion die Hauptlast des Krieges gegen Hitler-Deutschland tragen würde und daher jeder Unterstützung bedurfte. Aber obwohl am linken Flügel der Union, zumal in den Reihen der SAP und von Neu-Beginnen, viele Sympathien für das »große sozialistische Experiment« Lenins vorhanden waren, hatten die Auswüchse der Diktatur seines Nachfolgers Stalin, vor allem die »Säuberungen« und Schauprozesse, denen von den führenden deutschen Kommunisten fast ebenso viele zum Opfer fielen wie dem NS-Regime, auch für die Linken in der Union eine Zusammenarbeit mit der stalintreuen Exil-KPD unmöglich gemacht.

»Sie gehörten nicht zur Einheit der sozialistischen Bewegung«, erklärte Willi Eichler im Rückblick, aber ganz so kategorisch war die Ablehnung einer Zusammenarbeit mit den Kommunisten nicht bei allen in der Union. Zudem gab es Dringenderes an Problemen als das Verhältnis zur Exil-KPD: Von Ende 1943 an wurde offenbar, daß zwischen den Kriegszielen der Allianz gegen Hitler und den Hoffnungen der Union auf günstige Nachkriegs-Voraussetzungen für den Wiederaufbau eines demokratischen und sozialistischen Deutschlands ein immer schrofferer Gegensatz entstand. Als bekannt wurde, daß den besiegten Deutschen weder das Selbstbestimmungsrecht noch die Garantien der Atlantik-Charta zuerkannt, ihr Land vielmehr zerstückelt, dauernd militärisch besetzt und unter die Herrschaft der Sieger gestellt werden sollte, wandte sich die Union, trotz zunehmender Aussichtslosigkeit, mit immer neuen Protesten und Memoranden gegen solche Pläne. Dabei, so hat Heinrich Potthof dazu bemerkt, »gewann die nationale Komponente der Emigration als einigendes Band deutliche Konturen. Die Exil-Sozialdemokraten fühlten sich mehr denn je als Glieder des deutschen Volkes, dessen Schicksal sie nach der Niederwerfung Hitlers zu teilen hatten...« Wie sich die in der Union vereinigten demokratischen Sozialisten die Ausgestaltung Deutschlands zu einem Staat der Freiheit, Gerechtigkeit und des Friedens dachten, legten sie nach Kriegsende in ihren »Programmatischen Richtlinien« dar. Es war der Entwurf einer radikaldemokratischen Republik, deren wirtschaftliche und politische Struktur die Fehler von Weimar vermeiden sollte. Auf wirtschaftlichem Gebiet proklamierten die Richtlinien als Ziele sozialistischer Politik:

»Freiheit von wirtschaftlicher Ausbeutung, Gleichheit der wirtschaftlichen Entwicklungsmöglichkeiten, Sicherung einer menschenwürdigen Existenz für alle, Vollbeschäftigung aller Arbeitsfähigen, Hebung des allgemeinen Wohlstands und freie Entfaltung der Fähigkeiten aller.«

In der Präambel zu den Richtlinien für eine Staatsverfassung wurden, neben allgemeinen Zielen, auch die gesellschafts- und wirtschaftspolitischen Vorstellungen deutlicher: »Die Achtung und der Schutz der Freiheit und der Würde der Persönlichkeit sind die unveräußerlichen Grundlagen des staatlichen und gesellschaftlichen Lebens der deutschen Republik. In diesem Geiste erstrebt sie eine gesellschaftliche Ordnung der sozialen Gerechtigkeit, der Humanität und des Friedens; eine politische und soziale Demokratie, getragen von der Mitbestimmung und Mitverantwortung aller Bürger; die Befreiung der Wirtschaft von den Fesseln des privaten Monopoleigentums und die Planung der Wirtschaft; Schutz vor jeder wirtschaftlichen Ausbeutung; Sicherung einer menschenwürdigen Existenz für alle; Gleichheit der wirtschaftlichen und kulturellen Entwicklungsmöglichkeiten; Förderung des geistigen und kulturellen Lebens der Nation und Erziehung ihrer Jugend im Geist der sittlichen Verantwortung, der Demokratie und der Völkerverständigung; Ausschaltung des Krieges als Mittel der Politik; internationale Einrichtungen, denen zur Sicherung des Friedens und des Wohlstands aller Völker die nationalstaatliche Souveränität untergeordnet wird.«

Indessen war die deutsche nationalstaatliche Souveränität, die die Londoner Sozialdemokraten in der Union zu erhalten hofften, längst untergegangen.

Schon am 16. Oktober 1944 waren sowjetische Truppen bis Goldap im südlichen Ostpreußen vorgestoßen. Am 21. Oktober hatten amerikanische Verbände Aachen erobert. Am 3. Dezember durchbrachen alliierte Truppen den »Westwall« bei Saarlautern, am 18. Januar 1945 überschritten sowjetische Divisionen die schlesische Grenze, am 1. Februar hatten sie die Oder erreicht. Am 6. März gelang amerikanischen Kampfverbänden der Rheinübergang bei Remagen, bis Monatsende waren sie bereits bis Würzburg vorgedrungen, und französische Truppen hatten Baden besetzt. Am 18. April war das gesamte Ruhrgebiet fest in britischer Hand, englische Truppen hatten die Elbe erreicht, wo sich am 25. April amerikanische und sowjetische Vorauseinheiten bei Torgau trafen, und mit jedem eroberten Dorf, jeder besetzten Stadt, jeder eingenommenen Provinz erlosch ein Stück nationalstaatliche Souveränität Deutschlands.

Am 30. April hatten Soldaten der Roten Armee auf der Ruine des Berliner Reichstagsgebäudes ihre Fahne gehißt. Am 7. Mai 1945 war in Reims die bedingungslose Kapitulation der gesamten Streitkräfte des untergegangenen »Großdeutschen Reiches« – diesmal von den Militärs selbst – unterzeichnet worden. Ganz Deutschland war von den Truppen der Siegermächte besetzt, in Zonen aufgeteilt und unter alliierte Militärverwaltung gestellt worden.

Die politischen Gefangenen, die »Untergetauchten«, alle überlebenden Verfolgten im gesamten früheren Machtbereich Hitlers, alle Widerstandskämpfer konnten jetzt aufatmen, nur ihre Bewegungsfreiheit war noch stark eingeschränkt, denn die Militärbehörden erlaubten nur in seltenen Ausnahmefällen die Ein- oder Ausreise aus ihrem Befehlsbereich, der sich jeweils mit einem Stadt- oder Landkreis deckte.

Das Verbot der Einreise nach Deutschland galt auch für die rückkehrwilligen Emigranten. Der Vorstand der Union in London, der über das, was nach der Befreiung vom Nazi-Terror im aufgeteilten Deutschland vor sich ging, nur lückenhaft informiert war, mußte noch monatelang warten, ehe er Gelegenheit erhielt, mit überlebenden Genossen in Deutschland direkten Kontakt aufzunehmen, und so waren ihre Programmatischen Richtlinien, die erst im November 1945 bekanntgegeben wurden, keineswegs die erste programmatische Erklärung der wieder die politische Bühne betretenden deutschen Sozialdemokratie, sondern eine durch die besonderen Umstände stark verzögerte Reaktion auf Entwicklungen im besetzten Deutschland, die sich der Einwirkung durch die Londoner Reste des alten Sopade-Vorstands weitgehend entzogen hatten.

Denn obwohl – oder auch weil – das gesamte Gebiet des einstigen Deutschen Reichs unter amerikanischer, britischer, französischer und sowjetischer Militärverwaltung stand und der Bevölkerung zunächst jede politische Betätigung untersagt war, hatte sich dort, und noch ehe die Wehrmacht vollständig geschlagen war, bereits die von den Nazis zerschlagene SPD wieder zu regen begonnen. Ja, sie hatte bereits eine Führung auf nationaler Ebene mit klaren Konzepten für den Wiederaufbau der Partei und deren künftigen Weg, nur waren es zwei verschiedene Konzepte, die in zwei kaum dreihundert Kilometer von einander entfernten Zentralen entwickelt worden waren und deren Realisierung schon begonnen hatte.

20.
»Nach Hitler – wir!«

»Jetzt liegt das Trümmerfeld vor uns. Das Reich ist zerbrochen, die Nation auseinandergerissen, die Wirtschaft zerstört, die soziale Lage großer Volksteile von kläglicher Armseligkeit, die Verluste in den Familien niederdrükkend und gar nicht wieder auszugleichen... Größer noch als das Trümmerfeld der Wirtschaft, als das Elend und die Trauer um die sinnlos Gestorbenen ist das geistige und moralische Trümmerfeld, das die Nazis hinterlassen haben... Die Sozialdemokratische Partei hat vor 1933 unter den größten politischen Belastungen und Demütigungen gekämpft, um das Naziunheil für Deutschland und die Welt zu vermeiden... – bis an den Rand der Selbstaufgabe... Als das Unglück doch hereingebrochen war, hat sie trotz der praktischen Aussichtslosigkeit die Opfer der Illegalität nicht gescheut. Sie erkennt dankbar an, daß dies auch bei anderen politischen Richtungen der Fall gewesen ist. Der Sinn der sozialdemokratischen Opfer in der Illegalität ist nur darin zu sehen, daß der Welt damit gezeigt werden sollte, daß nicht alle Deutschen Nazis seien... Jetzt gibt es wenigstens Menschen in Deutschland, denen die Welt die moralisch-politische Berechtigung nicht abstreiten kann, die Stimme bei der Neugestaltung Deutschlands zu erheben!«

Der dies im Frühsommer 1945, wenige Wochen nach der bedingungslosen Kapitulation, geschrieben und bald darauf unter dem Titel *Konsequenzen der deutschen Politik* veröffentlicht hatte, war der frühere SPD-Reichstagsabgeordnete Dr. Kurt Schumacher. Sein selbstbewußter, fast herrischer Ton ließ im Deutschland der ersten Nachkriegsmonate alle, die ihn vernahmen, erstaunt aufhorchen: Da war einer, der weder Reue noch Zerknirschung zeigte und an die Sieger Forderungen zu stellen wagte!

Kurt Schumacher, 1895 in Kulm an der Weichsel geboren, aus bürgerlichem Haus, seit Januar 1918 Mitglied der SPD, hatte bis 1930 in Stuttgart die Redaktion des Parteiorgans *Schwäbische Tagwacht* geleitet und dann der SPD-Reichstagsfraktion angehört. Dort war er, der einarmige Kriegsversehrte, am entschiedensten und aggressivsten gegen die Nazis aufgetreten, was zur Folge hatte, daß er nach seiner Verhaftung im Sommer 1933 grausam mißhandelt und erst nach zehn Jahren, im März 1943, aus der KZ-Haft entlassen worden war. Die Gestapo hatte ihm dann Hannover als Wohnsitz angewiesen und ihn nach dem 20. Juli 1944 erneut für zwei Monate in Schutzhaft genommen. Ihren Auftrag, ihn und andere bekannte »Marxisten« bei Feindannäherung zu »liquidieren«, konnte die Gestapo nicht mehr ausführen; schneller als erwartet besetzten die Amerikaner

Hannover schon am 10. April 1945, und bereits am 19. April – die Rote Armee hatte Berlin noch nicht erreicht, die Briten standen noch westlich der Elbe – rief Schumacher in Hannover einige frühere SPD-Funktionäre zusammen, mit denen er schon zuvor heimlich in Verbindung getreten war, und erklärte ihnen, es gelte jetzt, die Parteiorganisation schleunigst wiederaufzubauen.

Sobald die SPD in den von Briten und Amerikanern eroberten Gebieten sich wieder konstituiert hätte, so erklärte er ihnen, würde er eine »Reichskonferenz« nach Hannover einberufen, die einen neuen Vorstand wählen sollte. Bis dahin übernähme er die Führung.

Schon einen Monat zuvor, am 16. März 1945, hatte sich Hans Vogel von London aus an alle außerhalb Großbritanniens im Exil lebenden Parteivorstandsmitglieder von 1933 gewandt: an Marie Juchacz, die frühere Vorsitzende der Arbeiterwohlfahrt und Reichstagsabgeordnete seit 1920, die über Saarbrücken und Paris in die USA emigriert war; an Siegfried Aufhäuser, Paul Hertz, Wilhelm Sollmann, Friedrich Stampfer, Erich Rinner und Georg Dietrich, die es 1940 gleichfalls in die USA verschlagen hatte. Ziel des Vorstoßes war nach Vogels eigenen Worten »die Rekonstruktion des PV«, des Parteivorstands, der seine Funktion wieder aufnehmen sollte, bis er sein Mandat dem ersten Parteitag zurückgeben könnte.

»Marie Juchacz, Aufhäuser, Dietrich und Hertz lehnten ab«, berichtet darüber Brigitte Seebacher-Brandt in ihrer 1984 erschienenen Ollenhauer-Biographie*, »nicht weil sie neuen Streit vom Zaun brechen wollten, sondern weil sie meinten, die mechanische Neubildung des alten Parteivorstands müsse mißverstanden werden. ›Wir, die 12 Jahre im Ausland gelebt haben, können uns nicht auf ein Mandat berufen, das uns unter völlig anderen Umständen erteilt wurde.‹ ... Von den übrigen angeschriebenen Vorständlern antwortete Rinner überhaupt nicht mehr... Aus Wilhelm Sollmann war inzwischen ein amerikanischer Staatsbürger geworden«, der ebenfalls kein Interesse mehr an einer Wiederaufnahme seiner Parteifunktionen zeigte; er starb 1951 in den USA. Mit Emil Stahl, der in Schweden war, und mit Stampfer war das Unternehmen, den Parteivorstand zu rekonstruieren, ohnehin brieflich abgesprochen worden.

»Die ablehnende Antwort derer, auf die es angekommen wäre«, heißt es dazu bei Brigitte Seebacher-Brandt weiter, »konnte Vogel und Ollenhauer dennoch nicht schwankend machen. Wenn der Vorstand nicht rekonstruierbar war, mußte das Mandat zurückgegeben werden, und zwar in aller Form, in strikter Ordnungsmäßigkeit und ›ohne weitere Vereinsspielerei‹. Dafür war es letztlich nicht wichtig, wie viele ehemalige Vorstandsmitglieder sich noch mit ihm identifizieren mochten. In ihrer Erklärung zur Wiederzulassung der Parteien im Juli bekräftigten Vogel und Ollenhauer, daß bis zu einer Tagung der Gesamtpartei der Vorstand sich an sein Mandat der Treuhänderschaft gegenüber der Gesamtpartei gebunden fühle. Der Vorstand – das waren eben immer noch sie beide, wer sonst? Aus diesen

›Koordinierungsbemühungen‹ ist jedoch kein Anspruch auf die innerdeutsche Parteiführung herauszulesen. Sie waren vielmehr Ausdruck des Legalitätsdenkens wie des Strebens nach Anerkennung des zwölfjährigen Exils, das erst dadurch gerechtfertigt werden würde; sie änderten nichts an der ehrlichen Bereitschaft, sich einer innerdeutschen Führung – das Einverständnis mit deren politischem Kurs vorausgesetzt – unterzuordnen.«

Dagegen gab es bei Vogel und Ollenhauer bereits in den Tagen des sich erst abzeichnenden militärischen Zusammenbruchs der Hitler-Diktatur volle Übereinstimmung darin, daß sie eines um jeden Preis und mit der ganzen ihnen noch verbliebenen Autorität würden verhindern müssen: eine Wiedervereinigung der 1917/18 gespaltenen Arbeiterbewegung, einen Zusammenschluß von Sozialdemokraten und Kommunisten, wie er nach Ollenhauers Überzeugung im sowjetisch besetzten Teil Deutschlands bestimmt von »den Russen« angestrebt werden würde. Was Ollenhauer dann im Mai 1945 aus Berlin hörte, »bestätigte ihn in seinen schlimmsten Befürchtungen und« – so Brigitte Seebacher-Brandt – »beängstigte ihn: Unüberhörbar war der Wunsch der... Berliner Sozialdemokraten, die Spaltung der Arbeiterbewegung zu überwinden, unübersehbar war das Interesse der sowjetischen Besatzungsmacht, sich bei den Deutschen in ein günstiges Licht zu rücken sowie den Parteien in ihrer Zone – der KPD freilich von Anfang an mehr als den anderen – gewisse Möglichkeiten der Entfaltung zu verschaffen.«

Schon wenige Tage nachdem die sowjetische Kommandantura dafür grünes Licht gegeben hatte, war in Berlin am 15. Juni 1945 ein »Zentralausschuß« der SPD gebildet und zwei Tage später von einer Funktionärsversammlung als Führungsorgan bestätigt worden. An der Spitze dieses Gremiums standen die früheren SPD–Reichstagsabgeordneten Otto Grotewohl und Gustav Dahrendorf sowie der SPD-Bezirksleiter Max Fechner; Grotewohl und Fechner waren von den Nazis wiederholt in Schutzhaft genommen worden und hatten sich gegen Kriegsende vor erneuter Verhaftung in die Illegalität geflüchtet, Dahrendorf war als ein im Zusammenhang mit dem 20. Juli 1944 Verurteilter von der anrückenden Roten Armee aus dem Zuchthaus Brandenburg befreit worden.

Schon am 19. Juni verständigten sich diese führenden Sozialdemokraten mit dem neugebildeten Zentralkomitee (ZK) der wiedergegründeten KPD über ihre künftige Zusammenarbeit, wogegen Vogel und Ollenhauer von London aus höflich, aber bestimmt, jede Zusammenarbeit mit dem Berliner Zentralausschuß ablehnten.

Noch »ehe er sich selbst ein Bild hatte machen können oder auch nur in direkten brieflichen Kontakt mit den Genossen in Berlin getreten war«, heißt es bei Brigitte Seebacher-Brandt in Bezug auf Erich Ollenhauer, »hatte er sich selbst angegriffen gefühlt, ohne daß er es war. Grotewohl, Fechner, Dahrendorf, die drei führenden Männer im Zentralausschuß, waren ihm und noch mehr Hans Vogel... ein Begriff; durch Kommunistenfreundlichkeit oder andere ›linke‹ Abweichungen war keiner von ihnen je aufgefallen. Nichts deutet darauf hin, daß es persönliche Vorbehalte gegeben hätte. Wenn Ollenhauer also seit Beginn ihres Hervortretens in Berlin Abwehr demonstrierte, so lag dem erstens die Einschätzung zugrunde, daß die SPD unter russischen Augen und mit Kommunisten zur Seite nicht lebensfähig sei und eigentlich gar nicht hätte gegründet werden dürfen. Und zweitens war ihm der Gedanke unheimlich, den Berlinern gegenüber das Mandat von 1933 vertreten zu müssen... Was sich seit der Jahreswende 1943/44 abgezeichnet hatte«– die Aufteilung Deutschlands in Zonen, von denen eine sowjetisch und daher kommunistisch beherrscht sein würde –»wurde Erich Ollenhauer in den Wochen nach Kriegsende zur Gewißheit: Nach Berlin würde er nicht zurückkehren und auch an keinen anderen Ort der sowjetisch besetzten Zone..., und wenn es noch eines Anlasses für die brüske Verweigerung in Richtung Berlin bedurft hätte, so lag er in der tiefen Genugtuung, die beide, Vogel wie Ollenhauer, über die Nachrichten aus den westlichen Zonen des besetzten Deutschlands empfanden.«

Denn dort, so wußten sie bereits, hatte sich in Hannover das »Büro Dr. Schumacher« schon fest etabliert, arbeitete der bewährte einstige Fraktionskollege Vogels im Reichstag emsig am Wiederaufbau der – vorerst nur auf Kreisebene wiederzugelassenen – Partei. Das Wichtigste aber war: Kurt Schumacher hatte jede Zusammenarbeit mit den Kommunisten kompromißlos abgelehnt, wollte auch von dem Berliner Zentralausschuß der SPD nichts wissen und war entschlossen, den Wiederaufbau der Partei auf die drei Westzonen zu beschränken. Darüber hinaus hatte er sich auch dem Emigrationsvorstand gegenüber loyal und korrekt verhalten: Ende August war in London die Einladung zu einer westzonalen Parteikonferenz eingetroffen, die vom 5. bis 7. Oktober 1945 im Kloster Wennigsen bei Hannover stattfinden sollte; der Einladende, Dr. Kurt Schumacher, wollte sie als »Reichskonferenz« verstanden wissen.

Schumacher, der sich an die SPD-Bezirke in den drei Westzonen wandte und mit der Einladung zur »Reichskonferenz« seine »Politischen Richtlinien« verschickte, hatte dem Londoner Rumpfvorstand geschrieben:»Um zu ermöglichen, daß ideologische und organisatorische Fragen der Partei, die überall wieder aufblüht, aufeinander abgestimmt werden, ist es erforderlich, für den nicht russisch besetzten Teil Deutschlands eine nationale Konferenz abzuhalten «– eine Gleichsetzung von »nicht russisch« mit »national«, die – wie es bei Brigitte Seebacher-Brandt dazu heißt – Vogel und Ollenhauer »wie Musik in den Ohren klingen« mußte, zumal Schumacher auch die westdeutsche Zusammenkunft als »Reichskonferenz« bezeichnete und sich zur Existenz und Wirksamkeit des Mandats von 1933 bekannte.

Ollenhauer setzte nun alle Hebel in Bewegung, um für die Exil-Vorstandsmitglieder eine Einreiseerlaubnis zu erlangen, und verschickte ein Memorandum an die SPD-Funktionäre in Westdeutschland, worin er die Londoner Vorstellungen von der künftigen westdeutschen SPD darstellte.

Er sah die Partei vor allem als ein festes, in sich geschlossenes Bollwerk gegen einen russisch-kommunistischen Zugriff, ja als ein Instrument nicht allein sozialdemokratischer, sondern auch nationaler Selbstbehauptung. Das war, wie es bei Brigitte Seebacher-Brandt dazu heißt, »ein weiteres Glied in der Kette politischer Übereinstimmungen mit Schumacher« in Hannover, wobei angemerkt sei, daß sie beide, Ollenhauer wie Schumacher, damals in engem Kontakt zu der seit 1940 in Koalition mit Winston Churchills Konservativen, seit dem Sommer 1945 allein regierenden britischen Labour Party standen. Ollenhauer genoß die besondere Unterstützung von Philip Noel-Baker, dem nunmehrigen Staatsminister im Londoner Außenministerium; Kurt Schumacher stand als politischer Berater und inoffizieller Vertreter der britischen Besatzungsbehörden ein Offizier, Lance Pope, hilfreich zur Seite.

Außer Pope gehörten zu dem Kreis um Kurt Schumacher seit Ende Mai 1945 als »rechte Hand des Chefs« der gerade zweiunddreißigjährige ehemalige Führer der SAJ in Hannover Egon Franke, der von den Nazis wegen illegaler Parteiarbeit mit Zuchthaus bestraft, nach Verbüßung zur Strafeinheit 999 eingezogen, kurz vor Kriegsende verwundet und von den Amerikanern nach kurzer Gefangenschaft wieder entlassen worden war und den Schumacher mit dem Organisationsaufbau beauftragt hatte; sodann der Versicherungskaufmann Alfred Nau, schon vor 1933 SPD-Funktionär, den Franke in Osterode aufgestöbert hatte und der nun als Kassenwart fungierte; des weiteren der frühere Landwirt Herbert Kriedemann, seit 1925 SPD-Mitglied und hauptamtlicher Funktionär in der Bildungsarbeit, der nach zweijähriger Illegalität 1935 nach Holland emigriert, dort 1940 von der Gestapo verhaftet und vom Volksgerichtshof zu fünf Jahren Gefängnis verurteilt worden war und der Kurt Schumacher nun als Wirtschafts- und Agrarreferent zur Seite stand, und schließlich die damals fünfundzwanzigjährige Tochter des früheren Arbeitersport-Vorsitzenden Fritz Wildung, Annemarie Renger, die als Chefsekretärin fungierte. Diese Mannschaft, deren Arbeitseifer und Loyalität zum »Chef« keine Grenzen kannten, war ebenso felsenfest wie Schumacher selbst davon überzeugt, daß er und niemand sonst die neuerstehende Sozialdemokratie führen könne, müsse und werde.

»Was Schumacher von Anfang an auszeichnete und was seine Hannoversche Gründung von anderen Neugründungen der SPD unterschied«, hat Theo Pirker* dazu bemerkt, »waren seine granitene politische Konzeption und sein Wille zum Aufbau der Sozialdemokratie in Fortsetzung der SPD von 1933 als selbständige und zentralistische Reichspartei. Für ihn kam weder die Gründung einer Einheitspartei zusammen mit den Kommunisten und sozialistisch orientierten Christen in Frage noch die Schaffung einer Partei nach dem Vorbild der englischen Arbeiterpartei, in der Gruppierungen ein gesichertes Sonderleben innerhalb der Gesamtpartei führen, und erst recht nicht ein föderalistischer Aufbau der Partei, in der die Landesverbände eine Art Autonomie haben konnten. Kurt Schumacher und die ›Hannoveraner‹, wie sie in den nächsten Jahren innerhalb der Partei genannt wurden, setzten den preußischen Zentralismus, auf den die Partei seit den Tagen Bebels so stolz gewesen war, ganz bewußt, entschieden und oft rücksichtslos... durch. Die Entscheidung für die Schumachersche, die preußische Parteikonzeption fiel bereits auf der ersten Konferenz der SPD am 5. Oktober 1945 in Wennigsen bei Hannover... Es ging... um die Auseinandersetzung zwischen drei Gruppen: die Hannoveraner unter Führung Schumachers, die Berliner, die den Zentralausschuß der SPD in Berlin repräsentierten mit Otto Grotewohl, Max Fechner und Gustav Dahrendorf, sowie die Vertreter des Parteivorstandes in London mit Erich Ollenhauer, Fritz Heine und Erwin Schoettle«, wozu angemerkt sei, daß Hans Vogel nicht mehr nach Hannover hatte reisen können und am 6. Oktober 1945 in London gestorben war. »Die Vertreter des Londoner Parteivorstands erkannten gleich, daß Kurt Schumacher allein der politische Kopf und Führer einer neuen SPD... sein konnte... Die Vertreter aus den übrigen (westlichen) Besatzungszonen waren von der Gestalt Schumachers so tief beeindruckt, daß er in Wennigsen... ganz selbstverständlich als der zukünftige Vorsitzende der Gesamtpartei angesehen wurde... Für die Ostzone war damit die Entscheidung für eine separate Vereinigung (mit der KPD) gefallen. In den folgenden Monaten richteten Schumacher und die ›Hannoveraner‹ ihre ganze Energie darauf, in den Westzonen jeden Ansatz zu einer organisatorischen Vereinigung von Sozialdemokraten und Kommunisten* zu zerschlagen. Für Schumacher waren der erste und gefährlichste Feind im Nachkriegsdeutschland die Kommunisten, die er schlechthin als ›Russen‹ oder als ›rote Faschisten‹ bezeichnete. Seine Agitation in den Westzonen war äußerst erfolgreich.«

Tatsächlich lehnten am 3. Januar 1946 die Parteidelegierten der britischen Zone die Vereinigung mit der KPD einstimmig ab; am 6. Januar stimmten die Delegierten der Landesvorstände der drei Länder der amerikanischen Zone mit 144 gegen 6 Stimmen gegen die Vereinigung mit den Kommunisten.

Der eigentliche Kampf aber ging um die Partei in Berlin. Es zeichnete sich dort, wie Susanne Miller dazu geschrieben hat, »immer deutlicher ab, daß es dem ›Zentralausschuß‹ nicht gelingen werde, die Kommunisten daran zu hindern, die von ihm bejahte ›Aktionsgemeinschaft‹ mit ihnen in eine Verschmelzung der beiden Parteien umzuwandeln, also durch Schaffung einer ›Einheitspartei‹ die Selbständigkeit der SPD zu liquidieren. Dieser phrasenreiche und dramatische Kampf, in dessen Verlauf es auch zur unmittelbaren Konfrontation zwischen Schumacher und Grotewohl kam, wurde schließlich durch eine auf Initiative von Franz Neumann im März 1946 durchgeführte Urabstimmung entschieden.«

Diese »Urabstimmung« wurde von beiden Seiten mit immensem Propagandaaufwand und mit Unterstützung der jeweiligen Besatzungsmacht teils zu verhindern, teils im westlichen, antikommunistischen Sinne zu beeinflussen versucht. Die sowjetischen Behörden verboten die Durchführung in ihrem Sektor, wodurch etwa zwei Drittel der rund 66000 Berliner SPD-Mitglieder gar nicht abstimmen konnten. Von den beteiligten mehr als 20000 Sozialdemokraten der Berliner West-Sektoren erklärte sich die überwältigende Mehrheit, trotz beschwörender Appelle Schumachers und seiner Anhänger, für ein Bündnis mit den Kommunisten, doch die Frage, ob sie für einen *sofortigen* Zusammenschluß von SPD und KPD wären, lehnten 82 Prozent von ihnen ab. Insgesamt 5568 SPD-Mitglieder – 8 Prozent der gesamten Mitgliedschaft Groß-Berlins und etwa 27 Prozent der West-Berliner Sozialdemokraten – waren sowohl gegen ein Bündnis wie gegen eine Verschmelzung mit der KPD.

Am 7. April 1946 wurde die SPD Groß-Berlins neu gegründet. Vierzehn Tage später trat im Ost-Berliner »Admiralspalast« der »Vereinigungsparteitag« zusammen, auf dem die Sozialistische Einheitspartei Deutschlands (SED) konstituiert wurde; Otto Grotewohl und Wilhelm Pieck wurden zu gleichberechtigten Vorsitzenden, Max Fechner und Walter Ulbricht zu ihren Stellvertretern gewählt, und alsdann erklärten die Delegierten die KPD wie die SPD für aufgelöst. In der sowjetisch besetzten Zone Deutschlands und im Berliner Ostsektor hatte damit die SPD zu bestehen aufgehört.

Zu denen, die den Zusammenschluß von SPD und KPD zur SED lebhaft begrüßten, gehörten auch etliche prominente Sozialdemokraten vom rechten Flügel der alten Partei, an ihrer Spitze Theodor Leipart, der frühere ADGB-Vorsitzende, der sich »entschieden für die Einheitspartei«* erklärte und ihr beitrat. Von der früheren SPD-Reichstagsfraktion schlossen sich, außer Grotewohl und Fechner, noch weitere ehemalige Abgeordnete der SED an: Friedrich Ebert, der Sohn des ersten Reichspräsidenten; Otto Buchwitz, der frühere SPD-Bezirksvorsitzende von Niederschlesien; August Frölich, ehedem thüringischer Staatsminister; Carl Litke, August Karsten und Carl Moltmann. Aus der Schweiz telegrafierte der sechsundneunzigjährige Georg Ledebour, der sich 1916 der Zusammenarbeit mit der Spartakus-Gruppe, 1920 dem Anschluß der USPD an die KPD widersetzt hatte, dem neuen SED-Vorstand: »Ich wünsche euch vollen Erfolg in euren Bemühungen zur Einigung der deutschen Arbeiterparteien und siegreiche Kraft zur Überwindung aller Schwierigkeiten!« Dagegen war Gustav Dahrendorf – der Vater des Soziologen Ralf Dahrendorf, der 1967 von der SPD zur FDP überwechselte – bereits vor dem Ost-Berliner Zusammenschluß von SPD und KPD aus dem Berliner SPD-»Zentralausschuß« ausgeschieden und hatte sich Schumacher angeschlossen, der seinerseits erklärte, die gesamte Parteiorganisation der SPD im sowjetischen Machtbereich müßte nun, nach der »Zwangsvereinigung« mit der kommunistischen Partei, bis auf weiteres »abgeschrieben« werden.

»Der organisatorische Rahmen der SPD war also abgesteckt, als am 9. Mai 1946 die Delegierten aus den drei Westzonen und aus (West-)Berlin zum

Parteitag in Hannover zusammentraten«, heißt es dazu bei Susanne Miller. »Einstimmig wurde Kurt Schumacher zum ersten Vorsitzenden der Partei gewählt. Es erfolgte ferner die Wahl des Vorstands, der aus fünf besoldeten und zwanzig unbesoldeten Mitgliedern bestand und Erich Ollenhauer zum Stellvertreter von Schumacher bestimmte. Die besoldeten Vorstandsmitglieder – neben Schumacher und Ollenhauer: Fritz Heine, Herbert Kriedemann und Alfred Nau – bildeten das sogenannte Büro, dessen personelle Besetzung und Kompetenzen in späteren parteiinternen Auseinandersetzungen eine wichtige Rolle spielen sollten.« Der in Hannover gewählte fünfundzwanzigköpfige Parteivorstand bestand zum großen Teil aus Männern und Frauen, die die Jahre der Nazi-Herrschaft in Gefängnissen und KZ-Lagern oder in der Emigration überlebt hatten. Alle waren schon vor 1933 Mitglieder der SPD gewesen, einige von ihnen hatten in der Weimarer Zeit oder später die Partei verlassen oder waren ausgeschlossen worden und hatten in unabhängigen sozialistischen Gruppen gewirkt – wie Erwin Schoettle, Willi Eichler, Waldemar v. Knoeringen oder auch der noch nicht zur Vorstandsmannschaft gehörende Willy Brandt. Für sie alle wurde vom Zeitpunkt ihrer Wiedergründung an die von Kurt Schumacher geführte SPD zur »Einheitspartei« der nichtkommunistischen Sozialisten. Noch hatten sie alle die Hoffnung, daß dieser neuen SPD »selbstverständlich« die politische Führung des künftigen deutschen Staats zufallen würde und daß sie dann den demokratischen Sozialismus verwirklichen könnten. »Nach Hitler – wir!«, hatte Rudolf Breitscheid schon zu Beginn der Naziherrschaft seinen Genossen kühn prophezeit. Doch die Voraussetzungen für eine Verwirklichung dieser Hoffnung hatten sich, ohne daß dies von der SPD-Führung schon klar erkannt worden war, drastisch verschlechtert.

Die Reduzierung ihres Organisationsbereichs auf die Besatzungszonen und -sektoren der drei westlichen Siegermächte hatte die SPD von Anfang an der Chance beraubt, in einem noch nicht wiedervereinigten Deutschland die absolute Mehrheit zu gewinnen. Schon die Zonengrenzen vom Mai 1945 hätten Kurt Schumacher und seine Mitarbeiter mit größter Sorge erfüllen müssen, denn sie überließen die meisten Gebiete, in denen vor 1933 die SPD die höchsten Stimmenanteile gehabt hatte, der sowjetischen Besatzungsmacht, wogegen Hochburgen des einstigen katholischen Zentrums und dessen bayerischer Schwesterpartei, die sich seit der Reichsgründung als für die SPD uneinnehmbar erwiesen hatten, in den Westzonen lagen.

Dies hatte sich noch beträchtlich zuungunsten der West-SPD verschoben, als Anfang Juli 1945 die Briten und Amerikaner große Teile des von ihnen bis dahin besetzten Gebiets räumten: Teile von Mecklenburg, der preußischen Provinz Sachsen und des Freistaats Sachsen sowie ganz Thüringen wurden den nachrückenden Sowjets überlassen, die dafür den Westmächten die westlichen Sektoren von Groß-Berlin zugestanden.

Mit der Übergabe der heutigen DDR-Bezirke Leipzig, Karl-Marx-Stadt (Chemnitz), Halle, Erfurt, Gera, Suhl sowie von Teilen der Bezirke Magdeburg und Schwerin an die sowjetische Besatzungsmacht verlor die West-SPD ihre neben Berlin und Hamburg sichersten Hochburgen seit den Tagen August Bebels und Wilhelm Liebknechts, und was sie dafür gewann, nämlich die Möglichkeit, in West-Berlin Mandate für ein künftiges deutsches Parlament zu erobern, erwies sich als trügerische Hoffnung, denn als der West-Staat, die Bundesrepublik Deutschland, gegründet wurde, durfte West-Berlin zwar Abgeordnete in den Bundestag entsenden, doch wurde diesen kein mitentscheidendes Stimmrecht zugebilligt, sondern nur ein symbolisches.

Alledem maßen Dr. Schumacher und seine engsten Mitarbeiter anfangs keine große Bedeutung zu: Erstens glaubten sie felsenfest an die Wiederherstellung *eines* deutschen Staats, und zweitens waren sie völlig fixiert auf die Rolle, in die sie mit kräftiger Unterstützung der westlichen Besatzungsmächte hineingewachsen waren: Sie waren – wie Theo Pirker es formuliert hat – »so etwas wie eine antikommunistische Infanterie im politischen Kampf, die sich treu und tapfer schlägt, aber dafür keine reale Anerkennung in der Politik erhält.«

Denn »reale Anerkennung« oder gar eine Honorierung ihrer antikommunistischen »Sperriegel-Funktion« konnte die SPD von den westlichen Besatzungsmächten schwerlich erhoffen, weil Schumachers ebenso ausgeprägter Nationalismus wie Sozialismus überhaupt nicht in deren Konzept paßte. Beides ging den britischen, amerikanischen und französischen Deutschland-Experten schon bald auf die Nerven, und sosehr sie den wilden Antikommunismus und Antisowjetismus Schumachers zu schätzen wußten, sowenig

Kurt Schumacher spricht am 1. Juni 1947 auf einer Großkundgebung auf dem zerstörten Frankfurter Römerberg.

begriffen sie – oder billigten gar –, was er eigentlich wollte. Auch für die Deutschen war es schwierig, Schumacher, dessen Persönlichkeit, charismatische Ausstrahlungskraft und energisch durchgesetzten Führungsanspruch sie bewunderten, in seinen politischen Zielsetzungen zu begreifen. War er nun ein »Marxist«, oder war er es nicht?

»So müßig der Versuch wäre, aus Schumachers Denken eine geschlossene politische Philosophie zu konstruieren«, hat Susanne Miller dazu bemerkt, »so sind doch die Elemente sozialistischer Theorien, die Schumacher bleibend beeinflußten, unverkennbar. Dazu gehörten vor allem Lassalles Staatsbejahung und die für diesen Denker charakteristische Betonung des unlösbaren Zusammenhangs von demokratischer Freiheit eines Volkes innerhalb des Staates und dessen Unabhängigkeit nach außen hin. Schumachers Äußerung, der Marxismus sei ›die Methode, der wir, besonders in der Analyse angewendet, mehr Kraft und mehr Erkenntnisse und mehr Waffen zu verdanken haben als jeder anderen wissenschaftlichen und soziologischen Methode in der Welt‹*, ist zweifellos mehr als nur die Achtungsbezeugung für eine Lehre, zu der sich zu bekennen zwölf Jahre lang nur unter Lebensgefahr möglich war. In Schumachers Deutung gesellschaftlicher Phänomene und ihrer Zusammenhänge, seiner allgemeinen Gesellschaftskritik und besonders seiner Konzeption über den Standort seiner Partei im historischen Prozeß dominierte häufig eine Begriffssprache, die der marxistischen Gedankenwelt entstammt.«

Aber, so heißt es ebenfalls bei Susanne Miller: »›Sozialismus als Gegenwartsaufgabe‹ war das als Titel sozialdemokratischer Reden und Artikel plakativ verwendete Schlagwort, in dem sich die Überzeugung kristallisierte, daß der Aufbau eines in Ruinen liegenden Landes nicht nach den Prinzipien einer kapitalistischen Wirtschaft erfolgen könne und dürfe. Diese besitze weder die nötige Effektivität, noch genüge sie den Erfordernissen der Gerechtigkeit. Auf dem ersten Nachkriegsparteitag der SPD in Hannover präzisierte Victor Agartz, dem neben Kurt Schumacher das Hauptreferat übertragen war, diese Position: ›Die Sozialdemokratie lehnt... als ungerecht und insbesondere für die heutige Lage des deutschen Volkes ungeeignet ab:

a) den Liberalismus in seiner ursprünglichen Form...

b) den Monopolkapitalismus mit imperialistischen Tendenzen...

c) den Ständestaat...

d) einen zentralistischen Staatskapitalismus in Form der marktlosen Wirtschaft...

e) den im Entstehen begriffenen Neu-Liberalismus...‹**

Die Zustimmung zu Agartz drückte sich bei der Wahl zum Parteivorstand aus: er erhielt nach Schumacher die höchste Zahl von Stimmen, nur zwei weniger als dieser.«

»Lenkungswirtschaft und Sozialisierung«, so erklärte Erik Nölting 1947 als Berichterstatter des Parteivorstands für den Bereich der Wirtschaftspolitik dem Parteitag, bedeute die »Verwirklichung der sozialistischen Idee auf wirtschaftlichem Gebiet«, wobei jedoch Sozialisierung nicht identisch sei mit Verstaatlichung. »Ein neuer Organisationsrahmen auf sozialistischer Grundlage« müsse für die deutsche Volkswirtschaft geschaffen werden, der »die zu sozialisierenden Grundstoffindustrien und die staatlich kontrollierten Finanzinstitute« umfassen sollte.

Alles dies war den West-Alliierten, zumal den Amerikanern, höchst verdächtig, obwohl auch das Ahlener Programm, das sich die Christlich-Demokratische Union von Nordrhein-Westfalen im Februar 1947 gab, eine definitive Absage an den Kapitalismus enthielt und den Sozialisierungsgedanken bejahte. Offenbar hielten die Alliierten – wie sich zeigen sollte: zu Recht – die Gegenkräfte in der CDU für stark genug, den in dieser Partei aufkeimenden Sozialismus nicht wirksam werden zu lassen. Als dann im Sommer 1948 ein von der SPD eingebrachter Antrag im Landtag von Nordrhein-Westfalen, den gesamten Bergbau des Landes in Gemeineigentum zu überführen, mit der Zustimmung von etwa einem Drittel der CDU-Fraktion angenommen wurde, versagte die britische Militärregierung dem Gesetz die erforderliche Zustimmung.

Während nach dem Ersten Weltkrieg die deutsche Sozialdemokratie vor praktischen Schritten auf dem Weg zur Sozialisierung der Produktionsmittel mit der Begründung zurückgeschreckt war, einen Scherbenhaufen könne man nicht sozialisieren, meinte die SPD-Führung nach 1945, daß gerade der völlige Ruin der Wirtschaft ihr die Chance gäbe, ein radikal neues System zu errichten, das egalitär und friedenssichernd wirken würde. »Zweierlei«, so Susanne Miller, »wurde dabei vorausgesetzt: Daß sich unweigerlich und in kurzer Zeit das Scheitern aller Versuche herausstellen werde, die Probleme des Aufbaus mit kapitalistischen Methoden zu lösen. Und daß die durch Nationalsozialismus, Krieg, Zusammenbruch, Flucht und Vertreibung schwer geprüften, proletarisierten Massen von einer antikapitalistischen Sehnsucht erfüllt seien, die die SPD durch konkrete Aktionen befriedigen könne und müsse. Beide Prämissen sollten sich als Irrtum erweisen.«

Im Bereich der Außenpolitik, die unter Kurt Schumachers Führung erstmals in der Geschichte der SPD Vorrang erhielt, war die Forderung nach »Wiedervereinigung Deutschlands in Freiheit« das Ziel, an dem sich alle anderen Überlegungen und Handlungen zu messen hatten. Im Mittelpunkt der Wiedervereinigungsproblematik stand selbstverständlich der Ost-West-Konflikt, der sich ständig verschärfte, doch war die Politik der SPD ganz allgemein auf die Wiederherstellung Deutschlands in den Grenzen von 1937 gerichtet, was zugleich die Nichtanerkennung der Oder-Neiße-Grenze Polens bedeutete. Diese Fixierung auf die Wiederherstellung der Reichsgrenzen, die durchaus im Einklang war mit traditionellen sozialdemokratischen Wertvorstellungen, insbesondere vom Recht auf nationale und demokratische Selbstbestimmung der Völker, verlieh der Haltung der SPD – so Susanne Miller – »etwa fünfzehn Jahre lang zwar eine innere Logik, gleichzeitig aber eine Starrheit, die ihre Erfolgschancen in erheblichem Maße minderte«.

Allerdings ist die Forderung der SPD nach Wiedervereinigung stets in Zusammenhang mit der Tatsache zu sehen, daß Schumacher – wie Hans-Peter Schwarz als Ergebnis seiner grundlegenden Analyse sozialdemokratischer Außenpolitik der ersten Nachkriegszeit festgestellt hat* – »der SPD von Anbeginn an eine Richtung gewiesen (hatte), in der sie nur im Westen auf Unterstützung rechnen konnte. Und da er 1945 und 1946 mit dem Durchbruch der Sozialdemokratie zur Macht fest rechnete, bedeutete dies nichts anderes als eine vorzeitige, zumindest unter seiner Führung unwiderrufliche Option für eine Westorientierung Deutschlands«, mit der das – natürlich nur vorläufige – »Abschreiben« Ostdeutschlands und der dortigen Sozialdemokratie durchaus im Einklang stand. Die von Hans-Peter Schwarz analysierte Entscheidung für den Westen war einerseits die logische Konsequenz des von Schumacher wie vom übrigen Parteivorstand verfolgten Kurses eines strikten Antikommunismus, anderseits das Bekenntnis zum traditionellen politischen System des Westens, wenn auch keineswegs zur jeweiligen Politik der Westmächte. Dabei verkannten Schumacher und seine Freunde zumindest anfänglich, daß im Grunde keine der Siegermächte an einer Wiedervereinigung Deutschlands interessiert war und daß diese, wenn überhaupt dann um den Preis einer Aufgabe der militärischen Westorientierung, nur von der Sowjetunion zu erlangen gewesen wäre. Und solche Angebote kamen dann ja auch aus Moskau.

Mit ihrer gesamten außen- und innen-, wirtschafts- und sozialpolitischen Programmatik glaubten sich Schumacher und die SPD-Führungsgremien den anderen Parteien weit voraus und schon beinahe an der Macht, zumal Kurt Schumacher den höchsten Bekanntheits- und Beliebtheitsgrad unter allen deutschen Nachkriegspolitikern erreicht hatte.

Aber die Ergebnisse der ersten Gemeinde-, Kreis- und Landtagswahlen fielen für die SPD sehr enttäuschend aus: In der amerikanischen Zone erreichte sie bei den Gemeindewahlen von 1946 im Durchschnitt nur 17,3 Prozent, die CDU/CSU hingegen 35,2 Prozent; in der britischen Zone entfielen bei den Kreistagswahlen von 1946 auf die SPD 35,1 Prozent, auf die CDU 46,4 Prozent, und in der französischen Zone brachten die Kreistagswahlen von 1946/47 der SPD 23,9 Prozent der Wählerstimmen, der CDU hingegen 61 Prozent. Nur in Hamburg und in Bremen sowie bei allen Wahlen in Hessen, Niedersachsen und Schleswig-Holstein siegte die Sozialdemokratie, und am eindrucksvollsten war ihr Ergebnis in Berlin, wo Ernst Reuter zum Oberbürgermeister gewählt wurde, dessen Dienstantritt durch ein Veto der sowjetischen Kommandantur verhindert wurde.

Reuter, als Kapitänssohn 1889 in Apenrade geboren, seit 1912 SPD-Mitglied, war 1916 als Soldat schwerverwundet in russische Kriegsgefangenschaft geraten und nach der Oktoberrevolution von Lenin zum Volkskommissar für die Wolgadeutsche Republik ernannt worden. Im November

1918 war er nach Deutschland zurückgekehrt und hatte – unter dem Parteinamen »Friesland« – von 1919 an die Berliner KPD aufgebaut; aus der Kommunistischen Partei Deutschlands, deren Generalsekretär er wurde, mußte er nach Differenzen mit der Komintern 1922 ausscheiden. Er war dann zur SPD zurückgekehrt, hatte als Redakteur am *Vorwärts* mitgearbeitet, dann bis 1931 im Berliner Magistrat als besoldeter Stadtrat und Verkehrsdezernent. 1931 bis 1933 war er Oberbürgermeister von Magdeburg, von 1932 an auch Mitglied der SPD-Reichstagsfraktion gewesen. Unter der Hitler-Diktatur war er nach zweimaliger Verhaftung erst nach England, dann in die Türkei emigriert, wo er zuletzt als Professor für Kommunalwissenschaft tätig gewesen war. Seit seiner Rückkehr nach Berlin im Jahre 1946 hatte er die Führung der dortigen SPD übernommen, die bei den Wahlen vom 20. Oktober 1946 mit 48,7 Prozent Stimmenanteil nur knapp die absolute Mehrheit in Groß-Berlin verfehlt hatte; die SED war mit knapp 20 Prozent der Stimmen ebenso deutlich unterlegen wie die CDU mit 22,2 Prozent und die Liberalen mit 9,4 Prozent.

Obgleich dann an Reuters Stelle Louise Schroeder (SPD) als Oberbürgermeisterin amtierte, die zusammen mit dem zweiten Bürgermeister Ferdinand Friedensburg (CDU) um eine Politik des Ausgleichs bemüht war, ließ sich die Spaltung der Stadt angesichts der wachsenden Spannungen und des sich durch wechselseitige Provokationen verschärfenden Konflikts zwischen den Besatzungsmächten nicht mehr aufhalten. Nach der Einführung zweier Währungen im Juni 1948 und noch vor der von Stalin verhängten Blockade der Berliner Zufahrtswege wurden die sowjetischen Vertreter aus der Alliierten Kommandantur zurückgezogen. Am 6. September 1948 sprengten Demonstranten die im Ostteil der Stadt tagende Stadtverordnetenversammlung. Damit war die Einheit Berlins vollends zerstört, und die Westberliner Stadtbezirke erhielten eine selbständige Verwaltung, an deren Spitze erst 1950 wieder Ernst Reuter trat.

Während in Berlin von Anfang an die SPD die mit Abstand stärkste Partei war, mußte sie in Westdeutschland im Zweizonen-Wirtschaftsrat, der im Mai seine Arbeit als eine Art Vorparlament des geplanten Weststaats aufnahm, die Führung einer bürgerlichen Koalition überlassen. Der in Frankfurt tagende Wirtschaftsrat, dessen Abgeordnete von den Landtagen der einzelnen Länder der britischen und amerikanischen Zone delegiert worden waren, setzte sich aus 21 Vertretern der CDU und CSU, 20 Sozialdemokraten, 4 Freidemokraten und 3 Kommunisten zusammen; später wurde die Anzahl der Abgeordneten verdoppelt, der Proporz aber blieb bestehen.

Die SPD hatte zunächst für sich das Recht gefordert, den Posten des Direktors der Verwaltung für Wirtschaft mit einem Sozialdemokraten zu besetzen. Als sie damit am Widerstand von CDU/CSU und FDP scheiterte, lehnte sie jede Beteiligung an der Verwaltung ab und entschied sich für die Opposition – »ein Beschluß, der« – so Susanne Miller – »auf Drängen Kurt

Schumachers zustandegekommen war und den manche führenden Sozialdemokraten ... zu verhindern versucht hatten«.

Wie von Anfang an von der SPD betont wurde, sollte es eine »konstruktive Opposition« sein, und in der Tat gab es eine intensive Mitarbeit der Sozialdemokraten im Wirtschaftsrat. Sie nahmen, wie Herbert Kriedemann auf dem Parteitag der SPD im September 1948 erklärte, einen erheblichen »Einfluß auf die Gestaltung der Dinge im einzelnen, die leider in der breiten Öffentlichkeit nicht beachtet worden sind«. Als sich jedoch nach der Währungsreform vom Juni 1948 in den drei westlichen Besatzungszonen und in West-Berlin die Lebensverhältnisse allmählich verbesserten, wurde dies von der Masse der Bevölkerung allein dem Wirtschaftsdirektor Ludwig Erhard und den ihn stützenden Parteien, der CDU/CSU und der FDP, zugute gehalten, wogegen die SPD als »die Opposition« negativ abgestempelt war. Dabei hatte diese Währungsreform alles das bewirkt, was die überwältigende Mehrheit der Deutschen eigentlich *nicht* gewollt hatte: Die Zerstörung des einheitlichen Geldsystems der vier Besatzungszonen bedeutete den Bruch des Potsdamer Abkommens, worin es ausdrücklich hieß: »Während der Besatzungszeit ist Deutschland als wirtschaftliche Einheit zu betrachten.« Mit der Einführung der West-Währung – und im Gegenzug auch der Ost-Währung – war Deutschlands Spaltung vollendet, die Entwicklung gegensätzlicher Wirtschafts- und Gesellschaftssysteme vorgegeben. In den drei West-Zonen war die Entscheidung für eine hochkapitalistische Gesellschaft mit freier Marktwirtschaft gefallen, und die Bedingungen, zu denen der Währungsschnitt im Westen Deutschlands vorgenommen wurde, garantierten die Wiederherstellung der alten Macht- und Besitzverhältnisse, wogegen die Masse der Bevölkerung um alle Ersparnisse geprellt worden war.

Die Währungsreform und der sie ergänzende »Lastenausgleich« wurden von dem Grundsatz bestimmt: Je mehr einer hatte, desto mehr Rücksicht gebührt ihm.* Die SPD hoffte, der Bevölkerung die Augen dafür öffnen zu können, daß – wie es in Kurt Schumachers Referat auf dem Parteitag vom September 1948 hieß – »die Rücksichtslosigkeit dieses Klassenkampfes von oben« beispiellos wäre; »daß in dem letzten Jahr in keiner wichtigen Frage die Verständigung (mit den bürgerlichen Parteien) möglich gewesen wäre, ohne die Interessen der arbeitenden Massen aufzugeben und den Kampf um den Sozialismus als eine Gegenwartsaufgabe zu verleugnen«.

Aber die »arbeitenden Massen« ließen sich selbst von himmelschreienden sozialen Ungerechtigkeiten nicht beeindrucken; die Tatsache, daß sie selbst ihre Spargroschen eingebüßt hatten, während Großaktionäre, Fabrikanten und Gutsbesitzer wesentlich reicher geworden waren, bemerkten sie gar nicht. Gewiß, die Löhne waren niedrig – der Brutto-Stundenverdienst eines Industriearbeiters lag im September 1948 durchschnittlich etwas über 1,08 DM –, und die Preise stiegen rasch an, so daß die seit der Währungsreform gefüllten Schaufenster zwar lockten, aber kaum etwas Erschwingliches boten. Doch die Konsequenz, die die »arbeitenden Massen« daraus zogen, war nur, daß sie nun noch härter schufteten und Überstunden machten, um endlich auch etwas lang Entbehrtes kaufen zu können.

Die Mehrheit der westdeutschen Bevölkerung war bereit, nahezu alles in Kauf zu nehmen, wenn sie dafür nur endlich stabile Verhältnisse bekam, und dazu gehörte vor allem Geld, das etwas wert war, sowie die Sicherheit, es nicht gleich wieder zu verlieren. Auf keinen Fall wollte die Majorität der Westdeutschen das, was der Kölner Oberbürgermeister Konrad Adenauer, der Vorsitzende der Christlich-Demokratischen Union, mit allen Zeichen des Abscheus »sozialistische Experimente, Zwangswirtschaft wie drüben«, in der sowjetisch besetzten Zone, nannte. Auch die Bemühungen der Sozialdemokratie, vor allem Kurt Schumachers, dem separaten Weststaat, den die Westmächte zu schaffen entschlossen waren, den Charakter einer »provisorischen Verwaltungseinheit« zu geben, um die Wiedervereinigung Deutschlands nicht zu erschweren, wurden von der Bevölkerungsmehrheit keineswegs honoriert. Die Sehnsucht nach Stabilität war größer als die Sorge, daß durch die geplante Staatsgründung die deutsche Teilung verewigt werden könnte.

Die Mitarbeit der Sozialdemokraten im Parlamentarischen Rat, der vom Herbst 1948 an den Entwurf der westdeutschen Verfassung beriet, stand dennoch unter der Devise, das zu schaffende Grundgesetz könnte nur ein Provisorium darstellen, und daß man sich vor »Festlegungen« hüten müßte. Trotzdem ist unverkennbar, daß – so Susanne Miller – »die Perfektionierung des Grundgesetzes nicht zuletzt auf die Intensität sozialdemokratischer Mitarbeit zurückzuführen ist ... In Anbetracht der zahlenmäßigen Stärke und sachlichen Qualifikation der sozialdemokratischen Repräsentanz im Parlamentarischen Rat – von seinen 65 Mitgliedern gehörten 27 der SPD an, ebenso viele wie der CDU/CSU – und der herausragenden Position ihres führenden Staatsrechtlers Carlo Schmid als Vorsitzenden des Hauptausschusses mag es verwundern, daß gerade im sozialen Bereich Konkretisierungen im Grundgesetz weitgehend fehlen. Die wesentlichen Gründe dafür liegen auf zwei verschiedenen Ebenen ... Als einleuchtende Begründung dafür, daß ›man sich auf die klassischen Grundrechte beschränkte und bewußt darauf verzichtet (hat), die sogenannten Lebensordnungen zu regeln‹, wurde von Carlo Schmid betont, daß man sonst ›über die durch den Auftrag, nur ein Provisorium zu schaffen, gezogenen Grenzen hinausgegangen‹ wäre. Die besondere sozialdemokratische Motivation faßte ein SPD-Mitglied des Parlamentarischen Rates zwanzig Jahre später in die Formel zusammen: Sozialartikel sollten nicht ›ohne die sächsischen Genossen‹ geschaffen werden. Im Grunde stand hinter dem Verzicht auf Festlegung der sozialen Lebensordnung die Lassallesche Theorie, Verfassungsfragen seien Machtfragen – in einem wiedervereinigten Deutschland sei der Sozialdemokratie ohnehin eine Position sicher, die es ihr ermöglichen werde, die neue Verfassung nach ihren eigenen wirtschafts- und sozialpolitischen Konzeptionen zu gestalten.«

Es gab jedoch noch einen weiteren Grund, weshalb die SPD ihre wirt-
schafts- und sozialpolitischen Vorstellungen nicht in das Grundgesetz ein-
bringen konnte: Sie war auf die Unterstützung durch die Liberalen angewiesen, um die Pläne der CDU/CSU zu durchkreuzen, die mit amerikanischer und
französischer Rückendeckung die Stellung der Länder wesentlich verstärken,
die des Bundes erheblich schwächen wollte. Im Kampf gegen den Föderalis-
mus und für eine starke Zentralgewalt opferte die SPD den liberalen Verbündeten ihre eigenen sozial- und wirtschaftspolitischen Forderungen.

Es war vor allem Kurt Schumacher selbst, der, kaum von einer Beinampu-
tation genesen, die Spitzengremien der Partei, die sozialdemokratische
Fraktion des Parlamentarischen Rats und die SPD-Ministerpräsidenten der
Länder am 20. April 1949 in Hannover zusammenrief und sie beschwor, mit
allem Nachdruck den Kampf gegen föderalistische Lösungen zu führen.
Schumacher setzte sich durch, auch gegenüber den Amerikanern und
Franzosen, und er war es auch, der darauf bestand, die außerordentlich
starke Position des Kanzlers in der Verfassung zu verankern. Gewiß sind
Schumacher und dann auch die SPD-Vertreter im Parlamentarischen Rat
dabei von der – wie sich zeigen sollte: allzu optimistischen – Erwartung
ausgegangen, es werde die Sozialdemokratie sein, die künftig die Bundeskanzler des »Provisoriums«, erst recht die des wiedervereinigten Deutschlands stellen könnte. Daß der 1948 schon zweiundsiebzigjährige Adenauer
Kanzler werden und bis 1963 bleiben würde, hatten die Sozialdemokraten
nicht vorausgesehen.

Ehe der erste Bundestag gewählt werden und den Regierungschef sowie
das Staatsoberhaupt des neuen westdeutschen Staats bestimmen konnte, mel-
deten sich zunächst die Besatzungsmächte zu Wort. Am 12. Mai 1949, vier
Tage nach der Annahme des Grundgesetzes durch den Parlamentarischen
Rat, teilten die drei westlichen Militärgouverneure dem Ratspräsidenten
Adenauer in einem gemeinsamen Schreiben mit, welche Vorbehalte sie ge-
genüber dem Grundgesetz geltend machten: Alleinige Machtbefugnisse der
Besatzungsbehörden blieben weiterhin die Abrüstung, Entmilitarisierung,
Kontrolle der Ruhrindustrie, der Reparationen und Restitutionen sowie der
Entflechtung, die gesamte Außenpolitik, auch die Kontrolle über Außen-
handel und Devisenverkehr, außerdem noch eine Reihe weiterer Gebiete.

Ein anderer wichtiger – für die SPD besonders bedeutsamer – Vorbehalt
der West-Alliierten betraf Berlin. Sie erklärten, »daß Berlin keine abstim-
mungsberechtigte Mitgliedschaft im Bundestag oder Bundesrat erhalten
und auch nicht durch den Bund regiert werden wird, daß es jedoch eine
beschränkte Anzahl Vertreter zur Teilnahme an den Sitzungen dieser
gesetzgebenden Körperschaften benennen darf«.

Das war, nachdem erst wenige Monate zuvor, am 5. Dezember 1948, die
von Ernst Reuter geführte West-Berliner SPD einen spektakulären Wahlsieg errungen hatte, für die Partei eine herbe Enttäuschung. In den Berliner
Westsektoren hatte die SPD 64,5 Prozent der Stimmen erhalten, die CDU

nur 19,4 Prozent, die Liberalen 16,1 Prozent. Ernst Reuter war einstimmig zum Oberbürgermeister gewählt worden, Louise Schroeder zum amtierenden Bürgermeister, wogegen der neue Ost-Berliner Oberbürgermeister Friedrich Ebert (früher SPD, nun SED) heftig protestiert hatte. Diese Tatsachen bildeten das wichtigste Thema des hochsommerlichen Wahlkampfs um die Mandate zum ersten Bundestag. Die SPD unter Führung Kurt Schumachers warf Adenauer und seinen politischen Freunden vor, sich unter Opferung der deutschen Einheit zu bloßen Erfüllungsgehilfen der westlichen und besonders der amerikanischen Politik herabwürdigen zu lassen. Dagegen blieb die große gesellschaftspolitische Kontroverse – Wiederherstellung der hochkapitalistischen Machtpositionen ohne Änderung der Eigentumsverhältnisse bei den Industriekonzernen, den Großbanken und dem Großgrundbesitz, wie sie die bürgerlichen Parteien zumindest hinzunehmen bereit waren *oder* Sozialisierung der Schlüsselindustrien, Bodenreform und eine gerechtere Umverteilung der Lasten und Erträge, wie die Sozialdemokratie sie forderte – verblüffenderweise aus, und über allem lag der Schatten des sich verschärfenden Konflikts zwischen den Westmächten und der Sowjetunion, deren Panzerarmeen an der gesamten Ostgrenze, von Lübeck bis Passau, standen.

Die »Knechtschaft durch den Bolschewismus«, wie Adenauer die Möglichkeit nannte, daß die Sowjetunion ihren Machtbereich in Europa noch weiter nach Westen ausdehnen würde, war für die große Mehrheit der Bevölkerung Westdeutschlands und besonders für die vielen aus dem Osten Geflüchteten oder Vertriebenen etwas, das sie als reale Gefahr ansahen, und Adenauer bestärkte sie darin nach Kräften und aus gutem Grund: Denn wer die größte Gefahr aus dem Osten kommen sah, konnte ihm, dem um ein enges Bündnis mit den Westmächten bemühten Politiker, keinen Vorwurf daraus machen, daß er einer solchen Politik zuliebe zu enormen Zugeständnissen an die westlichen Besatzungsmächte bereit war und sogar die Spaltung Deutschlands in Kauf nahm. »Glaubte Adenauer wirklich an einen sowjetischen ›Drang nach Westen‹ im Sinne einer militärischen Offensive oder beschwor er dieses Schreckgespenst nur, um sein eigentliches Ziel, die Einigung und Stärkung Westeuropas, voranzutreiben?« heißt es dazu in Gösta v. Uexkülls Adenauer-Monographie. »So oft und so gern er auch dieses Thema behandelte – fast immer mit den gleichen Worten und Wendungen: eine eindeutige Antwort auf diese Frage hat er nie gegeben und auch nie geben müssen«, denn die SPD und ihr Führer Kurt Schumacher schienen über die Sowjetunion und den Kommunismus nicht viel anders zu denken als er; es gab, wie Adenauer wiederholt und mit großer Befriedigung feststellen konnte, keine sozialdemokratische Alternative zu seiner antisowjetischen Politik.

Adenauer und seine politischen Freunde verstanden diese und andere Vorteile, die ihnen der fanatische, sich bis zur Hysterie steigernde Antikommunismus des gerade erst beginnenden Kalten Krieges bot, voll auszunutzen, und es half der SPD wenig, darauf hinzuweisen, daß sie mindestens ebenso energisch gegen den Kommunismus Front gemacht, alle Umarmungsversuche der KPD zurückgewiesen, ja allein durch ihre feste Haltung verhindert hätte, daß sich das sowjetzonale Beispiel einer Sozialistischen Einheitspartei auf ganz Berlin und dann womöglich auch auf Westdeutschland ausdehnen konnte.

»Alle Wege des Marxismus führen nach Moskau«, so lautete der Slogan der CDU bei den ersten Bundestagswahlen im August 1949, und wer nicht verstand, daß damit auch der SPD unterstellt werden sollte, sie bereitete Westdeutschlands »Knechtschaft durch den Bolschewismus« vor, dem erläuterten es die Wahlredner der CDU, nicht selten auch die Pfarrer in ihren Sonntagspredigten und natürlich auch Adenauer selbst, meist mit dem Zusatz: »Ich nehme nicht an, daß die Sozialdemokratie das will«, was soviel besagte wie: »Sie besorgen die Geschäfte Moskaus, ohne es zu wissen und zu wollen« – ein noch schlimmerer Vorwurf, der überdies den angeblichen Beweis für die Unmöglichkeit einer Widerlegung gleich mitlieferte.

Das Ergebnis der Bundestagswahl vom 14. August 1949 war für die siegesgewisse Sozialdemokratie geradezu niederschmetternd: Bei einer Wahlbeteiligung von 78,5 Prozent hatte sie nur 29,2 Prozent der Stimmen und 131 (von insgesamt 402) Mandate erhalten, die CDU/CSU hingegen 31 Prozent und – aufgrund des die stärkste Partei begünstigenden Verteilungsschlüssels – 140 Sitze. Die KPD hatte noch schwerere Verluste gegenüber den früheren Landtagswahlen: Sie war auf 5,7 Prozent Stimmenanteil zurückgefallen und konnte nur 15 Abgeordnete in den Bundestag entsenden. Die Freien Demokraten hatten kräftig hinzugewonnen; mit 11,9 Prozent der Stimmen und 52 Abgeordneten waren sie nun die drittstärkste Partei. Die konservative und föderalistische Deutsche Partei und die Bayernpartei hatten mit jeweils etwa 4 Prozent der Stimmen – es gab noch keine Fünfprozentklausel – je 17 Mandate erhalten, die rechtsextreme Deutsche Reichspartei mit 1,8 Prozent 5 Mandate. Alle übrigen Parteien, einschließlich des zur Bedeutungslosigkeit geschrumpften Zentrums, erlangten zusammen 12,2 Prozent der Stimmen und 26 Bundestagsmandate.

Konrad Adenauer konnte sehr zufrieden sein, und schon am Tage nach der Bundestagswahl stand für ihn fest, daß er ohne sozialdemokratische Beteiligung am Kabinett auszukommen gedachte. Es war seine eigene Entscheidung, die sich allerdings auch auf den Rat seiner engsten Berater sowie auf deutlich geäußerte Wünsche der Amerikaner stützte, nicht mit der SPD, sondern gegen sie zu regieren, zumal die Sozialdemokraten das Wirtschaftsressort für sich gefordert hatten.

Mit seiner Entscheidung für eine bürgerliche Mitte-Rechts-Regierung hatte Adenauer heftige Widerstände in der eigenen Fraktion zu überwinden, deren linker, in den Gewerkschaften mit den Sozialdemokraten eng zusammenarbeitender Flügel damals noch stark war. Aber Adenauer setzte sich durch, nicht zuletzt durch sein großes taktisches Geschick, und damit war

Erich Ollenhauer, Kurt Schumacher und Annemarie Renger 1949.

auch das antikapitalistische Ahlener Programm, mit dem die CDU angetreten war, so gut wie erledigt, jedenfalls – um mit Adenauers Worten zu reden – »vom Tisch«.

»Die Würfel über die Sozialisierung sind gefallen«, lautete der *Spiegel*-Kommentar von Jens Daniel – ein vom Herausgeber Rudolf Augstein damals benutztes Pseudonym – »246 mit Gewißheit sozialisierungsfeindliche Kandidaten sitzen im Deutschen Bundestag 146 Sozialisten« der SPD und KPD »gegenüber, wenn man zehn Zentrumsstimmen als möglichen Zuzug für beide Gruppen beiseite läßt. Die erste verlorene Sozialisierungsschlacht... wird auch die letzte sein... Unter sich normalisierenden Lebensbedingungen bedeutet es einen vernichtenden Rückschlag, wenn die der Sozialisierung zustimmenden Wähler von 45 Prozent auf 36 Prozent... zurückgehen. Die SPD, die es sich wie die anderen Parteien damit genug sein ließ, den ›Kampf um ein starkes Deutschland‹ zu führen, kann sich mühelos selbst ausrechnen, warum sie... so hart verloren hat.«

Der Kommentar schloß mit der bemerkenswerten Feststellung: »Der Ratlosigkeit der Parteien entsprach die Ratlosigkeit der Wähler... Vier Jahre Alters-Regierung in Bonn oder Frankfurt werden vielleicht nicht schaden.« Daß die Kanzlerschaft Adenauers länger als vier Jahre dauern könnte, war auch für den *Spiegel* nicht vorstellbar, wobei es im August 1949, selbst nach der für die CDU/CSU siegreichen Wahl, noch keineswegs sicher war, daß der dreiundsiebzigjährige Unionsführer bei der Kanzlerwahl die erforderliche Mehrheit finden würde. Tatsächlich war das Resultat der Abstimmung im Bundestag wenig schmeichelhaft für Konrad Adenauer:

Käte Strobel (geb. 1907)

Mit der kleinstmöglichen Mehrheit von einer Stimme wurde er gewählt. Daß er dabei nicht nur, wie er sich später rühmte, mit seiner eigenen Stimme die Mehrheit erreicht hatte, sondern daß auch mindestens ein Abgeordneter der Bayernpartei nach eigenem Eingeständnis vom Fraktionsbeschluß abgewichen war und für Adenauer votiert hatte, ahnte damals noch niemand. Erst als wenig später die Entscheidung für Bonn als »provisorische« Hauptstadt wiederum nur mit den Stimmen einiger zu gegenteiliger Abstimmung verpflichteter Bayernparteiler erreicht wurde und der – durch eine *Spiegel*-Veröffentlichung alarmierte – Bundestag durch einen Untersuchungsausschuß herausfand, daß bei dem Votum der Abweichler Geld im Spiel gewesen war, dämmerte es den zur Opposition verurteilten Sozialdemokraten, daß sie es mit skrupellosen Gegnern zu tun hatten, die ihre Macht ohne Rücksicht auf Moral und Anstand zu behaupten wußten. Wer in der 131köpfigen SPD-Fraktion, in der zunächst, neben dem kaum genesenen, nun arm- und beinamputierten Kurt Schumacher, der biedere Erich Ollenhauer und der gelehrte Bonvivant Carlo Schmid den Ton angaben, würde solchen Gegnern und ihren schamlosen Tricks künftig gewachsen sein?

Die meisten waren Parlamentsneulinge, zuverlässige Partei- oder Gewerkschaftsfunktionäre, fleißige Männer und Frauen mit beträchtlichem Sachverstand, aber mehr für die Arbeit in den Ausschüssen als für Wortgefechte im Plenum geeignet oder gar als geschickte Taktiker, kühne Strategen oder neue Theoretiker vorstellbar.

Geht man die Namen derer durch, die 1949 auf den Landes- und jeweiligen Ergänzungslisten für die SPD Mandate errangen, so stößt man nur auf

Heinrich Deist (1902-1964) und Erwin Schoettle (1899-1976).

ganz wenige Namen, deren Träger die sozialdemokratische Politik der nächsten beiden Jahrzehnte wesentlich beeinflußt haben. Aus Baden, wo die SPD nur drei von insgesamt zwölf zu vergebenden Bundestagssitzen über die Ergänzungsliste gewonnen hatte, kam niemand von solchem Format; in Bayern, wo die SPD zwölf der 47 Direktmandate, und zwar in allen vier Münchner Wahlkreisen sowie in Bayreuth, Coburg, Hof, Kulmbach, Nürnberg, Fürth, Erlangen und Schwabach, gewonnen hatte, außerdem sechs Mandate über die Landesliste, gab es nur zwei: Waldemar v. Knoeringen, der aber schon nach einem Jahr sein Mandat niederlegte und den bayerischen SPD-Landesvorsitz übernahm, und Käte Strobel, bis 1933 führend in der »Kinderfreunde«-Bewegung innerhalb der SAJ, nun Mitglied des Parteivorstands. In Württemberg-Baden, wo von zwanzig Direktmandaten fünf an die SPD gefallen waren – Stuttgart I und II, Ludwigsburg, Karlsruhe-Stadt und Mannheim-Stadt –, außerdem fünf Mandate über die Landesliste, waren Professor Dr. Carlo Schmid und Erwin Schoettle unter den Gewählten. In Württemberg-Hohenzollern, wo die SPD ein Direkt- und ein Ergänzungslisten-Mandat (von insgesamt acht) errungen hatte, war Fritz Erler gewählt worden, damals Landrat in Tuttlingen, der aber in der ersten Bundestagsfraktion noch zu den Hinterbänklern zählte. Von den fünf SPD-Abgeordneten aus Rheinland-Pfalz profilierte sich keiner, und das französisch verwaltete Saarland war an der Bundestagswahl nicht beteiligt, so daß aus der Südhälfte der Bundesrepublik insgesamt nicht mehr später führende Sozialdemokraten kamen, als man an den Fingern einer Hand abzählen kann. Von den 66 nordrhein-westfälischen Direktmandaten konnte die SPD

1949 fünfundzwanzig erringen – in Solingen-Remscheid, Moers, Mülheim, Essen I und II, Duisburg I und II, Gelsenkirchen, Gladbeck-Bottrop, Bielefeld Stadt und Land, Herford, Detmold, Lemgo, Minden, Wattenscheid-Wanne-Eickel, Herne-Ennepe-Witten, Dortmund I-III, Bochum, Iserlohn, Unna-Hamm und Altena-Lüdenscheid – sowie zwölf Mandate über die Landesliste; ein Einbruch ins von Demontagen bedrohte Ruhrrevier war zwar gelungen, aber insgesamt war auch das nordrhein-westfälische Ergebnis für die Sozialdemokraten enttäuschend, und von den gewählten Abgeordneten gelangte allein Erich Ollenhauer in der Partei und auf Bundesebene zu größerer Bedeutung. In Niedersachsen konnte die SPD 24 von 34 Direktmandaten, aber kein Listen-Mandat erringen. Doch außer Kurt Schumacher und seinem engen Mitarbeiter Herbert Kriedemann, der später kaum noch hervortrat, gehörte keiner zur künftigen Führungsriege im Bund. Gleiches traf auf Schleswig-Holstein zu, wo fünf von vierzehn Direktmandaten und zwei Listenmandate an die SPD fielen.

In Hessen gewann die SPD elf der 22 Direktmandate sowie ein Mandat über die Ergänzungsliste. In Kassel wurde Georg August Zinn gewählt, seit 1920 Mitglied der SPD und seit 1947 Justizminister und SPD-Landesvorsitzender, doch er legte bereits anderthalb Jahre später sein Mandat nieder und wurde für lange Jahre hessischer Ministerpräsident. Nur einer noch aus Hessen rückte später im Bundestag in die erste Reihe vor: der im Wahlkreis Hersfeld-Hünfeld-Rotenburg direkt gewählte Jurist Adolf Arndt, der 1933 aus dem Justizdienst aus »rassischen« Gründen von den Nazis entlassen, später verhaftet und als Zwangsarbeiter eingesetzt worden war. Adolf Arndt, der 1949 Fraktionsgeschäftsführer wurde, machte sich bald einen Namen als »Kronjurist« der Partei und bedeutendster rechtspolitischer Sprecher im Bundestag.

Bleiben noch die Abgeordneten der Stadtstaaten. In Bremen, wo alle drei Direktmandate an die SPD gefallen waren, gab es unter den Gewählten keinen späteren SPD-Bundespolitiker von Rang; in Hamburg, wo die Partei vier von acht Direktmandaten sowie zwei Mandate über die Landesliste gewonnen hatte, sollte einer der Abgeordneten schon bald im Bonner Bundestag seinen Platz in der vordersten Reihe haben und in der Partei zu maßgeblichem Einfluß gelangen. Im Bundestagshandbuch von 1949 stellte er sich mit folgenden Angaben vor:

»Wehner, Herbert, Redakteur, Hamburg (Wahlkreis 8, Finkenwerder-Wilhelmsburg-Harburg-Süderelbe); SPD.

Geboren am 11. Juni 1906 in Dresden. Ausbildung als Industriekaufmann, volkswirtschaftliche und betriebswirtschaftswissenschaftliche Studien. Seit 1925 neben- und dann hauptberuflich journalistisch und publizistisch tätig, vor 1933 hauptsächlich auf dem Gebiete des Betriebsräterechts und der gewerkschaftlichen Praxis. Von 1930 bis 1932 Abgeordneter des Sächsischen Landtags. Von 1923 bis 1927 Mitglied der SPD, dann bis 1942 der KPD. Auslandsaufenthalt seit 1935, u. a. in der Sowjetunion. Von 1944

Adolf Arndt mit Willy Brandt im Jahr 1963.

bis 1946 in Schweden, Tätigkeit als Viscosearbeiter, dann als wissenschaftlicher Hilfsarbeiter. Seit September 1946 als Redakteur in Hamburg. Mitglied des Landesvorstands der SPD.«

Schließlich gab es noch die Abgeordneten, die vom West-Berliner Stadtparlament in den Bundestag entsandt worden waren, dort aber kein Stimmrecht hatten – sonst hätte Konrad Adenauer bei seiner Wahl zum Bundeskanzler noch fünf weitere Stimmen aus den Reihen der Opposition benötigt. Die Namen der Berliner SPD-Abgeordneten waren: Paul Löbe, Franz Neumann, Louise Schroeder, Dr. Otto Suhr und Willy Brandt.

Der dreiundsiebzigjährige Löbe, der in den Jahren der Weimarer Republik mit nur einer kurzen Unterbrechung Reichstagspräsident gewesen war, eröffnete am 7. September 1949 als Alterspräsident die konstituierende Sitzung des ersten Bundestages in Bonn, trat dann aber kaum noch hervor. Franz Neumann, Otto Suhr und Louise Schroeder sowie zunächst auch

Kurt Schumacher und Herbert Wehner.

Willy Brandt nahmen auf die Bundespolitik kaum Einfluß, sondern übernahmen politische Aufgaben in West-Berlin.

Alles in allem hatte die neue SPD-Fraktion im ersten Bundestag kaum mehr als ein Dutzend Persönlichkeiten, die sich für die Vorstandsarbeit, die Geschäftsführung und die Leitung wichtiger Ausschüsse eigneten; die zwölf Jahre des Nazi-Terrors hatten die sozialdemokratischen Führungskader in weit stärkerem Maße gelichtet als die aller anderen Parteien, die Kommunisten ausgenommen. Wäre aus den Wahlen vom 14. August 1949 die SPD als Sieger hervorgegangen und hätte Kurt Schumacher das erste Kabinett bilden und alle Schlüsselstellungen im Bund besetzen können, so wäre die Partei in arge personelle Schwierigkeiten geraten.

Tatsächlich war die SPD in den Wahlkampf gegangen, ohne den Wählern eine Regierungsmannschaft vorzustellen. »Innerhalb und außerhalb der Partei gab es niemanden«, heißt es dazu bei Theo Pirker, »der auch nur eine Ahnung hatte, wie eine zukünftige sozialdemokratische Bundesregierung aussehen... und was... (ihr) Regierungsprogramm sein würde.«

Erst nach der verlorenen Bundestagswahl rief Schumacher den Parteivorstand nach Bad Dürkheim zusammen und entwickelte ihm sein Programm einer »intransigenten (unversöhnlichen, starren) Opposition«, wobei er davon ausging, daß Adenauer eine so geringe Mehrheit im Parlament hätte, daß seine Regierung das Land »zwar verwalten, aber nicht regieren« könnte und auf die Unterstützung durch die SPD angewiesen wäre. Es sollte sich indessen rasch erweisen, daß sich Schumacher mit dieser Einschätzung gründlich irrte, und damit wurde auch seine Strategie einer »intransigenten Opposition« sehr fragwürdig, ging sie doch davon aus, daß die Regierung Adenauer keine entscheidenden politischen Schritte ohne die SPD unternehmen könnte. Im einzelnen besagten die »Dürkheimer Punkte«, die Schumacher der Partei als sein Programm vorlegte und die sie billigte: »Die Voraussetzungen für ein gesundes deutsches Staatswesen können nur geschaffen werden, wenn das deutsche Volk folgende Grundsätze in seinem öffentlichen Leben durchsetzt:

1. Überwindung der Arbeitslosigkeit« – es gab im Winter 1949/50 in der Bundesrepublik fast zwei Millionen Arbeitslose – »durch eine Politik der Vollbeschäftigung. Dazu ist die Stärkung der Kaufkraft und die Erhöhung des Reallohns erforderlich. Abwehr weiterer Preissteigerungen. Umbau des Steuersystems durch Entlastung der kleinen Einkommen.

2. Planung und Lenkung der Kredite und Rohstoffe zur Befriedigung des volkswirtschaftlichen Bedarfs. Ablehnung einer vom bloßen Profitinteresse bestimmten Wirtschaftspolitik.

3. Sozialer Lastenausgleich durch Zugriff auf die Vermögen selbst und nicht nur auf die Erträgnisse der Vermögen.

4. Sofortige Inangriffnahme des Wohnungsbaus unter besonderer Förderung des sozialen Wohnungsbaus durch den Bund.

5. Wirtschaftliche und gesellschaftliche Seßhaftmachung und Freizügigkeit für die Vertriebenen und Kriegsgeschädigten durch zentrale Maßnahmen. Schaffung eines Flüchtlingsministeriums. Zusätzliche Finanzhilfe an die mit Flüchtlingen überbelegten Länder.

6. Neuordnung der Sozialversicherung, des Rentenwesens und der Versorgung der Kriegsbeschädigten mit dem Ziel der Verbesserung der Leistungen, Hilfe für die Opfer der Diktaturen.

7. Mitbestimmung der Arbeitenden in den Betrieben und gleichberechtigte Einbeziehung der Gewerkschaften in die Selbstverwaltung der Wirtschaft.

8. Politische und wirtschaftliche Entmachtung des großen Eigentums und der Manager durch Sozialisierung der Grundstoff- und Schlüsselindustrien.

9. Sicherung der freien Entfaltung des gewerblichen und bäuerlichen Mittelstands.

10. Sicherung und Stärkung der kommunalen Selbstverwaltung, insbesondere durch einen den Gemeindeaufgaben gerecht werdenden Bundesfinanzausgleich.

11. Beschränkung der alliierten Einwirkungen auf bestimmte und reine Kontrollmaßnahmen. Änderung des Ruhrstatuts. Abwehr der Demontage deutscher Friedensindustrien.

12. Einbeziehung Berlins als zwölftes Land in die deutsche Bundesrepublik. Bis dahin schnelle und wirksame Hilfe für Berlin.

13. Die Ablehnung der Oder-Neiße-Linie als deutsche Ostgrenze. Verbleib des Saargebietes im deutschen Staatsverband. Abwehr neuer Gebietsabtretungen.

14. Unermüdlicher Appell an die moralischen Kräfte der Welt für die Freilassung der Kriegsgefangenen und Frauen. Rückführung der Verschleppten. Kampf gegen Sklavenarbeit in jeder Form und gegen die Konzentrationslager in der sowjetischen Besatzungszone.

15. Wahrung des im Grundgesetz vorgesehenen Vorrechts des Bundestages gegenüber partikularen Gewalten und Interessen. Die Bundesgewalt muß imstande sein, die äußeren und inneren Kriegsfolgelasten gerecht zu verteilen und die Funktionen des deutschen Staates zu erfüllen.

16. Sicherung der Freiheit der Lehre, der Verkündung und der Ausübung jeder Religion und jeder Weltanschauung. Bekämpfung des Mißbrauchs kirchlicher Einrichtungen und Personen als Instrumente des politischen Machtkampfes. Abwehr jedes Versuchs, die sozialen und politischen Probleme durch Entfachung eines Kulturkampfes zu vernebeln.

Die Sozialdemokratische Partei kämpft unter Ablehnung jeglicher Art von Nationalismus für die Gleichberechtigung aller Völker und für die Neuordnung Europas. Darum kämpft sie für die Wiedervereinigung Deutschlands auf der Grundlage der persönlichen und staatsbürgerlichen Freiheit und Gleichheit in allen Besatzungszonen, insbesondere in der sowjetischen

446

Zone. Nur diese Politik hält die Sozialdemokratische Partei für möglich und erfolgreich. Sie ist bereit, hierfür mit allen ihr zu Gebote stehenden Kräften einzutreten. Jede andere Politik wird sie mit der gleichen Entschiedenheit bekämpfen.«

Ein »Kleiner Parteitag« der SPD – Parteiausschuß und Fraktion – bestätigte Ende September 1949 dieses Programm. Wenige Tage später berief Schumacher die Sekretäre aller Landesorganisationen nach Springe ein, um ihnen die Ursachen der Niederlage vom August und das Programm der intransigenten Opposition zu erläutern. Als Gründe für die Wahlniederlage nannte er: die Diskreditierung des Sozialismus durch die Sowjetunion und ihre deutschen Trabanten; die gegnerische Propaganda, die die SPD als »Vorhut Moskaus« dargestellt hätte; die Einmischung der Kirchen, zumal der katholischen, die offen Partei für die CDU ergriffen hätte; die englische Wirtschaftskrise, die man der regierenden Schwesterpartei, der Labour Party, angelastet hätte – kurz, die Niederlage wäre auf eine Fülle von widrigen Umständen zurückzuführen.

Die Möglichkeit, daß die Partei selbst, ihre Politik oder gar ihre Führung dafür verantwortlich sein könnten, zog Kurt Schumacher nicht einmal in Erwägung. »Im nächsten Anlauf schaffen wir es!« tröstete er die Funktionäre.

447

21.

Von Dürkheim bis Godesberg
1950-1959

Bei der Wahl des ersten Bundespräsidenten am 12. September 1949 hätte die SPD gute Aussichten gehabt, einen der Ihren – etwa Paul Löbe, Max Brauer oder Louise Schroeder – durchzubringen. Ein Teil des bürgerlichen Lagers neigte der Ansicht zu, um des inneren Friedens willen sollte ein Sozialdemokrat das – ohnehin ja vornehmlich dekorative, vom Grundgesetz mit sehr bescheidenen Befugnissen ausgestattete – Amt des Staatsoberhaupts übernehmen. Der linke Flügel der Unionsparteien, der in der neuen Einheitsgewerkschaft, dem DGB, mit den sozialdemokratischen Gewerkschaftern eng zusammenarbeitete, favorisierte Max Brauer. Der damals zweiundsechzigjährige Brauer, seit 1903 in der SPD und dort zunächst im Arbeiterbildungswesen tätig, war von 1924 bis 1933 Oberbürgermeister von Altona gewesen, von den Nazis bis Ende 1933 in Schutzhaft genommen worden und dann in die Emigration gegangen, hatte als Gutachter für den Völkerbund, von 1936 an als Dozent in den USA ein hohes Ansehen gewonnen und stand seit seiner Rückkehr in die Heimat als Erster Bürgermeister an der Spitze des Hamburger Senats. Er genoß über die Hansestadt hinaus große Popularität und hatte das volle Vertrauen auch der christlich-demokratischen Arbeitnehmerschaft. Aber Kurt Schumacher verhinderte die Nominierung Max Brauers, die nicht zu seiner Linie der »intransigenten Opposition« gepaßt hätte. Er wünschte, daß die SPD an keinem Regierungsakt der nächsten Jahre beteiligt sein würde, nicht einmal durch die Unterschrift eines sozialdemokratischen Bundespräsidenten unter ein Gesetz der Adenauer-Regierung.

Gegen zunächst heftigen Widerstand setzte Schumacher schließlich seine eigene Kandidatur durch, die nur als Provokation gedacht war und bei den christlichen Gewerkschaftern auch so verstanden wurde, von denen etwa 35 bereit gewesen wären, in der Bundesversammlung für Max Brauer zu stimmen. Schumacher unterlag dann bei der Präsidentenwahl dem Liberalen Theodor Heuss mit 311 gegen 377 Stimmen, und damit hatte die SPD die Chance vertan, mit gewerkschaftlicher Unterstützung einen international angesehenen und in Deutschland populären Sozialdemokraten ins höchste Staatsamt zu bringen.

Außerdem waren die Gewerkschaftsführer nun verärgert, doch dem maß Schumacher wenig Bedeutung bei. »Die Partei«, heißt es dazu bei Theo Pirker, »übersah . . . die Aufgaben und Möglichkeiten im außerparlamentarischen Rahmen. Sie begrüßte zwar die Zusammenfassung der Gewerkschaften in einem Bunde, aber es genügte ihr zu wissen, daß treue sozialdemokratische Genossen die wichtigsten Positionen (dort) besetzt hielten.

Dies sollte sich als einer der größten und folgenschwersten Irrtümer Schumachers herausstellen. Im Grunde genommen konnte Schumacher und die führenden Sozialdemokraten in der Bonner ›Baracke‹«, der neuen, absichtlich zur Unterstreichung des Provisoriums auf feste Mauern verzichtenden Behausung des Parteivorstands, »mit dem Gedanken sehr wenig anfangen, die Gewerkschaften in den machtpolitischen Kämpfen mit einzusetzen, und ein Greuel war ihnen der Gedanke, daß die Gewerkschaftsbewegung in politische Konkurrenz mit der Partei – wenn auch zugunsten der politischen Zielsetzungen der SPD – auftreten könnte. Schumacher hatte jedoch nicht nur ein schiefes Verhältnis zur Gewerkschaftsbewegung, sondern – was besonders bei der Spezialisierung der Partei überraschend war – auch ein schiefes Verhältnis zum Parlament. Das sollte sich bereits in der Generaldebatte um die Regierungserklärung . . . zeigen.«

Schon der Auftritt Schumachers war beeindruckend: Auf den Berliner SPD-Abgeordneten Franz Neumann gestützt, betrat er ein eigens für ihn, den Arm- und Beinamputierten, vorbereitetes Podium und griff sofort Adenauers neue Regierung in einer Weise an, als spräche er auf einer Wahlversammlung. Er war entschlossen, die intransigente Opposition bis zur äußersten Konsequenz zu betreiben.

Auch in den Bundestagsdebatten der folgenden Wochen behielt Kurt Schumacher diese Linie bei. Nachdem am 7. Oktober 1949 Wilhelm Pieck und Otto Grotewohl die Deutsche Demokratische Republik proklamiert hatten, stritt Schumacher dieser Gründung jeden staatlichen Charakter ab,

Die Bonner »Baracke«

449

bezeichnete die DDR als »russische Staatsprovinz«, ließ aber auch keinen Zweifel an seiner Einschätzung des Provisoriums Bundesrepublik als bloßen »Klassenstaat«. Als einzige moralisch legitimierte nationale und demokratische Kraft bezeichnete er die Sozialdemokratie, die politische Repräsentanz der deutschen Arbeiterbewegung – eine gefährliche Vernachlässigung der Tatsache, daß der DGB als Einheitsgewerkschaft gegründet worden war und daß der damals noch starke linke Flügel der CDU sich auch der Arbeiterbewegung zurechnete und zumindest auf sozialpolitischem Gebiet noch als Verbündeter hätte gewonnen werden können.

»Die Intransigenz der Opposition«, heißt es dazu bei Theo Pirker, »hatte ihre tiefen Gefühle nicht zuletzt im Denken und Reden ihres Führers. Sie mußte sich früher oder später überschlagen und ihre politische Unfruchtbarkeit, ihren illusorischen Charakter sichtbar werden lassen. Diese ›Sekunde der Wahrheit‹ kam im Bundestag für die SPD viel schneller, als sie annehmen konnte.«

Sie kam in der Nacht vom 24. zum 25. November 1949, nachdem am Morgen zuvor das sogenannte »Petersberger Abkommen« bekanntgegeben worden war. Auf dem Bonn gegenüberliegenden Petersberg hatte Adenauer in drei Unterredungen mit den westlichen Militärgouverneuren Abmachungen getroffen, von denen er behauptete, dem Parlament fehle die Kompetenz, über deren Rechtmäßigkeit zu entscheiden.

Ob das nun zutraf oder nicht: Das Abkommen wog schwer genug, um vom Bundestag beraten zu werden, enthielt es doch die Absichtserklärung der Bundesregierung zum Beitritt zur internationalen Ruhrbehörde, wogegen sich die Militärgouverneure verpflichteten, eine Reihe von Großunternehmen der Chemie- und Stahlindustrie – darunter Bayer-Leverkusen, die August-Thyssen-Hütte, Ruhröl, Ruhrchemie, Chemiewerke Hüls, Klöckner, Ruhrstahl und Bochumer Verein – ganz oder teilweise von der Demontageliste zu streichen. Der Verdacht lag nahe, daß es sich hier um ein Geschäft zwischen der westdeutschen und der französischen Schwerindustrie handelte, das zu Lasten der Gesamtwirtschaft und der nationalen Interessen Deutschlands ging.

Adenauer war fest dazu entschlossen, das Abkommen nicht am Bundestag scheitern zu lassen und es durchzudrücken, selbst wenn das Parlament ihm erst im Zustand völliger Erschöpfung zustimmen würde. Er bewog die Fraktionen seiner Koalition, einen Antrag auf Abbruch der Sitzung um Mitternacht abzulehnen, und dann spielte er rasch noch einen Trumpf aus: Er verlas ein Telegramm des DGB-Vorstands, das besagte, die Gewerkschaften stimmten dem sie »nicht in allen Teilen befriedigenden« Abkommen im Interesse der von Demontage und Arbeitsplatzverlust bedrohten Arbeitnehmer zu und wären zur Mitarbeit in der internationalen Ruhrbehörde bereit.

Es war ein schwerer Schlag für die SPD und zumal für Kurt Schumacher, der das Telegramm des DGB zunächst für eine glatte Fälschung Adenauers gehalten hatte, bis es ihm aus Düsseldorf bestätigt worden war. Damit hatte der DGB klargestellt, daß nicht Schumacher und die SPD allein über vitale Interessen der Arbeitnehmer entscheiden könnten, sondern daß sich der DGB-Bundesvorstand dies ebenfalls vorbehielte. Inzwischen war es bereits zwei Uhr früh; alle erwarteten mit Spannung die Reaktion Schumachers, doch an dessen Stelle sprach zunächst Ollenhauer, der von der eingeschlagenen Linie, trotz des Debakels, das die SPD damit gerade erlitten hatte, keinen Schritt zurückwich.

Gegen drei Uhr früh kam Adenauer wieder auf das DGB-Telegramm zu sprechen und hielt der SPD vor:»Ich muß... leider feststellen, daß die sozialdemokratische Fraktion bereit ist, eher die ganze Demontage bis zum Ende gehen zu lassen, als an Stelle eines Beobachters einen Vertreter in die Ruhrbehörde zu entsenden!... Wenn sie erklärt: Nein, dann weiß sie... daß die Demontage bis zum Ende durchgeführt wird!«

An dieser Stelle verzeichnet das Protokoll einen Zwischenruf Dr. Schumachers:»Das ist nicht wahr!«, sowie Gegenrufe von der CDU/CSU, dann einen Zuruf aus der SPD-Fraktion:»Sprechen Sie als deutscher Kanzler?«, und den Einwurf Dr. Schumachers:»Der Bundeskanzler der Alliierten!«, der stürmische Proteste aus der Mitte des Hauses und von rechts auslöste. Schumacher wurde vom Präsidenten zur Ordnung gerufen, etwas später, da er nichts zurücknehmen und sich auch nicht bei Adenauer entschuldigen wollte, für zwanzig Sitzungstage von den Sitzungen des Parlaments ausgeschlossen.

Adenauer aber hatte erreicht, was er wollte. Denn weder der von ihm selbst provozierte Zwischenfall noch dessen spätere offizielle Beilegung änderte etwas an der Tatsache, daß der Kanzler seinen Willen durchgesetzt hatte, ohne dem Parlament auch nur die Chance einzuräumen, seine Abmachungen mit den westlichen Besatzungsmächten genau zu prüfen und sie dann entweder gutzuheißen oder abzulehnen. Es war nicht nur eine geschickte Finte, durch die sich Kurt Schumacher hatte provozieren lassen, sondern der Beginn einer vierzehnjährigen»Kanzlerdemokratie«, die fast eine Kanzler-Autokratie war und in der die Sozialdemokraten in die Rolle der ewigen Neinsager gedrängt waren.

Schumacher und seine Freunde hatten zwar recht, wenn sie daran zweifelten, daß Adenauer ein *deutscher* Kanzler wäre – in dem Sinne, daß er dann die Interessen *aller* Deutschen hätte vertreten müssen, anstatt, wie er es tat, die Spaltung zu vertiefen und den neuen Weststaat, die Bundesrepublik, schleunigst voll in das westliche Bündnis zu integrieren. Aber Adenauer konnte und wollte gar nichts anderes sein als der Verwirklicher der möglichst vollständigen Westintegration der Bundesrepublik unter Verzicht auf das übrige Deutschland östlich der Elbe, das er ohnehin als»preußisch«, ja »heidnisch« und dem Westen fremd ansah und das, wäre es mit der Bundesrepublik vereinigt worden, mit seinem protestantischen Übergewicht und seinen starken sozialistischen Mehrheiten ihn und seine Partei zu ohnmächtiger Opposition verurteilt hätte.

Die Konsequenz dieser Einstellung Adenauers war für Kurt Schumacher ein radikaler Kampf gegen dessen Politik. Noch kurz vor seinem Tode – er starb bereits am 20. August 1952 – hat Schumacher im Vorwort zu dem Entwurf eines neuen Aktionsprogramms diese entschiedene Absage an die Adenauersche Politik begründet. Die Deutschen, so heißt es da, dürften »unter keinen Umständen in die Position der Unterworfenen sinken«; »die Politik der deutschen Demokratie darf nicht eine Funktion der westlichen Besatzungsmächte sein«; »ein neues nationales Selbstbewußtsein« müsse den Deutschen gegeben werden, »gleich fern von dem frevelhaften Übermut der Vergangenheit und der heute weit verbreiteten Neigung, in jedem alliierten Wunsch eine Offenbarung europäischer Gesinnung zu sehen«. Für die SPD, so Kurt Schumacher damals, »ist die deutsche Einheit kein Fernziel, sondern das Nahziel!«

»Nur auf dem Hintergrund dieser Konzeption..., die er um so leidenschaftlicher verfocht, je schärfer sie mit den Zielsetzungen und der taktischen Anpassungsfähigkeit seines siegreichen Konkurrenten um die Macht im Staate kontrastierte«, hat Susanne Miller dazu bemerkt, »lassen sich die von Schumacher herbeigeführten und von seinem Nachfolger Erich Ollenhauer zunächst fortgesetzten Entscheidungen der SPD begreifen. Es ging dabei um drei Komplexe, die eng miteinander verbunden waren: die politische und wirtschaftliche Eingliederung der Bundesrepublik in Westeuropa; ihre Stellung innerhalb des Westblocks; ihre militärische Aufrüstung.«

Auf dem Hamburger Parteitag von Ende Mai 1950 kam es erstmals zu einer lebhaften Debatte um das Für und Wider der Schumacherschen Totalopposition, wobei es konkret um den Beitritt der Bundesrepublik zum Straßburger Europarat ging. Schumacher begründete seine Ablehnung eines Beitritts damit, daß das Saargebiet ebenfalls als Mitglied aufgenommen werden sollte, womit dessen Eigenstaatlichkeit anerkannt würde, aber auch generell: Dieser Europarat symbolisiere »das konservative, klerikale, kapitalistische, kartellistische Sechsereuropa« – eine sarkastische Formel, die Schumacher dann noch häufig und in immer neuen Variationen benutzte. Sein tieferer Beweggrund für sein starres Nein zur Mitarbeit Bonns in westeuropäischen Gremien und Institutionen aber war wohl die Befürchtung, daß dadurch immer neue Erschwernisse für die Wiedervereinigung der beiden deutschen Teilstaaten entstehen würden.

Auf dem Hamburger Parteitag wurde Kurt Schumacher, zumal bei seiner Forderung nach Nichtbeteiligung am Straßburger Europarat, wirkungsvoll unterstützt von Professor Carlo Schmid, dessen Referat, »Die SPD vor der geistigen Situation der Zeit«, großes Aufsehen erregte. Der damals vierundfünfzigjährige Tübinger Völkerrechtler, der in Perpignan geboren und dessen Mutter Französin gewesen war, der 1914 als deutscher Kriegsfreiwilliger gekämpft und 1940 als Kriegsverwaltungsrat in Lille Erleichterungen für die französische Zivilbevölkerung durchgesetzt hatte, war 1945 der SPD beigetreten und ihr Landesvorsitzender im französisch besetzten Südwürt-

Carlo Schmid, Erich Ollenhauer und Ernst Reuter im März 1949.

temberg geworden. Inzwischen galt er als der Parade-Intellektuelle der Partei, gehörte zu den Vätern des Grundgesetzes und war zum Vizepräsidenten des Bundestags gewählt worden. Sein Wort hatte Gewicht, und als er in Hamburg erklärte, die Partei könnte nicht »geistige Heimat« sein und brauchte kein Dogma, wohl aber eine Doktrin, gab es zum Erstaunen der Parteitagsleitung eine lebhafte Diskussion.

»In dieser Debatte«, so erinnert sich Theo Pirker, »sprach kein einziger Marxist. Die Verjüngung, Veredelung und Modernisierung des geistigen Standpunkts der Partei«, die von allen Diskussionsteilnehmern gefordert wurde, »muß sich auf etwas anderes als den Marxismus bezogen haben . . .« Vielleicht sehnten sich manche Delegierte, auch wenn sie es nicht ausdrücklich forderten, nach etwas weniger starrer Opposition, als sie Schumacher proklamiert hatte, und nach einem weniger autoritären Führungsstil. Einer der Jüngeren, Fritz Erler, erhielt jedenfalls einigen Beifall, als er für eine stärkere Demokratisierung des Parteiapparats eintrat.

Schumachers Europapolitik, von Carlo Schmid verteidigt, wurde dann vom Parteitag bestätigt; Schumacher erhielt bei nur elf Gegenstimmen ein überwältigendes Vertrauensvotum. Aber die wenigen Kritiker seiner Politik, neben Paul Löbe und dem populären Hamburger Bürgermeister Max Brauer auch West-Berlins »Regierender« Ernst Reuter, waren durchweg Persönlichkeiten von großem politischem Gewicht. Auch der abwesende Bürgermeister und Senatspräsident von Bremen, Wilhelm Kaisen, hatte sich zuvor gegen den starren Schumacher-Kurs ausgesprochen und wurde dafür bei der Wahl des Parteivorstands übergangen. Dabei war Kaisen, seit 1905 in der Bremer SPD aktiv, nach 1933 wiederholt in Schutzhaft und 1945 ein »Mann der ersten Stunde«, der für seine Vaterstadt Enormes geleistet hatte, in der Partei weit über Bremen hinaus hoch angesehen und sehr populär. Aber Kurt Schumachers Getreue, an ihrer Spitze Egon Franke und Alfred Nau, gaben kein Pardon, wenn jemand »den Chef« öffentlich kritisierte; Kaisen mußte seinen Platz im Parteivorstand räumen.

So war es selbstverständlich, daß sich die anderen, zumal die jüngeren Kritiker Zurückhaltung auferlegten, auch der damals sechsunddreißigjährige Willy Brandt, der zum erstenmal als Bundesparteitagsredner auftrat. Er galt in Schumachers Umgebung als »Ernst Reuters junger Mann«, was deren Sympathien für Brandt nicht erhöhte, sah man doch in der Baracke den überaus populären Ernst Reuter als einen lästigen Rivalen des Chefs an, der zum Wohle West-Berlins mit den westlichen Stadtkommandanten Politik auf eigene Faust betrieb.

Willy Brandt, der Schumachers Europapolitik in einigen Punkten guthieß, in anderen vorsichtig kritisierte, war damals bereits ein in den europäischen Schwesterparteien der SPD bekannter Mann. Er war 1933 über Dänemark nach Norwegen emigriert, hatte dort nach seiner Ausbürgerung durch die Nazis die norwegische Staatsbürgerschaft angenommen, als Korrespondent am Spanischen Bürgerkrieg teilgenommen und war nach Kriegsende zunächst als Vertreter skandinavischer Zeitungen nach Berlin gekommen, dort auch zeitweise Presseattaché der norwegischen Botschaft gewesen. 1947 hatte er sich im heimatlichen Schleswig-Holstein unter seinem Schriftstellernamen Willy Brandt wiedereinbürgern lassen, und nachdem er auf dem West-Berliner SPD-Parteitag 1949 ein Referat über »Programmatische Grundlagen des demokratischen Sozialismus« gehalten hatte, war ihm von Ernst Reuter ein wichtiger Senatsposten angeboten worden. Aber Willy Brandt hatte sich dann doch dafür entschieden, für Berlin nach Bonn zu gehen, wenn auch ohne Stimmrecht im Bundestag. Schon damals galt er vielen als ein »kommender Mann« in der Partei.

Die von Brandt in Hamburg behutsam kritisierte Europa-Politik des Parteivorstands wurde vollends unglaubwürdig, als trotz der beschlossenen Ablehnung eines deutschen Beitritts zum Europarat SPD-Vertreter dorthin entsandt wurden. »Auch in allen anderen politischen und wirtschaftlichen Europa-Institutionen«, heißt es dazu bei Susanne Miller, »spielten deutsche Sozialdemokraten in der Folgezeit eine wichtige, in manchen sogar eine führende Rolle, die sie in den wirtschaftlichen Organisationen auch dem Umstand verdankten, daß der DGB von vornherein eine positive, wenn auch nicht unkritische, Haltung der Montan-Union gegenüber einnahm. Ungeachtet ihres anfänglichen Widerstands gegen das ›Sechsereuropa‹ hatte die SPD einen bedeutenden Anteil an seiner Entwicklung, Prägung und Erweiterung.«

Im Gegensatz zur Intransigenz sozialdemokratischer Opposition in allen Fragen, durch die die Spaltung vertieft und die Wiedervereinigung erschwert werden konnte, verhielt sich die SPD-Fraktion im Bundestag durchaus konstruktiv im gesamten innen- und sozialpolitischen Bereich. Der weitaus größte Teil aller Gesetze in der Aufbauphase der Bundesrepublik wurde mit den Stimmen der Sozialdemokraten verabschiedet, wobei sie besonderen Einfluß auf die den sozialen Wohnungsbau betreffende Gesetzgebung nehmen konnten.

Auf sozialpolitischem Gebiet konnte sich die SPD indessen bei zwei wichtigen Gesetzen nicht hinreichend durchsetzen: beim Lastenausgleich und beim Kindergeld. In beiden Fällen stimmte sie dann gegen die Regierungsvorlage, wogegen das bahnbrechende Gesetz über die paritätische Mitbestimmung der Arbeitnehmer in Unternehmen des Bergbaus und der Eisen- und Stahlproduktion mit den Stimmen der CDU wie der SPD angenommen wurde. Mit ihrem Entwurf eines verbesserten Betriebsverfassungsgesetzes stand die SPD jedoch allein da; der Regierungsentwurf, der erhebliche Mängel aufwies, wurde von der Koalitionsmehrheit gegen die Stimmen der SPD, die namentliche Abstimmung beantragt hatte, in dritter Lesung angenommen. Bei der Verabschiedung des Bundeshaushalts stimmte die SPD-Fraktion, obwohl sie daran mitgearbeitet und Verbesserungen durchgesetzt hatte, stets mit Nein, wie es schon unter Bebels Führung im Kaiserreich Tradition gewesen war. Die eigentliche harte Konfrontation aber spielte sich auf den Gebieten der Außen-, Europa- und vor allem der Militärpolitik ab.

Adenauers schon 1950 gefaßter Entschluß, einen »deutschen Beitrag« zum westlichen Militärbündnis zu leisten, entsprach einesteils sowohl seinen restaurativen Absichten wie der von ihm verfolgten Politik der Westintegration auf allen Gebieten, andernteils den Wünschen Washingtons, das zur »Politik der Stärke« und in Korea zum »heißen Krieg« übergegangen war. Der Widerstand der SPD gegen die Wiederbewaffnung und die Eingliederung der zu schaffenden Bundeswehr in ein westliches Verteidigungssystem – zunächst war an eine »Europäische Verteidigungsgemeinschaft« (EVG) gedacht – konnte sich zwar auf die weitverbreitete pazifistische und antimilitaristische Grundstimmung nicht nur in der Partei, sondern in der gesamten Bevölkerung stützen.* Aber Schumacher begründete die Ablehnung eines Verteidigungsbeitrags der Bundesrepublik wiederum nur unter dem Gesichtspunkt, daß die nationalen Interessen Vorrang haben müßten und die Wiedervereinigung nicht erschwert werden dürfte.

Schumachers kompliziertes Verteidigungskonzept ging von zwei Grundsätzen aus: Deutschland müßte »an der Oder, nicht an der Elbe« verteidigt werden, lautete der eine; der andere, daß die Bundesrepublik erst ein gleichrangiger, souveräner Partner der Siegermächte werden müßte, ehe von ihr ein militärischer Beitrag zum westlichen Bündnis erwartet werden könnte.

»Die Teilung Deutschlands ist die größte Stärke der sowjetischen Außenpolitik«, hatte Kurt Schumacher noch am Nachmittag des 20. August 1952 einem amerikanischen Fernsehjournalisten aufs Tonband gesprochen. »Nach Auffassung der Sozialdemokratie ist die Wiedervereinigung Deutschlands wichtiger für den Frieden und die Konstituierung Europas als jede Form der Integration eines Teiles von Deutschland mit anderen europäischen Ländern.«

Wenige Stunden später fand Annemarie Renger, seine langjährige engste Mitarbeiterin, Kurt Schumacher tot in seinem Arbeitszimmer. Der schärfste und gefürchtetste Gegner der Adenauerschen Politik und unumstrittene Führer der Nachkriegs-SPD war einem Kreislaufversagen erlegen.

Drei Tage später fand Schumachers Politik, die Deutschland die Wiedervereinigung und die Wiederherstellung seiner Souveränität, der Sozialdemokratie die Möglichkeit verschaffen sollte, ihre demokratischen, sozialen und antikapitalistischen Vorstellungen in ganz Deutschland zu verwirklichen, eine nachträgliche Rechtfertigung: In einer Note an die Westmächte bot die Sowjetunion ihre Bereitschaft an, die Deutschlandfrage auf der Grundlage freier Wahlen in beiden deutschen Staaten und einer Viermächte-Vereinbarung zu lösen.

Es kann heute kein Zweifel mehr daran bestehen, daß Moskau damals die Absicht hatte, einer Wiedervereinigung der beiden deutschen Staaten zuzustimmen, um die Aufrüstung der Bundesrepublik und ihren Beitritt zur NATO zu verhindern. Analog dem zwei Jahre später abgeschlossenen Staatsvertrag mit Österreich, das zu »immerwährender Neutralität« verpflichtet wurde, dafür seine volle Souveränität zurückerhielt und von allen Besatzungstruppen geräumt wurde, sollte das wiedervereinigte Deutschland zu ähnlichen Bedingungen aus den Einflußsphären der beiden großen Machtblöcke ausscheiden.

Indessen waren die Regierungen in Bonn wie in Washington zu keinem solchen Abkommen bereit. Die Aufrüstung der Bundesrepublik und ihre Integration in das westliche Bündnis war bereits im Gange; schon 1950 hatte Adenauers damaliger Innenminister Dr. Gustav Heinemann, einer der führenden evangelischen Christen in der CDU, unter Protest gegen die heimlichen Remilitarisierungs-Abmachungen des Bundeskanzlers mit den Westmächten seinen Rücktritt erklärt. 1952 trat Gustav Heinemann aus der CDU aus und gründete mit einigen christlichen, in Opposition zu Adenauer stehenden Freunden eine neue Partei, die Gesamtdeutsche Volkspartei, die in Fragen der Außen- und Deutschlandpolitik weitgehend mit der SPD übereinstimmte.

Bei den Sozialdemokraten hingegen kam es nach dem Tod Kurt Schumachers zu einer ersten, noch kaum wahrnehmbaren Kurskorrektur. Vier Wochen nachdem der Führer der Nachkriegs-SPD unter großer Anteilnahme der Bevölkerung in Hannover zu Grabe getragen worden war, hatte der Parteitag in Dortmund mit großer Mehrheit Erich Ollenhauer zum neuen Vorsitzenden gewählt. In seiner programmatischen Rede bestätigte Ollenhauer zunächst den alten Kurs: Als vorrangig vor allen europäischen Einigungsbestrebungen müßte weiterhin die deutsche Frage angesehen werden. Dabei, so erklärte er, sollte ein wiedervereinigtes Deutschland aber nicht darin bestehen, daß der eine Teil dem anderen absolut gleich würde. Vielmehr sollte durch Reformen der beiden bestehenden Gesellschaftssysteme eine Lösung gefunden werden, die die Vorteile beider Staaten bewahren, ihre Nachteile beseitigen könnte. Des weiteren sprach sich Ollenhauer entschieden gegen die Europäische Verteidigungsgemeinschaft sowie gegen alle anderen Versuche einer europäischen Politik mit nur sechs beteiligten Nationen aus. Indessen lehnte er einen Beitrag der Bundesrepublik zu einem kollektiven Sicherheitssystem, der auch militärischer Art sein könnte, nicht mehr grundsätzlich ab, und der Parteitag bestätigte diese Kurskorrektur.

Das war insofern von großer Bedeutung und fand international starke Beachtung, weil ohne die Stimmen der SPD keine Verfassungsänderung möglich war, wie sie jede Aufstellung bundesdeutscher Streitkräfte zur Voraussetzung hatte. Die Partei sah hier ihre Chance, nachhaltigen Einfluß auf die Bonner Politik zu nehmen. Doch schon die Ereignisse des folgenden Jahres machten diese Hoffnungen zunichte: In den USA kamen erstmals seit zwanzig Jahren mit Präsident Dwight D. Eisenhower wieder die Republikaner ans Ruder; der neue amerikanische Außenminister John Foster Dulles begann sofort einen Kurs zu steuern, der sich für Konrad Adenauer als äußerst hilfreich erwies. Die nach dem Tod Stalins im März 1953 begonnene Liberalisierung führte zu Unruhen im sowjetischen Machtbereich, in der DDR beim Aufstand vom 17. Juni zum Einsatz sowjetischer Panzer gegen deutsche Demonstranten. Bundesregierung und SPD-Führung fanden sich in gemeinsamen Protesten zusammen, und alles deutete auf einen nationalen Burgfrieden hin, obwohl am 6. September 1953 ein neuer Bundestag zu wählen war. Die Wahlkampf-Offensive ihrer Gegner, die Anfang August begann, traf die SPD, die darauf nicht vorbereitet war, aufs schwerste. Sie konnte rückblickend nur mit deutlicher Resignation feststellen: »Dem finanziellen Großeinsatz der gesamten Wirtschaft für die Adenauer-Koalition hatten wir natürlich nichts auch nur annähernd Gleichwertiges entgegenzusetzen...«*

Es war indessen nicht allein »die Wirtschaft«, die mit Anzeigenkampagnen bisher nicht gekannten Umfangs und Einfallsreichtums sowie mit Millionenspenden der Unternehmerverbände die Adenauer-Koalition unterstützte; massive Hilfe kam auch aus den USA, und Präsident Eisenhower selbst griff in der heißen Phase des Wahlkampfs mit einer Sympathieerklärung für die Politik Adenauers ein, der er bescheinigte, sie sorge vorbildlich für die Sicherheit der Bundesrepublik und deren wachsendes internationales Ansehen, ohne die Wiedervereinigung zu gefährden. Auch die katholischen Bischöfe nahmen in einem Hirtenbrief zur Bundestagswahl eindeutig für Adenauer Partei und forderten die Katholiken auf, ihre Stimme für »christliche Parteien« abzugeben.

Der Kanzler selbst bemühte sich auf einer Vielzahl von Veranstaltungen, die SPD als »prokommunistisch« zu verketzern, und krönte seine skrupellosen Verleumdungen einige Tage vor der Bundestagswahl mit der Behauptung, SPD-Bundestagskandidaten hätten aus der DDR Wahlgelder bezogen – was sich dann, aber für die Wahlen zu spät, als plumpe Fälschung herausstellte.

»Nichts erregte die führenden Sozialdemokraten mehr«, hat Theo Pirker dazu bemerkt, »als wenn man sie als prokommunistisch verleumdete und sie, wie zur Zeit des Kaiserreichs und wie die Deutschnationalen und Nazis in der Weimarer Republik, als national unzuverlässig verschrie. Was nutzte es, daß sie einen ganzen Katalog wahrlich nicht geringer antikommunistischer Leistungen in der jüngeren und älteren Vergangenheit ihrer Partei vorlegten? Sie sahen nicht . . ., daß der Antikommunismus in Westdeutschland bei den Massen der Wähler die Position des Antisemitismus eingenommen hatte, d. h. eines tiefen, weltanschaulich verhärteten und durch Propaganda stets aufs Neue aktualisierten Vorurteils.«

Ernst Reuter sah in diesen letzten Tagen vor der Wahl am klarsten, um was es Adenauer und seinen Freunden in den Konzernleitungen und Unternehmerverbänden, in Washington und im Vatikan bei dieser mit beispiellosem Aufwand geführten Kampagne ging: »Die SPD und die Arbeiterbewegung«, stellte Reuter fest, »soll ein für allemal in die Ecke gestellt und zur politischen Ohnmacht verurteilt werden!«

Die Bundestagswahlen am 6. September 1953 hatten ein für die SPD erschreckendes Ergebnis: Zwar konnte die Partei bei einer Rekord-Wahlbeteiligung von 86,2 Prozent mit einem Zugewinn von einer halben Million Wählern ihren Stimmenanteil noch einigermaßen halten; er sank nur von 29,2 auf 28,8 Prozent. Aber den Unionsparteien war es gelungen, annähernd fünf Millionen Wähler hinzuzugewinnen und ihren Stimmenanteil von 31,0 auf 45,2 Prozent zu steigern! Aufgrund eines neuen Wahlrechts, das mit Hilfe der Fünfprozentklausel die kleinen Parteien ausschloß und die großen durch Überhangmandate begünstigte, ergab sich nun für den Bundestag folgende Sitzverteilung (zum Vergleich die Ergebnisse von 1949 in Klammern dahinter):

Sitze insgesamt:	487	(402)
davon		
CDU/CSU	244	(139)
SPD	150	(131)
FDP	48	(52)
BHE*	27	(–)
Deutsche Partei	15	(17)
Zentrum	3	(10)

Alle übrigen im ersten Bundestag vertretenen Parteien – Kommunisten, Bayernpartei, Rechtsextremisten und Unabhängige – waren ausgeschieden; die CDU/CSU verfügte allein über die absolute Mehrheit, im Bunde mit FDP, BHE und DP, die Adenauer in seine Regierungskoalition aufnahm, sogar über die verfassungsändernde Zweidrittelmehrheit.

Diese schwere Niederlage der SPD, die eigentlich zu einer Parteikrise hätte führen müssen, wurde von Erich Ollenhauer zunächst auf bloße Organisationsmängel reduziert, die es nun zu beheben gelte.

Ernst Reuter wandte sich leidenschaftlich gegen diese Fehleinschätzung: »Unsere Organisation ist nicht schlechter als andere auch«, erklärte er auf der gemeinsamen Sitzung des Parteivorstands und der neuen Bundestagsfraktion. »Aber unsere geistige Fähigkeit, klar, unmißverständlich, in populären, ansprechenden Formulierungen das zu sagen, was wir wollen, diese Fähigkeit hat uns gemangelt! Unsere Wähler haben verstanden, was wir nicht wollten..., aber wir haben selten verstanden, klar zu sagen, was wir nun eigentlich selber positiv wollen... Warum in aller Welt sagen wir nicht..., daß wir in diesem Bundestag kämpfen werden für die Wiedervereinigung unseres Vaterlandes mit friedlichen Mitteln...? Warum sagen wir nicht...: Wir Sozialdemokraten werden uns... der Armen, derjenigen, die im Schatten leben, die vom allgemeinen Aufstieg nicht haben profitieren können, noch mehr annehmen, als wir es vorher schon getan haben...? Die ewigen Parolen..., morgen oder übermorgen bricht in Deutschland die Wirtschaftskrise aus ... sind auch nicht gerade das Richtige gewesen... Warum in aller Welt sagen wir nicht, daß... wir die Steigerung des Lebensstandards der arbeitenden Bevölkerung noch ganz anders betreiben werden... Warum sagen wir nicht, daß wir der Hort der geistigen Freiheit in Deutschland bleiben werden?«**

Reuter schloß mit der dringenden Warnung, die SPD dürfe sich nicht weiter »in die Position hineindrängen lassen, daß wir immer nur anbellen gegen Tatsachen, die stärker sind als wir!« Es war seine letzte wichtige politische Äußerung. Wenige Tage später, am 29. September 1953, starb Ernst Reuter in West-Berlin im Alter von 64 Jahren – ein für die SPD mindestens ebenso schwerer Verlust wie der Kurt Schumachers im Jahr zuvor. Auch übernahm nun ein CDU-Politiker, Walther Schreiber, kommissarisch die Geschäfte des Regierenden Bürgermeisters von West-Berlin,

Vier sozialdemokratische Stadtoberhäupter.
Oben links: Ernst Reuter; rechts: Heinrich Albertz (Berlin);
unten links: Wilhelm Kaisen (Bremen); rechts: Max Brauer (Hamburg).

und kurz darauf gelang es in Hamburg einem aus Neuwahlen gestärkt hervorgegangenen »Bürgerblock«, Max Brauer zu stürzen; an seiner Stelle wurde Kurt Sieveking (CDU) Regierungschef des Stadtstaats.

Das veränderte, für sie so ungünstige politische Klima verunsicherte die

SPD in so starkem Maße, daß die *Süddeutsche Zeitung* zum erstenmal die Befürchtung äußerte, daß die Sozialdemokratie angesichts der erdrückenden Zweidrittelmehrheit der Regierung Adenauer jetzt resignieren, den Weg der Anpassung gehen und ihre Rolle als Opposition vernachlässigen könnte. Es war dies keine ganz abwegige Befürchtung.

Anfang November 1953 hielt Carlo Schmid im Bayerischen Rundfunk einen vielbeachteten Vortrag – den er zuvor mit Erich Ollenhauer abgesprochen hatte –, worin er erstmals davon sprach, daß die SPD »Ballast über Bord werfen« und eine Volkspartei werden müßte. Fritz Erler griff gleichzeitig den »Byzantinismus der Parteizentrale« heftig an und wies auf die soziologische Tatsache hin, daß die Anzahl der Industrie- und Landarbeiter ständig ab-, die der Angestellten kräftig zunähme und daß daraus für die SPD die Notwendigkeit erwüchse, sich nicht länger als reine Arbeiterpartei zu verstehen.

Aus dem SPD-Bezirk Östliches Westfalen wurden Stimmen laut, die der Partei einen »Mangel an Programmatik und an Persönlichkeiten« vorwarf. Die Partei müßte sich der alten Symbole entledigen und ein neues Verhältnis zum Soldatentum, zu den Kirchen und zu den ehemaligen Nationalsozialisten gewinnen. Von der West-Berliner SPD-Rechten wurde ein Forderungskatalog »zur Erneuerung der Sozialdemokratischen Partei« aufgestellt, der eine Abkehr vom Marxismus, eine gemeinsame Linie mit Adenauer in der Außenpolitik – unter Beibehaltung des Vorrangs der Wiedervereinigung – sowie Verzicht auf den Begriff der »Planwirtschaft« auf wirtschaftspolitischem Gebiet verlangte. »Alle diese Reformbestrebungen«, so Theo Pirker, »richteten sich mehr auf eine Umgestaltung des Partei*stils* – die Beseitigung der roten Fahnen in Veranstaltungen . . ., der Verzicht auf die letzten Endes doch etwas ›proletarisch‹ wirkende Anrede ›Genosse‹ . . .; sie richteten sich gegen das Absingen ›revolutionärer Lieder‹ aus der Vergangenheit der Partei . . . – und nicht auf eine Revision der Politik der Partei. Auf diesem Gebiet waren die Reformvorschläge äußerst unergiebig, und dies aus dem einfachen Grunde, weil das Aktionsprogramm und in ihm seine wirtschaftspolitischen und sozialpolitischen Teile alles andere als ›marxistisch‹ waren, und weil eine Revision in der Außen- und Wehrpolitik einfach die Annahme der Linie der Bundesregierung in diesen Fragen bedeutet hätte. Die Diskussion . . . um die Erneuerung der Partei hatte als vorläufiges Ergebnis die ›Empfehlungen‹ des Parteivorstands und Parteiausschusses vom 4. März 1954. Sie waren ganz vom Geist der traditionsbewußten Mitglieder und Funktionäre . . . getragen. Der Widerstand gegen die Ballastabwerfer war . . . doch heftiger gewesen, als die Reformer angenommen hatten. Das Ergebnis war, daß die Partei traditionsbewußt und modern zugleich sein wollte . . .« – alles in allem deutliche Anzeichen dafür, daß die Haß- und Verleumdungskampagne, die im Wahlkampf des vergangenen Herbstes gegen die SPD geführt worden war, auch innerhalb der Partei Wirkungen gezeigt hatte. Zugleich aber – und das war das Positive an dem enttäuschenden Wahlergebnis vom 6. September 1953 – hatte die deutsche Sozialdemokratie nun begriffen, daß mit der Programmatik des späten 19. Jahrhunderts den sich grundlegend wandelnden Verhältnissen der zweiten Hälfte des 20. Jahrhunderts nicht beizukommen war. Zugleich wurde sie sich allmählich des Dilemmas bewußt, in das die Partei in der Deutschland- und Europa-, ja in der ganzen Außenpolitik geraten war: Ihr kategorisches Nein zu den Realitäten, die die von den Nazis verursachte Katastrophe geschaffen hatte, insbesondere zur Oder-Neiße-Grenze und zur DDR als zweitem, zum sowjetischen Machtbereich gehörendem deutschem Staat, beraubte sie jeder Alternative zur Adenauerschen Westpolitik. Da die SPD auch die von Moskau angebotene Neutralisierung ganz Deutschlands unter einer Vier-Mächte-Sicherheitsgarantie strikt ablehnte, blieb ihr gar keine andere Wahl, als dem von Adenauer eingeschlagenen Kurs der Integration Westdeutschlands, erst ins verhaßte »Sechsereuropa«, dann auch ins atlantische Bündnis zögernd zu folgen und dabei schließlich, allen gegenteiligen Beteuerungen zum Trotz, am Ende sogar der Wiederaufrüstung zuzustimmen.

Zwar wurde der verfassungsändernde Beschluß vom Februar 1954, deutsche Streitkräfte aufzustellen, im Bundestag gegen die Stimmen der SPD gefaßt, aber wie sehr die Frage der grundsätzlichen Haltung der Partei zum »Wehrproblem« sie von der Basis bis zur Spitze erregte und quälte, geht aus einem Beschluß des Parteitags von 1954 hervor, der fünf Bedingungen formulierte, die erfüllt sein müßten, damit die SPD sich bereit erklären könnte, »an gemeinsamen Anstrengungen zur Sicherung des Friedens und der Verteidigung der Freiheit auch mit militärischen Maßnahmen teilzunehmen«. Zu diesen Bedingungen, deren Erfüllung durch einen Parteitag bestätigt werden müßte, gehörten: die Fortsetzung der Wiedervereinigungsbemühungen; das Bemühen um ein europäisches Sicherheitssystem im Rahmen der Vereinten Nationen; die Kündbarkeit der Verträge, durch die sich die Bundesrepublik zu militärischen Leistungen verpflichtete; die Gleichberechtigung der westdeutschen Truppenkontingente mit denen der Bündnispartner; die demokratisch-parlamentarische Kontrolle der Streitkräfte.*

Doch nachdem in den folgenden Jahren die Haltung der Partei in der »Wehrfrage« unter dem Eindruck vollendeter Tatsachen mehr und mehr modifiziert wurde – woran, wie es bei Susanne Miller heißt, »die Bemühungen von Fritz Erler, solche Wandlung herbeizuführen, großen Anteil hatten –, plädierte die entsprechende Entschließung des Stuttgarter Parteitags für ›eine zahlenmäßig begrenzte, dafür aber bewegliche und gut ausgebildete Truppe aus Freiwilligen‹«, und fortan verhielt sich die SPD-Bundestagsfraktion in allen Fragen der Wehrgesetzgebung als »konstruktive Opposition«. Zumal die Gesetze, in denen es um die Grundrechte der Soldaten und deren soziale Stellung ging, kamen unter intensiver Mitarbeit der SPD zustande und wurden mit ihren Stimmen verabschiedet, wogegen sie die Pariser Verträge und alle der Aufstellung von Streitkräften dienenden

Gesetze als »Vertragsfolgegesetze« ablehnte, ohne damit mehr bewirken zu können als heillose Verwirrung ihrer Anhänger und Sympathisanten.

In fast noch größerem Maße als in der Deutschland-, Militär- und Außenpolitik wurde die Partei verunsichert durch die wirtschaftliche Entwicklung, die schon 1950 mit dem »Korea-Boom« eingesetzt hatte und Mitte der fünfziger Jahre bereits zum international bestaunten »Wirtschaftswunder« gediehen war.*

Wie ließen sich selbst die gemäßigsten sozialistischen Forderungen nach Sozialisierung, Planung und Lenkung aufrechterhalten, wie konnten SPD und Gewerkschaften weiter vor einem Desaster der »Marktwirtschaft« warnen, wo doch für jedermann klar erkennbar die Wiederherstellung der Herrschaft des Monopolkapitals auch den Lohn- und Gehaltsempfängern, zumindest in ihrer Eigenschaft als Konsumenten, nichts als Vorteile zu bringen schien?

»Jeder Forderung nach einer ›grundsätzlichen Umgestaltung von Wirtschaft und Gesellschaft‹ im gemeinwirtschaftlichen oder sozialistischen Sinne«, heißt es dazu bei Arno Klönne, »war nun vorerst der Antrieb aus der unmittelbaren wirtschaftlichen und sozialen Lage heraus entzogen. Die große Masse der Arbeitnehmer konzentrierte sich darauf, im Zuge der allgemeinen wirtschaftlichen Konjunktur auch die eigene materielle Situation zu verbessern ... (Es) schwand in diesem Zeitraum ... das Interesse an einer gegen den Kapitalismus gerichteten sozialen Utopie in der Arbeitnehmerschaft rapide dahin; die tradierte und organisierte Sonderkultur der

Fritz Erler in einer außen- und deutschlandpolitischen Bundestagsdebatte der fünfziger Jahre, im Hintergrund Konrad Adenauer und Ludwig Erhard.

463

Arbeiterbewegung war nicht mehr imstande, sich gegen die Faszination des Wirtschaftswunders aufrechtzuerhalten . . . In den Jahren ab 1952 wurde für die Anhänger der SPD deutlich, daß die gesellschaftliche Entwicklung in der Bundesrepublik im Sinne der kapitalistischen Ordnung verlief, entgegen den Sozialismus-Forderungen der Partei. Die unmittelbaren Folgen kapitalistischer Restauration, nämlich die angenehmen Seiten des ›Wirtschaftswunders‹, ließen auch politisch aktive Sozialdemokraten nicht unbeeindruckt. Man hatte keine Erklärung dafür, daß der Kapitalismus sich so leicht wieder behaupten konnte, – und man hatte keine Vorstellung davon, wo die längerfristige Problematik dieses Wirtschaftssystems sich zeigen könnte . . . Der Horizont der SPD war nun vollends auf den Wahlerfolg als einzig denkbares Mittel gesellschaftlicher Veränderung beschränkt.«

Zunächst, nach dem Mißerfolg bei den Bundestagswahlen und dem Verlust der »Bastion Hamburg« nach dem Sturz Max Brauers durch den »Bürgerblock«, mußte sich die SPD mit sporadischen kommunalpolitischen Erfolgen trösten. Immer häufiger gelang es, vor allem in den Großstädten, SPD-Oberbürgermeister durchzubringen, selbst in Gegenden, wo bei Landes- und Bundeswahlen die Sozialdemokratie unterlegen war. Es setzte sich, auch und gerade in der Arbeitnehmerschaft, die Überzeugung fest, die SPD hätte die besseren Kommunalpolitiker, aber in der »großen Politik« wäre es besser »alles beim Alten«, in diesem Falle bei Adenauer, zu belassen. Damit stellte sich für die SPD-Führung die Frage, ob es nicht zur Mobilisierung bisheriger Nichtwähler und zur Gewinnung neuer Wähler für die Partei aus dem christlichen Oppositionslager gänzlich anderer Methoden bedürfte.

Nach der Unterzeichnung der den NATO-Beitritt der Bundesrepublik regelnden Pariser Verträge und deren Ratifizierung durch die bürgerliche Zweidrittelmehrheit des Bundestags entschloß sich die SPD-Führung um die Jahreswende 1954/55 zu einem Experiment, nämlich zu einem außerparlamentarischen Bündnis, aus dem sich vielleicht ein Ausweg aus dem Dilemma der ohnmächtigen Opposition ergeben könnte.

In der Frankfurter Paulskirche trat Ende Januar 1955 erstmals ein solches Bündnis vor die Öffentlichkeit. SPD, DGB, die Gesamtdeutsche Volkspartei Gustav Heinemanns sowie Vertreter kritischer Gruppen evangelischer Christen, unterstützt von zahlreichen bekannten Wissenschaftlern, Künstlern und Schriftstellern, riefen gemeinsam zum Widerstand gegen die Remilitarisierung auf. Ein »Deutsches Manifest« prangerte als Folge der Eingliederung der beiden deutschen Staaten in gegnerische Machtblöcke die absurde Situation an, »daß sich die Geschwister einer Familie in verschiedenen Armeen mit der Waffe in der Hand gegenüberstehen«.

»Der Verlauf der Paulskirchen-Bewegung«, heißt es dazu bei Detlef Lehnert, ». . . darf insgesamt nicht als völliger Fehlschlag für die SPD gewertet werden. Zwar hat die außerparlamentarische Mobilisierung, wie von vornherein zu erwarten, kaum Einfluß auf die Mehrheitsverhältnisse im Bundestag ausüben können. Auch lagen die Landtagswahlergebnisse dieses Zeitraums genau im Trend der gesamten Legislaturperiode; die SPD konnte durchschnittlich etwa 5 Prozent mehr Stimmen als bei der zurückliegenden Bundestagswahl erobern, was aber für den gesamten Zeitraum ihrer Oppositionsrolle bis 1966 jeweils zutraf. Dieser Befund läßt die Schlußfolgerung zu, daß trotz der vom Wähler honorierten kommunal- und sozialpolitischen Kompetenz der Sozialdemokraten in den fünfziger Jahren auf Bundesebene angesichts der außen- und wirtschaftspolitischen Erfolge von Kanzler Adenauer die SPD in keinem Falle mehrheitsfähig war. Wenn also die sozialdemokratische Opposition gegen die Wiederbewaffnung wahlpolitisch nicht erkennbar zu Buche schlug, bleibt in der Summe das positive Resultat des Vertrauenszuwachses bei kritischen Minderheiten.«

Tatsächlich konnten damals einige Politiker der Gesamtdeutschen Volkspartei, deren Beitritt zur SPD für die Partei eine wesentliche Bereicherung darstellte, für die Sozialdemokratie gewonnen werden – so Gustav Heinemann, der spätere nordrhein-westfälische Ministerpräsident Johannes Rau oder auch Erhard Eppler.

Gustav Heinemann, 1899 als Sohn eines leitenden Angestellten des Fried. Krupp-Konzerns im westfälischen Schwelm geboren, hatte als Achtzehnjähriger den Ersten Weltkrieg mitgemacht und sich Ende der zwanziger Jahre als Rechtsanwalt, Justitiar, schließlich, von 1936 bis 1949, als Bergwerksdirektor der Rheinischen Stahlwerke in Essen betätigt. Seit 1933 gehörte er der in Opposition zum Nazi-Regime stehenden Bekennenden Kirche an, und 1949 bis 1955 war er Präses der Synode der Evangelischen Kirche in Deutschland (EKD). 1946 war Heinemann einer der Mitbegründer der CDU in Essen gewesen, dort von 1946 bis 1949 Oberbürgermeister, dann Bundesinnenminister im ersten Kabinett Adenauer bis zu seinem bereits kurz erwähnten Rücktritt aus Protest gegen die Remilitarisierung im Jahre 1950. Daß Gustav Heinemann und seine politischen Freunde zum Bündnis mit der SPD bereit waren, dann auch der Partei beitraten und von 1957 an als ihre Kandidaten auftraten, weckte beim SPD-Vorstand neue Hoffnungen, zumal es im Verlauf des Jahres 1956 bereits Anzeichen für ein nahendes Ende der Ära Adenauer zu geben schien. Im Februar 1956 kündigte die FDP unter Führung von Thomas Dehler der CDU/CSU das Regierungsbündnis in Bonn; die freidemokratischen Minister schieden aus dem Kabinett Adenauer aus, die Bundestagsfraktion der FDP spaltete sich, und in Nordrhein-Westfalen gelang einer SPD/FDP-Koalition der Sturz des zum linken Flügel der CDU zählenden Ministerpräsidenten Karl Arnold und die Bildung einer Landesregierung unter Führung von Fritz Steinhoff (SPD). Gegen Jahresende 1956 ließen Meinungsumfragen sogar schon auf einen deutlichen Vorsprung der SPD vor der CDU/CSU schließen.

Doch nach der Niederschlagung des Aufstands in Ungarn im Spätherbst 1956 durch sowjetische Panzer trat in der bundesdeutschen Öffentlichkeit wieder ein deutlicher Meinungsumschwung ein, der durch die Verabschiedung der Rentenreform – der die SPD trotz einiger Bedenken zustimmte – und die Eingliederung des Saarlands in die Bundesrepublik im Januar 1957 noch weiter zugunsten der Unionsparteien verstärkt wurde.

»Die suggestive Kombination von sozialer Sicherung für das Alter und militärischer Sicherheit gegen die Sowjetunion«, heißt es dazu bei Detlef Lehnert, »führte viele Millionen temporärer Nicht- und Wechselwähler an die Seite Adenauers zurück. Solange dieser ›Kanzlerbonus‹ auf der Basis des ›Wirtschaftswunders‹ und der Ost-West-Spannungen stets von neuem zu reaktivieren war, blieben günstige Umfrage- und Landtagswahlergebnisse für die SPD eine trügerische Hoffnung.«

Im Bundestagswahlkampf des Sommers 1957 trat die SPD mit einem Wahlprogramm an, das »Frieden durch Entspannung und Abrüstung«, »Schluß mit der Atombombenpolitik« sowie »Schutz der Demokratie und der Geistesfreiheit« versprach; ihre Parole lautete: »Schluß mit der Alleinherrschaft der CDU/CSU!« Die Unionsparteien und ihre Helfer drohten ihrerseits den Bürgern mit dem »Untergang Deutschlands« im Falle eines SPD-Sieges. Ihre Wahlslogans lauteten: »Keine Experimente!« und »Denkt an Ungarn! Wählt Adenauer!«

Beide Parolen erwiesen sich für die CDU/CSU als sehr nützlich. Das Gros der Wähler wünschte nichts sehnlicher als Sicherheit und Stabilität sowie ein garantiert immerwährendes Wirtschaftswunder. Außerdem war die Angst vor »den Russen«, die zehn Monate zuvor, ohne daß vom Westen die erhoffte Hilfe gekommen wäre, den ungarischen Aufstand mit ihren Panzern niedergewalzt hatten, weit größer als ihre Abneigung gegen die Wiederaufrüstung. Die SPD-Propaganda gegen Adenauer, dessen »dauernde Einparteien-Herrschaft Teuerung, Inflation, endgültige Spaltung unseres Vaterlands, Atombomben und Atomtod« befürchten ließe, gewann der Sozialdemokratie von rechts her keine neuen Wähler.

Am 15. September 1957 gelang den Unionsparteien, was seit der Reichsgründung noch keiner Partei je gelungen war, auch nicht Hitlers NSDAP*: Sie erreichten mit 50,2 Prozent die absolute Stimmenmehrheit! Im Vergleich dazu war der Wähleranteil der SPD mit 31,8 Prozent, wenngleich er eine Verbesserung um drei Prozent gegenüber 1953 darstellte, sehr bescheiden. Auch war dieser Zuwachs im wesentlichen eine Folge des Verbots der KPD durch das Bundesverfassungsgericht im Jahre 1956 und der Selbstauflösung der Gesamtdeutschen Volkspartei Gustav Heinemanns. »Die SPD«, so Detlef Lehnert, »sah sich in das politische Abseits wie in der Epoche des Kaiserreichs verbannt, und dies gar mit dem deprimierenden Unterschied, daß der Glaube an den Selbstlauf der Geschichte in Richtung Sozialismus inzwischen unwiderruflich erschüttert war. Das keinerlei Zukunftsperspektiven eröffnende Wahlresultat von 1957 gab den letzten Anstoß zu einer personellen und programmatischen Erneuerung der Sozialdemokratie, die unverkennbar auf größere Außenwirkung zielte. Mit der Wahl von Erler, Wehner und Carlo Schmid zu stellvertretenden Fraktionsvorsitzenden wurden dem Oppositionsführer Ollenhauer drei Politiker an die Seite gestellt, die unbeschadet ihrer sonstigen Differenzen darin übereinstimmten, daß sie nicht zur ›alten Garde‹ der Weimarer SPD gehörten.«

Auch in der SPD-Bundestagsfraktion gab es jetzt eine Reihe von jüngeren Politikern, die erst nach dem Kriege zur Sozialdemokratie gefunden hatten und denen die »Ochsentour« eines langsamen Aufstiegs innerhalb des Funktionärskörpers weitgehend erspart geblieben war. Beispiele dafür wies das Bundestagshandbuch von 1957 folgendermaßen aus:

»Börner, Holger, Betonfacharbeiter, Kassel. Geboren 7. 2. 1931 in Kassel, verheiratet, zwei Kinder. Mittelschule, Lehre als Betonfacharbeiter, heute Hilfspolier einer Kasseler Bauunternehmung, Betriebsratsvorsitzender. Seit 1946 in der Jugendarbeit tätig, 1951/56 Mitglied des Bundesvorstands der Sozialistischen Jugend Deutschlands, Teilnehmer an zahlreichen internationalen Kongressen, u. a. am Europäischen Jugendparlament in Den Haag und Wien. 1948 Beitritt zur SPD; seit 1956 zweimal Vorsitzender der SPD Kassel; Stadtverordneter, seit Herbst 1956 stellvertretender Fraktionsvorsitzender.«

»Wischnewski, Hans-Jürgen, Gewerkschaftssekretär, Köln. Geboren 24. 7. 1922 in Allenstein (Ostpreußen), verheiratet. Ab 1927 Berlin, Gymnasium, Abitur. Kriegsteilnehmer 1940/45, zweimal verwundet. Nach Kriegsende Tätigkeit in der Metallindustrie; 1952 Volontär, dann Sekretär bei der IG Metall, Verwaltungsstelle Köln. Auslandsaufenthalte: Dänemark, Holland, Belgien, Frankreich, Schweiz (UNO). Seit 1946 SPD, heute Vorsitzender des Kreisverbands Köln, Vorsitzender der Jungsozialisten im Bezirk Mittelrhein.« Und als drittes und letztes Beispiel:

»Schmidt (Hamburg), Helmut, Diplomvolkswirt, Hamburg. Geboren 23. 12. 1918 in Hamburg, verheiratet, eine Tochter. Oberschule, 1937 Abitur, 1937/38 Reichsarbeitsdienst, Wehrdienst 1939/45, Kriegsteilnehmer, Oberleutnant d. R., Batteriechef; Gefangenschaft. 1946 SPD. Studium der Staatswissenschaften in Hamburg, Diplomvolkswirt. 1949/53 bei der Behörde für Wirtschaft und Verkehr in Hamburg, seit 1952 Verkehrsdezernat. Mitglied des Bundestages seit 1953.«

Diese und andere Jüngere gaben der Fraktion, auch wenn sie noch nicht allzu viel mitzureden hatten, neue Impulse. Nachdem in der Bundestagsdebatte vom 23. Januar 1958 Fritz Erler, der damalige Wehrexperte der Fraktion, sowohl die Kernwaffen-Strategien angeprangert als auch die prinzipielle Frage der Konfrontation der Blöcke aufgeworfen hatte – »Wer für immer... die Truppen der USA auf deutschem Boden festhalten will, hält damit automatisch auch die sowjetischen Truppen auf deutschem Boden fest!« –, begann sich die SPD aus ihrer völligen Fixierung auf die deutsche Wiedervereinigung zu lösen. Erstmals fing sie an, über Möglichkeiten der Entspannung nachzudenken, über ein »Disengagement« genanntes Auseinanderrücken der Truppen der beiden Machtblöcke und über atomwaffenfreie Zonen nach dem Muster des Rapacki-Plans *.

»Die Meinungsprofile in der Wahlbevölkerung signalisierten eine geradzu optimale Ausgangssituation der SPD«, berichtet Detlef Lehnert. »In Repräsentativumfragen vom Februar 1958 sprachen sich mehr als 80 v. H. der Bundesbürger – sogar 70 v. H. der CDU/CSU-Anhänger – gegen die ›Errichtung von Abschußstellen für Atomraketen‹ im eigenen Land aus; zur gleichen Zeit waren die Parteipräferenzen aber nur geringfügig zugunsten der SPD verschoben... Gleichwohl konnten die Sozialdemokraten auf spürbaren Sympathiegewinn hoffen, als sie unmittelbar nach der günstig verlaufenen Bundestagsdebatte (vom 23. Januar 1958) die Initiative zur Gründung der Kampagne ›Kampf dem Atomtod‹ ergriffen. Das Bündnis dieser außerparlamentarischen Mobilisierung war noch breiter als in der Paulskirchen-Bewegung angelegt und umfaßte außer SPD- und FDP-Politikern sowie Gewerkschaftern auch regierungskritische Gruppen von Christen beider Konfessionen, Schriftstellern, Wissenschaftlern und anderen Persönlichkeiten des öffentlichen Lebens.« Der im März 1958 publizierte Appell forderte Regierung und Parlament auf, »als Beitrag zur Entspannung alle Bemühungen um eine atomwaffenfreie Zone in Europa zu unterstützen«, und warnte nachdrücklich vor den Folgen einer Stationierung von Atomraketen auf deutschem Boden: »Das deutsche Volk diesseits und jenseits der Zonengrenze ist im Falle eines Krieges zwischen Ost und West dem sicheren Atomtod ausgeliefert.«

In den folgenden Wochen und Monaten fanden in den meisten Großstädten der Bundesrepublik große Protestkundgebungen statt, die größte mit offizieller Unterstützung durch den Hamburger Senat in der Hansestadt, wo über hunderttausend Teilnehmer geschätzt wurden. Dann aber bliesen SPD und DGB die Kampagne plötzlich ab, nachdem sich bei den nordrheinwestfälischen Landtagswahlen am 6. Juli 1958 im größten Bundesland der Trend der Bundestagswahlen des Vorjahrs fortgesetzt hatte: Die CDU erhielt 50,5 Prozent der Stimmen, die SPD 39,2 Prozent, die FDP 7,1 Prozent. Fritz Steinhoff (SPD) wurde als Ministerpräsident von Franz Meyers (CDU) abgelöst. Offenkundig hatte der »Kampf dem Atomtod!« die mobilisierten Massen nicht dazu bewogen, ihr Wahlverhalten zu ändern.

»So war«, hat Susanne Miller dazu bemerkt, »der jähe Abbruch der Anti-Atomkampagne zwar begreiflich, hat aber insbesondere die Menschen enttäuscht, die durch sie angezogen, sich der SPD eben erst genähert hatten.«

Ein letzter, schon fast verzweifelt zu nennender Versuch, für die Wiedervereinigung Deutschlands als »Nahziel« eine konkrete Alternative zu Adenauers Politik zu entwickeln, war der »Deutschlandplan der SPD«, der unter maßgebender Mitarbeit von Herbert Wehner im Winter 1958/59 entstand und im März 1959 von den Vorständen der Partei und ihrer Bundestagsfraktion gebilligt und der Öffentlichkeit vorgelegt wurde. Er sah eine militärisch »verdünnte«, aus Warschauer Pakt und NATO »entlassene« Zone in Mitteleuropa sowie eine stufenweise politische und wirtschaftliche Zusammen-

Erich Ollenhauer mit seinen beiden Stellvertretern Herbert Wehner und Waldemar
v. Knoeringen im Jahr 1958.

führung der beiden deutschen Teilstaaten vor, an deren Ende gesamtdeutsche Wahlen stehen sollten.

Der Vater dieses – in der Öffentlichkeit dann überaus heftig kritisierten – Plans war Herbert Wehner, einer der beiden Stellvertreter Ollenhauers. Während der andere stellvertretende Parteivorsitzende, Waldemar v. Knoeringen, sich nach München zurückgezogen hatte, war Wehner zum deutschlandpolitischen Sprecher der SPD im Bundestag und zum Vorsitzenden des Gesamtdeutschen Bundestagsausschusses aufgestiegen. Wegen seiner früheren zeitweisen Zugehörigkeit zur KPD war Herbert Wehner zumal in Wahlkampfzeiten von den Unionsparteien und der äußersten Rechten in übelster Form angegriffen und verleumdet worden. Daß dieser »Deutschlandplan«, auch wenn dies nie herausgestellt wurde, im wesentlichen sein Werk war, lieferte der Regierung Adenauer einen willkommenen Vorwand, den Vorschlag zu ignorieren. Aber auch die anderen Mächte zeigten keinerlei Interesse daran, und in Moskau, wohin Fritz Erler und Carlo Schmid eine Sondierungsreise unternahmen, war man nicht mehr bereit, jene Zugeständnisse zu machen, die zuvor vom Osten zur Verhinderung einer westdeutschen Aufrüstung und NATO-Mitgliedschaft angeboten worden waren.

Fritz Erler wird die ironische Bemerkung zugeschrieben, die Mißerfolge der SPD in der Deutschlandpolitik und nicht zuletzt mit dem Deutschlandplan von 1959 seien schlicht auf den beklagenswerten Umstand zurückzuführen, »daß sie nicht die dritte Weltmacht« war. Hinter dieser Ironie aber steckte die Wahrheit, daß außer der SPD niemand die Wiedervereinigung Deutschlands noch wollte. Beide deutsche Staaten waren inzwischen so erstarkt, daß der Gedanke an eine Zusammenfassung ihrer politischen, wirtschaftlichen und militärischen Potenz jedermann außerhalb Deutschlands erschrecken mußte. Aber auch innerhalb des geteilten Landes gab es – ausgenommen die SPD – keine Partei, die von einer deutschen Wiedervereinigung anderes als Nachteile erwarten konnte; weder Ulbricht noch Adenauer konnten hoffen, nach freien gesamtdeutschen Wahlen weiter regieren zu können. Wenn man von der Evangelischen Kirche Deutschlands absieht, die von der Teilung Deutschlands ebenso hart getroffen worden war wie die Sozialdemokratie, gab es für die SPD keine wirklichen Bündnispartner im Kampf für die Wiedervereinigung; die sonntäglichen Beteuerungen Adenauers wie anderer bürgerlicher Parteiführer waren bloße Lippenbekenntnisse, und das konnte bei richtiger Einschätzung ihrer wahren Interessenlage auch gar nicht anders sein, wie es umgekehrt, wegen der weitgehenden Interessengleichheit, kein Wunder war, daß sich führende evangelische Christen wie Gustav Heinemann und Erhard Eppler schließlich der SPD anschlossen.

In Anbetracht des Desinteresses der Regierungen in Ost und West mußte der Deutschlandplan der SPD bald still beerdigt werden. Herbert Wehner, der von den Grundlagen seines Plans selbst gesagt hatte, »daß, wenn man weitere zwei Jahre verstreichen läßt, wahrscheinlich auch diese Ansatzpunkte keine mehr sein werden«, stellte in einer denkwürdigen Bundestagsrede am 30. Juli 1960 mit bemerkenswerter Sachlichkeit fest, der Deutschlandplan wäre »ein Vorschlag, der der Vergangenheit angehört«. Fortan wollte die SPD »das höchsterreichbare Maß an Übereinstimmung bei der Bewältigung deutscher Lebensfragen« anstreben und davon ausgehen, »daß das europäische und das atlantische Vertragssystem, dem die Bundesrepublik angehört, Grundlage und Rahmen für alle Bemühungen der deutschen Außen- und Wiedervereinigungspolitik ist«.

Es gab gar keine andere Wahl.

Denn ebenfalls im Juli 1960 hatte Erich Ollenhauer in seinem Vorwort zum *Jahrbuch der SPD 1958/59* resigniert festgestellt, das erste Jahrzehnt der Bundesrepublik hätte für die SPD mit der Erkenntnis geendet, von der Erreichung ihres »wesentlichsten nationalen Zieles, die Einheit Deutschlands in Freiheit wiederherzustellen . . . weiter entfernt (zu sein) als je zuvor seit dem Ende des Krieges«, und »auch innenpolitisch hat sich . . . nichts Wesentliches an den gegensätzlichen Positionen der Adenauerschen Einparteienregierung und der sozialdemokratischen Opposition geändert«.

Es war Zeit, einen neuen Anfang zu machen, wenn die SPD nicht noch ein weiteres Jahrzehnt in ohnmächtiger Opposition verharren sollte.

22.

Von Godesberg ins Kanzleramt

Nach den Wahlniederlagen von 1957 im Bund und 1958 in Nordrhein-Westfalen, die das Selbstvertrauen der Sozialdemokraten schwerer erschüttert hatten als alle anderen Mißerfolge seit 1945, drängte Erich Ollenhauer auf die rasche Ausarbeitung und Verabschiedung eines neuen Grundsatzprogramms, von dem er sich eine wesentliche Steigerung der Attraktivität der Partei, ihre Öffnung für bisher Abseitsstehende und eine Stärkung ihrer Schlagkraft erwartete. Ansätze zur Schaffung einer neuen Programmatik hatte es schon seit Beginn der fünfziger Jahre gegeben, und einige davon waren auch bereits als Ergänzungen oder als Präambel des bisherigen Programms auf den Parteitagen 1952 in Dortmund und 1954 in West-Berlin in die offizielle Selbstdarstellung der Partei und ihrer Zielsetzungen aufgenommen worden. Bis 1958 hatte sich in der Mitgliedschaft nur sehr geringes Interesse an diesen Versuchen einer behutsamen Umorientierung bemerkbar gemacht. Erst der Parteitag vom Mai 1958 in Stuttgart, wo die erste Lesung des Entwurfs zu einem neuen Grundsatzprogramm stattfand, weckte bei einem Teil der Delegierten den Wunsch nach gründlicher Diskussion und baldiger Verabschiedung.

Indessen waren keineswegs alle führenden Sozialdemokraten der Meinung Erich Ollenhauers, daß die Partei ein neues Grundsatzprogramm brauchte. Gerade diejenigen, die zu den »Reformern« gerechnet wurden – wie Willy Brandt, Fritz Erler, Helmut Schmidt und der damals als Exponent des »linken« Flügels geltende Herbert Wehner –, hätten es lieber gesehen, wenn man sich auf ein neues Aktionsprogramm beschränkt hätte, ohne sich mit einem Grundsatzprogramm auf längere Zeit festzulegen.

Bald nach Stuttgart, wo Willi Eichler, der Vorsitzende der 36köpfigen Programmkommission, den ersten Entwurf vorstellte, kam plötzlich auf allen Ebenen der Parteiorganisation eine Diskussion darüber in Gang, wie sie in der Geschichte der SPD noch kein Programmentwurf in dieser Breite und Heftigkeit ausgelöst hatte. In Hunderten von Ortsvereinsversammlungen, Kreis-, Unterbezirks- und Bezirkskonferenzen setzten sich die Mitglieder der Programmkommission, vor allem ihr Vorsitzender Willi Eichler, mit den sehr zahlreichen Einwänden und Änderungsvorschlägen auseinander.

»Nachdem in weiteren Kommissionssitzungen, zuletzt unter Mitwirkung des Parteivorstands, der erste Entwurf gestrafft, überarbeitet und im Abschnitt ›Die staatliche Ordnung‹ von Adolf Arndt neu formuliert worden war, wurde ein außerordentlicher Parteitag zur Beschlußfassung einberufen. 340 Delegierte tagten vom 13. bis 15. November 1959 in Bad Godesberg

Erich Ollenhauer, Herbert Wehner, Alfred Nau, Fritz Erler, Carlo Schmid, Erwin Schoettle und Willi Eichler auf dem Godesberger Parteitag am 13. November 1959.

und hatten sich mit zweihundert Anträgen zum zweiten Entwurf zu befassen«, heißt es bei Susanne Miller. »In der Schlußabstimmung wurde der auch noch in Godesberg an einigen Stellen abgeänderte Entwurf fast einstimmig angenommen; es gab nur 16 Gegenstimmen.« Indessen: Ganz so glatt, wie es hiernach den Anschein hat, verlief die Annahme des Godesberger Programms nicht. Gewiß war die Anzahl seiner schließlichen Befürworter mehr als zwanzigmal größer als die kleine Schar der Opponenten unter den Kommissionsmitgliedern und Delegierten, von denen einige bald darauf aus der Partei ausgeschlossen wurden - wie beispielsweise der angesehene Politologe, für Widerstand gegen die Nazi-Diktatur mit Zuchthaus und Fronteinsatz im Strafbataillon 999 bestrafte Professor Wolfgang Abendroth, der als Mitglied der Programmkommission einen Gegenentwurf erstellt hatte.

Aber gerade die Kritiker des Godesberger Programms, zumal die unter den Studenten und Professoren der westdeutschen Universitäten, sollten letztlich entscheidend daran mitwirken, daß das mit dem Godesberger Programm angestrebte Ziel zehn Jahre später erreicht werden konnte: die Ablösung der CDU-Veteranen im Kanzleramt durch Willy Brandt.

Doch zunächst zurück zum Godesberger Programm, dessen bemerkenswertester Unterschied zu allen früheren Parteiprogrammen das vollständige Fehlen jeder weltanschaulichen oder theoriegeschichtlichen Festlegung war. Es beschränkte sich auf Bekenntnisse zu »Grundwerten« und »Grundforderungen«, die – wie es bei Susanne Miller heißt – »auf unterschiedliche Weise religiös oder philosophisch begründet werden können. Durch diese Offenheit wurden Barrieren abgebaut, die der deutschen Sozialdemokratie den Weg zur Gewinnung von Anhängern bis dahin versperrt hatten. Die Achtung vor dem ›besonderen Auftrag‹ der Kirchen und deren ›Eigenständigkeit‹ wurde zudem ausdrücklich betont.«

Die außenpolitischen Passagen enthielten noch einige Elemente des Deutschlandplans. Auf der Grundlage des Bekenntnisses zu einer Verteidigungsarmee der Bundesrepublik befürwortete die SPD »die Einbeziehung ganz Deutschlands in eine europäische Zone der Entspannung und der kontrollierten Begrenzung der Rüstung, die im Zuge der Wiederherstellung der Einheit Deutschlands in Freiheit von fremden Truppen geräumt wird und in der Atomwaffen und andere Massenvernichtungsmittel weder hergestellt noch gelagert oder verwendet werden dürfen«.

Der umstrittenste Teil des Godesberger Programms waren seine Aussagen zur Wirtschaftspolitik. Darin war von »Sozialisierung« überhaupt nicht mehr die Rede, ebensowenig von »Planwirtschaft«, wogegen die Bedeutung des »Wettbewerbs« hervorgehoben wurde. Die konkreten wirtschafts- und sozialpolitischen Leitlinien enthielten allerdings einen vielfältigen Katalog von Steuerungsinstrumenten, die »freie Unternehmerinitiative« ebenso einschlossen wie »Investitionskontrolle«. Die wirtschaftspolitische Leitformel lautete: »Wettbewerb soweit wie möglich, Planung soweit wie nötig!«

Immerhin gab es auch noch einen Abschnitt über »Gemeineigentum«, wo es hieß: Als »eine legitime Form der öffentlichen Kontrolle« wäre Gemeineigentum »zweckmäßig und notwendig«, da, »wo mit anderen Mitteln eine gesunde Ordnung der wirtschaftlichen Machtverhältnisse nicht gewährleistet werden kann«. Die in der Montan-Industrie bereits eingeführte Mitbestimmung wurde vieldeutig und wenig konkret als »ein Anfang zur Neuordnung der Wirtschaft« bezeichnet.

»Im übrigen«, so heißt es zum Godesberger Programm bei Susanne Miller, »resümiert es im wesentlichen die Grundsätze, von denen sich die SPD nach 1945 hat leiten lassen: Bekenntnis zur parlamentarischen Demokratie, Abgrenzung gegenüber dem Kommunismus, Schutz der Freiheitsrechte des Individuums, Streben nach sozialer Gerechtigkeit, Solidarität gegenüber den Schwachen, Förderung von Wissenschaft und Bildung. Ein Versuch, den umstrittenen Begriff ›Sozialismus‹ zu definieren, wurde nicht unternommen. Das Programm begnügt sich mit einem Hinweis auf die historischen Wurzeln des demokratischen Sozialismus in Europa: christliche Ethik, Humanismus und klassische Philosophie. Frühere, aus dem Marxismusverständnis abgeleitete Vorstellungen von einem sozialistischen ›Endziel‹ werden ... zurückgewiesen durch die Feststellung, der Sozialismus sei ›eine dauernde Aufgabe, Freiheit und Gerechtigkeit zu erkämpfen, sie zu bewahren und sich in ihnen zu bewähren‹.« Es versteht sich fast von selbst, daß im Godesberger Programm von »Klassenkampf« oder auch nur von Klassengegensätzen überhaupt nicht mehr die Rede war. Damit hatte die Partei die rote Fahne niedergeholt und sich zurückverwandelt in eine fortschrittliche demokratische Volkspartei, ein breites republikanisches Bündnis, wie es Johann Jacoby und auch der junge Bebel angestrebt hatten, ehe Marx und Engels nach und nach »ihrer Partei« jene Thesen des wissenschaftlichen Sozialismus eingehämmert hatten, die nun samt allen Prinzipien und Verheißungen der »Alten in London« aus dem Parteiprogramm der SPD getilgt worden waren.

Aber, so muß man sich fragen, ist denn die SPD zuvor, zu irgendeiner Zeit seit Eisenach und Gotha, nach ihrem Programm, ihrer Theorie oder gar in ihrer politischen Praxis je eine wirklich marxistische Partei gewesen? Schon Marxens »Randglossen«* zum Programm von 1875, die von der Parteiführung bezeichnenderweise anderthalb Jahrzehnte lang geheimgehalten worden waren, hatten bereits damals des Meisters erhebliche Zweifel daran erkennen lassen. Der aufkommende Reformismus und Revisionismus sowie die ganze weitere Entwicklung der Partei, zumal seit 1918, waren eine Kette von Beweisen dafür, daß es in der SPD mit dem Marxismusverständnis, erst recht mit seiner praktischen Anwendung, wahrlich nicht weit her war. Die marxistischen Relikte, die die Partei bis Godesberg von einem Programm zum anderen mitgeschleppt hatte, waren für die meisten ihrer Anhänger teils als bloße Souvenire einer glorreichen Vergangenheit nur noch gelegentlich zum verbalen Aufputz einer Festtagsrede verwendet, teils als unnützer Ballast empfunden worden.

So war es nur konsequent, daß sich die SPD 1959 davon trennte, als sie aufhörte vorzugeben, eine reine Arbeiterpartei zu sein, und sich nach allen Seiten hin um Attraktivität bemühte, auch für praktizierende Christen, kritische Intelligenz, gutverdienende Freiberufler und leitende Angestellte. Übrig blieb allein noch die Frage, ob die nunmehr proklamierte Aufgeschlossenheit und Toleranz nur für alle anderen gelten sollte oder auch für jene, die an den Marxschen Grundsätzen festhalten wollten oder sie gerade erst entdeckt und akzeptiert hatten – ein Problem, dessen qualitative Bedeutung zunächst von der damaligen quantitativen Geringfügigkeit überdeckt wurde.

Die »neue« SPD nach Godesberg präsentierte sich als eine allen fortschrittlichen, sozial denkenden Demokraten offenstehende »Volkspartei«, und für deren Erscheinungsbild war es wichtig, Persönlichkeiten herauszustellen, die in der Öffentlichkeit nicht als »Parteifunktionäre« abgestempelt waren, sondern sich eine vom »Apparat« unabhängige Position geschaffen hatten. Als solche boten sich in erster Linie die populären sozialdemokratischen »Landesväter« – Hinrich Wilhelm Kopf in Niedersachsen, Georg August Zinn in Hessen, die Oberhäupter der Stadtstaaten wie Max Brauer in Hamburg, Wilhelm Kaisen in Bremen sowie die Nachfolger Reuters in Berlin – an. In West-Berlin aber regierte seit 1957 als Nachfolger Otto Suhrs der 1960 gerade sechsundvierzigjährige Willy Brandt.

Es muß als ein besonderer Glücksfall angesehen werden, daß Willy

Vier sozialdemokratische Landesväter.
Oben links: Hinrich Wilhelm Kopf (Niedersachsen); rechts: Georg August Zinn (Hessen);
unten links: Fritz Steinhoff; rechts: Heinz Kühn (Nordrhein-Westf.).

Brandt, der Jüngste unter den populären Regierenden der SPD von 1960, die wichtigsten Voraussetzungen erfüllte, die zur erfolgversprechenden Führung der Partei im kommenden Bundestagswahlkampf nötig waren: Er war in der Tradition der Arbeiterbewegung erzogen und aufgewachsen, aber ein kritischer Intellektueller geworden. Er war das Gegenteil dessen, was sich das Bürgertum unter einem »SPD-Funktionär« vorstellte, hatte sich jedoch in hartem Kampf mit dem West-Berliner Parteiapparat durchgesetzt und Autorität verschafft. Nicht nur seine jugendliche Frische, sondern auch seine Auslandserfahrung, seine Sprachkenntnisse, seine Sicherheit auf internationalem Parkett und sein als »modern« empfundener Lebensstil kontrastierten unverkennbar mit allem, was der fünfundachtzigjährige Konrad Adenauer verkörperte.

Mit der Nominierung Willy Brandts zum Kanzlerkandidaten der SPD im November 1960 wurden auch die personellen Voraussetzungen für eine größere Ausstrahlungskraft der SPD geschaffen, als sie der biedere Erich Ollenhauer auf die bundesdeutschen Wähler hatte ausüben können.

Auch der ganze Bundestagswahlkampf der Partei im Sommer 1961 stand im Zeichen des »neuen Stils«, den Brandt – und international sein damaliges Vorbild, der neue amerikanische Präsident John F. Kennedy – repräsentierte. Erstmals trat ein Sozialdemokrat als Kanzlerkandidat seiner Partei an, der weder ihr Vorsitzender noch einer von dessen Stellvertretern war, ja der erst 1958 in den erweiterten Parteivorstand hatte aufsteigen können und nicht einmal dem Präsidium angehörte. Sein hohes Ansehen in der bundesdeutschen und internationalen Öffentlichkeit hatte er sich als Regierender Bürgermeister von West-Berlin erworben, bewährt in Krisensituationen, getragen vom Vertrauen der Bevölkerung wie dem der die Sicherheit der »Inselfestung« garantierenden Amerikaner.

Erstmals bot ein Kanzlerkandidat der SPD den Wählern auch eine regierungsfähige »Mannschaft«, ein »Schattenkabinett« an: den populären Max Brauer, den als Wehrexperte der Partei im Bundestag und intellektuell überlegener Debattenredner bekannten Fritz Erler, den hochgeachteten hessischen »Landesvater« Georg August Zinn, den in der Arbeitnehmerschaft als ihr energischer Interessenvertreter geschätzten DGB-Vorsitzenden Willi Richter, den auch von den Gegnern respektierten Bundestagsvizepräsidenten Professor Carlo Schmid, den früheren nordrhein-westfälischen Ministerpräsidenten Fritz Steinhoff, der die Stimmen des Ruhrgebiets zu bringen versprach, den Wirtschaftsexperten Heinrich Deist, den aus der linken SPD der Weimarer Republik hervorgegangenen Finanzexperten und Generaldirektor der Karlsruher Lebensversicherung, Alex Möller, den Führer der sudetendeutschen Sozialdemokraten Wenzel Jaksch und zum erstenmal auch eine Frau: Käte Strobel, Mitglied des Europa-Parlaments und bald auch dessen Vizepräsidentin.

Auch nach Willy Brandts Nominierung zum Kanzlerkandidaten blieb Erich Ollenhauer Partei- und Fraktionsvorsitzender; erst nach Ollenhauers Tod am 14. Dezember 1963 übernahm Willy Brandt den Vorsitz der Partei, Fritz Erler den der Bundestagsfraktion. Aber schon vor den Bundestagswah-

Willy Brandt im Wahlkampf.

len vom 17. September 1961 wirkten Brandt und Erler, zusammen mit Herbert Wehner, in der Öffentlichkeit als die – wie Susanne Miller es formuliert hat – »führenden und bestimmenden Repräsentanten der deutschen Sozialdemokratie ›neuen Stils‹«.

Als deren »Grundpfeiler« bezeichnete Brandt auf dem Parteitag 1960 in Hannover »die Gemeinsamkeit und den Anstand«. Der dann beschlossene Appell konzentrierte sich im wesentlichen auf innenpolitische Forderungen, während außenpolitisch lediglich das Bemühen »um eine breite Grundlage« zur Vertretung des Rechts auf Selbstbestimmung und Wiedervereinigung sowie zur Verhinderung einer Trennung Berlins vom Westen betont wurde.

Im Wahlkampf selbst gab sich die SPD siegesgewiß. Sie verzichtete auf aggressive Polemik gegen die Unionsparteien, beschränkte ihre Propaganda auf Sympathiewerbung für ihren Spitzenkandidaten und dessen Mannschaft und hatte zum Slogan bezeichnenderweise »Miteinander – nicht gegeneinander« sich erkoren. Aber niemand konnte ernsthaft damit rechnen, daß es Willy Brandt im ersten Anlauf gelingen könnte, Adenauer zu stürzen.

Tatsächlich brachten die Wahlen ein für die CDU/CSU alarmierendes Ergebnis: Sie verlor ihre absolute Mehrheit und brachte es nur noch auf 45,3 Prozent – fast 5 Prozent weniger als 1957. Umgekehrt erzielte die SPD ihr bis dahin bestes Resultat auf Bundesebene: 36,2 Prozent, was einem Stimmenzuwachs um 4,4 Prozent entsprach. Sie hatte damit ihren Abstand zu den Unionsparteien ziemlich genau halbiert. Gestützt auf diese unüber-

Willy Brandt, Fritz Erler und Erich Ollenhauer im Jahr 1962.

sehbare Wählerbewegung und im Hinblick darauf, daß der Bau der Berliner
Mauer im August 1961 starke Unruhe in der Bevölkerung hervorgerufen
hatte, bemühte sich die SPD zunächst um die Bildung einer Allparteienre-
gierung, um – wie der die Sondierungsgespräche führende Herbert Wehner
es formulierte – »nationale Verantwortung zeigen« und die eigene »Regierungsfähigkeit nachweisen« zu können.

Indessen ging die CDU/CSU auf dieses Angebot nicht ein. Die ihr
fehlende parlamentarische Mehrheit – die FDP war mit dem Versprechen an
die Wähler, sich an einer Regierung Adenauer nicht mehr zu beteiligen, auf
12,7 Prozent Stimmenanteil gekommen – wurde der Union schließlich doch
noch zuteil. Von ihren Finanziers aus Unternehmerkreisen unter Führung
des Warenhaus-Konzernherrn Helmut Horten mit dem Entzug aller Mittel
bedroht, fügten sich die Freien Demokraten*; ihr »Umfall« sicherte Konrad
Adenauer die Wiederwahl zum Kanzler.

Trotzdem war es offensichtlich, daß sich die Ära Adenauer ihrem Ende
zuneigte; das breite bürgerliche Mitte-Rechts-Bündnis, das seit 1949 in
Bonn den Kurs bestimmte, wies nur noch mühsam verkittete Risse auf, und
die erstarkte Sozialdemokratie fühlte sich bereits im Vorhof zur Macht.

»Der Aktivität der SPD zwischen den Bundestagswahlen 1961 und 1965«,
heißt es bei Susanne Miller, »fehlte es an dramatischen Akzenten und
spektakulären Höhepunkten, so daß man an das Wort Hegels erinnert wird,
Zeiten des Glücks seien leere Blätter der Geschichte. Denn daß die Partei
damals eine gewisse Euphorie erlebte, war unverkennbar. Nach vielen

Jahren der Enttäuschungen konnte sie zum ersten Mal die Präsenz des ›Genossen Trend‹ registrieren, mit begreiflichen Erwartungen verfolgte sie das Ende der Ära Adenauer, ihre eigene Führung... war der sich mehr und mehr abnützenden Spitze der Regierungsparteien sichtlich überlegen. Krisen im Regierungslager trugen dazu bei, dessen Ansehen zu gefährden, während das Godesberger Programm, der populäre Kanzlerkandidat und der Kurs der ›Gemeinsamkeit‹ zusammenwirkten, das Bild der SPD in einem neuen, hellen Licht erscheinen zu lassen. Nun ging es darum, dieses Bild im öffentlichen Bewußtsein fest zu verankern. Es galt, breite Schichten davon zu überzeugen, wie es in einem offiziellen Bericht der SPD heißt, daß ihr 1960/61 inaugurierter ›neuer Stil‹ keine ›Wahlmasche‹ gewesen sei, ›sondern sichtbarer Ausdruck einer inneren Entwicklung zur Volkspartei, die ihre Regierungsfähigkeit auf vielen Ebenen der deutschen Politik seit Jahrzehnten bewiesen hat‹.«

Diese Überzeugungsarbeit gelang der SPD durchaus, und es fehlte zwischen 1961 und 1965 auch nicht »an dramatischen Akzenten und spektakulären Höhepunkten«.

Zwar nicht bundes- und auf den ersten Blick sogar unpolitisch, aber dennoch ein »dramatischer Akzent«, der der SPD und vor allem einem nun in ihre Führungsmannschaft aufsteigenden Politiker viele Sympathien einbrachte, war die Flutkatastrophe vom Februar 1962, die vor allem Hamburg heimsuchte und über 300 Tote forderte. Der neue Hamburger Innensenator Helmut Schmidt (SPD), der mit bundesweit bewunderter Energie, Umsicht und Autorität die Rettungs- und Hilfsmaßnahmen leitete, legte damit den Grundstein für seine spätere Kanzlerschaft.

Im Herbst 1962 endeten die Landtagswahlen in Hessen mit einem großen Erfolg für die SPD, die mit 50,9 Prozent Stimmenanteil erstmals die absolute Mehrheit in diesem Bundesland erobern konnte. Vierzehn Tage später erzielte die bayerische SPD mit 35,3 Prozent der Wählerstimmen ihr bis dahin bestes Ergebnis bei bayerischen Landtagswahlen.

Zuvor, Ende Oktober 1962, hatte die von Bundesverteidigungsminister Franz Josef Strauß (CSU) wesentlich mitverantwortete Polizeiaktion gegen das Nachrichtenmagazin Der Spiegel eine Politisierung sondergleichen bewirkt. Die öffentliche Empörung über die ganz unverhältnismäßige, den Verdacht des Mißbrauchs aus Gründen persönlicher Rache erweckende Anwendung staatlicher Machtmittel gegen ein kritisches Presseorgan führte zur Regierungs- und beinahe zur Staatskrise. Nach dem Rücktritt von fünf Bundesministern der FDP demissionierte am 19. November 1962 auch das übrige Kabinett. Erst nachdem eine Rückkehr von Franz Josef Strauß in ein Ministeramt von Adenauer definitiv ausgeschlossen worden war, hatten sich die Freidemokraten zur Fortsetzung der Koalition bereit erklärt, und am 4. Dezember hatte der Kanzler ein neues Kabinett bilden können, doch auch seine Stellung wurde dabei weiter erschüttert.

Am 31. März 1963 verlor die rheinland-pfälzische CDU ihre absolute

Mehrheit und kam nur noch auf 44,4 Prozent der Wählerstimmen. Die SPD hingegen erzielte bei diesen Landtagswahlen große Gewinne und kam mit 40,7 Prozent erstmals über die 40-Prozent-Hürde.

Drei Wochen später, am 23. April 1963, kündigte Adenauer an, daß er nach den Parlamentsferien im Herbst nicht mehr ins Bundeskanzleramt zurückkehren würde. Innerhalb der Unionsparteien begann sogleich ein zähes Ringen um Adenauers Nachfolge. Der Siebenundachtzigjährige ließ die CDU/CSU-Bundestagsfraktion wissen, daß er Heinrich v. Brentano, Heinrich Krone oder Gerhard Schröder für die einzig geeigneten Nachfolger hielte, doch wurde Bundeswirtschaftsminister Ludwig Erhard von der Fraktion mit großer Mehrheit für das Kanzleramt nominiert. Dagegen erhob Adenauer öffentlich Einwände, zweifelte an Erhards Führungsqualitäten und fügte damit, zumal er sich am Ende der Fraktionsentscheidung beugen mußte, dem Ansehen der Union in der Öffentlichkeit erheblichen Schaden zu, der indirekt der SPD und der FDP zugute kam.

Am 19. Mai 1963 gewannen die Sozialdemokraten auch die Landtagswahlen in Niedersachsen. Mit 44,9 Prozent der Wählerstimmen lagen sie deutlich vor der Union, die 37,7 Prozent erreichte, und weit vor der FDP, die 8,8 Prozent der Stimmen erhielt.

Im Juli 1963 äußerte Willy Brandts deutschlandpolitischer Berater Egon Bahr die Überzeugung, daß »die bisherige Politik des Drucks und Gegendrucks nur zu einer Erstarrung des Status quo geführt hat«, und machte erste Andeutungen, daß man zu einem entkrampfteren Verhältnis zur DDR-Regierung kommen wollte in der Hoffnung, daß dann »auch die Auflockerung der Grenze und der Mauer praktikabel wird, weil das Risiko erträglich ist. Das ist eine Politik, die man auf die Formel bringen könnte: Wandel durch Annäherung.« Die ersten Erfolge dieser »Politik der kleinen Schritte« auf dem Weg zu größerer Durchlässigkeit der Mauer erzielte Willy Brandt – nach einem überwältigenden Wahlsieg der West-Berliner SPD, die 61,9 Prozent der Wählerstimmen erhielt – zu Weihnachten 1963 mit einem Passierschein-Abkommen, das den West-Berlinern erstmals seit dem Mauerbau die Möglichkeit zum Verwandtenbesuch im Ostteil der Stadt gab. Dadurch stieg das Ansehen Brandts nicht nur in Berlin und in der Bundesrepublik, sondern auch international ganz erheblich.

In Bonn war mittlerweile Ludwig Erhard Bundeskanzler geworden, dessen Regierung, wie Herbert Wehner dazu bissig bemerkte, aus sozialdemokratischer Sicht zuweilen als »gouvernementale Spitze des Bundesverbandes der deutschen Industrie« wirkte.

Im übrigen aber blieb – wie es bei Detlef Lehnert heißt – »die SPD auf mildere Töne bedacht und erklärtermaßen an ›marktgerechter‹ Stimmenwerbung orientiert... Mit der Wiederwahl des farblosen Bundespräsidenten Heinrich Lübke (CDU)« – bei der die SPD diesmal sogar auf die Aufstellung eines Gegenkandidaten verzichtete – »erreichte 1964 der sozialdemokratische Kurs der ›Gemeinsamkeit‹ und des Strebens nach einer

Egon Bahr (geb. 1922).

Großen Koalition einen vorläufigen Höhepunkt. Die SPD-Führung war aufgrund negativer Erfahrungen seit 1949 zu der Überzeugung gelangt, daß Profilierung in Sachfragen trotz meßbarer Resonanz bei einzelnen Bevölkerungsgruppen nicht zur Regierungsmacht führen konnte, solange unpolitische Wählerschichten den Ausschlag zugunsten des ›Kanzlerbonus‹ gaben. Folgerichtig wollte sie den Versuch unternehmen, durch eine Regierungsbeteiligung den Startvorteil der ›Wiederaufbau‹-Parteien CDU/CSU auszugleichen und ihre Minister zunächst als eine zeitgemäßere Variante der bisherigen Politik zu empfehlen. Da die Gewinnung der absoluten Mehrheit völlig illusorisch blieb und die FDP der Ära Mende als Koalitionspartner wenig vertrauenerweckend war, führte der einzig gangbare Weg dieser insbesondere von Wehner propagierten Machtstrategie über eine Große Koalition.«

Die Bundestagswahlen vom 19. September 1965 brachten die SPD ihrem Ziel jedoch nur wenig näher: Sie erzielte einen Stimmenzuwachs um 3,1 Prozent auf 39,3 Prozent, wogegen sich die CDU/CSU mit 47,6 Prozent Stimmenanteil deutlich verbessern konnte, während die FDP sich auf 9,5 Prozent verschlechterte. Nach dieser neuerlichen Enttäuschung erklärte

Willy Brandt, er würde Vorsitzender der SPD bleiben, sich aber nunmehr auf sein Amt als Regierender Bürgermeister von Berlin konzentrieren. Seinem Wunsch entsprechend würden jedoch zwei Mitglieder seines »Schattenkabinetts«, der Hamburger Innensenator Helmut Schmidt und der Berliner Wirtschaftssenator Professor Karl Schiller ihre Bundestagsmandate annehmen und ausüben.

Der oft beschworene Genosse Trend schien müde geworden zu sein, doch in Wahrheit hatte er nur eine Verschnaufpause eingelegt, wie sich achtzehn Monate später zeigen sollte. Das Jahr 1966 brachte als erstes im März einen spektakulären Wahlerfolg der Hamburger SPD, die bei den Bürgerschaftswahlen fast 60 Prozent der Stimmen gewann, während die CDU ihren Stimmenanteil von 30 Prozent halten konnte. Verlierer war die FDP, die nur noch 6,8 (1961 : 9,6) Prozent der Stimmen erhielt. Im Juli 1966 erzielte die SPD einen noch weit bedeutsameren Erfolg in Nordrhein-Westfalen. Bei den Landtagswahlen im bevölkerungsreichsten Bundesland gelang es den Sozialdemokraten, ihren Stimmenanteil um 6,2 – von 43,3 auf 49,5 – Prozent zu steigern! Trotz starken politischen Engagements der katholischen Bischöfe war es der CDU nicht gelungen, ihre Hochburgen zu halten; ihr Stimmenanteil sank von 46,4 auf 42,8 Prozent. Die Abwendung zahlreicher katholischer Arbeiter von der Union signalisierte das baldige Ende einer anderthalb Jahrzehnte lang unangefochtenen Vormachtstellung der CDU im Westteil des Ruhrreviers und am Niederrhein. Neuer Ministerpräsident in Düsseldorf wurde Heinz Kühn (SPD), der trotz einer knappen sozialdemokratischen Mehrheit im Landtag eine Koalition mit der FDP einging, die bei den Wahlen 7,4 Prozent der Stimmen erhalten hatte. Damit stellte Kühn bereits die Weichen für eine künftige sozialliberale Koalition in Bonn.

Doch unerwartet erhielt die SPD schon wenige Wochen später die Chance, auch in der Bundesrepublik zur Regierungsmacht zu gelangen. Im September 1966 zeigte sich Bundeskanzler Ludwig Erhard den innenpolitischen Schwierigkeiten nicht mehr gewachsen: Eine wirtschaftliche Rezession, die nach den langen Jahren des Wirtschaftswunders und des stetigen Wachstums als Katastrophe empfunden wurde, steigende Arbeitslosigkeit und alarmierende Stimmengewinne der rechtsextremen Nationaldemokraten bei Kommunal- und Landtagswahlen führten zum Bruch der Bonner Koalition. Nachdem Kanzler Erhard Anfang Oktober in Washington kein Verständnis für seine Wünsche nach einer Senkung der von der Bundesrepublik aufzubringenden Stationierungskosten gefunden hatte, dafür von seinem Vorgänger Adenauer, von CSU-Chef Strauß und von der SPD heftig kritisiert worden war und seine Haushaltslücken durch massive Steuererhöhungen schließen wollte, erklärte sich die FDP nicht länger bereit, dies mitzumachen; ihre Minister traten aus der Regierung aus. Bis zum 1. Dezember 1966 wurstelte Ludwig Erhard allein weiter, und erst, nachdem sein Haushaltsentwurf im Bundesrat einstimmig abgelehnt worden war, was bedeutete, daß ihn auch seine eigene Partei fallengelassen hatte, reichte er seinen Rücktritt ein.

Sein Nachfolger, der bisherige württembergische Ministerpräsident Kurt Georg Kiesinger (CDU), versuchte zunächst, die Koalition mit der FDP wiederherzustellen, aber hinter den Kulissen hatte Herbert Wehner bereits Absprachen für eine Große Koalition aus CDU/CSU und SPD getroffen. Die Führungsgremien der SPD stimmten mit Zweidrittelmehrheit diesem Plan zu, von dem Wehner sagte, es handelte sich um eine Übergangslösung, eine »Zwischenstation«, auf der es »manche Kröte zu schlucken« gelte.

»So kam es«, heißt es dazu bei Detlef Lehnert, »... zur Bildung eines Kabinetts der Großen Koalition unter dem CDU-Kanzler Kiesinger, dessen frühere NSDAP-Mitgliedschaft«, später in noch stärkerem Maße seine zunächst nicht bekanntgewordene Rolle in der Rundfunk-Auslandspropaganda des Dritten Reiches, »zu einer erheblichen politisch-moralischen Belastung werden sollte.« Mit dem Parteivorsitzenden Willy Brandt übernahm erstmals in der deutschen Geschichte ein Sozialdemokrat für einen längeren Zeitraum das Außenministerium. In der Person des ›Bundesministers für gesamtdeutsche Fragen‹, Herbert Wehner, gehörte auch der eigentliche Architekt der Großen Koalition der Regierung an. Der Einzug von Karl Schiller ins Wirtschaftsministerium sicherte der SPD nicht nur ein weiteres Schlüsselressort, sondern sollte zugleich dem umworbenen Mittelstand die ›marktwirtschaftliche Bekehrung‹ der Sozialdemokraten demonstrieren«, wozu angemerkt sei, daß auch die einstige SA-Mitgliedschaft des sozialdemokratischen Marktwirtschaftlers Schiller ins Bild der Großen Koalition paßte.« »Von der einstigen erbitterten Polarisierung der Ära Schumacher und Adenauer«, so Detlef Lehnert, »waren die großen Volksparteien zur innenpolitischen ›Umarmung‹ gelangt: Der ›Ex-Nazi‹ Kiesinger und der ›Ex-Kommunist‹ Wehner sowie der ›Emigrant‹ Brandt und der ›reaktionäre Skandalpolitiker‹ Strauß (als Finanzminister) saßen nunmehr friedlich nebeneinander am Kabinettstisch.«

Weitere Sozialdemokraten im neuen Kabinett waren Gustav Heinemann (Justiz), Käte Strobel (Gesundheit), Carlo Schmid (Bundesrat), Lauritz Lauritzen (Wohnungsbau) und Hans-Jürgen Wischnewski (Wirtschaftliche Zusammenarbeit).

»Die Bildung der Großen Koalition des Jahres 1966«, schreibt dazu Susanne Miller, »gehört in die Reihe der parteiintern hart umstrittenen politischen Entscheidungen der deutschen Sozialdemokratie... Den Kritikern der Großen Koalition, die meinten, die SPD solle es denjenigen überlassen, ›den Karren auch wieder rauszuholen‹, die sein Abgleiten zu verantworten haben, antwortete Brandt« vor dem SPD-Parteirat am 28. November 1966: »›Dazu sind wir zu groß geworden.‹ Es müsse ›die Anstrengung gemacht werden, es zu dem begrenzten, aber doch möglichen Erfolg für Deutschland einschließlich der SPD werden zu lassen, die dann, wenn sie sich auf wichtigen Gebieten bewährt, zusätzliches Vertrauen gewinnen wird‹. Die weitere Entwicklung bestätigte die Richtigkeit dieses Kalküls. Die Regierung der Großen Koalition unter Bundeskanzler Kiesin-

Herbert Wehner, geb. 1906, der langjährige Vorsitzende und »Zuchtmeister« der SPD-Bundestagsfraktion.

ger, in der die SPD neun Minister und acht Staatssekretäre stellte, war ›auf wichtigen Gebieten‹ erfolgreich, und der SPD sollte der so erworbene ›Amtsbonus‹ schließlich zu ihrem Ziel verhelfen.«

Indessen verlief das Experiment, das der Eintritt der SPD in die Regierung Kiesinger für die Partei darstellte, durchaus nicht so glatt und problemlos. Gewiß, eine deutliche Mehrheit der Bundesbürger nahm das Bündnis der beiden großen Parteien mit Erleichterung und Zustimmung auf. Aber gleichzeitig mußten Union wie SPD ihre Koalition mit erheblichen Stimmenverlusten nach rechts und links hin bezahlen.

»Nicht zufällig«, heißt es dazu bei Detlef Lehnert durchaus zutreffend, »gelang der NPD der Einzug in sämtliche Landtage, die in der Periode der Großen Koalition neu gewählt wurden. Andererseits hinterließ der sozialdemokratische Regierungseintritt auf dem linken Flügel des politischen Spektrums ein Vakuum, das die ›Außerparlamentarische Opposition‹ (APO) mit ihren zunächst radikaldemokratischen Vorstellungen auszufüllen versuchte. Die Entstehung der Großen Koalition wurde insbesondere von linken Intellektuellen vielfach nicht als taktischer Schachzug der SPD-Führung begriffen, sondern als erster Schritt in einen autoritären Wohlfahrtsstaat ohne wirkliche Opposition interpretiert. Hinzu kam, daß sich die SPD nach der Wende von 1959/60 des rebellierenden Sozialistischen Deutschen Studentenbundes (SDS) entledigt hatte, der nunmehr zur führenden Kraft der Studentenbewegung aufstieg und wesentlich zur Verbreitung linkssozialistischer Ideen in der jüngeren Generation beitrug.« Interessanterweise hat auch einer der schärfsten Kritiker der »Umarmungstaktik« der SPD-Führung, Wolfgang Abendroth, der wegen seiner Kritik am Godesberger Programm und seines Eintretens für den SDS schließlich aus der SPD ausgeschlossen worden war, der Großen Koalition im Rückblick positive Wirkungen zugebilligt, wenn auch ganz andere, als ihre Architekten sie geplant hatten.

»Daß wir in der Bundesrepublik noch eine parlamentarische Demokratie haben«, erklärte Wolfgang Abendroth 1976*, »verdanken wir nicht etwa der *Bildung* der Großen Koalition, sondern der *Antwort* auf sie. Bis heute wirkt die studentische Massenbewegung fort...« mit dem Ergebnis, »daß wir heute noch in den meisten Studentenschaften linke Mehrheiten haben – ein Zustand, der früher unvorstellbar war. Innerhalb dieser Linken ist eine breite Kaderschicht rational darum bemüht, sich marxistische Erkenntnisse anzueignen, breiter als je zuvor in der deutschen Universitätsgeschichte.«

Vor allem die Verabschiedung der »Notstandsgesetze« im Mai 1968 führten zu heftigen innenpolitischen und innerparteilichen Auseinandersetzungen. Als Opposition hatte die SPD dieses Gesetzesvorhaben wiederholt scheitern lassen, indem sie der erforderlichen Verfassungsänderung stets ihre Zustimmung versagt hatte. Als Regierungspartei indessen zahlte sie den von Herbert Wehner vereinbarten Preis, indem sie die Gesetze nun passieren ließ – gegen heftigen Widerstand aus den eigenen Reihen, der noch dadurch verstärkt wurde, daß entschiedene Gegner der Notstandsgesetzgebung scharenweise in die Parteiorganisation einströmten mit dem erklärten Ziel, innerhalb der SPD eine Mehrheit gegen den Kurs ihrer Führung zu schaffen. Doch auch unter der Stamm-Mitgliedschaft der Partei formierte sich der Widerstand. Um den schleswig-holsteinischen Landesvorsitzenden Jochen Steffen und den Frankfurter Oberbürgermeister Walter Möller bildeten sich Gruppen oppositioneller linker Sozialdemokraten. Vor allem die bis dahin parteifrommen Jungsozialisten ließen auf ihrem Bundeskongreß im Dezember 1967 erstmals den Willen erkennen, von der Parteilinie abzuweichen, wenngleich sich ihr »Nonkonformismus« zunächst noch in Grenzen hielt, verglichen etwa mit dem wachsenden Radikalismus der APO.

Nach Peter Arend** stagnierten die Mitgliederzahler der Partei in den Jahren 1967/68, weil sich Austritte und Neuaufnahmen die Waage hielten. Dagegen hatte die Partei durchschnittliche Wählerverluste von fast fünf Prozent zu verzeichnen, die der Parteiführung ein kritisches Stadium der Koalitionspolitik signalisierten, in dem – so Detlef Lehnert – »neue Bevölkerungsschichten noch nicht gewonnen, enttäuschte Minderheiten aber bereits abgestoßen worden waren«.

Lehnert weist indessen und mit gewisser Berechtigung auf einige unspektakuläre Erfolge der Großen Koalition hin. Ihm zufolge brachte sie »den Beginn einer ›Modernisierung‹ verkrusteter Strukturen der bundesdeutschen Gesellschaft. Die von Schiller eingeführte konjunkturelle ›Globalsteuerung‹ des Staates, ergänzt durch eine ›Konzertierte Aktion‹ der Gewerkschaften und Unternehmerverbände, entsprach den differenzierten Bedürfnissen der Wirtschaftspolitik offenkundig besser als das dogmatische Festhalten am Vorrang der Privatinitiative. Der Kompromiß von Lohnarbeit und Kapital, auf den sich die politische Stabilität und ökonomische Prosperität der Bundesrepublik vor allem gründete, sollte fortan nicht allein dem freien Spiel der Kräfte überantwortet bleiben, sondern staatlich garantiert werden. Das Bündnis von CDU/CSU und SPD hatte in dieser Hinsicht die Funktion, einem Abbau sozialer Polarisierung den Weg zu ebnen.«

Nach Baring und Görtemaker* kam auch auf anderen Politikfeldern »während dieser Großen Koalition das technokratische Denken in Deutschland zum Durchbruch«. Insbesondere für die Verkehrs-, Forschungs- und Bildungspolitik, also für die Leitsektoren der Infrastruktur einer fortgeschrittenen Industriegesellschaft, wurden »umfassende Pläne einer quantitativen Ausweitung und qualitativen Effektivierung von Ressourcen entworfen«.

Indessen stand für die Partei anderes auf dem Spiel: Die – wie es sich der Mitgliedschaft darstellte – totale Preisgabe aller sozialdemokratischen Prinzipien wurde von immer mehr Parteimitgliedern als ein für die bloße Teilhabe an der Macht viel zu großes Opfer angesehen, über das auch die Tatsache nicht hinwegtrösten konnte, daß der unumstrittene Parteivorsitzende Willy Brandt als Bundesaußenminister und Vizekanzler nicht nur die drohende Isolierung der Bundesrepublik verhindert und ihr zu neuem Ansehen verholfen hatte, sondern in diesem Amt auch selbst gewachsen war. Auf der internationalen Bühne war er bereits der eigentliche Vertreter Bonns und künftige Kanzler.

Brandts Außenpolitik stieß von Anfang an innerhalb der SPD wie auch bei deren linken Kritikern und im liberalen Bürgertum auf eine positive Resonanz, vor allem seine Bemühungen, die ins Stocken geratene Westpolitik seiner Vorgänger schwungvoll fortzusetzen, das Verhältnis zu Paris wieder freundschaftlich zu gestalten, aber auch durch eine aktive, systematisch entwickelte Ostpolitik zu ergänzen, zunächst durch die Wiederaufnahme der 1957 abgebrochenen diplomatischen Beziehungen zu Jugoslawien, durch die Vorbereitung eines Gewaltverzichtsabkommens mit Sowjetrußland und schließlich durch die Anbahnung von Verhandlungen mit der DDR.

Doch so wenig Willy Brandts Führungsposition und Außenpolitik innerhalb der Partei kontrovers waren, so sehr war es die Große Koalition an sich. Der Parteitag der SPD in Nürnberg Ende März 1968 machte das besonders deutlich: Ein Versuch des linken Flügels, mit einem Antrag auf Nichtbefassung den Vorstands-Leitantrag auf Billigung des Regierungsbündnisses unter den Tisch fallen zu lassen und damit die Bildung der Großen Koalition als Alleingang der Führungsgremien zu desavouieren, scheiterte nur ganz knapp. Danach allerdings fand die Forderung des Vorstands nach einem klaren Regierungsauftrag doch noch eine deutliche Mehrheit: 173 Delegierte stimmten dafür, 129 dagegen.

»Eine dermaßen starke Opposition gegen eine Grundsatzentscheidung hatte es in der SPD seit 1945 nicht mehr gegeben«, hat Detlef Lehnert dazu bemerkt. »Anders als in der Weimarer Republik spielten dabei aber ideologische Vorbehalte gegenüber Bündnissen mit bürgerlichen Parteien keine wesentliche Rolle mehr . . . Wie wenig der Konflikt um die Koalitionsfrage mit einer Infragestellung der Wende von Godesberg einherging, unterstrich die weit weniger umstrittene Verabschiedung der ›Sozialdemokratischen Perspektiven im Übergang zu den siebziger Jahren‹. Dieses auf die künftige Gestaltung der Regierungspolitik abzielende Dokument enthielt kein Bekenntnis zu jenen klassischen sozialistischen Zielen, die im Godesberger Programm immerhin noch als ethische Postulate verankert waren; es beschränkte sich auf einen Katalog von einzelnen Reformvorschlägen. Ein Selbstverständnis als ›fortschrittliche Volkspartei der Bundesrepublik‹ machte sich – gewiß eher geschichtsvergessen als -bewußt – den offiziellen Namen der preußischen Linksliberalen des Kaiserreiches zu eigen und ließ anklingen, daß die SPD des Jahres 1968 anstelle früherer reformsozialistischer nur noch sozialliberale Vorstellungen vertrat«, womit sie etwa dort angelangt gewesen wäre, wo Johann Jacoby, der Führer der preußischen Fortschrittler, hundert Jahre zuvor gestanden hatte, nur daß Jacoby, wie erinnerlich, von der bürgerlichen Seite her gekommen war und dort, noch ehe er sich der jungen Sozialdemokratie anschloß, das äußerste linke Spektrum vertreten hatte.

Auf dem Parteitag der SPD vom März 1968 mußte sich Horst Ehmke als Berichterstatter der »Perspektiven«-Kommission von der SPD-Linken vorhalten lassen, die geplanten Maßnahmen ersetzten »die Grundvorstellungen des Sozialismus durch ein technokratisches Rezept« – eine Kritik, die der damals einundvierzigjährige neue »Vordenker« der Partei, bis 1966 Professor für Öffentliches Recht in Bonn und Freiburg, jetzt Staatssekretär im Justizministerium, kaum entkräften konnte, wohl auch gar nicht wollte.

Bei der Wahl des Parteivorstandes übte die Partei-Linke Vergeltung: Horst Ehmke erhielt nicht genügend Stimmen für einen der 31 Vorstandssitze, auch nicht Klaus Schütz, der neue Regierende Bürgermeister von Berlin nach dem Rücktritt des Brandt-Nachfolgers Pfarrer Heinrich Albertz*. Schütz wurden von der Linken die harten Polizeimaßnahmen gegen APO-Demonstranten und die Maßregelungen sozialdemokratischer APO-Sympathisanten wie Harry Ristock angelastet.

Willy Brandt hingegen wurde mit 325 gegen nur 8 Stimmen vom Parteitag in seinem Amt als Vorsitzender in überzeugender Weise bestätigt. Zu seinen Stellvertretern wurden Helmut Schmidt mit 261 gegen 69 Stimmen und Herbert Wehner mit 270 gegen 57 Stimmen gewählt. Fritz Erler, der seit Erich Ollenhauers Tod SPD-Fraktionsvorsitzender im Bundestag und stellvertretender Parteivorsitzender gewesen war und sich in beiden Ämtern glänzend bewährt hatte, war schon im Februar 1967 im Alter von erst 53 Jahren gestorben.

Nur wenige Wochen nach dem Nürnberger Parteitag erreichte die Protestbewegung der APO ihren Höhepunkt. Der Mordanschlag auf Rudi Dutschke, Cheftheoretiker und Symbolfigur des einst von der SPD als akademische Nachwuchsorganisation geförderten SDS, trug dann entscheidend dazu bei, daß es in den Ostertagen 1968 zu zunehmend gewalttätigen Auseinandersetzungen zwischen Demonstranten und Polizei kam, wobei sich der Protest, nicht allein der Studenten, sondern eines Großteils der links orientierten Gewerkschafts- und Parteijugend, gleichermaßen gegen das brutale Vorgehen der USA in Vietnam, gegen Atomwaffen und gegen die Notstandsgesetze richtete, die vom Bundestag am 30. Mai 1968 mit 384 gegen 100 Stimmen verabschiedet wurden. Etwa fünfzig SPD-Abgeordnete stimmten mit der FDP gegen die verfassungsändernde Regierungsvorlage – ein deutliches Alarmzeichen, das erkennen ließ, wie wenig die Parteilinke noch gewillt war, das ihr um der Großen Koalition willen zugemutete Opfer zu erbringen. Vier Wochen zuvor, bei den baden-württembergischen Landtagswahlen, hatte die SPD einen Stimmenverlust von 8,3 Prozent hinnehmen müssen und war auf 29 Prozent zurückgefallen; die rechtsextreme NPD hatte mit 9,8 Prozent Stimmenanteil ihren bisher größten Wahlerfolg gehabt, und die FDP, die in der Opposition mit linksliberalen Losungen auftrat, war gestärkt aus den Wahlen hervorgegangen.

Angesichts dieser Entwicklung löste sich die SPD allmählich aus dem Regierungsbündnis mit der CDU/CSU und begann die Möglichkeit einer Koalition mit den Freidemokraten zu sondieren. Zur Generalprobe für die Tragfähigkeit einer sozialliberalen Regierungsplattform wurde die Wahl des Bundespräsidenten am 5. März 1969. Im dritten Wahlgang siegte mit 512 Stimmen – gegen 506, die für den Kandidaten der Union, Bundesverteidigungsminister Gerhard Schröder abgegeben wurden – der Sozialdemokrat Gustav Heinemann! Damit übernahm erstmals wieder seit 44 Jahren ein Repräsentant der SPD das höchste Staatsamt, und zugleich ließ sich aus dem Ergebnis ableiten, daß fast alle FDP-Mitglieder der Bundesversammlung für den Kandidaten der SPD gestimmt hatten. Damit waren die Weichen für einen Partnerwechsel der SPD gestellt, und der unmittelbar nach der Bundespräsidentenwahl stattfindende SPD-Parteitag stand bereits im Zeichen optimistischer Erwartungen für die bevorstehenden Bundestagswahlen.

Auf diesem Parteitag machte sich Willy Brandt mit seiner beschwörenden Aufforderung, »das Aufbegehren junger Menschen gegen das Establishment ernst zu nehmen«, zum engagierten Fürsprecher derer, die überall im Lande protestierten, sei es gegen den unter den Talaren der konservativen Professorenschaft verborgenen »Muff von tausend Jahren«, die ebenso angestaubte wie heuchlerische Sexualmoral des bürgerlichen »Establishments« und die noch weit fragwürdigere Moral der Verfechter von »Gesetz und Ordnung«, die den Massenmord in Vietnam ebenso guthießen wie die

Schüsse auf unbewaffnete Studenten, sei es gegen die fortdauernde Benachteiligung der Frauen in der konservativen Männergesellschaft.

Er hatte damit die Stimmung im Lande, zumal unter den Gebildeten und Meinungsführern, richtig eingeschätzt. Denn inzwischen war sich auch das eher konservative Bürgertum darüber einig, daß Reformen notwendig wären und daß vieles geändert werden müßte, damit es nicht demnächst zu einer Revolution der Jugend käme, wie sie sich gerade in Frankreich abspielte. Diese zunehmend anti-konservative Stimmung ließ die SPD mit wachsendem Optimismus in den Wahlkampf gehen, der im Sommer 1969 begann und in dem die Partei wie noch nie zuvor durch bekannte Persönlichkeiten außerhalb ihrer Reihen – Künstler, Wissenschaftler, Schriftsteller, Sportler und Journalisten – unterstützt wurde.

Mit der unverfänglichen Parole »Wir schaffen das moderne Deutschland« gelang es, der Partei einen Stimmenanteil von 42,7 Prozent zu erringen – den höchsten ihrer ganzen Geschichte! Indessen war es bis zur letzten Minute der Auszählung nicht sicher, ob den Freidemokraten der Sprung über die 5-Prozent-Hürde gelingen und ob dann der gemeinsame Vorsprung von SPD und FDP zur Regierungsbildung ausreichen würde. Ein weiterer Unsicherheitsfaktor war die NPD: Kam sie über 5 Prozent und damit erstmals in den Bundestag, würden die Mandate einer sozialliberalen Koalition erst recht nicht ausreichen, ihren Kanzlerkandidaten ins Amt zu bringen.

In der Wahlnacht zeigte sich Kanzler Kurt Georg Kiesinger zunächst sie-

Heinrich Lübke und Willy Brandt gratulieren am 2. Juli 1969 Gustav Heinemann zur Wahl als Bundespräsident.

gessicher: Die CDU/CSU war mit 46,1 Prozent Stimmenanteil stärkste Partei geblieben. Aber dann verfehlte die NPD mit nur 4,3 Prozent Stimmenanteil den Sprung ins Parlament, während ihn die FDP mit 5,8 Prozent gerade noch schaffte.

»Von da an«, berichtete *Der Spiegel* über die Wahlnacht, »erlebten die Deutschen eine ganz neue SPD. Auf einmal waren Minderwertigkeitsgefühle, Skrupel und die Politik der kleinen Schritte vergessen. Mit Selbstbewußtsein und sicherem taktischen Instinkt wagten die Sozialdemokraten den großen Sprung nach vorn – zur Macht.«

Es war zunächst ein großes Wagnis, da es unter den FDP-Abgeordneten einige unsichere Kantonisten gab, bei denen es nicht vorauszusehen war, wie sie bei der Wahl des Bundeskanzlers stimmen würden. Auch war die SPD gezwungen, den Freidemokraten erhebliche Zugeständnisse sowohl personeller wie sachlicher Art zu machen, die weit über das hinausgingen, was der kleine Partner eigentlich verlangen konnte.

Doch alle Mitglieder in den Führungsgremien, von Georg Leber, dem rechten Flügelmann und Vorsitzenden der Gewerkschaft Bau-Steine-Erden, bis zu Jochen Steffen am linken Flügel, waren geschlossen dafür, das Wagnis einzugehen.

Die Spannung, ob es gelingen würde, währte bis zur letzten Minute. Am 21. Oktober 1969 wählte der Deutsche Bundestag mit 251 von 495 abgegebenen Stimmen, also mit einer Mehrheit von nur drei Stimmen, den Vorsitzenden der SPD, Willy Brandt, zum Bundeskanzler. Gegen ihn hatten 235 Abgeordnete gestimmt, vier Wahlzettel waren ungültig, fünf Abgeordnete hatten sich der Stimme enthalten.

Der Machtwechsel in Bonn war vollzogen. Auf den Tag genau 91 Jahre nachdem Bismarck die Sozialdemokraten zu Reichs- und Vaterlandsfeinden erklärt hatte, 39 Jahre nach dem letzten sozialdemokratischen Kanzler der Weimarer Republik, Hermann Müller, zwanzig Jahre nach Gründung der Bundesrepublik, ging die Macht im Staat an einen Sozialdemokraten.

»Brandt«, so meldete *Der Spiegel*, »im Dritten Reich zur Emigration gezwungen und von den Nazis ausgebürgert, im Nachkriegsdeutschland deswegen jahrelang verfemt, proklamierte am Abend seines Wahltages eine neue Zeit: »Jetzt hat Hitler den Krieg endgültig verloren.«

Auf die Frage, auf welche Kurzformel sich sein Regierungsprogramm bringen ließe, erwiderte der Kanzler ohne Zögern:

»Mehr Demokratie wagen, mehr soziale Gerechtigkeit schaffen, durch Entspannung den Frieden sicherer machen.«

Dann nahm er in der Villa Hammerschmidt aus der Hand des Bundespräsidenten Gustav Heinemann seine Bestallungsurkunde entgegen. Heinemann ging gemessenen Schrittes auf den neuen Regierungschef zu: »Herr Bundeskanzler...«

Dann verlor das deutsche Staatsoberhaupt die Kontenance. Gerührt schloß er den Freund und Genossen in die Arme: »Willy...!« Dann faßte

Das neu gebildete Kabinett Brandt/Scheel bei Bundespräsident Heinemann. Erste Reihe von links nach rechts: Gerhard Jahn (Justiz), Käte Strobel (Familie), Gustav Heinemann, Willy Brandt, Walter Scheel (Äußeres), Karl Schiller (Wirtschaft), Georg Leber (Verkehr).
Zweite Reihe: Helmut Schmidt (Verteidigung), Alex Möller (Finanzen), Erhard Eppler (Entwicklung), Hans Dietrich Genscher (Inneres), Walter Ahrend (Arbeit).
Letzte Reihe: Egon Franke (Innerdeutsche Beziehungen), Lauritz Lauritzen (Wohnungsbau), Hans Leussink (Wissenschaft), Horst Ehmke (Kanzleramt), Josef Ertl (Landwirtschaft).

sich der Bundespräsident wieder, übergab dem Kanzler die Urkunde und sagte: »Dies ist eine Zäsur in der Geschichte Deutschlands.«

Am Abend gab es – wie einst für Johann Jacoby, für Ferdinand Lassalle, für August Bebel und Wilhelm Liebknecht – für Willy Brandt in Bonn einen Fackelzug. Die Sozialdemokratische Partei Deutschlands, die Bismarcks Sozialistengesetze und die grausame Verfolgung durch die Nazis ebenso überlebt hatte wie die siebzehnjährige Alleinherrschaft Adenauers und seiner Epigonen sah sich zwar noch längst nicht am Ziel, aber blickte mit neuer Hoffnung in die Zukunft.

Anhang

Forderungen
der
Kommunistischen Parthei
in
Deutschland

»Proletarier aller Länder vereinigt Euch!«

1. Ganz Deutschland wird zu einer einigen, untheilbaren Republik erklärt.
2. Jeder Deutsche, der 21 Jahre alt, ist Wähler und wählbar, vorausgesetzt daß er keine Kriminalstrafe erlitten hat.
3. Die Volksvertreter werden besoldet, damit auch der Arbeiter im Parlament des deutschen Volkes sitzen könne.
4. Allgemeine Volksbewaffnung. Die Armeen sind in Zukunft zugleich Arbeiter-Armeen, so daß das Heer nicht blos, wie früher, verzehrt, sondern noch mehr produzirt, als seine Unterhaltungskosten betragen.
   Dieß ist außerdem ein Mittel zu Organisation der Arbeit.
5. Die Gerechtigkeitspflege ist unentgeltlich.
6. Alle Feudallasten, alle Abgaben, Frohnden, Zehnten, etc. die bisher auf dem Landvolk lasteten, werden ohne irgend eine Entschädigung abgeschafft.
7. Die fürstlichen und andern feudalen Landgüter, alle Bergwerke, Gruben, u. s. w., werden in Staatseigenthum umgewandelt. Auf diesen Landgütern wird der Ackerbau im Großen und mit den modernsten Hilfsmitteln der Wissenschaft zum Vortheil der Gesammtheit betrieben.
8. Die Hypotheken auf den Bauerngütern werden für Staatseigenthum erklärt. Die Interessen für jene Hypotheken werden von den Bauern an den Staat gezahlt.
9. In den Gegenden, wo das Pachtwesen entwickelt ist, wird die Grundrente oder der Pachtschilling als Steuer an den Staat gezahlt.
   Alle diese unter 6, 7, 8 und 9 angegebenen Maaßregeln werden gefaßt, um öffentliche und andere Lasten der Bauern und kleinen Pächter zu vermindern, ohne die zur Bestreitung der Staatskosten nöthigen Mittel zu schmälern und ohne die Produktion selbst zu gefährden.
   Der eigentliche Grundeigenthümer, der weder Bauer noch Pächter ist, hat an der Produktion gar keinen Antheil. Seine Konsumtion ist daher ein bloßer Mißbrauch.
10. An die Stelle aller Privatbanken tritt eine Staatsbank, deren Papier gesetzlichen Kurs hat.
    Diese Maaßregel macht es möglich, das Kreditwesen im Interesse des ganzen Volkes zu regeln und untergräbt damit die Herrschaft der großen Geldmänner. Indem sie nach und nach Papiergeld an die Stelle von Gold und Silber setzt, verwohlfeilert sie das unentbehrliche Instrument des bürgerlichen Verkehrs das allgemeine Tauschmittel, und erlaubt, das Gold und Silber nach außen hin wirken zu lassen. Diese Maaßregel ist schließlich nothwendig, um die Interessen der konservativen Bourgeois an die Revolution zu knüpfen.
11. Alle Transportmittel: Eisenbahnen, Kanäle, Dampfschiffe, Wege, Posten, etc., nimmt der Staat in seine Hand. Sie werden in Staatseigenthum umgewandelt und der unbemittelten Klasse zur unentgeltlichen Verfügung gestellt.
12. In der Besoldung sämmtlicher Staatsbeamten findet kein anderer Unterschied statt, als der, daß diejenigen mit Familie, also mit mehr Bedürfnissen, auch ein höheres Gehalt beziehen als die Uebrigen.
13. Völlige Trennung der Kirche vom Staate. Die Geistlichen aller Konfessionen werden lediglich von ihrer freiwilligen Gemeinde besoldet.
14. Beschränkung des Erbrechts.

15. Einführung von starken Progressivsteuern und Abschaffung der Konsumtions-
steuern.
16. Errichtung von Nationalwerkstätten. Der Staat garantirt allen Arbeitern ihre Existenz
und versorgt die zur Arbeit Unfähigen.
17. Allgemeine Unentgeltliche Volkserziehung.

Es liegt im Interesse des deutschen Proletariats, des kleinen Bürger- und Bauernstandes,
mit aller Energie an der Durchsetzung obiger Maaßregeln zu arbeiten. Denn nur durch
Verwirklichung derselben können die Millionen, die bisher in Deutschland von einer
kleinen Zahl ausgebeutet wurden und die man weiter in der Unterdrückung zu erhalten
suchen wird, zu ihrem Recht und zu derjenigen Macht gelangen, die ihnen, als den
Hervorbringern alles Reichthums, gebührt.

Das Comite:
Karl Marx. Karl Schapper. H. Bauer. F. Engels.
J. Moll. W. Wolff.

Karl Marx

Randglossen zum Programm der deutschen Arbeiterpartei

I.

1. »Die Arbeit ist die Quelle alles Reichtums und aller Kultur, *und da* nutzbringende Arbeit nur in der Gesellschaft und durch die Gesellschaft möglich ist, gehört der Ertrag der Arbeit unverkürzt, nach gleichem Rechte, allen Gesellschaftsgliedern.«

Erster Teil des Paragraphen: »Die Arbeit ist die Quelle alles Reichtums und aller Kultur.«

Die Arbeit ist *nicht die Quelle* alles Reichtums. Die *Natur* ist ebensosehr die Quelle der Gebrauchswerte (und aus solchen besteht doch wohl der sachliche Reichtum!) als die Arbeit, die selbst nur die Äußerung einer Naturkraft ist, der menschlichen Arbeitskraft. Jene Phrase findet sich in allen Kinderfibeln und ist insofern richtig, als *unterstellt* wird, daß die Arbeit mit den dazugehörigen Gegenständen und Mitteln vorgeht. Ein sozialistisches Programm darf aber solchen bürgerlichen Redensarten nicht erlauben, die *Bedingungen* zu verschweigen, die ihnen allein einen Sinn geben. Nur soweit der Mensch sich von vornherein als Eigentümer zur Natur, der ersten Quelle aller Arbeitsmittel und -gegenstände, verhält, sie als ihm gehörig behandelt, wird seine Arbeit Quelle von Gebrauchswerten, also auch von Reichtum. Die Bürger haben sehr gute Gründe, der Arbeit *übernatürliche Schöpfungskraft* anzudichten; denn grade aus der Naturbedingtheit der Arbeit folgt, daß der Mensch, der kein andres Eigentum besitzt als seine Arbeitskraft, in allen Gesellschafts- und Kulturzuständen der Sklave der andern Menschen sein muß, die sich zu Eigentümern der gegenständlichen Arbeitsbedingungen gemacht haben. Er kann nur mit ihrer Erlaubnis arbeiten, also nur mit ihrer Erlaubnis leben.

Lassen wir jetzt den Satz, wie er geht und steht, oder vielmehr hinkt. Was hätte man als Schlußfolgerung erwartet? Offenbar dies:

»Da die Arbeit die Quelle alles Reichtums ist, kann auch in der Gesellschaft sich niemand Reichtum aneignen, außer als Produkt der Arbeit. Wenn er also nicht selber arbeitet, lebt er von fremder Arbeit und eignet sich auch seine Kultur auf Kosten fremder Arbeit an.«

Statt dessen wird durch die Wortschraube »*und da*« ein zweiter Satz angefügt, um aus ihm, nicht aus dem ersten, eine Schlußfolgerung zu ziehn.

Zweiter Teil des Paragraphen: »Nutzbringende Arbeit ist nur in der Gesellschaft und durch die Gesellschaft möglich.«

Nach dem ersten Satz war die Arbeit die Quelle alles Reichtums und aller Kultur, also auch keine Gesellschaft ohne Arbeit möglich. Jetzt erfahren wir umgekehrt, daß keine »nutzbringende« Arbeit ohne Gesellschaft möglich ist.

Man hätte ebensogut sagen können, daß nur in der Gesellschaft nutzlose und selbst gemeinschädliche Arbeit ein Erwerbszweig werden kann, daß man nur in der Gesellschaft vom Müßiggang leben kann etc. etc. – kurz, den ganzen Rousseau abschreiben können.

Und was ist »nutzbringende« Arbeit? Doch nur die Arbeit, die den bezweckten Nutzeffekt hervorbringt. Ein Wilder – und der Mensch ist Wilder, nachdem er aufgehört hat, Affe zu sein –, der ein Tier mit einem Stein erlegt, der Früchte sammelt etc., verrichtet »nutzbringende« Arbeit.

Drittens: Die Schlußfolgerung: »Und da nutzbringende Arbeit nur in der Gesellschaft und durch die Gesellschaft möglich ist – gehört der Ertrag der Arbeit unverkürzt, nach gleichem Rechte, allen Gesellschaftsgliedern.«

Schöner Schluß! Wenn die nutzbringende Arbeit nur in der Gesellschaft und durch die Gesellschaft möglich ist, gehört der Arbeitsertrag der Gesellschaft – und kommt dem einzelnen Arbeiter davon nur soviel zu, als nicht nötig ist, um die »Bedingung« der Arbeit, die Gesellschaft, zu erhalten.

In der Tat ist dieser Satz auch zu allen Zeiten *von den Vorfechtern des jedesmaligen Gesellschaftszustands* geltend gemacht worden. Erst kommen die Ansprüche der Regierung mit allem, was daran klebt, denn sie ist das gesellschaftliche Organ zur Erhaltung der gesellschaftlichen Ordnung; dann kommen die Ansprüche der verschiednen Sorten von Privateigentümern, denn die verschiednen Sorten Privateigentum sind die Grundlagen der Gesellschaft etc. Man sieht, man kann solche hohlen Phrasen drehn und wenden, wie man will.

Irgendwelchen verständigen Zusammenhang haben der erste und zweite Teil des Paragraphen nur in dieser Fassung:

»Quelle des Reichtums und der Kultur wird die Arbeit nur als gesellschaftliche Arbeit« oder, was dasselbe ist, »in und durch die Gesellschaft«.

Dieser Satz ist unstreitig richtig, denn wenn die vereinzelte Arbeit (ihre sachlichen Bedingungen vorausgesetzt) auch Gebrauchswerte schaffen kann, kann sie weder Reichtum noch Kultur schaffen.

Aber ebenso unstreitig ist der andre Satz:

»Im Maße, wie die Arbeit sich gesellschaftlich entwickelt und dadurch Quelle von Reichtum und Kultur wird, entwickeln sich Armut und Verwahrlosung auf seiten des Arbeiters, Reichtum und Kultur auf seiten des Nichtarbeiters.«

Dies ist das Gesetz der ganzen bisherigen Geschichte. Es war also, statt allgemeine Redensarten über »*die* Arbeit« und »*die* Gesellschaft« zu machen, hier bestimmt nachzuweisen, wie in der jetzigen kapitalistischen Gesellschaft endlich die materiellen etc. Bedingungen geschaffen sind, welche die Arbeiter befähigen und zwingen, jenen geschichtlichen Fluch zu brechen.

In der Tat aber ist der ganze, stilistisch und inhaltlich verfehlte Paragraph nur da, um das Lassallesche Stichwort vom »unverkürzten Arbeitsertrag« als Losungswort auf die Spitze der Parteifahne zu schreiben. Ich komme später zurück auf den »Arbeitsertrag«, »das gleiche Recht« etc., da dieselbe Sache in etwas andrer Form wiederkehrt.

2. »In der heutigen Gesellschaft sind die Arbeitsmittel Monopol der Kapitalistenklasse; die hierdurch bedingte Abhängigkeit der Arbeiterklasse ist die Ursache des Elends und der Knechtschaft in allen Formen.«

Der dem internationalen Statut entlehnte Satz ist in dieser »verbesserten« Ausgabe falsch.

In der heutigen Gesellschaft sind die Arbeitsmittel Monopol der Grundeigentümer (das Monopol des Grundeigentums ist sogar Basis des Kapitalmonopols) *und* der Kapitalisten. Das internationale Statut nennt im betreffenden Passus weder die eine noch die andere Klasse der Monopolisten. Es spricht vom »*Monopol der Arbeitsmittel, d. h. der Lebensquellen*«; der Zusatz »Lebensquellen« zeigt hinreichend, daß der Grund und Boden in den Arbeitsmitteln einbegriffen ist.

Die Verbesserung wurde angebracht, weil Lassalle, aus jetzt allgemein bekannten Gründen, *nur* die Kapitalistenklasse angriff, nicht die Grundeigentümer. In England ist der Kapitalist meistens nicht einmal der Eigentümer des Grund und Bodens, auf dem seine Fabrik steht.

3. »Die Befreiung der Arbeit erfordert die Erhebung der Arbeitsmittel zu Gemeingut der Gesellschaft und die genossenschaftliche Regelung der Gesamtarbeit mit gerechter Verteilung des Arbeitsertrags.«

»Erhebung der Arbeitsmittel zu Gemeingut!« Soll wohl heißen ihre »Verwandlung in Gemeingut«. Doch dies nur nebenbei.

Was ist »*Arbeitsertrag*«? Das Produkt der Arbeit oder sein Wert? Und im letzteren Fall, der Gesamtwert des Produkts oder nur der Wertteil, den die Arbeit dem Wert der aufgezehrten Produktionsmittel neu zugesetzt hat?

»Arbeitsertrag« ist eine lose Vorstellung, die Lassalle an die Stelle bestimmter ökonomischer Begriffe gesetzt hat.

Was ist »gerechte« Verteilung?

Behaupten die Bourgeois nicht, daß die heutige Verteilung »gerecht« ist? Und ist sie in der Tat nicht die einzige »gerechte« Verteilung auf Grundlage der heutigen Produktionsweise? Werden die ökonomischen Verhältnisse durch Rechtsbegriffe geregelt, oder entspringen nicht umgekehrt die Rechtsverhältnisse aus den ökonomischen? Haben nicht auch die sozialistischen Sektierer die verschiedensten Vorstellungen über »gerechte« Verteilung?

Um zu wissen, was man sich bei dieser Gelegenheit unter der Phrase »gerechte Verteilung« vorzustellen hat, müssen wir den ersten Paragraphen mit diesem zusammenhalten. Letzterer unterstellt eine Gesellschaft, worin »die Arbeitsmittel Gemeingut sind und die Gesamtarbeit genossenschaftlich geregelt ist«, und aus dem ersten Paragraphen ersehn wir, daß »der Ertrag der Arbeit unverkürzt, nach gleichem Rechte, allen Gesellschaftsgliedern gehört«.

»Allen Gesellschaftsgliedern?« Auch den nicht arbeitenden? Wo bleibt da »der unverkürzte Arbeitsertrag«? Nur den arbeitenden Gesellschaftsgliedern? Wo bleibt da »das gleiche Recht« aller Gesellschaftsglieder?

Doch »alle Gesellschaftsglieder« und »das gleiche Recht« sind offenbar nur Redensarten. Der Kern besteht darin, daß in dieser kommunistischen Gesellschaft jeder Arbeiter seinen »unverkürzten« Lassalleschen »Arbeitsertrag« erhalten muß.

Nehmen wir zunächst das Wort »Arbeitsertrag« im Sinne des Produkts der Arbeit, so ist der genossenschaftliche Arbeitsertrag das *gesellschaftliche Gesamtprodukt.*

Davon ist nun abzuziehen:

Erstens: Deckung zum Ersatz der verbrauchten Produktionsmittel.

Zweitens: zusätzlicher Teil für Ausdehnung der Produktion.

Drittens: Reserve- oder Assekuranzfonds gegen Mißfälle, Störungen durch Naturereignisse etc.

Diese Abzüge vom »unverkürzten Arbeitsertrag« sind eine ökonomische Notwendigkeit, und ihre Größe ist zu bestimmen nach vorhandenen Mitteln und Kräften, zum Teil durch Wahrscheinlichkeitsrechnung, aber sie sind in keiner Weise aus der Gerechtigkeit kalkulierbar.

Bleibt der andere Teil des Gesamtprodukts, bestimmt, als Konsumtionsmittel zu dienen.

Bevor es zur individuellen Teilung kommt, geht hiervon wieder ab:

Erstens: die allgemeinen, nicht direkt zur Produktion gehörigen Verwaltungskosten.

Dieser Teil wird von vornherein aufs bedeutendste beschränkt im Vergleich zur jetzigen Gesellschaft und vermindert sich im selben Maß, als die neue Gesellschaft sich entwickelt.

Zweitens: was zur gemeinschaftlichen Befriedigung von Bedürfnissen bestimmt ist, wie Schulen, Gesundheitsvorrichtungen etc.

Dieser Teil wächst von vornherein bedeutend im Vergleich zur jetzigen Gesellschaft und nimmt im selben Maß zu, wie die neue Gesellschaft sich entwickelt.

Drittens: Fonds für Arbeitsunfähige etc., kurz, für, was heute zur sog. offiziellen Armenpflege gehört.

Erst jetzt kommen wir zu der »Verteilung«, die das Programm, unter Lassalleschem Einfluß, bornierterweise allein ins Auge faßt, nämlich an den Teil der Konsumtionsmittel, der unter die individuellen Produzenten der Genossenschaft verteilt wird.

Der »unverkürzte Arbeitsertrag« hat sich unterderhand bereits in den »verkürzten« verwandelt, obgleich, was dem Produzenten in seiner Eigenschaft als Privatindividuum entgeht, ihm direkt oder indirekt in seiner Eigenschaft als Gesellschaftsglied zugut kommt.

Wie die Phrase des »unverkürzten Arbeitsertrags« verschwunden ist, verschwindet jetzt die Phrase des »Arbeitsertrags« überhaupt.

Innerhalb der genossenschaftlichen, auf Gemeingut an den Produktionsmitteln gegründeten Gesellschaft tauschen die Produzenten ihre Produkte nicht aus; ebensowenig erscheint hier die auf Produkte verwandte Arbeit *als Wert* dieser Produkte, als eine von ihnen besessene sachliche Eigenschaft, da jetzt, im Gegensatz zur kapitalistischen Gesellschaft, die individuellen Arbeiten nicht mehr auf einem Umweg, sondern unmittelbar als Bestandteile der Gesamtarbeit existieren. Das Wort »Arbeitsertrag«, auch heutzutage wegen seiner Zweideutigkeit verwerflich, verliert so allen Sinn.

Womit wir es hier zu tun haben, ist eine kommunistische Gesellschaft, nicht wie sie sich auf ihrer eigenen Grundlage *entwickelt* hat, sondern umgekehrt, wie sie eben aus der kapitalistischen Gesellschaft *hervorgeht*, also in jeder Beziehung, ökonomisch, sittlich, geistig, noch behaftet ist mit den Muttermalen der alten Gesellschaft, aus deren Schoß sie herkommt. Demgemäß erhält der einzelne Produzent – nach den Abzügen – exakt zurück, was er ihr gibt. Was er ihr gegeben hat, ist sein individuelles Arbeitsquantum. Z B. der gesellschaftliche Arbeitstag besteht aus der Summe der individuellen Arbeitsstunden. Die individuelle Arbeitszeit des einzelnen Produzenten ist der von ihm gelieferte Teil des gesellschaftlichen Arbeitstags, sein Anteil daran. Er erhält von der Gesellschaft einen Schein, daß er soundso viel Arbeit geliefert (nach Abzug seiner Arbeit für die gemeinschaftlichen Fonds), und zieht mit diesem Schein aus dem gesellschaftlichen Vorrat von Konsumtionsmitteln soviel heraus, als gleich viel Arbeit kostet. Dasselbe Quantum Arbeit, das er der Gesellschaft in einer Form gegeben hat, erhält er in der andern zurück.

Es herrscht hier offenbar dasselbe Prinzip, das den Warenaustausch regelt, soweit er Austausch Gleichwertiger ist. Inhalt und Form sind verändert, weil unter den veränderten Umständen niemand etwas geben kann außer seiner Arbeit und weil andrerseits nichts in das Eigentum der einzelnen übergehn kann außer individuellen Konsumtionsmitteln. Was aber die Verteilung der letzteren unter die einzelnen Produzenten betrifft, herrscht dasselbe Prinzip wie beim Austausch von Warenäquivalenten, es wird gleich viel Arbeit in einer Form gegen gleich viel Arbeit in einer andern ausgetauscht. Das *gleiche Recht* ist hier daher immer noch – dem Prinzip nach – das *bürgerliche Recht*, obgleich Prinzip und Praxis sich nicht mehr in den Haaren liegen, während der Austausch von Äquivalenten beim Warenaustausch nur *im Durchschnitt*, nicht für den einzelnen Fall existiert.

Trotz dieses Fortschritts ist dieses *gleiche Recht* stets noch mit einer bürgerlichen Schranke behaftet. Das Recht der Produzenten ist ihren Arbeitslieferungen *proportionell*; die Gleichheit besteht darin, daß an *gleichem Maßstab*, der Arbeit, gemessen wird. Der eine ist aber physisch oder geistig dem andern überlegen, liefert also in derselben Zeit mehr Arbeit oder kann während mehr Zeit arbeiten; und die Arbeit, um als Maß zu dienen, muß der Ausdehnung oder der Intensität nach bestimmt werden, sonst hörte sie auf, Maßstab zu sein. Dies *gleiche* Recht ist ungleiches Recht für ungleiche Arbeit. Es erkennt keine Klassenunterschiede an, weil jeder nur Arbeiter ist wie der andre; aber es erkennt stillschweigend die ungleiche individuelle Begabung und daher Leistungsfähigkeit der Arbeiter als natürliche Privilegien an. *Es ist daher ein Recht der Ungleichheit, seinem Inhalt nach, wie alles Recht.* Das Recht kann seiner Natur nach nur in Anwendung von gleichem Maßstab bestehn; aber die ungleichen Individuen (und sie wären nicht verschiedne Individuen, wenn sie nicht ungleiche wären) sind nur an gleichem Maßstab meßbar, soweit man sie unter einen gleichen Gesichtspunkt bringt, sie nur von einer *bestimmten* Seite faßt, z. B. im gegebnen Fall sie *nur als Arbeiter* betrachtet und weiter nichts in ihnen sieht, von allem andern absieht. Ferner: Ein Arbeiter ist verheiratet, der andre nicht; einer hat mehr Kinder als der andre etc. etc. Bei gleicher Arbeitsleistung und daher gleichem Anteil an dem gesellschaftlichen Konsumtionsfonds erhält also der eine faktisch mehr als der andre, ist der eine reicher als der andre etc. Um alle diese Mißstände zu vermeiden, müßte das Recht, statt gleich, vielmehr ungleich sein.

Aber diese Mißstände sind unvermeidbar in der ersten Phase der kommunistischen Gesellschaft, wie sie eben aus der kapitalistischen Gesellschaft nach langen Geburtswehen hervorgegangen ist. Das Recht kann nie höher sein als die ökonomische Gestaltung und dadurch bedingte Kulturentwicklung der Gesellschaft.

In einer höheren Phase der kommunistischen Gesellschaft, nachdem die knechtende

Unterordnung der Individuen unter die Teilung der Arbeit, damit auch der Gegensatz geistiger und körperlicher Arbeit verschwunden ist; nachdem die Arbeit nicht nur Mittel zum Leben, sondern selbst das erste Lebensbedürfnis geworden; nachdem mit der allseitigen Entwicklung der Individuen auch ihre Produktivkräfte gewachsen und alle Springquellen des genossenschaftlichen Reichtums voller fließen – erst dann kann der enge bürgerliche Rechtshorizont ganz überschritten werden und die Gesellschaft auf ihre Fahne schreiben: Jeder nach seinen Fähigkeiten, jedem nach seinen Bedürfnissen!

Ich bin weitläufiger auf den »unverkürzten Arbeitsertrag« einerseits, »das gleiche Recht«, »die gerechte Verteilung« andrerseits eingegangen, um zu zeigen, wie sehr man frevelt, wenn man einerseits Vorstellungen, die zu einer gewissen Zeit einen Sinn hatten, jetzt aber zu veraltetem Phrasenkram geworden, unsrer Partei wieder als Dogmen aufdrängen will, andrerseits aber die realistische Auffassung, die der Partei so mühvoll beigebracht worden, aber Wurzeln in ihr geschlagen, wieder durch ideologische Rechts- und andre, den Demokraten und französischen Sozialisten so geläufige Flausen verdreht.

Abgesehn von dem bisher Entwickelten war es überhaupt fehlerhaft, von der sog. *Verteilung* Wesen zu machen und den Hauptakzent auf sie zu legen.

Die jedesmalige Verteilung der Konsumtionsmittel ist nur Folge der Verteilung der Produktionsbedingungen selbst; letztere Verteilung aber ist ein Charakter der Produktionsweise selbst. Die kapitalistische Produktionsweise z. B. beruht darauf, daß die sachlichen Produktionsbedingungen Nichtarbeitern zugeteilt sind unter der Form von Kapitaleigentum und Grundeigentum, während die Masse nur Eigentümer der persönlichen Produktionsbedingung, der Arbeitskraft, ist. Sind die Elemente der Produktion derart verteilt, so ergibt sich von selbst die heutige Verteilung der Konsumtionsmittel. Sind die sachlichen Produktionsbedingungen genossenschaftliches Eigentum der Arbeiter selbst, so ergibt sich ebenso eine von der heutigen verschiedne Verteilung der Konsumtionsmittel. Der Vulgärsozialismus (und von ihm wieder ein Teil der Demokratie) hat es von den bürgerlichen Ökonomen überkommen, die Distribution als von der Produktionsweise unabhängig zu betrachten und zu behandeln, daher den Sozialismus hauptsächlich als um die Distribution sich drehend darzustellen. Nachdem das wirkliche Verhältnis längst klargelegt, warum wieder rückwärtsgehn?

4. »Die Befreiung der Arbeit muß das Werk der Arbeiterklasse sein, der gegenüber alle andren Klassen *nur eine reaktionäre Masse* sind.«

Die erste Strophe ist aus den Eingangsworten der internationalen Statuten, aber »verbessert«. Dort heißt es: »Die Befreiung der Arbeiterklasse muß die Tat der Arbeiter selbst sein«; hier hat dagegen »die Arbeiterklasse« zu befreien – was? »die Arbeit«. Begreife, wer kann.

Zum Schadenersatz ist dagegen die Gegenstrophe Lassallesches Zitat vom reinsten Wasser: »der (der Arbeiterklasse) gegenüber alle andern Klassen *nur eine reaktionäre Masse* bilden«.

Im »Kommunistischen Manifest« heißt es: »Von allen Klassen, welche heutzutage der Bourgeoisie gegenüberstehn, ist nur das Proletariat eine *wirklich revolutionäre Klasse*. Die übrigen Klassen verkommen und gehn unter mit der großen Industrie, das Proletariat ist ihr eigenstes Produkt.«

Die Bourgeoisie ist hier als revolutionäre Klasse aufgefaßt – als Trägerin der großen Industrie – gegenüber Feudalen und Mittelständen, welche alle gesellschaftlichen Positionen behaupten wollen, die das Gebilde veralteter Produktionsweisen. Sie bilden also nicht *zusammen mit der Bourgeoisie* nur eine reaktionäre Masse.

Andrerseits ist das Proletariat der Bourgeoisie gegenüber revolutionär, weil es, selbst erwachsen auf dem Boden der großen Industrie, der Produktion den kapitalistischen Charakter abzustreifen strebt, den die Bourgeoisie zu verewigen sucht. Aber das Manifest setzt hinzu: daß die »Mittelstände... revolutionär (werden)... im Hinblick auf ihren bevorstehenden Übergang ins Proletariat«.

Von diesem Gesichtspunkt ist es also wieder Unsinn, daß sie, »zusammen mit der Bourgeoisie« und obendrein den Feudalen, gegenüber der Arbeiterklasse »nur eine reaktionäre Masse bilden«.

Hat man bei den letzten Wahlen Handwerkern, kleinen Industriellen etc. und *Bauern* zugerufen: Uns gegenüber bildet ihr mit Bourgeois und Feudalen nur eine reaktionäre Masse?

Lassalle wußte das »Kommunistische Manifest« auswendig wie seine Gläubigen die von ihm verfaßten Heilsschriften. Wenn er es also so grob verfälschte, geschah es nur, um seine Allianz mit den absolutistischen und feudalen Gegnern wider die Bourgeoisie zu beschönigen.

Im obigen Paragraph wird nun zudem sein Weisheitsspruch an den Haaren herbeigezogen, ohne allen Zusammenhang mit dem verballhornten Zitat aus dem Statut der Internationalen. Es ist also hier einfach eine Impertinenz, und zwar keineswegs Herrn Bismarck mißfällige, eine jener wohlfeilen Flegeleien, worin der Berliner Marat macht.

5. »Die Arbeiterklasse wirkt für ihre Befreiung zunächst *im Rahmen des heutigen nationalen Staats*, sich bewußt, daß das notwendige Ergebnis ihres Strebens, welches den Arbeitern aller Kulturländer gemeinsam ist, die internationale Völkerverbrüderung sein wird.«

Lassalle hatte, im Gegensatz zum »Kommunistischen Manifest« und zu allem früheren Sozialismus, die Arbeiterbewegung vom engsten nationalen Standpunkt gefaßt. Man folgt ihm darin – und dies nach dem Wirken der Internationalen!

Es versteht sich ganz von selbst, daß, um überhaupt kämpfen zu können, die Arbeiterklasse sich bei sich zu Haus organisieren muß *als Klasse*, und daß das Inland der unmittelbare Schauplatz ihres Kampfs. Insofern ist ihr Klassenkampf, nicht dem Inhalt, sondern, wie das »Kommunistische Manifest« sagt, »der Form nach« national. Aber der »Rahmen des heutigen nationalen Staats«, z. B. des Deutschen Reichs, steht selbst wieder ökonomisch »im Rahmen des Weltmarkts«, politisch »im Rahmen des Staatensystems«. Der erste beste Kaufmann weiß, daß der deutsche Handel zugleich ausländischer Handel ist, und die Größe des Herrn Bismarck besteht ja eben in seiner Art *internationaler* Politik.

Und worauf reduziert die deutsche Arbeiterpartei ihren Internationalismus? Auf das Bewußtsein, daß das Ergebnis ihres Strebens »die *internationale Völkerverbrüderung* sein wird« – eine dem bürgerlichen Freiheits- und Friedensbund entlehnte Phrase, die als Äquivalent passieren soll für die internationale Verbrüderung der Arbeiterklassen im gemeinschaftlichen Kampf gegen die herrschenden Klassen und ihre Regierungen. *Von internationalen Funktionen* der deutschen Arbeiterklasse also kein Wort! Und so soll sie ihrer eignen, mit den Bourgeois aller andern Länder bereits gegen sie verbrüderten Bourgeoisie und Herrn Bismarcks internationaler Verschwörungspolitik das Paroli bieten!

In der Tat steht das internationale Bekenntnis des Programms *noch unendlich tief* unter dem der Freihandelspartei. Auch sie behauptet, das Ergebnis ihres Strebens sei »die internationale Völkerverbrüderung«. Sie *tut* aber auch etwas, um den Handel international zu machen, und begnügt sich keineswegs bei dem Bewußtsein – daß alle Völker bei sich zu Haus Handel treiben.

Die internationale Tätigkeit der Arbeiterklassen hängt in keiner Art von der Existenz der »*Internationalen Arbeiterassoziation*« ab. Diese war nur der erste Versuch, jener Tätigkeit ein Zentralorgan zu schaffen; ein Versuch, der durch den Anstoß, welchen er gab, von bleibendem Erfolg, aber in *seiner ersten historischen Form* nach dem Fall der Pariser Kommune nicht länger durchführbar war.

Bismarcks »Norddeutsche« war vollständig im Recht, wenn sie zur Zufriedenheit ihres Meisters verkündete, die deutsche Arbeiterpartei habe in dem neuen Programm dem Internationalismus abgeschworen.

II

»Von diesen Grundsätzen ausgehend, erstrebt die deutsche Arbeiterpartei mit allen gesetzlichen Mitteln den *freien Staat* – und – die sozialistische Gesellschaft; die Aufhebung des Lohnsystems *mit dem ehernen Lohngesetz* – und – der Ausbeutung in jeder Gestalt; die Beseitigung aller sozialen und politischen Ungleichheit.«

Auf den »freien« Staat komme ich später zurück.

Also in Zukunft hat die deutsche Arbeiterpartei an Lassalles »ehernes Lohngesetz« zu glauben! Damit es nicht verlorengeht, begeht man den Unsinn, von »Aufhebung des Lohnsystems« (sollte heißen: System der Lohnarbeit) »*mit* dem ehernen Lohngesetz« zu sprechen. Hebe ich die Lohnarbeit auf, so hebe ich natürlich auch ihre Gesetze auf, seien sie »ehern« oder schwammig. Aber Lassalles Bekämpfung der Lohnarbeit dreht sich fast nur um dies sog. Gesetz. Um daher zu beweisen, daß die Lassallesche Sekte gesiegt hat, muß das »Lohnsystem *mit* dem ehernen Lohngesetz« aufgehoben werden und nicht ohne dasselbe.

Von dem »ehernen Lohngesetz« gehört Lassalle bekanntlich nichts als das den Goetheschen »ewigen, ehernen, großen Gesetzen« entlehnte Wort »ehern«. Das Wort *ehern* ist eine Signatur, woran sich die Rechtgläubigen erkennen. Nehme ich aber das Gesetz mit Lassalles Stempel und daher in seinem Sinn, so muß ich es auch mit seiner Begründung nehmen. Und was ist sie? Wie Lange schon kurz nach Lassalles Tod zeigte: die (von Lange selbst gepredigte) Malthussche Bevölkerungstheorie. Ist diese aber richtig, so kann ich wieder das Gesetz *nicht* aufheben, und wenn ich hundertmal die Lohnarbeit aufhebe, weil das Gesetz dann nicht nur das System der Lohnarbeit, sondern *jedes* gesellschaftliche System beherrscht. Grade hierauf fußend, haben seit fünfzig Jahren und länger die Ökonomisten bewiesen, daß der Sozialismus das *naturbegründete* Elend nicht aufheben, sondern nur *verallgemeinern*, gleichzeitig über die ganze Oberfläche der Gesellschaft verteilen könne!

Aber all das ist nicht die Hauptsache. *Ganz abgesehn* von der *falschen* Lassalleschen Fassung des Gesetzes, besteht der wahrhaft empörende Rückschritt darin:

Seit Lassalles Tode hat sich die wissenschaftliche Einsicht in *unsrer* Partei Bahn gebrochen, daß der *Arbeitslohn* nicht das ist, was er zu sein *scheint*, nämlich der *Wert* respektive *Preis der Arbeit*, sondern nur eine maskierte Form für den *Wert resp. Preis der Arbeitskraft*. Damit war die ganze bisherige bürgerliche Auffassung des Arbeitslohns sowie die ganze bisher gegen selbe gerichtete Kritik ein für allemal über den Haufen geworfen und klargestellt, daß der Lohnarbeiter nur die Erlaubnis hat, für sein eignes Leben zu arbeiten, d. h. *zu leben*, soweit er gewisse Zeit umsonst für den Kapitalisten (daher auch für dessen Mitzehrer am Mehrwert) arbeitet; daß das ganze kapitalistische Produktionssystem sich darum dreht, diese Gratisarbeit zu verlängern durch Ausdehnung des Arbeitstags oder durch Entwicklung der Produktivität, größere Spannung der Arbeitskraft etc.; daß also das System der Lohnarbeit ein System der Sklaverei, und zwar einer Sklaverei ist, die im selben Maß härter wird, wie sich die gesellschaftlichen Produktivkräfte der Arbeit entwickeln, ob nun der Arbeiter bessere oder schlechtere Zahlung empfange. Und nachdem diese Einsicht unter unsrer Partei sich mehr und mehr Bahn gebrochen, kehrt man zu Lassalles Dogmen zurück, obgleich man nun wissen mußte, daß Lassalle *nicht wußte*, was der Arbeitslohn war, sondern, im Gefolg der bürgerlichen Ökonomen, den Schein für das Wesen der Sache nahm.

Es ist, als ob unter Sklaven, die endlich hinter das Geheimnis der Sklaverei gekommen und in Rebellion ausgebrochen, ein in veralteten Vorstellungen befangener Sklave auf das Programm der Rebellion schriebe: Die Sklaverei muß abgeschafft werden, weil die Beköstigung der Sklaven im System der Sklaverei ein gewisses niedriges Maximum nicht überschreiten kann!

Die bloße Tatsache, daß die Vertreter unsrer Partei fähig waren, ein so ungeheuerliches Attentat auf die in der Parteimasse verbreitete Einsicht zu begehn – beweist sie nicht allein, mit welchem (frevelhaften) Leichtsinn (mit welcher Gewissenlosigkeit) sie bei Abfassung des Kompromißprogramms zu Werke gingen!

Anstatt der unbestimmten Schlußphrase des Paragraphen, »die Beseitigung aller sozialen und politischen Ungleichheit«, war zu sagen, daß mit der Abschaffung der Klassenunterschiede von selbst alle aus ihnen entspringende soziale und politische Ungleichheit verschwindet.

III.

»Die deutsche Arbeiterpartei verlangt, um *die Lösung der sozialen Frage anzubahnen*, die Errichtung von Produktivgenossenschaften mit *Staatshilfe unter der demokratischen Kontrolle des arbeitenden Volks.* Die Produktivgenossenschaften *sind* für Industrie und Ackerbau in solchem Umfang *ins Leben zu rufen, daß aus ihnen die sozialistische Organisation der Gesamtarbeit entsteht.*«

Nach dem Lassalleschen »ehernen Lohngesetz« das Heilsmittel des Propheten! Es wird in würdiger Weise »angebahnt«! An die Stelle des existierenden Klassenkampfs tritt eine Zeitungsschreiberphrase – »*die soziale Frage*«, deren »*Lösung*« man »anbahnt«. Statt aus dem revolutionären Umwandlungsprozesse der Gesellschaft »entsteht« die »sozialistische Organisation der Gesamtarbeit« aus der »Staatshilfe«, die der Staat Produktivgenossenschaften gibt, die *er*, nicht der Arbeiter, »*ins Leben ruft*«. Es ist dies würdig der Einbildung Lassalles, daß man mit Staatsanlehn ebensogut eine neue Gesellschaft bauen kann wie eine neue Eisenbahn!

Aus (einem Rest von) Scham stellt man »die Staatshilfe« – »unter die demokratische Kontrolle des arbeitenden Volks«.

Erstens besteht »das arbeitende Volk« in Deutschland zur Majorität aus Bauern und nicht aus Proletariern.

Zweitens heißt »demokratisch« zu deutsch »volksherrschaftlich«. Was heißt aber »die volksherrschaftliche Kontrolle des arbeitenden Volkes«? Und nun gar bei einem Arbeitervolk, das durch diese Forderungen, die es an den Staat stellt, sein volles Bewußtsein ausspricht, daß es weder an der Herrschaft ist, noch zur Herrschaft reif ist!

Auf die Kritik des von Buchez unter Louis-Philippe im *Gegensatz* gegen die französischen Sozialisten verschriebnen und von den reaktionären Arbeitern des »Atelier« angenommenen Rezepts ist es überflüssig, hier einzugehn. Es liegt auch der Hauptanstoß nicht darin, daß man diese spezifische Wunderkur ins Programm geschrieben, sondern daß man überhaupt vom Standpunkt der Klassenbewegung zu dem der Sektenbewegung zurückgeht.

Daß die Arbeiter die Bedingungen der genossenschaftlichen Produktion auf sozialem und zunächst bei sich, also [auf] nationalem Maßstab herstellen wollen, heißt nur, daß sie an der Umwälzung der jetzigen Produktionsbedingungen arbeiten, und hat nichts gemein mit der Stiftung von Kooperativgesellschaften mit Staatshilfe! Was aber die jetzigen Kooperativgesellschaften betrifft, so haben sie *nur* Wert, soweit sie unabhängige, weder von den Regierungen noch von den Bourgeois protegierte Arbeiterschöpfungen sind.

IV.

Ich komme jetzt zum demokratischen Abschnitt.

A. »*Freiheitliche Grundlage des Staats.*«

Zunächst nach II erstrebt die deutsche Arbeiterpartei »den freien Staat«.

Freier Staat – was ist das?

Es ist keineswegs Zweck der Arbeiter, die den beschränkten Untertanenverstand losgeworden, den Staat »frei« zu machen. Im Deutschen Reich ist der »Staat« fast so »frei« als in Rußland. Die Freiheit besteht darin, den Staat aus einem der Gesellschaft übergeordneten in ein ihr durchaus untergeordnetes Organ zu verwandeln und auch heutig sind die Staatsformen freier oder unfreier im Maß, worin sie die »Freiheit des Staats« beschränken.

Die deutsche Arbeiterpartei – wenigstens, wenn sie das Programm zu dem ihrigen macht – zeigt, wie ihr die sozialistischen Ideen nicht einmal hauttief sitzen, indem sie, statt die bestehende Gesellschaft (und das gilt von jeder künftigen) als *Grundlage* des bestehenden *Staats* (oder künftigen, für künftige Gesellschaft) zu behandeln, den Staat vielmehr als ein selbständiges Wesen behandelt, das seine eignen *»geistigen, sittlichen, freiheitlichen Grundlagen«* besitzt.

Und nun gar der wüste Mißbrauch, den das Programm mit den Worten *»heutiger Staat«*, *»heutige Gesellschaft«* treibt, und den noch wüsteren Mißverstand, den es über den Staat anrichtet, an den es seine Forderungen richtet!

Die »heutige Gesellschaft« ist die kapitalistische Gesellschaft, die in allen Kulturländern existiert, mehr oder weniger frei von mittelaltrigem Beisatz, mehr oder weniger durch die besondre geschichtliche Entwicklung jedes Landes modifiziert, mehr oder weniger entwikkelt. Dagegen der »heutige Staat« wechselt mit der Landesgrenze. Er ist ein andrer im preußisch-deutschen Reich als in der Schweiz, ein andrer in England als in den Vereinigten Staaten. *»Der* heutige Staat« ist also eine Fiktion.

Jedoch haben die verschiednen Staaten der verschiednen Kulturländer, trotz ihrer bunten Formverschiedenheit, alle das gemein, daß sie auf dem Boden der modernen bürgerlichen Gesellschaft stehn, nur einer mehr oder minder kapitalistisch entwickelten. Sie haben daher auch gewisse wesentliche Charaktere gemein. In diesem Sinn kann man von »heutigem Staatswesen« sprechen, im Gegensatz zur Zukunft, worin seine jetzige Wurzel, die bürgerliche Gesellschaft, abgestorben ist.

Es fragt sich dann: Welche Umwandlung wird das Staatswesen in einer kommunistischen Gesellschaft untergehn? In andern Worten, welche gesellschaftliche Funktionen bleiben dort übrig, die jetzigen Staatsfunktionen analog sind? Diese Frage ist nur wissenschaftlich zu beantworten, und man kommt dem Problem durch tausendfache Zusammensetzung des Worts Volk mit dem Wort Staat auch nicht um einen Flohsprung näher.

Zwischen der kapitalistischen und der kommunistischen Gesellschaft liegt die Periode der revolutionären Umwandlung der einen in die andre. Der entspricht auch eine politische Übergangsperiode, deren Staat nichts andres sein kann als *die revolutionäre Diktatur des Proletariats.*

Das Programm nun hat es weder mit letzterer zu tun, noch mit dem zukünftigen Staatswesen der kommunistischen Gesellschaft.

Seine politischen Forderungen enthalten nichts außer der aller Welt bekannten demokratischen Litanei: allgemeines Wahlrecht, direkte Gesetzgebung, Volksrecht, Volkswehr etc. Sie sind bloßes Echo der bürgerlichen Volkspartei, des Friedens- und Freiheitsbundes. Es sind lauter Forderungen, die, soweit nicht in phantastischer Vorstellung übertrieben, bereits *realisiert* sind. Nur liegt der Staat, dem sie angehören, nicht innerhalb der deutschen Reichsgrenze, sondern in der Schweiz, den Vereinigten Staaten etc. Diese Sorte »Zukunftsstaat« ist *heutiger Staat*, obgleich außerhalb »des Rahmens« des Deutschen Reichs existierend.

Aber man hat eins vergessen. Da die deutsche Arbeiterpartei ausdrücklich erklärt, sich innerhalb »des heutigen nationalen Staats«, also ihres Staats, des preußisch-deutschen Reichs, zu bewegen – ihre Forderungen wären ja sonst auch großenteils sinnlos, da man nur fordert, was man noch nicht hat –, so durfte sie die Hauptsache nicht vergessen, nämlich daß alle jene schönen Sächelchen auf der Anerkennung der sog. Volkssouveränität beruhn, daß sie daher nur in einer *demokratischen Republik* am Platze sind.

Da man nicht den Mut hat – und weislich, denn die Verhältnisse gebieten Vorsicht –, die demokratische Republik zu verlangen, wie es die französischen Arbeiterprogramme unter Louis-Philippe und unter Louis-Napoleon taten – so hätte man auch nicht zu der (weder »ehrlichen« noch würdigen) Finte flüchten sollen, Dinge, die nur in einer demokratischen Republik Sinn haben, von einem Staat zu verlangen, der nichts andres als ein mit parlamentarischen Formen verbrämter, mit feudalem Beisatz vermischter und zugleich schon von der Bourgeoisie beeinflußter, bürokratisch gezimmerter, polizeilich gehüteter

Militärdespotismus ist, (und diesem Staat obendrein noch zu beteuern, daß man ihm dergleichen »mit gesetzlichen Mitteln« aufdringen zu können wähnt!)

Selbst die vulgäre Demokratie, die in der demokratischen Republik das Tausendjährige Reich sieht und keine Ahnung davon hat, daß grade in dieser letzten Staatsform der bürgerlichen Gesellschaft der Klassenkampf definitiv auszufechten ist – selbst sie steht noch berghoch über solcherart Demokratentum innerhalb der Grenzen des polizeilich Erlaubten und logisch Unerlaubten.

Daß man in der Tat unter »Staat« die Regierungsmaschine versteht oder den Staat, soweit er einen durch Teilung der Arbeit von der Gesellschaft besonderten, eignen Organismus bildet, zeigen schon die Worte: »Die deutsche Arbeiterpartei verlangt *als wirtschaftliche Grundlage des Staats:* eine einzige progressive Einkommensteuer etc.« Die Steuern sind die wirtschaftliche Grundlage der Regierungsmaschinerie und von sonst nichts. In dem in der Schweiz existierenden Zukunftsstaat ist diese Forderung ziemlich erfüllt. Einkommensteuer setzt die verschiednen Einkommenquellen der verschiednen gesellschaftlichen Klassen voraus, also die kapitalistische Gesellschaft. Es ist also nichts Auffälliges, daß die Financial Reformers von Liverpool – Bourgeois mit Gladstones Bruder an der Spitze – dieselbe Forderung stellen wie das Programm.

B. »Die deutsche Arbeiterpartei verlangt als geistige und sittliche Grundlage des Staats:

1. Allgemeine und *gleiche Volkserziehung* durch den Staat. Allgemeine Schulpflicht. Unentgeltlichen Unterricht.«

Gleiche Volkserziehung? Was bildet man sich unter diesen Worten ein? Glaubt man, daß in der heutigen Gesellschaft (und man hat nur mit der zu tun) die Erziehung für alle Klassen *gleich* sein kann? Oder verlangt man, daß auch die höheren Klassen zwangsweise auf das Modikum Erziehung – der Volksschule – reduziert werden sollen, das allein mit den ökonomischen Verhältnissen nicht nur der Lohnarbeiter, sondern auch der Bauern verträglich ist?

»Allgemeine Schulpflicht. Unentgeltlicher Unterricht.« Die erste existiert selbst in Deutschland, das zweite in der Schweiz [und] den Vereinigten Staaten für Volksschulen. Wenn in einigen Staaten der letzteren auch »höhere« Unterrichtsanstalten »unentgeltlich« sind, so heißt das faktisch nur, den höheren Klassen ihre Erziehungskosten aus dem allgemeinen Steuersäckel bestreiten. Nebenbei gilt dasselbe von der unter A. 5 verlangten »unentgeltlichen Rechtspflege«. Die Kriminaljustiz ist überall unentgeltlich zu haben: die Ziviljustiz dreht sich fast nur um Eigentumskonflikte, berührt also fast nur die besitzenden Klassen. Sollen sie auf Kosten des Volkssäckels ihre Prozesse führen?

Der Paragraph über die Schulen hätte wenigstens technische Schulen (theoretische und praktische) in Verbindung mit der Volksschule verlangen sollen.

Ganz verwerflich ist eine »*Volkserziehung durch den Staat*«. Durch ein allgemeines Gesetz die Mittel der Volksschulen bestimmen, die Qualifizierung des Lehrerpersonals, die Unterrichtszweige etc., und, wie es in den Vereinigten Staaten geschieht, durch Staatsinspektoren die Erfüllung dieser gesetzlichen Vorschriften überwachen, ist etwas ganz andres, als den Staat zum Volkserzieher zu ernennen! Vielmehr sind Regierung und Kirche gleichmäßig von jedem Einfluß auf die Schule auszuschließen. Im preußisch-deutschen Reich nun gar (und man helfe sich nicht mit der faulen Ausflucht, daß man von einem »Zukunftsstaat« spricht; wir haben gesehn, welche Bewandtnis es damit hat) bedarf umgekehrt der Staat einer sehr rauhen Erziehung durch das Volk.

Doch das ganze Programm, trotz alles demokratischen Geklingels, ist durch und durch vom Untertanenglauben der Lassalleschen Sekte an den Staat verpestet oder, was nicht besser, vom demokratischen Wunderglauben, oder vielmehr ist es ein Kompromiß zwischen diesen zwei Sorten, dem Sozialismus gleich fernen, Wunderglauben.

506

»*Freiheit der Wissenschaft*« lautet ein Paragraph der preußischen Verfassung. Warum also hier?

»*Gewissensfreiheit!*« Wollte man zu dieser Zeit des Kulturkampfes dem Liberalismus seine alten Stichworte zu Gemüt führen, so konnte es doch nur in dieser Form geschehen: Jeder muß seine religiöse wie seine leibliche Notdurft verrichten können, ohne daß die Polizei ihre Nase hineinsteckt. Aber die Arbeiterpartei mußte doch bei dieser Gelegenheit ihr Bewußtsein darüber aussprechen, daß die bürgerliche »Gewissensfreiheit« nichts ist außer der Duldung aller möglichen Sorten *religiöser Gewissensfreiheit*, und daß sie vielmehr die Gewissen vom religiösen Spuk zu befreien strebt. Man beliebt aber das »bürgerliche« Niveau nicht zu überschreiten.

Ich bin jetzt zu Ende gelangt, denn der nun im Programm folgende Anhang bildet keinen *charakteristischen* Bestandteil desselben. Ich habe mich daher hier ganz kurz zu fassen.

»2. *Normalarbeitstag.*«

Die Arbeiterpartei keines andern Landes hat sich auf solch unbestimmte Forderung beschränkt, sondern stets die Länge des Arbeitstags fixiert, die sie unter den gegebnen Umständen für normal hält.

»3. Beschränkung der Frauen- und Verbot der Kinderarbeit.«

Die Normierung des Arbeitstags muß die Beschränkung der Frauenarbeit schon einschließen, soweit sie sich auf Dauer, Pausen etc. des Arbeitstags bezieht; sonst kann sie nur Ausschluß der Frauenarbeit aus Arbeitszweigen bedeuten, die speziell gesundheitswidrig für den weiblichen Körper oder die für das weibliche Geschlecht sittenwidrig sind. Meinte man das, so mußte es gesagt werden.

»*Verbot der Kinderarbeit*«! Hier war absolut nötig, die *Altersgrenze* anzugeben.

Allgemeines Verbot der Kinderarbeit ist unverträglich mit der Existenz der großen Industrie und daher leerer frommer Wunsch.

Durchführung desselben – wenn möglich – wäre reaktionär, da, bei strenger Reglung der Arbeitszeit nach den verschiednen Altersstufen und sonstigen Vorsichtsmaßregeln zum Schutz der Kinder, frühzeitige Verbindung produktiver Arbeit mit Unterricht eines der mächtigsten Umwandlungsmittel der heutigen Gesellschaft ist.

»4. Staatliche Überwachung der Fabrik-, Werkstatt- und Hausindustrie.«

Gegenüber dem preußisch-deutschen Staat war bestimmt zu verlangen, daß die Inspektoren nur gerichtlich absetzbar sind; daß jeder Arbeiter sie wegen Pflichtverletzung den Gerichten denunzieren kann; daß sie dem ärztlichen Stand angehören müssen.

»5. Regelung der Gefängnisarbeit.«

Kleinliche Forderung in einem allgemeinen Arbeiterprogramm. Jedenfalls mußte man klar aussprechen, daß man aus Konkurrenzneid die gemeinen Verbrecher nicht wie Vieh behandelt wissen und ihnen namentlich ihr einziges Besserungsmittel, produktive Arbeit, nicht abschneiden will. Das war doch das Geringste, was man von Sozialisten erwarten durfte.

»6. Ein wirksames Haftgesetz.«

Es war zu sagen, was man unter »wirksamem« Haftgesetz versteht.

Nebenbei bemerkt, hat man beim Normalarbeitstag den Teil der Fabrikgesetzgebung übersehn, der Gesundheitsmaßregeln und Schutzmittel gegen Gefahr etc. betrifft. Das Haftgesetz tritt erst in Wirkung, sobald diese Vorschriften verletzt werden.

(Kurz, auch dieser Anhang zeichnet sich durch schlottrige Redaktion aus.)

Dixi et salvavi animam meam.[1]

---

[1] Ich habe gesprochen und meine Seele gerettet.

Umschriften der Schreiben von August Bebel, Wilhelm und Karl Liebknecht

Sonntag, 3 Uhr (Frühsommer 1869)

Postscriptum am oberen Rand:
Essen, Trinken, Theater, Ball, Essen, Trinken usw. – mein Wiener Leben... Lieber Freund! Es ist prachtvoll hier – ich wollte Du wärst da. Die Versammlung glänzend – meiner Schätzung nach 6000 – nach anderen 15000 Zuhörer. Ich paukte *dreimal* – auf Schweitzer, Bismarck und Beust (Friedrich Ferdinand Graf v. Beust, 1809-86, reaktionärer österreichischer Staatsmann, seit 1867 Reichskanzler) und hatte immensen Beifall. Die Versammlung delegiert *Einen* nach Eisenach. Aus Österreich bekommen wir mindestens 30000 Stimmen, so daß Schweitzer, wenn er mit gefälschten Stimmen kommt, durch *massenhafte richtige* niedergehalten werden soll. Für Schweitzer giebt's in Wien keinen Anknüpfungspunkt mehr. Das... habe ich heute geschickt, sieh daß es ja richtig ins Blatt kommt und *so wie ich es angegeben*. Weitere Kürzungen würden schaden. Auch ein Gedicht auf Schweitzer habe ich geschickt – gut. Einen Bericht über die Versammlung schicke ich morgen. Ich bekomme den Bericht für die Frankf. Zeitung, und werde ihn etwas zustutzen.

Gestern Abend sollte ich mit Gewalt *Beust* vorgestellt werden – hatte viel Mühe mich los zu machen. Denke, wenn man mich mit ihm gesehen hätte!... Ich hatte Mühe, mich nicht zu kompromittiren.

Übermorgen – Dienstag – geht's auf den Semmering, ich möchte verdammt gern mit, habe aber Angst wegen des Blatts. Ich mache es also abhängig von Dir. Du kannst jetzt schon übersehn, ob ich ohne Nachtheil bis Donnerstag bleiben kann – die Tagespolitik schicke ich selbstverständlich. *Kann ich* wegbleiben, so telegraphire mir sofort per Adresse: Goldenes Lamm, Wiedener Hauptstraße, Wien. Erhalte ich das Telegramm nicht, so bin ich Mittwoch in Leipzig.
Grüße von Petermann, Oberwinder, Hartung etc.
Gruß an Dich und Deine liebe Frau   Dein W. L.

Issleib & Bebel
                                                         Leipzig, den 18. Sept. 1879

Lieber Herr Becker.

Vor einiger Zeit hat sich ein Herr J. Wegerle in Stuttgart, welcher ein Geschäft in Baumaterialien besitzt, an uns gewandt um unsere Vertretung zu übernehmen. Eine eingezogene Erkundigung über seine Verhältnisse ging in der Hauptsache dahin, daß ein kleines Vermögen, das er besessen, in einem industriellen Unternehmen verloren worden sei, daß sein Geschäft nicht zum Besten gehe & er sich auf Agenturen beschränken wolle. Da es sich eventuell für uns um nicht unerhebliche Posten handelt so wäre uns möglichst genaue & mehrseitige Auskunft sehr erwünscht und möchte ich Sie freundlichst bitten zu versuchen ob Sie Genaueres über W. s Verhältnisse erfahren können und mir davon Mitteilung zu machen. Sie würden uns zu großem Dank verpflichten.

Sonst nichts Neues von Belang. Was vom 1. Okt. an in Z. erscheint, werden Sie wohl schon auf anderem Wege erfahren haben. Jedenfalls ist es ein neues Mittel die so schon hochgradige Nervenüberreizung unserer Gegner noch mehr zu steigern.

Gruß & Handschlag
v. Ihrem
A. Bebel

Herrn
Rechtsanwalt
Dr. C. Rosenberg
Berlin N. W.
Ottostraße

Glatz, Kommandatur, 11.11.07.

Lieber Herr College!

Besten Dank für Ihre und Löwe's freundl. Karte.
Ich bin hier gut untergebracht u. studiere u.
genieße viel gute Gebirgsluft.
Herzl. Grüße u. auf Wiedersehen.

Ihr
Karl Liebknecht

Erklärung von Otto Wels
in der Reichstagssitzung vom 23. März 1933

Wels (SPD-Abgeordneter): Meine Damen und Herren! Der außenpolitischen Forderung deutscher Gleichberechtigung, die der Herr Reichskanzler erhoben hat, stimmen wir Sozialdemokraten um so nachdrücklicher zu, als wir sie bereits von jeher grundsätzlich verfochten haben.

(Sehr wahr! bei den Sozialdemokraten.)

Ich darf mir wohl in diesem Zusammenhang die persönliche Bemerkung gestatten, daß ich als erster Deutscher vor einem internationalen Forum, auf der Berner Konferenz am 3. Februar des Jahres 1919, der Unwahrheit von der Schuld Deutschlands am Ausbruch des Weltkrieges entgegengetreten bin.

(Sehr wahr! bei den Sozialdemokraten.)

Nie hat uns irgendein Grundsatz unserer Partei daran hindern können oder gehindert, die gerechten Forderungen der deutschen Nation gegenüber den anderen Völkern der Welt zu vertreten.

(Bravo! bei den Sozialdemokraten.)

Der Herr Reichskanzler hat auch vorgestern in Potsdam einen Satz gesprochen, den wir unterschreiben. Er lautet: »Aus dem Aberwitz der Theorie von ewigen Siegern und Besiegten kam der Wahnwitz der Reparationen und in der Folge die Katastrophe der Weltwirtschaft.« Dieser Satz gilt für die Außenpolitik; für die Innenpolitik gilt er nicht minder.

(Sehr wahr! bei den Sozialdemokraten.)

Auch hier ist die Theorie von ewigen Siegern und Besiegten, wie der Herr Reichskanzler sagte, ein Aberwitz. Das Wort des Herrn Reichskanzlers erinnert uns aber auch an ein anderes, das am 23. Juli 1919 in der Nationalversammlung gesprochen wurde. Da wurde gesagt: »Wir sind wehrlos, wehrlos ist aber nicht ehrlos.« (Lebhafte Zustimmung bei den Sozialdemokraten.) »Gewiß, die Gegner wollen uns an die Ehre, daran ist kein Zweifel. Aber daß dieser Versuch der Ehrabschneidung einmal auf die Urheber selbst zurückfallen wird, da es nicht unsere Ehre ist, die bei dieser Welttragödie zugrunde geht, das ist unser Glaube bis zum letzten Atemzug.«

(Sehr wahr! bei den Sozialdemokraten. – Zuruf von den Nationalsozialisten: Wer hat das gesagt?)

– Das steht in einer Erklärung, die eine sozialdemokratisch geführte Regierung damals im Namen des deutschen Volkes vor der ganzen Welt abgegeben hat, vier Stunden bevor der Waffenstillstand abgelaufen war, um den Weitervormarsch der Feinde zu verhindern. – Zu dem Ausspruch des Herrn Reichskanzlers bildet jene Erklärung eine wertvolle Ergänzung. Aus einem Gewaltfrieden kommt kein Segen;

(Sehr wahr! bei den Sozialdemokraten)

Im Innern erst recht nicht.

(Erneute Zustimmung bei den Sozialdemokraten.)

Eine wirkliche Volksgemeinschaft läßt sich auf ihn nicht gründen. Ihre erste Voraussetzung ist gleiches Recht. Mag sich die Regierung gegen rohe Ausschreitungen der Polemik schützen, mag sie Aufforderungen zu Gewalttaten und Gewalttaten selbst mit Strenge verhindern. Das mag geschehen, wenn es nach allen Seiten gleichzeitig und unparteiisch geschieht und wenn man es unterläßt, besiegte Gegner zu behandeln, als seien sie vogelfrei.

(Sehr wahr! bei den Sozialdemokraten.)

Freiheit und Leben kann man uns nehmen, die Ehre nicht.
(Lebhafter Beifall bei den Sozialdemokraten.)
Nach den Verfolgungen, die die Sozialdemokratische Partei in der letzten Zeit erfahren hat, wird billigerweise niemand von ihr verlangen oder erwarten können, daß sie für das hier eingebrachte Ermächtigungsgesetz stimmt. Die Wahlen vom 5. März haben den Regierunsparteien die Mehrheit gebracht und damit die Möglichkeit gegeben, streng nach Wortlaut und Sinn der Verfassung zu regieren. Wo diese Möglichkeit besteht, besteht auch die Pflicht.
(Sehr richtig! bei den Sozialdemokraten.)
Kritik ist heilsam und notwendig. Noch niemals, seit es einen Deutschen Reichstag gibt, ist die Kontrolle der öffentlichen Angelegenheiten durch die gewählten Vertreter des Volkes in solchem Maße ausgeschaltet worden, wie es jetzt geschieht
(Sehr wahr! bei den Sozialdemokraten)
und wie es durch das neue Ermächtigungsgesetz noch mehr geschehen soll. Eine solche Allmacht der Regierung muß sich um so schwerer auswirken, als auch die Presse jede Bewegungsfreiheit entbehrt.
Meine Damen und Herren! Die Zustände, die heute in Deutschland herrschen, werden vielfach in krassen Farben geschildert. Wie immer in solchen Fällen fehlt es auch nicht an Übertreibungen. Was meine Partei betrifft, so erkläre ich hier: wir haben weder in Paris um Intervention gebeten, noch Millionen nach Prag verschoben, noch übertreibende Nachrichten ins Ausland gebracht.
(Sehr wahr! bei den Sozialdemokraten.)
Solchen Übertreibungen entgegenzutreten wäre leichter, wenn im Inlande eine Berichterstattung möglich wäre, die Wahres vom Falschen scheidet.
(Lebhafte Zustimmung bei den Sozialdemokraten.)
Noch besser wäre es, wenn wir mit gutem Gewissen bezeugen könnten, daß die volle Rechtssicherheit für alle wiederhergestellt sei.
(Erneute lebhafte Zustimmung bei den Sozialdemokraten.)
Das, meine Herren, liegt bei Ihnen.
Die Herren von der Nationalsozialistischen Partei nennen die von ihnen entfesselte Bewegung eine nationale Revolution, nicht eine nationalsozialistische. Das Verhältnis ihrer Revolution zum Sozialismus beschränkt sich bisher auf den Versuch, die sozialdemokratische Bewegung zu vernichten, die seit mehr als zwei Menschenaltern die Trägerin sozialistischen Gedankengutes gewesen ist
(Lachen bei den Nationalsozialisten)
und auch bleiben wird. Wollten die Herren von der nationalsozialistischen Partei sozialistische Taten verrichten, sie brauchten kein Ermächtigungsgesetz.
(Sehr wahr! bei den Sozialdemokraten.)
Eine erdrückende Mehrheit wäre Ihnen in diesem Hause gewiß. Jeder von Ihnen im Interesse der Arbeiter, Bauern, der Angestellten, der Beamten oder des Mittelstandes gestellte Antrag könnte auf Annahme rechnen, wenn nicht einstimmig, so doch mit gewaltiger Majorität.
(Lebhafte Zustimmung bei den Sozialdemokraten. Lachen bei den Nationalsozialisten.)
Aber dennoch wollen Sie vorerst den Reichstag ausschalten, um Ihre Revolution fortzusetzen. Zerstörung von Bestehendem ist aber noch keine Revolution.
Das Volk erwartet positive Leistungen. Es wartet auf durchgreifende Maßnahmen gegen das furchtbare Wirtschaftselend, das nicht nur in Deutschland, sondern in aller Welt herrscht.
Wir Sozialdemokraten haben in schwerster Zeit Mitverantwortung getragen und sind dafür mit Steinen beworfen worden.
(Sehr wahr! bei den Sozialdemokraten. – Lachen bei den Nationalsozialisten.)
Unsere Leistungen für den Wiederaufbau von Staat und Wirtschaft, für die Befreiung der

besetzten Gebiete werden vor der Geschichte bestehen.
(Zustimmung bei den Sozialdemokraten.)
Wir haben gleiches Recht für alle und ein soziales Arbeitsrecht geschaffen. Wir haben geholfen, ein Deutschland zu schaffen, in dem nicht nur Fürsten und Baronen, sondern auch Männern aus der Arbeiterklasse der Weg zur Führung des Staates offensteht.
(Erneute Zustimmung bei den Sozialdemokraten.)
Davon können Sie nicht zurück, ohne Ihren eigenen Führer preiszugeben.
(Beifall und Händeklatschen bei den Sozialdemokraten.)
Vergeblich wird der Versuch bleiben, das Rad der Geschichte zurückzudrehen. Wir Sozialdemokraten wissen, daß man machtpolitische Tatsachen durch bloße Rechtsverwahrungen nicht beseitigen kann. Wir sehen die machtpolitische Tatsache Ihrer augenblicklichen Herrschaft. Aber auch das Rechtsbewußtsein des Volkes ist eine politische Macht, und wir werden nicht aufhören, an dieses Rechtsbewußtsein zu appellieren.
Die Verfassung von Weimar ist keine sozialistische Verfassung. Aber wir stehen zu den Grundsätzen des Rechtsstaates, der Gleichberechtigung, des sozialen Rechtes, die in ihr festgelegt sind. Wir deutschen Sozialdemokraten bekennen uns in dieser geschichtlichen Stunde feierlich zu den Grundsätzen der Menschlichkeit und der Gerechtigkeit, der Freiheit und des Sozialismus.
(Lebhafte Zustimmung bei den Sozialdemokraten.)
Kein Ermächtigungsgesetz gibt Ihnen die Macht, Ideen, die ewig und unzerstörbar sind, zu vernichten. Sie selbst haben sich ja zum Sozialismus bekannt. Das Sozialistengesetz hat die Sozialdemokratie nicht vernichtet. Auch aus neuen Verfolgungen kann die deutsche Sozialdemokratie neue Kraft schöpfen.
Wir grüßen die Verfolgten und Bedrängten. Wir grüßen unsere Freunde im Reich. Ihre Standhaftigkeit und Treue verdienen Bewunderung. Ihr Bekennermut, ihre ungebrochene Zuversicht –
(Lachen bei den Nationalsozialisten. – Bravo! bei den Sozialdemokraten.)
verbürgen eine hellere Zukunft.
(Wiederholter lebhafter Beifall bei den Sozialdemokraten. – Lachen bei den National- sozialisten.)

Stenographische Berichte des Deutschen Reichstages,
Bd. 457, S. 32 ff.

Opfer des Nazi-Terrors aus der SPD-Reichstagsfraktion

Von den Mitgliedern der SPD-Reichsfraktion der Weimarer Republik wurden nach 1933 fast alle, die nicht rechtzeitig ins Ausland hatten flüchten können, Opfer des Nazi-Terrors. Von den 120 SPD-Reichstagsabgeordneten des Frühjahrs 1933 waren 104 entweder in Haft oder im Exil; 56 waren für kürzere oder längere Zeit in Konzentrationslagern und Zuchthäusern.

Die folgende Aufstellung – nach MdR. *Biographisches Handbuch der Reichstage*, herausgegeben von Max Schwarz, Hannover, 1965 – gibt eine Übersicht über die Mitglieder der SPD-Reichstagsfraktion, die von den Nazis ermordet oder in den Selbstmord getrieben wurden, in den Lagern und Gefängnissen an Seuchen und Hunger zugrundegingen, auf der Flucht oder im Exil, an den Folgen der Haft oder bei Luftangriffen ums Leben kamen:

ERHARD AUER, 1933 und 1944 verhaftet, 1945 auf der Flucht gestorben.

PAUL BERGMANN, 1944 im KZ Fuhlsbüttel gestorben.

ADOLF BIEDERMANN, im Mai 33 bei Recklinghausen tot aufgefunden.

MINNA BOLLMANN, 1933 verhaftet, 1935 Selbstmord.

RUDOLF BREITSCHEID, emigrierte 1933, 1941 in Frankreich verhaftet und ins KZ Buchenwald eingeliefert, dort 1944 umgekommen.

LORENZ BREUNING, 1939 verhaftet, 1945 im KZ Sachsenhausen ermordet.

CONRAD BROSSWITZ, 1944 verhaftet, 1945 im KZ Dachau verstorben.

ARTUR CRISPIEN, flüchtete 1933 über Österreich in die Schweiz, dort verstorben.

OTTO EGGERSTEDT, 1933 verhaftet, im KZ Esterwegen ermordet.

PAUL GERLACH, 1933 und erneut 1944 in KZ-Haft, an den Folgen 1944 gestorben.

ERNST HEILMANN, 1933 verhaftet, nach 7jähriger Haft 1940 im KZ Buchenwald an den Folgen der Mißhandlungen gestorben.

RUDOLF HILFERDING, emigrierte 1933 nach Frankreich, 1941 im Gefängnis umgekommen.

GUSTAV HOCH, 1933 und 1942 verhaftet, gestorben im KZ Theresienstadt.

FRIEDRICH ERNST HUSEMANN, nach 1933 wiederholt in Haft, 1935 im KZ Esterwegen ermordet.

HEINRICH OTTO JASPER, nach 1933 fast ununterbrochen in Haft, nach schwersten Mißhandlungen 1945 im KZ Bergen-Belsen gestorben.

FRANZ KÜNSTLER, nach 1933 im KZ Oranienburg in Haft, 1942 an den Folgen gestorben.

JULIUS LEBER, 1933 überfallen und mißhandelt, in Haft bis 1937 im KZ Sachsenhausen, 1944 erneut verhaftet, zum Tode verurteilt und 1945 hingerichtet.

RICHARD LIPINSKI, geb. 1867, 1933 verhaftet, 1936 gestorben.

KURT LÖWENSTEIN, 1933 überfallen und gefoltert, nach Flucht 1939 in Paris gestorben.

KARL MACHE, 1933 im KZ Dürrgoy, 1944 im KZ Groß-Rosen, dort gestorben.

LUDWIG MARUM, 1933 verhaftet, 1934 im KZ Kislau ermordet.

STEFAN MEIER, 1933 und erneut 1940 verhaftet, 1944 im KZ Mauthausen ermordet.

FRANZ METZ, 1944-45 im KZ Dachau, an den Folgen 1945 gestorben.

JULIUS MOSES, geb. 1868, 1933 verhaftet, 1942 im KZ Theresienstadt verstorben.

CARLO MIERENDORFF, 1933-1938 im KZ Buchenwald, 1943 bei einem Luftangriff ums Leben gekommen.

FRANZ PETRICH, 1939 verhaftet und 1945 im Zuchthaus Sonnenburg verstorben.

ANTONIE PFÜLF, entzog sich der drohenden Verhaftung 1933 durch Selbstmord.

ANDREAS PORTUNE, 1943-45 in Haft, an den Folgen 1945 verstorben.

FRIEDRICH PUCHTA, 1933-45 im KZ Dachau, im Mai 1945 an den Folgen gestorben.

ARTHUR REEK, 1933 in Danzig verhaftet und im Gefängnis ermordet.

ANTON REISSNER, 1933 verhaftet, emigrierte nach Holland, 1940 vor erneuter Verhaftung mit Frau und Sohn Selbstmord verübt.

JULIUS ROSEMANN, 1933 nach Verhaftung und schwersten Mißhandlungen Selbstmord.

PHILIPP SCHEIDEMANN, 1933 Flucht nach Dänemark, 1939 im Exil verstorben.

MICHAEL SCHNABRICH, 1933 verhaftet, 1939 im KZ Sachsenhausen nach schwersten Mißhandlungen verstorben.

ERNST SCHNEPPENHORST, 1944 verhaftet und 1945 von SS ermordet.

HUGO SINZHEIMER, 1933 verhaftet, mißhandelt, nach Flucht in Holland 1940 erneut in Gestapo-Haft, 1945 im Exil verstorben.

WILHELM SOLLMANN, 1933 überfallen und schwer verletzt, Flucht nach USA, dort verstorben.

JOHANNES STELLING, 1933 von SA gefoltert und ermordet.

AUGUST STREUFERT, nach 1933 wiederholt in Haft, 1944 im KZ Neuengamme gestorben.

HERMANN TEMPEL, 1933 nach Holland geflüchtet, dort 1940 verhaftet und an den Folgen gestorben.

JOHANNA TESCH, als Siebzigjährige 1944 verhaftet und im KZ Ravensbrück verstorben.

HANS UNTERLEITNER, 1933-35 im KZ Dachau, Flucht nach USA, dort gestorben.

HANS VÖLTER, nach 1933 verhaftet, 1944 bei einem Luftangriff ums Leben gekommen.

HANS VOGEL, 1933 Flucht über Prag nach London, gestorben 1945 im Exil.

FRIEDRICH VOIGT, 1933 und erneut 1944 verhaftet, 1945 hingerichtet.

PAUL WEGMANN (USPD), nach 1933 mehrfach verhaftet, 1944 im KZ Bergen-Belsen gestorben.

MATHILDE WURM, flüchtete 1933 nach England, gestorben 1935 in London.

Anmerkungen

Umfassende Darstellungen zur Geschichte der Arbeiterbewegung werden nur bei ihrer ersten Erwähnung im Text angeführt. Die Seitenzahlen am Rande verweisen auf den Haupttext.

8 Franz Mehring, *Geschichte der deutschen Sozialdemokratie*, 1. Teil, 2. durchgesehene Auflage 1976, Berlin (DDR). Franz Mehring, geb. 1846, war zunächst Journalist bei bürgerlichen Zeitungen, veröffentlichte 1877 *Zur Geschichte der deutschen Sozialdemokratie*, eine kritische Untersuchung, was ihn, den bisherigen Antimarxisten, bald danach die Wendung zum Marxismus vollziehen ließ. 1891 trat er der SPD bei, 1897/98 erschien dann seine »parteioffizielle« Geschichte der deutschen Sozialdemokratie, mit der er eine Fülle bis dahin unbekannten Materials erschloß und die Geschichte der deutschen Arbeiterbewegung als Spezialdisziplin begründete.

10 Eine ausführliche Darstellung des in diesem Kapitel geschilderten Zeitabschnitts und insbesondere der Schicksale deutscher Jakobiner findet sich in: Bernt Engelmann, *Trotz alledem. Deutsche Radikale 1777-1977*, München 1977; rororo-Sachbuch Nr. 7194.

17 Außer dem Gebiet der heutigen Republik Österreich gehörten auch Böhmen, Mähren und Slovenien sowie die heutigen italienischen Provinzen Bozen, Trient und Triest zum Deutschen Bund.

19 Im einzelnen dazu: Bernt Engelmann, *Die Freiheit! Das Recht! Johann Jacoby und die Anfänge unserer Demokratie*, Bonn 1984.

35 Eine ausführliche Darstellung dieser und anderer Ereignisse des Vormärz wie auch der Revolution von 1848/49 enthalten: Bernt Engelmann, *Trotz alledem. Deutsche Radikale 1777-1977*, a. a. O., Bernt Engelmann, *Wir Untertanen. Ein deutsches Antigeschichtsbuch*, München 1974; Fischer Taschenbuch 1680.

42 Ludwig Feuerbach, 1804 in Landshut als Sohn eines berühmten liberalen Strafrechtslehrers geboren, studierte zunächst Theologie, wandte sich aber dann unter dem Einfluß Hegels der Philosophie zu. Sein Humanismus und die ständige Beschäftigung mit den Naturwissenschaften führten ihn zur Religionskritik, schließlich zum entschiedenen Bruch mit der Religion als der Ideologie der herrschenden Klasse, aber auch mit dem Hegelschen Idealismus, in dem er die »philosophische Schwester der Theologie« erkannte. In seinen Werken *Das Wesen des Christentums* (1841) und *Grundsätze der Philosophie der Zukunft* (1843) enthüllte er die Wurzeln religiösen und idealistischen Denkens und stellte diesen Auffassungen seinen Materialismus entgegen, »geboren aus dem Willen, die Menschen aus Kandidaten des Jenseits zu Studenten des Diesseits . . . , zu freien selbstbewußten Bürgern der Erde zu machen«. Sein ganzes Leben lang hielt Feuerbach die Religionskritik für die Voraussetzung jeder gesellschaftlichen Umgestaltung. Er starb, von der offiziellen Wissenschaft verachtet und vergessen, 1872 in großer Armut in Rechenberg bei Nürnberg. Die Sozialdemokratische Arbeiterpartei Deutschlands, deren Mitglied er 1870 geworden war, machte sein Begräbnis zu ihrer bis dahin größten Massendemonstration.

51 Walter Grab, »Friedrich Wilhelm Schulz (1797-1860). Ein bürgerlicher Vorkämpfer des sozialen und politischen Fortschritts«, in *Die frühsozialistischen Bünde in der Geschichte der deutschen Arbeiterbewegung* (Tagungsbericht), Berlin 1975.

54 Karl-Ludwig Günsche, »Der König blies zur Jagd«, in *Sozialdemokrat. Magazin,* Heft 2, 1977, S. 23 ff.

59 Siehe die Forderungen der Kommunistischen Partei in Deutschland im Anhang.

71 Hermann Oncken, *Lassalle*, 2. Auflage, Stuttgart 1912.

76 Hans Peter Bleuel, *Lassalle oder der Kampf gegen die verdammte Bedürfnislosigkeit,* München 1979.

92 Wie es Bismarck im einzelnen gelang, die Aufrüstung auch gegen den Willen der überwältigenden Mehrheit des Parlaments durchzuführen, hat Hans Joachim v. Collani in *Die Finanzgebarung des preußischen Staates zur Zeit des Verfassungskonfliktes 1862-1866* detailliert beschrieben.

104 Hedwig Wachenheim, *Die deutsche Arbeiterbewegung 1844-1914,* Opladen 1967.

111 Rechtsanwalt Schraps war dem Amtlichen Reichstagshandbuch zufolge Mitglied der sozialdemokratischen Fraktion. August Bebel hingegen schreibt in seinen Erinnerungen, *Aus meinem Leben* (II. Teil, S. 212), Schraps habe sich *nicht* der sozialdemokratischen Partei angeschlossen. Möglicherweise wurde er als Hospitant bei der sozialdemokratischen Fraktion geführt.

113 * »Ich umarme dich voll Dankbarkeit.«
** Einige Quellen geben an, es hätte *sieben* sozialdemokratische Abgeordnete, nämlich einen weiteren Vertreter der Sächsischen Volkspartei, im ersten Norddeutschen Reichstag gegeben; indessen wird sein Name nirgendwo genannt, und in den amtlichen Handbüchern ist er nicht verzeichnet. Auf keinen Fall kann es sich um einen bedeutenden Politiker gehandelt haben.

117 Johann Jacoby war einer der Gründer der im Sommer 1867 entstandenen »Internationalen Liga für Frieden und Freiheit«; im September desselben Jahres war diese Liga dann in Genf konstituiert worden. Außer Jacoby gehörten zu den Gründervätern u. a. Giuseppe Garibaldi, John Stuart Mill, Victor Hugo, Alexander Herzen und Giuseppe Mazzini. Die Ziele der Liga waren: friedliche Schlichtung internationaler Konflikte, Gründung der Vereinigten Staaten von Europa, Abschaffung der stehenden Heere, Einrichtung von Nationalmilizen und überhaupt Lösungen auf dem Boden demokratischer Freiheit und sozialer Gerechtigkeit.
In den Jahren 1867/68 und 1873-77 gehörte Jacoby, der inzwischen der Sozialdemokratischen Arbeiterpartei beigetreten war, dem Zentralkomitee der Liga an, die ihren Sitz in Bern hatte und von dort das zweisprachige Organ *Les Etats-Unis d'Europe/Die Vereinigten Staaten von Europa* herausgab.

123 * Friedrich Ferdinand Graf v. Beust, seit Juni 1867 österreichischer Reichskanzler, reaktionärer Politiker, der sich mit seiner antipreußischen Politik jedoch auf das liberale Bürgertum in Österreich stützen konnte.
** Faksimile des Briefes auf S. 124, vollständige Umschrift im Anhang auf S. 507.

150 Der volle Wortlaut dieser heute im Rückblick fast prophetisch anmutenden »Randglossen« ist im Anhang wiedergegeben.

162 Unwürdige Kriecherei und Liebedienerei vor einem Monarchen.

171 In einem von Engels verfaßten, von Marx ausdrücklich gebilligten »Zirkularbrief« an die Führer der deutschen Sozialdemokratie, der Mitte September 1879 von London aus verschickt wurde, bezeichneten »die Alten« die opportunistischen Tendenzen als die Hauptgefahr für die Partei; in bezug auf Höchbergs Finanzhilfe heißt es da, man könne sie notfalls »vorderhand dulden«, ihr aber keinen Einfluß auf die Parteileitung gestatten.

172 Faksimile des Briefes auf S. 173, Umschrift im Anhang auf S. 507 f.

190 Nach mündlichen Überlieferungen meines Großvaters Friedrich Wilhelm Worbs.

205 Ottilie Baader, *Ein steiniger Weg. Lebenserinnerungen*, Stuttgart 1921, S. 29.

211 Zitiert nach Ernst Johann, *Reden des Kaisers,* München 1966.

222 Beide Zitate nach Wilhelm Schröder *Das persönliche Regiment*, München 1907, S. 61.

227 * Im westlichsten Teil des Pazifischen Ozeans liegende, bis 1899 zum spanischen Kolonialreich gehörende Inselgruppe, die dann vom Deutschen Reich übernommen worden war.
** Zitiert nach: Bernhard Fürst v. Bülow, *Denkwürdigkeiten*, Berlin 1930, Bd. 1, S. 349.

232 Arno Klönne, *Die deutsche Arbeiterbewegung. Geschichte, Ziele und Wirkungen*, 2. Auflage, Düsseldorf/Köln 1980.

233 Zitiert nach: Graf Robert Zedlitz-Trützschler, *Zwölf Jahre am deutschen Kaiserhof*, Berlin/Leipzig 1924, S. 75.

238 Damit gemeint ist das Streben nach »Weltgeltung«, auch zur See (Wilhelm II.: »Unsere Zukunft liegt auf dem Wasser«), durch verstärkte und beschleunigte Aufrüstung im Rahmen immer neuer Flottenbauprogramme.

240 Jean Jaurès in *Petite République Socialiste* (1903), zitiert nach: Robert Michels, *Die deutsche Sozialdemokratie im internationalen Verband*, 1907, S. 171 f.

247 Aus dieser Zeit stammt die Karte, deren Faksimile auf S. 249 wiedergegeben wird. Umschrift im Anhang, S. 508

250 Die anfangs nicht immer klar unterschiedenen Bezeichnungen ließen sich nun schon präzis definieren: Als »Revisionist« galt, wer als Sozialist die Marxsche Lehre im ganzen oder in wesentlichen Teilen revidieren und eine neue sozialistische Lehre an ihre Stelle setzen wollte. Ein »Reformist« hingegen wollte, ohne Beziehung auf einen Wandel der Theorie innerhalb der von der Partei anerkannten sozialistischen Ziele, die gegenwärtigen Bedürfnisse der Arbeiter befriedigen und ihre Lage unter dem Kapitalismus verbessern.

255 Michael Freund, *Deutsche Geschichte*, Gütersloh/München 1973, S. 812.

271 Johann Plenge, *Marx und Hegel*, Tübingen 1911, S. 181.

274 Robert Michels, *Zur Soziologie des Polizeiwesens. Untersuchungen über die oligarchischen Tendenzen des Gruppenlebens*, Nachdruck, Stuttgart 1928.

278 Vgl. Bernhard Fürst v. Bülow, *Denkwürdigkeiten*, Berlin 1931, Bd. III, S. 168.

279 Konrad Haenisch, *Die deutsche Sozialdemokratie in und nach dem Weltkriege*, 4. Aufl., Berlin 1919.

292 * Peter von Oertzen, *Betriebsräte in der Novemberrevolution*, Berlin 1976.
** Walter Tormin, *Geschichte der deutschen Parteien seit 1848*, 2. Auflage, Stuttgart/Berlin/Köln/Mainz 1967.

295 Vgl. Fritz Fischer, *Griff nach der Weltmacht. Die Kriegszielpolitik des kaiserlichen Deutschland 1914-1918*, 3. verbesserte Auflage, Düsseldorf 1964.

299 Richard Müller, *Vom Kaiserreich zur Republik*, Wien 1925.

301 * Nach den Tagebucheintragungen des Obersten v. Thaer, des einzigen Augen- und Ohrenzeugen, der sich Ludendorffs Äußerungen wörtlich notierte.
** Sebastian Haffner, *Die verratene Revolution*, Bern/München, 1969.

307 Arthur Rosenberg, *Die Entstehung der Deutschen Republik*, Frankfurt 1961.

327 Düsseldorf 1972.

336 Eduard Stadtler, *Als Antibolschewist 1918/19*, Düsseldorf 1935, S. 46-49.

338 Karl Radek, geboren 1885 in Lemberg, bis 1912 Mitglied der SPD, seit 1915 Mitarbeiter Lenins, arbeitete seit 1918 am Aufbau der KPD mit, wurde 1919 ausgewiesen und gehörte in Moskau dem Präsidium der Komintern an, als deren Vertreter er 1923 nach Deutschland zurückkehrte, abermals ausgewiesen, wurde er wegen Opposition gegen Stalin 1927-1929 verbannt, 1937 zu zehn Jahren Zwangsarbeit verurteilt und ist seitdem verschollen.

340 Die übrigen Minister waren: Eugen Schiffer (Demokrat), Finanzminister und Vizekanzler; Ulrich Graf Brockdorff-Rantzau (parteilos), Außenminister; Hugo Preuß (Demokrat), Innenminister; Rudolf Wissell (SPD), Wirtschaftsminister; Gustav Bauer (SPD), Arbeitsminister; Otto Landsberg (SPD), Justizminister; Johannes Giesberts (Zentrum), Postminister; Johann Bell (Zentrum) Verkehrsminister; Robert

Schmidt (SPD), Ernährungsminister, sowie als Reichsminister ohne Geschäftsbereich: Eduard David (SPD), Matthias Erzberger (Zentrum) und Georg Gothein (Demokrat).

342 Frankfurt 1983.

344 Susanne Miller/Heinrich Potthof, *Kleine Geschichte der SPD. Darstellung und Dokumentation 1848-1983*, 5. Auflage, Bonn 1983. Erster Teil: H. Potthof:»Die Sozialdemokratie von den Anfängen bis 1945.« Zweiter Teil: S. Miller:»Die SPD vor und nach Godesberg«.

345 Präsident der Nationalversammlung war vom 7. bis 13. Februar 1919 Eduard David (SPD), danach Konstantin Fehrenbach (Zentrum).

346 Heinrich August Winkler, *Von der Revolution zur Stabilisierung. Arbeiter und Arbeiterbewegung in der Weimarer Republik 1918-1924*, Berlin/Bonn 1984.

347 *Protokoll der Sitzung des Parteiausschusses*, Berlin, 13. Dezember 1919, S. 1.

352 Die KPD-Zentrale erklärte in ihrem ersten Aufruf, das revolutionäre Proletariat wisse, daß es gegen die Militärdiktatur auf Leben und Tod zu kämpfen habe.»Aber es wird keinen Finger rühren für die in Schmach und Schande untergegangene Regierung der Mörder Karl Liebknechts und Rosa Luxemburgs. Es wird keinen Finger rühren für die demokratische Republik, die nur eine dürftige Maske der Diktatur der Bourgeoisie war.« Auch sei, so hieß es weiter, die Arbeiterklasse, »gestern noch von den Ebert-Noske in Banden geschlagen und waffenlos, in diesem Augenblick nicht aktionsfähig . . .«
Als der eigentliche Exponent dieser Haltung der KPD gilt ihr damaliger Berliner Organisationsleiter, der spätere SPD-Bürgermeister Ernst Reuter, der zusammen mit Wilhelm Pieck, August Thalheimer und Jakob Walcher zum Rumpf-ZK der KPD zählte; Paul Levi, der Vorsitzende, befand sich in Haft, und vier weitere ZK-Mitglieder waren aus anderen Gründen abwesend. Da die überwältigende Mehrheit der etwa 12 000 Anhänger der Berliner Kommunisten zur linken Opposition innerhalb der KPD gehörten, wird der von Ernst Reuter beeinflußte erste Aufruf in der marxistischen Literatur häufig als »linkssektiererisch« kritisiert; er war aber wohl eher ein Zeichen der organisatorischen Schwäche der Berliner Parteiorganisation, die damals nur knapp 800 eingetragene Mitglieder hatte.
In der Praxis kam dem ersten Aufruf der KPD zur Nichtbeteiligung am Generalstreik wenig Bedeutung zu, da die Kommunisten sich überall im Reich von Anfang an dem Generalstreik anschlossen und schon am 14. März neue Weisungen der Zentrale zum gemeinsamen Kampf gegen die Putschisten aufriefen.

359 So überliefert bei Gustav Stresemann, *Vermächtnis*, Bd. 1, Berlin 1932, S. 245; vgl. auch Waldemar Besson, *Friedrich Ebert. Verdienst und Grenze*, Göttingen 1963, S. 89.

362 Komintern = Kommunistische Internationale, auf Initiative Lenins 1919 in Moskau (Konferenzsprache: deutsch) gegründete Dritte Internationale, die sich in prinzipieller Gegnerschaft zur Zweiten (Sozialistischen) Internationale befand. Der Vertreter der KPD, Eberlein, hatte 1919 die Gründung für verfrüht gehalten und Stimmenthaltung geübt.

363 Vgl. Theodor Geiger, *Die soziale Stellung des deutschen Volkes. Soziographischer Versuch auf statistischer Grundlage*, Berlin 1932; Jürgen Kuczynski, *Die Geschichte der Lage der Arbeiter unter dem Kapitalismus*, Bd. 5, Berlin (DDR) 1966.

368 Zitiert nach Friedrich Stampfer, *14 Jahre der ersten deutschen Republik*, Offenbach, 1947.

380 Vgl. hierzu Werner Conze und Hans Raupach (Hrsg.), *Die Staats- und Wirtschaftskrise des Deutschen Reichs 1929/33*, Stuttgart 1967; Klaus Mammach, »Der Sturz der großen Koalition im März 1930«, in: *Zeitschrift für Geschichte*, XVI. Jg., 1968, Heft 5, S. 574 und 579.

385 * Zit. nach Willy Brandt, *Links und Frei. Mein Weg 1930-1950*, Hamburg 1982.

** Julius Leber, geboren 1891, seit 1913 Mitglied der SPD, war damals Chefredakteur des *Lübecker Volksboten*, auch Wehrexperte der SPD-Reichstagsfraktion, der er seit 1924 angehörte.

386 * Vgl. Werner Link, *Die Geschichte des Internationalen Jugend-Bundes und des Internationalen Sozialistischen Kampfbundes*, Meisenheim 1964.
** Nach: *Julius Leber. Ein Mann geht seinen Weg*, hrsg. v. seinen Freunden, Berlin 1952, S. 238.

388 Eine ausführliche Darstellung dieses Intrigenspiels in: Bernt Engelmann, *Einig gegen Recht und Freiheit*, München 1975, S. 208 ff.

390 * Vgl. Otto Braun, *Von Weimar zu Hitler*, New York 1940, S. 396.
** »Handschriftliche Aufzeichnungen von Otto Wels um den 20. Juli 1932. Einige Erinnerungen«, zitiert nach Hans Adolph, *Otto Wels und die Politik der deutschen Sozialdemokratie, 1894-1939*, Berlin 1971.
*** Carl Severing, *Mein Lebensweg*, Bd. 2, Köln 1950, S. 347 ff.

394 Eine ausführliche Darstellung bei: Bernt Engelmann, *Einig gegen Recht und Freiheit*, a. a. O., S. 249 ff.

398 * Hagen Schulze, *Anpassung oder Widerstand? Aus den Akten des Parteivorstandes der deutschen Sozialdemokratie 1932/33*, Archiv für Sozialgeschichte, Beiheft 4, Braunschweig/Bonn, 1975.
** Carl Litke war einer der beiden Vorsitzenden der Berliner Parteiorganisation der SPD; im Juli 1933 wurde er für einige Monate in Schutzhaft genommen. Nach 1945 hatte er maßgebenden Anteil am Wiederaufbau der Berliner SPD im sowjetischen Sektor; nach dem Zusammenschluß von SPD und KPD zur SED war er von 1946 an Mitglied des SED-Zentralkomitees. Er starb 1962 in Ostberlin.

401 Der volle Text der Rede von Otto Wels zum Ermächtigungsgesetz (nach dem Stenographischen Bericht über die Verhandlungen des Deutschen Reichstags, Bd. 457, S. 33 f.) befindet sich im Anhang.

402 * Von diesen ersten Emigranten des SPD-Parteivorstands starben im Exil: Crispien in Bern, Vogel in London, Scheidemann in Kopenhagen, Wels 1939 in Paris; Breitscheid und Hilferding fielen 1940 der Gestapo in die Hände und kamen ums Leben, Breitscheid erst 1944 im KZ.
** Dem Exil-Vorstand (»Sopade«-Vorstand) gehörten an: Wels, Vogel, Crummenerl, Ollenhauer, Hertz, Stampfer, Aufhäuser (seit August 1933), Karl Böchel (seit August 1933), Erich Rinner (seit Oktober 1933).

403 *Internationale Information*, 1933/I, S. 246.

404 Wilhelm Hoegner, *Flucht vor Hitler. Erinnerungen an die Kapitulation der ersten deutschen Republik 1933*, München 1977.

405 So wurde Otto Eggerstedt, Polizeipräsident von Kiel und seit 1921 Mitglied des Reichstags am 24. 5. 1933 verhaftet und am 12. 10. 1933 von SA-Leuten im Konzentrationslager Esterwegen erschossen; Friedrich Ernst Husemann, der Vorsitzende des Bergarbeiterverbands, der im Frühjahr und Sommer 1933 wiederholt für mehrere Wochen in Schutzhaft genommen worden war, kam im März 1935 erneut in Haft und wurde bei seiner Einlieferung ins KZ Esterwegen von SA-Leuten erschossen.

406 So genannt, weil sie auf grünem Papier vervielfältigt wurden; die offizielle Bezeichnung lautete *Deutschland-Berichte der Sopade*. Sie sind veröffentlicht unter dem Titel: *Deutschland-Berichte der Sozialdemokratischen Partei Deutschlands (Sopade) 1934-1940*, 7 Bde., Frankfurt/M. 1980.

407 * Zit. nach: Friedrich Stampfer, *Mit dem Gesicht nach Deutschland. Eine Dokumentation über die sozialdemokratische Emigration. Aus dem Nachlaß von Friedrich Stampfer ergänzt durch andere Überlieferungen*. Hrsg. im Auftrage der Kommission für Geschichte des Parlamentarismus und der politischen Parteien von Ernst Matthias. Bearbeitet von Werner Link, Düsseldorf 1968, S. 215 ff.
** So W. Sollmann in *Zeitschrift für Sozialismus*, 24/25, Karlsbad 1935.

408 * Vgl. Theodor Eschenburg, »Streiflicher zur Geschichte der Wahlen im Dritten Reich«, Dokumentation, in: *Vierteljahreshefte für Zeitgeschichte*, 3. Jg., 1955, S. 311 ff.
    ** Ludwig Bergsträsser, *Geschichte der Politischen Parteien in Deutschland*, 10. Aufl., München 1960, S. 267.

409 Günter Weisenborn, *Der lautlose Aufstand*, 2. Auflage, Hamburg 1954.

410 Kurt Klimt, *Der sozialistische Widerstand gegen das Dritte Reich, dargestellt an der Gruppe »Neu Beginnen«*, Phil. Diss. (Masch.), Marburg 1957.

411 Die im Anhang befindliche Übersicht zeigt, wie die Reichstagsfraktion der SPD dezimiert wurde.

413 Vgl. Günter Weisenborn, a. a. O., S. 146

414 * Hans Mommsen, »Gewerkschaften zwischen Anpassung und Widerstand«, in: *Vom Sozialistengesetz zur Mitbestimmung. Zum 100. Geburtstag von Hans Böckler*, hrsg. von Heinz Oskar Vetter, Köln 1975.
    ** Adolf Reichwein, geb. 1898, im 1. Weltkrieg schwerverwundet, seit 1930 Professor für Geschichte an der Pädagogischen Akademie Berlin, Mitglied der SPD, 1933 entlassen, danach Dorfschullehrer, seit 1939 Angestellter des Berliner Volkskundemuseums, schloß sich dem Kreisauer Kreis der Widerstandsbewegung an und trat dort für ein Bündnis mit den Kommunisten ein. Zusammen mit Julius Leber nahm er Kontakt zu A. Saefkow und J. Jacob von der operativen Leitung der illegalen KPD auf, wurde zusammen mit Leber am 4. Juli 1944 von der Gestapo verhaftet, gefoltert, zum Tode verurteilt und am 20. Oktober 1944 hingerichtet.

415 *Zit. nach: *Julius Leber. Ein Mann geht seinen Weg*, a. a. O., S. 295.
    ** Aus der Rede von Otto Wels im Reichstag am 23. März 1933.

422 Brigitte Seebacher-Brandt, *Ollenhauer, Biedermann und Patriot*, Berlin 1984, S. 279.

425 Theo Pirker, *Die SPD nach Hitler*, München 1965.

426 In zahlreichen Städten der Westzonen gab es in den ersten Nachkriegsmonaten eine enge Zusammenarbeit von Sozialdemokraten und Kommunisten. Soweit dies zur Gründung gemeinsamer Parteiorganisationen geführt hatte, wurde dies vom Zentralkomitee der KPD als »überstürzt« gerügt, dagegen eine Phase der »Aktionseinheit« propagiert.
    Vgl. dazu: Lutz Niethammer u. a. (Hrsg.), *Arbeiterinitiative 1945*, Wuppertal 1976; zu Bremen: Peter Brandt, *Antifaschismus und Arbeiterbewegung*, Hamburg 1976; zu Hamburg: Holger Christier, *Sozialdemokratie und Kommunismus. Die Politik der SPD und der KPD in Hamburg 1945-1949*, Hamburg 1975.

427 *Geschichte der deutschen Arbeiterbewegung*, Berlin (DDR) 1966, Bd. 6, S. 141.

430 * Rede auf dem Parteitag der SPD 1946.
    ** Protokoll des SPD-Parteitags 1946, S. 65 f.

432 Hans-Peter Schwarz, *Vom Reich zur Bundesrepublik. Deutschland im Widerstreit der außenpolitischen Konzeptionen in den Jahren der Besatzungsherrschaft 1945-49*, Neuwied/Berlin 1966.

434 Ausführlich dargestellt in: Bernt Engelmann, *Wie wir wurden, was wir sind. Von der bedingungslosen Kapitulation zur unbedingten Wiederbewaffnung*, München 1980, 8. Kapitel.

455 Eine ausführliche Darstellung des Streits um die Remilitarisierung und alle damit zusammenhängenden Fragen findet sich in: Bernt Engelmann, *Wie wir wurden, was wir sind*, S. 282 ff.

457 *Jahrbuch der SPD 1952/53*, S. 233 f.

459 * BHE = Bund der Heimatvertriebenen und Entrechteten, eine Interessenpartei der Flüchtlinge mit teilweise nationalem und konservativem Einschlag.
    ** Zit. nach Willy Brandt u. Richard Löwenthal, *Ernst Reuter. Ein Leben für die Freiheit*, München 1957, S. 700 f.

462 *Protokoll des SPD-Parteitags 1954*, S. 341.

463 Eine ausführliche Darstellung der »Wirtschaftswunderjahre« und ihrer Auswirkungen auf die deutsche Sozialdemokratie in: Bernt Engelmann, *Wir sind wieder wer. Auf dem Weg ins Wirtschaftswunderland*, München 1981.

466 Die NSDAP erzielte im März 1932 mit 37,4 Prozent Stimmenanteil ihr höchstes Ergebnis bei einer demokratischen Wahl; im März 1933 erhielt sie 43,9 Prozent.

467 * So benannt nach dem polnischen Außenminister Adam Rapacki, der der UNO-Vollversammlung am 2. 10. 1957 einen Plan für eine atomwaffenfreie Zone in Europa vorlegte. BRD, DDR und Polen sollten frei von Atomwaffen und durch internationale Garantie auch frei von jeder atomaren Bedrohung werden. Die UdSSR unterstützte den Rapacki-Plan, der Westen lehnte ihn ab.

478 Vgl. hierzu: Bernt Engelmann, *Meine Freunde, die Millionäre*. Goldmann-Taschenbuch Nr. 6608, S. 171 ff.

485 * Zit. nach: Wolfgang Abendroth, *Ein Leben in der Arbeiterbewegung*, Gespräche, aufgezeichnet und hrsg. von B. Dietrich und J. Perels, Frankfurt (edition suhrkamp), 1976.
** Peter Arend, *Die innerparteiliche Entwicklung der SPD 1966-1975*, Bonn 1975.

486 A. Baring/M. Görtemaker, *Machtwechsel. Die Ära Brandt/Scheel*, Stuttgart 1982.

487 Heinrich Albertz, 1915 geboren, als Pfarrer während der Nazi-Zeit in der Bekennenden Kirche aktiv und wiederholt verhaftet, war seit 1947 Mitglied der SPD, 1948-55 Minister in Niedersachsen, dann von Willy Brandt in den Berliner Senat berufen worden. Als Brandts Nachfolger im Amt des Regierenden Bürgermeisters deckte Albertz zunächst das Verhalten der Berliner Polizei bei den Studentenunruhen, bei denen am 2. Juni 1967 der Student Benno Ohnesorg von einem Beamten willkürlich erschossen worden war. Nachdem öffentliche Proteste zum Rücktritt des Polizeipräsidenten und des Innensenators geführt hatten, trat Pfarrer Albertz im September 1967 ebenfalls zurück und legte ein öffentliches Reuebekenntnis ab. Er schloß sich dann dem linken Parteiflügel an, geriet in zunehmenden Konflikt mit der rechten Fraktionsmehrheit und legte im Sommer 1970 sein Abgeordnetenmandat nieder, um wieder als Pfarrer zu wirken.

Verzeichnis der Abkürzungen

ADAV	=	Allgemeiner Deutscher Arbeiter-Verein
ADG	=	Auslandsvertretung der deutschen Gewerkschaften
ADGB	=	Allgemeiner Deutscher Gewerkschaftsbund
AfA	=	Arbeitsgemeinschaft freier Angestelltenverbände
AFL	=	American Federation of Labor
APO	=	Außerparlamentarische Opposition
BHE	=	Block der Heimatvertriebenen und Entrechteten
BP	=	Bayernpartei
CDU	=	Christlich-Demokratische Union
CSU	=	Christlich-Soziale Union
DGB	=	Deutscher Gewerkschaftsbund
DP	=	Deutsche Partei
EVG	=	Europäische Verteidigungsgemeinschaft
FDP	=	Freie Demokratische Partei
IAA	=	Internationale Arbeiter-Assoziation
ISK	=	Internationaler Sozialistischer Kampfbund
KPD	=	Kommunistische Partei Deutschlands
NPD	=	Nationaldemokratische Partei Deutschlands
NSBO	=	Nationalsozialistische Betriebszellen-Organisation
NSDAP	=	Nationalsozialistische Deutsche Arbeiterpartei
SAD	=	Sozialistische Arbeiterpartei Deutschlands
SAG	=	Sozialdemokratische Arbeitsgemeinschaft
SAJ	=	Sozialistische Arbeiterjugend
SAP	=	Sozialistische Arbeiterpartei
SDAP	=	Sozialdemokratische Arbeiterpartei
SED	=	Sozialistische Einheitspartei Deutschlands
SPD	=	Sozialdemokratische Partei Deutschlands
USPD	=	Unabhängige Sozialdemokratische Partei Deutschlands

Bildquellenverzeichnis

Archiv Bernt Engelmann: S. 124, 173, 249

Archiv für Kunst und Geschichte, Berlin: S. 38, 41, 73, 83, 120 unten rechts, 266

Bildarchiv Jürgens, Ost-Europa-Photo, Köln: S. 43, 57, 120 oben links und rechts, 120 unten links, 122, 142, 201, 243, 247

Bildarchiv Preußischer Kulturbesitz Berlin: S. 29 unten links und rechts, 37, 39, 56, 65, 70, 97, 100, 101, 102, 219, 229, 231, 241, 248, 261, 314, 315, 333, 334, 341, 353, 356, 357, 361, 415

Bilderdienst Süddeutscher Verlag, München: S. 45, 55, 88, 98, 149, 175, 203, 234, 245, 250, 307, 328, 339, 351 oben links und rechts, 360, 379, 399, 410, 414 oben links und rechts, 416, 439, 440, 441 oben links und rechts, 443, 444, 449, 460, 469, 472, 475, 478, 481, 491

dpa, München: S. 226, 429, 453, 463, 477, 489

Historia-Photo, Hamburg: S. 104, 125, 165, 237, 367

Ullstein Bilderdienst, Berlin: S. 18, 29 oben links und rechts, 152, 161, 212, 220, 223, 253, 254 oben links und rechts, 257, 285, 287, 330, 377, 394, 402, 484

Register

Mit * versehene Seitenzahlen weisen auf Abbildungen hin.

K

Kaas, Ludwig 376, 392 f
Kaisen, Wilhelm 454, 460*, 474
Kaiser, Jakob 413
Kampffront Schwarz-Weiß-Rot 400
Kant, Immanuel 32, 34, 66, 386
Kapell, August 154
Kapp, Wolfgang 349, 351 ff, 354, 359, 361
Karl X. von Frankreich 19
Karsten, August 427
Katz, Rudolf 412
Kautsky, Karl 184 f, 206 f, 214 f, 228, 229*,
   232, 238, 240, 245, 269 f, 273, 280, 286,
   293, 359
Kayser, Max 166, 170, 180, 186, 201
Keil, Wilhelm 218 f, 246, 276
Kennedy, John F. 476
Kiesinger, Kurt Georg 438 f, 489
Kirchner, Johanna 412
Kliem, Kurt 410
Klönne, Arno 232 f,, 252, 269 ff, 288 f,
   292 f, 298, 463
Knoeringen, Waldemar von 408, 417, 428,
   441, 469*
Köbis 297
Kolb, Eberhard 327
Kolb, Wilhelm 250
Köller, Ernst Matthias von 217 f
Kollwitz, Käthe 371
Kolonialgesellschaft 244
Komintern 362, 433
Kommunistische Partei 45, 59
Kommunistische Partei Deutschlands
   (KPD) 332, 335 ff, 340, 347, 354 f, 359 f, ·
   362, 364, 366, 370 f, 375 f, 378, 384 f,
   391 ff, 395, 400, 407, 410, 421, 427, 433,
   466
Kommunistisches Korrespondenz-Komi-
   tee 42
Kommunistisches Manifest 44 f, 45*, 54,
   110, 127, 159, 198
Königsberger Handwerksverein 65
Kopf, Hinrich Wilhelm 474, 475*
Kotzebue, August von 15
Kräcker, Julius 180, 186, 201
Kreuzzeitung 129
Kriedemann, Herbert 425, 428, 434, 442
Krone, Heinrich 480
Krüger, Polizeirat 182
Krüger, Franz 357*
Krupp, Friedrich 227, 235, 239, 259, 272,
   377, 465

Kühn, August 223*
Kühn, Heinz 475*, 482
Künstler, Franz 390, 404 f, 513

L

Landsberg, Otto 265, 320, 325
Lassalle, Ferdinand 18, 69 ff, 70*, 72 ff,
   75 ff, 78 ff, 81 ff, 84 ff, 87 ff, 90, 94 ff, 97,
   102, 105 f, 108, 110, 113, 115 f, 118, 123,
   126 ff, 129, 133 f, 137, 143, 145 ff, 148,
   150 ff, 171, 185, 197, 251, 345, 375, 407,
   430
Lauritzen, Lauritz 483, 491*
Leber, Georg 490, 491*
Leber, Julius 357, 385 f, 401, 413 f, 416*,
   513
Ledebour, Georg 234, 248*, 272 f, 280, 287,
   287*, 298, 334, 335*, 360, 427
Legien, Carl 218 ff, 220*, 221, 237, 260 f,
   272, 274, 278, 283, 302 f, 348, 350, 352 f
Lehnert, Detlef 342, 464, 466, 468, 480,
   483 ff, 487
Leipart, Theodor 218, 303, 348, 390, 393,
   401
Lenin, Wladimir Iljitsch 246, 275, 298, 326,
   337, 418
Leopold, Großherzog von Baden 20
Lessing, Gotthold Ephraim 66, 183
Leuschner, Wilhelm 413, 415*
Leussink, Hans 491*
Levi, Paul 284, 362, 375
Lewald, Fanny 90
Liebknecht, Karl 201*, 247, 248*, 256,
   257*, 260, 262, 265, 271 f, 280 f, 283 f,
   287 ff, 291 ff, 306, 316 f, 320, 325 ff,
   332 ff, 335 ff, 338 f, 349, 356, 360
Liebknecht, Theodor 360
Liebknecht, Wilhelm 18, 99 ff, 101*, 102 ff,
   105 ff, 110, 113, 115 f, 118, 122 f, 125 ff,
   128 f, 131, 133 f, 137 f, 141 ff, 142*, 144 f,
   148 ff, 151 f, 154, 158, 166, 170 ff, 177 f,
   180, 186, 188 f, 193, 196, 200 f, 201*,
   207, 213 ff, 223*, 234, 247, 251, 265,
   429, 491
Limburg-Stirum, Graf 235 f
Lipinski, Richard 513
Liszt, Franz 84
Literarisches Comptoir 50
Litke, Carl 398, 427
Löbe, Paul 238, 356*, 368, 374, 402 ff, 405,
   409, 443, 448, 454

Bernt Engelmann bei C. Bertelsmann:

Einig gegen Recht und Freiheit
Ein Deutsches Anti-Geschichtsbuch
420 Seiten mit 52 s/w-Abb.

»Wenn die Schüler der Bundesrepublik mit ihrem Geschichtsunterricht all das erführen, was Engelmann in lebendiger und häufig auch packender Weise ausbreitet, bräuchte man sich um das demokratische Bewußtsein der jungen Generation nicht zu sorgen.«

Frankfurter Rundschau

Trotz alledem
Deutsche Radikale 1777–1977
416 Seiten mit 21 Strichzeichnungen und 8 s/w-Abb.

»Engelmanns Buch bezieht Position, nimmt Partei, übt Sympathie und Solidarität – mit der lange verdrängten und verschütteten Tradition freiheitlicher Gesinnung in Deutschland. Ein Kapitel der Geschichte, das traurig stimmt, aber – ›trotz alledem‹ – auch Hoffnung macht.«

NDR

Auf gut deutsch
Ein Bernt-Engelmann-Lesebuch
512 Seiten.

Ein Querschnitt seiner Schriften. Das Credo eines radikalen Demokraten, der sich mit der Geschichte und Gegenwart unseres Landes kritisch auseinandersetzt.

Wie wir wurden, was wir sind
Von der bedingungslosen Kapitulation
bis zur unbedingten Wiederbewaffnung
368 Seiten mit 16 S. s/w-Abb.

»Das Buch Bernt Engelmanns verdient viele Leser. Es zeigt, wie die Entwicklung auch hätte verlaufen können, es macht auch dem, der die Zeit des Wiederaufbaus nicht erlebt hat, deutlich, von welchen Vorstellungen und Idealen die sogenannten Personen der ersten Stunde ausgegangen sind und welche Abstriche die Praxis forderte.«

Aachener Nachrichten

Wir sind wieder wer
Auf dem Weg ins Wirtschaftswunderland
332 Seiten mit 12 s/w-Abb.

»Engelmann hat ein schmissiges Buch geschrieben. Phantasie, Lebhaftigkeit, perfekte Stilbeherrschung und provozierende Thesen machen das Buch zur spannenden Lektüre.«

Gerd Bucerius/DIE ZEIT

Du deutsch?
Geschichte der Ausländer in unserem Land
320 Seiten mit 45 s/w-Textabb.

»Mit ›Du Deutsch?‹ setzt Bernt Engelmann dem wachsenden Ausländerhaß der Deutschen ein Buch entgegen, das die Augen öffnet: Die Geschichte fremdländischer Zuwanderer – 2000 Jahre Ausländer in unserem Land.«

Weser Zeitung

Engagiert und kritisch:
Aktuelle Sachbücher bei
C. Bertelsmann

Jim Garrison/Pyare Shivpuri
Die russische Bedrohung
Mythos oder Realität
Mit einem Vorwort von Horst-Eberhard Richter
448 Seiten mit 12 Karten
Anhand zahlreicher Fakten widerlegen die Autoren die These,
die Sowjets seien konstant aggressiv. In ihrer Analyse fordern
sie, den Mythos der »russischen Bedrohung« zu überwinden –
als eine wesentliche Voraussetzung für ein friedliches Miteinander von Ost und West. Dazu gibt es keine Alternative, wenn
die Politik das atomare Inferno verhindern will.

Jochen Löser/Ulrike Schilling
Neutralität für Mitteleuropa
Das Ende der Blöcke
208 Seiten
Die Verteidigungsexperten Jochen Löser und Ulrike Schilling
zerstören in diesem Buch den falschen Glauben, daß sich
Mitteleuropa zwischen Ost und West zu entscheiden hat. Es
schuldet weder den Amerikanern noch den Sowjets Vasallen-
treue beim Kampf um die Weltherrschaft, und es muß sich
dagegen wehren, zum »Nuclear Theatre« der Supermächte zu
werden. Mitteleuropas einzige Chance: Souveränität und Neutralität.

Werner Meißner/Karl Georg Zinn
Der neue Wohlstand
Qualitatives Wachstum und Vollbeschäftigung
240 Seiten mit graph. Darstellungen
»Ein lesbares und anregendes Buch. Es zeichnet sich überdies
aus durch die Tugend der auch oder gerade Wissenschaftlern
gut anstehenden Bescheidenheit und Einsicht in die Begrenzt-
heit des menschlichen Wissens.«   DIE ZEIT

Fritjof Meyer
Weltmacht im Abstieg
Der Niedergang der Sowjetunion
320 Seiten
»An vielen Beispielen und in klarer Analyse zeigt Fritjof Meyer, der Ostexperte des ›Spiegel‹, daß in der Heimat des real existierenden Sozialismus in Wirklichkeit der real vegetierende Sozialismus herrscht.« manager magazin

Prof. Dr. Peter Schütt
Der Wald stirbt an Streß
264 Seiten mit 22 Farbfotos
und graph. Darstellungen
»Dieses Buch ragt aus der Flut der Veröffentlichungen zum Thema Waldsterben heraus. Informativ, wissenschaftlich fundiert und lösungsorientiert führt es zu der Einsicht, daß der von Politikern immer wieder beschworene Interessenausgleich von Ökologie und Ökonomie die ›Krankheit zum Tode‹ nicht heilen kann.« Natur

Dietrich Strasser
Abschied von den Wunderknaben
Die Krise der deutschen Manager und Unternehmer
224 Seiten
Mehr als 10 000 Firmenpleiten in einem Jahr, über zwei Millionen Arbeitslose und die Krise ganzer Industriezweige sind für den Autor ein untrügliches Zeichen dafür, daß die deutschen Unternehmen die Weltwirtschaftskrise noch lange nicht überwunden haben. Da gut geführte Firmen jedoch trotz der veränderten weltwirtschaftlichen Situation erstaunliche Erfolge verzeichnen, stellt Dietrich Strasser die Frage nach der Qualifikation der deutschen Unternehmer.

Weltraum ohne Waffen
Naturwissenschaftler warnen vor der Militarisierung
des Weltraums
Hrsg. von Reiner Labusch, Eckart Maus, Wolfgang Send
288 Seiten
Die von Ronald Reagan forcierte Militarisierung des Weltraumes führt zu einer neuen Eskalation des Wettrüstens. Die angestrebte eigene Unverwundbarkeit befähigt auch zum atomaren Erstschlag.